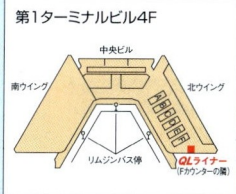
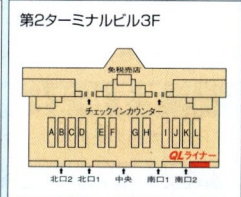

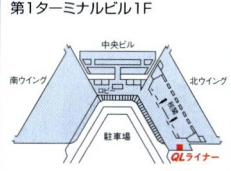
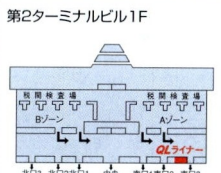

Cornwall Devonshire Somerset Dorsetshire Wiltshire Avon Hampshire Wight Sussex
Hertfordshire Bedfordshire Buckinghamshire Berkshire Oxfordshire Gloucestershire
Northamptonshire Leicestershire Hereford Worcester Shropshire Staffordshire Derbyshire N
Cheshire Merseyside Lancashire Yorkshire Humberside Cleveland Cumbria Durham Ty
Northumberland Anglesey Gwynedd Clwyd Powys Dyfed Gwent Glamorgan Dumfries Galle
Borders Lothian Tayside Grampian Highland Skye Essex Suffolk Cambridgeshire Norfo
Orkney Outer Hebrides Man Raasay Mull
Jura Scilly Shetland Huntly Arbuthnott
Kirriemuir Largo Doune Greenock
Selkirk Jedburgh Leadhills Mauchline
Ecclefechan Morpeth Cockermouth
Hawkshead Coxwold Scarborough
Bridlington Hull Bolton Birkenhead
Brampton Saffron Walden Melford
Colchester Dedham Elstow Hughenden

ブルーガイド
わがまま歩き……
イギリ

訪れるた
違う表情
魅力多彩

イングランド南部

MAPイングランド南東部 …190
MAPイングランド南西部 …192
エリアの概観 ………194
★カントリーサイドの休日を満喫「マナーハウス」……196
カンタベリー …………198
ドーヴァー …………202
ライ …………204
ヘイスティングス …206
ブライトン …………208
リーズ城 …………213
アランドル …………214
ウィンチェスター …215
ポーツマス …………218
ソールズベリー ……220
バース …………222
ブリストル …………226
エクセター …………229
★アガサ・ミステリーの世界 …………232
トーキー …………234
プリマス …………236
ペンザンス …………238
セント・アイヴス ……240

●もうひとつの旅
日帰りヨーロッパ旅行…202／イーストボーン…207／プー・カントリー…212／シシングハースト城…213／ワイト島…219／ストーンヘンジ…221／ダートマス…235／ランズ・エンド…239

イングランド中央部

MAPイングランド中央部 ……242
エリアの概観 …………244
★実況中継 コッツウォルズめぐりのバスツアー …………246
オックスフォード …………248
ストラットフォード・アポン・エイヴォン …………256
コッツウォルズ …………262
チェルトナム …………268
バーミンガム …………270
シュルーズベリー …………272
チェスター …………275
ストーク・オン・トレント ……278
ノッティンガム …………281
ケンブリッジ …………284
イーリー …………289
キングス・リン …………290
イプスウィッチ …………291
ノーリッチ …………292
コーチェスター …………294

●もうひとつの旅
ビスター…255／ウォリック城…260／ブレナム宮殿…265／コヴェントリー…271／アイアン・ブリッジ…274／ニューマーケット…288／グレート・ヤーマス…293／クラクトン・オン・シー…294

イングランド北部

MAPイングランド北部 ……… 296
エリアの概観 ……………… 298
リヴァプール ……………… 300
ブラックプール …………… 305
マンチェスター …………… 306
★ピーター・ラビットの
　故郷 ……………………… 308
湖水地方 …………………… 310
カーライル ………………… 318
リーズ ……………………… 320
ハワース …………………… 322
ヨーク ……………………… 324
ノーザンバーランド ……… 328
ダーラム …………………… 330
●もうひとつの旅
ヨークシャー・デイルズ国立公園 …327

ウェールズ

MAPウェールズ …………… 332
エリアの概観 ……………… 334
★豊かなウェールズ文化 … 336
カーディフ ………………… 338
ブレコン・ビーコンズ国立公園 …344
スウォンジー ……………… 346
セント・デイヴィッズ …… 348
カナーヴォン ……………… 349
★スノードニア国立公園 … 352
バンゴール ………………… 354
コンウィ …………………… 356
スランディドゥノ ………… 358
●もうひとつの旅
カーディフ起点の小旅行…343／ヘ
イ・オン・ワイ…345／マンブルズ
…347／ポートメーリオン＆ハーレ
ク城…351／アングルジー島…355

スコットランド

MAPスコットランド ……… 360
エリアの概観 ……………… 362
★ウイスキーを味わう旅… 364
エディンバラ ……………… 366
　MAPエディンバラ中心部 … 368
　エリア別ガイド ………… 370
　レストラン・ガイド …… 381
　ショップ・ガイド ……… 382
　ホテル・ガイド ………… 384
グラスゴー ………………… 386
★実況中継　ハイランドの
　　日帰りバスツアー …… 396
パース ……………………… 398
スターリング ……………… 400
セント・アンドリュース … 402
アバディーン ……………… 405
インヴァネス ……………… 408
ネス湖と周辺の街 ………… 410
ハイランド西部 …………… 412
スカイ島 …………………… 414
●もうひとつの旅
ローモンド湖…395／コーダー城…
409／北ハイランド…413／オーク
ニー諸島…414

●旅のコラム
　ZOOM IN
ファンタジー文学ゆかりの街 …252
天才劇作家
　シェイクスピア ……259
ボーンチャイナ ………280
ロビンフッド伝説 ………283
ワーズワースが晩年を過ごした
　ライダル・マウント ……316
ブロンテの小径 ………322
エディンバラ
　国際フェスティバル…375
コナン・ドイルの足跡…377
世紀末の寵児
　マッキントッシュ …392
セント・アンドリュースが
　育てたゴルフ ………403
歴史が醸成した
　スコットランド人の誇り…407

旅の英会話と レファレンス

旅行会話 …………………………416
インデックス ……………………426
ホテル予約事務所 ………………430
旅のイエローページ ……………430
追っかけ最新情報 ………………431

この本の使い方

●通貨記号
£は英国ポンド。£1＝210円（2005年6月現在）

●地図記号

H…ホテル	**⌂**…キリスト教会
R…レストラン	**☾**…イスラム教会
S…ショップ	**❶**…観光案内所
N…ナイトライフ	**♪**…ゴルフ場
☎…郵便局	**▲**…山
区…学校	**🚌**…観光バスバス停
✚…空港	**///**…マーケット
➕…病院	**○--○**…地下鉄
区…警察署	**⚓—**…英国鉄道

●この色の建物はホテル
●この色の建物はショッピングセンター
●この色の建物は主な見どころ

巻頭切りとり地図、
赤わくと青わく＝表と裏の法則

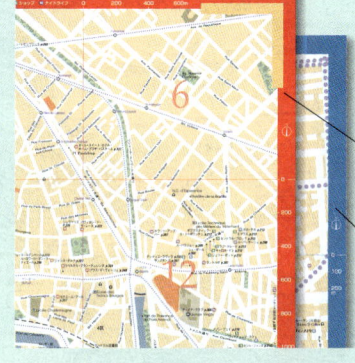

切りとり地図は、表面が地図の周囲が赤わく、裏面が地図の周囲が青わくになっています。それぞれの観光ポイントやお店の記事中で、

●**切りとり-15、p.29-A**
└ここが赤だと表面地図の15の位置にめざす物件があります
また、29ページのAの位置にもめざす物件があることを示します。

●**切りとり-30、p.153-A**
└ここが青だと裏面地図の30の位置にめざす物件があります
また、153ページのAの位置にもめざす物件があることを示します。

★ロンドンのレストラン・ページの各種記号は以下のような意味です。
£：1人分のコースディナー（前菜＋主菜＋デザート）の目安。飲み物は含みません。
☎：事前に予約が必要、または入れた方がよい店
❶：男性はネクタイ着用、女性はドレッシーな服装など、ドレスコードのある店
★ホテルガイド・ページの★印は、1泊スタンダードクラスの1室あたりの正規料金を目安にしています。★観光スポット、店、レストラン、ホテルの料金や営業時間、定休日、電話番号などの具体的なデータ類は、2005年3月現在のものです。取材後の変更も予想されますので、あらかじめご了承ください。重要な事項については、現地の電話、または各地の観光案内所などでご確認ください。
★「無休」とある店も、12/25前後と1/1はほとんど休みになりますので、ご注意下さい。

イギリス周辺図

0　100km

10°W　5°W　0°

オークニー諸島
Orkney Islands

360

ウィック
Wick

ヘブリディーズ諸島
Hebrides

スカイ島
Skye

インヴァネス
Inverness

ネス湖
L.Ness

アバディーン
Aberdeen

大西洋
Atlantic Ocean

スコットランド
Scotland

ダンディー
Dundee

パース
Perth

スターリング
Stirling

グラスゴー
Glasgow

エディンバラ
Edinburgh

296

55°N

ロンドンデリー
Londonderry

エア
Ayr

北アイルランド
Northern Ireland

ニューキャッスル
Newcastle

サウス・シールズ
South Shields

ベルファスト
Belfast

カーライル
Carlisle

北海
North Sea

スライゴ
Sligo

湖水地方
Lake District

ストックトン
Stockton

アイルランド
IRELAND

マン島
Man

アイリッシュ海
Irish Sea

ランカスター
Lancaster

リーズ
Leeds

ヨーク
York

6

ダブリン
Dublin

プレストン
Preston

マンチェスター
Manchester

242

ホリーヘッド
Holyhead

リヴァプール
Liverpool

シェフィールド
Sheffield

イングランド
England

ウェックスフォード
Wexford

カナーヴォン
Caernarfon

ウェールズ
Wales

スタッフォード
Stafford

ノッティンガム
Nottingham

コーク
Cork

イギリス
U.K.OF GREAT BRITAIN
AND NORTHERN IRELAND

バーミンガム
Birmingham

ノーリッチ
Norwich

ノーサンプトン
Northampton

ハーグ
Den Haag

ケンブリッジ
Cambridge

イプスウィッチ
Ipswich

ホーク・ヴァン・ホラント
Hoek van Holland

332

スウォンジー
Swansea

ニューポート
Newport

オックスフォード
Oxford

ロンドン
London

カーディフ
Cardiff

ブリストル
Bristol

レディング
Reading

マーゲイト
Margate

オーステンデ
Oostende

ブルッヘ
Brugge

サウサンプトン
Southampton

ドーヴァー
Dover

ユーロトンネル

カレー
Calais

ブリュッセル
Brussel

プリマス
Plymouth

エクセター
Exeter

プール
Poole

ポーツマス
Portsmouth

フォークストン
Folkestone

ブーローニュ
Boulogne

リール
Lille

ヘント
Gent

ベンザンス
Penzance

ブライトン
Brighton

ドーヴァー海峡
Str. of Dover

レンス
Lens

50°N

192

イギリス海峡
English Channel

190

アルベール
Albert

シェルブール
Cherbourg

ディエップ
Dieppe

アミアン
Amiens

ノヨン
Noyon

ル・アーヴル
Le Havre

ルーアン
Rouen

クレイユ
Creil

ランス
Reims

カン
Caen

シャンティイ
Chantilly

モー
Meaux

シャロン・シュル・マルヌ
Châlons
sur-Marne

グランヴィル
Granville

フレール
Flers

ヴェルサイユ
Versailles

パリ
Paris

ディズニーランド・パリ
Disneyland Paris

ブレスト
Brest

サン・ブリユー
St-Brieuc

アランソン
Alençon

バルビゾン
Barbizon

トロワ
Troyes

カンペール
Quimper

レンヌ
Rennes

ラヴァル
Laval

シャルトル
Chartres

フォンテーヌブロー
Fontainebleau

オーセール
Auxerre

フランス
FRANCE

ロリアン
Lorient

ル・マン
Le Mans

オルレアン
Orleans

ジアン
Gien

イギリスの旅 プランニングマップ

イギリスの旅とひと口にいっても、何を見たいか、何を楽しみにしたいかは人それぞれ。どうせ旅をするのなら、自分なりのポイントを決めて旅をプランニングしたい。限られた時間をもっと豊かなものにしていこう。

目的と個性で分ける必見度

イギリスの魅力を5つのポイントで整理。評価値はいずれも3段階。比較検討して、旅のプランづくりに役立てよう。

必見のエリア

- 歴史/寺院や古城、古代遺跡などがある
- 街歩き/きれいな街並みや賑やかな商店街があり、街歩きが楽しい
- 芸術/文学や音楽、舞台など芸術にゆかりが深く、美術館・博物館がある
- 庭園/公園や民家のガーデンなど、花や緑が美しい
- 自然/海や山、湖、牧草地など自然に恵まれている

ネス湖

インヴァネス-ネス湖
p.408

エディンバラ城の夜景

エディンバラ
p.366

ノーザンバーランド
p.328

ハドリアヌスの長城

ウィア川とダラム

SCOTLAND

ゴルフ発祥の街
セント・アンドリュース
p.402

グラスゴー
p.386

サイエンス・センター

湖水地方 p.310

ピーターラビット

最北のトレビック

NORTHERN
IRELAND

チェスター p.275

中世の面影漂う街

IRELAND

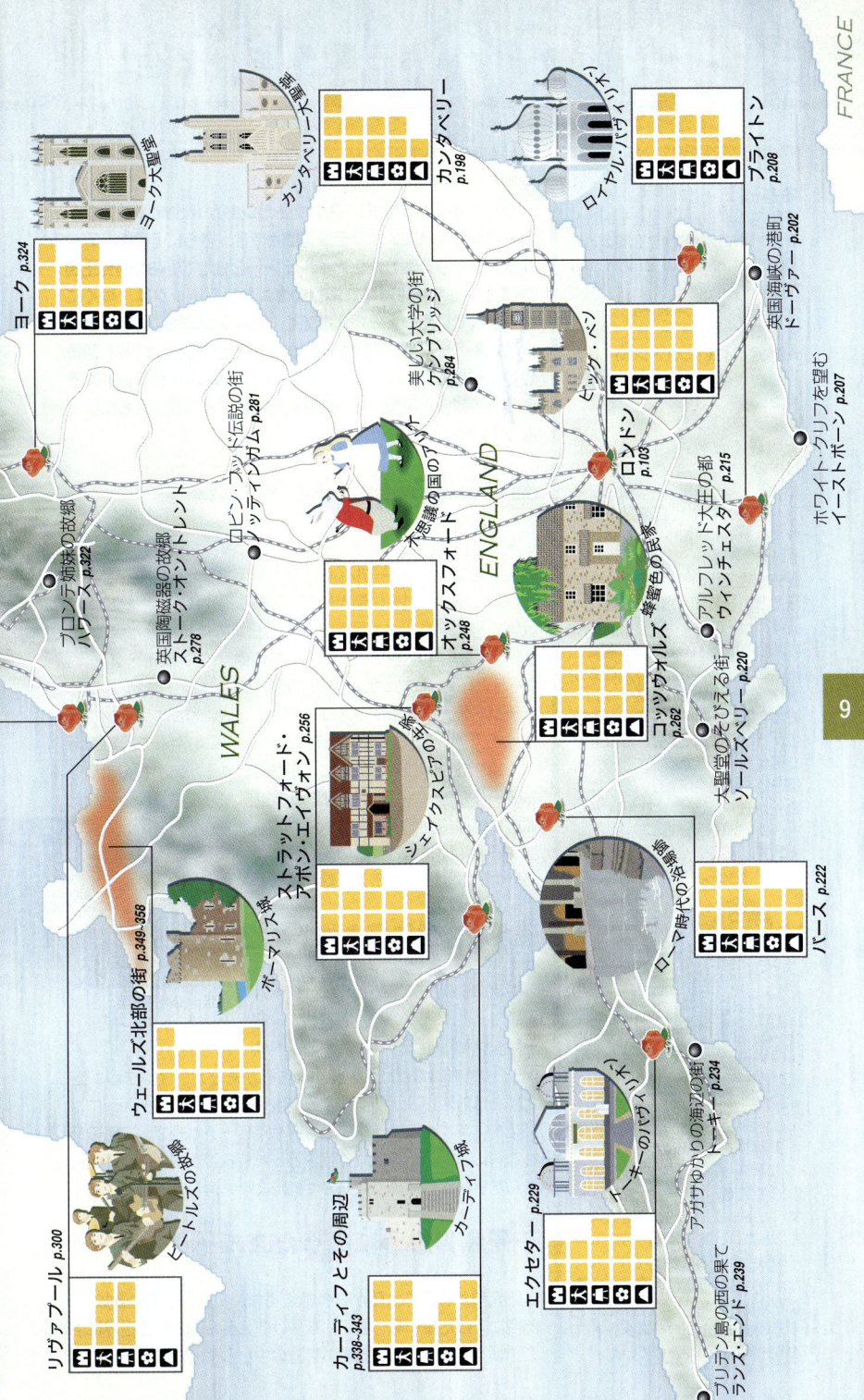

FRANCE

9

ヨーク大聖堂

ヨーク *p.324*

カンタベリー大聖堂

カンタベリー *p.198*

ロイヤル・パヴィリオン

ブライトン *p.208*

英国海峡の港町
ドーヴァー *p.202*

ホワイト・クリフを望む
イーストボーン *p.207*

美しい大学の街
ケンブリッジ *p.284*

ビッグ・ベン

ロンドン *p.103*

ブロンテ姉妹の故郷
ハワース *p.322*

英国陶磁器の故郷
ストーク・オン・トレント *p.278*

ロビン・フッド伝説の街
ノッティンガム *p.281*

木蔭橋の国のアリス
オックスフォード

オックスフォード *p.248*

アルフレッド大王の都
ウィンチェスター *p.215*

ENGLAND

コッツウォルズ

コッツウォルズ *p.262*

大聖堂のそびえる街
ソールズベリー *p.220*

WALES

ストラットフォード・
アポン・エイヴォン *p.256*

シェイクスピアの生家

ボーマリス城

ウェールズ北部の街 *p.349-358*

ローマ時代の温泉街

バース *p.222*

リヴァプール *p.300*

ビートルズの故郷

カーディフとその周辺 *p.338-343*

カーディフ城

エクセター *p.229*

ゴシックのパワー

アガサ・ゆかりの海辺の街
トーキー *p.234*

ブリテン島の西の果て
ランズ・エンド *p.239*

イギリスの基礎知識

4つの国からなる「イギリス」の誕生

●基礎データ

★**国名**：グレート・ブリテンおよび北アイルランド連合王国United Kingdom of Great Britain and Nothern Ireland

★**面積**：約24万4880km²

★**人口**：全体で5,960万人

★**通貨**：イギリス・ポンドPound（£1＝210円　2005年6月現在）

★**首都**：ロンドン（人口718万人）

★**時差**：日本より9時間遅い。日本の正午はロンドンで午前3時。ただし、毎年3月の最終日曜日から10月の最終日曜日の間はサマータイムが実施され、時差は8時間になる。

★**元首＆政体**：立憲君主を国家元首とする議員内閣制で、現在の元首は女王エリザベス2世。女王は国会の招集・解散などの権限を持つとともに、英連邦の元首でもあり、英国国教会も統括する。一方議会は、世襲・終身貴族や聖職者などからなる上院と、一般選挙で選ばれる下院の二院制。労働、保守の二大政党があり、現在は労働党が政権を運営。首相はトニー・ブレア氏（2005年現在）。

★**言語**：英語が公用語だが、ウェールズではウェールズ語、スコットランドとアイルランドの一部ではゲール語もそれぞれ使われ、ウェールズでは2ヵ国語の教育も奨励されている。

ウェールズでは道路表示も2ヵ国語

★**宗教**：16世紀にローマ教皇に反旗を翻してヘンリー8世が興した英国国教会Anglican Church（プロテスタントに属する）が国民の約半数を占め、約10％がローマ・カトリック教徒。一時は対立もあったが、今では国内各地に両方の教会が平和に共存している。ただし、宗教の事情は国により異なり、北アイルランドでは拮抗するカトリックとプロテスタントによる紛争が長い間続いていた。

10

ウェールズが14世紀、スコットランドが18世紀にイングランドに統合されて大ブリテン王国ができ、さらにその後、アイルランドから分離した北アイルランドを加えて現在の連合王国が確立したのが1921年。国旗のユニオンジャックは、早くに併合されていたウェールズを除く、残り3つの国の国旗を合体させたものだ。4つの異なる国からなるという意識は今も国民の中に根強く、1999年にはウェールズとスコットランドにそれぞれの議会が復興。独自の文化を醸成する気運はさらに強くなっている。

歴史を刻み込んだ魅力的な街

国土は日本のほぼ3分の2。大ブリテン島は南北約1000kmで、南西部のコーンウォールからスコットランド北東部のジョン・オグローツまで斜めに最大にのばしても約1400km。一昼夜かければ走破できる小さな国だ。人口も日本のほぼ半分と少なく、100万人を超す大きな街は、ロンドンの他は、マンチェスター（約260万人）、バーミンガム（約100万人）のわずか2都市。スコットランド最大の都市グラスゴーで約60万人、首都エディンバラは約45万人、ウェールズの首都カーディフにいたっては約30万人に過ぎない。日本の都市にくらべるとはるかに小ぢんまりとしているが、そこに刻まれた歴史の陰影は深い。中世の面影をとどめた重厚な街、のどかな牧草地に点在する美しい村など、この国ならではの魅力的な街が訪れる人を魅了する。

豊かな自然に恵まれた島国

海流の関係で緯度のわりには気候は温暖で、四季折々の変化も美しい。国土は全体に平坦だがスコットランドや

中世の風俗を再現
（p.260ウォリック城）

ウェールズには1000mを越す山並みがそびえ、イングランド北部には無数の湖沼が点在する湖水地方が広がる。南西部には南仏を彷彿させるような陽光きらめくビーチが続き、内陸のあちこちにムーアと呼ばれる荒涼とした荒れ野が広がる。変化に富んだ豊かな自然は、数々の優れた文学を育んできた。

不死鳥のように蘇ったユニークな国

紀元前から続く大陸からの絶え間ない侵攻の中を生き抜き、統合に向けた長い戦いをくぐり抜け、大英帝国として世界に名を馳せ、さらに凋落と戦後の衰退の中から蘇った国。一時は斜

陽国の代名詞のようにいわれたイギリスだが、最近は経済が復興し、ロンドンはふたたびニューヨークとともに世界の金融市場で大きな位置を占めるまでに回復。現在は世界第5位の貿易大国として、欧米各国とともに世界をリードしている。

古きよきものを守る頑なまでの保守性と、世界が目をむくほどの斬新な発想をともに育む国、イギリス。波瀾に満ちた過酷な歴史が、この2つのまったく異なる素顔を持つ国を育ててきたのではないだろうか。

長い歴史が育んだ多彩な王国
イングランド England

長年のライバルであったスコットランドをも屈伏させて、ついに連合王国の覇者となったイングランド。しかし、この国の歴史も大陸から怒濤のように押し寄せる勢力との戦乱につぐ戦乱で、決して生やさしいものではなかった。民族も、言語も、衝突と融合の繰り返しの中で育ってきたようなもの。王室もまた、時にフランス系、時にドイツ系…と、その時々の大陸の勢力分布を睨みつつ、より有力な血縁に腐心し、それを後ろ楯に王国を統治してきた。近代以降、世界の歴史の中心に躍り出たこの小さな島国にひそむバイタリティーは、実はこの長い苦難の歴史あればこそなのかもしれない。

厳しい自然が育んだ頑固な国　スコットランド Scotland

何世紀にもわたる熾烈な戦いの末に、イングランドに併合されたのが1707年。キルトやタータンといった独自の文化を奪われるなど厳しい弾圧を潜り抜けてきただけに、スコットランドの人々の独立への気概はいまだに強烈だ。陰鬱に厳しい冬は寡黙に耐える粘り強さを育み、血族・地縁で結ばれた同胞意識で伝統と文化を頑に守り続けている。険しい岩山や神秘的な湖、朽ち果てた古城など、取りまく自然の厳しさがこの国の魅力をさらに陰影深いものにしている。

豊かな自然と温和な笑顔が魅力
ウェールズ Wales

全体が標高200mほどの丘陵地にあり、あちこちに豊かな森や谷、渓谷などが点在する。併合されてすでに700年の歳月を経た今日でも、ウェールズの人々は独自の文化に対する愛着を決して失ってはいない。ケルト語をはじめ、工芸品や料理など、ケルト文化と呼ばれる素朴な風合いの文化をだいじに守り育てている。

ウェールズのシンボル、赤いドラゴン

スコットランドのユニコーン　　イングランドの獅子

※イギリスは正式には「グレート・ブリテンおよび北アイルランド連合王国」といい、略する場合は「U.K.」となるが、日本ではあまり一般的ではないので、本書では「イギリス」、または「英国」とした。

※イギリスは4ヵ国からなる連合王国だが、本書では北アイルランドを除く、イングランド、ウェールズ、スコットランドの3つの国に限定して紹介している。なお、イングランドについては行政上の区分とは関係なく、交通の便などを考慮して便宜的に南部、中央部、北部の3つのエリアに分けて紹介している。

ネス湖
スコットランド
Scotland
エディンバラ
湖水地帯
北アイルランド
Northern Ireland
イングランド北部
Northern England
マンチェスター
バーミンガム
ウェールズ
Wales
イングランド中央部
Central England
カーディフ
ロンドンとその近郊の街
London & The Suburbs
イングランド南部
Southern England
エクセター

11

イギリスの基礎知識

イギリスの四季暦

祝祭日とイベント・カレンダー

※祝祭日は2006年。イースターとイベント開催日は年により変動します。
詳細確認は英国政府観光庁へ
▶︎☎03-5562-2550
★祝祭日　☆イベント

春／公園の芝生の中から水仙の花が顔をのぞかせたら、春はもうすぐ。厳しく暗い冬は終わり、しだいに日差しに明るさが増して街にも、庭先にも春の訪れを告げる花々が飾られる。1年でももっとも美しい季節が春だ。

3月 March

☆**クラフツ・ドッグショー**（バーミンガム／初旬4日間）▶︎世界最大のドッグショー

☆**チェルトナム・ゴールドカップ**（チェルトナム／中旬3日間）▶︎王室メンバーも観戦する狩猟シーズン最大の競馬レース

☆**英国骨董組合アンティーク・フェア**（ロンドン／下旬7日間）

★**3/17 セント・パトリックス・デー**（北アイルランドのみ）

☆**ヘッド・オブ・ザ・リバー・レース**（ロンドン／下旬）▶︎テムズ河で行われる手漕ぎボートのレース

☆**オックスフォード大学VSケンブリッジ大学対抗ボートレース**（ロンドン／3月最終日曜）▶︎1829年に始まった伝統の一戦。場所はロンドンのテムズ河

4月 April

☆**グランド・ナショナル**（リヴァプール／4/1～3）▶︎1839年に始まった障害競馬レースの最高峰

★**4/14 聖金曜日/グッドフライデー**（4/16 イースター）

★**4/17 イースター・マンデー・**

バンクホリデー（スコットランドを除く）

☆**ロンドン・ハーネス・ホース・パレード**（ロンドン）▶︎イースターを祝う馬車のパレード。バターシー・パークが会場

☆**ロンドン・マラソン2006**（ロンドン／中旬）

5月 May

★**5/1**（5月第1月曜日）**メーデー・バンクホリデー**

☆**ブライトン・インターナショナル・フェスティバル**（ブライトン／上～下旬）▶︎100以上のイベントが20日間以上開催されるイギリス最大のフェスティバル

☆**ミナック劇場サマー・フェスティバル**（ペンザンス）▶︎崖の上に造られた野外劇場で行われる演劇祭、～9月中旬まで

☆**サッカーFAカップ決勝戦**（カーディフ）

☆**チェルシー・フラワーショー**（ロンドン／下旬4日間）▶︎イギリス最大のフラワーショー。一般公開は後半2日間

☆**ブラックプール世界ダンス選手権大会**（ブラックプール／下旬）

★**5/29**（5月の最終月曜）**スプリング・バンクホリデー**

夏／気温が20度を超せば、この国では立派に夏。人々はまぶしい日差しを求めて公園の芝生に集まり、Tシャツを脱いでせっせと日光浴に励む。厳しい自然のスコットランドも、この季節には暖かく輝いている。

6月 June

☆**競馬ダービー賞**（サリーのエプソン競馬場／初旬）

☆**ロイヤル・アカデミー・サマー・エキジビション**（ロンドン／

6月初旬～8月中旬）

☆**6/10**（6月の第2土曜）**トゥルーピング・ザ・カラー**▶︎女王公式誕生パレード／ロンドン

☆**ロイヤル・アスコット競馬**（アスコット／中旬5日間）

☆**全英ウィンブルドン・テニス選手権**（ロンドンのウィンブルドン／下旬～2週間）

☆**ヘンリー・ロイヤル・レガッタ**（ヘンリー・オン・テムズ／月末の5日間）▶︎ボートレース

7月 July

☆**ヨーク古典音楽フェスティバル**（ヨーク／初旬10日間）

☆**スランゴレン国際民族音楽祭**（ウェールズのスランゴレン／初旬1週間）

☆**ハンプトン・コート宮殿フラワーショー**（ロンドン／初旬6日間）▶︎国際的な庭園と花のショー。一般公開は後半4日間

☆**F1英国グランプリ**（ノーサンプトンシャーのシルバーストーン／中旬）

★**7/12 オレンジマンズ・デー**（北アイルランドのみ）

☆**ゴルフ全英オープン選手権**（開催地は毎年変わる／中旬4日間）

☆BBCプロムナード・コンサート（ロンドン／中旬～9月中旬）▶「プロムス」の愛称で親しまれるBBC主催の音楽コンサート

☆エディンバラ国際ジャズ＆ブルース・フェスティバル（下旬～8月）

8月 August

★8/7（8月最初の月曜）　サマー・バンクホリデー（スコットランドのみ）

☆エディンバラ・ミリタリー・タトゥー（エディンバラ／8月最初の金曜～最終土曜）

☆エディンバラ・フェスティバル・フリンジ（エディンバラ／8月最初の日曜～最終月曜）

☆英国ビール・フェスティバル（ロンドン／上旬）

☆エディンバラ国際フェスティバル（エディンバラ／中旬～9月初旬の3週間）▶世界最大規模のアート・フェスティバル

☆ビートルズ・フェスティバル（リヴァプール／下旬6日間）

☆ノッティング・ヒル・カーニバル（ロンドン／8月の最終日・月曜）▶西インド諸島出身の人々が繰り広げるカーニバル

★8/28（8月の最終月曜）　サマー・バンクホリデー（スコットランドを除く）

☆レディング・フェスティバル（レディング／下旬）▶夏のロック・イベント

秋／夏が終わり、日差しが短くなり始めると、もう秋。日照時間が短くなり、人々は暖かい灯火の下に集まってくる。8月の終わりには早くもヒーターの出番。スコットランドは冬支度を始める。

9月 September

☆ブレーマー・ロイヤル・ハイランド・ギャザリング（スコットランドのバラター／9月の第1土曜）▶伝統的スポーツの大会

☆王立園芸協会主催フラワーショー（ロンドン／中旬2日間）

☆チェルシー・アンティーク・フェア（ロンドン／下旬10日間）

10月 October

☆チェルトナム文学フェスティバル（チェルトナム／中旬）

☆カンタベリー・フェスティバル（カンタベリー／初～下旬15日間）

冬／雪が舞い冷たい風が吹く。長い夜を楽しむために劇場にはこうこうと明かりが灯され、クリスマスに向けて街は華やかなイルミネーションで飾られる。1年中でいちばん静かな、そしてアットホームな季節。

11月 November

☆ガイ・ホークス・ナイト（英国各地／毎年11/5）▶国会議事堂に火をつけようとしたガイ・ホークスにちなむイベント。各地で花火が上げられる

☆ベテラン・カー・レース（ロンドン→ブライトン／初旬）

☆ブリティッシュ・ナショナル・ダンス選手権（ブラックプール／初旬～中旬）

☆ロード・メイヤーズ・ショー（ロンドン／11月の第2土曜）

▶シティ市長の就任祝賀の公式パレード

12月 December

☆トラファルガー・スクエア・クリスマス・ツリー（ロンドン／初旬～1月初頭）

★12/25　クリスマス・デー

★12/26　ボクシング・デー

☆エディンバラ・ホグマニー（エディンバラ／12/29～1/2）▶ニュー・イヤー・イベント

☆グリニッジ＆ドックランズ1stナイト（ロンドン／12/31）

1月 January

★1/1　ニューイヤーズ・デー（ロンドン）▶ウェストミンスター寺院は無料で一般公開

☆ロンドン・ニューイヤー・パレード（ロンドン）▶市内を楽団がパレードして練り歩く

★1/2　バンクホリデー（スコットランドのみ）

2月 February

☆チャイニーズ・ニューイヤー・セレブレーション（ロンドン／旧正月元旦）▶チャイナタウン周辺でフェスティバル

☆ヨーヴィック・ヴァイキング・フェスティバル（ヨーク／初旬～中旬）

イギリスの四季暦

ビジュアル英国史

歴史遺跡と建築デザインで見る

ローマ人の侵入と支配

　ブリテン島では紀元前2万5000年頃から狩猟民族が活動を始め、その子孫が今もヨーロッパ各地に残るケルト人が海を越えて欧州大陸から渡ってきたのは紀元前600年頃。髪の黒い彼らケルト人は製鉄の技術をこの地に伝え、丘に砦を築いて暮していた。ここに

ロンドンのウェストミンスター・ブリッジのそばに立つボアディケアのいさましい像（MAP p.117-H）

　紀元前55年頃、ローマ人が侵入してくる。強敵ローマを相手に彼らは果敢に抵抗したが、所詮かなう相手ではなく、島の大半が占領されて戦いは決着。ローマ人はこの島をブリトン、テムズ河畔の小さな街をロンディニウム（現・ロンドン）と呼んで統治した。その支配は350年以上に及んだが、やがて本国が危機に陥ったためローマ軍は撤退。彼らが去った後、防御壁でかこった街やそれらをつ

●ローマの遺跡

ローマ人が築いたハドリアヌス長城

　バースのローマ浴場の跡（p.222）や北方蛮族の侵入を阻止するために築かれたハドリアヌスの長城（p.319）の他、ロンドンにもロンドン・ウォールと呼ばれるローマ時代の城壁を基礎にした壁の一部が残されている。ロンドンのウェストミンスター・ブリッジ近くにある騎馬の女性像は、ローマに抵抗して戦ったケルトの女王ボアディケア。彼女はローマの要塞都市ロンディニウムを焼き払った。

なぐ軍道など、貴重な文明の遺産はそのまま残された。

アングロ・サクソン人による国内の統一

　5世紀半ばになると今度は北海沿岸からアングロ・サクソン人の侵入が始まった。先住民族は辺境に追われ、7世紀初頭にはイングランドはほぼアングロ・サクソン人の国となった。金髪で青い目、長身の彼らこそ、今日のイギリス人のルーツ。また、このサクソン人との戦いの中で生まれたのが、あの「アーサー王」の伝説だ。

ウィンチェスターのグレート・ホールに残る伝説の『円卓』（p.216参照）

　サクソン人はやがて7〜10の王国に分かれて国の建設を始めたが、8世紀末になるとデーン人と呼ばれるヴァイキング（古代スカンジナビア人）の侵入が始まった。南下するデーン人に対し、ウェセックス王アルフレッドは味方の勢力を結集して挑み、国外に撃退することこそできなかったものの、ついに彼らをキリスト教化し、和平条約を結ぶことに成功。これを機に、諸

歴代のウェセックス王が埋葬されたウィンチェスター大聖堂（p.215参照）

王国を統一しようという機運が高まり、10世紀末、イングランドはほぼ統一された。

中央集権的封建制度の完成

ウェセックス王家のもとウィンチェスターを首都としたアングロ・サクソン人による国家建設が進められたが、平穏な時代は長くは続かなかった。無能なエドワード懺悔王の死後、王位をめぐる争いが勃発。この機に、フランスのノルマンディーを拠点とするノルマン人が海を越えて侵入した。1066年、ヘイスティングスにおいて両者は激突。ギヨーム（後のウィリアム1世）率いるノルマン軍がこれを制した。この戦いがノルマン・コンクェスト（ノルマン人のイングランド征服）で、ウィリアム1世は「征服王」と呼ばれ、支配階級のほとんどがノルマン系の人々によって占められるノルマン朝が成立した。ウィリアム1世は北部のアングロ・サクソン系の勢力を併呑し、臣下となった者に土地を分け与えて忠誠を誓わせ、臣下はその部下に対して土地を分け与える封土制度が発生。このシステムが全土に行きわたり、多少とも土地を持つ者すべてが国王の支配下に入った。

ウィリアム1世が礎を築いたロンドン塔 (p.128参照)

●ノルマン様式／ロマネスク様式（11〜12世紀）

ノルマン人の侵略後に建てられた城や聖堂などに見られる力強い様式。即位後間もないウィリアム1世が築いたロンドン塔のホワイト・タワー

ノルマン様式の傑作、ダーラムの大聖堂

(p.128) をはじめ、ロンドンのテンプル騎士団教会堂 (p.139) やウェストミンスター・ホール (p.142)、ダーラム大聖堂 (p.330) などがその例。

国王の力を凌ぐ議会の誕生

ノルマン朝の直系は3代で絶え、1154年、ヘンリー2世の即位でプランタジネット朝となる。ヘンリー2世は司法改革に手腕を発揮したが、その後を継いだのは、十字軍遠征やフランスとの戦争に明け暮れて国力を消耗させたリチャード1世（獅子心王）。さらに、フランス王に脅されてノルマンディーの領土をほとんど失ったジョン王（失地王）が続き、貴族たちは危機感をつのらせた。自分たちの財産を守るには、王が持つ権限を制限しなければならない。1215年、貴族たちはそれまでは暗黙の合意だった王と臣民の関係を改め、文章にまとめてジョン王につきつけた。「大憲章（マグナ・カルタ）」である。さらに1258年には、パーラメント（議会）という合議機関も組織された。

1337年、フランスの王位継承権をめぐる百年戦争が勃発。最終的にはイギリスの敗北に終わる消耗戦に国力を削がれる一方、黒死病（ペス

●英国ゴシック様式（13〜14世紀）

12世紀初頭にはすでに初期イギリス様式といわれる装飾的な建築様式が登場。ソールズベリー大聖堂 (p.220) にその例が残る。その後、登場したのが英国ゴシック様式。屋根や窓に繊細な装飾が施され、華麗なイメージを与える。今も残るものには、ロンドンのウェストミンスター寺院(p.142)、ヨーク大聖堂のチャプター・ハウス (p.324)、エクセター大聖堂 (p.229) などがある。

初期イギリス様式のソールズベリー大聖堂 (p.220)

15

ビジュアル英国史

ミニ情報　ウィリアムWilliameをフランス語ではギヨームGuillaumeというが、これはノルマン系の言葉ではWiウィの音を上手に発音できないため。頭に余計なGを付け、Gwilliame→Guilliame→Guillaumeと変化した。

英国史年表

B.C.700頃
ケルト人が移住・定着を始める

B.C.55
ローマ人のブリテン島侵入が始まる

[ローマ・ブリテン]
A.D.43
ローマの支配開始
（ロンディニウム・現ロンドンを建設）

3～4世紀
この頃からアングロ・サクソン人の
侵入が始まる

5世紀初頭
ローマ軍がブリテン島から撤退

[アングロ・サクソン時代]
5世紀半ば
アングロ・サクソンの侵入が本格化

5世紀末
アイルランドにキリスト教が広まる

6世紀末
イングランドにキリスト教が広まる

871
ウェセックス王アルフレッドが即位

878
ヴァイキング（デーン人）との講和成立

10世紀末
イングランド王国の統一がほぼ完成

1016
デンマーク王クヌート即位
（以後エドワードの即位までをデーン王朝という）

1042
エドワード（懺悔王）即位

[ノルマン王朝]
1066
ウィリアム1世即位（ノルマン・コンクエスト）
ノルマン朝成立

[プランタジネット朝]
1154
ヘンリー2世即位、プランタジネット朝成立
リチャード1世（獅子心王）の国外遠征（十字軍）

1204
ジョン王（失地王）大陸の領土を失う

1215
ジョン王が大憲章（マグナ・カルタ）に署名

1337
百年戦争勃発（～1453）

14世紀半ば
初期議会の成立

[ランカスター朝]
1399
ヘンリー4世即位、ランカスター朝成立

1455
バラ戦争勃発（～1485）

[ヨーク朝]
1461
エドワード4世即位、ヨーク朝成立

[チューダー朝]
1485
ヘンリー7世即位、チューダー朝成立

1533
ヘンリー8世が王妃と離婚、ローマ教皇と対立

1534
「国王至上法」成立（英国国教会の始まり）

1536
ウェールズ併合令

1558
エリザベス1世即位

1588
スペインの無敵艦隊を破る

1600
東インド会社設立

[スチュアート朝(1)]
1603
ジェームズ1世即位、スチュアート朝成立

1629
チャールズ1世が議会を解散（無議会政治の始まり）

1642
ピューリタン革命始まる

[共和制]
1649
チャールズ1世を処刑、共和制を宣言

1653
クロムウェルが議会を解散
護国卿として独裁政治を開始

1658
クロムウェル死去

[スチュアート朝(2)]
1660
チャールズ2世即位（王政復古）
スチュアート朝再開

1665
ロンドンの大疫（ペストの大流行）

1666
ロンドン大火

1688
名誉革命、ウィリアムとメアリが
「権利の章典」に署名し同時に即位

1691
アイルランドを植民地化

1707
スコットランド、イングランド統合

[ハノーヴァー朝]
1714
ジョージ1世即位、ハノーヴァー朝成立

1768
アークライトが水力紡績機、ワットが
蒸気機関を発明、産業革命が本格化

1775
アメリカ独立戦争（～1783）

1801
アイルランド併合

1805
トラファルガーの海戦（ネルソン提督、仏海軍撃破）

1815
ワーテルローの戦い
（ウェリントン将軍、仏陸軍に勝利）

1837
ヴィクトリア女王即位

1840
アヘン戦争（～1842）

1851
第1回万国博覧会開催

[近代～現代]
1914
第1次大戦勃発（～1918）

1939
第2次大戦勃発（～1945）

1952
エリザベス2世即位

1973
EC（現EU）に加盟

1994
ユーロ・トンネル開通

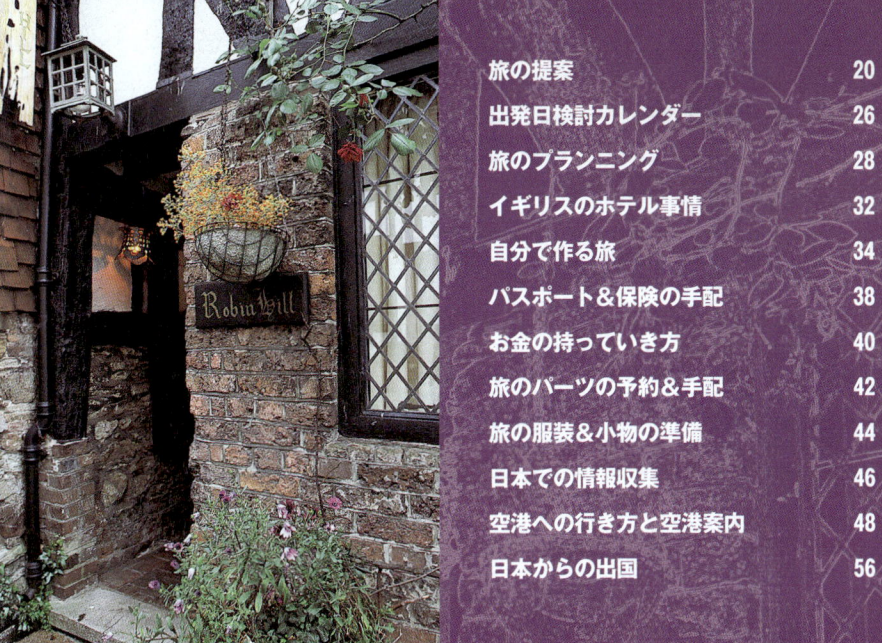

旅の提案	20
出発日検討カレンダー	26
旅のプランニング	28
イギリスのホテル事情	32
自分で作る旅	34
パスポート&保険の手配	38
お金の持っていき方	40
旅のパーツの予約&手配	42
旅の服装&小物の準備	44
日本での情報収集	46
空港への行き方と空港案内	48
日本からの出国	56

Preparation 日本での準備編

出発前のチェックリスト

- ☐ 荷物のチェックリスト（p.45）で旅の準備を点検
- ☐ スーツケースの空港宅配を依頼する
- ☐ パスポート（本人の写真がのっているページ）のコピーをとる
- ☐ 万一の事態にそなえて本人の顔写真を用意する
- ☐ カード会社・保険会社の現地での連絡先を確認する
- ☐ 持病がある人は医者に薬をもらう。必要であれば英文の処方箋も準備
- ☐ 宿泊先ホテルやツアー会社の連絡先を家族や知人に連絡する
- ☐ クレジットカード紛失時の連絡先など重要な事項をメモにしておく
- ☐ 新聞・郵便の留め置きの手配をする
- ☐ 留守番電話のメッセージを変える
- ☐ 冷蔵庫のナマ物を処分する
- ☐ 出発日の交通手段を決めて手配する

Model Plan 01
旅の提案
PROPOSAL OF TRAVEL

イギリスは初めてという人に
珠玉の街をめぐる旅

歴史的な名所や美しい自然、豊かな文化など多彩な魅力をもつイギリスの中から、「ここだけは」という必見の街やエリアを厳選したハイライトコース。イギリスを訪れるのは初めてという人に、とくにおすすめしたい。

魅力の街を残らずチョイス

　イギリスのカントリーサイドの美しさを堪能できるのが、湖水地方とコッツウォルズ。この２大人気エリアに、個性豊かな街の観光をプラス。スコットランドからイングランドへ、イギリスを縦断しながら必見の街をまわるベストコース。メジャーなコースだが、個人でまわるとなるとかなり上級の旅に。パッケージ型ツアーにも多いコースなので、無理をせず旅行会社のツアーを利用すればいいだろう。

トラファルガー・スクエアはロンドンの中心にある

湖水地方を走る蒸気機関車

●アドバイス

★ツアーの場合は専用バスでの移動になるが、個人で手配する時は英国鉄道やコーチの乗り降り自由のバス（p.42参照）を出発前に用意しよう。

★ツアーの場合も、主要な街で２泊するプランがいい。必見ポイントをゆっくり見学できるし、時間にゆとりがあると旅の幅が広がる。

★個人手配の場合、移動に時間がかかる。目的地を絞り込むか、コッツウォルズはロンドンに行ってから日帰りバスツアーを利用するなど工夫しよう。

旅のスケジュール[例]

1日目	成田発：ヨーロッパ内都市で乗り継ぎ、エディンバラへ 着後：ホテルへ　〔エディンバラ泊〕
2日目	午前：エディンバラ市内半日観光 午後：市内自由散策　〔エディンバラ泊〕
3日目	湖水地方の玄関、ウィンダミアへ 着後：周辺散策
4日目	湖水地方観光（湖上クルーズ） 夕刻：チェスターへ　〔チェスター泊〕
5日目	午前：チェスター市内観光 午後：市内散策　〔チェスター泊〕
6日目	ストラットフォード・アポン・エイヴォンへ 着後：市内観光　〔ストラットフォード・アポン・エイヴォン泊〕
7日目	コッツウォルズ地方観光 夕刻：ロンドンへ　〔ロンドン泊〕
8日目	ロンドン発　〔機中泊〕
9日目	成田着

●ここがポイント！

① ヨーロッパ内の都市で乗り継ぐ代わりに、ロンドンで国内線に乗り換える方法も。

② エディンバラは見どころが多い。1日たっぷり使って、ゆっくりまわりたい。

③ もう1日エディンバラに滞在できれば、ネス湖の観光もできる。

④ 湖水地方唯一の駅があるウィンダミアへは、途中乗り換えになる。

⑤ ツアーの場合、チェスターではなく、陶磁器の故郷、ストーク・オン・トレントへ行くタイプも多い。

⑥ ウィンダミアからチェスターへ鉄道で移動する時は、途中2回乗り換えがある。難しい時はチェスターを外し、ストラットフォードへ直行しよう。

⑦ チェスターそのものも見応えがあり、たっぷり1日はほしい街。

⑧ シェイクスピアの故郷は見どころが多いが、小さな街なので半日で主要なところは見物できる。

⑨ コッツウォルズは村や街が点在している。個人手配でコッツウォルズに行く時は、レンタカーかバスツアーを利用する方がよい。

⑩ イギリスが初めてだったら、ロンドンでぜひもう1泊。延泊できるツアーも多い。

必見ポイントを周遊
とびきりのイギリスを堪能！

　北の都、エディンバラから始まる旅は、湖水地方から中世の街チェスターとストラットフォードアポン・エイヴォンを経てコッツウォルズをめぐり、首都ロンドンへ入る。どこも必見。一度は行きたいところばかりだ。

古城がたたずむ神秘の湖
ネス湖 ▶ p.410
　ネッシー伝説で知られる湖。周囲にはハイランド地方独特の荒々しい自然が広がる。

誇り高き
スコットランドの首都
エディンバラ ▶ p.366
　ロイヤル・マイルと呼ばれる石畳の道に史跡が続くオールド・タウン、整然とした街路にジョージ朝様式の家が並ぶニュー・タウン、さらに海辺には王室船ブリタニア号もある。中心部全域が世界遺産に登録されている。

ピーターラビットの世界　　湖水地方 ▶ p.310
　詩人のワーズワースやピーターラビットの著者ボターなど多くの文化人たちを引きつけてやまない、イギリスを代表する景勝地。湖がいくつも点在し、そのほとりに愛らしい村が並んでいる。

（地図中の地名）
ネス湖
エディンバラ
ウィンダミア
湖水地方
チェスター
ストーク・オン・トレント
ストラットフォード・
アポン・エイヴォン
コッツウォルズ　　ロンドン

中世へタイムスリップ
チェスター ▶ p.275
　城壁にすっぽりとかこまれた街は、まさに中世そのまま。2000年に及ぶ歴史を刻む街には白壁に黒い木骨組のチューダー様式の家が並んでいる。古風な街は歩くだけでも楽しい。

イギリス最高の
カントリーサイド
コッツウォルズ ▶ p.262
　ゆるやかに起伏する牧草地にいくつもの愛らしい村や街が点在するコッツウォルズは、産業革命から取り残されたおかげで今も昔のままの「田舎」の美しさを残し、イギリスの人々にこよなく愛されている。

天才劇作家の故郷
ストラットフォード・アポン・エイヴォン ▶ p.256
　エイヴォン河のほとりに開けた小さな街に、シェイクスピアゆかりの史跡がいくつも残っている。ロイヤル・シェイクスピア劇団の本拠地でもあり、現在も3つの劇場で劇が上演されている。

イギリスをゆっくり味わいたい人に

歴史にこだわる旅

スコットランドとイングランドの歴史的な見どころをまわる旅。徹底して歴史的なスポットに焦点を絞り、ひとつの街をゆっくり味わいながら旅をする。歴史が好きな人にぜひトライしてもらいたいコース。

ツアーでは行かない街も周遊

イギリスの東海岸を訪れるツアーはめったにないが、歴史的な面から考えると見逃せない街が数多い。観光客も少ない地方だが、あらかじめ情報や知識を収集して旅立てば味わい深い旅になる。かなり「通」向けのプランなので、パッケージツアーだと選べる種類も少ない。ツアーでは行かないような街に行くのは個人手配ならではのだいご味だが、それを実行するには熟練した旅行技術が要求される。

中世を再現したイングランドの祭の風景

点在する古城もぜひ見学を

●アドバイス
★個人手配の場合、英国鉄道かコーチのバスは必需品。コース以外に足を延ばしたい時はレンタカーの利用も考えたい。
★英国鉄道の時刻表(p.72参照)は日本でも購入できる。また、コーチの時刻表はウェブサイトで調べることができる。事前の下調べを充分にしておこう。
★個人で動くのが難しい場合は、紹介する都市を周遊するパッケージツアーを探してみよう。ダーラムやヨークを訪れるツアーならある。

英国鉄道時刻表

旅のスケジュール [例]

1日目	成田発:ヨーロッパ内都市で乗り継ぎ、エディンバラへ 着後:ホテルへ　〔エディンバラ泊〕
2日目	終日:エディンバラ市内の観光と散策　〔エディンバラ泊〕
3日目	終日:スターリングとパースの観光　〔エディンバラ泊〕
4日目	ノーザンバーランドを通り、ダーラム市内の観光後、ヨークへ　〔ヨーク泊〕
5日目	終日:ヨーク市内観光　〔ヨーク泊〕
6日目	ケンブリッジへ 着後:ケンブリッジ市内観光　〔ケンブリッジ泊〕
7日目	ロンドンへ　〔ロンドン泊〕
8日目	ロンドン発　〔機中泊〕
9日目	成田着

●ここがポイント!

① エディンバラでは最低1日はほしい。美術館、博物館をつぶさに見る場合はさらに1日加えよう。

② 古都パースとスターリングはどちらもエディンバラから鉄道やコーチで日帰りできる。

③ ノーザンバーランド国立公園は見どころが多い(p.328参照)。ニューキャッスルで途中下車すれば、ローマの遺跡「ハドリアヌスの長城」の見物も可能。

④ ダーラムは小さな街だが、大聖堂と城はどちらも世界遺産。時間をかけて見学しよう。

⑤ ヨークも大きな街ではないが、見物には最低でもまる1日はかけたい。

⑥ ケンブリッジの見物は1日でよいが、周囲にはイーストアングリアの魅力的な街が点在している。どこも列車が利用できるので、もう1泊して周辺の街もまわってみよう。

⑦ 首都ロンドンは、まさに史跡の宝庫。真剣に見物すれば、当然ながら、とても1日では足りない。できれば2、3日滞在して、ロンドンをくまなく歩きたい。

東海岸をひたすら南下して
歴史の街を味わう

　エディンバラを起点にスコットランドをまわった後は、ツアーでは訪れることの少ないイングランドの東側を南下。世界遺産の街や大聖堂の街、さらに秀麗な美しさを誇る大学街を訪れて首都ロンドンへ。ゆっくり、じっくり楽しむ通の旅。

スコットランド攻防の街
スターリング ▶p.400

　スコットランドの命運をかけた戦いが何度となく繰り広げられてきた街。イングランドに抗して戦った英雄、ウィリアム・ウォレスゆかりの街でもある。

スコットランドの首都
エディンバラ▶p.366

　歴史的な遺産だけでなく、点在する美術館、博物館の豊富さもエディンバラならでは。スコットランドの歴史と文化を理解するうえで、国立美術館とロイヤル博物館は必見。

スコットランド王国の古都
パース▶p.398

　テイ河畔の小さな街はかつての王国の都。スクーン宮殿にあった「運命の石」は、スコットランド国王の戴冠に用いられたものだ。

古城が点在する海岸地帯　ノーザンバーランド▶p.328

　ツアーで訪れることはほとんどないが、このエリアにはアニック城やダンスタンバラ城など数々の古城が点在する。ニューキャッスルはこの地方の中心的な街で、ハドリアヌスの長城はここから西のカーライルまで続くローマの遺跡だ。

- パース
- スターリング
- エディンバラ
- ニューキャッスル
- ノーザンバーランド
- ダーラム
- ヨーク
- キングス・リン
- ノーリッチ
- ケンブリッジ
- イーリー
- イプスウィッチ
- ロンドン

中世そのままのカレッジの街
ケンブリッジ▶p.284

　オックスフォードに比べると街の規模はずっと小さいが、落ち着いた美しさはこの街ならでは。カレッジが並ぶ街には中世の香りが今も漂っている。

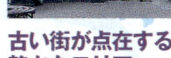

古い街が点在する
静かなエリア
イーストアングリア▶p.289〜294

　大聖堂がそびえるイーリー、中世の交易を跡を残すキングス・リン、サクソン人の時代から続くイプスウィッチなど、ツアーで訪れることはないがここにも魅力的な街が点在している。

大聖堂がそびえる巡礼の地
ダーラム▶p.330

　河のほとりに開けた小さな街だが、古くから巡礼の地として栄え、今も原型をとどめる大聖堂と城はいずれも世界遺産に登録されている。

Model Plan 03
旅の提案
PROPOSAL OF TRAVEL

ロンドン滞在にプラスαしたい人に
気ままに楽しむ小旅行

ロンドンを拠点にすれば、周辺には日帰りで訪れることのできる街やエリアがいっぱいある。「団体で周遊するのは苦手、でもロンドン以外の街も訪れたい」という人にぴったりのプラン。ロンドンを訪れるのは2回目以降という人におすすめだ。

好きな街に、好きな方法で行く

　イングランドの南部や中部イングランドの南半分はロンドンから日帰り旅行の圏内。コーチや鉄道の往復チケットを使ったり、ロンドン発着のバスツアーを利用して気ままなワンデイトリップを楽しもう。ロンドンには日本人旅行者専用のバスツアー会社（p.96参照）があり、日本人の嗜好に合わせた各種プランを用意している。半日とか日帰りがほとんどだが、湖水地方の1泊旅行など泊まりがけのコースもある。

イングランド各地に残るチューダー様式の民家

ビッグベンはロンドンのシンボル

●アドバイス
★ロンドン滞在はフリータイム型のツアーを活用。この方が個人で手配するよりずっとリーズナブル。
★鉄道を使ってあちこち行きたい時は、出発前に英国鉄道のパス（p.42参照）を入手。フレキシーパスなら滞在期間のうち2日か4日、鉄道が自由に利用できるし、ロンドン近郊に範囲を限定したタイプもある。コーチのパスは現地で購入できる。
★バスを使わずに1日に1都市を訪れる時、鉄道もコーチもチケットは必ず往復で購入すること。この方が別々に買うよりはるかに安くなる。

旅のスケジュール［例］

1日目	成田発：乗り継ぎまたは直行便でロンドンへ 着後：ホテルへ　　　　　　　　〔ロンドン泊〕
	この間にショートトリップを組み込む 　　　　　　　　　　　　　　　　〔ロンドン泊〕
2日目〜5日目	★おすすめの小旅行プラン ●ウィンザー城orハンプトン・コート宮殿 ●コッツウォルズと 　ストラットフォード・アポン・エイヴォン ●カンタベリー ●ブライトン ●バース ●オックスフォード ●ソールズベリーとストーンヘンジ ●湖水地方
6日目	ロンドン発　　　　　　　　　　　　〔機中泊〕
7日目	成田着

●ここがポイント！

①直行便は楽だが、2回目以降なら旅行代金の安い乗り継ぎコースも要検討。

②ロンドン滞在のホテルは市内中心部の交通の便のよいところを最優先に。食事をしやすい環境も考慮したい。

③鉄道パスか、バスツアーか、往復チケットか、目的が決まったら移動手段を決めていこう。

④どちらもロンドンから近く、ウィンザー城は鉄道、コーチのいずれも利用可能。半日のバスツアーもある。

⑤小旅行の中でも、レンタカーかバスツアーでないと難しいのがコッツウォルズ。バスツアーにはコッツウォルズのみと、オックスフォードなどと組み合わせたプランもある。

⑥これらの街へは鉄道かコーチの往復チケットで行けるが、ツアーならカンタベリーにドーバーやリーズ城を組み合わせたプランなどもある。

⑦ストーンヘンジは郊外にある。自分で行くよりバスツアーの方が楽。バースと組み合わせたツアーなどもある。

⑧湖水地方も日帰り可能！　特急列車とバスを組み合わせたバスツアーがある。夜帰着でハードだが、日の長い夏ならこんな旅もいい。

2回目のロンドン滞在に 魅力の時間をプラス

　ロンドンは何回訪れても新しい発見のある街だが、フリータイムのロンドン滞在型のツアーにオリジナルに小旅行を加えれば旅はもっと充実。1回にあれもこれもと欲張らず、「今回はこことここ」と選んでまわるのも楽しい。

英王室ゆかりの宮殿
ウィンザー城▶p.154

　平日はバッキンガム宮殿で公務に追われる女王が、しばしば週末を過ごすのがこの城。ロンドンからも近く、城内を見学できる。近くに名門パブリックスクール、イートン校があるのでこちらも見学しよう。

英国でいちばんの "田舎"
コッツウォルズ▶p.262

　清らかな小川のほとりに花々で彩られた蜂蜜色の家が並ぶ村や街は、どこも絵のような美しさ。一度は訪れてみたいところだ。

大聖堂のある巡礼者の聖地
カンタベリー▶p.198

　ローマから渡ってきた聖アウグスティヌスが開いた聖地で、大聖堂や修道院跡などが小さな街に残されている。もう少し足を延ばせば、白い断崖「ホワイト・クリフ」がそびえるドーヴァーへも行ける。

地図：
- コッツウォルズ
- ストラットフォード・アポン・エイヴォン
- ウィンザー城
- ロンドン
- バース
- ハンプトン・コート宮殿
- リーズ城
- ドーヴァー
- ストーンヘンジ
- ソールズベリー
- ブライトン
- カンタベリー

フラワーショーで名高い城
ハンプトン・コート宮殿▶p.152

　ヘンリー8世がヨーク大司教ウォルジー卿から没収したチューダー様式の堂々たる宮殿。内部とともに周囲の庭園も公開しているので、見応えは充分。

海辺のおしゃれなリゾート
ブライトン▶p.208

　放蕩者の王子が建てたパヴィリオンのある海辺の街は、18世紀のリゾートの雰囲気を今も残して魅力も充実。遊び心いっぱいのピアやショッピング街もあるので、1日たっぷり楽しめる。

ローマ人が見つけた温泉地
バース▶p.222

　ローマ浴場が有名だが、この街の魅力は18世紀に入って造られた美しい街並みと華やかな社交場だったころの雰囲気。斜面に沿って広がる街には魅力的な通りが何本もあり、アンティークの店などをのぞきながら楽しい時間が過ごせる。

神秘に満ちた巨石群　ストーンヘンジ▶p.221

　イギリスでいちばん高い塔のそびえるソールズベリー近郊、広大にひろがる牧草地の中ににわかに姿を現す古代遺跡。いったい何のために造ったのか、その理由は定かではないが、ただ近くで眺めるだけでも不思議な気分に包まれてくる。

アカデミックな大学の街
オックスフォード▶p.248

　ケンブリッジとともに、イギリスの最高峰の大学のある街。いくつものカレッジが並ぶ街は学生たちの活気に包まれている。ロンドンから列車、コーチともひんぱんに出ているので、気軽に訪れることができる。

出発日検討カレンダー

祝日は2006年
祝日・イベント開催日は年により変動する。

イギリスの祝日

1月1日　1月2日
バンク・ホリデー（スコットランドのみ）
ニューイヤーズ・デー

3月17日
セント・パトリックス・デー（北アイルランドのみ）

*4月14日
グッドフライデー（聖金曜日・イースター前の金曜日）

*4月16日
イースター（復活祭）

*4月17日
イースター・マンデー・バンク・ホリデー（スコットランドを除く）

*5月1日
メーデー・バンク・ホリデー（5月最初の月曜日）

*5月29日
スプリング・バンク・ホリデー（5月最終の月曜日）

バーゲンは夏と冬の2回

夏のバーゲンは6月の最後の週から7月中旬まで。冬はクリスマス明けから始まり1月いっぱい続く。開催期間は店によりマチマチだが、ブランドショップもこの期間はどこも値引きする。とくに旅費が安くなる冬のバーゲン・シーズンが狙い目だ。

ツアー料金の変動

●1/1
ニューイヤーズ・パレード（ロンドン）

●旧正月元旦
チャイニーズ・ニューイヤー・セレブレーション

2月初〜中旬（10日間）
ヨーヴィック・ヴァイキング・フェスティバル（ヨーク）

●4月下旬
ロンドン・マラソン2006

●6月第2土曜日
トゥルーピング・ザ・カラー（女王公式誕生パレード）

●6月中旬（5日間）
ロイヤル・アスコット競馬

●5月下旬（4日間）
チェルシー・フラワーショー

1月　2月　3月　4月　5月　6月

上旬 中 下　上旬 中 下　上旬 中 下　上旬 中 下　上旬 中 下　上旬 中 下

●12/29〜1/2
エディンバラ・ホグマニー

春の旅、ここに注意！

4月のハロゲイトのフラワーショーを皮切りに全国各地で次々に花の祭典が開催される。イングリッシュガーデンが旅の目的なら、4〜8月にかけてが最高のシーズン。ただし、4月のイースター前後は国内やヨーロッパの旅行者が多いので混雑する。

英国周遊8日間のツアー料金の一例

最低16万9千円

●5月下旬
ブラックプール世界ダンス選手権

●6月下旬〜7月上旬（2週間）
全英ウィンブルドン選手権（テニス）

日の出　8:04　7:38　6:44　5:35　4:33　3:

日の入　16:04　16:51　17:42　18:35　19:24　20:

気温

※エディンバラは平均気温でロンドンより2〜3度程度気温が低くなります。

ロンドンの最高気温
ロンドンの最低気温
東京の最高気温
東京の最低気温

月	1月	2月	3月	4月	5月	6月
ロンドン最高	9.8	10.0	12.9	18.4	22.7	25.2
東京最高	10.0	10.5	13.0	15.1	18.9	
ロンドン最低	7.0	7.0	8.0	10.5	10.0	18.0
東京最低	2.1	2.4	5.1	10.0	7.0	12.0
	-3.0	-2.0	3.0			185.2

平均降水量

ロンドンの平均降水量
エディンバラの平均降水量
東京の平均降水量

	1月	2月	3月	4月	5月	6月
ロンドン	78	67	60.4	99.5	103	44
エディンバラ	63	2	26	125.0	75	24
東京	45.1		16	21	138.0	32

最高
39万円

※各イベントの開催日の詳細については
英国政府観光庁へ（p.46参照）

＊印は移動祝祭日（2006年の例）

7月12日　※8月7日　※8月28日　1212月月2526日日

オレンジ・マンズ・デー（北アイルランドのみ）

サマー・バンク・ホリデー（スコットランドのみ／8月最初の月曜日）

サマー・バンク・ホリデー（スコットランドを除く／8月最終の月曜日）

ボクシング・デー

クリスマス・デー

冬の旅、ここに注意！
11月下旬からクリスマスイルミネーションがまたたき始め、12月下旬には冬のバーゲンも始まるが、12/25・26と1/1 はほとんどの店が休業する（スコットランドは1/2も）。クリスマスは公共交通機関もストップするので、要注意。

●7月初旬（6日間）
ハンプトン・コート宮殿
フラワーショー

●8月下旬（6日間）
ビートルズ・フェスティバル
（リヴァプール）

●8月中旬～9月初旬（3週間）
エディンバラ国際フェスティバル

●11月第2土曜日
ロード・メイヤーズ・ショー

7月　8月　9月　10月　11月　12月

上旬　中　下　上旬　中　下　上旬　中　下　上旬　中　下　上旬　中　下　上旬　中　下

●7月中旬（4日間）
全英オープン選手権
（ゴルフ）

●8月最終の月曜日
ノッティング・ヒル・カーニバル（ロンドン）

●12/29～1/2
エディンバラ・
ホグマニー

夏の旅、ここに注意！
エディンバラは7月にジャズのフェスティバルが開催され、8月にはミリタリー・タトゥーのパレードなども始まってお祭り一色。7、8月は北国への旅行に最適シーズンなのだが、交通機関もホテルも混むので早めの手配を。

最低
16万9千円

3：49　　4：26　　5：14　　6：01　　6：53　　7：42

20：20　　19：47　　18：46　　17：38　　16：35　　15：57

※上記日の出・日の入りは標準時。3月最終日曜日～10月最終日曜日まで夏時間となり、現地での時刻は上記より1時間遅くなります。

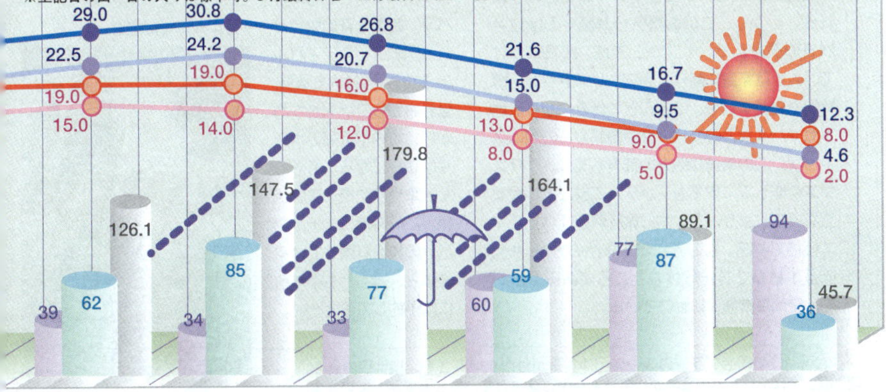

29.0　　30.8　　　26.8　　　21.6　　16.7　　　12.3

22.5　　24.2　　　20.7　　　15.0　　9.5　　　　8.0

19.0　　19.0　　　16.0　　　13.0　　9.0　　　　4.6

15.0　　14.0　　　12.0　　　8.0　　　5.0　　　　2.0

126.1　　147.5　　179.8　　164.1　　89.1　　94

39　62　34　85　33　77　60　59　77　87　36　45.7

旅のプランニング

ツアーで行く？ それともマイプラン？

オリジナルな旅を プロに委託

　最適ルートの作成から、個人では難しい見学の手配など、旅行会社はオリジナルプランに応じた現地予約・手配をしてくれる。現地とのコネクションを活かしたプロならではの手配が期待できるが、あらかじめ旅の骨格を自分できちんと決めておくのが、失敗しないコツ。プロの手をうまく活用しよう。

AIR & HOTEL セットプランとは？

　往復の航空券と到着した当日か2日程度のホテルだけをセットした手軽なプラン。送迎などツアー付属のサービスがないかわりに割安で、個人旅行者にも人気がある。滞在日数の延長もでき、滞在期間中のアレンジ委託も可能。個人手配はめんどう、でも自由に旅したいといった人に最適。

パンフを集めてツアーを探そう

目的と自分の力に合わせて 旅の計画を立てよう！

　英国各地を訪れたり、ロンドンを拠点に近郊に足をのばしたり、旅にはいろいろなかたちがある。旅の手段も、あらかじめ各地の観光が組み込まれたパッケージ型のツアーを利用することもできるし、航空券やホテルなどを自分で手配する個人手配旅行や、フリータイム型のツアーに自分流のアレンジを加えるなどの方法がある。どんな旅がしたいか、旅の目的や内容をまずチェック。次に、英会話力や海外旅行の熟練度など、自分の条件を考慮して、ツアーにするか個人で手配するか、最適な旅をプランニングしていこう。

ツアーVS自分で作る旅 どっちが得かは中身次第

　ツアー料金も航空運賃も季節によって変動するので一概にはいえないが、ロンドン1都市に滞在する場合、ホテル料金が高額なことを考えるとツアーの方が得。格安チケットを活用しても、ツアーの方が団体割引でホテルを利用できる分だけ有利だ。
　ロンドンを拠点に地方の街にも旅をしたいといった場合も、フリータイム型ツアーをベースに、日帰りや1、2泊程度の小旅行をアレンジすれば変化に富んだ旅になる。
　英国内を周遊する場合は、よほど旅慣れていない限りパッケージ型ツアーの方が無難。旅行会社の既成のツアーは数が限られる上、いたれりつくせりな分料金もかなり高額だが、同じような旅を個人でアレンジしようと思うと予想以上に費用がかかるし、限られた時間内に移動しようと思えばホテルや列車の

旅のADVICE

クリスマス・シーズンと、夏のエディンバラに要注意！

　12月に入ると、街はクリスマス一色に包まれる。しかし、このお祭気分が続くのは12月24日の夕方まで。イブから25日、26日にかけて、人々は家庭に帰り、商店やレストラン、博物館や史蹟なども、ほとんどお休みになる。地下鉄やバスなどの公共の交通機関もこの間はストップ。この事情は地方の都市も同じ。クリスマスを楽しみに来ても、ホテルで過ごすしかなくなってしまう。その割に旅行料金はクリスマス価格で割高。むしろ、年末年始の方がいい。元旦1日か2日だけ休むところがあるくらいで、後は平常通りに動いている。

　クリスマスとともに要注意が、夏のエディンバラ。毎年8月の中旬から9月にかけて開催される国際フェスティバル（p.375参照）は人気抜群。世界中からファンがつめかけ、市内や近郊のホテルは満杯になる。もちろん列車や航空機も満席状態。この時期にエディンバラの旅を計画しているのなら、遅くとも半年前には予約しておきたい。

夏のエディンバラ

注 右ページの周遊プランの表中の□は食事が付かないことを、機は機内食を、朝、昼、夕はそれぞれの食事がツアー料金中に含まれていることを示しています。

ATTENTION　ロンドンを拠点に地方をまわるか、最初から周遊を目的にするか、旅のプランニングは、まず基本的な骨格作りからスタート。その上で、既成のツアーにするか個人で手配するか、旅のスタイルを決めていこう。

予約など、事前の準備も必要になる。

　ツアーと個人手配の優劣は旅の中身次第。ツアーを利用した場合と個人で手配した場合の費用の違いを比較するだけでなく、出発前から英国に入った後の手配まで、必要となる英語力や旅の熟練度とも兼ね合わせて慎重に検討し、旅のスタイルを決めていこう。

旅のスタイルが決まったら
次は出発日を決める

　英国旅行のハイシーズンは5～8月の夏場だが、残念ながらこの時期にはツアー、格安航空券ともに高くなる。とくに5月の連休やお盆休み前後の価格はいずれもピーク。11月～12月前半、1月後半～2月といった冬場のシーズンオフ価格の3倍近くまで跳ね上がる。クリスマスシーズンも高い。

　快適なシーズンに、リーズナブルに旅をしたい時は、ピーク期間をできるだけ避けること。学生の春休みが終った頃、連休前の4月前半や、連休後の5月から6月は、快適シーズンにもかかわらずかなり安い。学生の夏休みが終わる9月後半から10月も狙い目。秋のイギリスもまた美しい。

現地ツアーとは？

　ツアー主催旅行会社が別料金で用意しているのがオプショナルツアー。これとは別に、現地のツアー専門会社が企画・販売しているのが現地ツアー。ツアーには半日から宿泊タイプまでさまざまある。宿泊タイプは日本出発前に予約を。
※現地のバスツアーについてはp.96参照。

クリスマスには街中にイルミネーションが輝くが、残念ながら旅には不向きな季節

旅のプランニング　29　日本での準備編

周遊型ツアー vs アレンジ型 比べてみると？

▷6泊8日の旅
▷出発日：2005年5月15日前後の平日
▷利用航空会社：指定なし
▷宿泊ホテル：Bグレード（2人1室利用）

●周遊プラン
例／添乗員同行「イギリス紀行8日間」

旅行代金＝244,800円＋α
（食事：朝食6回・昼食4回・夕食2回）

1	東京⇨ヨーロッパ内都市乗り継ぎ⇨マンチェスターへ マンチェスター泊（□機□）	
2	マンチェスター⇨チェスター観光⇨湖水地方 湖水地方泊（朝昼夕）	
3	湖水地方観光⇨ストラットフォード・アポン・エイヴォン ストラットフォード泊（朝昼夕）	
4	⇨ストラットフォードとコッツウォルズ地方観光 ストラットフォード泊（朝昼□）	
5	⇨オックスフォード観光⇨ロンドン ロンドン泊（朝昼□）	
6	終日自由行動 ロンドン泊（朝□□）	
7	ロンドン⇨ヨーロッパ内都市乗り継ぎ （朝□機）	
8	東京着 （機）	

※マンチェスターからの移動はすべてバス利用

VS

●フリー型ツアー＋バス・ツアー

合計旅行費用 ＝216,420円＋α

〔費用内訳〕
①ロンドン滞在型ツアー6泊8日
★基本ツアー料金＝174,000円
（食事：朝食6回・昼食0回・夕食0回）
②日帰りバスツアー料金
例：マイバスの日本人ガイド付きツアー
・湖水地方日帰り £150（31,500円／所要約15時間）／1泊、2泊の宿泊プランもある
・オックスフォード、ストラットフォードとコッツウォルズ1日観光 £52（10,920円／所要約10時間）
※ツアー料金は£1＝210円（2005年5月現在）で計算
※ロンドン発着のバスツアーには、上記の他にもさまざまな種類がある（p.96参照）。ロンドンの街歩きと組み合わせて、周辺の街の小旅行を楽しめる。

結論！　効率よく＆快適に旅するなら周遊型

旅行費用だけ見るとフリータイム型がリーズナブルに見えるが、毎日の食事代や交通費を加えると差はあまりないし、「途中、チェスターを観光」などは、バスで周遊する旅ならではのメリット。また、添乗員同行の周遊タイプと違って、フリー型は空港で現地係員が出迎えてくれるだけ。途中の乗り継ぎも自分たちでこなさなければならない。効率よく、快適に旅したい人は、やはり周遊プランの方がいいだろう。

ATTENTION 旅のリピーターに人気のフリータイム型ツアー。
どこのツアーも同じように見えるが、よくよく見ると中身が違う。付帯サービスや
航空会社、ホテルなど、旅行条件を詳細にチェックしてからツアーを選ぼう。

奇数人数で参加すると ツアーは高くなる？

　ツアー料金に含まれる宿泊料金は、ツインルームを2人で利用した時の1人分の料金。2人、4人と偶数人数で参加する限り問題はないが、注意したいのは3人、5人といった奇数で参加する時。エキストラベッドを入れてくれることもあるが、多くは「1人1室利用」となり差額料金がかかってくる。1人で参加する場合も同様。これが意外と大きな出費になるので注意しよう。

イベントに合わせて 旅行計画を立てる

　アスコット競馬やウィンブルドン・テニス選手権、ガーデニングファン必見のフラワーショーやアンティークフェスティバルなど、イギリスには魅力的な行事が多い。これらのイベントに合わせて旅の計画を立てるのもおすすめ。ただし、3月下旬から4月にかけてのイースター休暇と同様に、これら大規模なイベント開催中はヨーロッパからの観光客が集中する時期でもある。日本はオフでも、予約が入れにくかったりするので、要注意。目的のイベントがあるなら、早めに手配していこう。イギリス内各地の伝統行事やイベントの詳細はp.12〜13参照。

競馬もイギリスの大イベント

鉄道パスとレンタカーは 日本で手配

　ブリットレイル・パスと呼ばれる鉄道のパスは現地では買うことができないので、出発前に日本の旅行会社で予約・購入しておこう。また、レンタカーもあらかじめ日本で予約しておいた方が無難。鉄道パスとレンタカーの予約先や予約方法については、p.42〜43参照。

　ショッピングだったら、12月の末から1月いっぱい続く冬のバーゲンシーズンを狙おう。クリスマス前後と年末年始をはずせば、旅行価格もピーク時よりはるかに安い。

　どうしてもピークシーズンにしかまとまった休みがとれない場合は、なるべく早く出発日を決めて手配するのがポイント。同じピーク時のツアーでも、旅行会社によって微妙に料金差があり、ツアーも他の商品同様、リーズナブルで条件のよいものから売れていく。早め早めに決めていこう。

旅の成否はツアー選びから！ 賢くチェックして、最適プランを選ぼう

　旅行会社が売り出すツアー商品には、大きく分けて「航空券＋ホテル＋空港〜ホテルの送迎」のみセットしたフリータイム型と、これに観光や食事などを加えたパッケージ型とがある。ロンドン1都市滞在の場合はほとんどがフリータイム型だが、英国内を周遊するプランの場合は、フルパッケージ型がほとんど。添乗員が同行するツアーも多く、食事も大半があらかじめセットされている。

ツアー選択のポイント

　フリータイム型もパケージ型も、旅の成否はツアー選びにかかっている。それぞれのポイントをおさえて、賢く最適なツアーを選択していこう。

●フリータイム型ツアー

❶旅行代金／旅行代金に中が含まれているか、かならずチェック。格安プランの中には「朝食なし」もあるので、要注意。

❷ホテル／「○○ホテル、または同等クラス」に要注意。どこに泊まるか、出発直前までわからない。こんな時は同等クラスがどんなホテルか、パンフレットに掲載されているホテルのリストをチェック。街はずれのホテルが多いようなら、違うプランを探した方がいい。

❸航空会社／利用航空会社があらかじめ決まっているタイプと選べるタイプ、選択できないタイプの3通りあり、それによって旅行代金に差が出る。また、直行便か、乗り継ぎ便かにも注目を。フリータイムの場合、添乗員は同行しないので、乗り継ぎは慣れない人にはかなり負担になる。

❹出発日／同じようなツアーでも、旅行会社や出発日によって料金に差が出る。必ず数社を見比べること。

●パッケージ型ツアー

❶旅行代金／食事やフリータイム時のオリジナルプランを選べるなど自由度の高いプランほど高く、「全観光・全食事付き」のフルパッケージが安い傾向にある。

❷旅行日程／希望の街を訪れるか確認するとともに、過密な

30

イギリス周遊の旅は
熟練度と目的に合わせてプランニング

初 級　英語力 ／海外旅行経験

**こんな人に
オススメ!**
●イギリス旅行は初めて ●英語には全然自信がない ●定番の観光地を訪れたい

⬇

フルパッケージ型ツアー

観光・食事付きで添乗員または現地係員が同行。団体旅行になるが、とりあえず主要なところは見たい人や旅慣れない人にはおすすめ。あちこち周遊する旅の場合は、個人で手配するより安上がり。フリータイムのあるツアーを選べば、オリジナルな時間も楽しめる。

デメリット ✕団体行動で自由度が低い／✕観光地での見学時間が短いことがある

中 級　英語力 ／海外旅行経験

**こんな人に
オススメ!**
●海外旅行の経験はある ●旅行会話程度ならできる ●行きたいところが決まっている

⬇

ロンドン発着フリーツアー＋α

ロンドンを拠点に日帰り旅行を自分でアレンジ。バスツアーを利用したり、乗り降り自由の鉄道バスやレンタカー（p.42参照）などをあらかじめ用意しておけば、かなり自由に行動できる。ロンドン以外の街での宿泊も、ツアーによってはアレンジが可能。

デメリット ✕ツアー料金＋アルファの出費を覚悟／✕現地での行動がかなり自己責任

上 級　英語力 ／海外旅行経験

**こんな人に
オススメ!**
●会話には不自由しない ●団体行動は嫌い ●自由に動きまわりたい

⬇

個人手配旅行

往復の航空券と主な宿泊地のホテル、鉄道バスなど、骨格的な部分だけ手配する「セミ自由旅行」か、往復航空券のみで後は現地でアレンジする本格的な自由旅行。自分の行きたいところに自分の力で行く、旅慣れた人向けの旅。

デメリット ✕現地での行動はすべて自己責任／✕じょうずに行動しないとツアーより高くなる

スケジュールになっていないかチェック。フリータイムや主要な街には連泊するなど、ゆとりのあるプランの方が望ましい。
❸添乗員／日本から同行するプランもあるし、空港へは現地係員が出迎え、観光地のガイドは別の人が付くタイプまでさまざま。必ずチェックを。
❹航空会社＆ホテル／このふたつが旅行料金を決める大きな要素になる。グレードの高いホテル、日本の航空会社の直行便を希望すれば、ツアー料金は高くなる。予算とにらみ合わせて慎重に検討しよう。

成田空港の出発ロビー。旅はここから始まる

イギリスのホテル事情

旅の重要な要素だからこそ、慎重に決めよう！

ホテルの客室の種類は？

客室には、ベッドが2つ入ったツインルーム、ベッドひとつの1人用シングルルーム、2人でも泊まれるダブルベッドルームの3タイプの他、ファミリールームや寝室にリビングルームなどの付いた豪華なスイートルームなどがある。

アパートメント・ホテルで快適に"暮らす"

家具やテレビ、電話、それに食器や調理器具などキッチン設備を備えたアパート型ホテルも、長期に滞在する時にはマイペースに暮らせて快適。日本で予約できるところもあるので、滞在型の旅を計画しているのなら検討してみたい。

アパートホテルには、ワンルーム型のスタディオタイプから寝室が複数ある大型のものまでさまざま。1泊当たりの料金はやや高めだが、人数が多くなれば割安になる。通常、1週間以上で予約できるが、1泊から泊まれるところもある。日本での予約窓口の主なところは以下の通り。

●有限会社タクボツーリズム
イギリスのアパートホテル専門予約会社TAS（The Apartment Service社）のネットワークを通してロンドン市内の希望エリアのアパートホテルやB&Bの予約と手配を代行（1件当たり手数料8,000円）してくれる。
▶ ☎03-3483-8741
▶ http://www.takubotour.com

イギリスでも利用できるユースホステル

イングランド&ウェールズ、スコットランド、北アイルランドの3つのエリア別に組織が分かれているが、ほとんどのところで国際ユースホステルの会員証で利用できる。ホステルの数は230。日本で予約できるところもある。右ページ参照。

予算と目的に合わせて賢くホテルを選択

ホテルには、現代感覚あふれる機能的なホテルもあれば、伝統的ホテルもある。ハイアット、ヒルトンといった世界的なホテル・チェーンで安心&快適をキープするか、伝統のホテルで英国情緒を味わうか、機能性と経済性を考慮してイギリス国内で展開しているビジネスホテルのチェーンにするか、あるいはあくまで「安さ」を原則に選ぶか…。旅のスタイルに合わせて、ホテルは慎重に選びたい。

イギリス独特のホテル事情

ホテルといってもさまざまだが、ある程度のホテルであれば事情は日本とあまり違いはない。選ぶ時は、料金、立地条件などを基準に、自分に合ったホテルを選べばよいだろう。こうしたいわゆるホテルの他に、イギリスには以下のような独特のスタイルの宿泊施設がある。イギリスらしさを味わうなら、伝統的な施設の方がホテルよりベター。また、エコノミーにイギリスを旅したい時も、これらの施設を有効に利用しよう。

★マナーハウス&カントリーハウス
Manor House & Country House

貴族の館や地方の有力者の邸宅をホテルに改装した施設。いずれも長い歴史と格式を誇る館が多く、豪華な内装や装飾、館を取りまく庭園、伝統的英国料理などが楽しめる。

★タウンハウス・ホテル（プチホテル）
Town House（Petit Hotel）

田園地帯にある貴族たちの本宅、カントリーハウスに対して、ロンドンなど都市の住まいとして使われたタウンハウスを改装した小型ホテル。宿泊料金はやや高めのところが多いが、客室数も少なく、アットホームなくつろぎと、高級ホテル並みのゴージャスな雰囲気が味わえる。

★B&B
Bed & Breakfast

イギリス独特の朝食付き民宿。客室数も少なく、トイレ・バス付きの部屋から、トイレも共同のドミトリールームまで、料金によって内容もまちまち。ロンドンなど都市部では商業化した簡易ホテル的なものが多いが、地方にいけば昔ながらの雰囲気を保ったアットホームなB&Bが多い。ロンドンで1泊シングル£30〜。地方は£15ぐらいから泊まることができる。

★イン
Inn

コーチング・インやオールド・インといった名称の、馬車が交通手段だった当時の名残を残した宿泊施設。パブ（居酒屋）

の2階が客室になっていたり、レストランにホテルが付属している「タバンTavern」などもある。古きよきイギリスを味わうのに最適。地方に行けばまだこうした宿がある。

★ゲストハウス（プライベートホテル）
Guesthouse (Private Hotel)

　個人の家庭の空いた部屋を提供している家族経営の施設で、B&Bよりさらにアットホーム。客室も1室から数室程度。朝食が付いているところとないところとがある。

ホテルをクラス別に分ける

　BTA（英国政府観光庁British Tourist Authority）やAA（Automobile Association）などの組織が独自にホテルの格付けを行っているが、全国を網羅した共通の評価基準ではない。本書の各都市ごとのホテルガイドでは、ツインルームの料金（2005年5月現在）によって以下の4段階で表示している。ただし、宿泊料金はシーズンや曜日によって大きく変動するので、予約の前に必ず確認を。また、オンライン予約の方が割安のケースも多い。こちらも要チェック。

★★★★★ デラックス ツインルーム 1泊£300〜	世界のVIPご用達の贅沢なホテルで、このクラスのホテルはロンドンにしかない。「憧れのあのホテルに泊まる!」といったツアーでない限り、団体旅行にはほとんど登場しない。
★★★★ スーペリア ツインルーム 1泊£200〜300	格式に違いが多少ある程度で、設備やサービスなどはデラックス・ホテルと変わらない。ツアーでも、ちょっとリッチなプランにはこのクラスのホテルが使われる。
★★★ スタンダード ツインルーム 1泊£100〜200	ツアーでもっともよく使われるクラスで、ベーシックな設備に不足はなく、機能的なビジネス・ホテルのチェーンも多い。ただし、中には市内中心部からはずれた不便なホテルもある。「○○ホテル、または同等クラス」といった表示の場合は、そのツアーで使う予定のホテルを地図上でチェックしよう。
★★〜★ エコノミー ツインルーム £100以下	ホテルらしい設備や規模や設備を整えたものの他に、テラスハウス（連棟式民家）を改造したホテルやB&Bの大半もこのクラスに含まれる。ロンドンのB&Bの場合は簡易ホテルの色合いが濃くなり、£50以下の★ひとつの格安クラスになるとバス・トイレ共同も多い。予約する前に室内設備等は慎重に確認しよう。ただし、地方の街のB&Bには£50以下のものが多く、設備ははるかによいところが多い。

● 英国ユースホステル協会
▶ ☎0870-770-8868（イギリス）
▶ http://www.yha.org.uk
● 日本ユースホステル協会
　東京都内各地に窓口があり、YHのガイドブックも販売している。問い合わせは下へ。
▶ 本部☎03-3288-0260
▶ http://www.jyh.or.jp/

マナーハウスやB&Bを日本で予約する

　予約や問い合わせは、英国政府観光庁（p.46参照）または、以下へ。各種ホテルの他、劇場のチケット手配や鉄道パスなど、旅のパーツの代行手配をしてくれる（いずれも予約代行手数料が1件に付き1,000〜2,000円程度かかる）。
● ワールドブリッジ
▶ ☎03-3562-7878
▶ http://www.world-bridge.co.jp
● トラベル・パーツ・サポート
　英国全土のB&Bの予約代行
▶ ☎03-5958-5850
▶ http://www.travelparts.co.jp

「バス付き」にご用心!

　バス付きといえば、バスタブにシャワーの付いたものと考えがちだが、イギリスのホテル、とくにエコノミーな宿泊施設の場合、「with Bath」とあってもシャワーのみ、あるいはバスタブのみといったこともある。シャワーだけならまだしも、バスタブのみとなれば、石鹸を洗い流すこともできない。3つ星以上のホテルの場合は心配ないが、それ以下のエコノミーなホテルは、予約の際に付帯設備を必ず確認しておきたい。

地方都市の典型的なイン

航空会社別 格安航空券料金

※2005年9月6日（火）出発の場合の往復運賃

●直行便

日本航空　164,000円
全日空　161,000円
ブリティッシュ・エアウェイズ
175,000円
ヴァージン・アトランティック
航空　158,000円

※同じ日出発の早割りの料金は以下の通り。

日本航空／35日前予約
164,000円
全日空／21日前予約179,000円
ブリティッシュ・エアウェイズ／35日前予約　150,000円

※乗り継ぎ便の場合、欧州の航空会社は直行便との価格差があまりないが、アジア系の場合は差が大きい。検討の価値あり。

★アシアナ航空（ソウル経由）
89,000円
★コリアンエアー　117,000円

格安航空券＆ホテル ネット情報サイト

航空券とともにホテルの情報検索や予約もできる。

●マップツアー
http://www.maptour.co.jp
●シーエーエスツアー
http://www.castour.com/
●格安航空券NEWS
http://www.faxpress.co.jp/tour
●エイチ・アイ・エス
http://www.his-j.com

賢い航空会社選び

運賃とともに、サービスや出発時刻にも注目を。エコノミーのサービスではヴァージンがいいが、座席が少々狭い。日系2社は帰国時にヒースロー出発時刻が遅いので最後の日まで有効に使える。また、ブリティッシュ・エアウェイズだけはターミナル1に到着する。国内線の乗り継ぎには便利だが、免税店が小さい。

直行便で行くか、経由して楽しむか？ ルートはさまざま

個人で手配して旅行する時は、旅のプランや日程がほぼ決まったら、まず航空券の予約から始めよう。

ロンドンへ行くには直行便と経由便の2通りあるが、楽なのはノンストップの直行便。現在、東京（成田）〜ロンドン（ヒースロー）は、日本航空JL、全日空NHの日系2社と、ブリティッシュ・エアウェイズBA、ヴァージン・アトランティック航空VSの英系2社の合計4社が就航している。このうち直行便がいちばん多いのは、1日2便就航しているBA。大阪からも日系2社の直行便がある。飛行時間は行きが12時間30分〜13時間、帰りは12時間弱。直行とはいえ、かなりの長旅になる。

ヨーロッパ内の都市で乗り継ぐ経由便も各種ある。日系2社はフランクフルトなどで乗り継いでロンドンへ入るルートがあり、欧州系航空会社の場合は経由便でロンドンの他にグラスゴーなどイギリス内の都市に行ける。乗り換えにはなるが、パリやアムステルダムなどに料金の追加なしにストップオーバーできるので、時間があれば経由便もむしろおもしろい。北まわりの経由便にも、コリアンエアーなどでソウルを経由するルートもあるし、香港経由など南まわりにすれば、時間はかかるがさらに安い。ロンドンの行き帰りにアジアで遊ぶというのも、時間があれば楽しみたいプランだ。

格安航空券？　正規割引チケット？ チケットにもいろいろある

規制緩和にともなって、早めの予約で料金が格安になる正規割引運賃が出てきた。各社とも割引率は大きく、直行便4社の中の1社、日本航空の場合、35日前に予約する「悟空35」だと、最安値で往復70,000円、一番高い夏休み時期で220,000円（いずれも2005年1〜9月の料金）と、格安航空券と比べてもそれほど差がない。

ここまで安くなると、正規割引運賃も個人手配旅行の射程圏内に入ってくる。しかも、座席の指定ができるなど格安航空券と比べると条件が多い分いい。また、日系航空会社はマイレージ換算率もよくなる（右ページの囲み記事参照）。格安航空券か、正規割引運賃か、充分検討してみよう。

正規割引運賃の問い合わせと予約は各航空会社へ。ただし、正規割引運賃は出発直前でも予約できる格安と違って、「早めに予約」が原則。出発の35日前、21日前までに予約するものの他、旅行開始直前まで予約できる割引運賃もある。その他、予約変更ができない、ロンドンの滞在日数指定など、航空会社ごとに細かな規定があるので、予約前によく確認しよう。

各社の料金を比較検討、最適のチケットを入手しよう

　格安航空券を利用する時は、旅行情報専門誌などにのっている旅行会社に電話を入れれば、出発日に利用できる各航空会社の往復運賃を教えてくれる。旅行会社ごとに料金設定は違うので、必ず数社あたって比較すること。格安航空券の場合、直行便は日系2社が高く、英系2社が安いというのが一般的。また、出発日や帰国日が週末だと差額が必要になることがあるので、予約時に必ず確認を。出発日をずらしたり、他の航空会社に変えるなど工夫しよう。旅行会社にホームページがあるならネットでアクセスができるし、格安航空券の情報を集めたサイトで調べる手もある。いずれも最新の料金情報はもちろん、希望のチケットに空きがあればそのまま予約ができる。

旅のADVICE

格安航空券でもたまるマイレージ・サービス

　マイレージ・サービスとは、搭乗飛行距離に応じて無料航空券などをプレゼントするという航空会社の会員制サービスシステム。サービス内容は各社まちまちだが、直行便4社の中でいちばんマイル換算の条件がいいのはヴァージン・アトランティック航空。米国系航空会社と同様、正規、ペックス、早割、格安、ツアーなどチケットの種類にかかわらず、エコノミーでも100％換算される。日系2社は100％は正規チケットのみ。ペックスや早割は70％、ツアーや格安はよくて50％。チケットによってはカウントされない。ブリティッシュ・エアウェイズはさらに渋く、正規チケット以外は25％換算になる。

　しかし、日本～ロンドンの飛行距離は6220マイルとかなりの長距離。まだ入会していないなら、ロンドン旅行を機会に入会してマイルをためよう。もっぱらイギリスに行く人なら英系の航空会社、日本国内の旅行や出張も多いという人は日系の航空会社に入会するといい。すでに米国系航空会社のカードがある人も、提携のヨーロッパ系航空会社の便を利用すればロンドン旅行でもマイルを獲得できる。

　入会手続きはいたって簡単。各社の窓口に申し込み、所定事項を用紙に記入して送付すれば会員カードが送られてくる。入会金も会費も不要。クレジット機能付きのカードにすれば、ホテル料金やショッピングもマイルに換算される（ただし、この場合は会費が必要）。

●マイレージの問い合わせ窓口
日本航空▶0120-747-039　全日空▶0120-029-767
ブリティッシュ・エアウェイズ▶03-3570-8132
ヴァージン・アトランティック航空▶03-3499-8811

ロンドンに寄らずに目的地に直行するには？

　スコットランドが旅の目的地なら、ヒースロー空港で国内線に乗り換えたり、はるばる他の空港に移動したりするより、KLMオランダ航空（アムステルダム経由）などで直接エディンバラに入った方が便利。ロンドンで国内線の他の航空会社に乗り継ぐと追加料金がかかるが、日本からヨーロッパの他の国の都市を経由してイギリスの地方都市に飛ぶルートなら追加料金なしで行けることが多い。ヒースローからの空路のないウェールズのカーディフへも、KLMならアムステルダム経由で飛べる。格安航空券が入手しやすい航空会社が多いので、ロンドンに寄らない時は、これらのルートを検討してみよう。

正規割引運賃の問い合わせ・予約窓口
●日本航空「JAL悟空」
▶☎0120-255-931
▶http://www.jal.co.jp/
●全日空「GET」
▶☎0120-029-333
▶http://www.ana.co.jp/
●ブリティッシュ・エアウェイズ「ワールド・トラベラー正規割引」
▶☎03-3593-8811
▶http://www.britishairways.com/japan
●ヴァージン・アトランティック航空「Virgin ap 35」
▶☎03-3499-8811
▶http://www.virginatlantic.co.jp

成田空港の旅客ターミナル

※❷と❸が扱うホテルについては直接問い合わせを。主な連絡先は、p.430のホテル予約先一覧を参照。

朝食と税金に要注意！

予約する場合は、宿泊料金に朝食が含まれているかどうか、必ずチェックを。税金にも要注意。最近は宿泊料に含まれるのはサービス料のみで税金は別に徴収するホテルもある。イギリスのVAT（付加価値税）は17.5％とかなり高い。チェックアウトの時にあわてないように、予約時に必ず確認しておこう。また、B&Bなどではクレジットカードで精算ができないこともある。支払い方法もあらかじめ確認しておきたい。

ホテルの立地や客室の付帯設備にも要注意。エコノミーなホテルの場合、バス付きでもシャワーのみといったケースが多い（p.33欄外参照）。

インターネットで予約
ホテル検索＆予約サイト

英国政府観光庁や英国大使館、商工会議所などが運営する公式サイト（p.46参照）や各地方の観光局（p.46参照）などでもホテルの検索や予約ができる。以下はホテル予約の専門サイト。イギリス以外に全世界のホテルを取り扱っている。

●http://www.hotelnet.co.uk/
英国全土のホテル情報
●http://www.virtual-inn.co.uk
全世界約10万軒のホテル情報
●http://www.beduk.co.uk/
B&Bを中心に英国全土のエコノミーなホテルをガイド
●http://www.hotelguide.com/
日本語で検索できる全世界のホテル・サイト
●http://www.appleworld.com/
日本企業が運営する世界のホテル・サイト
●http://www.visitlondon.com/jp
ロンドン観光局の公式日本語サイト。ロンドンのホテルの検索ができる

ホテルは快適な旅のポイント
慎重に選んで予約しよう

あらかじめ旅の全行程のホテルを予約する必要はないが、イギリスの到着が夕方になる場合、当日か、最初の2、3泊くらいは予約しておいた方が無難。予約方法は以下の通り。

❶ 旅行会社

各旅行会社に取り扱いホテルのリストがあり、代行予約してくれる。ヨーロッパ専門、自由旅行が得意といった旅行会社なら、格安ホテルのリストなどもある。いちばん手軽だが、手数料を取られるし、希望のホテルを扱っているとは限らない。

❷ ホテルの日本事務所

ヒルトンやホリデイ・インなど世界的なチェーンやホテルグループの日本での予約事務所。手数料なしで予約ができるし、お得な宿泊プランなどもあることが多い。

❸ レップ（Representative）

ホテルの予約を代行する事務所で、各ホテルの予約センターに直結するコンピュータがあり、即時に回答してくれる。ひとつのレップで複数のホテルやホテルチェーンを取り扱っているので、予算に合わせてホテルを探したい時などに便利。ただし、レップに登録されているホテルは星3つ以上がほとんど。

❹ 電話＆ファックス

国際電話でも予約できるが、ファックスか手紙の方が簡単で確実。レップのないエコノミーなホテルにも、ファックスはある。右ページの文例を参考に必要事項を記入して送付する。返事もファックスか手紙でもらえば、それが予約確認書にもなる。ただし、電話やファックスでの予約にはクレジットカードの番号が求められるケースが多い。

❺ インターネット

メールアドレスやホームページを持つホテルが急増している。ファックスの代わりにメールを送ってもいいし、ホームページがあれば予約も可能。ネット予約の方が安いことが多い。

イギリスでホテルを探す

もっとも簡単なのは、空港や駅、街中などにある観光案内所やホテル案内所で手配してもらう方法。手数料を取られるが、希望するホテルが満室の場合でも別のホテルを紹介してくれる。また、地方都市のホテルを予約したい時はロンドンの英国＆ロンドン・ビジターセンターBritain & London Visitor Centre（MAP：●切りとり-18、p.114-J）に行こう。全国ネットのオンラインシステムで検索・予約できる。

英語で交渉できるなら、直接アタック。電話をかけるか、希望のホテルのフロントで手続きをしよう。

注 レップやホテルの日本事務所が取り扱うホテルは変更されることが多い。有名ホテルチェーン以外のホテルでは、泊まりたいホテルの手配ができるかは、それぞれに尋ねてみるしかない（p.430参照）。

●ホテル予約シート

Reservation

date ____ / ____ / ____
発信の日付 (日・月・年の順で)

to _____
_____
(宛て先：ホテル名と住所)

Dear sir or madam

I would like to reserve for ____ **persons**
(宿泊する人数)

    for __ **night(s) from** ____ / ____ / ____ （○日○月○年から○泊）

☐ **single room**　☐ **double room(** ☐ **dobule bed**　☐ **twin bed)**
  1人用の部屋　　　　2人用の部屋　　　　　ダブル・ベッド　　　ツイン・ベッド

with ☐ **shower** ☐ **bath-tub** ☐ **bath**
    シャワー付き　湯船付き　　シャワーはタブ付き

arrival date ____ / ____ / ____ **arrival time** _____
到着日　　　　　　　　　　　　　　　　到着時刻

name _____ **address** _____
(予約する本人の名前と住所)

phone 81- __ - __ - __ **fax 81-** __ - __ - __
(日本の国番号)

credit card _____ **number** _____
カードの種類　　　　　　　　　　カード番号

expiry date ____ / ____ / ____
カードの有効期限 (日・月・年)

I am looking forward to receiving your fax (letter) reply confirming the above reservation.
ファックス (手紙) による予約確認をお待ちします。

Your sincerly

— —

CONFIRMATION
(予約確認書)

date _____

type of the room _____ **number of the room(s)** _____
部屋のタイプ　　　　　　　　　　　　部屋の数

charge for one night _____ （☐ **per person or** ☐ **per room**）
1泊の料金　　　　　　　　　　　　　　1人に付き、または1部屋に付き

Include ☐ **breakfast** ☐ **tax** ☐ **service charge**
    朝食　　　　税金　サービス料

※宿泊料金に上記が含まれているかどうか確認

☐ **VISA** ☐ **Master** ☐ **AMEX credit card** _____
使えるクレジットカード

condition of cancellation
(取消の条件)

_____

Thank you in advance.
よろしくお願いします。

signature _____

注 ファックス送信の方法／010 (国際電話識別番号、マイライン未登録の場合はKDDI利用なら001-010) →44 (英国の国番号) →20 (ロンドンの場合の市外局番020のアタマの0をとったもの) →0000-0000 (相手のファックス番号)。

パスポート＆保険の手配

海外旅行の必需品を忘れずに手配しておこう！

38

パスポート申請に必要な書類

❶一般旅券発給申請書1通
❷戸籍抄（謄）本1通
❸本籍地記載の住民票1通（居住する自治体が住基ネットに加入している場合は不要なこともあるので、要確認）
❹写真1枚（カラーでも白黒でも可。縁無し。縦4.5cm×横3.5cm.正面上半身・無帽・無背景）
❺官製ハガキ1枚（表に自分の住所・氏名を記入）
❻印鑑（署名できない場合必要になる。また❼で印鑑登録証明書を使用する場合も必要）
❼身元確認の書類（コピーは不可）／運転免許証、官公庁職員身分証明書、失効後6ヵ月以内の本人のパスポートなど公の機関が発行した写真付きの証明書を各1通

これらがない場合は、下記のAとBから各1通、またはAから2つを添付する。
A／健康保険・国民健康保険などの被保険者証、共済組合員証、国民年金・厚生年金などの手帳か証書、共済年金などの証書、印鑑登録証明書（申請時に押印した印）、身体障害者手帳など
B／写真付きの社員証や学生証、公の機関が発行した写真付きの資格証明書、失効後6ヵ月を経過した本人のパスポート
※上記の❷❸❹は6ヵ月以内に発行・撮影されたもの。

ビザ申請は？

●英国大使館
〒102-8381　東京都千代田区一番町1 ▶ ☎03-5211-1100
▶ http://www.uknow.or.jp
※ビザについて確認したい時は、不明な点と住所・電話番号・名前を明記してファックス、またはメールで問い合わせを。
▶ FAX 03-5275-0346
▶ e-mail：visa.tokyo@fco.gov.uk

これがないと出国も入国もできない
パスポート（旅券）
Passport

　パスポートとは、日本国政府が身元を保証してくれる公の身分証明書。いうまでもなく、これがないと海外旅行はできない。イギリスの入国には、パスポートの有効期間が「滞在日数＋2ヵ月」以上残っていることが条件。残り日数が少ない人は更新手続きが必要。パスポートを持っていない人は早めに申請の手続きをしよう。現在、一般渡航者のパスポートには5年間有効のものと、20歳以上を対象とした10年間のものの2種類ある。申請から発給までは、通常1週間〜10日ほど。旅行シーズン前には申請窓口も込みあうので、ゆとりをもって手配しよう。

●申請と受理

　新規・更新とも、申請窓口は住民登録をしている都道府県の旅券課。新規の場合は、旅券課窓口にある申請用紙とともに左記（欄外）の書類を添えて申請する。

　申請後、発給日を指定したハガキが郵送されてきたら、その日以降6ヵ月以内に、ハガキとともに、申請時に渡された旅券引換書（受領書）と、必要な場合は印鑑を本人が持参し、手数料分の印紙（5年用は1万円、10年用は1万5,000円）を添えて受領する。
※受理は必ず本人でなければならないが、申請は旅行会社（有料）や家族に代行してもらうこともできる。

●更新の場合の申請方法

　申請書類は同じだが、身元確認の書類は必要なく、現在持っている有効パスポートを添付すればよい。また、氏名や本籍に変更がなく、住民票記載の住所が申請書と同じ場合は、戸籍謄本（または抄本）も必要ない。手数料は新規と同じ。

旅の必需品。左の赤い表紙が10年用パスポート、紺色は5年用のパスポート

"もしも"の事態にこれで備えよう
海外旅行傷害保険
Overseas Travel Accident Insurance

　加入する・しないはあくまで任意だが、海外で事故にあったり、病気にかかった時、心強い支えとなるのが海外旅行の傷害保険。旅行の行き帰りの日を含めた日数分をカバーできる保険に加入しておいた方が何かと安心だ。旅行手続き時に合わせて

ATTENTION せっかく旅行保険に加入しても、どこの会社の保険に入ったか、緊急時にどこに連絡するかも知らないのでは入った意味がない。パスポートやクレジットカードのナンバーとともにメモに記録して持ち歩くようにしよう。ただし、メモを紛失しないように。

申し込んでもいいし、空港にも出発ロビー内に各保険会社の窓口がある。また、出国ゲート内にも自動手続きの機械が設置され、その場で手続きができるようになっている。

国の認可制のためどこの保険に加入しても加入料が同じなら受けられる補償も大きな違いはないが、日本語の救急サービスシステムなどは各保険会社ごとに違う。加入時に渡される小冊子に目を通して、緊急時の連絡先と連絡方法を必ず確認しておこう。また、旅行中はこの保険証か、保険会社名と緊急時の連絡先、保険契約番号を記入したメモを用意して、つねに持ち歩くようにしよう。

●**保険でカバーされる範囲とは？**

病気やケガなどで診療を受けた場合、初診日から180日目までの費用が払われ、帰国後に治療を続ける場合も、旅行中に発病したことや旅行後48時間以内に医師の治療を受けたことを証明する書類（診断書）があれば、保険金は支払われる。特約を付ければ、緊急移送費や入院・治療のための交通費なども保険の対象となる。ただし、妊娠や出産、歯科医の治療は疾病とは認められないため対象外。また、地震などの天災や戦争などに巻き込まれた場合も保険金は下りない。特約のみの加入もできない。

レンタカーを借りる人には**必需品**
国外運転免許証
International Driving Permit

イギリスでは滞在1年以下であれば日本の運転免許証で運転できるが、レンタカーを借りる場合は国外免許証（いわゆる国際免許証）が必要になる。取得場所は住民票のある都道府県の運転免許試験場。運転免許証（残存有効期限1年以上）とパスポート（申請中の場合は受領書）、写真1枚（縦5cm×横4cmの証明写真、6ヵ月以内に撮影のもの）を添えて、印鑑持参で申請。手数料は2,650円。申請後2時間くらいで下りる。有効期間は1年間。滞在がそれ以上になる場合は現地の運転免許証が必要になる。なお、海外で運転をする場合は国外免許証とともに日本の免許証も必要なので、忘れずに持っていくこと。残存期間が1年以下になっているようなら、更新しておこう。

長期滞在者にはこれも必要
ビザ（査証）
Visa

ビザは外国人に対する入国・滞在許可証。ただし、滞在が6ヵ月以内の場合、イギリスはビザは必要ない。また、3ヵ月以下の滞在の場合、近隣EU諸国（フランス・ドイツ・オランダ・ベルギー・イタリア）もビザは必要ないが、パスポートの残存期間に規定がある（右欄外参照）。

カード保険は要チェック！

クレジットカードには国内や海外の旅行傷害保険があらかじめセットされたものが多い。確かに、少々のケガや携行品の紛失などはカード保険でカバーできるが、事故などにあってばく大な費用が必要になった場合には、カードの保険だけではカバーできない。また、カード保険の弱点は疾病に対する補償。疾病治療の保険金の上限が低く、疾病による死亡保険が下りないケースも多い。自分のカードの保険では不充分と思われる時は、カード保険の補完として旅行傷害保険の加入を検討してみよう。

国外運転免許証についての問い合わせは？
●警視庁運転免許テレホンサービス
▶ ☎03-3450-5000

入国に必要なパスポート残存期間
●フランス／滞在日数以上
●ドイツ／帰国時まで
●オランダ／3ヵ月以上
●イタリア／90日以上
●ベルギー／6ヵ月＋滞在日数以上

あるとお得な国際学生証

美術館や博物館などを学生料金で利用できる。卒業後もその年いっぱいまで使えるので、卒業旅行を計画している人も取得しておきたい。申請は大学生協かユースホステル協会窓口で。学生証のコピーか在学証明書、写真1枚（縦3.5cm×横3cm）に手数料1,430円を添えて申し込む。有効期間はスチューデントとスカラーで異なるので確認を。

ユースホステルを利用したい時は国際ユースホステル会員証が必要。申し込みには身分証明書を添付。成人パスもある。
●ユースホステル協会東京本部
▶ ☎03-3851-1121
※全国本部はp.33欄外参照。

お金の持っていき方

できる限りキャッシュレスで旅する方法

キャッシュレスな旅を実現するなら、これらのカードが必需品

現金はできるだけ少なく、安全&快適な旅をめざそう！

　食事や買い物など、旅先ではあれこれお金が必要になる。カードを使う人も交通費や小額の買い物などに現金がいる。やはり現金は旅の必需品。ただし、持ち歩く現金は必要最小限が原則。できれば財布ひとつにまとめず、分散して身につけたい。また、余分な現金は持ち歩かず、パスポートや帰国時の航空券とともにホテルのセーフティボックスに預けるようにしよう。

　持っていくキャッシュは、あらかじめ日本でポンドに替えてもいいし、日本円のまま持っていくのでもいい。ロンドンなど都市部ならホテル、両替所など、両替する場所は豊富にあり不自由はない。両替レートはその時の経済状況によっても変動するので、日本とイギリスのどちらが有利かは一概にはいえないが、イギリスでは両替所によってレートが違う上に手数料もかかる。何回も小刻みに両替をすれば、手数料分ムダな出費になりかねない。「両替事情」（p.82）を参考に、上手に両替しよう。

T/Cをどこで作る？

　英ポンドは代表的な通貨なので、東京三菱銀行、三井住友銀行などの都市銀行やシティバンク、外貨取り扱いの郵便局などで扱っている。購入には購入額の1％の手数料が必要。

T/C購入時と使用時のチェックポイント

　再発行というT/C最大のメリットを活かすためには、以下のようなルールがある。わずらわしいようだが、これも安全のため。忘れずに実行しよう。
❶購入したら、署名欄のひとつ「ホルダーサイン」欄にすべてサインをしておく。
❷次に、付属の記録用紙「購入者控え」に番号と金額をすべて記入。この記録紙も旅先に持っていくが、T/Cとは別のところに保管する。
❸使う時は、その場でもうひとつの署名欄「カウンターサイン」欄にサインをする。
❹記録用紙に使った番号と日付け、場所を記入。これがあれば、T/Cを紛失した場合も再発行が速やかに行われる。
※T/Cを現金に両替する時はパスポートの提示を求められるので、忘れずに持参を。ただし、パスポートとT/C両方を紛失すると身分証明に時間がかかり、T/Cの再発行が遅れるので、くれぐれも用心しよう。

T/C　多額の現金を持っていく時の安全確保（トラベラーズチェック）

　おみやげ代程度なら現金でもよいが、多額の現金をそのまま持っていくというのはあまりにも危険だ。カードを使わないのなら、T/Cにするのがいちばん安全な方法。現金同様に両替できるし、店などで使えることもある。しかも、番号さえ控えておけば（左欄外参照）、万一の盗難や紛失などの場合も再発行してもらえるという大きなメリットがある。

　T/Cを作る時はポンド建てで、他のヨーロッパ諸国へも行く時はユーロ建てで作ろう。ポンドのT/Cは、£50、20、10と通貨の単位に合わせて作ることができる。£50で作れば両替の回数は少なくてすむが、現金がわりに使うなら小額の方が使いやすい。ただし、£10ですべて作ると使うたびに何枚もサインすることになり、わずらわしい。目的に合わせて額を選ぼう。

C/C　たいていの支払いはこれでOK！（クレジットカード）

　今や海外旅行の必需品ともいえるのが、ビザやアメリカン・エキスプレスなど国際的なC/C。ショッピングやレストランでの支払いはもちろん、公衆電話も、地下鉄の券売機も、列車などのチケット窓口でも現金同様に使えるし、レンタカーを借りる時やホテルを電話予約する時などは身分証明になる。いざとなればキャッシュアドバンス（キャッシュサービス）機能を使って、提携先のATM（現金自動支払機）から現地通貨で必要

注　イギリスは2005年の時点ではユーロに加盟していないので、当面ポンドだけが流通する。また旅費の両替をすべて日本で行ってしまうと、高額の紙幣ばかりになって不便なので、現地での両替も念頭に置いておこう。

なお金を借りることもできる（p.83参照）。また、各カード会社の現地サービスセンターがあるので何かと心強いし、盗難など万一の事態にも24時間態勢で対応してくれる。

　ただし、ロンドンでも少額の買い物はやはり現金。また、地方の小さな街のホテルなどは現金しか受けつけないところもある。カードの他に、現金も忘れずに準備していこう。

I/C これがあれば、持っていく現金は最小限に（インターナショナル・キャッシュカード）

　海外のATMから日本の口座の預金をダイレクトに下ろせるのが、I/C。C/Cの他にこれがあれば、手持ちの現金はさらに少なくてすむ。いずれも国際的なネットワークと提携しており、「プラスPLUS」または「シーラスCirrus」のマークの付いたATMが使える。シティバンクは同行の英国内支店の他に「プラス」のマークの付いたATMでも預金が引き出せる。1日の引き出し限度額はいずれも50万円まで。C/Cでお金を借りる時のような利息がかからないので、ずっと気軽に利用できる。

　ATMの設置場所や操作方法について各銀行でパンフレットを準備している。出発前にこれらを手に入れておこう。また、クレジットカード同様、カードの紛失・盗難などの緊急時の窓口を各銀行ごとに用意している。これもかならず確認しておきたい。カードの発行には通常約1週間かかり、発行手数料が1,050円（シティバンクは無料）かかるが、海外旅行のためにカードを作る値打ちは充分ある。上記各行に口座がある人も、ない人も、要検討。口座の開設自体にはお金はかからないし、旅先で必要な額だけ入れておけば使い過ぎも防げる。ただし、引き出しには1回ごとに200円程度の手数料がかか

る。小刻みな引き下ろしはムダな出費になることは頭に入れておこう。

▶このATMからカードでお金を引き出したり、借りたりできる

クレジットカードとインターナショナル・キャッシュカードが使えるATMのマーク

ATMにこのマークがあれば、カードが使える

各クレジットカード会社の日本での問い合わせ先

　出発前に以下の各カード会社の窓口に連絡し、ロンドンでの窓口や緊急時の連絡先について、必ず確認しておきたい。
●アメリカン・エキスプレス
☎0120-020-120
●三井住友VISAカード
☎0570-004-980
●JCBカード
☎0120-015-870
●DCカード
☎03-3464-6611
●マスターカード
☎03-5728-5200
●ダイナースカード
☎0120-074-024
※各社の現地窓口は（p.97）参照

カードの携帯に安心のためのガードを！

　現金を分散しておくのと同様、クレジットカードやキャッシュカードにも用心を。みんな一緒にしていて盗まれたりすれば、現金も、現金化するための手立てもなくなってしまう。ひんぱんに使うクレジットカードは現金とともに財布に入れ、キャッシュカードは使う時だけ持ち歩くなど、万一の事態に備えた工夫を。また、パスポートや保険証のナンバーとともに、これらカードのナンバーもメモに記録しておこう。

◀ATMの多くは建物の外壁に設置されている。便利だが、夜や人通りの少ないところなどでは用心を

旅のパーツの予約&手配

出発前に手配して、さらに充実した旅を！

ブリットレイル・パスの各種料金

※以下は大人料金。この他、ユース（16〜25歳）、シニア（60歳以上）、子供（5〜15歳）の各種割引料金がある。
※2005年4月／H.I.S

●ブリットレイル・パス

	1等	2等
4日間	34,500円	23,000円
8日間	49,500円	32,900円
15日間	74,100円	49,500円
22日間	94,100円	62,500円
1ヵ月	111,400円	74,100円

●ブリットレイル・フレキシー・パス（2ヵ月有効）

	1等	2等
4日間	43,200円	29,100円
8日間	63,200円	42,000円
15日間	95,200円	63,800円

●イングランド・パス

	1等	2等
4日間	27,600円	18,400円
8日間	39,600円	26,300円
15日間	59,300円	39,600円
22日間	75,300円	50,000円
1ヵ月	89,100円	59,300円

●ブリットレイル・ロンドンプラス・パス

	1等	2等
2日(8日)	11,200円	7,400円
4日(8日)	18,500円	13,900円
7日(15日)	24,000円	18,500円

※（ ）内は有効期間

ブリットレイル・パスの日本予約窓口

下記の他、旅行会社各社で取り扱っている。
●ワールド・ブリッジ
▶☎03-3562-7878
●欧州エクスプレス
▶☎03-3780-5514

鉄道パスの利用開始日にヴァリデーションを！

パスを初めて利用する日はまず駅のチケット窓口に行き、使用開始の日（first day）と有効期間終了日（last day）の日付けと「Validating Office」のスタンプを押してもらおう（この手続きをヴァリデーションという。使用開始日が決まっている場合は、出発前に日本ですませることもできる）。この手続きをしていないと、無効チケットによる乗車と見なされて罰金の対象になるので要注意。

旅の内容に合わせてあらかじめパーツを準備する

ホテルや航空機といった基本的な要素とは別に、旅には中身に合わせたパーツがいろいろある。ほとんどが現地に行ってからでも手配できるが、旅先の貴重な時間を節約するためにも日本ですませた方がいいものも多い。必要なものが決まったら、それぞれ手配・予約をすませていこう。

イギリス旅行の心強い味方

鉄道の各種パス

海外からの旅行者だけが使える乗り降り自由で、使えば使うほどお得な鉄道パス。これがあればキップを買うために並ぶ必要もなく、ユーロスターが割引になるなどの特典も付いている。いずれのパスも日本での購入が基本。鉄道でイギリス内を旅する予定があるなら、出発前に各旅行会社で手配しよう。

各種鉄道パスは以下の通り。各パスの料金は左欄外参照。

●ブリットレイル・パス

北アイルランドを除くイギリスの鉄道全線が乗り放題になるパス。4日〜1ヵ月まで通用期間によって5種類あるので、滞在日数に合わせて最適な期間を選んで利用すればいい。

●ブリットレイル・フレキシー・パス

2ヵ月間の有効期間中に、4日、8日、15日利用できる。ロンドンに滞在しながら、時々地方にも足を延ばしたいという人にピッタリのパスだ。

●イングランド・パス

スコットランドとウェールズを除くイングランド全域で乗り放題になる連続タイプのパス。有効期間は2ヵ月。

●イングランド・フレキシー・パス

イングランド限定だが、こちらは連続タイプではなく、2ヵ月の有効期間中に希望の日数を選んで使える。

●ブリットレイル・ロンドンプラス・パス

オックスフォードやケンブリッジ、カンタベリーなどイングランド南東部に地域を限定したパス。ロンドンを起点に小旅行を計画している人に最適。

●スコティッシュ・フリーダム・パス

スコットランド地方限定パスで、鉄道の他に一部のバスやフェリーも特別割引で利用できる。フレキシー・タイプ。

より安く、確実に、日本で予約

レンタカー

現地でレンタカーを借りることもできるが（詳細はp.78参照）、日本で各種保険など契約条件を充分に検討した上で予約

注 鉄道の他に、長距離バス（コーチ）にも海外からの旅行者向けの同様のパス（p.76参照）があり、こちらも日本の旅行会社で購入できる。

しておいた方がずっと安心。また、大手レンタカー会社には事前予約の特別割引料金（右欄外参照）や日本であらかじめ購入できるクーポンなどがあり、現地で予約するよりかなりお得。また、マニュアル車が一般的なイギリスで確実にオートマチック車を確保するためにも、日本で予約しておいた方が無難だ。

イギリスは日本と同じ右ハンドル、左側通行なので比較的運転しやすいが、英語で表記された標識をすばやく読み取るには慣れも必要。英語に自信がない、初めてで土地勘がまったくないといった人にはあまりすすめられない。

旅にオリジナルな魅力をプラス
バスツアー

フリータイムの有効活用に最適なのが日帰りのバスツアー。ツアーなら行きにくいところへも効率よく連れていってくれて、個人で手配するよりリーズナブル。旅行会社のオプショナルツアーや現地ツアー（詳細はp.96参照）の利用を検討しよう。現地でも申し込めるが、日本であらかじめ予約できるものもある。行きたいところが決まっているようなら、あらかじめ手配しておいた方がより安心だ。また、数日がかりの周遊型ツアー（右欄外参照）は日本出発前予約が基本になる。

どうしても見たいものは早めに手配
ミュージカル&サッカーのチケット

行ってからではチケットが取れないこともある。どうしても見たいものがある時はあらかじめ日本で予約しておこう。クレジットカードがあれば電話やファックス、インターネットなどで直接予約できるし、ツアー主催の旅行会社にも予約の窓口があるところも多い。また、手数料はかかるが、予約代行の専門会社を利用することもできる。※日本での予約窓口は右欄外参照。主要な劇場の予約窓口は、p.164〜165参照。

レンタカー（日本の窓口）
★ハーツ海外予約センター
▶☎0120-489-882
ハーツ日本語版ホームページ
▶http://www.hertz-car.co.jp
★エイビス・インターナショナル
▶☎0120-311-911

レンタカーの事前予約で、特別割引料金を活用

鉄道パスと同様、レンタカーにも現地の基本料金より4〜5割安いアフォーダブル料金と呼ばれる非居住者向けの特別割引料金がある。ただし、現地で利用条件を変更した場合は適用外になるので要注意。

劇場&サッカーのチケット予約窓口
★カーテンコール
▶☎03-3770-9496
★ワールドチケットぴあ
▶☎03-5777-3695
★JALワールドプレイガイド
▶☎03-3573-6715
★インターネット劇場予約窓口
Ticket Master（英語）
▶http://www.ticketmaster.co.uk/

英国周遊バス旅行は日本で予約する

ロンドン発着の日帰りバスツアーを催行しているゴールデン・ツアーズ（p.96参照）が、長い伝統を誇るフレイムズ・リッカーズのバス旅行を引き継いで運営している。1泊から3泊程度まで、英国各地を周遊する宿泊型のバスツアーは日本で予約ができる。予約・問い合わせは下記へ。ただし、周遊型ツアーのガイドはすべて英語。
●UTSタイムリーズツアーセンター▶☎03-3496-1954

旅に合わせて便利なパーツをプラス

ロンドン滞在がメインなら、出発前に購入しておきたいのが「ロンドンビジタートラベルカード」。1日用から7日間用まで各種あり、地下鉄と路線バスの乗り降りが自由になり、観光施設の割引券も付いている。現地では購入できないので、日本で準備しておこう。この他、観光地が無料、または割引で見学できる「ロンドンパス」やイギリス全土の庭園や史跡などの文化史跡がほぼ無料で見物できる「英国ヘリテッジパス」などもある。申し込みは各旅行会社へ。

優雅な列車、オリエントエクスプレスで英国内の日帰り旅行も楽しめる。景勝地との往復にランチがセットされたものなどなどコースはいろいろ。申し込み・問い合わせは下記窓口へ。
●オリエント・エクスプレス・ホテル・ジャパン
▶☎03-3265-1200▶www.orient-express.co.jp

日本で予約できるバスツアーも各種ある

旅の服装&小物の準備

フレキシブル&最低限が旅の基本

受託手荷物は20kg 重量オーバーに要注意！

　エコノミー・クラスの機内持ち込み手荷物は1個で5kg以下、受託手荷物は20kg以下に制限され、これを超えると超過料金（1kgで約7,000円）が課せられる。2、3kgの超過なら見過ごしてもらえても、5kg、10kgとオーバーすると、追加料金を請求されることになりかねない。出発前に荷物を入れた状態でスーツケースの重さを計っておけば、おおよその目安になる。

洗えるものは洗って 荷物を減らす

　旅行用の衣類は、軽くてシワにならないものが基本。クルクルと筒状にまいて詰めれば、たたむよりはるかに省スペースでパッキングできる。下着や靴下類はせいぜい2、3組にして、まめに洗濯しよう。Tシャツ類も絞った後、バスタオルに包んで筒状にまき、上から足で踏めばあらかた水分が取れる。

携帯電話をレンタルで

　旅先でも便利なのが携帯電話。イギリスでも使える携帯電話は、日本でレンタルできる。レンタル料は1日300〜600円程度。出発当日空港で受け取れる。3〜5日前には申し込みをしておこう。
● KDDIネットワーク&ソリューションズ ▶ ☎0120-593-101
● ドコモ国際ローミングセンター ▶ ☎0120-680-200

旅を快適に楽しむために 気候に合わせて服装を準備

　イギリスは緯度からいえば北海道よりさらに北、カムチャッカあたりに位置しているが、暖流の関係でそれほど寒くはならず、積雪量も多くない。夏も30度を超すことはめったにないし（最近はそうでもないが）、真冬でも氷点下になることは少ない。しかし日本と同じように南北に長い島なので、イングランド南部と北のスコットランドとではかなり温暖の差がある（p.26〜27の気温グラフ参照）。ロンドンは東京よりやや寒い程度。一方スコットランドは夏でも長袖の上着やセーターがいる。

「温度調節用衣類」＋「雨具」が必需品

　晴れている間はTシャツ1枚で過ごせても、曇ったり、日が沈むと上着が欲しくなる。歩きやすい靴、軽くて着やすい服に、温度調節用の衣類を加えるのが、服装の基本。北部に旅を予定している時は、防寒用の衣類をもう1枚余分に準備しよう。

　また、降雨量は日本よりはるかに少ないが、海洋性のため天候が変わりやすく、晴天でも気まぐれに雨が降る。秋、冬は霧雨や氷雨も多い。折りたたみの傘や防水されたウィンド・ブレーカーが必需品。忘れずに持っていこう。

持っていくと便利なもの

　あると便利だから…と何もかも持っていくと、荷物は増える一方。「ないとぜったいに困るもの」を基本に、できるだけコンパクトにまとめよう。
● 変圧器／イギリスは230/240ボルト、50ヘルツなので、日本の電気製品はそのままでは使えない。また、プラグの形はBFタイプで日本とは違う。したがって、シェーバーはあらかじめ充電しておくか電池式のものを。ドライヤーは海外旅行用の変圧可能なタイプならプラグだけですが、日本のものをそのまま使う時は旅行用の小型変圧機も必要になる。
● 薬／一般的な薬は処方箋なしに薬局で買えるが、服用方法が

イギリスの四季と服装プラン

● 春〔3〜5月〕／厳寒から初夏の陽気まで、1年でももっとも気候が変わりやすい季節。強風やにわか雨も多い。セーターやジャケットなど、調節のできる衣類が必需品。

● 夏〔6〜8月〕／晴れた昼間はTシャツ1枚で充分なほどだが、ちょっと天候が崩れると急速に冷え込む。薄手のセーターやジャケットを忘れずに持っていこう。

● 秋〔9〜11月〕／8月の後半からしだいに涼しくなり、9月にはすっかり秋になる。朝晩の冷え込みも厳しくなり、10月の後半には早くも冬の気配。厚手のコートが欲しくなる。

● 冬〔12〜2月〕／日照時間が短くなり、雨まじりの寒い日が多い。厚手のセーターやコート、手袋などが必需品。2月末には南部からしだいに春の気配が漂い始めるが、氷雨の降る寒い日もある。

ATTENTION
旅先の不自由を考えると、あれもこれもと持っていきがちだが、帰国時にはおみやげの分、確実に荷物が増える。旅の荷物は必要最小限を原則に、賢く揃えていこう。

日本と違ったり、効き目が強かったりする。下痢止めや鎮痛剤などは日本から持参した方が無難。また、持病のある人は忘れずに常備薬を持参しよう。万一に備えて、英文の診断書（p.102参照）があればさらに安心だ。

●**裁縫道具＆万能ナイフ**／ないと意外に不自由するのが、裁縫道具や耳かき、つめ切りなどの小物類。万能ナイフがあると、缶切りやワインのコルク抜きにもなって便利だが、これは必ず受託手荷物であるスーツケースにしまうこと。どんなに小さいハサミでも、金属類は機内には持ち込めない。

●**その他**／電池やフィルム、デジカメ用のメモリーカードは予備を準備していこう。またポケットティッシュもあまり売っていないので、持参した方が無難。たばこは1箱£5.00程度と高いので、愛煙家は日本の免税店で調達していきたい。ただし、予備のライターは1個にして、機内持ち込み手荷物に入れよう。

イギリス国内で使えるのは、先が四角い三叉のBFタイプのプラグ。変圧式ドライアーを持っていく時は、忘れずにこのプラグを用意しよう。言葉に自信がない時は、英会話の本や電子辞書なども必需品。ただし、ナイフやハサミなどの金属類は受託手荷物のスーツケースに収納。貴重品は機内持ち込み手荷物に入れること。あると便利で、荷物にならない小物を賢く準備して快適な滞在にしていこう。

荷物のチェックリスト☑

★＝絶対必要　☆＝かなり必要　・＝あった方がいい

機内持ち込み手荷物	
★パスポート	
★航空券（引換書※①）	
★ホテル・クーポン（予約確認書※②）	
★クレジットカード	
★現金（日本円）	
☆キャッシュカード	
★パスポートのコピーと顔写真（※③）	
☆海外旅行傷害保険証	
☆国外運転免許証	
★筆記用具	
☆カメラ、フィルム、メモリーカード	
☆電卓、時計	
・辞書、英会話集、ガイドブック	
・交通パス（鉄道など）	
・室内履き（機内でも使える）	

受託手荷物	
衣類	
★着替え	
★下着	
★靴下	
★雨具、ウィンド・ブレーカー	
☆帽子、手袋	
☆パジャマ	
雑貨	
★洗面用具	
☆化粧品	
★生理用品	
★常備薬	
☆裁縫用具	
☆つめ切り、耳かき	
・万能ナイフ	

※①格安航空券やツアーの場合、航空券は出発当日、空港渡しとなることが多い。引換の証明となる書類は忘れずに。
※②ツアーの場合は不要だが、個人で予約したときはこれを忘れずに。
※③パスポートを紛失した場合に必要（P.100）。写真はパスポート紛失時に使う。4×3.5cmのものを2～3枚用意しておこう。

観光局で情報を集めよう

旅をさらに充実させるために
旅立つ前にホットな現地情報を収集！

旅の計画がまとまって、準備も進んだら、仕上げは現地の
ナマ情報の収集にとりかかろう。ネットを活用すれば最新の
情報があれこれキャッチできる。

●英国政府観光庁　British Tourist Authority

ロンドンはもとより、英国各地のさまざまな情報を提供して
くれるオフィシャルな機関で、常設スペースを開放。日本語版
の地図や英国各地のパンフレット、ホテル情報などを無料で提
供してくれる。できれば直接訪れたいが、電話で相談もできる
し、インターネットでも各種情報を引き出せる。

> ▶ 〒107-0057　東京都港区赤坂2-17-22　赤坂ツインタワー1F
> ▶ 地下鉄銀座線・南北線の溜池山王駅下車、徒歩10分
> ▶ 10:00～17:00、土・日曜、祝日、12/25、年末年始休み
> ▶ ☎03-5562-2550（電話による問い合わせは13:30～17:00)

●インターネットで情報収集
★英国政府観光庁 ▶ http://www.visitbritain.com/jp（日本語／英語）

観光庁独自のホームページ。旅行のための基本情報から英国
各地の情報まで、さまざまな情報を入手できる。現在上演中の
ミュージカルなど、最新のニュースページも充実。英語でよけ
ればさらに詳細な情報ページにも入れる。

★ＵＫＮＯＷ ▶ http://www.uknow.or.jp（日本語）

英国大使館、観光庁、英国商工会議所、さらに英国留学の相
談機関であるブリティッシュカウンシルの4機関が共同で運営
するウェブサイト。観光情報の他、留学やビジネス関係など情
報も多彩。観光庁のホームページともリンクしている。

> ★各地方ごとのホームページ
> ロンドン観光局 ▶ http://www.visitlondon.com/fl/jp/（日本語）
> イングランド観光局 ▶ http://www.visitengland.com
> スコットランド観光局 ▶ http://www.visitscotland.com
> ウェールズ観光局 ▶ http://www.visitwales.com

その他のお役立ちサイト

★ロンドンのタウン情報（英語）
タウン情報誌「タイムアウト」
が運営するサイトで、レストラ
ンやショップ、イベントなど最
新情報を満載している。
▶ http://www.timeout.com
★湖水地方の情報（日本語）
▶ http://www.kosuichihou.com
★コッツウォルズ（日本語）
▶ http://www.the-cotswolds.com
★ストラットフォード・アポ
ン・エイヴォン（英語）
▶ http://www.stratford-upon-avon.org/
★英国王室関連の情報（英語）
▶ http://www.royal.gov.uk
★英国の美術館・博物館（英語）
▶ http://www.museums.co.uk
★英国鉄道（全般情報／英語）
▶ http://www.britrail.com
★英国自動車協会（AA／英語）
協会が収集した各地の情報やホ
テルなども紹介している
▶ http://www.theaa.com
★ナショナル・エクスプレス
コーチの情報・時刻表（英語）
▶ http://www.nationalexpress.co.uk
★英国王立園芸協会（英語）
ガーデン情報とフラワーショー
の問い合わせ・予約
▶ http://www.rhs.org.uk
★スポーツ全般（英語）
▶ http://www.sporting-life.com
★全英オープン・テニス（英語）
▶ http://www.winbledon.org
★サッカー情報（英語）
▶ http://www.soccernet.com
▶ http://www.premierleague.com

●映画（DVD＆ビデオ）で情報収集

　アーサー王など著名な人物を描いた歴史的な大作をはじめ、ロンドンを舞台に展開するコミカルな現代劇など、イギリスを題材にした映画は数多い。旅立つ前に、映画で現地の情報や知識を獲るのも賢い情報収集の手段。訪れる土地に合わせて映画を見ておこう。

★ノッティングヒルの恋人

　ロンドン北西部の街、ノッティング・ヒルを舞台に展開するストーリーは甘くせつなく、世界的に大ヒット。撮影に使われた書店は、観光客で大賑わいをした。

▶DVD3,900円（税込み）
　発売元ポニーキャニオン

★ブレイブハート

　スコットランドの英雄、ウィリアム・ウォリスの活躍を描いた感動的な歴史大作。アカデミー賞5部門受賞。映画の公開後、ウォリスゆかりの地・スターリングを訪れる観光客が急増し、ついに主演のメル・ギブソンにそっくりな新しいウォリス像が立てられた。

●書物で情報収集

　イギリスやロンドンに関する歴史書やうんちく本、エッセイ、写真集などさまざまある。これらの中から旅の目的に合ったものを選んで読んでみよう。知識が増えれば、旅はさらに味わい深いものになる。

★イギリスの王室物語
小林章夫著／講談社新書

　ヘンリー8世をはじめ、英王室の歴史に登場したユニークな王・女王を通して紹介するイギリスの近代史。王たちの生涯や功績を通して歴史を見せることで、通史とはまた違ったおもしろさがある。

★イギリス　7つのファンタジーをめぐる旅
さくまゆみこ著／メディアファクトリー

　『クリスマス・キャロル』や『ピーターラビット』など、イギリスが生んだファンタジーの傑作7作の誕生の背景となる場所や著者、お話の舞台などを美しい写真や原本に使われた挿絵などを使ってビジュアルに見せる。ファンタジーファンは旅立つ前にぜひ一読したい本。

その他のおすすめ映画

★「ラブ・アクチュアリー」
　クリスマスのロンドンを舞台に4つの愛の物語が展開。冬のロンドンの風景が美しく描かれている。
★「ネバーランド」
　ピーターパン誕生につながる実話を映画化。ロンドンの公園や劇場も数多く登場する。
★「マスター・アンド・コマンダー」
　19世紀にフランスとの間で繰り広げられた海上覇権をめぐる戦いを描いたアクション映画。主演はラッセル・クロウ。
★「キング・アーサー」
　アーサーと円卓の騎士たちの活躍を描いた作品。史実に忠実とはいえないが見応えはある。
★「ハリー・ポッター」
　すでに第3作まで出た世界的な大ヒット作。魔法の学校へ出発するロンドンの鉄道駅やヨーク大聖堂など、イギリス各地で撮影が行われている。

安全情報もチェック！

　最近は海外の安全情報の事前チェックも欠かせない。外務省の安全情報は各国ごとの治安など最新の情報を紹介している。ネットかファックスで取り出せるので、必ず確認を。成田空港などの空港の出発ロビーにも安全情報のコーナーがある。
●外務省・海外安全情報
▶☎03-5501-8162
▶FAXサービス／0570-023300
（24時間受付・無料）
▶http://www.anzen.mofa.go.jp

「ハリー・ポッター」の撮影に使われたロンドンのキングス・クロス駅構内にある、ファンのために作られた記念撮影用のプレート。左側のホームを進んだ先にある。

成田フライトインフォメーション ☎0476-34-5000
空港の施設・サービス案内 ☎0476-32-2802
インターネットホームページ http://www.narita-airport.jp/jp/

　成田国際空港は第1ターミナルと第2ターミナルからなる世界最大規模の空港だ。航空会社によって利用するターミナルが異なり、東京方面から順に第2ターミナル→第1ターミナルとなるので、行く前に利用するターミナルを確認しておこう（p.49、p.51参照）。国内線との乗り継ぎはすべて第2ターミナルで行なわれる。ターミナル間は無料のシャトルバス（所要約5分）が運行されている。空港コードはNRT。

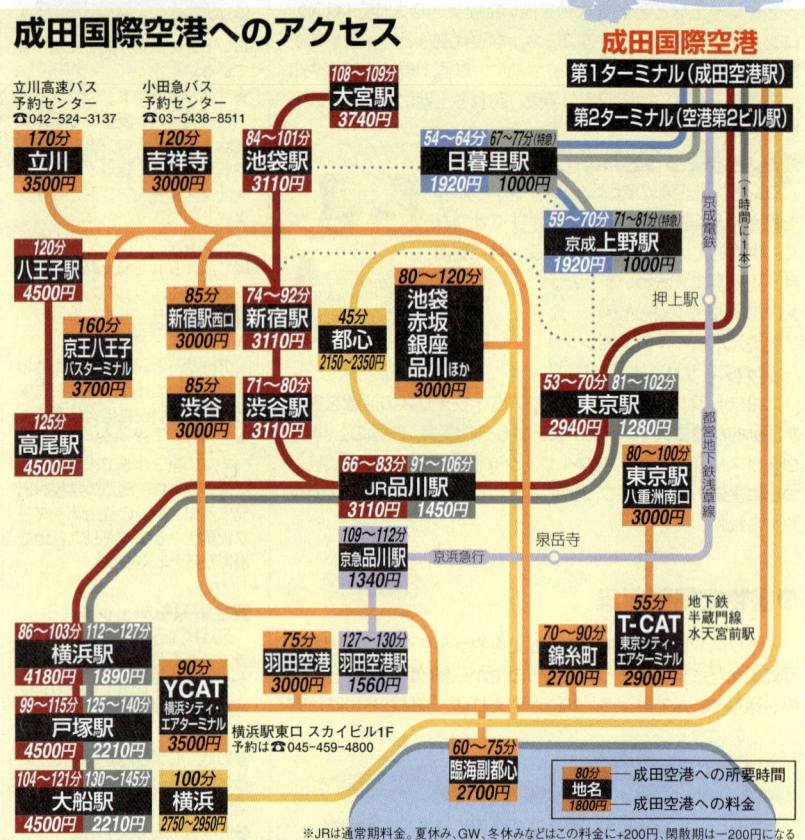

成田国際空港へのアクセス

交通手段	ひとこと	問い合わせ
自動車	**3～4人なら断然得!!**　所要時間は交通事情によって異なるので注意。駐車場は安くてサービスの良い民間経営のものを利用しよう。	道路交通情報センター（全国・関東情報）☎03-3264-1331 千葉ハイウェイテレホン　☎043-257-1620 タクシーサイト　http://www.taxisite.com
リムジンバス	**乗り換えがなくてスムーズ!!**　路線は充実しており、新しい路線開設も盛んだが、所要時間は交通事情によって異なる。T-CAT、YCATでの搭乗手続き、出国手続きは諸般の事情により現在では利用できなくなった。	リムジンバス予約・案内センター☎03-3665-7220 （平日9:00～19:00、土日祝9:00～18:00） リムジンバス・サービスセンター　☎03-3665-7232 チケットは1ヵ月前から電話予約受付
JR線　成田エクスプレス　快速エアポート成田	**時間に正確、大きな荷物も安心!!**　成田エクスプレスは基本的に全席指定（普通車満席時のみ枚数限定で510円引きの立席特急券あり）。	JR東日本テレフォンセンター　☎050-2016-1600 指定席券はJRみどりの窓口、びゅうプラザ、大手旅行代理店で1ヵ月前から発売
京成電鉄　スカイライナー　特急	**安い!!**　スカイライナーは全席指定で立席なし。荷物用のスペースも確保されている。 http://www.keisei.co.jp/	京成上野案内所（予約受付）☎03-3831-0989 チケットは京成上野専用カウンター、京成トラベル、大手旅行代理店で1ヵ月前から発売
エアポート快速特急	**確実で便利!!**　羽田空港から成田への移動は時間があれば乗り換えなしのエアポート快速特急がおすすめ。	京浜急行羽田空港駅　☎03-3747-0275

4F レストラン・ショップフロア

和・洋・中華レストランが並ぶ。ショップも充実していて、旅行用品や薬などたいていのものはここで揃う。

4F

- ●和食レストランそじ坊
  銀座にあるそじ坊と同系列で、自家製そばの味には定評がある。
- ●中国料理謝朋殿
  植物油を使ったヘルシーな中国料理が人気。
- ●マクドナルド

出国審査場(北)

出国審査場(南)

● オーディオ&ビデオルーム
2時間ごと個人用400円、グループ用800円。7:00〜22:00。入場は21:00まで。

日本アジア航空ラウンジ前にKDDIスーパーワールドカードの自動販売機がある。

── JAL・DFS(免税店)
── ANA HOUSE TOKYO(免税店)
── エムパイヤエアポートサービス
  (免税店)
── JDF本館店(免税店)

● リクライニングシート

● Yahoo! Cafe
インターネット
(8:00〜21:30。50台、無料)

キッズパーク
子供のためのオープンスペースの遊び場。無料。

リフレッシュルーム
シャワールーム、仮眠室がある。7:00〜22:00。シャワールームは21:30、仮眠室は21:00までに入場のこと。予約不可、有料。

さくらラウンジ横にKDDIスーパーワールドカードの自動販売機がある。

3F

プレイルーム
子供のための遊び場。玩具やビデオなどが楽しめ、授乳室もある。託児所ではないので付添いが必要。無料で7:00〜22:00。

● インターネットキオスク
(10分100円)
● 喫煙所

サテライト

JDFサテライト店 ●

シャトル乗場

1F出発バスゲートE70へ

シャトル

1Fより

検疫

コンコースAから

国内線ターミナルへ

2F

あなたの出発ゲートへのアクセス

ゲートNo.

A61〜A67	本館 コンコースA
B71〜B75	本館 コンコースB
E70A〜E70M	シャトル乗場のエスカレーターを下り 1Fバスラウンジ(コンコースE)へ
C81〜C88	サテライト コンコースC
D91〜D99	サテライト コンコースD

51

成田国際空港

第2ターミナル

主な航空会社チェックインカウンター	その他の乗り入れ航空会社		
日本航空(JAL・JL) ☎0120-255-931 **I〜N**	アシアナ航空(AAR・OZ) エア・カナダ(ACA・AC) アエロフロート・ロシア国際航空(AFL・SU) エア・インディア(AIC・AI) エアージャパン(AJX・NQ) スリランカ航空(ALK・UL) ニューギニア航空(ANG・PX) エアーニッポン(ANK・EL) ニュージーランド航空(ANZ・NZ) オーストリア航空(AUA・OS) ビマン・バングラデシュ航空(BBC・BG) チャイナエアライン(CAL・CA) 中国国際航空(CCA・CA) 中国東方航空(CES・MU) コンチネンタル航空(COA・CO)	コンチネンタル・ミクロネシア航空(CMI・CS) 中国南方航空(CSN・CZ) デルタ航空(DAL・DL) ルフトハンザ・ドイツ航空(DLH・LH) エバー航空(EVA・BR) エア・パシフィック航空(FJI・FJ) ガルーダ・インドネシア航空(GIA・GA) 香港ドラゴン航空(HDA・KA) ベトナム航空(HUN・VN) イラン航空(IRA・IR) 日本アジア航空(JAA・EG) JALウェイズ(JAZ・JO) マレーシア航空(MAS・MH) ミアットモンゴル航空(MGL・OM) エジプト航空(MSR・MS)	メキシカーナ航空(MXA・MX) フィリピン航空(PAL・PR) パキスタン国際航空(PIA・PK) カンタス航空(QFA・QF) スカンジナビア航空(SAS・SK) スイスインターナショナルエアラインズ(SWR・LX) タイ国際航空(THA・TG) トルコ航空(THY・TK) ウズベキスタン国営航空(UZB・HY)
全日本空輸(ANA・NH) ☎0120-029-333 **A〜C, V, Z**			
ルフトハンザドイツ航空(DLH・LH) ☎0476-34-8130 **W**			

空港に行く

空港利用の裏ワザ

ワザ1 空港までの荷物は宅配便を利用する！

スーツケースなど重い荷物を空港まで運ぶのは大変。宅配便利用ならそんな苦労をしなくてもすむし、帰りも空港から自宅に荷物を送ることができる。距離、重さにより異なるがスーツケース1個で成田 2000 円、関空 1990 円から。2～3日前までに予約して自宅等で集荷してもらう。

成田	関空
JALエービーシー……☎0120-9191-20	IAS国際空港サービス…☎0724-56-6300
QLライナー……☎0476-35-2855	西日本バスコ……☎0120-415-002

ワザ2 民間の駐車場を使えばマイカー利用もかなりオススメ！

空港へのアクセス方法はさまざまだが、マイカー利用も見直されている。交通事情による時間的な不安はあるものの、荷物の運搬の心配がないし気分的にもラク。問題は旅行中の駐車場だが、成田国際空港の場合、民間の駐車場ネット予約で利用すれば、乗り合いマイクロバスの送迎方式で4日間 3500 円、7日間 5000 円くらい（駐車場によって料金・割引率が異なる）でとても安い。高速代を加味しても、複数なら成田エクスプレスで行くよりも安くなる（例参照）。成田空港ターミナル駐車場なら1泊2日から1日 1500 円で利用できる。

関空にも成田ほど安くはないが、関西国際空港駐車場がある。連絡橋とのセット割引クーポンを使えば6泊7日で1万 4500 円とかなりおとく。人数が多ければ料金は確実に割安になる。

例：3人で6日間の旅行に出かける場合（都心から）
成田エクスプレス…… 3110 円（片道運賃）×2（往復）＝往復ひとり分 **6220 円**
マイカー …………｛2350 円（高速代）×2（往復）＋5000 円（駐車場代）｝÷3（人）
＝往復ひとり分 約 **3233 円**（ガソリン代は含まず）

成田	／第1ターミナル駐車場…☎0476-32-2253、第2…☎0476-34-5350
	成田空港駐車場ガイド…http://www.narita-web.com/park/parklist/index.html
関空	／関空エアポートエージェンシー（割引クーポン）…☎0724-55-2910

ワザ3 両替は銀行のトラベルコーナーを利用！

成田国際空港や関西国際空港をはじめ、日本国内の国際空港には外貨両替所があり、日本円から外貨への両替ができるようになっている。ただし年末年始や夏休みシーズンなど、利用者の増える時期には両替所の前には長い行列のできることもある。こんな時に活用したいのが銀行の中にある両替所だ。成田には三菱東京 UFJ 銀行と千葉銀行、関空には三菱東京 UFJ 銀行の支店があり、支店内に併設されているトラベルコーナーで外貨両替ができるので、他の両替所が混雑している時には覗いてみたい。また混雑しやすいのは出発フロアの両替所なので、到着フロアの方はすいていることもある。各両替所ともに主要な外貨を取り扱っており、£（ポンド）は現金、T/Cともに対応している。

ワザ4 乗合タクシーなら重いスーツケースでも楽チン！

成田、関空へは乗合システムのタクシーが走っている。2～3日前までの予約と、会社によっては3人以上での利用が必須のこともあるが、自宅まで迎えに来てくれるので便利だ。料金は成田空港まで東京地区から1人 3500 ～ 5000 円、千葉地区 2000 ～ 3300 円。関西国際空港まで京都周辺から1人 3000 ～ 4000 円、北摂地区から 2500 円、神戸地区から 2000 ～ 4000 円が目安。所要時間は普通のタクシーを利用するよりはかかるので、各タクシー会社に予約時に確認をしよう。

成田	／スカイゲートシャトル………☎03-5547-5667 http://www.tokyomk.com/
	／ジェットパートナー………☎0478-73-7291 http://www.ckt-group.co.jp/alpha/jet/
	／リムジンライナー………☎03-3820-3255 http://www.teito-group.com/hired/limousine.html
関空	／MKスカイゲートシャトル……京都 ☎075-702-5489、神戸 ☎078-302-0489
	http://www.mk-group.co.jp
	／ヤサカ関空シャトル……☎075-803-4800 http://www.yasaka.jp/taxi/shuttle/

ワザ5 旅先に不要なコートを保管！身軽になって出かけよう!!

例えば冬に暖かいところへ行くとき、空港でコートを預ってもらうことができる。成田空港では GPA（☎0476-32-7946/ 第1、☎0476-34-8463/ 第2）など第1、第2の両ターミナルで利用できる。料金は衣類1着5日まで 1100 円、10日までが 1650 円。

関空では IAS（☎0724-56-6300）が一時預かりのサービス（6：30 ～ 22：30、2階北カウンターは 8：00 ～ 19：00）を行っている。一時預かりの料金は、コートを5日間で 1200 円、1日追加ごとに＋ 200 円。身軽になって旅行に行けて便利。ただし、帰国して営業時間内に取りにいけないとちょっとタイヘンかも。

空港に行く
関西国際空港

関西国際空港情報案内センター（24時間対応／☎0724-55-2500
フライトインフォメーション含む）
インターネットホームページ　http://www.kansai-airport.or.jp/

世界のハブ空港を目指して1994年に開港された。日本初の本格的24時間運用の空港でもある。人工島の上に建設されており、関空あるいはKIX（キックス）の愛称で親しまれている。グライダーをモチーフにデザインされたターミナルは、すべてが斬新で計算された美しい調和を保っている。国内線からの乗り継ぎ便も多く、国内線と国際線の乗り換え機能に優れている。空港コードはKIX。

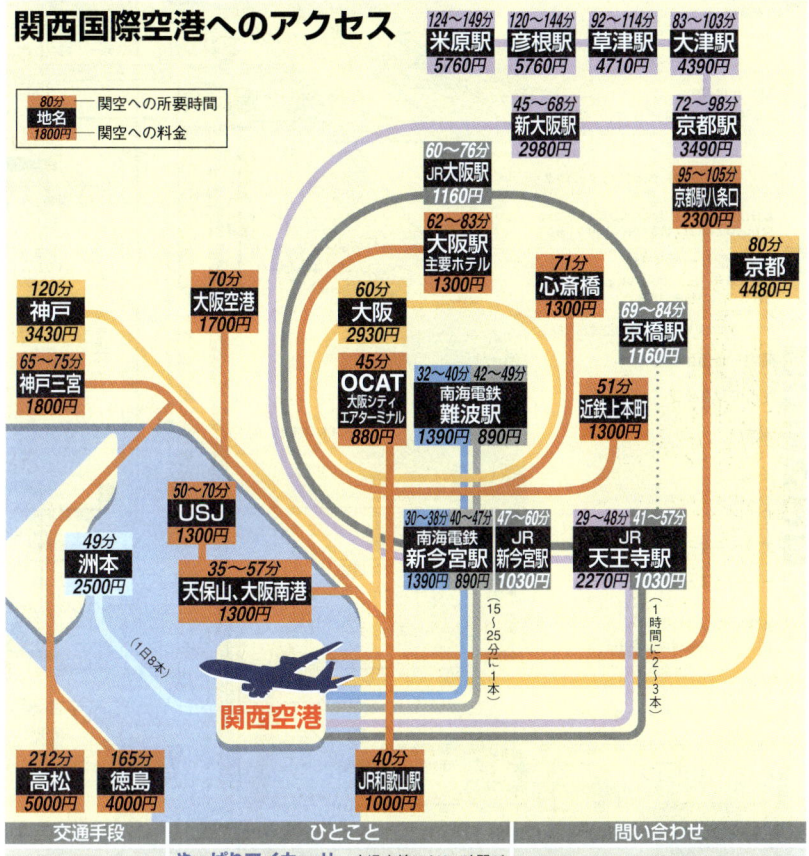

関西国際空港へのアクセス

交通手段		ひとこと	問い合わせ	
	自動車	**やっぱりマイカー!!**　交通事情により、時間がかかることもあるので注意。なお、タクシーを利用する場合、大阪駅からだとおよそ1万5000円＋高速代がめやす。	近畿ハイウェイテレホン大阪局	☎06-6876-1620
			大阪タクシー協会	☎06-6258-1221
			阪神高速インフォメーション四ツ橋	☎06-6535-1620
	リムジンバス	**ホテル利用者にも便利!!**　上記以外にも、JR・阪神尼崎駅、京阪守口市駅、JR・近鉄奈良駅発などがある。予約が必要な便もあるので注意。詳細は問い合わせを。	関西空港交通	☎0724-61-1374
			大阪空港交通	☎06-6844-1124
			チケットは各発着所にて乗車前に購入	
	高速船	**景色もよくて快適!!**　上記の料金には、空港ボートターミナルと旅客ターミナル間の連絡バスの料金が含まれる。	洲本から：洲本パールライン	☎0799-23-1444
			運賃は空港内連絡バス運賃を含む	
			http://www.atc.ne.jp/pearlline/	
JR線	特急はるか	**新幹線と相性良し!!**　新幹線を利用した場合は乗り継ぎに「特急はるか」が便利だが、時間的に急がないなら本数の多い関空快速がおすすめ。時間ははるかと15～20分ぐらいしか違わず、普通料金でOK。	JR西日本お客様センター	☎0570-00-2486
	関空快速/快速		（6:00～23:00、無休）	
			指定席券はJRみどりの窓口、びゅうプラザ、旅行代理店にて1ヵ月前から発売	
南海電鉄	ラピートα、β	**便利・早い・快適!!**　難波から新今宮、天下茶屋、泉佐野、りんくうタウン停車で関空まで行くのがラピートαで毎日12本運行。ラピートβは堺、岸和田にも停車し、18～19本運行。	南海テレホンセンター	☎06-6643-1005
	空港急行		指定席券は1ヵ月前より南海主要駅、旅行代理店にて発売。電話予約はできない	

関西国際空港ターミナル

国際線出発フロア（4F）と国際線到着フロア（1F）が、国内線出発・到着フロア（2F）を上下から挟むサンドイッチ構造になっていて、国内線・国際線の乗り継ぎがエスカレーターやエレベーターなどの垂直移動だけでできる高度な機能性を備えている。ターミナルから各出発ゲートまではウイングシャトルで結ばれ、5分以内に目的のゲートへ行くことができる。

🏧 **両替所**
　営業時間 4F 7:00〜22:30
　　　　　 3F 8:30〜20:30（トランジットラウンジ）
　　　　　 2F 8:30〜18:00（三菱東京UFJ銀行）
　　　　　 1F 8:30〜23:00

🏧 **CD・ATM機**
　営業時間 銀行ATM 平日 8:00〜21:00
　　　　　　　　　　 土日祝 8:00〜20:00
　　　　　 CD機 4F 6:00〜23:30
　　　　　　　　 2F 24時間
　　　　　　　　 1F 24時間（シティバンク・VISA）

　銀行、カード会社により営業時間が異なるが、24時間もしくはそれに近い利用が中心になりつつある

🚚 **荷物宅配サービス**
　国際空港サービス（IAS）4F北・1F南北
　西日本パスコ 4F南・1F南
　エーエヌエー・ロジスティクサービス 4F北・1F北
　各社とも4Fは受け取り、1Fは発送業務を担当

🧳 **荷物一時預かり所**

🎁 **注目のショップ**

✉ **郵便局**

🍼 **授乳室**

🚻 **トイレ**

🛗 **エレベーター**

🛗 **エスカレーター**

❓ **案内カウンター**
　4Fでは旅行傷害保険も併設

■ 国際線出発ゾーン　┅┅▶ 国際線出発
■ 国際線到着ゾーン　◀┅┅ 国際線到着
■ 国内線・一般ゾーン ●●●● 国内線出発・到着

空港内施設配置図

連絡橋へ
立体P2
P4
エアロプラザ　関西空港駅
旅客ターミナルビル
P3
立体P1
空港内の道路はすべて一方通行

54

出発階車寄せ
リムジンバスやシャトルバス、タクシーはここに到着する

●待ち合わせポイント
世界時計（北）
北、南とも待ち合わせに。
海外旅行保険
喫煙所

●待ち合わせポイント
案内所はもっともわかりやすい。

@ステーション
世界時計（南）
喫煙所
ポーターサービス

4F

（カードメンバーズクラブ「比叡」内）
レストラン・ショップエリア
14のレストランと27のショップが並ぶ。

キャニオン（吹き抜け）

キャニオンのエレベーターは3Fには停止しない

立体P2

2Fと4Fを直接結ぶエスカレーター。3Fには停止しない

3F

三菱東京UFJ銀行、交番、診療所
案内センター、宝くじ
荷物一時預かり所、シャワールーム
喫煙所

関西空港駅 JR、南海電鉄
グローバル・リファンド・カウンター
総合サービスセンター

@ステーション
道路交通情報案内所

ボーダフォン
関西空港駅
または立体駐車場から▶

レンタカーノースゲートカフェ
（シティバンク）
@ステーション
東京行シャトル便カウンター
自動チェックイン

JR西日本案内カウンター
喫煙所
@ステーション
コイン式携帯電話充電器
1Fへ 4Fへ
1Fから
リムジンバス案内所

タクシー乗場

高速船連絡バス・リムジンバス乗場

関西観光情報センター
国際線到着ロビー
トラベルデスク
西日本バス

2F

鉄道・バス・道路交通情報案内
NTT DoCoMo
リムジンバス案内所
ヤサカ関空シャトル
@ステーション
ローソン（地下）

出迎えの人とここで対面
（南北に注意。図は南到着口）
2Fへ

税関

リムジンバス切符売り場
（行き先別にA〜Dの4ヵ所あり）

1F

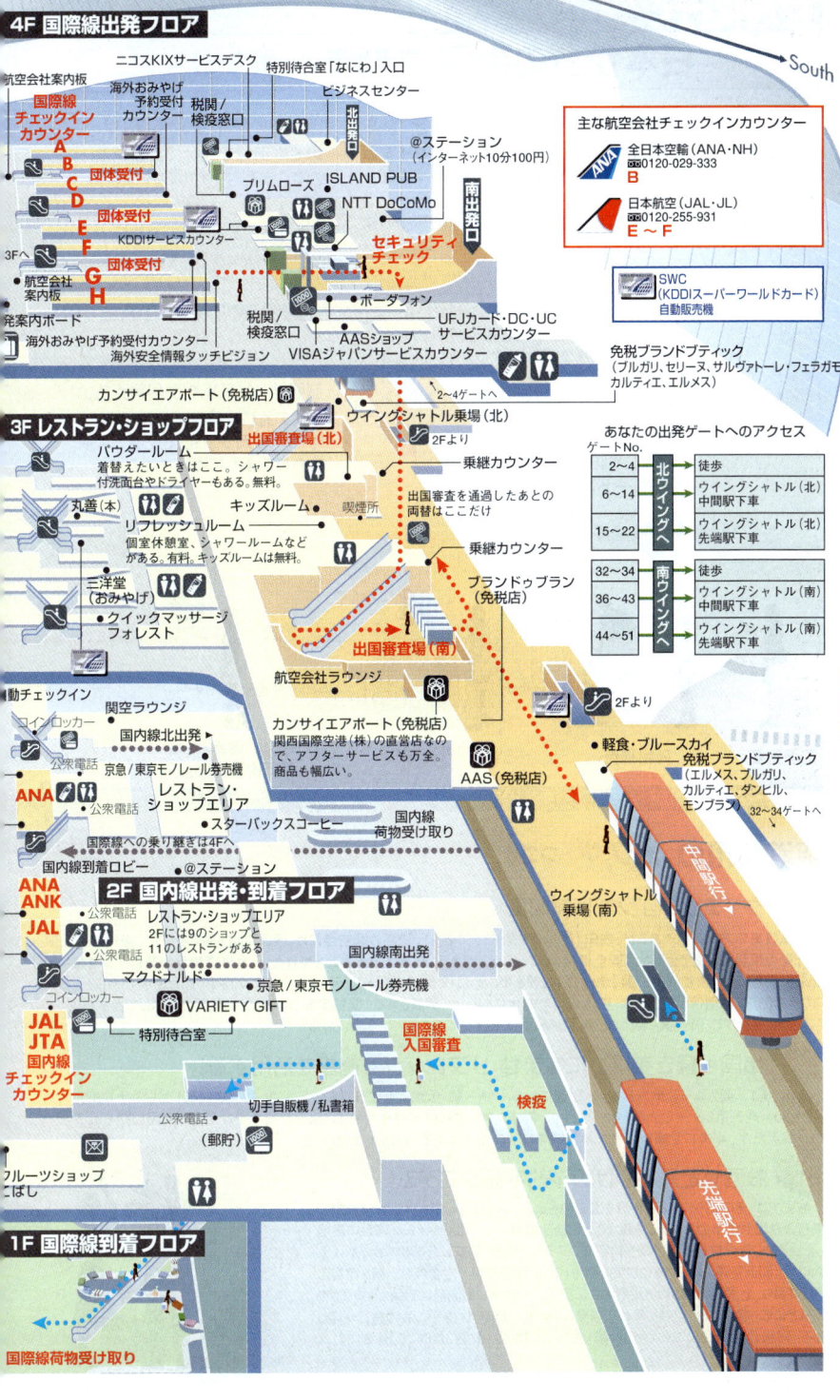

4F 国際線出発フロア

ニコスKIXサービスデスク
特別待合室「なにわ」入口
航空会社案内板
海外おみやげ予約受付カウンター
税関／検疫窓口
ビジネスセンター
国際線チェックインカウンター
A
B
C
D
E
F
G
H
北出発口
@ステーション
（インターネット10分100円）
団体受付
プリムローズ
ISLAND PUB
南出発口
団体受付
NTT DoCoMo
KDDIサービスカウンター
団体受付
3Fへ
航空会社案内板
セキュリティチェック
発案内ボード
税関
検疫窓口
ボーダフォン
海外おみやげ予約受付カウンター
AASショップ
UFJカード・DC・UC
サービスカウンター
海外安全情報タッチビジョン
VISAジャパンサービスカウンター

主な航空会社チェックインカウンター

全日本空輸（ANA・NH）
☎0120-029-333
B

日本航空（JAL・JL）
☎0120-255-931
E〜F

SWC
（KDDIスーパーワールドカード）
自動販売機

免税ブランドブティック
（ブルガリ、セリーヌ、サルヴァトーレ・フェラガモ、
カルティエ、エルメス）

カンサイエアポート（免税店）
ウイングシャトル乗場（北）
2〜4ゲートへ
2Fより

3F レストラン・ショップフロア

出国審査場（北）
パウダールーム
着替えたいときはここ。シャワー付洗面台やドライヤーもある。無料。
乗継カウンター
丸善（本）
キッズルーム
出国審査を通過したあとの両替はここまで
リフレッシュルーム
個室休憩室、シャワールームなどがある。有料。キッズルームは無料。
喫煙所
乗継カウンター
三洋堂
（おみやげ）
ブランドゥブラン
（免税店）
クイックマッサージ
フォレスト
動チェックイン
出国審査場（南）
コインロッカー
関空ラウンジ
航空会社ラウンジ
国内線北出発▶
公衆電話
京急／東京モノレール券売機
カンサイエアポート（免税店）
軽食・ブルースカイ
ANA
レストラン・
ショップエリア
関西国際空港（株）の直営店なので、アフターサービスも万全。商品も幅広い。
AAS（免税店）
免税ブランドブティック
（エルメス、ブルガリ、カルティエ、ダンヒル、モンブラン）32〜34ゲートへ
公衆電話
スターバックスコーヒー
国内線
荷物受け取り
国際線への乗り継ぎは4Fへ
ウイングシャトル
乗場（南）
国内線到着ロビー
@ステーション

あなたの出発ゲートへのアクセス

ゲートNo.		
2〜4	北ウイングへ	徒歩
6〜14		ウイングシャトル（北）中間駅下車
15〜22		ウイングシャトル（北）先端駅下車
32〜34	南ウイングへ	徒歩
36〜43		ウイングシャトル（南）中間駅下車
44〜51		ウイングシャトル（南）先端駅下車

2F 国内線出発・到着フロア

ANA
ANK
JAL
公衆電話
レストラン・ショップエリア
2Fには9のショップと11のレストランがある
国内線南出発
公衆電話
マクドナルド
京急／東京モノレール券売機
JAL
JTA
国内線
チェックインカウンター
コインロッカー
VARIETY GIFT
特別待合室
国際線
入国番査
公衆電話
切手自販機／私書箱
検疫
（郵便）
フルーツショップ
こばし

1F 国際線到着フロア

国際線荷物受け取り

中間駅行
先端駅行

North
South

日本からの出国（空港到着から機内へ）

空港へ着いたらまずチェックインをすませる

航空券を持っている人は利用する航空会社のチェックインカウンターへ。航空券を当日、旅行代理店から受け取る人は、団体専用カウンターの指定された場所で受け取る。チェックインカウンターに入る前にスーツケースなど預ける荷物の検査がある。

チェックイン開始時刻は航空会社によって異なる。JALは随時、ANAは関空では2時間30分前から、成田では午前便が朝7時から、午後便は3時間前から、他社はおよそ出発の2時間〜2時間30分前から。混み合って並ぶこともあるので早めのチェックインを心がけよう。搭乗券（ボーディングパス）と荷物の預かり証明（バゲージクレームタグ）を受け取ったら、搭乗ゲート番号と搭乗時刻を確認しておくこと。

チェックインがすんだら

大きな荷物を預けて身軽になったところで、両替や買物をしよう。

両替
空港内にある両替所や銀行で
所要時間 **5〜15分**

旅行傷害保険加入手続き
5〜30分

旅客サービス施設使用料支払い
空港の施設使用料は成田、関空、中部、福岡など主要空港では航空券に含まれて徴収される。

搭乗までに最低限必要な3点セット
パスポートと搭乗券とお金

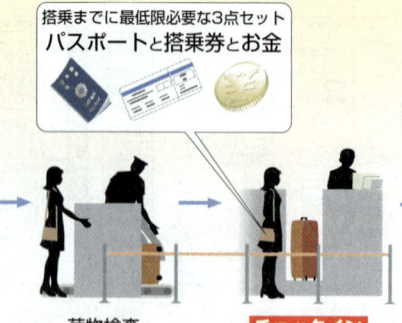

空港到着　　荷物検査　　**チェックイン**　　両替・買物・食事 旅行傷害保険加入

出発2〜2.5時間前　　　見送りの人も入れるエリア　　　1時間前

空港利用の 裏ワザ つづき

ワザ6 タッチビジョンで情報収集

情報収集の方法は色々あるが、成田（第1、第2ターミナルとも）、関西の両空港には、画面に指を触れるだけで操作でき、旅行先の情報を閲覧できる海外安全情報タッチビジョンがある。外務省から委託を受けた、日本外交協会が運営する情報端末検索機で、外務省提供の国（地域）別情報をオンラインで配信している。データベースには190の国と地域の他に、テロなどの広域・特別情報が含まれ、現地事情の変化にあわせて更新される。閲覧するだけではなく、無料で印刷して持っていくことができるので、飛行機に乗るまで時間があるならのぞいてみよう。

ワザ7 出国手続きを早めにすませ リフレッシュ施設を活用する！

成田（第1、第2ターミナルとも）と関空にはシャワー室、仮眠室などリフレッシュルーム（成田第1ターミナル8:00〜21:30、成田第2ターミナル7:00〜22:00、関空9:00〜21:00、有料）がある。出国審査を受けた後の利用に限られるのが難点だが、早めに手続きをすませ長時間の空の旅に備えるのもいいかも。

ワザ8 お酒や定番みやげの予約宅配システム

旅先では、その国らしいおみやげを選ぶのも楽しみのひとつ。でも限られた時間を、義理みやげや定番のアイテムを探すことに使うのはもったいない。そんな場合に活用したいのが、海外旅行みやげの予約宅配システム。成田、関空にある海外おみやげ予約受付（関西空港、成田☎0120-988-275）では、世界各国の定番のお土産を豊富に揃えており、全国一律945円で指定の日に配達してくれる。出発前に商品カタログを自宅などに取り寄せるか、空港に早めに到着して注文しておけば身軽に海外旅行が楽しめる。同様のサービスはエムパイヤ（第1☎0476-32-8910、第2☎0476-34-8180）などでも行っている。

※時間表示および所要時間はあくまで標準的な時間配分。週末や長期休暇期間はチェックイン、出国手続きの際に時間がかかるので余裕をもって行動する必要がある。時間は利用航空会社や旅行代理店によって異なる。手続きの流れは成田、関空ともほぼ同様。

いよいよ出国手続きへ

セキュリティチェック

機内持ち込み用の手荷物検査（X線検査）とボディチェック。高感度のフィルムを持っている場合は、その旨係官に申告をしよう。

税関

外国製品（時計、宝石など）を持っている人は「外国製品の持出し届」の用紙に記入し、現品といっしょに提出、確認印をもらう。帰国時までなくさないように保管しておく。申告のない人はそのまま通過して出国審査へ。

約**10**分

出国審査

パスポート、搭乗券を提出。
10〜20分

出国審査後

搭乗までの残り時間に応じて、買物などを楽しもう。

免税店で買物をする

旅行中のタバコや化粧品、荷物にならない小物はここで買っておくといい。品物によっては海外の免税店より安く購入できるものもある。また、海外で買おうと思っているものがある人はここで値段をチェック。

免税店で買物する際には搭乗券の提示を求められる。旅行先の国によって免税範囲が決められているので買いすぎないように。

搭乗ゲートへ

指示されたゲート番号のあるサテライトへ移動して、アナウンスがあったら搭乗を開始する。出国審査を出たあとも軽い食事をとれるところがある。

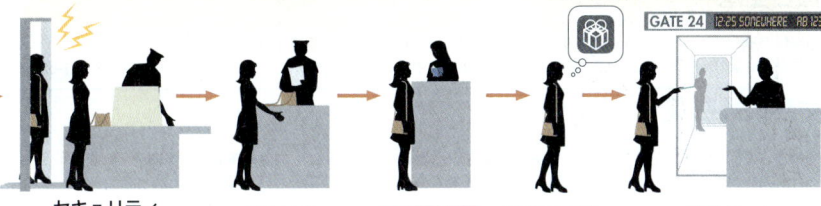

| セキュリティチェック | 税関申告 | **出国審査** | 免税店で買物 | 搭乗ゲート |

見送りの人の入れないエリア　　　ゲートまでの移動に5〜15分　**10〜30分前**

ワザ+α ❶ ロングフライト血栓症にご用心

　飛行機に限らず鉄道や長距離バスなど、旅行中は長時間座ったままでいることが多い。6〜8時間以上座ったままになるなら、気をつけたいのがロングフライト血栓症。エコノミークラス症候群とも呼ばれる深部静脈血栓症や急性肺動脈血栓塞栓症だ。これはエコノミークラスに限らずビジネスクラス等でも、長時間の着席によって下半身に血液が溜まり、その結果血管内に血の固まり（血栓）ができてしまう病気だ。血栓が肺などの血管を詰まらせ、呼吸困難、失神、心臓発作の原因となる危険がある。予防にはこまめな水分補給（アルコールは除く）と立って歩くことが有効だ。座ったままでもふくらはぎをマッサージしたり、足の指や関節を動かしたり、衣服をゆるめることが効果的だ。

ワザ+α ❷ 出入国カードは廃止

　2001年7月より、出国・入国審査に必要だった出入国カードが廃止された。機械読み取りに対応していない、旧型パスポートがすべて失効したことにともなうもので、手続きの時間が短縮され、混雑が緩和された。カードが廃止されるのは日本国籍の場合だけで、外国籍の人は依然必要とされる。

ワザ+α ❸ シティエアターミナルの業務は縮小傾向

　2002年7月の出国手続き業務の終了に続いて、T-CAT（東京シティエアターミナル）での搭乗手続き（チェックイン）の受け付けが2002年12月をもって終了した。Y-CAT（横浜）でも全日空の搭乗手続きが保安体制強化のため休止している。関西では京都CATが2002年8月に閉鎖、O-CAT（大阪）でも搭乗手続きは休止しており、各地のCATの業務は縮小の傾向にある。

主な地方空港からの乗り継ぎ

イギリス、ロンドンへの直行便は成田、関空、名古屋からしか運航していない。ヨーロッパの他都市を経由してイギリスへ入る場合もほぼ同様だ。よって地方からは上記空港を経由して国際線に乗り継ぐことになる。地方から成田空港への国内線は意外と少ないが、関空へは右図のほか約20の国内空港から便がある。

地方空港ネットワーク

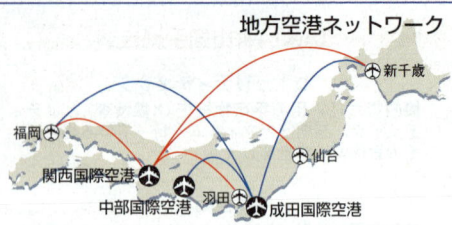

新千歳（札幌）空港　総合案内所 ☎0123-23-0111　http://www.new-chitose-airport.jp/

●JR
札幌駅から快速エアポートを利用、新千歳空港駅下車（所要36分／1040円）。
問い合わせ：JR北海道電話案内センター ☎011-222-7111　新千歳空港駅 ☎0123-45-7001
●バス
札幌市内各所などから空港連絡バス利用（札幌市内各所から所要35～90分／710～1000円）。
問い合わせ：北海道中央バス ☎011-231-0500　北都交通 ☎011-377-3855
室蘭、登別温泉、苫小牧、穂別、静内、浦河などから空港連絡バス利用（所要45～220分／600～2550円）。
問い合わせ：道南バス ☎0143-45-2131（室蘭）

仙台空港　空港総合案内所 ☎022-382-0080　http://www.sendai-airport.co.jp

●バス
仙台駅（所要40分／910円）から空港連絡バス利用。問い合わせ：仙台市交通局 ☎022-224-5111
館腰駅（所要12分／310円）から連絡バス利用。問い合わせ：宮城交通本社サービスセンター ☎022-771-5310

中部国際空港　セントレア・テレホンセンター ☎0569-38-1195　http://www.centrair.jp/

●鉄道
名鉄名古屋駅（所要28分／1200円）、名鉄新一宮駅（所要45分／1450円）、名鉄岐阜駅（所要55分／1660円）から名鉄空港特急ミュースカイ号利用。問い合わせ：名鉄お客様センター ☎052-582-5151
●バス
名古屋駅（所要57～60分／1000円）、栄バスターミナル（所要52分／1100円）、東岡崎駅（所要65分／1600円）、豊田市駅（所要68分／1700円）、三河安城駅（所要60分／1400円）、近鉄四日市駅（所要82分／2000円）から空港連絡バス利用。問い合わせ：名鉄お客様センター ☎052-582-5151、知多バス ☎0569-21-5233、三重交通 ☎0593-23-0808

福岡空港　国内線総合案内所 ☎092-621-6059　国際線総合案内所 ☎092-483-7007　http://www.fuk-ab.co.jp/

●地下鉄
博多駅から市営地下鉄空港線利用（所要5分／250円）。問い合わせ：福岡市営地下鉄テレフォンセンター ☎092-734-7800
●バス
小倉駅（所要約89～98分／1000円）、佐賀駅（所要65～84分／1000円）、熊本交通センター（所要129～133分／2000円）などから西鉄の空港連絡高速バス利用。問い合わせ：西鉄テレホンセンター福岡 ☎092-733-3333　西鉄高速バス予約センター福岡 ☎092-734-2727もある

国内線から国際線へ　羽田空港から成田空港への移動
羽田空港総合案内 ☎03-5757-8111　http://www.tokyo-airport-bldg.co.jp/

成田空港で国内線から国際線に乗り継ぐ便は少ない。羽田空港から陸路で成田空港へ移動することになるが、羽田と成田はかなり距離がある。移動手段としてはリムジンバスが昼間は10～20分間隔で運行し、所要約75分、3000円。また、京浜急行「羽田空港駅」から地下鉄浅草線を経由し、京成線「成田空港駅」まで直通で行けるエアポート快速特急も登場した。1日4本運行、所要約127～130分、1560円。成田空港周辺に前日から泊まるプランを用意する旅行会社もある。

羽田空港　　　　　　　　　　　　　　　　**成田空港**

エアポート快速特急（1日4本）約127～130分 1560円
※他にエアポート快速特急（1日10～11本）が京成佐倉駅で成田空港行き特急電車に接続する。

モノレール・JR浜松町駅　　　JR東京駅
モノレール 約21～23分 470円　山手線 約6分　成田エクスプレス 53～70分 2940円

タクシー 約70分（道路事情により違いあり）約20000円（おおよその目安。乗合タクシーなら3500円）

リムジンバス 約75分（道路事情により違いあり）3000円

イギリスの実用情報

イギリスへの入国＆出国

　入国カードと審査　　　　60

　空港ガイド　　　　　　　62

　帰国日の注意ポイント　　66

イギリス国内の交通

　イギリスを旅する道具　　68

　鉄道　　　　　　　　　　72

長距離バス／国内航空　　　76

レンタカー　　　　　　　　78

旅の基礎知識

　通貨と両替事情　　　　　82

　国内＆国際電話のかけ方　84

　手紙＆小包の送り方　　　86

　街歩きの基礎知識　　　　87

　レストラン事情　　　　　88

　ショッピング事情　　　　94

　現地ツアーの活用法　　　96

旅の危機管理

　治安とトラブル対策　　　98

　健康管理と対策　　　　　101

入国カードと審査

入国審査での英会話

入国の目的は？
ワッツ ザ パーパス オブ ユア ヴィズィット
What's the purpose of your visit ?

観光です。
サイトスィーイング
Sightseeng.

何日間の滞在ですか？
ハウ ロング アー ユー ゴウイング トゥ ステイ
How long are you going to stay ?

4日間です。
フォー デイズ
Four days.

どこに滞在しますか？
ウェア アー ユー ステイイング
Where are you staying ?

（メモを示し）このホテルです。
アイル ステイ アト ディス ホウテル
I'll stay at this hotel.

※❶帰国の日付けや便を確定しないオープンチケットの場合も、半年以下なら問題はない。

飛行機が遅れたら

通常、ホテルのチェックインは午後6時頃まで。これを過ぎても到着しないとキャンセル扱いになることがあるので要注意。到着時刻の関係でチェックインが遅くなるようなら、予約の時点でチェックインの予定時刻を知らせておこう。また、飛行機が遅れた場合は、空港から電話を入れておいた方がよい。ただし、ツアーの場合は現地係員が連絡するので、その必要はない。

帰国便の再確認

出発の3日前（72時間）までに航空会社に連絡して帰りの便の予約の再確認（これをリコンファームという）をしないと、キャンセル扱いにされる場合がある。ただし、日本航空、全日空、ブリティッシュ・エアウェイズ、ヴァージン・アトランティック航空の直行便4社は必要ない。

※❷日本の空港で荷物を預けた時、チケットに貼ってくれるのが荷物引換証Baggage Identification Tag。荷物が出てこないといった場合に必要になるので、なくさないように注意しよう。

入国手続きをすませて街に出よう！

　長いフライトも終わりに近づく頃、機内アテンダントが「入国カードLanding Card」を配り始める。ブロック体の大文字ではっきり書き込んでおこう（右ページ囲み参照）。裏面にも書き込み欄があるが、ここは書く必要はない。機内で用紙をもらいそこねた場合も、到着後の入国審査場にもあるので、そこで書き込めばよい。

[1] 入国審査Immigration

　飛行機を降りたら「到着Arrival」の表示に従って歩くと、「入国審査Immigration」のホールに出る。審査を受ける列は、「EU諸国の国民EU Passportsと英国人 United Kingdom Passport」、「その他All other」に分かれている。日本人が並ぶのは「その他」の列。パスポートと記入ずみの入国カード、帰国時の航空券（※❶）を持って列に並ぼう。

●審査を受ける

　イギリスの入国審査は他のEU諸国に比して厳しいといわれているが、これはあくまで就労目的で入国する人を防ぐため。したがって6ヵ月以下の滞在で、帰国時の航空券があれば、ほとんど心配はない。審査で聞かれるのは、渡航目的、滞在期間、滞在場所程度。

　ただし、帰国時の航空券がない場合、学生（就学）ビザなど特定のビザがない限り、入国はかなり難しい。どう答えるか心づもりをしておこう。

　審査にパスすると、パスポートに6ヵ月有効のビザのスタンプが押され、晴れて滞在許可が出る。これで入国審査は終了だが、イギリスからいったん他国へ出るとビザは無効になるので、再入国する時に同様の手続きが必要になる。

[2] 荷物を受け取る

　入国審査が終了したら、次は機内に預けた荷物を受け取りに「バゲージ・クレームBaggage Claim」の表示にしたがって進もう。荷物の出てくるターンテーブルは便ごとに分れているので、案内表示で便名の確認を。両替所があるので、荷物を待っている間にここで最初の両替をすますこともできる。

　荷物が出てこない時は、日本出発時にもらった荷物の引換証（クレイムタグ※❷）を持って、利用した航空会社の「Lost & Found」のカウンターに申し出よう。盗難でない限り荷物は戻ってくるが、戻るまでに数日かかることもある。貴重品や必需品は機内持ち込み手荷物にしておいた方がより安心だ。

ATTENTION

ヒースロー空港の到着ロビーは、
いつも出迎え客で混雑している。スリやおきびきにご用心！
到着した安心感で気をゆるめないこと。
手荷物にはしっかり気を配ろう。

[3] 税関審査Customs

　荷物を受け取ったら、次は税関審査へ。課税対象となるもの
を持っている人は赤いランプGoods to Declareへ。ない人は緑
のランプNothing to Declareへ。緑のランプの通路に入れば、
通常ノーチェックで通過できる。

[4] 到着ロビー

　税関を出たところが到着ロビー。通路の向こうに出迎えの
人々が待ち受けている。ツアー利用の場合、添乗員同行でない

限り現地係員がここで
待っている。ツアーの
名を書いた札を探そ
う。また、出発前に渡
されたツアー名の入っ
たタッグなどの目印
を、分かりやすいとこ
ろに付けておきたい。

出迎えの人で賑わう到着ロビー

イギリスに持ち込める免税範囲

●たばこ類
紙巻きたばこ　200本
細い葉巻　100本
葉巻　50本
●酒類
無発泡性ワイン　2ℓ
アルコール度数22％以上　1ℓ
アルコール度数22％以下　2ℓ
●香水　60cc
オードトワレ　250cc
●その他
　EU圏外からの旅行者は1人
に付き£145相当までの商品の
持ち込みは課税対象外。ただし、
通貨の持ち込み、持ち出しにつ
いては制限はない。

イギリスの実用情報

61

入国カードと審査

入国カードの書き方

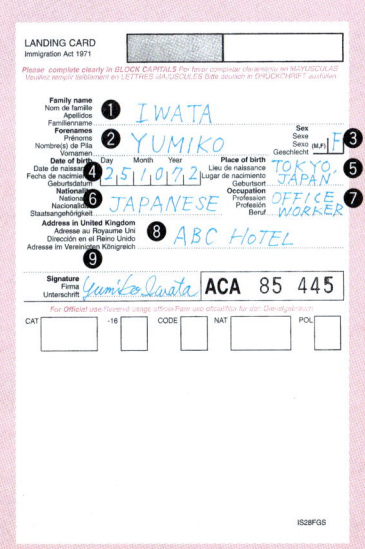

❶Family name：姓

❷Forenames：名

❸Sex：性別／男はM（male）、女はF（female）

❹Date of birth：生年月日（日→月→西暦下2ケタの順で記入）

❺Place of birth：生まれた場所（国名でいい）

❻Nationality：国籍（日本人ならJAPANESE）

❼Occupation：職業（学生STUDENT、会社員OFFICE WORKER、主婦HOUSEWIFEなど）

❽Address in United Kingdom：イギリスでの住所。ホテルが決まっている時はその名前と住所を記入

❾Signature：署名。パスポートと同じサインの方が無難

空港ガイド

Airport

インフォメーション

- ●ヒースロー空港
- ▶☎0870-000-0123
- ★忘れ物の問い合わせ
- ▶☎020-8745-7727
- ●ヒースロー・エクスプレス
- ▶☎0845-600-1515

ターミナル別
乗り入れ航空会社

- ●ターミナル1
  ブリティッシュ・エアウェイズBAの長距離国際路線（日本～ロンドン含む）と一部のヨーロッパ路線及び国内路線
- ●ターミナル2
  BA以外のヨーロッパ系航空会社の路線（アエロフロート、エールフランスなど）
- ●ターミナル3
  日本航空、全日空、ヴァージン・アトランティック航空の他、アジア、アメリカ、オセアニア系航空会社の長距離路線
- ●ターミナル4
  BAの一部ヨーロッパ路線と長距離路線

ヒースローのタクシー乗り場

空港は空の玄関
ここから、いよいよ旅が始まる

空港ガイド［1］
ヒースロー空港 Heathrow Airport

　ロンドンには市内・近郊含めて6つの空港があるが、世界の主要航空会社のほとんどが西部のヒースロー空港と、南にあるガトウィック空港に乗り入れている。日本からの直行便4社が乗り入れているのはヒースロー空港。日本航空、全日空、ヴァージン・アトランティック航空の3社はターミナル3、ブリティッシュ・エアウェイズはターミナル1に到着する。

　到着ロビーには両替所、ホテル予約窓口やレンタカー会社のカウンターが並び、バスやタクシー乗り場が隣接。バスターミナルからはロンドン市内へのバスの他、イギリス各地への直通バスが発着している。また、地下に降りれば、地下鉄駅や直通電車の駅に通じている。

　到着ロビー内には、カフェやパブ、レストランもあるので、ここでひと休みしてから市内へ向かってもいいだろう。

●ヒースロー空港

- レイル・エア
- ジェットリンク
- スピードリンク
- ターミナル3（到着）
- ターミナル3（出発）
- 地下鉄駅への歩道（動く歩道）
- ターミナル4連絡バス
- P
- ターミナル1
- ヒースロー・ターミナルズ1,2,3駅
- セントラル・バスステーション
- ターミナル2
- ターミナル4
- ヒースロー・ターミナル4駅

●ターミナル3
　到着ロビー

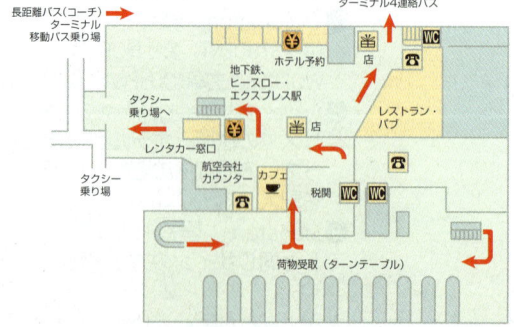

- 長距離バス（コーチ）ターミナル移動バス乗り場
- ターミナル4連絡バス
- WC
- ホテル予約
- 店
- 地下鉄、ヒースロー・エクスプレス駅
- タクシー乗り場へ
- レストラン・パブ
- 店
- レンタカー窓口
- タクシー乗り場
- 航空会社カウンター
- カフェ
- 税関
- WC WC
- 荷物受取（ターンテーブル）

空港内のバス乗り場などの案内表示はすべて黄色で統一されている

↑ ➡ Bus stops 1-15
Smoking area
Toilets

← Taxis

Bus stops 16-22 ➡
Car rental pick up
Left baggage

注　パディントン駅でチェックインのできる航空会社は、BAとその提携会社に限られる。

●ヒースロー空港から市内へのアクセス

ヒースロー空港から市内への交通手段には、タクシー、コーチ、地下鉄、直通電車の4つある。いちばん安いのが地下鉄。もっとも早く市内に到着するのは鉄道。快適かつ安心なのはタクシー。時間はかかるが、2階建てのバスでのんびり市内をめざすのも悪くない。

空港のバスターミナルからは、各空港や街への直行バスがひんぱんに運行している

★ヒースロー・エクスプレスHeathrow Express

空港と市内西部のパディントン駅の間を、ノンストップでわずか15分で走る直通電車。早朝5時台から夜11時台まで、15分間隔で運行。ターミナル4駅始発で、次が1・2・3駅。運賃は片道£13とやや高いが、早くて快適。パディントン駅にはタクシー乗り場もあるし、地下鉄が4ライン交差しているので市内のどこへ行くにも便利だ。また、チェックインカウンターがあるので、航空会社によっては搭乗手続きができる。

★コーチ Coach

ナショナル・エクスプレスのコーチが10～45分間隔で運行。片道£10.00（往復£15.00）。乗り場は、セントラル・バスステーションの①～③番、⑥番。終点のヴィクトリア・コーチステーションまで、交通状況にもよるが1時間～1時間30分程度。2階席からの眺めも楽しいし、大きな荷物も乗せられるが時間に余裕のない帰国時にはおすすめできない。

★タクシー Taxi

タクシー乗り場はロビー左手の出口の外。ボックス型で、5人（新型は6人）まで乗ることができる。市内までは約£40程度だが、チップも含めて£50はみておきたい。市内中心部への車の乗り入れには£5かかるが、タクシーは対象外。

★地下鉄 Underground

ターミナル1、3に到着したら、「ターミナルズ1・2・3駅」、ターミナル4の場合は「ターミナル4駅」が最寄り駅。ロンドン中心部までは約40分～1時間、片道市内中心部（ゾーン1）まで£3.80。本数が多いので、待てば確実に座れる。駅にはエスカレーターやエレベーターがあるので大きな荷物を持っていても利用しやすい。
※地下鉄の路線延長工事のため、ターミナル4駅は2006年9月まで閉鎖中。

ターミナル間の移動

各ターミナルを結ぶ循環バスが運行している。ターミナル4だけ少し離れているが、ターミナル1、2、3の間は地下道で結ばれている。

市内中心部行きのコーチのルートと乗車場所

ヴィクトリア・コーチステーションへ行くコーチは、空港と市内を結ぶ専用路線ではなく、バースやポーツマスなどの地方都市を出発してヒースロー空港を経由し、市内・ヴィクトリアへ行く路線コーチ。したがって路線ナンバーも出発地ごとにさまざまある。

コーチの乗り場のあるセントラル・バスステーションは、地下鉄ターミナル1・2・3駅の上にあり、地下道か地上の通路を通っていける。駅近くのエレベーターも利用できるし、カートは地下鉄同様、バス停まで持っていけるので荷物がある時も便利。チケットはターミナル内のナショナル・エクスプレスのチケット売り場か車内で。コーチは空港を出たあと、ハマースミスかアールスコートに寄り、終点のヴィクトリア・コーチステーションまで行く。ヒースロー空港行きは途中停車はせず、ノンストップで空港まで行く。

ヒースロー空港から地方都市へ行く中・長距離バス

各地の街へ行く直通バスが出ている。乗り場は各ターミナルのコーチステーション。1日10～20便と本数も多い。

●主な目的地と所要時間

バーミンガム	約3時間
マンチェスター	約6時間30分
リヴァプール	約6時間30分
ケンブリッジ	約2時間
ノーリッチ	約4時間
カンタベリー	約3時間30分
ブライトン	約3時間30分
ポーツマス	約3時間
オックスフォード	約1時間
カーディフ	約3時間15分

ガトウィック・エクスプレスの起点は市内南西部のヴィクトリア駅

インフォメーション
- ●ガトウィック空港
- ▶☎0870-000-2468
- ●ガトウィック・エクスプレス
- ▶☎0845-850-1530
- ヴィクトリア発 03:30〜24:30
- ガトウィック発 04:35〜01:35
- ●ルートン空港
- ▶☎01582-40-5100
- ●スタンステッド空港
- ▶☎0870-0000-303
- ●ロンドン・シティ空港
- ▶☎020-7646-0088

64

空港ガイド［2］
ガトウィック空港 Gatwick Airport

ロンドンの南の郊外約43kmにある第2の空港。ブリティッシュ・エアウェイズ（BA）の中・長距離便を中心に、ヒースロー空港に乗り入れていない各国の航空会社の便が発着している。ヒースローより小さいが、新しいので設備は充実している。ターミナルは北と南の2ヵ所。両ターミナル間はラピット・トランジット・リンクというモノレールがつないでいる。ガトウィック空港から市内へのアクセスは以下の通り。

★ガトウィック・エクスプレス Gatwick Express

ヴィクトリア駅と空港をノンストップで結ぶ電車で、所要約30分。ほぼ15分間隔で運行しており、片道£12.00（2等）。エクスプレスの駅は南ターミナルに隣接している。

★バス Bus

ヴィクトリア・コーチステーションと空港をノンストップのバス、フライトラインFlightlineが約70分で結んでいる。1時間に1本運行、片道£8.20。

★タクシー Taxi

市内までは1時間以上とかなり遠い。途中渋滞することもあり、£70〜80近い出費を覚悟すること。ガトウィック・エクスプレスでヴィクトリア駅に出てから利用した方がいい。

鉄道とフェリーでの入国＆出国手続き

大陸側から鉄道で入国するルートもある。車を乗せて英仏海峡を抜ける列車「ル・シャトル」がフランスのカレーとイギリスのフォークストンを約35分で結び、超高速列車ユーロスターがフランス（パリ北駅）、ベルギー（ブリュッセル南駅）とロンドン（ウォータールー駅）をつないでいる（右ページ囲み記事参照）。また、近隣諸国からフェリーでイギリスに渡り、そこから鉄道に乗り換えてもイギリスに入国できる。ドーヴァーからフランスへのフェリーについてはp.202参照。

●出入国手続き
ユーロスターで入国する場合は、下車後に駅構内の入国審査場で審査が行われる。出国の場合の手続きは不要で、フランスへの入国もパスポートを見せるだけ、といたって簡単。他のドーヴァー海峡を渡るフェリーでの入国は、フェリー・ターミナルで空港と同じような入国手続きが行われる。

免税手続きはEU諸国から最終的に出国する際に行われるので、フランスなどから入国する時は税関の審査はない。

●ユーロスター料金表（2005年4月現在）
※ロンドン〜パリ間の運賃

ノーマル運賃		パス・ホルダー		レジャー運賃	
1等	41,900円	1等	16,300円	1等	21,200円
2等	28,800円	2等	9,700円	2等	17,900円

※左は日本国内の旅行社で予約した場合の運賃
※左記の他、子ども運賃（4〜11歳）、ユース運賃（12〜25歳）、シニア運賃（60歳以上）がある。
※パス・ホルダーはブリットレイル・パスなど各種鉄道パス所有者に適用される割引運賃。
※レジャー運賃とは、訪問地に2泊以上滞在する場合にのみ適用される割引の運賃。
※往復チケットは14日前までに購入。目的地に2泊以上滞在する場合に適用される。

ATTENTION 各空港と市内を直通電車などがつないでいるが、ヒースローやガトウィックほど確実ではない。移動の時間には充分ゆとりをみておいた方が無難。

近代的なスタンステッド空港の出発ロビー

空港ガイド［3］
その他の空港 Other Airports

●ルートン空港 Luton Airport

ロンドンの北部にある空港で、中・長距離便が発着する。キングス・クロス駅からテムズ・リンク利用でルートン空港パークウェイParkway駅まで約35分。駅と空港の間は無料シャトルバスが運行。ヴィクトリア駅に隣接するグリーンライン・コーチステーションと空港を結ぶ直通バスもある。こちらは1時間30分、片道£8.00。

●スタンステッド空港 Stansted Airport

ルートン空港よりさらに北にあるヨーロッパ便の発着空港。リヴァプール・ストリート駅と空港を直通電車スタンステッド・エクスプレスStansted Expressが約45分で結んでいる。ヴィクトリア・コーチステーションからフライトラインのコーチも運行。こちらは所要1時間45分、片道£14.50。

●ロンドン・シティ空港 London City Airport

ヨーロッパ内を結ぶ短・中距離便が発着。地下鉄ジュビリー・ラインのカニング・タウンCanning Town駅と空港をシャトルバスがつないでいる。リヴァプール・ストリート駅と空港を結ぶシャトルバスもある。こちらは所要約30分。

ユーロスターをロンドンで予約する

ユーロスターのチケットはロンドンに行ってからも買える。ただし、料金はチケットの種類の他に季節や曜日によっても変動するし、パリ滞在を条件にした週末チケットなどもある。予約が早いほど安くなるのは、通常の鉄道料金（p.72）と同じ。

●予約・問い合わせ
▶ ☎08705-18-6186
▶ http://www.eurostar.com

とっておき情報

大陸とイギリスをつなぐ夢の超高速列車ユーロスター Eurostar

1994年、イギリス、フランス、ベルギー3ヵ国の協力で完成した国際超高速列車で、最高時速は300km。全長38kmの英仏海峡トンネルをわずか20分で通過する。イギリス側の発着駅はロンドンのテムズ南岸にあるウォータールー・インターナショナル駅。ロンドンとパリの北駅とは所要2時間35〜50分。朝5時、6時台からほぼ1時間に1本の間隔で運行する。ベルギーのブリュッセル南駅との間は所要2時間15〜30分。1日8〜10本程度運行している。

車両には1等車と2等車があり、1等には食事や飲み物が付く。左ページの運賃は日本で購入した場合の片道運賃。ブリットレイル・パスを持っていれば、1等で約30％、2等で40％近く割引になる。全席指定で、予約受け付けは2ヵ月前から。日本での予約は各旅行会社を通して行える。

もちろん、ロンドンやパリに行ってからも購入ができる。スタンダードな運賃の他、早く予約するほど得なチケットや週末パリ滞在を前提としたレジャー用ウィークエンドチケットなどさまざまなチケットが販売されている。また、パリのホテルとセットになった各種旅行商品も売り出されている。ロンドン滞在にパリ旅行を加えてみては？

ユーロスターが出発するウォータールーのインターナショナル駅

帰国日の注意ポイント

空港での英会話

飛行機に乗り遅れました。
I missed my flight.
アイ　ミスト　マイ　フライト

別の便をみつけてください。
Can you put me on another flight?
キャンユー　プット　ミー　オン　アナザ　フライト

38番ゲートはどこですか？
Where is the gate 38？
ウェアリズ　ザ　ゲイト　38

各航空会社の
ロンドンでの連絡先

●日本航空
▶☎0847-747-777
●全日空▶☎0870-837-8811
●ブリティッシュ・エアウェイズ▶☎0870-850-9870（英語）
●ヴァージン・アトランティック航空（日本語応答サービス）
▶☎0870-190-4407（土・日曜休み）

日本入国時の免税範囲

●たばこ	紙巻き	200本
	葉巻き	50本
	その他	250ｇ
●酒類	760㎖	3本
●香水	2オンス	
●その他	合計額20万円まで	

大きな荷物があっても、タクシーなら快適に空港へ行ける

いちばん早く、かつ確実なのが、パディントン駅から出るヒースロー・エクスプレス

無事に帰国便に乗るために
ここを忘れずチェック！

　市内のホテルからヒースロー空港までは、交通手段にもよるが1時間から1時間30分はかかる。空港の出発ロビーは時間帯によっては大混雑して、手続きに予想以上の時間がかかることもある。帰国時のホテル出発は、離陸時刻の3時間30分から4時間前を目安に。渋滞や混雑で乗り遅れることのないように、ゆとりをもって出発したい。

チェックポイント［1］

手荷物と機内預けの荷物に分ける

　エコノミークラスの場合、受託手荷物は2個までで、総重量20kg以内という制限がある。また、軽くても、縦・横・高さの合計が158㎝を越える大きなものは預けることができない。機内に持ち込む手荷物は1個のみで、これも5kg以内と制限されている。受託手荷物の重量は航空会社のチェックイン時にしっかり計量され、重量オーバーは超過料金の対象となるので、くれぐれも用心を。

　ナイフやハサミは受託手荷物に、貴重品や壊れ物は機内持ち込み手荷物に入れる。また、税関で免税の手続きをする品物も必ず手で持っていこう。スーツケースに入れてしまうと、免税手続きを受けることができなくなるので要注意。

チェックポイント［2］

空港までの交通手段を決める

　自分で空港まで行く時はあらかじめ交通手段を決め、出発時刻を決めておきたい。いちばん安心なのはタクシー。市内中心部から、順調に走れば40分、多少の渋滞でも1時間程度で着く。経済的に行きたいという人は、ミニキャブ（p.126参照）を利用しよう。乗る前に値段を決めておけば、こちらもけっこうスムーズに空港まで連れていってくれる。

　コーチは時間が読めないので、帰国時には避けた方が無難。利用する場合は、2時間はかかるとみておいた方がいい。

　地下鉄は市内中心部から空港まで、40分〜1時間程度。ラッシュのピーク時ででもない限り少々大きな荷物があっても利用できるが、怖いのが事故や故障。年代物の地下鉄が故障して、途中の駅で降ろされるといった事態も少なくない。ギリギリの時間では危険だし、タクシー代程度の現金は少なくとも持っていたい。空港まで1時間30分を目安に利用しよう。

　地下鉄より早く、しかも確実なのが、パディントン駅から出るヒースロー・エクスプレス。パディントン駅までは市内どこからも行きやすいし、航空会社によってはパディントン駅でチ

ATTENTION 地下鉄の故障や交通渋滞など、アクシデントはいつでも起きる。乗り遅れるといった最悪の事態を避けるためにも、出発当日は早過ぎるほど早くホテルを出発しよう。

ヒースロー空港の第3ターミナル

ェックインできる。また、乗ってしまえばわずか15分（ターミナル4は20分）で空港に到着する。ただし、列車の駅は地下深くにあるので、地上の到着ロビーまで約10分ほどかかる。

チェックポイント［3］

出発2時間前に空港に到着

便が集中する午前中など、航空会社の搭乗手続きに30分以上並ぶこともめずらしくない。空港には出発時刻の遅くとも1時間前、免税品の申告や免税店でのショッピングをするつもりなら2時間前には到着したい。

各航空会社のチェックインカウンター（ターミナル1は2階、3は1階）での搭乗手続きがすんだら、次は出国審査場へ。出国審査はなく、航空券を見せてセキュリティチェックをパスすればすむが、ここもピーク時には時間がかかる。

チェックポイント［4］

出発30分前にはゲートへ

出発ロビーに入ったら、免税申告する人は税関のデスクへ。申告のない人はショッピングを楽しもう。ヒースロー空港の免税ショップはかなり充実している。買いそびれたおみやげはここで揃う。ただし、ショッピングに夢中になる前に、自分の乗る便が何番ゲートから出るか、ロビー内のモニターで忘れずに確認を。直前に出発ゲートが変わったことに気が付かず、広大な空港内を右往左往…といった事態がないわけではない。また、ゲートによってはロビーから歩いて10分以上かかるほど離れていることもある。搭乗開始は出発の15〜30分前。出発時刻の30分前には搭乗ゲートに向かおう。

ヒースロー空港の出発ロビーも、時間帯によって大混雑する

もしも飛行機に乗り遅れたら…？

航空券を紛失した場合は、航空会社にただちに連絡を。事故などで乗り遅れた場合も、何はともあれ搭乗予定の航空会社のカウンターに届け出よう。格安航空券の場合、原則的に便の変更は認められないが、航空会社によっては同社便に空席があれば無料で振り替えしてくれる。あきらめずに交渉してみよう。ただし、1日1便しか運航していなければ、運よく空席をまわしてもらえても翌日以降の便になる。帰国の予定がくるうばかりか、ホテル代という余分な出費は避けられない。早過ぎるぐらいに出発して、こんな事態を回避したい。

免税の手続き

イギリスだけが訪問地だったり、イギリスがEU圏内出国の最終地点になる場合、忘れずに免税の手続きをすませよう。出発ロビー内の税関に商品、購入時に店でもらった書類とパスポートを出し、書類にスタンプをもらう。この書類を店でもらった封筒に入れ、税関の横のポストに投函すれば、1〜2ヵ月後に手数料を差し引いた税金（VAT）が戻ってくる（購入商品と免税業者にもよるが、払い戻しの方法は、現金、小切手、クレジットカードの引き落とし口座に振り込みから選べる）。隣接する払戻カウンターにスタンプを押した書類を出せば、その場で払戻金を受け取ることも可能。ただし、ヒースローの場合、とくに第3ターミナルは込んでいることが多い。時間的な余裕をみておこう。

イギリスの実用情報

67

帰国日の注意ポイント

鉄道&空路
イギリスを旅する道具

鉄道と飛行機を組み合わせてイギリスをまわる

イギリスは大きな国ではない。国内のほとんどに鉄道で行けるが、時間に制約がある時は、遠方への移動に空路を取り入れて効率よく時間を使おう。イギリス各地に空港があり、都市間の移動に利用できる。しかし、ロンドンの空港はいくつもある上、ヒースローなど大きな空港以外は市内から時間がかかる。スコットランドなど遠い街へ行く時は空路移動が威力を発揮するが、中距離の場合、空港までの移動や搭乗手続きの時間を考えるとあまり効率のよい手段とはいえないだろう。

スマートな車両は特急
列車インターシティ

2等車の車両内。座席は案
外ゆったりとして快適

車両の色は運営
会社ごとに違う

イギリスの鉄道路線図と所要時間

- ロンドン・パディントン駅
- ロンドン・ウォータールー駅
- ロンドン・ヴィクトリア駅
- ロンドン・チャリング・クロス駅
- ロンドン・リヴァプール・ストリート駅
- ロンドン・ユーストン駅
- ロンドン・セント・パンクラス駅
- ロンドン・キングス・クロス駅

※図上の数字は、その前後
の太字の駅間の所要時間

ウィック
カイル・オブ・ロハルシュ
インヴァネス *Inverness* 2:10
アバディーン *Aberdeen*
2:05
マレイグ ● フォート・ウィリアム
オーバン
パース *Perth* 2:30
ダンディ
ルーチャールズ
スターリング 1:00 1:15
グラスゴー *Glasgow* 0:50
エディンバラ *Edinburgh* 1:20
1:25 1:30
カーライル *Carlisle*
ニューキャッスル *Newcastle*
ウィンダミア
ダーラム
キースリー
リーズ
ヨーク *York*
マンチェスター *Manchester*
ブラックプール ● プレストン
リヴァプール *Liverpool*
ドンカスター
シェフィールド
ホリーヘッド *Holyhead* 0:35
スランディテゥノ *Llandudno*
2:00
クルー
ストーク・オン・トレント
キングス・リン *King's Lynn*
バンゴール *Bangor* 0:45 0:55
ノーリッチ *Norwich*
イーリー 1:00
プールヘリ ●
ポートマドッグ
チェスター *Chester*
ダービー
ケンブリッジ *Cambridge* 0:40
ノッティンガム
シュルーズベリー
アベリストゥイス
ストラットフォード
・アポン・エイヴォン
バーミンガム *Birmingham*
0:50 イプスウィッチ *Ipswich*
1:00
フィッシュガード
カーディフ *Cardiff* 0:55
チェルトナム
1:40
コーチェスター
スウォンジー *Swansea*
ニューポート
オックスフォード *Oxford*
ロンドン *London*
ブリストル *Bristol*
バース
1:25
カンタベリー *Canterbury*
2:05
ウィンチェスター
トンブリッジ
0:30
1:06
ソールズベリー *Salisbury* 1:45
1:35
アシュフォード
ドーヴァー *Dover*
エクセター *Exeter* 2:10
サザンプトン *Southampton*
1:25
ライ
1:40
2:10
ボーンマス
イーストボーン
ヘイスティングス *Hastings*
ペンザンス *Penzance*
プリマス ● トーキー
1:45
ポーツマス *Portsmouth*
ブライトン *Brighton*

イギリスの航空路線図

※図上の数字は、目的空港までの所要時間

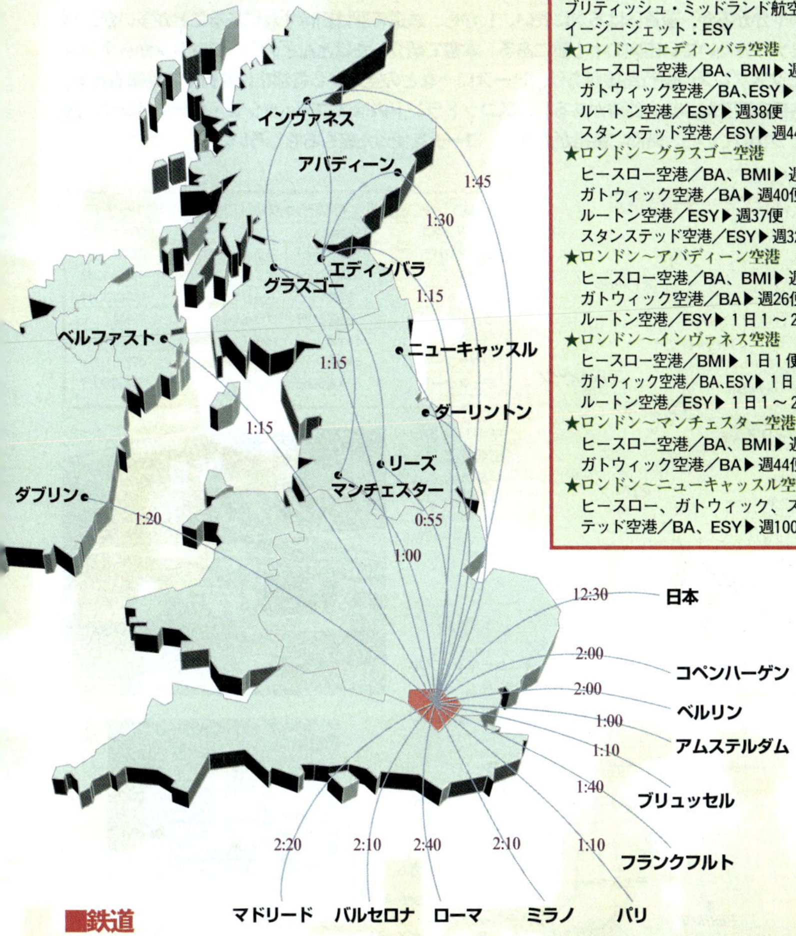

インヴァネス
アバディーン
1:45
1:30
エディンバラ
グラスゴー
1:15
ニューキャッスル
ベルファスト
1:15
ダーリントン
1:15
リーズ
マンチェスター
ダブリン
1:20
0:55
1:00

12:30　**日本**

2:00　**コペンハーゲン**

2:00　**ベルリン**

1:00　**アムステルダム**

1:10　**ブリュッセル**

1:40　**フランクフルト**

1:10

マドリード　バルセロナ　ローマ　ミラノ　パリ
2:20　2:10　2:40　2:10

●ロンドンからの発着空港と運行便数

ブリティッシュ・エアウェイズ：BA
ブリティッシュ・ミッドランド航空：BMI
イージージェット：ESY

★ロンドン～エディンバラ空港
　ヒースロー空港／BA、BMI▶週137便
　ガトウィック空港／BA、ESY▶週68便
　ルートン空港／ESY▶週38便
　スタンステッド空港／ESY▶週44便

★ロンドン～グラスゴー空港
　ヒースロー空港／BA、BMI▶週128便
　ガトウィック空港／BA、ESY▶週40便
　ルートン空港／ESY▶週37便
　スタンステッド空港／ESY▶週32便

★ロンドン～アバディーン空港
　ヒースロー空港／BA、BMI▶週78便
　ガトウィック空港／BA▶週26便
　ルートン空港／ESY▶1日1～2便

★ロンドン～インヴァネス空港
　ヒースロー空港／BMI▶1日1便
　ガトウィック空港／BA、ESY▶1日4便
　ルートン空港／ESY▶1日1～2便

★ロンドン～マンチェスター空港
　ヒースロー空港／BA、BMI▶週116便
　ガトウィック空港／BA▶週44便

★ロンドン～ニューキャッスル空港
　ヒースロー、ガトウィック、スタンス
　テッド空港／BA、ESY▶週100便

■鉄道

●ロンドンから主要都市への平均所要時間（鉄道）

インヴァネス	8時間10分	チェスター	2時間20分
アバディーン	7時間	ノッティンガム	1時間40分
エディンバラ	4時間10分	ストラットフォード・アポン・エイヴォン	2時間10分
グラスゴー	4時間50分	オックスフォード	1時間
カーライル	3時間40分	カーディフ	2時間
ウィンダミア	3時間50分	ブリストル	1時間40分
リヴァプール	2時間30分	バース	1時間30分
マンチェスター	2時間20分	ソールズベリー	1時間20分
ヨーク	2時間	エクセター	2時間
リーズ	2時間30分	ペンザンス	5時間

近距離便で活躍するライアンエアー

コーチでのんびりイギリスを旅する

　イギリス国内にはコーチと呼ばれる長距離直行バスという便利な交通手段がある。時間的には鉄道よりややかかるが、運賃ははるかに安い。しかも、鉄道の駅は街はずれにあることが多いが、バスターミナルはたいてい市内の中心部にある。本書で紹介したほとんどの街へロンドンからナショナル・エクスプレスの直行路線があり、ヒースローなどの空港から各都市に直行する路線もある。また、各都市間を結ぶ地方路線があるし、スコットランド内はスコティッシュ・シティリンクが大小の街をつないでいる。時間に余裕があれば、コーチを使った旅もおもしろい。

イギリスのコーチ路線図

●ロンドンから主要都市への平均所要時間（コーチ）

インヴァネス	12時間30分	カーディフ	3時間30分
エディンバラ	8時間15分	ストラットフォード・アポン・エイヴォン	3時間
グラスゴー	8時間40分	オックスフォード	1時間40分
カーライル	7時間	ドーヴァー	2時間30分
ウィンダミア	7時間50分	ブライトン	2時間
ヨーク	5時間	バース	3時間15分
リヴァプール	5時間	エクセター	4時間10分
チェスター	5時間50分	ペンザンス	8時間30分

イギリス各地へ出発するコーチが並んだところは壮観！

ヴィクトリア・コーチステーション

コーチの時刻表。コーチステーションにある

70

気ままにカントリーサイドをドライブ旅行

カントリーサイドを旅をするのに最適な手段は車。イギリス国内には高速道路や一般国道などが整備されているし、高速道路も基本的に通行料はタダ。ガソリンの入れ方や交通標識など若干の違いはあるし、すべて英語で距離はマイル表示だが、海外での運転に慣れた人ならさほど問題はないだろう。ただし、混雑したロンドン市内の運転はあまりすすめられない。到着した空港で車を借りて、そのままロンドンに入らず出発するのがベスト。ナビゲーター役の人がいた方がさらにいい。

車の少ないカントリーサイドなら、慣れない人でも運転しやすい

各地の空港到着ロビーにはレンタカー会社のカウンターが勢揃いしている

●ロンドンから主要都市への平均所要時間(車)

インヴァネス	11時間30分
エディンバラ	8時間
ヨーク	4時間
マンチェスター	4時間
ノーリッチ	2時間30分
オックスフォード	1時間30分
ソールズベリー	2時間
カーディフ	3時間
ブライトン	1時間30分
エクセター	4時間

※所要時間は目安。道路事情などにより異なる

主要都市間の走行距離(km)

ロンドン

832																					アバディーン
84	922																				ブライトン
87	758	187																			ケンブリッジ
253	813	293	306																		カーディフ
484	356	596	425	465																	カーライル
114	947	132	201	383	626																ドーヴァー
628	201	734	555	620	154	744															エディンバラ
821	240	926	771	781	332	959	232														フォート・ウィリアム
639	233	753	599	620	154	786	71	163													グラスゴー
885	169	993	813	884	422	1001	254	106	267												インヴァネス
478	1114	496	602	394	768	613	924	1104	922	1193											ランズ・エンド
304	526	419	233	373	192	418	325	530	346	579	652										リーズ
325	549	438	312	272	193	481	348	530	348	615	581	121									リヴァプール
298	547	414	266	295	192	444	346	530	346	600	581	64	56								マンチェスター
183	798	282	100	422	465	280	589	811	620	852	678	283	354	298							ノーリッチ
196	633	311	134	277	312	330	422	646	472	692	555	113	158	114	209						ノッティンガム
92	777	174	134	174	418	227	599	760	573	856	441	270	277	232	233	175					オックスフォード
351	990	361	472	269	642	483	798	958	797	1069	143	509	455	455	552	430	320				プリマス
113	901	77	232	229	560	209	729	893	721	987	417	414	409	380	333	307	124	283			ポーツマス
258	642	364	256	179	283	404	441	615	438	705	488	175	93	111	330	150	171	362	333		シュルーズベリー
333	513	443	266	393	195	454	312	531	349	566	661	39	159	103	291	124	291	536	448	214	ヨーク

ガソリンスタンドでの給油は、セルフスタイルが主流

鉄道

英国鉄道の全路線図や時刻表から、運賃、キップの種類、バスについての情報など満載。解説が日本語なので使いやすい

英国鉄道の情報

● 日本語版英国鉄道時刻表
年4回発行の時刻表で日本の書店で購入できる。
▶ 定価2,500円
▶ 発行元：OAG日本支社
▶ ☎03-6402-7301
▶ URL http://www.oag.com
● トーマス・クックのヨーロッパ鉄道時刻表
▶ 定価2,000円
★ 英国鉄道のWebサイトはp.46参照

各種往復割引チケット

● チープ・デイ・リターン
Cheap Day Return
朝9時30分以降出発の列車の利用に適用される日帰り往復割引。半径80km以内。2等のみ。
● セイバー・リターン
Saver Return
イングランド南東部を除く、半径40km以上のエリアに適用される往復割引。復路のチケットは1ヵ月有効。2等のみ。
● スーパー・セイバー・リターン
Super Saver Return
ピーク日、金曜日と7、8月の土曜日、バンクホリデー以外の利用に適用されるさらに安い往復割引。復路は1ヵ月有効。2等のみ。
● ヤング・パーソンズ・レイルカード
Young Person's Railcard
学生、または16～25歳に適用される割引カード（£18）で、各種チケットが3分の2になる。申し込みは駅のチケットセンター。身分証明書に写真2枚添付。国際学生証（p.39参照）でも申し込める。

イギリス国内の交通手段には、鉄道やコーチ（長距離バス）、飛行機、レンタカーなどがある。スコットランドを周遊したり、そこからさらに離島へ行く時は飛行機を使った方が便利だが、イングランド内やウェールズなど中距離の移動なら鉄道やコーチでも充分。カントリーサイドを気ままにまわりたい時には、レンタカーもいい。目的地や旅の中身に合わせて、交通手段も賢く選択していこう。

短・中距離の移動に便利
国内旅行に最適な交通手段

　産業革命以後にひかれた鉄道は全国各地に網の目のように広がり、主要路線は1時間に最低1本は運行している。国内の移動手段としては、やはり最有力候補のひとつ。イギリスは日本より狭く、ロンドンからエディンバラまで行っても4時間30分程度。日本でも鉄道時刻表が手に入るし、あらかじめ日本の旅行会社を通して予約もできる。しかし、イギリスと日本とではかなり鉄道の事情が違う。イギリスならではのシステムを知り、上手に使っていこう。

BR英国鉄道の基礎知識

　今でも英国鉄道British Railwayと総称して呼んでいるが、民営化後、列車の運行は細かく分割され、エリアや路線、場合によっては同じ路線でも列車ごとに会社が違う。そのため運行会社によって微妙に料金やサービスが違うといった複雑な状態になっている。

列車の種類

　列車には、特急列車HST（High Speed Train）、通称「インターシティInter City」と普通列車の2種ある。インターシティが主要都市を結ぶ中・長距離の主要路線を走るのに対して、普通列車が走るのはもっぱら近郊の街を結ぶローカルな路線。インターシティは最高時速によってインターシティ125（時速約200km）とインターシティ225（時速約225km、ロンドン～スコットランドの一部路線で運行）の2タイプあり、いずれも特急料金は不要。イースター休暇や夏の旅行シーズンを除けば、基本的に予約もいらない。
　スリーパーサービスと呼ばれる寝台車もあり、専用車両がインターシティーに接続される。シングル・バースキャビン（1等／1室1寝台）とツー・バースキャビン（2等／1室2寝台）の2種。ロンドンのユーストン駅とイングランド北部やスコットランドの都市を結ぶ路線で往復運行している。あまり安くはないが乗り心地は快適。移動時間とホテル代を節約したい人にもおすすめできる。寝台車は予約が必要。

ATTENTION イギリスの鉄道は、ちょっと見た目は日本と似ているが、料金体系も、運行スタイルもまったく違う。快適な旅を楽しむためには、その特徴をつかむのがポイントだ。

座席の種類と車両の設備

1等First Classと2等Standard Classの2種あり、長距離便には本格的な料理やワインが楽しめるレストランカーが、中距離便にはサンドイッチなどの軽食や飲み物を売るビュッフェカーが接続している。

チケットの種類と料金

正規料金の鉄道チケットには1等、2等それぞれに片道、往復があり、1等の料金は2等の約1.5倍。片道より往復で買う方が断然得になる。往復には、チケットに記載された日だけ使えるStandard Day Return、記載された日から1ヵ月間使えるStandard Open Returnの他、オフピーク時に使える割引チケットなどもある（左欄外参照）。

あらかじめ座席を指定することもできる。運行会社によっては無料の場合もあるが、通常は1等車で£2.00、2等車で£1.00。荷物の持ち込みは3個まで無料。ペットも無料だ。

チケットの予約は2ヵ月前から。利用する便を決めて早く予約するほど得になる。例えばロンドン〜リヴァプールの往復チケットの場合、14日以上前に便を決めて予約すれば£55.00だが、当日、往復の便を指定せずに買うと£175.00になる。

ファーストクラスで快適な旅を！

1等車は2等車の約1.5倍するが、早めに予約すればほとんどの路線でかなり割安になるし、ピークシーズンでも1等なら空いている可能性も大。1等車の座席は2等に比べるとゆったりサイズで客車も清潔。路線によっては飲み物やお菓子、新聞も配られる。車内スタッフのサービスもいいので、旅はぐんと快適に。

ロンドンからの料金の目安
（片道1等／2等）
CD（Cheap Day Return）
●ロンドン〜エディンバラ
　£140.50/£31.00
●ロンドン〜カンタベリー
　£54.40/£18.80（CD £17.90）
●ロンドン〜オックスフォード
　£28.10/£18.10（CD £17.00）

知れば知るほどおもしろい 英国鉄道のユニーク＆不思議な伝統

本音でガイド

日本の鉄道と同じようなものだろう…とタカをくくっていると、ショックにしびれかねないのが英国の鉄道事情。いやはや、鉄道には伝統の国イギリスならではの不思議がいっぱい。これを楽しまない手はない。その独特のクセをしっかり飲み込めば、鉄道の旅はもっと楽しくなる。

●その1／休みの日は鉄道も休み？

平日より週末の便数はグンと少なく、メーデーや復活祭など祝日にはさらに極端に減る。また、聖なる夜に働くのは不謹慎なのか、クリスマスとその翌日（12/25、26）は運行ストップ。駅舎までクローズする。

●その2／いきなり運休！

緻密なダイヤで遅延なく…も、残念ながら通用しない。老朽化した線路も多く、修理による運休は日常的。気長に構えるしかない。

●その3／駅前には何もない！

ロンドンの鉄道駅がすべて中心部の外縁にあるのと同様、イギリスでは駅は街外れにあるのが常識。駅に着いたら、まずはともあれ、徒歩、タクシー、バスで街の中心をめざそう。

●その4／ドアにノブがない！

最大の不思議が列車のドア。閉まるのは自動だが、開けるのは手動式という列車が一部でいまだに健在。しかも、ドアの外側にはノブがあるのに、なぜか車内にはない。下りる時はまず窓を開け、外に手を出してノブを探し、ドアを開ける。何とも不思議なシステム。

●その5／ホームを分割して使う！

ホームナンバーの数字の横にaとかbとか付いていたらご用心！ これは1本のホームに違う行き先、または出発時刻の違う列車が止まっていることを意味している。自分の乗る列車かどうか、念入りにチェックしなければ、とんでもないところに連れて行かれてしまう！

鉄道 BR/Britrail

予約すれば、さらに安心&快適

要予約はプルマンカーか寝台列車ぐらい。込み合うシーズン以外はインターシティでも予約の必要はない。ブリットレイル・パスがあればいちいちキップを買う手間もなく快適に旅が楽しめるが、より安心な旅を望むなら座席予約がいい。運行会社にもよるが、2等車の座席予約は£1.00、1等で£2.00程度。出発の2ヵ月前から2時間前まで受け付けている。英国内での予約は、大きな駅の予約窓口、または旅行会社で。

※電話での予約・問い合わせ
▶ ☎ 08457-484950（イギリス）

週末の列車旅行に要注意！

週末の便数が少ないことは前ページでも紹介したが、金曜と夏場の土曜はホワイトデーと呼ばれ、その他の日より料金がかなり高くなる。さらに、週末は停車する駅が増えるので時間もかかり、鉄道の職員の休みも多いためサービスも低下しがち。日曜も工事のための運休が多い。できれば週末は鉄道での移動は避けた方が無難。

駅構内の時刻表で、目的の列車の出発時間をまずチェックしよう

駅での英会話

○○行きの2等往復きっぷを2人分ください。
トゥー　リターン　ティケッツ　フォ　○○　スタンダード　クラス　プリーズ
Two Return Ticket for ○○, standard class, please.

○○行きは何番線ですか？
ウィッチ　プラットフォーム　キャナイ　テイカ　トレイン　フォー　○○
Which platform can I take a train for ○○ ?

この列車は○○へ行きますか？
ダズ　ディス　トレイン　ゴゥ　トゥ　○○
Dose this train go to ○○ ?

どこで乗り換えるのですか？
ウェア　シュドゥ　アイ　チェンジ　トレインズ
Where should I change trains ?

●鉄道利用のノウハウ／キップを買う&乗る

1　早めに到着してキップを買う

駅に着いたら構内の時刻表で出発便を確認し、チケット窓口へ。窓口はクレジットカードも使えて便利なのだが、時間帯によっては長い列ができるほど混雑するので時間にゆとりを。自動券売機は、最近はクレジットカードが使える新しいタイプも増えてきたが、アルファベット順に地名を表示したタッチスクーリン式のタイプが多く、慣れないと目的地の名前を探すだけでも時間がかかる。このタイプは、まとめ買いができないので、何人分も買う時は窓口の方が便利だ。

したがって、どこの駅から、何時頃の列車に乗るかが決まったら、なるべく早めに駅を行くこと。ブリットレイル・パスの使用開始の日もヴァリデーション（p.42欄外参照）のため早めに駅に入り、窓口で手続きをすませよう。

2　自分の乗る列車を探す

キップを買ったら、次は出発掲示板 Departure Board で、自分が乗る列車が何番線から出るか確認しよう。ボードには、発車時刻、終着駅名、経由駅名、ホーム番号が表示されている。同じ目的地に行く列車でも、運行会社ごとに利用するホームが違うこともあるので要注意。

出発ホームを確認したら、ホームへ。乗り込む前に、各ホームに設置されているボードも忘れずチェックすること。「前3両は○○駅行き」など、列車ごとの細かな注意事項が書かれている。1等、2等の車両はどれか、目的地まで行く車両は何両か、しっかり確認してから乗り込もう。

3　列車に乗ったら、好きな席へ

ドアは手動がほとんど。ボタンを押すか、ノブをまわして開ける。指定席車両はないので、自分のチケットの種類に合わせて好きな車両の好きな座席に座ればいい。1等車は片側2列でもう一方は1列、2等は両側とも2列のシートが並んでいる。予約席かどうかは座席番号に予約区間の紙の札が入っているかどうかで区別するが、予約区間が途中の駅からなら、それまでは自由席扱い。誰が座ってもかまわない。

発車ベルはなく、定刻が来るとドアが自動的にしまり、いきなり走り始める。列車が走り始めてしばらくすると車掌が検札にまわってくるので、チケットを準備しておこう。ブリットレイル・フレキシー・パスを使う人はこの時、パスチケットを提示。下の空白の欄にその日の日付を記入してもらう。列車の検札はこれ1回きり。降りた駅に改札がない時は、ホームからそのまま外に出ていける。

ATTENTION

ロンドンの地方への列車が発着する駅は全部で9つ。
それぞれ担当エリアが違い、国内専用駅の他に国際列車が発着する駅もある。
目的地が決まったら、どこの駅から出発するか時刻表などで調べよう。

鉄道の自動券売機。
目的地別タイプは使
いにくい。窓口の方
がおすすめ

これが鉄道のキップ。
地下鉄とよく似ている

駅には何本もホームが並び、同じ
ホームに違う行き先の列車が並ぶ
こともある。間違えないように

ロンドン市内の9つのターミナル駅

●**ヴィクトリア駅** Victoria Sta.

▶MAP●切りとり-24、p.116-J
　カンタベリー、ドーヴァー、ブライトンなどイングランド南東部への列車の他、ガトウィック空港への直通電車が発着。優雅なサロンカーで国内各地の景勝地をめぐるオリエント・エクスプレス（p.43参照）もこの駅から出る。

●**チャリング・クロス駅** Charing Cross Sta.

▶MAP●切りとり-18、p.115-K
　イングランド南部への国内路線が発着。ヨーロッパへの玄関口として華やかな歴史を刻んだ駅で、かつてフォークストンやドーヴァーを経て大陸へ渡る国際列車が発着していた。

●**ウォータールー駅** Waterloo Sta.

▶MAP●切りとり-19、p.117-D
　ソールズベリー、ウィンチェスター、ポーツマスなどイングランド南西部行きの国内列車が発着。インターナショナル駅を併設しており、ユーロスターもここから出ている。

●**パディントン駅** Paddington Sta.

▶MAP●切りとり-8、p.104-A
　オックスフォードなどイングランド中西部の街や南西部、ウェールズ南部などへ行く列車が発着。ヒースロー空港への直通列車「ヒース

ー・エクスプレス」もここから出る。

●**ユーストン駅** Euston Sta. ▶MAP●切りとり-4、p.114-B　イングランド北部からスコットランドへの長距離路線が発着。アイルランド行きのフェリーが発着するウェールズのホリーヘッドまでの直行列車も発着。

●**セント・パンクラス駅** St. Pancras Sta.

▶MAP●切りとり-4、p.105-B
　ヨーク、リーズなど、イングランド中部への近・中距離列車が発着。

●**キングス・クロス駅** Kings Cross Sta. ▶MAP●切りとり-4、p.105-B
　ケンブリッジやヨークシャーなどイングランド北部からスコットランドへの列車が発着。

●**リヴァプール・ストリート駅** Liverpool St. Sta.

▶MAP●切りとり-14、p.113-C
　ケンブリッジやノーリッジなどイングランド中部・北東部へ行く列車が発着。フェリーが離発着するハリッチ港までの直通列車も発着。

●**マリルボーン駅** Marylebone Sta.

▶MAP●切りとり-2、p.104-A
　国内線専用。バーミンガムなどイングランド中部への近・中距離列車が発着する。

ヴィクトリア駅

マリルボーン駅

長距離バス

インフォメーション
- ●ナショナル・エクスプレス
- ▶☎08705-808080（予約・問い合わせ）
- ▶http://www.nationalexpress.co.uk
- ●スコティッシュ・シティ・リンク
- ▶☎08705-505050
- ▶http://www.citylink.co.uk
- ●グリーン・ライン
- ▶☎0870-608-7261
- ▶http://www.greenline.co.uk

コーチの時刻表や料金を調べる
- ●日本で
- ★BusWeb-Buses on the Web
- ▶http://www.busweb.com/
ヨーロッパ中のバス会社にアクセスできるバスのウェブサイト。イギリス国内56社のコーチ会社にリンクする（英語）。
- ●イギリスで
- ★Great Britain Bus Timetable
- ▶年3回発行のバス時刻表

コーチのお得なパスとカード
チケットなしで乗車できるが、事前の座席予約は必要。
- ●ブリット・エクスプローラー・パス Brit Explorer Pass
ナショナル・エクスプレスの海外からの旅行者向けのパス。全路線が乗り放題になる。7日間£79、14日間£139、28日間£219の3種あり、ヒースロー空港のナショナル・エクスプレスのチケット窓口で購入できる。コーチで周遊旅行する人にぴったりのパス。
- ●Scottish Explorer Pass
スコティッシュ・リンクの全路線が乗り放題になるバス。
- ●トラベル・ネットワーク・パス Travel Network Pass
バックパッカー向けの乗り降り自由なパス。
- ▶http://www.backpackereurope.com

鉄道よりさらにリーズナブルしかも運行は正確！

鉄道と並ぶ便利な旅行の足がコーチと呼ばれる長距離バス。コーチとはそもそも四輪大型馬車のことだが、現代版コーチは、全席指定のゆったりシートで快適。どんな小さな街にも便利なところにコーチステーションがあり、鉄道網に匹敵するほど数多くの路線が全国を網羅している。

鉄道より多少時間はかかるが、料金は安くて約半額。運行スケジュールも正確で、経済的に旅したい人には最適な足だ。街はずれを走る列車と違って、コーチは大小の街を通り抜けていくので車窓の景色もまた格別。しかも、乗り換えなしで目的地の中心部まで間違いなく行ける。時間に余裕があれば、コーチの旅もおすすめだ。

●ロンドンのコーチステーション

ロンドンからは全国へ路線が走っているが、その中心がヴィクトリア・コーチステーションVictoria Coach Station。鉄道のヴィクトリア駅の近くにあり、全国規模の路線網を誇る最大のコーチ会社、ナショナル・エクスプレスNational Expressの他、ロンドンとケンブリッジを結ぶケムバスCambus、オックスフォード行きの直通バスなど数社が乗り入れており、ここ1カ所でほぼ全国をカバーしている。ヴィクトリア・コーチステーションは本館と通りをはさんだ別館からなり、チケット売り場と出発ロビーは本館に、到着ロビーは別館にある。

また、このステーションとヴィクトリア駅との中間に、もうひとつのバスステーション、グリーン・ライン・コーチステーションGreen Line Coach Stationがあり、ここからもウィンザー城やリーズ城、ルートン空港などロンドン周辺やイングランド南部へのコーチが出ている。
※ナショナル・エクスプレスはスコットランドへの路線も運行。スコットランドの都市間はスコティッシュ・リンクが運行。

●チケットの買い方

コーチは全席指定。満席になり次第締め切られるので、観光シーズンは早めに予約しておきたい。チケットや各種パスは、全国2,000カ所余りのバスターミナル、観光案内所、空港のインフォメーションデスクに取り扱い窓口がある。鉄道同様、片道より往復で買う方が断然有利。往復チケットには、スタンダードな往復チケットの他、金曜以外に使えるエコノミーリターンがある。また、ナショナル・エクスプレスの全線で通用する学生用割引カードや旅行者向けの周遊パスなどもある。コーチを頻繁に利用するなら、こうしたパス類も便利だ。

ロンドンのヴィクトリア・コーチステーション

国内航空

上手に使って時間を節約！
遠距離の移動に威力を発揮

　ブリティッシュ・エアウェイズ始め各航空会社が英国内各地を結び、離島にも小型機の発着できる空港がある。ロンドンとエディンバラ、グラスゴー、マンチェスター、ベルファスト間は、当日予約で乗れるシャトル便が運航。また、平日や週末に利用できる各種割引航空券もある（詳細は旅行会社へ）。エディンバラのさらに北にあるスコットランドの街や離島に足を延ばす時には利用したい。ただし、北部イングランドあたりまでなら鉄道やバスで充分。むしろ空港までの移動やチェックインの時間を考えると、あえて飛行機を利用する必要はないだろう。

　航空券は航空会社の窓口で。出発の14日以上前に予約すれば、ほぼ半額でチケットが買える。割安なキャンセル待ちのスタンバイチケットも便数の多い主要路線なら可能性大。ただし、最近は国内路線やヨーロッパ路線はネット予約が主流。E-チケットなので、確認メールを持参すればOKと簡単。日本でネット予約をしておけば、より安くチケットが入手できる。

●スコットランドの空の玄関

　エディンバラ空港のターミナルは2階建てで、1階が到着、2階が出発ロビー。1階に両替所、ホテル案内所の他、主要なレンタカー会社の窓口がある。スコットランドをレンタカーでまわる人は、ここで車を受け取るように手配しておけばいい。空港は市内中心部の西、約15km。リムジンバスが市中心部との間を約30分、10分間隔でつないでいる。

　エディンバラ空港は国際線も離発着するわりに小ぢんまりとしているが、スコットランド最大の都市、グラスゴーの空港は国内はもとより、ヨーロッパ各地からの便も離発着する国際空港として一年中活気にあふれている。乗り入れ便も多く、スコットランドだけが旅の目的だったら、ヨーロッパの他の都市から直接グラスゴーへ飛び、ここから旅を始めるのもいい。

各航空会社の連絡先

●ブリティッシュ・エアウェイズ
British Airways（BA）
▶☎0870-850-9850（イギリス）
▶☎03-3593-8811（日本）
▶🖳http://www.ba.com
●ブリティッシュ・ミッドランド航空
British Midland Airways
▶☎0870-6070555（イギリス）
▶☎03-3597-8693（日本）
▶🖳http://www.flybmi.com
※国内8都市とヒースロー空港をつなぐ路線の他、ヨーロッパ各地にも路線を持つイギリス第2の航空会社

エディンバラの市内観光バス

格安航空会社に注目！

　ルートン空港やスタンステッド空港、ガトウィック空港などを拠点に国内各地からヨーロッパまで路線網を広げつつある新興の航空会社。旅行会社などの窓口はなく、予約・申し込みはすべて電話かインターネット。余分なサービスを削った分、料金は格安。
●イージージェットEasyjet
▶☎0871-244-2366（イギリス）
▶http://www.easyjet.com
●ライアンエアRyanair
▶☎0871-246-0000（イギリス）
▶http://www.ryanair.com

ロンドンから主要都市への所要時間比較			
目的地	航空機	列車	バス(コーチ)
インヴァネス	1時間45分	8時間10分	12時間30分
アバディーン	1時間30分	7時間	12時間
グラスゴー	1時間15分	4時間50分	8時間40分
エディンバラ	1時間15分	4時間10分	8時間15分
ヨーク	－	2時間	5時間
オックスフォード	－	1時間	1時間40分
カーディフ	－	2時間	3時間30分
エクセター	－	2時間	4時間10分

ルートン空港

イギリス国内の交通
レンタカー

Rent a-car

気の向くままに、好きな街へ
行動半径がぐんと広がる究極の足

　イギリスは道路も整備され、高速道路もほとんど無料。しかも日本と同じ右ハンドル、左側通行だから、他の国々と比べれば運転はしやすいが、レンタカーで旅をする時は事前に充分な下調べを。道路事情やルールを熟知してから出発したい。

イギリスの道路事情

　道路標識が完備しているので田舎道で迷っても心配はないが、イギリスには独自の交通ルールやマナーがある。また、日本に比べると平均速度が速いので、くれぐれも慎重な運転を。快適なドライブを楽しむために、基本的なルールをマスターしておこう。

道路区分と制限速度

　イギリスの国内を走る道路には、以下の3種類あり、それぞれ制限速度が違う。通行料はいずれも無料。

●[M] Motorway／高速道路で最高時速制限は70マイル（約112km）。途中に信号もないので、都市から都市への移動に便利。サインはブルーの標識。「M4」とあれば、高速道路4号線のこと。出口は青い標識の左下に黒い数字で示される。どこのインターチェンジで降りるか、あらかじめロードマップで出口ナンバーを確認しておこう。

●[A]／[M]と並ぶ幹線道で、国道1級道路。A4とかA40な

車を借りる時の英会話

車を3日間借りたいのですが。
I'd like to rent a car for three days.

1日当たりいくらですか？
How much is the rate per day?

乗り捨てはできますか？
Can I drop the car off at my destination?

全部の保険をかけます。
I'll take full insurance.

ホテルに1泊して
空港でレンタル

　空港でレンタカーを借りる場合、到着したその日に出発するより当日はホテルに泊まってゆっくり旅の疲れを癒そう。ロンドンだったら泊まるのは空港近くのホテルがいい。市内中心部までわざわざ移動する手間もなく、宿泊料金も空港近くの方が都心部よりかなり安い。また、翌日も混雑した市内を抜けることなく出発できる。レンタカーの旅は空港近くのホテルを大いに活用しよう。

レンタカーを借りる
3つの条件

●レンタル資格／イギリスでは

レンタカーを借りる

　レンタカー会社にも大手から中小までいろいろあり、こまめに探せば、格安の地元レンタカーもみつかる。大手は中小のレンタカー会社に比べると料金はやや高めだが、慣れない外国で運転することを考えれば、多少高くても、保証のしっかりした会社の方が安心。大手は乗り捨てできる都市も多く、故障時のサービスなども充実している。

[1] 現地に到着したら

　出発前に日本で予約（p.42参照）した人も、現地で直接借りる人も、まずはレンタカー会社の窓口へ。空港や観光案内所、ホテルなどに主なレンタカー会社のカウンターがあるので、免許証とクレジットカードがあればその場で契約できる。しかし、時差ボケと睡眠不足のままドライブに出かけるのは、できれば避けた方がいい。1泊して、長旅の疲れをとってから出発しよう。

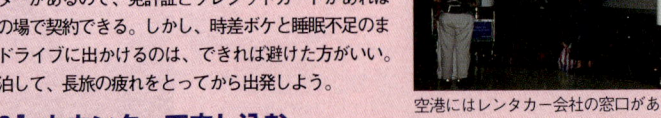

空港にはレンタカー会社の窓口がある

[2] カウンターで申し込む

　すでに予約している場合は、予約確認書、国外運転免許証、日本の免許証（残存期間1年以上）、

どと表示される。最高時速制限は、中央分離帯のある片側2車線道路ならM道路と同じ70マイル、その他は60マイル（約96km）。かなり高速で走れるが、信号もあるし他の道路とも交差するので、運転にはとくに注意を。標識はグリーン。

●[B]／カントリーサイドのドライブの主役になる2級道路。最高速度は30マイル（約48km）。B486、B1010など、数字も3桁や4桁になる。くねくねと田園地帯を走る細い道が多く、時には羊や牛が道を横断する。もちろん、動物優先。通り過ぎるまで、ゆっくり待とう。サインは白いボードに黒い文字。

日本にはない標識に要注意！

　道路標識は国際スタンダードなので基本的に同じようなものだが、中には日本で見かけないものもある。

●ラウンドアバウトRoundabout／信号のない一方通行のロータリー交差点。ラウンドアバウトが近づいたら、まず減速（一時停止のところもある）。左折、または直進したい時は左側の車線から、右折したい時は内側の車線に入る。ラウンドアバウトでは、右側の車が優先。円周右サイドに注意してウィンカーを出し、周回しながら徐々に円の外側に移動して、目的の方向に出る。コーナーが4つぐらいなら何とかできても、難しいのが6本、7本と道路が交差している場合。そんな時は落ち着いて、何回もまわってゆっくり出るようにすればよい。

一般的に、18歳以下や70歳以上、運転免許取得後1年未満の人はレンタカーを借りることができない。また、ハーツは25歳以上、エイビスは23歳以上など、各レンタカー会社ごとにレンタル資格が定められている。

●運転免許証／イギリスでの運転には日本の運転免許証があればいいが、レンタカーを借りる場合は残存期間1年以上の日本の免許証とともに国外免許証（p.39参照）が必要。運転中も、携行が義務付けられている。

●クレジットカード／レンタカーは本人名義のカードでの支払いが原則。現金の場合はデポジット（保証金・前払い金）を要求されることがある。

レンタカーの各種保険

●車両対物免責保険／CDW
　車両の損害に対する契約者負担を免除する制度。任意保険

●盗難保険／TP
　車両の盗難を保障する保険。任意保険

●搭乗者傷害保険／PAI
　契約者と同乗者の負傷に対する保険。任意保険

パスポート、クレジットカード、それに日本で購入したクーポンがあればそれも添えて申し出る。その場で借りる場合は、希望車種や借りる期間などを伝えて申し込む。乗り捨ての場合は、あらかじめ返却地を決めておこう。

［3］保険の内容をチェック

　契約する前に、保険がどこまでカバーしているか、要チェック。通常レンタル料金には対人・対物の自動車保険が含まれているが、万一の場合を考えると、車両損害保険や搭乗者傷害保険など任意の保険にも加入する全額保障Full Collision Coverageの方が安心。また、契約書にサインしたドライバー以外の人が事故を起こしても保険が適用されないので、運転する可能性のある人は全員ドライバーとしてサインしておこう。

［4］操作性やボディをチェック

　レンタカー会社のバスで駐車場に移動したら、まず、走行距離と書類の数字をチェック。給油口の位置やタンクの容量、ガソリンの種類なども確認しておこう。ウィンカーやワイパー、ギヤなどの操作性をしっかりチェック。シート、タイヤなど車全体の調子も確認しよう。もしもボディに傷があったらその場で申告。こうしておけば、後でトラブルにならずにすむ。万全を確認したらシートベルトをしめて、いよいよエンジンをスタート。ドライブ旅行に出発しよう。

イギリス国内の交通
レンタカー

レンタカー用語集
● レンタル契約書／Rental Agreement
● 借り出し手続き／Check-out
● 返却手続き／Check-in
● 乗り捨て／One Way Rental または Drop-off
● 乗り捨て料金／Drop-off Charge
　またはInter-city Fee
● 走行距離無制限／UM (unlimited mileage)
● 燃料先払い制度／FPO
● 加入する／Accepted
　加入しない／Declined

緊急時の連絡は？
　事故や故障などの緊急時には、レンタカー会社が指定する緊急連絡先にただちに連絡を。けが人がいたら「999」で救急車（p.98参照）を呼ぼう。人身事故などの場合は警察にも一報を。車両故障の場合、日本のJAFの会員証があれば、英国自動車協会AAのロードサービスが利用できる。レンタカーや保険会社などの緊急連絡先は、同乗者全員にわかるようにしておきたい。
● AA／Automobile Association
▶ ☎0800-028-9018（ロードサービス救援統一番号）
▶ http://www.theaa.com
● JAF（日本自動車連盟）
▶ ☎03-3436-2811

ガソリンは無鉛、スーパー無鉛、ディーゼルの3種。レンタカーは無鉛ガソリンunleadedを利用する

携帯電話を日本でレンタル
　出発前に日本であらかじめレンタルしていけば、さらに安心だ。主なレンタル会社については、p.44参照。

● ギブ・ウェイGive Way／優先道路の標識。こちらが優先なのではなく、「優先させよ」という意味で、合流する道路に優先権がある。一時停止は必要ないが、周囲の状況を見ながら注意して運転していこう。

GIVE WAY

歩行者は絶対優先！
　横断歩道は日本でもおなじみのゼブラ模様。信号機のあるところはもちろん、ないところでも、歩行者がいれば横断歩道では一時停止。歩行者がいない時も減速する。また、車道脇の白いジグザグのラインは「前方に横断歩道あり」の標識。この区間は追い越しも駐車も禁止になる。ちなみにクラクションは危険を知らせる時にのみ使用するもので、歩行者を追い立てるように鳴らすのはマナー違反。

ガソリンはセルフ・サービスで
　ガソリンはペトロルPetrol、ガソリンスタンドのことはペトロルステーション、またはガレージGarageといい、多くがセルフサービス方式。Unleadedと表示されているのが無鉛ガソリンで、レンタカーはほとんどがこれを使用する。
　ガソリンを入れるには、まずポンプからハンドルをはずして給油口に入れ、レバーを握る。メーターの料金、または量を見ながら必要な量を給油する。慣れれば、案外簡単だ。ガソリンの量と料金がボードに表示されるので、レジで支払う。モーターウェイのペトロルステーションは離れていることが多いので、入れる時はフル・タンクにしておいた方がいい。

セルフサービスも慣れれば案外簡単。料金は事務所で払う

● 安心＆快適なドライブのためのポイント

Point 1 地図＆携帯電話を準備！
　知らない街で途方に暮れないためには、ロードマップが必需品。出発前に書店などで詳細なマップを入手し、大まかなルートを頭に入れておきたい。ペトロルステーションの売店などでも地域の地図などを置いていることがある。
　また、公衆電話の少ないカントリーサイドをドライブするなら携帯電話も準備したい。宿泊先への連絡などにも役に立つし、緊急時の連絡に威力を発揮する。日本でレンタル（p.44参照）していくこともできるが、レンタカーの契約時に携帯電話も借りてしまうのが、いちばん手っ取り早い方法。レンタル携帯電話は、ヒースロー空港のホテルインフォメーション（到着ロビー）でも借りることもできる。

ATTENTION

カントリーサイドに入ると道が空いて走りやすくなるが、
スピードオーバーにはくれぐれも用心を。
制限時速や交通ルールを守って慎重に運転しよう。

本音でガイド

地方の小さな街は
歩いてこそ楽しめる！

　イギリスの古い街は馬車の時代に造られたところが多いため道幅もせまく、そもそも車向きには出来ていない。中心部に車両進入禁止のウォーキングゾーンがあったり、やたらと一方通行が多かったりして、目的地までなかなかたどり着けないといったこともしばしば。また、カントリーサイドの街になれば、車でまわる必要がないほど小ぢんまりとしている。こんな街では、早めにパーキングを見つけて、車を預けてしまうのが賢い方法。ゆっくり歩けば、思いがけない発見もある。

　観光地にはたいてい公共の駐車場があるので、それを利用しよう。自動チケット機がある時は指定の料金を支払い、出てきたレシートをダッシュボードの外から見える位置に置いてお

こう。時間がオーバーしそうな時は追加のシールを。街中で駐車する時は、路上駐車はできるだけ避けてパーキングメーターのあるところへ止めたい。20ペンス、50ペンスといった小銭が必要になるので小銭を準備しておこう。ちなみに車道横の黄色線1本は指定時間駐車禁止、黄色線2本はつねに駐車禁止。駐車違反は厳しく取り締まられるので、要注意。

のどかな田舎の街や村は、車を止めてゆっくり歩こう

Point 2　ゆとりあるプランを！

　気ままな旅でも大まかなプランは必要。また、過密なスケジュールで、周囲の景色を楽しむゆとりをなくすようでは何のための旅がわからなくなる。また、田舎道は街灯も少なく、車はかなりのスピードで走っている。できれば、夜間の運転はやめること。移動は1日100マイル（1マイルは約1.6km）を基本に、ゆとりあるスケジュールを組もう。

Point 3　運転は交代で慎重に！

　運転は交代できる方がベター。助手席に座る人は、地図を見てナビゲーターとしての役目を果たしたい。また、初日や交通量の多い街中の運転は、海外の運転に慣れている人、英語に強い人が運転した方がよい。英国にはレンタカー用のナンバーがないが、これはいったん道路に出たら、英国のマナーやルールを知っている一人前のドライバーとして扱われることを意味している。まわりに迷惑をかけないように、慎重な運転を心がけよう。

似ているようで違う道路
標識に早く慣れよう

マイル⇒キロメートル換算表	
マイル	**キロメートル**
1	1.609
2	3.219
3	4.828
4	6.437
5	8.407
6	9.656
7	11.265
8	12.875
9	14.484
10	16.093

※マイルに1.6倍すれば、キロメートルのおおよその数字が出る。

道路の白いジグザグは、前方に横断歩道がある合図だ

通貨と両替事情

スコットランド独自の ポンド紙幣

ウェールズで英語とともにウェールズ語という独自の言葉が使われているように、通貨も一種類だけではない。マン島では島内でしか通用しない独自の通貨を持っているし、スコットランドでも独自のポンド紙幣を発行している。スコットランドの紙幣と一般的なポンド紙幣の価値はまったく同じで、スコットランド以外のエリアでもそのまま使えるが、中には拒否する店などもあるので要注意。いちいち押し問答するのが面倒な時は、銀行で両替してもらえばいいだろう。

どこで両替するのが、 いちばん有利か?

英国内で両替する場合、もっとも有利なのはデパートのマークス&スペンサーの両替所。レートもよく、手数料も不要。両替所も店内にあるので安心して両替できる。
●同日のレート比較例
※2005年5月27日
★東京三菱銀行（東京都内）
現金▶208.97円（手数料込み）
[ロンドン市内]
★マークス&スペンサー
現金▶202.93円（手数料なし）
★郵便局
現金▶214.11円（手数料なし）
★トラベレックス
現金▶215.01円（手数料1.5%）
★アメリカン・エキスプレス
現金▶208.42円（手数料2%）

両替所にはこのような表示がある

基礎知識をマスターして イギリスの通貨を使いこなす

イギリスの通貨の単位はポンド（£）、補助通貨はペンス（p）で、£1＝p100。p1は「1ペニー」だが、p2からは複数形の「ペンス」を使う。

紙幣はポンドのみで、50、20、10、5の4種類。すべてエリザベス女王の肖像画が描かれているが、サイズも色も違う。どの札も見た目そっくりの米ドル紙幣と比べれば見分けやすい。

コインは種類が多く、金色の縁取りの付いた豪華な£2と分厚くて重い£1の他、50、20、10、5、2、1、の合計8種類のペンス硬貨がある。この中で出番が多いのが、£1と公衆電話や有料トイレ、コインランドリーなどに使えるp20のコイン。ともすれば残りがちなのが、10ペンス以下の小額

£50

£20

£10

£5

上段左から2と1のポンド硬貨、50、20、10、5、2、1のペンス硬貨。上は紙幣で4種類ある

コイン。コインは日本では両替ができないので意識して使おう。それでも残ったら、帰国時に空港の募金箱に寄付しよう。

英国の両替事情

英国でも日本円からポンドへの両替ができるし、ロンドンやエディンバラなどの大都会なら、空港やホテル、市中のあちこちに両替所があるし、一部の郵便局や銀行でも両替窓口があるところもある。また両替所の中には24時間営業しているところも多く、都市部にいる限り両替に不自由はしない。

ただし、注意したいのは、交換レートは同じではないということ。1ポンド当たり数円程度の違いだが、何十万円も両替すれば、その差は大きい。また、両替に際してはコミッションという1～2%程度の手数料がかかる。高額の両替になるとこれも馬鹿にならない。両替所はどこでも店頭にレートと手数料を提示しているので、まとまった額を両替する場合はよく見比べて、「レートがよく、しかも手数料が安い」最適なところを探して両替しよう。

１ポンドや50ペンス、20ペンス、10ペンスは使う用途も多いが、残りがちなのが10ペンス未満の硬貨。店などで料金を支払う時は端数の小銭から準備。10ペンス未満の小銭を上手に使おう。

カードを使って手軽に現金を下ろす＆借りる

インターナショナル・キャッシュカードやクレジットカードがあれば、市内各所にあるATM（現金自動支払機）で現地の通貨を現金で引き出すことができる。操作方法は「シーラス」か「プラス」かにより多少違うが、基本動作はほとんど同じ。イギリスでキャッシングする予定なら、カード発行の銀行や会社に問い合わせて、利用できるＡＴＭと操作方法、設置場所などをあらかじめ調べておきたい。

１年365日、24時間使えて便利だが、イギリスのATMは日本のように建物の内部にあるわけではなく、ビルの外壁などに設置されているものが多い。大金を引き出す時や夜間の利用には充分注意したい。

また、ATMはクレジットカードにも、キャッシュカードにも使えるし、操作方法も一緒なので、両方持っている人はカードを間違えないように注意しよう。

●操作方法の手順

⇩画面に表示される英字

Insert Your Card または Enter card

❶カードを挿入
カードを入れると言語選択画面になるので、言語を選択する。

Enter PIN Number または Enter Your Personal Number

❷暗証番号入力
暗唱番号を入力した後、「Enter Key（確認）」を押す。

WITHDRAWAL /CASH ADVANCE

❸取引方法の選択
キャッシュカードは「WITHDRAWAL（預金引き出し）」、クレジットカードは「CASH ADVANCE」を選択。

SAVING ACCOUNT /CASH CARD

❹口座の選択
キャッシュカードは「SAVING AC-COUNT（普通預金）」、クレジットは「CASH CARD（キャッシング）」を選択。
※③と④の選択操作のないタイプのATMもある。

Select AMOUNT

❺金額入力
必要な金額を画面の中から選択。それ以外の金額の時は「other」を押し、金額を入力する。

Take CASH Another Transaction？

❻金額入力
「他の取引をするか」という質問が出る機種もある。終了する時は「NO」を押し、カードと明細書を受けとる。

引き出し手数料に要注意！

インターナショナル・キャッシュカードで１日に下ろせる金額は50万円まで。シティバンクは預金残高が30万円を下まわらない限り引き出し手数料はいらないが、他は１回に付き200円程度の手数料がかかる。小刻みな引き出しはムダが出るので、要注意。また、クレジットカードのキャッシングは、あくまでも借金。利息もかかるし、いずれ返さなければならない。預金の引き出し以上に計画的に。やむを得ない場合の非常手段と決めておいた方が賢明だ。

お金を引き出す時は充分に注意を！

ATM（現金自動支払機）等はビルの外壁などに設置されていることが多い。最近はこうした屋外でのお金の引き出しにまつわるトラブルが多発している。できれば、ホテルや銀行など屋内のATMを利用しよう。やむを得ない場合も、充分に注意したい。

国内&国際電話のかけ方

電話の英会話

公衆電話はどこですか？
ウェア キャナイ ファインダ パブリック テレフォン
Where can I find a public telephone？

日本に国際電話をお願いします。
アイドゥ ライク トゥ メイカン インタナショナル
I'd like to make an international
コール トゥ ジャパン
call to Japan.

この電話で国際ダイヤル通話はで
きますか？
キャナイ メイカン インタナショナル
Can I make an international
ダイレクト コール オン ディス フォン
direct call on this phone？

電話会社各社の
国際電話システム

　ダイヤル直通電話の他に、オペレーターを通した通話やキャッシュレスで通話ができる電話会社ごとの各種国際電話サービスがある。手軽なのがプリペイドカード。コンビニや空港などでも売っている。事前に暗証番号を登録すればクレジットカードで電話できるものなどもあり、サービスはさまざま。料金システムも違う。各会社間の競争激化とともにサービス内容も次々に変わっているので、出発前に最新の情報を確認しておきたい。

●KDDI▶ 局番なし☎0057
●NTTコミュニケーションズ
▶ ☎0120-540-033
●日本テレコムIDC
▶ ☎0066-11
●日本テレコム▶ ☎0088-41

いちばんよく見かけるBT社のカードフォン。故障はさほど多くない

公衆電話を活用して
国際電話もキャッシュレス

　ロンドンなどの街中にはあちこちにブリティッシュ・テレコム社（BT社）などの公衆電話があり、ホテル以外でも電話は不自由なく使える。小さな街で数が少ない時はシティ・ホールなど公の施設やその周辺を探そう。それもない時は、近くのパブを探して店内の公衆電話を使わせてもらえばいいだろう。

電話をかける

　ホテルの室内の電話からも、外線番号を押せばダイレクトに市内や海外への通話ができる。中にはフロントに電話番号を伝えてつないでもらうホテルもあるが、いずれも通話料以外に手数料が加算されるので、あまり経済的な通信手段とはいえない。ホテル内にも公衆電話があるなら、そちらを利用しよう。

[１] 公衆電話のかけ方

　公衆電話には、コイン式電話、コインの他にテレフォンカード（フォンカード）が使えるカードフォン、クレジットカード用のクレジットカードフォン、さらにこれらの機能が合体した機種がある。最近はタッチパネル式の電話なども登場したが、これは空港など一部の施設にしかない。

　コイン式電話で使えるのは、10、20、50ペンスと１ポンドの硬貨。お釣りは出ないが、未使用コインは戻ってくる。かけ方は日本とほぼ同じ。受話器を取りコインを投入すれば、市内なら10ペンスで約30秒、日本への国際通話なら２～３ポンドで１分（18時以降と土・日曜はもう少し安い）かけることができる。

　日本にひんぱんに電話するようなら、クレジットカードや英国のフォンカード、日本の電話会社の国際電話用プリペイドカードを使えば小銭を用意する手間がはぶけて便利。イギリス最大の電話会社、BT社のフォンカードは３、５、10、20ポンドの４種類あり、郵便局や新聞販売店、両替所や駅の売店などで販売している。

　カードフォンのかけ方は、電話会社によって多少の違いはあるが、基本は以下の通り。

●BT社のカードフォンの使い方

　壊れていることもあるので、まず受話器を耳に当てて通話音を確認してから、以下の手順で電話をかけよう。

★テレフォンカード／表を上にしてスロット（差し込み口）に差し込むと、ウィンドウに利用可能額が表示される。後は相手の番号をプッシュするだけ。通話中、テレフォンカードの残額がゼロに近づくと信号音が聞こえるので、いったん通話をうち切るか、新しいカードを入れる。

ATTENTION 市内電話ならコインでもいいが、国際電話の場合は
プリペイドカードが便利だし、リーズナブル。
日本の電話会社のカードを用意するか、現地で購入しよう。

★**クレジットカード**／クレジットカード用のスリットに磁気
の帯が右下にくるように差し込み、カードを抜いた後、先方の
番号をプッシュ。右横にスリットがある場合は、磁気面を内側
にしてスリットを通す。

［2］ダイヤル直通で国際電話をかける

●イギリス⇨日本

ホテルの室内電話からなら、まず外線番号をプッシュ。次に
国際電話識別番号（BT社の場合は00）、日本の国番号（81）、市
外局番（最初の0をとった数字）、相手の番号の順にプッシュ
する。携帯電話やフリーダイヤルの場合も市外局番と同様、最
初の0をとった数字をダイヤルすればよい。

例／東京03-5540-6912に電話する場合

$$00 \Rightarrow 81 \Rightarrow 3 \Rightarrow 5540\text{-}6912$$

国際電話　　　国番号　　市外局番　　　相手の番号
識別番号

●日本⇨イギリス

日本からイギリスに電話する場合も手順は同じだが、マイラ
インやマイラインプラスに登録しているかによって国際電話の
かけ方が違うので要確認。登録していない場合、KDDI利用で
あれば001-010-44（国番号）-相手先番号の順。市外局番の最
初の0は不要で、ロンドン020の場合は20とかける。イギリス
の国番号は44。

例／ロンドン020-1234-5678に電話する場合

マイライン・マイラインプラスに登録している場合

市外局番

$$010 \Rightarrow 44 \Rightarrow 20 \Rightarrow 1234\text{-}5678$$

国際電話　　国番号　　　　　　　相手の番号
識別番号

オペレーター通話の種類

日本人オペレーターを呼び出
して相手につないでもらう電話
で、以下の3種類ある。
❶番号通話Station call／相手
の番号でつなぐ
❷指名通話Personal call／相
手を指名してつなぐ。名指し人
が不在の場合は料金不要
❸コレクトコールCollect Call／
料金受信人払いでつなぐ
オペレータ通話の申し込み番
号は以下の通り。
●KDDIジャパンダイレクト
▶☎0800-6312-001　または
0800-89-0081
●日本テレコムホームダイレク
ト▶☎0800-89-0810

キュッシュレスで
割安に日本に電話をする

クレジットカードかKDDIの
プリペイドカードがあれば、1
分間40円（一般電話にかけた場
合）というお得な料金で通話が
できるKDDIのサービス。
まず「0800-6311-001」をプ
ッシュ。次にトーン記号を押せ
ば音声ガイダンスが流れてく
る。あとはその指示に従って、
カード番号、暗証番号、続いて
日本の電話番号を押すだけ。通
話時刻にかかわらず料金は同
じ。カードの引き落とし口座か
ら支払われる。BT社なら、公
衆電話でもOK。

本音でガイド

格安で国際電話をかけるなら
プリペイドカード

通常のダイヤル直通よりさらに安上がりなの
が、スウィフト・コールSwift Callに代表され
るアメリカの回線を経由する格安国際電話。
少々雑音が混じるが、通話料はBT社などの約
半分。暗証番号PIN Number入りの専用プリ
ペイドカードを購入すれば、ホテルの電話でも、
公衆電話でも使える。
使い方は日本のプリペイドカードと同じ。か

け時はまずカードに記載されているフリーダ
イヤルにアクセス。英語の音声ガイダンスにし
たがって、カード裏にある10桁の暗証番号（Pin
Number）、次に国番号（日本は「81」）、市外
局番、相手の番号の順に入力すれば通話ができ
る。カードは£5、10など数種あり、みやげ物店
や駅の売店、両替所などで販売している。

格安電話に重宝な
プリペイドカード

手紙&小包の送り方

郵便局での英会話
これを日本に出したいのですが。
<small>アイドゥ ライク トゥ センド ディス トゥ ジャパン</small>
I'd like to send this to Japan.
日本までエアメイル（船便）でお願いします。
<small>バイ エアメイル （シーメイル） フォー ジャパン プリーズ</small>
By airmail（Seamail）for Japan, please.
小包の送り状をください。
<small>キャナイ ハヴァ デスパッチ ノートゥ</small>
Can I have a despatch note
<small>フォー インターナショナル パーセル プリーズ</small>
for international parcel, please？

国際宅配便で送る
　送ることのできるサイズや重量、金額など、各宅配会社ごとに規則があるので事前に確認を。また、持ち帰る荷物と合わせて20万円以上だったり、免税枠を超える酒類などが入っていると税金がかかるので、忘れずに申告しよう。
●英国ヤマト運輸
ロンドン三越カウンター
　5kgで£50、25kgまで。5〜10日で日本に届く。
▶☎020-7930-6924
▶9:30〜17:30、日曜10:30〜16:00
●DHLロンドン
▶7:00〜20:00、土曜8:00〜18:00、日曜休み
▶☎0870-1100-300
●日通日本人対応デスク
▶☎020-8737-4181〜3
　電話すれば、ホテルまで荷物を取りに来てくれる。

電報Telegramsを打つ
　KDDIの「デンポッポ」という国際電報サービスなら、英文ではなく日本語で電報に似たメッセージを日本に送れる。問い合わせ・申し込みは下記へ。
▶☎0845-033-1010

　イギリスの郵便局は、一般的な郵便物を扱う「Royal Mail」と、小包専門の「Parcel Force」の2つの組織に分かれているが、窓口はどちらも同じ郵便局内にある。
　郵便局の営業時間は、一般的には9:00〜17:30、土曜は〜13:00（休みのところもある）で、日曜・祝日は休み。日本への郵便物は、葉書が£0.42、封書は航空便が10gまで£0.47、20gで£0.68。いずれも約1週間程度で届く。

小包Parcelを送る
　かさばるおみやげやトランクに収まりきらない荷物が出てきた時は、郵便小包で別送しよう。郵便小包には、「速達Datapost」、「通常航空便Standard」、「船便Economy」の3種あり、速達で日本まで3、4日、航空便で1週間〜10日、船便だと1ヵ月半程度で届く。
　2kg以下の荷物を送る時はスモール・パケットSmall Packetが断然お得。エアメールで1kgまで£9.92、2kgまで£18.92、船便だと£4.81、9.41とさらに安く、印刷物なら5kgまで送れる。窓口でスモール・パケットで送りたいと伝え、小包の宛名の左上に「SMALL PACKET」と明記。エアメールなら4〜5日程度で日本に到着する。

●小包の送り方
❶郵便局にある小包用ダンボール箱を購入。ダンボールのサイズは数種あり、梱包用のガムテープなどを売っている郵便局もある。ガムテープで梱包しただけだと中身

可愛らしいポスト

が飛び出しかねないので、ヒモでくくっておいた方が無難。扱いは決して丁寧ではないので、念入りにパッキングをしよう。
❷箱の表に送り先と差し出し人のイギリスでの住所氏名を記入する。
❸郵便局の窓口で送付用紙をもらい、送り先の住所や名前、イギリスでの住所、送る品の値段など必要事項を記入する。
❹窓口で重さを計量してもらい、料金分の切手を購入する。
❺自分で切手を貼り、小包専用窓口に投函する。

★日本までの郵便小包料金
単位＝£（2005年5月現在）

	1kg	2kg	5kg	10kg	15kg
Datapost	49.35	59.05	84.65	119.15	152.65
Standard	28.25	36.75	60.00	90.00	117.00
Economy	25.00	32.00	50.00	75.50	100.50

街歩きの基礎知識

営業時間と休日

●**銀行**／9:30～15:30が一般的。一部には土曜営業の支店もあるが、基本的に土・日曜・祝日は休み。ただし、主要空港内の銀行支店は24時間営業のところがほとんど。

●**デパート、ショップ**／9:30～17:30、10:00～18:00が一般的。ブランド・ブティックなどはいまだに日曜は休みの店が多いが、最近は日曜や祝日もオープンする店が増えてきた。また、週半ばの水曜か木曜をレイト・ショッピングデーとし、営業時間を延長する店もある。

●**レストラン**／サンドイッチスタンドなどは朝8時頃からオープンするが、一般的なレストランは、朝食が9:00～11:00、ランチが12:00～15:00、アフタヌーンティーは15:00～17:00、ディナーは18:00～23:00ごろが目安。ランチとディナーの間クローズする店もある。日曜休みが普通だったが、最近のロンドンなどは日曜も営業する店の方が多い。

●**パブ**／平日と土曜は11:00～23:00、日曜は12:00頃オープンしてやや早めに閉めるのが一般的。地方のパブの中には15:00～17:30の間店を閉めるところもある。鐘が1回鳴ったらラストオーダー、続けて鳴ったら閉店間近の合図。

料理も飲み物もあって、街歩きの休憩にパブは最適

チップGratuityのマナー

サービス料が含まれている場所では原則チップは不要だが、とくにサービスを受けた場合などは相応のチップを渡すのがマナー。チップの目安は以下の通り。

●**ホテル**／サービス料があらかじめ含まれているので基本的には不要だが、客室係には£1～2のチップを渡すのが一般的。また、ルームサービスを頼んだり、ポーターに荷物を運んでもらった時などにも別途£1程度のチップを。

●**レストラン**／サービス料が含まれている店は基本的に不要。ただし、料理やサービスがすばらしかった場合などはさりげなくチップを。サービス料が含まれていない店は、合計金額の10～15%がチップの目安になる。カードで支払う時はチップだけ現金で支払ってもいいし、合計金額の下の空白にチップ相当の金額とその総合計金額を記入してサインしてもいい。

●**タクシー**／料金の10%が目安。

●**トイレ**／高級なホテルやレストランでトイレに係員がいる場合は、£0.20～0.50程度のチップを忘れずに。

●**その他**／劇場やパブ、ガソリンスタンドなどは基本的にチップはいらない。

中央に見える屋根が公衆トイレ

パブの営業時間に異変⁉

パブの営業時間は従来法律で決められてきたが、国中のパブが夜11時（スコットランドは規制なし）に閉店すると街中に酔っぱらいがいっせいに出てくるのでよくない、閉店間際に焦って飲むのでアル中増加の原因になる……と、議会で審議中。また、愛煙家の天国パブにも、「禁煙」の規制が出そうな雲行きだ。

公衆トイレ事情

地下鉄や鉄道駅には公衆トイレがあるし、地方の観光地にも必ず公衆トイレがある。公衆トイレには無料の他、£0.20程度のコインを支払う有料トイレもある。街歩き時のトイレに便利なのがホテル。たいていロビーフロアにある。いざという時はパブのトイレを借りよう。パブやレストランのトイレは、2階か地下にあることが多い。

飲料水の事情

イギリスは全般的に水道の水質がよいが、お腹がデリケートな人は飲料用には市販の水を。ミネラルウォーターには発泡性Sparklingと無発泡Stillの2種あり、コンビニエンスストアなどで売っている。レストランでは、和食や中国料理の店を除いて水は出てこないので、飲みたい時はミネラルウォーターを別途注文するか、水道水Tap Waterを頼もう。また、イギリスは空気が乾いている上に水道水は石灰分が多いので、シャンプーや洗顔にもご用心。パサつき防止のためには保湿効果のあるシャンプーがいい。

レストラン事情

レストランでの英会話

今晩7時に2人で予約をお願いします。
アイドゥ ライク トゥ ブックァ テイブル フォー トゥー
I'd like to book a table for two
アト セヴン ディス イーヴニング
at seven this evening.

正装の必要はありますか？
ドゥ ユー ハヴァ ドレス コード
Do you have a dress code？

予約している伊藤です。
アイ ハヴァ ブッキング フォー イトー
I have a booking for Ito.

予約していませんが、席はありますか？
アイ ドント ハヴァ リザヴェイション．ドゥ
I dont have a reservation.Do
ユー ハヴァ テイブル
you have a table？

お勘定をお願いします。
メイ アイ ハヴ ザ ビル プリーズ
（May I have the）bill, please？

メニューに出てくる英単語

●肉類 Meats
ダック
Duck　カモ
グース
Goose　ガチョウ
ヘア
Hare　野ウサギ
キドゥニ
Kidney　腎臓
ラム
Lamb　仔羊
マトゥン
Mutton　羊
フェザント
Pheasant　キジ
ピジョン
Pigeon　ハト
クウェイル
Quail　ウズラ
ターキー
Turky　七面鳥
ヴィール
Veal　仔牛
ヴェニソン／ディア
Venison/Deer　鹿

●魚介類 Seafood
コッドウ
Cod　真ダラ
クラブ
Crab　カニ
イール
Eel　ウナギ
ハドック
Haddock　タラ
ヘリング
Herring　ニシン
キッパー
Kipper　ニシンの燻製
マクレル
Mackerel　サバ
モンクフィッシュ
Monkfish　アンコウ
マスル
Mussel　ムール貝
オイスター
Oyster　カキ
プロウン
Prawn　クルマエビ
サーモン
Salmon　サケ
サーディン
Sardine　イワシ
スカロップ
Scallop　ホタテ貝
シー・バス
Sea-bass　スズキ
シェルフィッシュ
Shellfish　貝全体
シュリンプ
Shrimp　小エビ
ソール
Sole　舌ビラメ
スクィッド
Squid　イカ
トラウト
Trout　マス
トゥーナ
Tuna　マグロ
ターボット
Turbot　ヒラメ

どこで、何を食べるか
食事は旅の楽しみのひとつ！

全国どこへ行ってもあるのが、**イギリス料理のレストラン**。店らしい店がない田舎街でも、ホテルのレストランで間違いなく伝統的なイギリス料理が味わえる。手軽に味わうなら、**パブのランチ**がおすすめ。£5程度でイギリスの家庭料理が楽しめる。また、スコットランドやウェールズに行けば、**イングランドとは違った伝統的な郷土料理**も味わえる。

実践的レストラン攻略法

軽い食事なら、サンドイッチスタンドやパスタ専門などのカジュアルな店へ。テイクアウトするなら、街のあちこちにあるハンバーガーショップやフィッシュ＆チップスなどのイギリス版ファストフードの店がいいだろう。

イギリス料理以外でいちばんポピュラーなのは、イタリア料理の店。大きな街ならヨーロッパ各国の料理店の他に、インドを筆頭に中国料理や日本料理まで、アジア各国の店もある。

世界中の味が楽しめる。写真はオランダ料理

[1] 予約する

空いていれば予約なしでも入れるが、あまりいい席に座れないこともある。高級な店や人気のある店は、予約しておいた方が無難。最近のレストランはカジュアル化が進み、服装にうるさい店は少なくなってきたが、それでも高級な店ではジーンズやスニーカーは避けた方がいい。店に着いたら、予約している時は名前を告げ、予約していない時は人数を伝えて席まで案内してもらおう。

[2] 料理を選ぶ

パスタ専門店などカジュアルな店や和食、中国料理などの店は日本と同じスタイルで注文できるが、本格的な西洋料理の場合、まず前菜でスタートし、次に肉か魚介の主菜、最後にデザ

ートで締めくくるのが基本的なスタイル。メニューも通常、その順番で並んでいる。あらかじめ料理が組み合わされたランチやディナーのセットも多い。セットメニューの「3コース」とは前菜、主菜、デザートの3つ、「2コース」は3つの中から2つを選ぶという意味。

●スターターStarter／前菜

メインの前の軽い料理。フランス料理やイタリア料理の店などでは、オードブル、アペタイザーと呼ぶ店もある。また、スターターのメニューの中、もしくは別メニューでスープやサラダが並んでいることもある。

●メインMain／主菜

魚介Fish/Sea Foodと肉類Meatに分けている店もあれば、一緒に並んでいる店、メインディッシュの表示のない店もある。いずれもいちばん目立つ魚や肉の料理がメインの料理。

●デザートDessert

プディングPudding、スウィートSweetとする店など、表示はまちまち。前菜や主菜といった料理のメニューとは別に、デザート用メニューを用意している店もある。アイスクリームやシャーベットの他、ケーキやチーズなどもある。

[3] 注文する

●前菜と主菜のオーダー

基本的に、最初の注文では前菜と主菜を頼む。メニューをざっと見たら、まず主菜から決め、次に前菜を選ぼう。主菜と前菜とで違う素材や調理法の料理を選べば、変化のある食事が楽しめる。高級店では前菜も頼みたいが、カジュアルな雰囲気の店なら主菜だけでもいいし、前菜や主菜を分けあって食べてもいい。皿をシェアするとウェイターに伝えよう。

エディンバラの老舗レストランの料理

●飲み物のオーダー

料理が決まったら、同時に飲み物を注文する。一般的なのはワイン。料理に合わせて白、赤を選ぶが、軽めの赤ワインにすればたいていの料理に合う。グラスか、2人以上ならボトルで注文するのもいいだろう。水が欲しい人はこの時に注文を。

●デザートのオーダー

主菜がすむと、デザートのメニューが渡される。コーヒーや紅茶はデザートの終わった後で運ばれるか、注文をデザートの後でするところが多い。デザートが必要ない時は、すぐにコーヒーや紅茶を頼めばいい。

●野菜類　Vegetables

Brussels Sprouts　芽キャベツ
Chestnut　栗
Cucumber　キュウリ
Aubergine (eggplant)　ナス
Green Pepper　ピーマン
Kidney Bean　いんげん豆
Leek　ネギ
Spinach　ホウレン草
Walnut　クルミ
Watercress　クレソン

●調理法　Cooking Methods

Baked　焼いた
Boiled　茹でた
Braised　蒸し煮した
Breaded　パン粉焼きにした/揚げた
Battered　衣をつけて揚げた
Creamed　クリーム状/和え
Fried　油で揚げた/炒めた
Grilled　網焼き/鉄板焼き
Roasted　オーブンで焼いた
Steamed　蒸した

イギリスの実用情報

レストラン事情

デザートには伝統のケーキやチーズを

おいしいイギリス料理を食べたい！

伝統的イギリス料理

おいしいものがないと評判イマイチのイギリス料理だが、そんなことは断じてない！　お隣の国と比べると、味付けや盛り付けがちょっとシンプルなだけ。海にかこまれた島国だけに魚介の豊富さではヒケをとらないし、チーズやハムなど牧羊国ならではの美味もふんだんにある。昨今のグルメブームで、都会ではずいぶんと洗練された新英国料理も台頭してきた。レストランで、パブで、イギリスならではの食の世界を堪能しよう。

●ローストビーフ

名門ルールズのローストビーフとヨークシャープディング（右上）。

イギリスの肉料理といえば、やっぱりコレ。ロース肉を固まりのままじっくりと焼き上げたローストは、肉本来のおいしさを味わうのに最適な料理法。ミディアムレアに焼き上げられたジューシーな肉に、濃厚なグレービーソースとホースラディッシュ（西洋ワサビ）が絶妙にマッチ。ポークやラムなど肉の種類が変わると、添えられるソースも違うものになる。豪快にして繊細な伝統料理を一度は試してみよう。

イカsquidのフライも人気の一品。アツアツをレンモン汁で

●フィッシュ＆チップス

オイスターバーで食べる生ガキも、スコットランドのサーモンも絶品だが、魚料理といえばやはりフィッシュ＆チップスが庶民にはダントツの人気。タラなどの白身魚をカリッと揚げたフライに、山のようなチップス（フライドポテト）が付いてくる。タラの他、サメやイカ、カレイなど揚げる具はいろいろ。塩やビネガー（酢）、ケチャップを付けて食べる。揚げ立てアツアツのフライは文句なしにおいしい。

手前がフィッシュ＆チップス、後ろはステーキパイ。いずれもパブのランチの定番かつ人気のメニュー。ぜひお試しを！

●ステーキパイ

　肉や野菜をじっくり煮込み、パイ生地ですっぽり包んだパイ料理もおすすめの一品。パイをスプーンで崩し、煮込みとともに味わう。写真はステーキパイ。牛肉をとろとろになるまで煮込んだシチューが入っている。キドニーパイという内臓も煮込んだパイ料理は独特の風味で、これが慣れるとクセになるおいしさ。

付け合わせの野菜もシチューと一緒に食べる

●ジャケットポテト

　皮付きのままこんがりと焼かれた巨大なジャガイモの料理。チーズやビーンズなど、トッピングにはさまざまな種類がある。右の写真はツナのフレークをのせたもの。ランチメニューにこれも人気の一品。ほかほかポテトはやっぱりおいしい！　おイモ大好き人間にはおすすめだ。

●サンドイッチ

　発祥の国だけに、具材の豊富さとサンドイッチ用に焼かれたパンのおいしさは、やはり日本ではなかなか出会えない美味。パック入りならコンビニにもスーパーにも並んでいるし、各種の具がガラスケースの中に並び、好みのものを組み合わせて作ってもらうサンドイッチ専門の店もある。ボリュームがあるので、ランチならこれ一皿で満足。

●イングリッシュブレックファスト

　大きなお皿いっぱいにこぼれんばかりに盛り付けられるのが、イギリス式の朝食。目玉焼きやスクランブルエッグなどの卵料理に、カリカリに焼いたベーコンや厚切りのハム、アツアツのソーセージ、マッシュルームやトマトなどの焼き野菜、それにほの甘い豆の煮込みが付くのが定番。もちろんこれにトースト、フレーク類、フレッシュジュースにミルクたっぷりの紅茶が付く。これだけ食べれば、朝から大満足！

イギリス料理の中で最高と定評のある朝食は、とにかくボリューム満点！

●紅茶&スイーツ

朝から夜まで、1日に何回もティータイムがあるイギリス。最近はコーヒー党が増えたといわれているが、「お茶」といえばやっぱり紅茶。そして、そのお茶の時間に欠かせないのが甘いお菓子たち。午後4時頃の「午後のお

お茶に甘いビスケットは定番

渋めの紅茶に合うのは、やっぱり甘いお菓子

茶」は、ケーキやサンドイッチ、バターを添えたスコーンなどが並び、ちょっとした軽食並のボリューム。でも、"ちょっとお茶する"時は、ショートブレッドなどのビスケット類やクランペット、ビクトリアスポンジといった伝統的なお菓子を添えて。イギリス式の「お茶」で外せないポイントは、紅茶は熱いお湯で濃いめに入れること。そして、生クリームではなくミルクを使うこと。これを守れば、甘いお菓子がさらにおいしくいただける。

●老舗テリーズのオレンジチョコレート

タルトやビスケットとともに、見のがせないスイーツがチョコレート類。チョコ専門の店などもあるし、スーパーの棚には駄菓子風チョコが勢揃い。数あるチョコの中でも、ユニークなのがテリーズのオレンジチョコレート。オレンジ風味で、形もオレンジそのもの。かたまりをほぐすと、房状に別れるという凝りよう。おなじみのキットカットと同様、ヨーク生まれの老舗で、英王室の御用達。オレンジの他に、ミルクとビター、ラズベリーフレーバーやホワイトチョコもある。

料理の意匠にあまり凝らないイギリスでは珍しいお菓子

わがまま オススメ！　スーパーマーケットの"高級シリーズ"

ハロッズやフォートナム&メイスンならこの国最高のお菓子が手に入るが、そこまで気張らなくてもおいしいモノと出会えるのが、そこらにある庶民派のスーパー。テスコやセインズベリーズなどのお菓子の棚に注目！　最近、各大手スーパーがこぞって揃えているのが、ハ

イグレードなオリジナルのシリーズ。チョコやショートブレッドなど顔ぶれも多彩で、味も上々。しかも値段はブランドものの半値以下。リーフティーもオリジナルが豊富に揃っているので、ちょっと珍しいおみやげならスーパーものがいい。写真は、金色のパッケージがアスダ、銀色がテスコのシリーズ。

素顔のイギリスに触れるなら
やっぱりパブ！

この落ち着いた雰囲気は、まさにパブ

　どんな小さな村に行っても、少なくとも一軒はあるのがパブ。ビルが建ち並ぶオフィス街にも、瀟洒な家が並ぶ住宅街にも、空港の中にも、パブは必ずある。カウンターがあって、酒瓶の並ぶ棚があって、生ビールのコックがあって…と、どこも "パブお約束" のものが揃い、外観にも同じような雰囲気が漂う。

　おつまみ類は袋入りのナッツぐらいだが、昼にはフィッシュ＆チップスといった料理を出すところも多いし、そもそもが「タヴァン」といわれるレストランから始まった店には、食事専用フロアがあることもある。こういう店だとディナーも出す。また、「イン」という宿屋からスタートした店の場合、パブに民宿風ホテルを併設しているところも地方にはまだ残っている。

　オープン時間は法律で決められていて、スコットランドを除いて全国おおむね朝11時から夜11時まで。日曜は遅く開店したり、休んだりと、店の立地により異なる。生ビー

どこに座るかは、客の好みのままに

ルの他、ワイン、スコッチ、イギリス独特のりんご酒（サイダー）など各種アルコール類や、コーラや紅茶といったソフトドリンクもある。禁煙の嵐が吹き荒れる昨今でも、今のところはパブだけは治外法権。要するに、喉が乾いた時、ちょっとおしゃべりしたい時、のんびり一服したい時、いつでも気軽に立ち寄れるところ、それがパブ。パブリックハウスという名の通り、単なる居酒屋というより、庶民の社交場といえるのがパブなのだ。

●パブで注文する

　パブはセルフサービスが基本。客本人がカウンターに出向いて、カウンターの中の人に直接注文し、料金は品物とひきかえにその場で支払う。ただしこの時、大きな声で呼ぶのはマナー違反。相手の視線をとらえて、さり気なく合図を送ろう。店が混雑している時はこれがなかなか難しいが、気長に待つイギリス人にならって、おとなしくチャンスを待ちたい。

　生ビールはエール、ラガー、ビター、スタウト（黒ビール）など数種類を必ず置いている。日本のビールに近いのがラガーだ。メーカーは店によりマチマチ。注文は、日本でいえば中ジョッキに相当する1パイントか、その半分のハーフパイント単位。ワインはグラス、またはボトル。例えば、ラガーを1パイント頼む時は、「ア・パイント・オブ・ラガー、プリーズ」といえばOK。1パイントで£2.5〜3程度。飲み物を受け取ったら好きな席を選んで、ゆっくりパブの時間を楽しもう。

生ビールを地下からくみ上げるコック。泡立ちにプロの技が冴える

ショッピング事情

サイズの違いに要注意！

イギリスと日本とでは、洋服や靴などのサイズ表示が違う。本紙のカバー折り返し部分にあるサイズ比較表を参考に、自分のサイズを確かめてからショッピングへ行こう。ただし、メーカーによって大きさには多少の差があるので、買う前に必ず試着しよう。

ショッピング情報は？

情報誌「Time Out」のショッピング特集号など、書店にはレストランやホテル情報の本とともにショップについての情報誌も並んでいるし、ストリートマーケット専門の情報誌もある。また、最寄りの観光案内所にも無料パンフレット類が必ず揃っている。本屋とともに、ここも情報探しには欠かせない。

バーゲンシーズンは？

イギリスのバーゲンシーズンは冬と夏の年2回。冬はクリスマスがすんだ頃から始まりほぼ1月いっぱい続く。夏のバーゲンは6月の末から7月にかけて。いずれもかなりの値下げ幅なので、ショッピングが最大の目的だったらこの時期こそおすすめ。バーゲン品だけではなく、商品入替時の在庫などが豊富に並ぶ。工場直販店も人気があり、最近は各地に登場。ここもかなり安い値段でいい品が買える（p.255参照）。

94

アンティーク探しは、英国のショッピングでも最大の楽しみ

アンティークから最新ファッションまで、イギリスはショッピングも見のがせない

イギリスの旅の大きな楽しみがショッピング。銀製品や陶磁器、皮革製品など、伝統の技に裏打ちされた数々の名品をはじめ、上質で飽きのこないウール製品や繊細なリネン類、各地方ごとの特産品など、魅力あふれる品々にはこと欠かない。どこで、どんなものを探すか、ショッピングのプランを立てて、旅の時間をさらに楽しくしていこう。

店の種類とその魅力

●デパート

ロンドンのハロッズやリバティ、エディンバラのジェナーズなど、各都市には長い歴史を誇る老舗デパートがたいていある。こうした店の魅力は、上質な製品が勢揃いしているだけではなく、各店ごとの個性を発揮する売り場が必ずあるところ。ハロッズやフォートナム＆メイソンは食料品のフロアが充実しているし、リバティならオリジナルプリントのファブリック類が見のがせない。また、マークス＆スペンサーなどの庶民派デパートは日用品が充実しており、イギリスの普通の人々の暮らしぶりもかいま見られる。

●英国ブランド・ショップ

バーバリーやアクアスキュータムに代表されるトラディショナルなファッションブランドや、オーダーシャツの店など、伝統的な老舗ブランドの店はロンドンやエディンバラなど大きな街には必ずある。また、ニューヨーク、パリ、ミラノと並ぶ最先端ファッションの発信地ロンドンでは、若手デザイナーのショップにも注目したい。

タウン情報誌で最新の情報をチェックすれば、さらに充実

●専門店

文房具ひと筋の店、児童文学専門の古書店、釣り具の老舗、カシミヤやタータンチェックの専門店など、いかにもイギリスらしい歴史ある専門店が街のあちこちにある。メジャーなブランドでなくても、こうした店は掘り出し物探しのメッカ。地方都市やロンドンのアーケード街（p.137参照）に注目しよう。

地方に行けば、その街ごとの楽しい名産品が見つかる

●セカンドハンド

いわゆる中古品や古着の店だが、ヴィンテージ物の専門店もあれば、1950年代や60年代のファッションを集めた店、さらにデザイナー物を格安で売る店など、種類も豊富。チープで、オリジナルなファッションアイテム探しなら、セカンドハンドがおすすめだ。

●アンティークマーケット

イギリスはアンティークのメッカ。地方の小さな街にも必ずアンティークショップやマーケットがある。ロンドン市内にも常設マーケットから1週間に1日だけオープンするストリートマーケットまで大小さまざまある（p.175参照）。

●スーパーマーケット

その土地の人々の暮らしぶりを見るのに最適なのがスーパーマーケットや昔ながらの食料品市場。大小さまざまな店や市場がどんな街にもある。日本未入荷のお菓子や食品など、おみやげ探しにもいい。

マナーと支払い方法

何もいわずにいきなり店を歩きまわるのは、いかにも不作法。店に入る時は「ハロー！」とひと声かけよう。支払いは現金かクレジットカード。大きな店やデパートならトラベラーズチェックで支払うこともできる。ただし、トラベラーズチェックで支払う時はパスポートが必要になるので、忘れずに携帯を。また、ストリートマーケットや地方の街の小さな店などではカードが使えず、キャッシュオンリーということも多い。

ショッピングでの英会話

これを見せてください。
プ リーズ　ショウ　ミー　ディス
Please show me this.

見ているだけです。
アイム　ジャスト　ルッキング
I'm just looking.

試着してもいいですか？
メイ　アイ　トライ　ディス　オン
May I try this on ?

これは免税になりますか？
キャナイ　バイ　イット　タックス・フリー
Can I buy it tax-free ?

これをください。
アイル　テイク　イット
I'll take it.

見て歩くだけで楽しめるのが、陽気なストリートマーケット

VAT（付加価値税）とは？

イギリスでは大半の商品やサービスに付加価値税が課せられている。税率は17.5%と高額だが、「TAX FREE SHOPPING（免税ショッピング）」のサインを掲げた店での買い物に限り、最大14.4%まで免税扱いになる。免税対象となるのは、非居住者で3ヵ月以内にEU圏外へ商品を持ち出すことが条件。最低取り扱い額は店によって異なるが、£100以上というのが一般的だ。払い戻し方法は以下の通り。

❶店で／支払いの時にパスポートを見せて所定の用紙（VAT Form）をもらい、必要事項を記入。店員が品数や値段を記入した後、用紙を渡してくれる。この用紙は税関での手続きに必要になるので、大事に保管しておこう。

※購入商品を店から直接日本に発送する場合は、あらかじめ価格からVATが差し引かれる。

❷空港で／空港の窓口に未使用の商品とともにこの用紙を提出してスタンプを押してもらい、払い戻しの手続きをする（p.67参照）。払い戻しは口座振込、小切手送金の他、出発空港で直接払い戻してもらうこともできる。

※グローバル・リファンド・ジャパンの加盟店は成田空港、関西空港で払い戻しを受け取ることもできる。（☎03-5541-6718）

現地ツアーの活用法

ロンドン発着の主なツアーと料金

ロンドン半日観光／£24（15）
ウィンザー城半日観光／£35（20）
バースとストーンヘンジ1日観光／£58（39）
コッツウォルズの村々を訪ねて／£45（30）
スコーンとショートブレッド作りとアフタヌーンティー／£55
テムズ河ディナー・クルーズ／£65
コッツウォルズとオックスフォード1泊2日／£220（205）
ピーター・ラビットと湖水地方2泊3日／£275（175）
※日本人専用「マイバス・ツアー」の例／（　）内の数字は子供料金
※各地方都市発着のツアー情報は各該当ページ参照

主なツアー会社

●日本のツアー会社
★マイバス（JTB系列）
▶☎020-7976-1191
▶http://www.mybus.co.uk
★みゅうバス（ミキ・トラベル）
▶☎020-7630-5666
ジャルパック・ツアーズ
※プラザいぎりす屋内
▶☎020-7462-5515
★ロンドン・ウォーキングツアー
（HUMPTY DUMPTY TOURS）
▶☎020-7286-1125
●イギリスのツアー会社
★エヴァン・エヴァンズ・ツアー
Evan Evans Tours
▶☎020-7950-1777
★ゴールデン・ツアーズ
GOLDEN TOURS
▶☎020-7233-7030
★The Original LONDON WALKS
※ウォーキングツアー専門
▶☎020-7286-1125

現地発着ツアーを活用して、旅をもっと楽しく演出する

　宿泊をともなうような長期のツアーは日本での事前予約が基本になるが、日帰りツアーなら現地予約で充分。前日でも、ツアーによっては当日でも申し込める。ロンドンやエディンバラなどの大都会には多種多様な日帰りツアーが揃っているし、地方の観光地から発着するツアーもある。自分でキップを買う手間も、時間的なロスもなく、バスに乗りさえすれば1日のんびり楽しめる。ツアーは、旅の演出には最適なパーツ。気の向いた日、天気のよい日を選んで参加しよう。

●ツアーの参加方法

[1] ツアーを探す

　コースや料金の分かるツアーのパンフレットは、空港やホテル、観光案内所に必ずある。ロンドンの場合は、現地のツアー専門会社が催行するツアーにも日本語ガイド付きのコースがあるので、英語に自信がなくても参加は可能。現地の日

ツアーのパンフレットはホテルや観光案内所に豊富にそろっている

本企業が運営する日本人専用ツアーならさらに安心。地方の街発着で英語のツアーしかなくても、けっこう楽しめる。まずパンフレットを手に入れて、希望のツアーを探してみよう。

[2] ツアーを選ぶ

　ロンドン市内観光やウィンザー城観光など、どこの会社のパンフレットにもある定番ツアーなら、見学地も同じなら料金も大差ない。これらのツアーを選ぶ時は、食事が付いているか、日本語通訳付きか、あるいは日本語テープか…など、細かな条件を比較検討して、最適な条件のツアーを選ぶようにしよう。

[3] ツアーを申し込む

　ホテルのコンシェルジュや観光案内所、ツアー主催の旅行会社の窓口へ。日本の旅行会社や航空会社、カード会社のサービスカウンターなら日本語で申し込みができる。名前と宿泊ホテル名などを記入し、料金を払うと、参加当日の集合場所や時間を指示される。集合場所は、ツアー催行会社によりさまざま。日本人専用ツアーだと、三越デパート前など日本人観光客に分かりやすい場所が指定されるが、英国の旅行会社のツアーは他の諸国からの参加者も集めるため数カ所のホテルのロビーが集合場所になることが多い。

ツアーのバスはコーチのステーションに集合。ここから出発する

見学場所の多過ぎる日帰りツアーには要注意。
あちこち行けて魅力的に見えるが、車窓からの見学がほとんどで、
見学時間は最小限……では、せっかく行っても疲れるだけ。
目的地をしぼったツアーを選んだ方が賢明だ。

［4］集合場所で待機

　指定された時間にピックアップ場所で待機しているとツアー会社の係員が迎えに来る。ただし、いろいろなツアー会社がやってくるので、自分が参加するツアーの会社名をしっかり覚えておきたい。参加申し込み書（ツアーチケット）を見せて、係員に確認してもらってから迎えのバスに乗ろう。

［5］目的地行きのバスに乗る

　数カ所の集合場所で次々に参加者を集めたバスはいったんコーチステーションなどに乗客を降ろし、ツアー別・言語別にふり分ける。目的地の違うバスが並んでいるので、ここでバスを乗り違えないように、要注意。行く先をしっかり確認してから乗り込もう。

［6］自由見学時の集合に要注意！

　ツアー料金には観光地の入場料が含まれているが、現地での見学は個々で…というのが一般的。下車前に集合時間と場所を指定されるので、これを聞きのがさないように。あまり長いこと遅れると、おいてきぼりにされても文句はいえない。また、観光地の駐車場には同じ会社のバスが何台も並んでいることもあるので、自分が乗ってきたバスがどれか間違えないように運転手の顔をしっかりおぼえておこう。

［7］出発ターミナルで解散

ツアーの目的地を知らせる看板

　帰路についたバスは、出発地点に戻っていく。ツアーのコースによってはロンドン市内を縦断したり、横断したりすることになるので、途中の主要な地下鉄や鉄道の駅に停まってくれる。降りる時は、忘れずにガイドとドライバーへチップを。1人£1〜2程度。とくに世話になったり、迷惑をかけた場合はお礼の意味でもう少しはずもう。

●日本の旅行代理店
　ロンドン市内や近郊への日帰りツアーの他に、ユーロスターを使ってパリといった小旅行も可能。左ページ欄外の日本のツアー会社にも宿泊タイプのコースがある。
★ジャパン・トラベル・センター
Japan Travel Centre
MAP ●切りとり-18、p.114-J
ピカディリー・サーカスのすぐそばにあるので、便利だ。
☎0870-890-0360

カード会社のロンドンサービスオフィス

　ロンドン市内には各クレジットカード会社のサービスオフィスがある。日本人スタッフがカード会員に向けた各種サービスや相談を受け付けている。
●アメリカン・エキスプレス
24時間受付▶☎0800-866-668
●三井住友VISAジャパン・デスク
▶9:00〜17:30、無休
▶☎020-7287-4837
●JCBプラザ・ロンドン
▶9:00〜17:30、土・日曜・祝日休み▶☎020-7491-8004または0800-389-1018
●DCカード・ロンドン・デスク
▶10:00〜18:00、無休
▶☎020-7930-9694
●マスターカード
▶24時間受付
▶☎0800-96-4767
●ダイナース▶☎020-7930-9694
▶9:00〜17:30、無休

とっておき情報

ロンドンの路地裏に精通するウォーキング・ツアー

　観光ポイントをバスでまわるだけでは満足できないという方に、ぜひおすすめしたいのがウォーキングツアー。移動は徒歩や電車。予約は不要で毎日催行。参加者が1人でも案内してくれる。集合場所の地下鉄改札口に行けば即参加でき、参加料金もその場で支払うといういたって簡単なシステム。土地の事情に通じたガイドと一緒に歩けば、ロンドンの街歩きがさらにおもしろくなる。ビートルズゆかりの場所めぐり

やお化けが出そうなパブめぐりなど、ユニークなレギュラーコースが毎日あるので、好きなコースを選んで参加できる。
　英語のガイドでよければ「ロンドン・ウォークス」へ。日本人ガイド希望ならハンプティ・ダンプティー社のウォーキングツアーに参加しよう。問い合わせ先は左ページ欄外参照。
　エディンバラやヨークなど観光の盛んな地方都市でも同じようなツアーがある。

治安とトラブル対策

緊急先リスト

●日本大使館・総領事館（MAP ●切りとり-17、p.116-A）

▶101-104, Piccadilly, London, W1J 7JT ▶大使館☎020-7465-6500 ▶9:30〜13:00、14:00〜18:00、土・日曜、日本とイングランドの祝日休み

▶パスポート関連（領事館）

▶☎020-7465-6565 ▶9:30〜13:30、14:30〜16:30 ▶休館日は大使館と同じ

●エディンバラ総領事部（MAP p.367）▶☎0131-225-4777

●警察

▶緊急通報は「999（トリプル・ナイン）」。救急車、消防車も同じ番号なので、相手が出たら「Police, please」と、警察につないでもらう。

▶直接届ける場合は、最寄りの警察署へ。警察でクレームフォームに記入すると、紛失・盗難届出証明書をくれる。

緊急時にあわてないために 周到な準備と対策を！

　財布をすられたり、パスポートをなくしたり、思わぬ事故にまき込まれたり…と、アクシデントは旅にはつきもの。こうしたトラブルを回避するための賢い安全策を立てるとともに、いざという時に対処するための対策を立てておこう。

持ち物の安全対策

●**貴重品**／帰りの航空券や余分な現金、パスポートなどの貴重品は持ち歩かず、客室の金庫かホテルのフロントにあるセーフティーボックスに預けよう。

●**現金＆カード類**／現金はひとつの財布にまとめず、2、3ヵ所に分散すること。カード類もすべてひとまとめにしておくと、紛失した時にあわてることになる。銀行のキャッシュカードは現金を引き出す時だけ持参するなど、分散化して安全対策を講じておきたい。

●**トラベラーズチェック**／持ち歩くのは、カウンターサイン欄にサインしていない未使用部分のみにして、「購入者控

イギリスの治安

　イギリスは他の欧米諸国と比べれば治安はよく、ヨーロッパ屈指の大都会ロンドンでもパリやローマなどより安全といわれている。しかし、油断は禁物。銃器がらみの凶悪犯罪は少ないが、ボーダーレスが進むにつれてスリやかっぱらい、置き引きなどの被害が増えている。観光客が大勢集まる観光地や混雑したマーケットなどでは、スリに要注意。買い物や食事の時も、持ち物を体から放さないようにしよう。

●**ロンドン**／バーやディスコが集中するソーホーの裏通りは、悪質な客引きが出没するので用心を。キングス・クロス駅周辺とテムズ河の南側のエレファント・キャッスル駅周辺は、最新のクラブなどがあり地元の若者には人気のエリアだが、夜が更けるにつれて危険になる。このエリアの深夜のひとり歩きは絶対に避けること。また、観光地も要注意。スリが多いだけではなく、勝手に写真を撮って法外な値段を請求してくる人や、寄付を強要する人などがいる。こんな時は"NO"と毅然とした態度でことわること。「安いホテルを紹介する」といった呼び込みにも注意をしよう。

●**イングランド各地**／リヴァプールやマンチェスターなど大きな街を除けば、総じて犯罪は少なく、治安は保たれている。が、それでも安心はできない。とくに大きな街ではロンドン並みの警戒心を忘れないようにしよう。

●**スコットランド**／エディンバラは夏のフェスティバルシーズンにスリが多くなるが、他のシーズンは比較的安全。むしろ経済の中心として賑わう、グラスゴーの方が危険。麻薬がらみの事件なども多発している。夜の街歩きは避けた方がよい。

●**ウェールズ**／のんびりとしたエリアで犯罪も少ないが、あまり警戒心をなくさないように。レンタカーの中に荷物を置いたまま放置すれば、盗難にも遭う。

空きビルが並ぶリヴァプールの中華街周辺

ATTENTION

いざという時に備えて、カードや保険会社の緊急連絡先をあらかじめ確認しておくこと。パスポートやクレジットカードのナンバーなどを控えたメモを用意して、つねに携帯して歩こう。

警察官の詰所はあまり目立たないが、街のあちこちにある

緊急時の英会話

財布をすられました。
マイ ウォレット マスト ハヴ ビン テイクン バイ ア ピックポケット
My wallet must have been taken by a pikpocket.

現金とパスポートを盗まれました。
アイ ハヴ ロスト マイ パスポート アンド マネー
I have lost my passport and money.

警察を呼んで下さい。
コール ザ ポリース プリーズ
Call the police, please.

盗難・紛失証明書をください。
メイ アイ ハヴァ セフト リファレンス
May I have a theft reference ?

日本大使館にはどうやって行くのですか？
ハウ キャナイ ゲット ゥ ザ ジャパニーズ エンバシー
How can I get to the Japanese Embassy ?

払い戻しはできますか？
キャナイ ハヴァ リーファンド
Can I have a refund ?

え」はホテルに置いておくこと。使った分のナンバーと金額はその日のうちに記録するようにしておこう。

●**バッグ**／デイパックは便利だが、背後から狙われやすい。目の届かないポケットに財布など貴重品を絶対に入れないこと。また、ブランド物の高級なバッグは、バッグ自体に目をつけられやすい。ひったくりに用心を。食事をする時など、荷物を足元においたり椅子の背にかけるのは、盗まれる恐れがあるので充分注意しよう。

●**その他**／ホテル内での盗難もないとはいえない。貴重品を室内に置きっぱなしにするなど、不用心なことはしないこと。車の中にバッグなどを入れたまま降りるのも、盗んでくれといっているようなもの。絶対やめよう。

盗難・紛失に遭ったら？

●**現金・持ち物**／ホテルで盗難に遭った時は、まずホテルの保安係Securityに連絡し、ホテルから警察に連絡をしてもらおう。駅や空港、地下鉄などの公共機関の場合は、紛失は遺失物取扱係、盗難は保安係にそれぞれ連絡を入れてみよう。現金はまず戻ってこないが、品物なら戻ってくる可能性もある。出てこない時は最寄りの警察署で紛失・盗難証明書を作成してもらうこと。カメラなど携行品を旅行傷害保険の対象にしていれば、後日保険金を受け取ることができる。

ウェスト・エンドの劇場街。クラブやバーも多い

クレジットカード会社の緊急連絡先

クレジットカードには現地で連絡できる緊急窓口がある。いずれも24時間稼働のコレクトコールかフリーダイヤルで、日本語対応。暫定カードを発行する他、緊急キャッシュサービスなどにも応じている。出発前にカード裏面にあるカード発行会社に問い合わせて連絡先を必ず確認しておこう。

被害に遭った時はここに連絡

緊急の時は「999」に連絡を。公衆電話からもコインなしでかけられる。ホテルで被害に遭った時は、ホテルを通して警察に連絡してもらえばよい。外出時にスリなどの被害に遭った時は、最寄りの警察署 Police Station に出向いて盗難、紛失証明書をもらおう。
●チャリング・クロス警察署
▶☎020-7240-1212
●ウェスト・エンド中央警察署
▶☎020-7437-1212

賑やかな街ではスリに注意！

治安とトラブル対策

公園や観光地を受け持つのは、もっぱら彼ら騎馬警官たち

日本からの送金方法とは？

　所持金をなくし、キャッシングもできないといった時には、日本から送金してもらうしかない。郵便局で海外送金用の為替口座を開く手もあるが、これだと電信で3日、普通だと1週間かかる。「パスポート送金」を受け付けてくれる銀行があれば、こちらの方が早い。銀行名や支店名を日本の家族に知らせて送金してもらおう。

●**パスポート**／警察で紛失・盗難証明書を作成してもらい、日本大使館で再発行の手続きをしよう（下の囲み参照）。パスポートは警察の証明書がないと発行してもらえないし、パスポートがないことには帰国できない。

●**トラベラーズチェック**／再発行されるからと安心していると、サインを偽造されて使われてしまう。T／C発行銀行の現地支店または販売代理店に出向き、使用済みのナンバーと金額を控えた「購入時の控えPurchase Agreement」を添えて再発行の手続きをしよう。未使用分が再発行、または現金で払い戻される。

●**クレジットカード**／カード会社の緊急連絡先にただちに連絡を入れ、カードの使用停止処分を。現地の事務所で暫定的なカードを発行してくれる。また、所轄の警察にも届け出て、盗難・紛失の証明書を作成してもらおう。これがないと、不正に使用された時の補償が出ない。

●**航空券**／空席があって再発行に応じてくれることもあるが、それが無理なら買いなおすしかない。警察の盗難・紛失届出証明書と紛失した航空券の控え（番号や発行日のわかるコピーまたはメモ）があれば、帰国後に払い戻しの手続きができる。ただし、格安航空券の再発行や払い戻しは原則として無理。くれぐれも紛失や盗難には注意しよう。

パスポートの再発行

　再発行に必要な書類は、以下の通り。再発行までは通常2〜3週間、急ぎの場合で3〜4日かかる。
(1)一般旅券再発給申請書2通
(2)現地警察発行の盗難・紛失届出証明書
(3)写真（縦4.5cm×横3.5cm）2枚
(4)パスポートのナンバー、発行年月日、発行場所（あらかじめコピーした控えやメモを用意しておくといい）
(5)手数料（現地通貨で16,000円程度）

●臨時に発行される渡航書

　パスポートの再発行では帰国までに間に合わないという時は、「帰国のための渡航書」を発行してくれる。手数料は現地通貨で2,700円程度。申請に必要なものは以下の通り。
(1)渡航書発給申請書　1通
(2)日本国籍を証明する書類（パスポートのコピー、免許証など）1通、
(3)写真2枚に帰国便のチケット
　1〜2日で発行してくれるが、なくしたのが

ピカデリー通りにある日本大使館

日曜で翌日帰国といった場合は間に合わないことになる。また、この渡航書は一時的なものなので、直接日本に帰るためにしか使えない。パスポートは帰国後あらためて申請しなおすことになる。渡航書発行手数料に加えて、航空券の買いなおし、ホテルの延泊料金、さらにパスポート申請費用と、経済的な打撃は大きい。くれぐれもパスポートの紛失・盗難には注意しよう。

健康管理と対策

万全な予防策と対応策でいざという時もあわてず対処しよう！

　旅先では緊張しているせいか意外にケガや病気は少ないが、過密スケジュールで体力を消耗したり、ストレスからくる疲労で体調を崩してしまうこともある。また、思いがけない事故にまき込まれてケガをするといった事態もないとはいえない。スケジュールは体調維持を最優先にゆとりをもって組み立てよう。それでも病気になったり、事故でケガした時は、あわてずに冷静に対処していこう。

もしもの時はどうする？

　イギリスの病院には、NHS（National Health Service）という国民医療保険制度に登録している公立病院の他に私立病院がある。保険料を支払っていない旅行者が利用できるのは私立病院の方。私立病院の中には日本人医師が常駐しているクリニックなどもあるが、公立病院より治療費はかなり高い。保険なしで受ける治療は、緊急時の応急手当て以外はすべて全額自己負担。盲腸の手術で1週間入院しても、手術費と入院費で100万円近くかかり、カードや旅行保険がないと支払い能力の証明や入院保証金が必要になる。

　万一の病気やケガに対する最大の備えは、やはり旅行傷害保険。治療費を補償するだけではなく、キャッシュレスで治療を受けられる病院も紹介してくれる。クレジットカードにセットされた保険も、請求書や診断書があれば治療費は後日請求できるし、日本人医師の緊急医療相談や通訳の派遣など各種サービスがある。病気やケガの場合は、まず保険会社やカード会社の緊急連絡窓口に連絡を入れよう。こうした保険のどれにも加入していない時は、緊急時の日本からの送金方法（左ページ欄外参照）などの対策は立てておきたい。

●薬を買いたい時は？

　薬局pharmacyが街のあちこちにあるので不自由はないが、医薬分業が徹底しているイギリスでは胃薬や風邪薬といった一般的な薬以外は処方せんがないと買えない。持病のある人はあらかじめ薬を持参しよう。

●具合が悪くなった時は？

　ホテルドクターがいるようなら、呼んでもらうのがいちばん手っ取り早い。診断書と領収書をもらえば、後日、保険会社に請求できる。自分で病院に行く時は、保険またはカード会社の緊急連絡先に連絡を入れ、提携病院を紹介してもらおう。立て替え払いができるなら診断書と領収書をもらい、後日請求すれ

緊急時の英会話

医師（救急車）を呼んでください。
プリーズ　コール　ア　ドクタ　アン　アンビュランス
Please call a doctor（an ambulance）

日本語のわかる医師はいますか？
イズ　デアラ　ジャパニーズ　スピーキング　ドクタ
Is there a Japanease speaking doctor？

保険用に診断書と領収書をください。
メイ　アイ　ハヴァ　メディカル　サティフィキト　エン
May I have a medical certificate and
リスィート　フォー　マイ　インシュアランス
receipt for my insurance？

保険会社の緊急相談窓口

　海外旅行の傷害保険にはクレジットカードと同じように、緊急時にサポートしてくれるサービス窓口がある。窓口はすべて24時間受け付け、フリーダイヤル、またはコレクトコール。日本人または日本語で対応する。ケガや病気になったら、即連絡を。保険証書の付属資料で確認しよう。

イギリスの医療費の目安

　私立病院で治療を受けた時の治療費の目安は以下の通り。
●頭痛や腹痛などの初診　£70
●頭痛などで投薬　£70〜90
●入院1日あたり　£300〜
●手術と1週間入院　£5,000〜

日本語の通じる病院

●ジャパン・グリーン・メディカル・センター
Japan Green Medical Centre
▶☎020-7253-2323
▶内科・外科など一般診療（午後は要予約）
●ロンドン医療センター
London Medical Centre
▶☎020-8202-7272
▶内科・外科などの一般診療（要予約）
●日本クラブ・メディカル・クリニック（北診療所）
Nippon Club Medical Clinic（North）
▶☎020-7266-1121（要予約）
●バービカン・ヘルス
Barbican Health
▶☎020-7638-5008（要予約）
▶内科・婦人科の一般診療

ATTENTION

海外で病気やケガをすると、膨大な治療費がかかる。
いざという時、やはり頼りになるのは旅行傷害保険。
現地の緊急連絡先を必ず事前にチェックしておきたい。
困った時こそ、保険が提供するサービスをフルに活用しよう。

英文の診断書の作成

　短期用（3ヵ月）、長期用（1年間）の英文の診断書の作成の他に、緊急時の相談サービスもある。※いずれも有料
★オブベースメディカ
▶ ☎03-5414-7100
▶ http://www.obm-med.co.jp

病状とケガの英会話＆単語

具合がとても悪い。	I'm very sick.
吐き気がします。	I feel nauseous.
息が苦しい。	I'm having trouble breathing.
下痢をしています。	I have diarrhea.
やけどをしました。	I burnt myself.

内科／Internal Medicine	外科／Surgery
婦人科／Gynecology	鎮痛剤／Painkiller
解熱剤／Antipyretic	胃腸薬／Stomach Medicine
風邪薬／Cold Medicine	かゆみ止め／Ointment for Itching

ばいい。治療費が高額で払えないような時は、保険会社に相談を。現地のアシスタンスサービスが病院との交渉や支払いなどの面倒をみてくれる。

●自分で病院に行けない時は？

　保険会社に連絡を入れ、現地アシスタントの派遣などを要請する。交通事故などで緊急を要する時は、同行者やまわりにいる人に救急車を呼んでもらおう。救急車を呼ぶ時は、警察と同様「999」にダイヤル。「Ambulance, please」といえば、救急医療につないでくれる。

　救急車で運ばれる先はNHS加入者のための公立病院だが、救急に限りNHS加入者以外も治療を受けることができる。ただし、救急車は無料だが、応急手当て以外は自己負担になるので、この時もできるだけ早く保険会社の緊急連絡窓口に連絡すること。保険会社の提携病院との連絡など、支援をしてくれる。

健康記録カード

　持病のある人は、病状の悪化といった事態にそなえて以下のようなカードを準備しておこう。ただし重い病気をしたような人は医師の診断書（英文）を用意した方が安心。

> NAME／（名）　　　　　　　　　　（姓）
>
> AGE（年齢）　　　SEX（性別）□ Male（男）□ Female（女）
>
> RELIGION（宗教）□ Buddist（仏教）□ Christian　□ Other
>
> BLOOD TYPE（血液型）
>
> ●注意事項
>
> □ Medicine Taking（　　　　　）／（　　　）を服用している。
>
> □ I'm allergic to（　　　　　　）／（　　　）にアレルギーがある。
>
> □ Please do not use antibiotic medicine.
>
> 　抗生物質は使わないでください。
>
> ●持病Chronic Diseases
>
> □ stomach problem 胃腸病　　□ inflammation of gallbladder 胆のう炎
>
> □ kidney problem 腎臓の病気　□ liver problem 肝臓の病気
>
> □ heart problem 心臓の病気　□ diabetes 糖尿病
>
> □ anemia 貧血症　　□ high blood pressure 高血圧
>
> □ asthma ぜんそく　□ bronchitis 気管支炎

London ロンドン

ロンドン市内の交通

地下鉄 120

バス 124

タクシー 126

エリア・ガイド

エリア1 ロンドン塔〜サザーク 128

エリア2 ピカディリー・サーカス〜
コヴェント・ガーデン 134

エリア3 バッキンガム宮殿〜ランベス 140

エリア4 ロンドン中心部 その他の見どころ 144

ロンドン近郊の街

グリニッジ 148

リッチモンド 150

ウィンブルドン 153

ウィンザー 154

博物館＆美術館

大英博物館 156

ヴィクトリア＆アルバート博物館 158

その他の博物館・美術館 159

レストラン・ガイド 166

ショップ・ガイド 176

ホテル・ガイド

デラックス 180

スーペリア 181

スタンダード 183

エコノミー 187

ハムステッドへ

キルバーン・ハイ・ロード駅
Kilburn High Rd. Sta.

リージェンツ運河
Regent's Canal

正面入口

ロンドン動物園
London Zoo

クイーンズ・パーク駅
Queen's Park Sta.

キルバーン・パーク駅
Kilburn Park Sta.

セント・ジョンズ・ウッド
St. John's Wood

セント・ジョンズ・ウッド駅
St. John's Wood Sta.

リージェンツ・パーク p.146
Regent's Park

メイダ・ベイル駅
Maida Vale Sta.

p.164 オープン・エア・シアター（劇場）
ボーティング・レイク
Boating Lake
クイーン・メアリーズ・ガーデン
Queen Mary's Garden

パディントン・リクリエーション・グラウンド・
Paddington Recreation Ground

アビー・ロード
Abbey Road

ロードズ・クリケット・グラウンド
Lord's Cricket Ground

クリケット記念博物館・
Cricket Memorial Gallery

p.184 リージェンツ・カレッジ p.145
Regent's College
マダム・タッソーろう人形
Madame Tussau

メイダ・ベイル
Maida Vale

Maida Vale

A

p.146 シャーロック・ホームズ博物館
Sherlock Holmes Museum

p.179 アルフィーズ S
アンティーク・マーケット
マリルボーン駅
Marylebone Sta.

Harrow Rd.

ウォーウィック・アヴェニュー駅
Warwick Ave. Sta.

エッジウェア・ロード駅
Edgware Rd. Sta.

ベーカー・ストリート駅
Baker St. Sta.

ウェストウェイ Westway

p.47 リトル・ヴェニス
Little Venice

p.185 ヒルトン・ロンドン・メトロポール

メリルボーン駅
Marylebone Sta.

ランドマーク・
ロンドン p.182

ウェスト・ボーン・パーク駅
Westbourne Park Sta.

パディントン駅
Paddington Sta.

パディントン
Paddington

エッジウェア・ロード駅
Edgware Rd. Sta.

p.182 シャーロック・ホームズ

Baker St.

ラドブローク・グローヴ駅
Ladbroke Grove Sta.

ポートベロー・マーケット p.175
p.145 ウェストボーン・グローヴ
Westbourne Grove

ロイヤル・オーク駅
Royal Oak Sta.

パディントン駅
Paddington Sta.

パディントル駅
Paddington Sta.

セント・メアリーズ病院
St. Mary's Hosp.

p.184 ハイアット・リージェンシー・
ザ・チャーチル
The Churchill

p.183 ミントカム・
ホテル・ニッコー

p.186 カンバーランド

H ロンドン・マリオット・
マーブル・アーチ p.185

ベイズウォーター
Bayswater

p.145

S ガーデン
ブックス

S ポール・スミス p.177
（ウェストボーン・ハウス）

p.166
ヴェロニカ
ベイズウォーター駅
Bayswater Sta.

ランカスター・ゲート駅
Lancaster Gate Sta.

p.187 セントラル・パーク

p.187 ゼンスル・マーブル・アーチ

マーブル・アーチ駅
Marble Arch Sta.

p.186 モスティン

104
ノッティング・ヒル
Notting Hill

ノッティング・ヒル・ゲート駅
Notting Hill Gate Sta.

Portobello Rd.

p.171 ロイヤル・チャイナ H

クイーンズウェイ駅
Queensway Sta.

ハイド・パーク p.187

p.181 ゼンスル・ハイド・パーク

ハイド・パーク
Hyde Park

メイフェア
Mayfair

p.167 ギールズ R

ホランド・パーク駅
Holland Park Sta.

p.145 ケンジントン・ガーデンズ p.145
Kensington Gardens

The Serpentine
サーペンタイン池

p.184 ミレニアム・
ナイツブリッジ

アーリング・
ブロードウェイへ

ケンジントン宮殿 p.145
Kensington Palace

Round Pond
ラウンド・ポンド

サーペンタイン・ギャラリー p.163
Serpentine Gallery

p.182 フォレスト・パーク・タワー

p.181 マンダリン・オリエンタル H

ホランド・パーク p.25
Holland Park

クィーンズ・エリザベス・カレッジ
Queen Elizabeth College

p.183 ゼンスル・ケンジントン・パーク

アルバート記念碑
Albert Memorial

ケンジントン・ロード
Kensington Rd.

ハイド・パーク・ロンドン

コモンウェルス・インスティテュート
Commonwealth Institute

ハイ・ストリート・ケンジントン駅
High St. Kensington Sta.

p.182 ロイヤル・アルバート・
ホール p.164
Royal Albert Hall

p.178 バジル・ストリート
Basil Street

p.178
ハロッズ
Harrods

ナイツ・
ブリッジ駅

ナイツブリッジ
ケンジントン・オリンピア駅
Kensington Olympia Sta.

p.182 カプソーン・タラ H

インペリアル・コレッジ・オブ・サイエンス
Imperial Coll. of Science
& Technology

p.170 バーンティ H

p.186 カドガン H

カールトン・
タワー

ケンジントン
p.187
Kensington

p.145

科学博物館
Science Museum

p.185 ボーフォート

R オ・ファド p.169

リッチモンド、
ヒースロー空港へ

p.162 自然史博物館
Natural History Museum

p.186 レンブラント H

ヴィクトリア＆アルバート博物館 p.156
Victoria & Albert Museum

ウェスト・ケンジントン駅
West Kensington Sta.

Cromwell Rd.

R スーゴ p.160

p.178 ルルギネス H

ベルグレーヴィア
Belgravia

アールズ・
Earl's

グロースター・ロード駅
Gloucester Rd. Sta.

p.187 インターナショナルへ

アンバサダーズ p.186

サウス・ケンジントン駅
South Kensington Sta.

p.167 ビベンダム R
オイスター・バー

ナンバー16
p.183

p.177 ジョセフ R

スローン・スクエア駅
Sloane Sq. Sta.

p.178 パトリシア・
コックス

court

Old Brompton Rd.

p.170 ロイヤル・マースデン病院
Royal Marsden Hosp.

チェルシー
Chelsea

p.144

アールズ・
コート駅
Earl's Court Sta.

ホテル167 p.188

R ブレイクス p.183

ロイヤル・ホスピタル
Royal Hosp.

ウェスト・
West

サウス・ケンジントン
South Kensington

p.169 マイ・オールド・ダッチ

チェルシー・ガーデナー

ブロンプトン駅
Brompton Sta.

Fulham Rd.

チェルシー大学校
Chelsea College

p.163 陸軍博物館
Nat'l Army Museum

ウィンブルドンへ

ブロンプトン墓地
Brompton Cemetery

チェルシー＆ウェストミンスター病院
Chelsea & Westminster Hosp.

p.179 セインズベリーズ・チェルシー・
ブルーバード

p.144 カーライルの家
Carlyle's House

p.144 チェルシー・フィジック・
ガーデン
Chelsea Physic
Garden

R カンティーンへ

C   D Epping

High Barnet
Totteridge & Whetstone
Mill Hill East
Woodside Park
West Finchley
Finchley Central
East Finchley
Highgate
Archway
Hampstead Heath
Gospel Oak
Park
Kentish
Town
West
halk Farm

Cockfosters
Oakwood
Southgate
Arnos Grove
Bounds Green
Wood Green
Turnpike Lane
Manor House

Theydon Bois
Debden
Loughton
Roding
Valley
Chigwell
Buckhurst Hill
Woodford
Grange Hill
Hainault
Fairlop
Barkingside
Newbury Park

Tottenham
Hale
Seven
Sisters
Blackhorse
Road
Walthamstow
Central
South Woodford

Tufnell Park
Arsenal
Finsbury Park
Kentish
Town
Holloway Road
Caledonian Road
Camden Road
Drayton
Park
Caledonian
Road &
Barnsbury
Highbury & Islington
Redbridge
Snaresbrook
Wanstead
Gants Hill
Leytonstone
Upminster
Upminster Bridge
Hornchurch
Elm Park
Dagenham East
Dagenham Heathway
Becontree
Upney

カムデン・タウン
Camden Town
Mornington
Crescent
エンジェル
King's Cross
St. Pancras キングス・クロス
セント・パンクラス
Essex Road
Canonbury
Dalston
Kingsland
Hackney
Central
Hackney
Wick
Homerton
Stratford
Leyton

ユーストン
Euston
Angel
オールド・ストリート
Old Street
Warren
Street
Euston
Square
Farringdon
バービカン
Barbican
リヴァプール・ストリート
Liverpool Street
Bethnal
Green
Mile
End
Bow Road
Pudding
Mill Lane
Bromley-
by-Bow
West Ham
Barking
East Ham
Upton Park
Plaistow

ナム・ロード
tenham
rt Road
Goodge
Street
ラッセル
スクエア
Russell
Square
Moorgate
Shoreditch
ショーディッチ
Stepney
Green
Devons
Road
Bow
Church

ホーボーン
Holborn
Chancery
Lane
セント・ポールズ
St.Paul's
Aldgate
East
Whitechapel
All Saints
Poplar
East
India
Canning Town

コヴェント・ガーデン
Covent Garden
レスター・スクエア
Leicester
Square
バンク
Bank
City
Thameslink
Cannon
Street
Aldgate
Limehouse
Shadwell Westferry
Blackwall
Royal Victoria
Prince Regent
Royal Albert
Beckton Park
Cyprus

チャリング・クロス
Charing
Cross
Blackfriars
タワー・ Tower
ヒル Hill
Monument
Tower
Gateway
West India
Quay
Wapping
Custom
House
Gallions
Reach

Temple
テンプル
Mansion
House
River Thames
Rotherhithe
Silvertown
& London
City Airport
Beckton

minster
Embankment
バーモンジー
Bermondsey
Canada Water
Surrey Quays
Canary Wharf
Heron Quays
South Quay
Crossharbour &
London Arena
Mudchute
Island
Gardens
North
Greenwich
North Woolwich

aterloo
ウォーター・ルー
Southwark
サザーク
London Bridge
ロンドン・ブリッジ
カティ・サーク
Cutty Sark
Greenwich グリニッジ

Lambeth
North
Borough
New Cross Gate
New Cross
Deptford Bridge
Elverson Rd
Lewisham

Elephant
& Castle
Kennington
Oval
Brixton

●路線名

C

カムデン・タウン♪ カムデン・タウン p.146、
カムデン・タウン ハムステッド p.147へ
p.146へ

イズリ
Isli

リージェンツ・パーク・バラック
Regent's Park Barracks

南入口

リージェンツ・パーク
Regent's Park

モーニントン・クレッセント駅
Mornington Crescent Sta.

エンジェル駅
Angel Sta.

カムデン・パッセージ

キングズ・クロス駅
King's Cross Sta.

フィンズベリー
Finsbury

セント・パンクラス駅
St. Pancras Sta.

キングズ・クロス・セント・パンクラス駅
King's Cross St. Pancras Sta.

サドラーズ・ウェルズ
（劇場）p.165

ユーストン駅
Euston Sta.

大英図書館
British Library

P.114-115

グレート・ポートランド・ストリート駅
Great Portland St. Sta.

ロイヤル・
フリー病院
Royal Free Hosp.

ユーストン・スクエア駅
Euston Sq. Sta.

ウォーレン・ストリート駅
Warren St. Sta.

コーラムズ・フィールズ
Coram's Fields

Eastman Dental
Hospital

イーストマン・デンタル・ホスピタル

マウント・プレザント郵便局
Mount Pleasant Soritng Office

マリルボーン
Marylebone

リージェンツ・パーク駅
Regent's Park Sta.

ユニバシティ・カレッジ
University College

ブルームズベリー
Bloomsbury

ディケンズの家
Dickens House

グッジ・ストリート駅
Goodge St. Sta.

ロンドン大学
University of London

ラッセル・スクエア駅
Russell Sq. Sta.

ラッセル・スクエア
Russell Sq.

グレイズ・イン
Gray's Inn

ファリンドン駅
Farrington Sta.

バービカン駅
Barbican Sta.

ウォレス・コレクション p.161
Wallace Collection

大英博物館
British Museum

スミスフィールド・セントラル・マーケット
Smithfield Central Market

ロンドン
Museu
Lo

ボンド・ストリート駅
Bond St. Sta.

トッテナム・コート・ロード駅
Tottenham Court Rd. Sta.

ホーボーン駅
Holborn Sta.

チャンスリー・レーン駅
Chancery Lane Sta.

シティ・テムズリンク駅
City Thameslink Sta.

リンカーンズ・イン・フィールズ
Lincoln's Inn Fields

ホーボーン
Holborn

オックスフォード・サーカス駅
Oxford Circus Sta.

コヴェント・ガーデン駅
Covent Garden Sta.

王立裁判所
Royal Courts of Justice

テンプル
The Temple

セント・ポールズ
St. Paul's Cat

セルフリッジ p.178

ソーホー
Soho

チャイナ・タウン
China Town

レスター・スクエア駅
Leicester Sq. Sta.

ロイヤル・オペラ・ハウス
Royal Opera House

コヴェント・ガーデン
Covent Garden

ブラックフライアーズ駅
Blackfriars Sta.

グロヴナー・スクエア
Grosvenor Sq.

ピカディリー・サーカス
Piccadilly Circus

ピカディリー・サーカス駅
Piccadilly Circus Sta.

サマセット・ハウス
Somerset House

コートールド・ギャラリー
Courtauld
Institute Gallaries

ギルバート・コレクション
Gilbert Collection

テート・モダン
Tate Moder

ロイヤル・アカデミー
Royal Academy of Arts

ナショナル・ギャラリー
National Gallery

チャリング・クロス駅
Charing Cross Sta.

トラファルガー・スクエア
Trafalgar Sq.

エンバンクメント駅

国立劇場
Nat'l Theatre

ブラックフライアーズ・ブリッジ
Blackfriars Br.

ザ・ミレニアム・ブリッジ
The Millennium Bridge

p.1

グリーン・パーク駅
Green Park Sta.

バンケティング・ハウス
Banqueting House

ホース・ガーズ
Horse Guards

BA ロンドン・アイ
BA London Eye

ジュビリー・ガーデンズ
Jubilee Gardens

ロイヤル・フェスティバル・ホール
Royal Festival Hall

ウェリントン博物館
Welington
Museum

セント・ジェームズ宮殿
St. James's Palace

グリーン・パーク
Green Park

セント・ジェームズ・パーク
St. James's Park

ウォータールー駅
Waterloo Sta.

ヴォータール－駅
Waterloo East Sta.

サザーク駅
Southwark Sta.

ハイド・パーク・コーナー駅
Hyde Park Corner Sta.

バッキンガム宮殿
Buckingham Palace

ロンドン水族館
London Aquarium

カウンティ・ホール
County Hall

ウェストミンスター駅
Westminster Sta.

旧ロンドン市庁舎
Former County Hall

ベルグレーヴ・スクエア
Belgrave Sq.

クイーンズ・ギャラリー
Queen's Gallery

セント・ジェームズ・パーク駅
St. James's Park Sta.

ビッグ・ベン
Big Ben

国会議事堂
Houses of
Parliament

セント・トーマス病院
St. Thomas's Hosp.

ランベス・ノース駅
Lambeth North Sta.

王立厩舎
Royal Mews

ウェストミンスター寺院
Westminster Abbey

大主教公園
Archbishop's
Park

ヴィクトリア・コーチ・ステーション
Victoria Coach Sta.

ヴィクトリア駅
Victoria Sta.

ウェストミンスター大聖堂
Westminster Cathedral

ウェストミンスター
Westminster

ランベス宮殿
Lambeth Palace

帝国戦争博物館 p.163
Imperial War
Museum

グリーン・ライン・コーチ・ステーション
Green Line Coach Sta.

ピンリコ
Pimlico

テート・ブリテン
Tate Britain

ランベス
Lambeth

ケニントン駅
Kennington Sta.

チェルシー・バラック
Chelsea Barracks

ピンリコ駅
Pimlico Sta.

P.116-117

ヴォクソール橋
Vauxhall Br.

ヴォクソール駅
Vauxhall Sta.

テムズ河

レイノロー・パーク
Ranelagh Park

ヴォクソール駅
Vauxhall Sta.

チェルシー橋
Chelsea Br.

オーヴァル
The Oval

ケニントン・パーク
Kennington Park

ヴォクソール・パーク
Vauxhall Park

オーヴァル駅
Oval Sta.

バターシー・パークへ

ントン
gton
（マーケット p.146,175）

ショーディッチ・パーク
Shoreditch Park

ハガーストン・パーク
Haggerston Park

ホクストン
Hoxton

ジェフリー博物館
Geffrye Museum

ケンブリッジ・ヒース駅
Cambridge Heath Sta.

p.163 ベスナル・グリーン子供博物館
Bethnal Green Museum of Childhood

ショーディッチ
Shoreditch

フラワー・マーケット

R リアル・グリーク p.169

ベスナル・グリーン
Bethnal Green

オールド・ストリート駅
Old St. Sta.

ベスナル・グリーン駅
Bethnal Green Sta.

ショーディッチ駅
Shoreditch Sta.

ブリック・レーン・マーケット

ホワイトチャペル駅
Whitechapel Sta.

バービカン・センター
Barbican Centre

S スピタル・フィールズ・マーケット
Spitalfields Market

ロンドン病院
The Royal London Hosp.

物館
on

モーゲート駅
Moorgate Sta.

リヴァプール・ストリート駅
Liverpool St. Sta.

ギルドホール・ギャラリー
Guildhall Gallery

シティ
City

スピタルフィールズ
Spitalfields

ホワイトチャペル
Whitechapel

聖堂
dral

ギルド・ホール
Guild Hall

p.188 トラベロッジ・ロンドン・
リヴァプール・ストリート

セント・ポールズ駅
St. Paul's Sta.

イングランド銀行
Bank of England

旧王立取引所
Royal Exchange

オルドゲート駅
Aldgate Sta.

オルドゲート・イースト駅
Aldgate East Sta.

Commercial Rd.

バンク駅
Bank Sta.

フェンチャーチ・ストリート駅
Fenchurch St. Sta.

モニュメント駅
Monument Sta.

ドッグランズ・ライト鉄道

シャドウェル駅
Shadwell Sta.

グリニッジへ

ンションハウス駅
sion House Sta.

キャノン・ストリート駅
Cannon St. Sta.

タワー・ゲートウェイ駅
Tower Gateway Sta.

The Highway

106

ーク橋
Southwark Br.

タワー・ヒル駅
Tower Hill Sta.

ロンドン塔
Tower of London

ワッピング・スポーツ・センター
Wapping Sports Center

ワッピング駅
Wapping Sta.

ヴィノポリス
Vinopolis

サザーク大聖堂
Southwark Cathedral

タワー・ブリッジ
Tower Bridge

ブラマ紅茶＆
ーヒー博物館

ロンドン・ブリッジ駅
London Bridge Sta.

バトラーズ・ワーフ
Butlers Wharf

デザイン博物館
Design Museum

ロザハイス駅
Rotherhithe Sta.

サザーク
outhwark

ガイ病院
Guy's Hosp.

P.112-113

バラ駅
Borough Sta.

ロザハイス
Rotherhithe

ニュー・クロスへ

・バンク大学
h Bank University

タバード・ガーデン
Tabard Garden

ファッション＆
テキスタイル博物館

バーモンジー駅
Bermondsey Sta.

ァント＆キャッスル駅
nt & Castle Sta.

バーモンジー・アンティーク・マーケット
Bermondsey Antique Market

サザーク・パーク
Southwark Park

エレファント＆キャッスル駅
Elephant & Castle Sta.

バーモンジー
Bermondsey

Southwark Park Rd.

ウォルワース
Walworth

サウス・バーモンジー駅
South Bermondsey Sta.

バージェス・パーク
Burgess Park

グリニッジ・パークへ

ロンドン地下鉄路線図

107

●各ゾーンについて

	Station outside the zones／ゾーン外の駅
6	Station in Zone 6／ゾーン6の駅
5	Station in Zone 5／ゾーン5の駅
4	Station in Zone 4／ゾーン4の駅
	Station in both zones／ふたつのゾーンにまたがる駅
3	Station in Zone 3／ゾーン3の駅
2	Station in Zone 2／ゾーン2の駅
	Station in both zones／ふたつのゾーンにまたがる駅
1	Station in Zone 1／ゾーン1の駅

Day Travelcard Zone 1-4 £5.70

A
A3 Acton Central
A3 Acton Town
C3 Aldgate
C3 Aldgate East
D3 All Saints
A2 Alperton
A1 Amersham
C2 Angel エンジェル
C1 Archway
A1 Arnos Grove
C1 Arsenal

B B2 Baker Street ベーカー・ストリート
B4 Balham
C3 Bank バンク
C2 Barbican バービカン
D2 Barking
D1 Barkingside
B3 Barons Court
B2 Bayswater ベイスウォーター
D2 Becontree
D3 Beckton
D3 Beckton Park
B1 Belsize Park
C3 Bermondsey バーモンジー
C2 Bethnal Green
C3 Blackfriars ブラックフライアーズ
C1 Blackhorse Road
D3 Blackwall
B2 Bond Street ボンド・ストリート
C3 Borough バラ
A3 Boston Manor
C1 Bounds Green
D2 Bow Church
D2 Bow Road
B1 Brent Cross
B4 Brixton
D2 Bromley-by-Bow
B2 Brondesbury
B2 Brondesbury Park
D1 Buckhurst Hill
B1 Burnt Oak

C C2 Caledonian Road
C2 Caledonian Road & Barnsbury
C2 Camden Road
C2 Camden Town カムデン・タウン
C3 Canada Water
D3 Canary Wharf カナリー・ワーフ
C3 Canning Town
C3 Cannon Street
C2 Canonbury
B1 Canons Park
A1 Chalfont & Latimer
B1 Chalk Farm
C2 Chancery Lane
B3 Charing Cross チャリング・クロス
A1 Chesham
D1 Chigwell
A3 Chiswick Park
A1 Chorleywood
C3 City Thameslink シティ・テムズリンク
B4 Clapham Common
B4 Clapham North
B4 Clapham South
C1 Cockfosters
B1 Colindale
B4 Colliers Wood
C3 Covent Garden コヴェント・ガーデン
D3 Crossharbour & London Arena
A1 Croxley
D3 Custom House
D4 Cutty Sark カティ・サーク
D3 Cyprus

D D2 Dagenham East
D2 Dagenham Heathway
C2 Dalston Kingsland
D1 Debden
D2 Devons Road
B1 Dollis Hill
D4 Deptford Bridge
D2 Drayton Park

E A2 Ealing Broadway
A3 Ealing Common

B3 Earl's Court アールズ・コート
A2 East Acton
A1 Eastcote
C1 East Finchley
D2 East Ham
D3 East India
B4 East Putney
B1 Edgware エッジウェア
B2 Edgware Road
C4 Elephant & Castle エレファント&キャッスル
D2 Elm Park
D4 Elverson Road
C3 Embankment エンバンクメント
D1 Epping
C2 Essex Road
D1 Euston ユーストン
C2 Euston Square

F D1 Fairlop
C2 Farringdon
C1 Finchley Central
B1 Finchley Road
B1 Finchley Road & Frognal
C1 Finsbury Park
B3 Fulham Broadway

G D3 Gallions Reach
D2 Gants Hill
B3 Gloucester Road グロスター・ロード
B1 Golders Green
A3 Goldhawk Road
B2 Goodge Street
B1 Gospel Oak
D1 Grange Hill
B2 Great Portland Street
A2 Greenford
B3 Green Park グリーン・パーク
D4 Greenwich グリニッジ
A3 Gunnersbury

H C2 Hackney Central
D2 Hackney Wick
D1 Hainault
A3 Hammersmith
B1 Hampstead ハムステッド
B1 Hampstead Heath
A2 Hanger Lane
A1 Harrow & Wealdstone
A1 Harrow-on-the-Hill
A3 Hatton Cross
A3 Heathrow Terminals 1,2,3 ヒースロー・ターミナル
A3 Heathrow Terminal 4
B1 Hendon Central
D3 Heron Quays
C1 High Barnet
C2 Highbury & Islington
C1 Highgate
B3 High Street Kensington ハイ・ストリート・ケンジントン
A1 Hillingdon
C2 Holborn ホーボーン
B2 Holland Park
C1 Holloway Road
D2 Homerton
D2 Hornchurch
A3 Hounslow Central
A3 Hounslow East
A3 Hounslow West
B3 Hyde Park Corner ハイド・パーク・コーナー

I A1 Ickenham
D3 Island Gardens

K B4 Kennington
B2 Kensal Green
B2 Kensal Rise
B3 Kensington(Olympia) ケンジントン(オリンピア)
C1 Kentish Town
C1 Kentish Town West
A1 Kenton
A3 Kew Gardens キュー・ガーデンズ
B1 Kilburn
B2 Kilburn Park
B1 Kingsbury
C2 King's Cross St. Pancras キングス・クロス セント・パンクラス

B3 Knightsbridge ナイツブリッジ

L B2 Ladbroke Grove
C3 Lambeth North
B2 Lancaster Gate ランカスター・ゲート
A2 Latimer Road
B3 Leicester Square レスター・スクエア
D2 Leyton
D2 Leytonstone
D4 Lewisham
D3 Limehouse
C2 Liverpool Street リヴァプール・ストリート
C3 London Bridge ロンドン・ブリッジ
D1 Loughton

M B2 Maida Vale
C1 Manor House
C3 Mansion House マンション・ハウス
B2 Marble Arch マーブル・アーチ
B2 Marylebone マリルボーン
D2 Mile End
C1 Mill Hill East
C3 Monument モニュメント
C2 Moorgate モーゲート
A1 Moor Park
B4 Morden
C2 Mornington Crescent
D3 Mudchute

N B1 Neasden
D1 Newbury Park
C4 New Cross
C4 New Cross Gate
A2 North Acton
A2 North Ealing
A3 Northfields
D3 North Greenwich
A1 North Harrow
A2 Northolt
A1 North Wembley
D3 North Woolwich
A1 Northwick Park
A1 Northwood
A1 Northwood Hills
B2 Notting Hill Gate ノッティング・ヒル・ゲート

O C1 Oakwood
C2 Old Street オールド・ストリート
B3 Olympia(Kensington)
A3 Osterley
B4 Oval
B2 Oxford Circus オックスフォード・サーカス

P B2 Paddington パディントン
A2 Park Royal
B3 Parsons Green
A2 Perivale
B3 Piccadilly Circus ピカデリー・サーカス
B3 Pimlico ピムリコ
A1 Pinner
D2 Plaistow
D3 Poplar
B1 Preston Road
D3 Prince Regent
D2 Pudding Mill Lane
B4 Putney Bridge

Q B1 Queensbury
B2 Queen's Park
B2 Queensway クイーンズウェイ

R A3 Ravenscourt Park
A1 Rayners Lane
D1 Redbridge
B2 Regent's Park リージェンツ・パーク
A4 Richmond リッチモンド
A1 Rickmansworth
D1 Roding Valley
C3 Rotherhithe
D3 Royal Albert
B2 Royal Oak
D3 Royal Victoria
A1 Ruislip
A1 Ruislip Gardens
A1 Ruislip Manor
C2 Russell Square ラッセル・スクエア

S B3 St.James's Park セント・ジェームズ・パーク

B2 St.John's Wood
C3 St.Paul's セント・ポールズ
C1 Seven Sisters
C3 Shadwell
B2 Shepherd's Bush (Central)
B3 Shepherd's Bush (H&C)
C2 Shoreditch ショーディッチ
D3 Silvertown & London City Airport
B3 Sloane Square スローン・スクエア
D1 Snaresbrook
A3 South Acton
A3 South Ealing
B4 Southfields サウスフィールズ
C1 Southgate
A1 South Harrow
B3 South Kensington サウス・ケンジントン
C1 South Kenton
D3 South Quay
A1 South Ruislip
C3 Southwark サザーク
B4 South Wimbledon
D1 South Woodford
A3 Stamford Brook
B1 Stanmore
D2 Stepney Green
B4 Stockwell
A2 Stonebridge Park
D2 Stratford
A2 Sudbury Hill
A2 Sudbury Town
C3 Surrey Quays
B2 Swiss Cottage

T C3 Temple テンプル
D1 Theydon Bois
B4 Tooting Bec
B4 Tooting Broadway
B2 Tottenham Court Road トッテナム・コート・ロード
C1 Tottenham Hale
C1 Totteridge & Whetstone
C3 Tower Gateway
C3 Tower Hill タワー・ヒル
A3 Tufnell Park
A3 Turnham Green
C1 Turnpike Lane

U D2 Upminster
D2 Upminster Bridge
D2 Upney
D2 Upton Park
A1 Uxbridge

V B4 Vauxhall
B3 Victoria ヴィクトリア

W D3 Walthamstow Central
D2 Wanstead
C3 Wapping
B2 Warren Street
B2 Warwick Avenue
B3 Waterloo ウォータールー
A1 Watford
A2 Wembley Central
B1 Wembley Park
A2 West Acton
B2 Westbourne Park
B3 West Brompton
D3 Westferry
C1 West Finchley
D2 West Ham
B2 West Hampstead
A1 West Harrow
D3 West India Quay
B3 West Kensington
B3 Westminster ウェストミンスター
A1 West Ruislip
C2 Whitechapel ホワイト・チャペル
A2 White City
B1 Willesden Green
A2 Willesden Junction
B4 Wimbledon ウィンブルドン
B4 Wimbledon Park
D1 Woodford
C1 Wood Green
C1 Woodside Park

ロンドン 街の概観

歩くほどに、見るほどに、ロンドンは楽しい

ローマ人たちに「ロンディウム」と呼ばれた時代から現代まで、ロンドンという都市は世界有数の歴史を誇る、イギリスの中ではダントツの大都会だ。しかし、周辺に広がる住宅地を含めたグレーター・ロンドンは広大でも、長い歴史を刻む中心部だけならさほど広くはない。街歩きには地下鉄やバスが便利。道路は渋滞気味なので、タクシーより確実に移動できる。

AREA 2　　　　　p.134-139

もっとも繁華なエリア
ピカディリー・サーカス ～コヴェント・ガーデン

劇場やショップが並ぶコヴェント・ガーデン、カフェやレストランがひしめくソーホー、トップクラスのおしゃれを楽しむメイフェア界隈と、ロンドンでもとびきり賑やかな街が並んでいる。北側は、大英博物館やロンドン大学が並ぶ文教地区とテレコム・タワーがそびえるオフィス街。高級からスタンダードクラスまでホテルの数も多い。

●ロンドン市内の観光案内所

ロンドン市内にはいくつも観光案内所があり、市内観光の相談や各種観光情報の提供、ツアーやチケット、ホテルの予約などに応じている（p.123参照）。また各案内所のオープン時間など詳細は、各エリアの冒頭で紹介しているので参照。

観光客で賑わうトラファルガー・スクエア
広場の南側にビッグ・ベンが見える

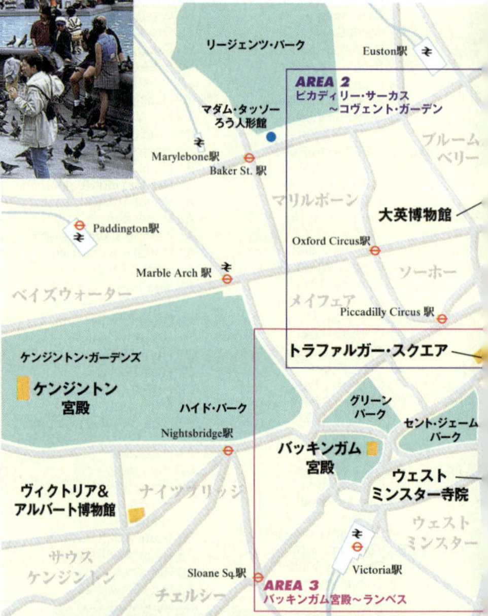

リージェンツ・パーク　Euston駅

AREA 2
ピカディリー・サーカス
～コヴェント・ガーデン

マダム・タッソー
ろう人形館　　　　　　ブルームベリー

Marylebone駅
Baker St. 駅

マリルボーン　　大英博物館

Paddington駅

Oxford Circus駅

Marble Arch 駅　　ソーホー

ベイズウォーター　　メイフェア　Piccadilly Circus 駅

ケンジントン・ガーデンズ

トラファルガー・スクエア

ケンジントン宮殿　　ハイド・パーク　　グリーン・パーク　セント・ジェームズ・パーク

Nightsbridge駅　　　バッキンガム宮殿　　ウェストミンスター寺院

ヴィクトリア＆アルバート博物館　ナイツブリッジ　　　　　ウェストミンスター

サウスケンジントン　　Sloane Sq駅　　Victoria駅

チェルシー　　AREA 3
バッキンガム宮殿～ランベス

AREA 3　　　　　p.140-143

観光スポットが集中
バッキンガム宮殿 ～ランベス

シティ界隈の重厚さとは対照的に公園の緑に彩られた華やかなムードが漂う。テムズ河と平行する大通り一帯はロンドンの官庁街。一方、鉄道ヴィクトリア駅の南側は静かな住宅街の中に数多くのエコノミーなB＆Bが点在している。さらに、テムズの対岸には、2000年のミレニアムを記念して作られたロンドンの新しいシンボル、大観覧車ロンドン・アイがそびえ立ち、テムズ河に沿ってコンサートホールや劇場などがサザークに向かって続いている。

ロンドンの最新名所がテムズ河畔にそびえる大観覧車ロンドン・アイ

バッキンガムの衛兵パレード

対岸から望むセント・ポールズ大聖堂

AREA 1　p.128-133

重厚な歴史を刻む
ロンドン塔周辺〜サザーク

　ロンドンでももっとも古くから開けたエリアで、街のあちこちに「ロンドン・ウォール」と呼ばれるローマ時代の城壁が残る。ロンドン塔から西に金融と経済の街シティ、法曹界の建物と新聞社が並ぶホーボーンと重厚な街並みが続き、対岸には再開発の進むサザークと呼ばれるエリアが広がる。テムズ河畔の道「ミレニアム・マイル」は絶好の散歩道だ。

シティから
ホーボーン
にかけての
街並みは美
しい

ケンジントン
宮殿の前庭

ウィンザー城へは
ロンドンから約1時間

●英国＆ロンドン・ビジターセンター
The Britain & London Visitor Centre
　ロンドンとイングランド、スコットランド、ウェールズ、北アイルランドの各観光局の窓口となる施設で、リージェント・ストリートの南側、三越デパートの斜め向かいにある。ここではロンドン市内の観光案内をはじめ、全国の観光情報やホテルの予約などができる。
MAP ●切りとり-18、p.114-J▶OPEN：9:00～18:30、月曜は9:30～、土・日曜は10:00～16:00（6～9月の土曜は9:00～17:00）▶無休

AREA 4　p.144-147

個性的な周辺の街
その他のエリア

　ロンドンにはまだまだ魅力的な街が数多くある。ショッピングではずせないのは、ナイツブリッジ〜サウ

カムデンのマーケット

ス・ケンジントンにかけて。高級ブティックから若者向けのホットな店まで、個性的なショッピングストリートが何本もある。北端にあるリージェンツ・パークの南側は、有名なろう人形館などがある観光エリア。一方公園の北側には、マーケットで知られるカムデン・タウンや美しい住宅が並ぶエレガントな街ハムステッドがある。さらに足をのばせば、ウィンザー城やリッチモンド、グリニッジと、たっぷり1日がかりで楽しめる街が点在している。

●トラベルカード＆マップでロンドンを歩く
　自分の足でロンドンの街を自由に歩きたい時、必需品が道路名の入った詳細なマップとトラベルカード。外国からの観光客用のビジタートラベルカード（p.43参照）を出発前に日本の旅行会社で購入しておくか、地下鉄駅で一般的なトラベルカード（p.122参照）を購入しよう。これがあればゾーン内の地下鉄、バスが乗り放題。これに、詳細なバス路線図と市内の観光ポイントを割引か無料で利用できる「ロンドンパス」（p.43参照）があれば、あとは自由自在。あなただけのプランで街歩きを満喫できる。

シティ～ロンドン塔
City~Tower of London

0　　　　200m

N

Barbican

クラークウェル・ロード
Clerkenwell Rd.

マッチ
N

セント・ジョンズ・ゲート
St. John's Gate

セント・バーソロミュー医科大学
St. Bartholomew's Medical School

文

バービカン・エキシビション・ホール
Barbican Exhibition Hall

チャーター・ハウス
Charter House

ジェルサレム・タバン（パブ）
N

バービカン駅
Barbican Sta.

ビーチ・St.
Beech St.

ファリンドン駅
Farringdon Sta.

p.131 バービカン・センター
Barbican Centre

レザー・レーン・マーケット
Leather Lane Market

バービカン・アート・ギャラリー
Barbican Art Gallery

スミスフィールド・セントラル・マーケット
Smithfield Central Markets

ウェスト・スミスフィールド Long Lane
West Smithfield Long Lane

セント・ジャイルズ・クリップルゲート教会
St. Giles Cripplegate

A　　**B**

バービカン・ホール
Barbican Hall

チャンスリー・レーン駅
Chancery Lane Sta.

セント・バーソロミュー教会
St. Bartholomew the Great

バービカン劇場
Barbican Theatre

ステイブル・イン
Staple Inn

オールド・マイター・タバン
N

p.162 ロンドン博物館
Museum of London

シティ・ウォール
City Wall

London

Wall

ホーボーン

セントラル・ライン
Central Line

セント・バーソロミュー病院
St. Bartholomew's Hospital

警察署
✕

時計博物館
Clock Museum

警察署

Holborn

中央刑事裁判所
Old Bailey

Newgate St.

p.161 ギルドホール・ギャラリー
Guildhall Galleries

公文書館
Public Record Office

証券取引所
Stock Exchange

p.131 ギルドホール
Guildhall

Gresham

テンプル・バー記念碑
Temple Bar Memorial

ジョンソン博士の家 p.139
Dr. Johnson's House

パノスター・スクエア
Paternoster Sq.

p.130 セント・メアリ・ル・ボウ教会
St. Mary-le-Bow Church

ヘンリー王子の部屋 p.139
Prince Henry's Room

ジ・オールド・チェシャー・チーズ p.173
N

テンプル・ゲート
Temple Gate

セント・ポールズ駅
St. Paul's Sta.

チープサイド
Cheapside

St.

フリート・ストリート
Fleet St.

Fleet St.

コック・タバン
N

ラドゲート・ヒル
Ludgate Hill

シティ・テムズリンク駅
City Thameslink Sta.

セント・ポールズ大聖堂 p.132
St. Paul's Cathedral

ウィリアムソンズ・タバン
N

セント・ブライド印刷博物館
St. Bride Printing Library

p.123,128 シティ観光案内所

ワトリング
R

Queen St.

テンプル騎士団教会 p.139
Temple Church

マンション・ハウス駅
Mansion House Sta.

スキナーズ・ホール

テンプル p.138
The Temple

Tudor St.

Queen

Victoria

ミトラス寺院（遺跡）
Temple of Mithras

E　　**F**

インナー・テンプル・ガーデン
Inner Temple Garden

ブラックフライアーズ
N

Upper Thames St.

112

ブラックフライアーズ駅
Blackfriars Sta.

マーメード・シアター（劇場）
Mermaid Theatre

ブラックフライアーズ・ブリッジ
Blackfriars Bridge

p.133 ミレニアム・ブリッジ
The Millennium Bridge

グルメ・ピザ・カンパニー
R

テムズ河
River Thames

サザーク・ブリッジ
Southwark Bridge

オクソ・タワー・レストラン
R

オクソ・タワー ドッグケッツ
Oxo Tower

N

p.133,165 シェイクスピア・グローブ座
Shakespeare Globe Theatre

ファウンダーズ・アームス
N

IBMビル
IBM Building

バーニー・スペイン・ガーデンズ
Bernie Spain Gardens

バンクサイド・ギャラリー
Bankside Gallery

ローズ座跡 p.133

ガブリエル・ウォーフ
Gabriel's Wharf

Holland St.

Hopton St.

テート・モダン p.160
Tate Modern

Park St.

アンカー

Upper Ground

Stamford St.

Sumner St.

p.133 ヴィノポリス・シティ・オブ・ワイン
Vinopolis City of Wine

サザーク

Blackfriars Rd.

Southwark

p.123,128 観光案内所

ホリデイ・イン・エクスプレス
H

Southwark

Hatfields

I

Roupell St.

J

p.163 ブラマ紅茶＆コーヒー博物館
The Bramah Museum of Tea & Coffee

サザーク駅
Southwark Sta.

Union St.

ウォータール・イースト駅
Waterloo East Sta.

Great

ウォータール駅
Waterloo Sta.

ヤング・ヴィック（劇場）
Young Vic

The Cut

ライブベイト
R

Suffolk St.

Southwark Bridge Rd.

Marshalsea Rd.

観光案内所
i

ファイアー・ステーション

オールド・ヴィック
Old Vic

Ufford St.

Pocock St.

バラ駅
Borough Sta.

ローワー・マーシュ（マーケット）
Lower Marsh Market

Loman St.

Bunhill Fields

Finsbury Square

Chiswell St.

Ｎ セント・ポールズ・タバーン

フィンズベリー・サーカス
Finsbury Circus

Ｃ 辰宗 Ｒ

モーゲート駅 Moorgate Sta.

Ｎ ノト p.172

シティ
City

イングランド銀行博物館 p.163

Ｇ

イングランド銀行 p.130
Bank of England

旧王立取引所 p.130
Royal Exchange

バンク駅 Bank Sta.

Cornhill

マンション・ハウス p.130
Mansion House

セント・スティーヴン・ウォルブロック教会
Church of St. Stephen Walbrook

Cannon St.

キャノン・ストリート駅
Cannon St. Sta.

ロンドン大火記念碑 p.130
The Monument

モニュメント駅
Monument Sta.

Great Tower St.

Lower Thames St.

クリンク牢獄博物館
Clink Prison Museum

Ｎ オールド・テムサイド・イン

ドレイクス・ゴールデン・ハインド号（レプリカ）p.133
Drake's Golden Hinde

フィッシュ！ Ｒ

ガイ病院 ✚ Guy's Hospital

Ｎ ジョージ・イン p.133,173

Ｋ

Newcomen St.

Chiswell St.

Sun St.

Eldon St.

フィンズベリー・サーカス St.
Finsbury Circus

Blomfield St.

Old Broad St.

リヴァプール・ストリート駅
Liverpool St. Sta.

ℹ️ 観光案内所

Ｌ Metpool St.

Ｈ グレート・イースタン

☒ 警察署

Houndsditch

Threadneedle St.

Leadenhall St.

Leadenhall
St.

ロイズ保険 p.130
Lloyd's

ラム・タバン

レドンホール・マーケット p.131
Leadenhall Market

King William St.

Lombard St.

Gracechurch St.

シップ・タバン Ｎ
Fenchurch
Ｎ オースチン・リード

フェンチャーチ・ストリート駅
Fenchurch St. Sta.

タワー・ヒル・ペイジェント
Tower Hill Pagent

タワー・ヒル駅
Tower Hill Sta.

オール・ハロウズ・バイ・ザ・タワー教会
All Hallows by the
Tower Church

税関
Custom House

ロンドン・ブリッジ
London Bridge

ロンドン・ブリッジ・シティ・ピア
London Bridge
City Pier

✚ London Bridge Hospital

サザーク大聖堂 p.133
Southwark Cathedral

ロンドン・ブリッジ駅
London Bridge Sta.

軍艦ベルファスト号 p.133
H. M. S. Belfast

ヘイズ・ギャレリア
Hay's Galleria

ロンドン・ダンジョン p.133
London Dungeon

バラ・マーケット
Borough Market

ロンドン・ブリッジ駅
London Bridge Sta.

Thomas St.

Weston St.

Snowsfields St.

Primrose St.

Appold St.

Folgate St.

Lamb St.

Brushfield St.

Ｓ クィーンズ p.174

Ｓ スピタルフィールズ・マーケット
p.131,174
Spitalfields Market

スピタルフィールズ
Spitalfields

Fashion St.

Middlesex St.

Wentworth St.

ペチコート・レーン・マーケット p.131

ホワイトチャペル・アート・ギャラリー
White Chapel Art Gallery

Ｈ トラベロッジ・ロンドン・
リヴァプール・ストリート p.188

セント・ヘレン教会
St. Helen's Church

Ｌ St.Andrew Undershaft

オルドゲート駅
Aldgate Sta.

High St.

ブルズ・ヘッド

オルドゲート・イースト駅
Aldgate East Sta.

Braham St.

Leman St.

Mansell St.

Whitechapel High St.

ホワイトチャペル
Whitechapel

ドックランズ・ライト鉄道
Docklands Light Railway

D.L.R.

タワー・ゲートウェイ駅
Tower Gateway Sta.

Ｈ

113

ドックランズ、グリニッジ p.148

ロンドン塔 p.128
Tower of London

White Tower

タワー・ピア

タワー・カフェ Ｒ

p.129 セント・キャサリンズ・ドック
St. Katharine's Docks

Ｒ ビーフィーター

Ｒ p.173 ディケンズ・イン

Ｈ シスル・タワー

タワー・ブリッジ博物館
Tower Bridge Museum

タワー・ブリッジ p.129
Tower Bridge

Ｉ

ウィリアム・カーティス・エコロジカル・パーク
William Curtis
Ecological Park

アプレンティス Ｒ

Ｒ チョップハウス

Ｒ ル・ボンド・ラ・トゥール

カンティーナ・デル・ポント Ｒ

SHAD THAMES

p.129,132 バトラーズ・ワーフ
Butler's Wharf

ブルー・プリント・カフェ Ｒ

Ｒ ベンガル・クリッパー

p.162 デザイン博物館
Design Museum

Bermondsey St.

Druid St.

Tooley St.

ユースホステル
シェウ・パーク・プラザ
トラベル・イン・キャピタル・ユーストン
プレイス（劇場）
カウンティ

ロンドン・ライマン
ホリデイ・イン・キングスクロス
イーストマン歯科大学
Eastman Dental Hosp.
エクスマス・マーケット
Exmouth Market

パーシヴァル・デイヴィッド
中国美術財団美術館 p.163
Percival David
Foundation of Chinese Art
タヴィストック

マウント・プレザント郵便局
Mount Pleasant Post Office

C

ファウンドリング博物館
The Faundling Museum
Coram's Fields

D

'87 ホリデイ・イン・ブルームズベリー
ロイヤル・ナショナル p.188

ディケンズの家 p.163
Dickens House Museum

p.186 ホテル・ラッセル

ラッセル・スクエア駅
Russell Sq. Sta.
プレジデント p.188
国立病院
National Hosp.
インペリアル p.188

ラッセル・スクエア
Russell Square
ロンドン大学 p.139
University of London
p.188 ベッドフォード
ウェイヴァリー・ハウス
ブルームズベリー・パーク

レザー・レーン・マーケット
Leather Lane Market

ホーボーン
Holborn

ホワイト・ホール
ブルームズ
モンタギュー・
オン・ザ・ガーデン
ホーボーン
p.138 グレイズ・イン
Gray's Inn

大英博物館 p.156
British Museum
ウェスタウェイ＆
ウェスタウェイ
トラックルズ
（ワイン・バー）
コックレーン（劇場）
Cochrane
シティ・オブ・ヨーク
チャンスリー・レーン駅
Chancery Lane Sta.

G

ラッセル
わがまま
ラディソン・
マルパラ p.187
ラディソン・ケニルワース p.186
カントリー・イン＆
スイーツ
シスル・ブルームズベリー
セント・ジョージ教会
St.Georgr Church
イタリアン・キッチン p.168

ホーボーン駅
Holborn Sta.
セントラル・ライン
Central Line

ロンドン・シルヴァー・ヴォールツ
（銀器専門店ビル）

ステイプル・イン
Staple Inn

H

115

シャフツベリー（劇場）

サー・ジョン・ソーンズ博物館 p.161
Sir John Soane's Museum

ラディソン・エドワーディアン・
マウントバッテン p.185
ニュー・ロンドン（劇場）

リンカーンズ・イン p.138
Lincoln's Inn

Lincoln's Inn Fields

公文書館
Public Record Office

フェニックス
（劇場）
ケンブリッジ
（劇場）
ドゥルリーレーン・モート・ハウス

珍品館
Old Curiosity Shop
p.139 ヘンリー王子の部屋
Prince Henry's Room

コック・タバン
Cock Tavern

ドンマー・ウエアハウス（劇場）
ピーコック（劇場）
Peacock

王立裁判所
Royal Courts of Justice

p.175 ロンドン・
グラフィック・センター
セント・マーティンズ
ベルゴ
セントラール

コヴェント・
ガーデン駅
Covent Garden Sta.
フィールディング
ロイヤル・オペラ・ハウス（劇場）p.137
Royal Opera House
ドゥルリー・レーン
（劇場）p.138

テンプル・バー記念碑
Temple Bar Memorial
ザ・ジョージ
セント・クレメンツ・デーンズ教会 p.139 テンプル騎士団教会
St. Clement Danes Temple Church
エドガー・ウォレス
p.138 テンプル
The Temple

p.162 劇場博物館
Theatre Museum

フォトグラファーズ・ギャラリー
Photographer's Gallery

p.170 ソファ
ウォルドーフ・ヒルトン p.184
オールドウィッチ
ストランド（劇場）

セント・メアリー・ル・ストランド教会
St. Mary-le-Strand

インナー・
テンプル・ガーデン

アート／ユニコーン（劇場）
コヴェント・ガーデン p.137
Covent Garden
セント・ポールズ教会
St. Paul
ルールズ
オルソ
ダッチェス（劇場）
ライバイト p.167

ロンドン交通博物館 p.163
London Transport Museum
ハワード

スリ・タイ
鹿鳴邸 p.171
ダムズ・
ンデイション
スター・
スクエア
p.135
Leicester
Square
's p.164

レスター・スクエア駅
Leicester Sq. Sta.
ソールズベリー
アルベリー（劇場）p.173
デューク・オブ・
ヨーク（劇場）p.136
ガーリック（劇場）

ラ・タスカ p.169
ジュビリー・マーケット
シンプソン・イン・
ザ・ストランド p.166
ポーターズ
サヴォイ（劇場）
ヴォードヴィル（劇場）
アデルフィ（劇場）

ライシアム（劇場）
ストランド・パレス p.185
ライシアム p.180

サマセット・ハウス p.138
Somerset House
ギルバート・コレクション p.161
Gilbert Collection
コートールド・ギャラリー p.160
Courtauld Institute Galleries
ハーミテージ・ギャラリー p.161
Hermitage Gallery
ジ・アドミラルティ（フランス料理）

テンプル駅
Temple Sta.

Embankment

テムズ河
River Thames

バストリア
ナショナル・ポートレート・ギャラリー p.160
National Portrait Gallery
シスル・トラファルガー・スクエア p.185
ナショナル・ギャラリー p.159
National Gallery
トラファルガー・スクエア p.136
Trafalgar Square

ポートレート・レストラン＆バー p.167
警察署
セント・マーティン教会 p.164
St. Martin-in-the-Fields
クレオパトラの針 p.137
Cleopatra's Needle
シスル・チャリング・クロス
チャリング・クロス駅
Charing Cross Sta.

ヴィクトリア・エンバンクメント・ガーデンズ
Victoria Embankment Gardens

ウォータールー・ブリッジ
Waterloo Bridge
グルメ・ピザ・カンパニー
IBMビル

K

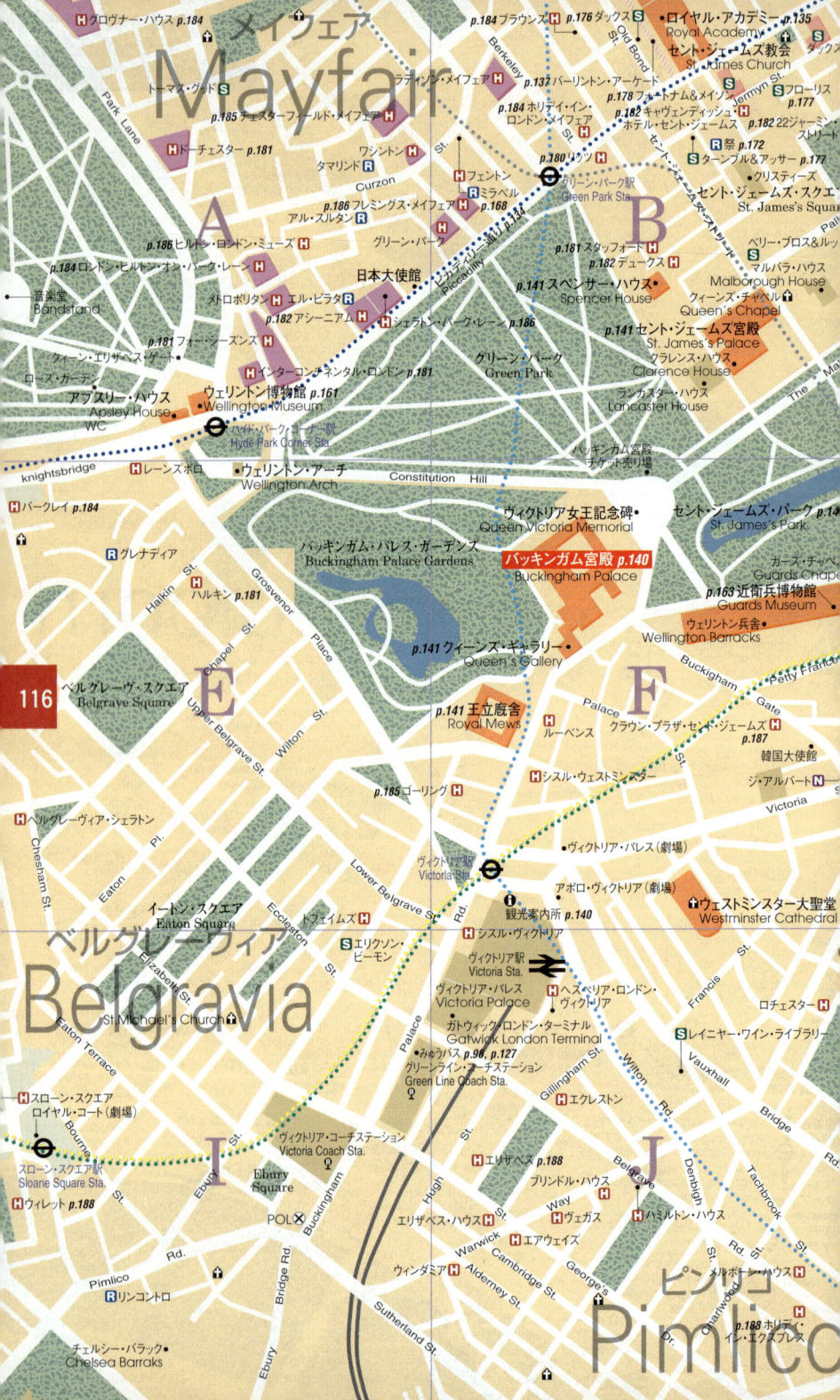

メイフェア
Mayfair

Hクロヴナー・ハウス p.184
Hトーマス・グッド
p.185 チェスターフィールド・メイフェア R
Hドーチェスター p.181
ワシントン R
タマリンド R
Curzon St.
p.186 フレミングス・メイフェア R
アル・スルタン R
Hフェントン
Rミラベル
Hラベル p.168 p.184
p.184 ブラウンズ p.176 ダックス S
Royal Academy p.135
セント・ジェームズ教会
St James's Church
p.137 バーリントン・アーケード
p.178 フォートナム&メイソン
p.182 キャヴェンディッシュ・ジャーミン p.182 22ジャーミン・ストリート
ホテル・セント・ジェームズ
祭 p.172
Sターンブル&アッサー p.177
p.180 リッツ
グリーン・パーク駅
Green Park Sta.
Sフローリス p.177
Hクリスティーズ
セント・ジェームズ・スクエア
St. James's Square

p.181 スタッフォード H
p.182 デュークス H
p.141 スペンサー・ハウス●
Spencer House
p.141 セント・ジェームズ宮殿
St. James's Palace
クラレンス・ハウス
Clarence House

p.186 ヒルトン・ロンドン・ミューズ H
p.184 ロンドン・ヒルトン・オン・パーク・レーン H
メトロポリタン H
p.182 アシーニアム H
p.181 フォー・シーズンズ H
日本大使館
シェラトン・パーク・レーン p.186
エル・ピラタ R
インターコンチネンタル・ロンドン p.181 H

A

B

ベリー・ブロス&ルッ
マルバラ・ハウス
Malborough House
クィーンズ・チャペル
Queen's Chapel

●音楽堂
Bandstand
クィーン・エリザベス・ゲート●
ローズ・ガーデン
アブズリー・ハウス
Apsley House
WC
ハイド・パーク・コーナー駅
Hyde Park Corner Sta.

グリーン・パーク
Green Park

knightsbridge
Hレーンズボロ
●ウェリントン・アーチ
Wellington Arch
ウェリントン博物館 p.161
Wellington Museum

Constitution Hill

ランカスター・ハウス
Lancaster House

バッキンガム宮殿
チケット売り場

セント・ジェームズ・パーク
St. James's Park

ヴィクトリア女王記念碑●
Queen Victoria Memorial

Hパークレイ p.184

Rグレナディア

Halkin St.
ハルキン p.181

Grosvenor

バッキンガム・パレス・ガーデンズ
Buckingham Palace Gardens

バッキンガム宮殿 p.140
Buckingham Palace

ガーズ・チャペ
Guards Chape
p.163 近衛兵博物館
Guards Museum
ウェリントン兵舎
Wellington Barracks

116

ベルグレーヴ・スクエア
Belgrave Square

E

Chapel St.
Upper Belgrave St.
Wilton St.
Place

p.141 クィーンズ・ギャラリー●
Queen's Gallery

p.141 王立厩舎
Royal Mews
ルーベンス
Hシスル・ウェストミンスター

F

Buckingham

Petty France

Gate

Palace St.

クラウン・プラザ・セント・ジェームズ p.187
H●韓国大使館
ジ・アルバート N

Hベルグレーヴィア・シェラトン

Chesham St.
Eaton Pl.

Eaton

イートン・スクエア
Eaton Square
ドフレイムズ R

Lower Belgrave St.

ヴィクトリア駅
Victoria Sta.

p.185 ゴーリング H

●ヴィクトリア・パレス（劇場）

●アポロ・ヴィクトリア（劇場）

Hウェストミンスター大聖堂
Westminster Cathedral

Victoria St.

ベルグレーヴィア
Belgravia

St Michael's Church

Eaton Terrace

Elizabeth St.
Ecclestone

Sエリクソン・ビーモン
Hシスル・ヴィクトリア
i観光案内所 p.140
ヴィクトリア駅
Victoria Sta.
ヴィクトリア・パレス
Victoria Palace
ガトウィック・ロンドン・ターミナル
Gatwick London Terminal
みゅうバス p.98, p.127
グリーンライン・コーチステーション
Green Line Coach Sta.

Hヘスペリア・ロンドン・
ヴィクトリア
Francis St.
Hエクレストン
Sレイニャー・ワイン・ライブラリー
ロチェスター H

Vauxhall Bridge Rd.

Hスローン・スクエア
ロイヤル・コート（劇場）

Bourne St.

スローン・スクエア駅
Sloane Square Sta.

Hウィレット p.188

I

Ebury St.

ヴィクトリア・コーチステーション
Victoria Coach Sta.
ヴィクトリア・コーチステーション
Victoria Coach Sta.
Ebury
Square

POL X
Buckingham

Hugh St.

Gillingham St.

エリザベス・ハウス H

Warwick Way

Sエリザベス p.188
プリンドル・ハウス
Rヴェガス

Wilton Rd.

J

Belgrave Rd.
Way

ハミルトン・ハウス H

Denbigh St.

Tachbrook St.

Pimlico

Rリンコントロ

Bridge Rd.

Ebury Bridge Rd.

エアウェイズ R
ウィンダミア H アルダニー・ハウス H

Cambridge St.

George St.

ピムリコ
Pimlico

p.188 ホリデイ・
イン・エクスプレス

チェルシー・バラック●
Chelsea Barracks

ヘイマーケット (劇場)
ロンドン三越 *p.96, p.127*
マイバス
ロイヤル・オペラ・アーケード *p.137*

シスル・トラファルガー・スクエア *p.185*

セント・マーティン教会
St. Martin-in-the-Fields

ヴィクトリア・エンパンクメント・ガーデンズ
Victoria Embankment Gardens

クレオパトラの針 *p.137*
Cleopatra's Needle

ウォータールー・ブリッジ
Waterloo Bridge

ナショナル・ギャラリー *p.159*
National Gallery

p.165 ナショナル・シアター
National Theatre

トラファルガー・スクエア *p.136*
Trafalgar Square

セント・マーティン教会
シスル・チャリング・クロス駅
Charing Cross Sta.

チャリング・クロス駅
Charing Cross Sta.

ナショナル・フィルム・シアター
National Film Theatre

Regent St.

英国&ロンドン・ビジターセンター *p.111,123,134*
Britain & London Visiter Centre

プレイヤーズ (劇場)

Northumberland Ave.

チャリング・クロス・ピア
Embankment Pier

p.165 クイーン・エリザベス・ホール
Queen Elizabeth Hall

ICAギャラリー
ICA Gallery

トラファルガー・スタジオ (劇場)

プレイハウス (劇場)

ヘイワード・ギャラリー
Hayward Gallery

Mall

アドミラルティ・アーチ
Admiralty Arch

シャーロック・ホームズ *p.175*

p.165 ロイヤル・フェスティバル・ホール
Royal Festival Hall

旧海軍省
Old Admiralty

ロイヤル・ホースガーズ

カールトン・ハウス・テラス
Carlton House Terrace

IMAXシネマ
BFI London IMAX Cinema

p.141 ザ・マル

Horse Guards Rd.

Belvedere Rd.

ホース・ガーズ *p.143*
Horse Guards

Horsguards Ave.

ジュビリー・ガーデンズ
Jubilee Gardens

カフェテリア

バンケティング・ハウス *p.143*
Banqueting House

テムズ川
River Thames

p.123,128 観光案内所
(ロンドン・ビジターセンター)

St. James's Park Lake

首相官邸
NO. 10

国防省
Ministry of Defence

ウォータールー駅
Waterloo Sta.

ダウニング街 *p.143*
Downing St.

BAロンドン・アイ *p.142*
BA London Eye

BAロンドン・アイ
チケット売り場

外務省
Foreign Office

ウォータールー・ピア
Waterloo Pier

ウォータールー国際駅
Water loo International

p.143 キャビネット・ウォー・ルームズ
Cabinet War Rooms

King Chales St.

水上バスチケット売り場

p.125 ウェストミンスター・ピア

旧ロンドン市庁舎 *p.143*
Former County Hall

ロンドン水族館 *p.143*
London Aquarium

警察署

財務省
Treasury

ウェストミンスター駅
Westminster Sta.

ボアディケアの像 *p.14*

サーチ・ギャラリー
The Saatchi Gallery

Great George St.

ウェストミンスター・ブリッジ
Westminster Bridge

マリオット
Marriott

Birdcage Walk

ハーラメント・スクエア
Parliament Square

チャーチル像

ビッグ・ベン *p.142*
Big Ben

Westminster Bridge Rd.

トラベル・イン・
キャピタル・ロンドン・
カウンティホール *p.188*

セント・ジェームズ・パーク駅
St. James's Park Sta.

セント・マーガレット教会
St. Margaret's

p.163 フローレンス・ナイチンゲール博物館
Florence Nightingale Museum

マクドナルド

Tothill St.

ウェストミンスター寺院 *p.142*
Westminster Abbey

ウェストミンスター・ホール *p.142*
Westminster Hall

H 117

ジョリー・セント・アーミンズ

チャプター・ハウス
Chapter House

セント・トーマス病院
St. Thomas Hospital

G

国会議事堂 *p.142*
Houses of Parliament

H

ニュー・スコットランド・ヤード
New Scotland Yard

ジュエル・タワー
Jewel Tower

ヴィクトリア・タワー
Victoria Tower

Old Pye St.

ストラットン・グランド
(マーケット)

Great Peter St.

天主教公園
Archbishop's Park

Palace Rd.

Hercules Rd.

ウェストミンスター
Westminster

Smith Sq.

ヴィクトリア・タワー・ガーデンズ
Victoria Tower Gardens

ランベス宮殿
Lambeth Palace Gardens

Horseferry Rd.

Marsham St.

Romney St.

ランベス宮殿 *p.143*
Lambeth Palace

Lambeth Rd.

ウェストミンスター学園運動場
Westminster School Playing Fields

Page St.

庭園史博物館 *p.162*
Museum of Garden History

シェファーズ

ノヴォテル・ウォータールー
Novotel Waterloo

Regency St.

Vincent St.

ランベス
Lambeth

Lambeth Walk

ランベス・ブリッジ
Lambeth Bridge

Black Prince Rd.

K

Douglas St.

L

ランベス・ウォーク
(Pedestrian Shopping Centre)

テート・ブリテン *p.159*
Tate Britain

John Islip St.

Atterbury St.

Embankment

ピムリコ駅
Pimlico Sta.

N

Vauxhall St.

Jonathan St.

Sancroft St.

Vauxhall Walk

ウェストミンスター周辺
Westminster

0   200m

フォークストン→

貴重な1日をパワフルに活かす ロンドン観光ハイライトプラン

ロンドン市内の主要観光スポットは観光バスでもまわれるが、それでは導かれるまま見るだけで印象も希薄になりがち。できることなら電車やバスを駆使して、自分の足でまわりたい。ロンドン滞在の貴重な時間をフルに活かす、ロンドン観光のハイライトプランで、オリジナル観光を堪能しよう。地下鉄＆バス乗り放題のト

ラベルカード（p.111、122参照）があれば移動も楽。ただし、大観覧車BAロンドン・アイは、シーズンオフ以外は行ってその場で即乗るというわけにはいかない。前日までに電話か、ピカディリーの英国＆ロンドン・ビジターセンターで予約しておきたい。ここでは、11時30分のチケット予約を前提にコースを設定した。

9:00　ヴィクトリア駅

地下鉄3路線が交差するターミナル駅。市内のどこからでも行きやすい。ここから市内観光をスタートしよう。駅に隣接するホテル、システル・ヴィクトリア前の交差点からバッキンガム・パレス・ロードを道なりに歩けば、やがて宮殿前の広場に出る。

徒歩
9:20　英王室の華麗な住まい バッキンガム宮殿を見物

宮殿から真っすぐ続く道はザ・マル。この通りの歩道から見る宮殿が美しい。8、9月なら宮殿内の見学もできる（p.140参照）。宮殿正面向かって左手に広がるのがセント・ジェームズ・パーク。宮殿見物の後はこの公園に入ろう。

★ADVICE❶／衛兵のパレードは11時からスタートする。パレードを見物したい時は、ヴィクトリア駅到着を10時にし、早めに宮殿前に到着して見物場所を確保したい。その場合は、BAロンドン・アイは1時過ぎにするか、9時頃の早い時刻に予約しよう。

★ADVICE❷／宮殿内の見学には待ち時間を含めて1時間30分はかかる。開館の9時30分に入るためには9時には宮殿前に到着。BAロンドン・アイの搭乗時間は12時以降にずらした方がよい。

徒歩
10:00　王室ゆかりの寺院 ウェストミンスター寺院を見学

セント・ジェームズ・パークを抜けてテムズ河の方へ向かうと、やがてチャーチル首相などの彫像が並ぶパーラメント広場に出る。名高い寺院はこの広場の奥。テムズ河沿いには国会議事堂があ

チャーチルなどの銅像が並ぶ広場に出る

る。寺院の荘厳な内部を鑑賞したら、隣の議事堂も外から見学しよう。議事堂の北側にあるのが、有名な時計台ビッグ・ベンだ。

★ADVICE❸／寺院と国会議事堂両方の内部を見学する時は、あと1時間はゆとりを。なお、ウェストミンスターは日曜は見学できないので、要注意。

徒歩
11:00　世界最大級の観覧車 BAロンドン・アイに乗る

対岸に渡る前に、ウェストミンスター・ブリッジのたもとにあるチケット売り場で、1時頃出発するタワー・ブリッジまでのリヴァーボートの乗船券を購入。その後、2000年のミレニアムを記念して建造された大観覧車BAロンドン・アイへ向かおう。観覧時間は1周30分。地上50mからの眺望は最高だ。ただし、シーズン中は混雑するので、予約時間の30分前には列に並びたい。

セント・ジェームズ・パークから見たバッキンガム宮殿

観覧車はまるで薬のカプセル

12:00 ● テムズ河畔でランチタイム

ロンドン・アイから下りたら、河風に吹かれながらリヴァーボートの乗船時間までしばし休憩を。テムズ河沿いには水族館などアトラクションが豊富。カフェやファストフードの店もあるので、ここで食事にしてもいいし、サンドイッチなどを買って船上で食べてもいい。

13:00 ● リヴァーボートで テムズ河を遊覧

ウェストミンスターからロンドン塔までのテムズ河遊覧を。タワー・ブリッジの下にあるピアまでは約40分。ウェストミンスターのリヴァーボートのピアは、ロンドン・アイ乗り場の横にもある。

しばしクルージングを

★ADVICE❹／リヴァーボートに乗らず河畔の遊歩道「ミレニアム・マイル」を東に、タワー・ブリッジまで歩いて行くこともできる。途中にはテート・モダンやシェイクスピア・グローブ座などサザークならではの見どころも豊富。タワー・ブリッジまではゆっくり歩いて約1時間。

船

13:40 ● ロンドン観光のハイライト ロンドン塔を見学

ロンドン観光には欠かせないスポットとあって、いつ行っても長い行列ができている。最低30分の待ち時間は覚悟しよう。内部の見どころも豊富なので、見学に2時間は見ておきたい。

17:30 ● ロンドン塔出発

ロンドン塔をたっぷり楽しんだら、バス⑮番に乗ってピカディリー・サーカスをめざそう。バス⑮番の乗り場は、地下鉄タワー・ヒルの駅前にある。途中、ウェストミンスター寺院と双璧をなすセント・ポールズ大聖堂の横を通るが、ここの見学は午後4時まで。荘厳な寺院内の見学は、今回は断念。トラファルガー・スクエアを経て、リージェント・ストリートへ続くバスのドライブを楽しもう。

★ADVICE❺／タワー・ブリッジを渡って対岸のサザークに足をのばし、河沿いの道を散歩するのもおすすめのコース。西に進めば、ロンドン・ブリッジ駅があり、さらに西のサザーク・ブリッジを渡ればシティの中心に出る。

壮大なセント・ポールズ大聖堂

バス

18:00 ● ピカディリー・サーカスに到着

ピカディリー周辺はロンドンでも最大の歓楽街。レストランもいちばん集中している。ここで下車してもよいが、バスはそのまま北上してオックスフォード・サーカス駅、マーブル・アーチ駅を経てパディントン駅まで行く。都合のよい場所で下車しよう。

地図上の線	
‥‥‥	歩行
——	船
——	バス

オックスフォード・サーカス駅
セント・ポールズ大聖堂
バンク駅
ロンドン塔
⑥
GOAL ピカディリー・サーカス駅
コヴェント・ガーデン
テムズ河
タワー・ブリッジ
セント・ジェームズ パーク
BAロンドン・アイ
ロンドン・ブリッジ駅
バッキンガム宮殿
❷
リヴァーボートチケット売り場
❺
ウォータールー駅
❶
❹ 国会議事堂 ビックベン
❸
ウェストミンスター寺院
START ヴィクトリア駅

テムズ河に架かる華麗なタワー・ブリッジ

地下鉄 *Underground*

駅には自動券売機の他、必ずチケット窓口がある。窓口の近くには地下鉄路線図や利用方法などのパンフレット類があるので、一度はチェックしてみよう。

電車内でのマナーとルールとは？

エスカレーターでは、日本とは逆に右側に立ち、左側は急ぐ人に開けておくのが暗黙のルールになっている。また、電車の乗り降りの際に押し合わないのもマナー。シルバーシートでなくても、年配者に席を譲るのは、万国共通のお約束。レディファーストの習慣も、日本よりは尊重されている。手動式のドアでは、自分が通った後も、次の人のためにドアを押さえるぐらいの配慮はしたい。

地下鉄のチケット

カード・サイズの紙製

街歩きの最大の味方は、安全・確実な地下鉄！

ロンドンは世界に先駆けて地下鉄を開通させた街だけに、12路線の地下鉄が市内を網の目のように走っている。市内中心部の移動はもちろん、郊外の見どころへも地下鉄があれば簡単に行ける。「トラベルカード」（p.122参照）という観光客向けのお得なチケットもあってこの上なく便利な足なのだが、歴史があるだけに老朽化も進み、駅のエスカレーターの故障はもちろん、車両自体もしばしばストップする。とはいえ、渋滞の激しいロンドンでは、やはりいちばん確実な移動手段。上手に乗りこなして、ロンドンの街歩きを楽しもう。

地下鉄の活用方法

地下鉄は「アンダーグラウンド」、通称は「チューブ Tube」。構内の天井も車両も丸いチューブ型をしていることからこの呼び名がある。ちなみに、アメリカ式の「サブウェイ」は「地下通路」の意味になる。利用方法は基本的には日本と変わらないが、国が違えばやはり細かなシステムは違ってくる。それさえマスターすれば、あとは簡単。バスに比べると運賃は高いが、慣れない街ではやはり地下鉄がいちばん。

地下鉄の駅にはすべてこの赤いマークがついている

[1] 地下鉄路線図を入手する

ロンドンの街歩きの必需品は、地図と地下鉄路線図。駅の構内か観光案内所でポケットサイズの地下鉄路線図を必ず入手してから街歩きをスタートしよう。本書を活用するなら、p.107か切りとりマップの路線図を。地下鉄駅改札口近くには路線図

ロンドン市内は1〜6の6つのゾーンに分かれている。
ゾーンを乗り越すと、ペナルティ£10を課せられるので、要注意！
キップを買う前に料金をしっかり確認しておこう。

ATTENTION

などの各種パンフレットがおいてある。地下鉄路線図やバスの主要路線図から各種のキップの案内まで、ロンドン市内の交通関係の情報を紹介しているものもあるので、見つけたら忘れずにもらっておこう。

[2] 地下鉄路線図を活用する

まず、自分の現在地と目的地を地図でチェック。乗車、下車の最寄り駅を確認したら、地下鉄路線図で該当の駅を探そう。途中に乗り換えが必要なら、その駅もチェック。通路をいくつも通らなければ乗り換えられない駅などもあるが、乗り換え表示や行き先表示に注意していれば、まず間違えることはない。

駅構内にある 交通情報センター

交通局の案内所で、以下の駅構内にセンターがあり、各種旅行情報、地図、時刻表などを提供。観光ツアーや催物のチケットも販売している。
★ヒースロー空港1・2・3駅、キングス・クロス駅、リヴァプール・ストリート駅、ピカディリー・サーカス駅、オックスフォード・サーカス駅、セント・ジェームズ・パーク駅

●自動券売機の種類と操作方法

●タッチスクリーン・タイプ

スクリーン画面をタッチして操作する新型マシン。最近、市内中心部の駅はこのタイプが主流になってきた。紙幣やコインなどの現金以外にクレジットカードも使えるし、お釣りも出る。言語選択で日本語が選べるところも日本人には嬉しいマシン。片道・往復のチケットはもちろん、複数の人数分をまとめて買える。ゾーン6までのワンデイトラベルカード（p.122参照）も窓口に並ばなくても、このマシンで買える。最初はちょっと操作にとまどうかもしれないが、慣れればこれがいちばん便利だ。
❶スクリーンの下にある「NEXT PASSENGER」をタッチすると初期画面が出る。ここで、日本語を選択すれば、次の画面から主要な案内が日本語になる。
❷指示に従ってキップの種類や枚数を選択。最後に指示された金額の現金を入れるか、クレジットカードを挿入すれば終了。キップが出てくる。

●料金別タイプ

日本のJRの券売機などと同じように、料金別にボタンが並ぶタイプ。コインのみで紙幣は使えないが、トラベルカードを使わない時は、このマシンも操作が単純で便利。ただし、マシン上部の表示が釣銭キレを意味する「EXACT MONEY ONLY」だと釣銭が出ないので要注意。他のマシンに移るか、窓口で買おう。
❶ゾーン1内は£2.00、ゾーン

1からゾーン2へ行く時は£2.30、市内中心部からゾーン6のヒースロー空港までは£3.80。目的地までの料金が分からない時は、マシンの近くに表示されているアルファベット順料金表で確認しよう。
❷往復か片道か、大人か子供かを選択。次に料金のボタンを押してお金を入れれば操作は終了。ワンデイトラベルカードもこの券売機で買える。

地下鉄 *Underground*

出口への誘導表示。通常は黒字に黄色い文字で表示されている。これに従って進めば、間違いなく出口にたどりつける

［3］キップを買う

　ロンドンはゾーン1〜6のエリアに分けられ、地下鉄の料金はゾーンごとに変動する。市内の中心部はほぼゾーン1で基本料金の£2.00だが、ちょっと離れたカムデン・タウンになるとゾーン2になり料金が上がる。これに気がつかずにゾーン1のキップのまま下りると、乗り越し清算ではなく、ペナルティ£10を取られる。目的の駅がゾーン何番にあるか路線図で確認するか、自動券売機の横にある料金表で確認してから買おう。

　地下鉄のキップは、駅の窓口か自動券売機で買う。窓口は現金もクレジットカードも使えるし、トラベルカードも買えて便利なのだが、ひとつの駅に1、2ヵ所しかないので混雑している。自動券売機には、①タッチパネル方式、②料金別にボタンがある機種、③目的地別に選ぶタイプの3種類（p.121参照）ある。最近は③のタイプが中心部の駅からはほとんど姿を消し、スマートな①タイプが急速に普及している。

［4］地下鉄に乗る

　普通のキップもトラベルカードも、同じような磁気製の紙カードで、改札は中心部ではほとんど自動化されている。挿入口に

ゾーンを越える時の清算は？

　例えばゾーン1＆2のトラベルカードでゾーン3のウィンブルドンに行く場合、そのまま乗ると乗り越しではなくペナルティ£10を取られてしまう。そうしないためには、カードのゾーン内の駅の窓口で行き先を告げてキップを買うこと。これだと不足分だけ支払えばすむ。

トラベルカードの種類と活用方法

トラベルカードと専用カードケース

　地下鉄やバスを使って街を歩きたい人に便利なのがトラベルカード。1日用、3日間用、1週間用があり、選択したゾーン内であれば、地下鉄やバスはもちろん、ドックランズ・ライト鉄道や首都圏内の鉄道も乗り降りが自由になる。市内中心部だけならゾーン1かゾーン1＆2のカードを。ゾーン6までだとヒースローやハンプトン・コート宮殿までカバーする。いちいちキップを買う手間がはぶけて便利。滞在日数や行動範囲に合わせて利用しよう。

●1日乗車券
One Day Travelcard
　月〜金曜の午前9時30分から、(土・日曜・祭日は午前0時から)翌日の午前4時30分まで有効。平日でも制限なしのピークカードもある。こちらはゾーン1＆2で£6.00。

	大人	子供
1＆2ゾーン	£4.70	なし
1〜6ゾーン	£6.00	£2.00

●3日間トラベルカード
3 Days Travelcard
　下記はピーク時の料金。オフピークには1＆2ゾーンの設定がないが、1＆6ゾーンなら大人£18.00、子供£6.00になってお得だ。

	大人	子供
1＆2ゾーン	£15.00	£7.50
1〜6ゾーン	£36.00	£18.00

●1週間用
7 Days Travelcard
　1日券を毎日買うよりずっと安上がり。ロンドンに5日以上滞在するなら便利。ゾーン1のみやゾーン1〜3など各種ある。下はオフ・ピークの料金

	大人	子供
1＆2ゾーン	£21.40	£8.60
1〜6ゾーン	£39.50	£17.20

※トラベルカードは、9時30分前に購入すると「ピーク料金」、それ以降だと「オフ・ピーク」になり、料金がかなり安くなる。

ディストリクト・ラインの乗り換えには要注意！
とくにアールズ・コート駅の場合、同じ路線なのに行き先が5方向に分かれている。
自分が下車したい電車の行き先を確認してから乗らないと、
思ってもいない方向の電車に乗ってしまうことになるので、くれぐれも慎重に。

キップを入れるとドアが開くので、キップを受け取って構内へ。

ホームは路線ごとに分かれ、さらに同じ路線でも、「北行き、南行き」または「東行き、西行き」と方向で分かれて示される。ホーム手前にある行き先表示の下に書いてある停車駅をチェック。目的の駅を確認してからホームに出よう。

ホームには、次に来る電車の行き先と到着までの時間を表示する電子パネルがある。ここでもう一度行き先をチェック。とくにディストリクト・ラインは途中で行き先が分かれるので、念入りに確認しよう。

電車には、停車するとドアが自動的にオープンするタイプの他に、乗る人、降りる人がボタンを押してドアを開閉する手動タイプがある。後者の場合、待っていてもドアは開かないので要注意。降りる人がいないようなら、自分でドアの横にある「OPEN」ボタンを押してドアを開ければよい。

[5] 地下鉄を降りる

目的の駅に到着したら、ホームにある「Way Out」という黒地に黄色い文字の出口表示を探そう。入口が複数ある駅でも、ほとんどの駅の出口は1ヵ所のみ。これにしたがって進めば、迷うことなく改札口にたどりつける。改札は入った時と同じ要領でキップを自動改札機に通す。ただし、トラベルカードは使い捨てではないので、忘れずに回収して出よう。扉が故障などで開かない時は、近くの係員に連絡を。

❶ロンドン市内の観光案内所 Travel Information Centre

地下鉄駅構内の他、以下にも観光局が運営する観光案内所があり、各種情報の提供やチケット予約、ホテルの紹介などをしている。
★英国&ロンドン・ビジターセンター The Britain & London Visitor Centre
MAP ●切りとり-18, p.114-J
★ロンドン・ビジターセンター London Visiter Centre ウォータールー国際駅内
MAP ●切りとり-19, p.117-D
★シティ観光案内所 City Information Centre
MAP ●切りとり-13, p.112-F
★サザーク観光案内所 Southwark Information Centre
MAP ●切りとり-20, p.112-J

ピカディリーの南側にあるビジターセンター

郊外に足をのばす時には、鉄道も有効な足

ロンドン市内中心部の移動だけなら必要ないが、ハンプトン・コートやグリニッジなどのロンドンの郊外や近郊に足をのばす時には、やはり鉄道が便利。市内にいくつもあるターミナル駅（p.75参照）から中・長距離便の他に、通勤客がもっぱら利用する短距離便がひんぱんに出ているので大いに利用しよう。

チャリング・クロス駅からはグリニッジへ、ウォータールー駅からはハンプトン・コートへ、ウィンザーへ行く列車はパディントン駅とウォータールー駅からそれぞれ出ている。また、グリニッジへはシティのタワー・ヒル駅かバンク駅から出るドックランズ・ライト鉄道 Docklands Light Railwayも利用できる。いずれも、ロンドン市内のゾーン内であれば、トラベルカードが利用できるので、いっそう便利だ。キップの買い方や乗り方などは、中・長距離便の場合と同じ（p.74参照）。

列車に乗って郊外へ行こう

ロンドン
123
ロンドン市内の交通／地下鉄

バス *Bus*

ロンドン名物ダブルデッカーで街をくまなく歩きまわる

知らない街でバスを乗りこなすのは旅の上級者だけ…と思われがちだが、バス路線図さえ手に入ればバスを乗りこなすのも夢ではない。ロンドン名物の赤いダブルデッカー（2階建てバス）を自在に使えれば、地下鉄では行きにくいエリアにも行けるし、2階に座れば眺めも楽しめる。主要な駅の交通情報センター（p.121欄外参照）の窓口に行けば「Central London Bus Guide」という詳細なバス路線図がもらえる。そこまで必要ない時は、地下鉄の路線図とバスの主要路線が乗ったパンフレットを地下鉄駅などで入手しよう。主要な路線だけだが、これでも市内をまわるだけなら充分役に立つ。

写真のダブルデッカーは車掌が同乗する旧型のタイプ。このクラシックなタイプのバスは、残念なことに2005年中に姿を消す

124

[1] バス停を探す

イギリスは日本と同じ左側通行。自分が今いる位置と目的地への方向を地図で確認したら、バス停を探そう。トラベルカードがない時は忘れずに小銭を準備。バス停はあちこちにあるが、多方面へのバス停が集中しているのが、ピカディリー・サーカスや、オックスフォード・ストリート、トラファルガー・スクエア周辺など。バス停には、そこに来るバス路線とともに、各路線ごとの停車する場所も表示してあるので、それで確認してからバスを待てばよい。

[2] バス停でバスを待つ

ダブルデッカーの2階席は、基本的に立ち乗りが禁止されている。したがって、混雑しているとバス停に人がいてもバスはそのまま通過してしまうことがある。こんな時はあきらめて、次のバスを待つしかない。またバス停には、乗る人がいようがいまいが必ず停車するバス停と、乗りたい人が合図しないとバスが止まってくれないバス停とがあるので要注意。バス停のバスのマークのすぐ下に「Request」とあったら、後者のバス停。目当てのバスが近づいてきたら、手を横に出して運転手に合図を送ろう。

ZOOM in

終夜運行の便利な足 ナイトバス　　　Night Bus

地下鉄同様、バスは深夜0時30分ぐらいでなくなるが、その後はナイトバスが終夜運行をしている。市内中心部なら、ほとんどのエリアにバスで帰ることができるので、夜遊び好きには便利な足。都心部でナイトバスの路線が集中しているのは、トラファルガー・スクエアからストランド通りにかけてと、ピカディリー・サーカスからオックスフォード・ストリートにかけて。本数も減るし、料金は昼間より高いが、それでもタクシーよりはるかにリーズナブル。宿泊するホテルの近くへ行くバスがあれば利用できる。ただし、バス停からホテルまで暗い住宅地を歩くようなことはできるだけ避けること。また、ナイトバスでは2階に上がらず、できるだけ運転手の近くに座るようにしよう。

 **ATTENTION** 乗客が手を挙げて合図を送らないと
止まってくれないバス停があるので、要注意！
また、バスの2階席は原則立ち乗り禁止。込んでいる時は1階に座ろう。

[3] バスに乗る

　運賃はゾーンにかかわらず一律£1.20。バスには車掌のいる旧型とワンマンの新型とがあるが、2005年度中に旧型はなくなり、すべてワンマンタイプに移行する。

　バス停の路線ナンバーの地色が黄色い時は、あらかじめキップを買ってから乗車する。バス停に赤い自動券売機があるのでそれで購入しよう。1日乗車券（£3.00）も券売機で買える。地色が白い時は、乗車してから支払えばよい。ワンマンの場合、運転席の横にあるトレイに置く。トラベルカードがある時は、提示すれば乗車できる。

　降りるところが近づいてきたら、ボタンを押して合図を。どこで降りてよいかわからない時は、目的地を告げてあらかじめ運転手に最寄りのバス停を教えてもらおう。2階席はあきらめて、運転手の近くに座った方がいい。

バス停の見方

❶マークの横に付いている青い地に白い数字は、ゾーンの番号
❷マークの下の文字が「BUS STOP」ならバスは合図なしに止まるが、「REQUEST」の場合は合図が必要
❸バス停の名称
❹そのバス停にとまるバスの路線番号。頭に「N」とあるのはナイトバス。この地色が黄色だと事前に乗車チケットをバス停で購入。

バス停ではまず止まる路線を確認

とっておき情報

河の上を走る水上バス
リヴァーボート
Riverboats

　バスや地下鉄とともに活用したいのが、テムズ河の水上バス「リーヴァーボート」。ビッグ・ベンの下のウェストミンスター・ピアからは、グリニッジや、キュー・ガーデンズ、リッチモンド、ハンプトン・コートへ行くボートが運航している。地上の交通機関より値段も高いし、時間もかかるが、テムズから眺めるロンドンはまた格別。水上バスを使って、郊外の街に足をのばしてみよう。

　ホップオン・ホップオフの観光バスと同じようにあちこちのピアで乗り降りできるボートもある。また、隣のエンバンクメントのピアからもランチや豪華な夕食を楽しみながらテムズを周遊するクルーズが出ている。

テムズ河をさまざまなボートが行き交っている

●ウェストミンスター・ピア
Westminster Pier MAP ●切りとり-18/19
▶ロンドン塔：9:40〜17:00（夏期は〜20:50）に25分毎／所要約40分／£5.60（往復£6.80）
▶グリニッジ：10:00〜16:30に30分毎／所要約1時間10分／£6.80（往復£8.60）
▶キュー・ガーデンズ〜リッチモンド〜ハンプトン・コート：夏のみ1日3本（10:30、11:15、12:00）／キュー・ガーデンズまで約1時間30分で£10.50（£16.50）、リッチモンドまで約2時間で£12.00（£18.00）、ハンプトン・コートまで約3時間30分で大人£13.50（£19.50）
※エンバンクメントのピアからもロンドン塔とグリニッジ行きのクルーズがある。

乗船チケットはここで

ロンドン

125

ロンドン市内の交通／バス

ロンドン市内の交通

タクシー *Taxi*

タクシーでの英会話

この住所に行ってください。
テイク ミー トゥ ディス アドレス プリーズ
Take me to this adress, please.

空港までどれくらい（料金）か
かりますか？
ハウ マッチ ウィル イット コスト トゥ
How much will it　cost to
ゴー トゥ ディ エアポート
go to the airport ?

お釣りは取っておいてください。
サンキュー キープ ザ チェインジ
Thank you. Keep the change.

**割安で便利な
ミニキャブ**

　正規のタクシーの他、ロンドン市内にはミニキャブと呼ばれる手軽なタクシーがある。車種もまちまち、料金もメーター制ではないが、これもちゃんとした認可制のタクシー。基本的には電話呼び出しだが、ホテル街や繁華街などに窓口があり直接交渉も可能。市内中心部から空港まで、通常のタクシーだと£40程度はかかるが、ミニキャブなら£25以下とかなり安い。ただし、空港周辺や深夜の繁華街などで声をかけてくるミニキャブには要注意。中には料金をふっかける悪質な例もある。利用する時は、ホテルで紹介してもらった方が無難だ。また、中にはバックマージン代が含まれて高いこともあるので、予約時に料金を確認しよう。

126

タクシーは安心＆確実な交通機関

運転技術も、マナーも抜群
紳士の国の快適な乗り物

　ダブルデッカーとともに、ロンドン名物が黒塗りオースチンの古風なタクシー、通称"ブラックキャブ"。最近は風情のない新型車も増え、車体全体が"動く広告塔"になったような派手なキャブも多くなったが、その乗り心地のよさは今も昔も変わらない。ロンドンの道を熟知したドライバーばかりだということが、最大の安心点。目的の通り名さえ告げれば、間違いなく連れていってくれる。同じ名前の通りが市内に複数ある時も、イギリスの郵便番号にあたる「SW1」「W3」といったエリアコードが分かれば問題ない。地名が不確かな時は運転手が地図を開いて念入りにチェックし、目的地を確認してからメーターをたおす。このジェントルな対応がまた嬉しい。座席は向かい合わせで、古いタイプは5人まで、新型車は6人まで座れる。トランクはないが、大きな荷物は助手席に乗せてくれる。

タクシー乗車のルールとマナー

　駅やホテルの前にはタクシー乗り場があるし、通りでも簡単に流しのタクシーを止めることができる。屋根のマークの明かりがついていれば空車の印。手を上げれば止まってくれる。タクシーは一般車両と違ってUターン規制から除外されているので、対抗車線を走っているタクシーでも止めることができる。
　タクシーが止まっても、いきなり乗り込まないこと。まず助手席の窓からドライバーに行き先を告げ、その後、おもむろにドアを開けて乗り込む。降りる時も座ったまま払うのではなく、いったん降りてから、助手席の窓を通して支払う。

タクシーの料金システム

　タクシーはメーター制で、初乗りは£2.00。後は走行距離、または時間に応じて料金が上がっていく走行距離と時間を併用したメーター制。これが基本料金で、刻々と変わる料金が運転席横のメーターに表示される。
　市内を走行しているタクシーは認可を受けたもので、運賃はすべて同じ。以前は大きな荷物や乗車人数に応じて加算されるエクストラ・チャージがあって計算がやっかいだったが、最近、それらがなくなり、料金は時間帯や曜日による違いだけになった。タクシー運賃は以下の3種類。
①月～金曜の午前6時～午後8時（バンクホリデー除く）
②月～金曜の午後8時～10時と土・日曜午前6時から午後10時
③夜10時以降の深夜料金

1マイル（1.609km）乗った場合、①は£3.60、②は£4.00、③の深夜料金だと£4.60になる。例えば平日の日中にピカディリー・サーカスからロンドン塔まで乗ると、直線距離にして2.7マイルほどなので、渋滞に捕まらない限り£10程度で利用できる。

チップは大きな荷物を乗せた時や目的地を探してくれたりなど、特別に親切にしてもらった時に運賃の10%を目安に支払いたい。他は端数をチップにする程度でいいだろう。

もっともオーソドックスなキャブ

うまく使えば便利でお得！ ロンドン市内観光バス

短い時間に効率よく市内をまわろうと思えば、意外に便利なのが市内観光バス。ロンドンから日帰りで行く郊外へのバスツアー（p.96参照）もいろいろあるが、市内だけの観光バスもいっぱいある。

街歩きに便利な乗り降り自由の観光バス

●ホップオン・ホップオフ
Hop-on Hop-off Tour

乗り降り自由のオープントップのダブル・デッカーに乗って市内をまわる、気軽に利用できる観光バス。現在、5、6社の主催会社があり、ルートもいろいろある。有効期間は1日から2日。決められたルート内であれば、自分の好きなところで乗り降りでき、車内では各国語のガイドテープが聞ける。

乗車場所はピカディリー・サーカスなど観光客が多い場所やホテルの多いエリアなどにある。目印は主催各社のプレートの付いたバス停。主なバス停に係員が待機している。チケットはホテルのカウンターや各会社のマークを付けた係員、または運転手から購入する。

とっておき情報

★ビッグ・バスThe Big Bus Campany
▶☎020-7233-9533▶催行：夏は8:30〜18:00、冬は〜17:00▶大人£18.00、子供£8.00
★オリジナル・ツアー
The Original Tour
▶☎020-8877-1722▶催行：夏は8:30〜20:00、冬は9:30〜17:00▶大人£16.00、子供£10.00

●市内観光バス

こちらは本格的なガイド付きの観光バス。日帰り郊外ツアー同様、数社が主催しており、午前か午後の半日で目的をしぼってまわるコースや、食事付きで1日フルにまわるもの、また夜のディナー付きコースなどいろいろ種類がある。料金はコースによりまちまちだが、£20〜35程度。また、£50以上と少々値ははるが、シアターチケット込みのナイトコースやディナークルーズなどもある。いずれも、申し込みはホテルや観光案内所で。各主催旅行会社の連絡先は、p.96参照。

観光バスの中には、日本企業が運営する日本人専用のバスツアー会社（p.96参照）もある。マイバスは（**MAP** p.117-C）三越の斜め前、みゅうバス（**MAP** p.116-I）はヴィクトリア駅の隣のビルの1階、ジャルパック・ツアーズ（**MAP** p.114-I）はいぎりす屋に、それぞれ窓口があり、そこで申し込みや手続きができる。対応はすべて日本語。アフタヌーンティー付きなど、日本人の好みに合ったコースも豊富。街歩きに上手に利用しよう。

ロゴ入りでカラフルなツアーバス

テムズ河畔に残るロンドンの中世歴史物語

ロンドン塔周辺
～サザーク

ロンドンの東側、シティからロンドン塔にかけての一帯は、ロンドンという街の歴史を知る上で欠かせないエリア。ロンドン塔やセント・ポールズ大聖堂はロンドン屈指の観光地として数多くの観光客を魅了している。一方、テムズの対岸に広がるサザーク一帯も中世以来の歴史を綴るエリアで、こちらへもぜひ足をのばしてみたい。

セント・ポールズ大聖堂

---

❶観光案内所 Tourist Information Centre
●シティ▶セント・ポールズ大聖堂の南側
▶☎020-7332-1456▶St. Paul's Churchyard
▶9:30～17:00（10～3月の土曜は～12:30）▶無休
●サザーク▶London Bridge駅から徒歩7分、ヴィノポリスVinopolis（p.133参照）の1階
▶OPEN：10:00～18:00▶日曜、12/25休み
●ロンドン・ビジターセンター
●➡ウォータールー駅内▶OPEN：8:30～22:30
●リヴァプール・ストリート▶➡リヴァプール・ストリート駅構内▶OPEN：8:00～18:00、土・日曜は8:45～17:30、6～9月は8:00～19:00▶無休

街歩きのヒント

起点となるのは、地下鉄タワー・ヒルTower Hill駅。ロンドン塔は駅の前、タワー・ブリッジはその東側に入口がある。ロンドン塔を見学したら、そのまま橋を渡って対岸のサザークへ。バトラーズ・ワーフからサザーク、さらに西のランベス（p.143参照）にかけて、「ミレニアム・マイル」と呼ばれる遊歩道がテムズ河に沿って続いている。

対岸に渡らない場合は、ロンドン塔前からバスか徒歩でシティの中心部をめざそう。バンクBank駅のある広場からセント・ポールズ大聖堂にかけて、数百年の歴史を積み重ねてきた古い街並みが続いている。表通りの名所ばかりでなく、歴史が堆積しているような裏路地もシティならではの魅力。重厚なビルが並ぶ通りのあちこちに、中世以来の古風な教会がいくつも点在している。歴史を秘めた路地から路地をめぐりながら、数々の史跡や博物館を見学していこう。

Sightseeing
見どころ

Tower of London
完全な姿で残る中世の城砦
ロンドン塔

MAP ●切りとり-21、p.113-H
➡Tower Hill駅から徒歩2分

遠目には童話の中のお城のようにも見えるが、ここはれっきとした軍事要塞。1097年、ウィリアム征服王（p.206参照）によって築城され、13世紀後半のエドワード1世（p.350参照）の時代にほぼ現在のかたちに完成した。ロンドンを外敵の侵略から守るための要塞というのが表向きの築城理由だが、その真の狙いは実力を蓄えたシティの勢力に対する王家の牽制にあったとされる。確かに、ここが要塞として使われたことはなく、築城当初から17世紀前半のジェームズ1世の時代までもっぱら王室の居城として使われ、その後は牢獄や処刑場としての名を歴史に刻んできた。

テムズ河に臨むロンドン塔

ミニ情報　スコットランド王デービッド2世（在位1329～1371）：百年戦争で劣勢にあったフランスの要請でイングランドに侵攻。反撃を受けて捕虜となり、11年間ロンドン塔で抑留生活を送った。

スコットランドの王デービッド2世は抑留生活を送り、ヘンリー8世の不倫の妻アン・ブーリンや5番目の妻キャサリン、スコットランドの女王メアリなど、著名な人々が数多く人生最期の時をここで迎えている。

秘められた歴史を下調べしてまわればいっそう興味深く、つぶさに見て歩けばたっぷり半日はかかる。目的を絞るとすれば、ホワイト・タワーWhite Towerと、宝物殿ジュエル・ハウスJewel Houseの2ヵ所。ホワイト・タワーは博物館になっており、武具・甲冑や実際に使われていた拷問の道具などが展示され、見ごたえ充分。一方のジュエル・ハウスは、世界最大のダイヤモンド「アフリカの星」など王室所有の宝石類が展示され、こちらでは現実離れした華麗な世界にため息が出る。陰と陽、英国王室の歴史の両面を見る思いがして、いずれも見のがせない。ロンドン塔内には、この他にも近衛連隊の博物館など見るべきところも多い。

DATA ▶ ☎0870-756-6060 ▶ OPEN：9:00〜18:00、日・月曜10:00〜、11〜2月は9:00〜17:00、月・日曜10:00〜 ▶ 12/24〜26、1/1休み ▶ 入場料：大人£13.50、子供£9.00

どこから見ても優雅なタワー・ブリッジ

Tower Bridge
テムズ最南端に架かる華麗な跳ね橋
タワー・ブリッジ
MAP ●切りとり-21、p.113-L
⊖Tower Hill駅から徒歩5分

2基のゴシック風の塔を有する新古典主義様式の橋ができたのは、ヴィクトリア女王治世下の1894年。全長260mの橋は色彩も華や

かでみごとなフォルムだ。港湾としての地位をサザンプトン港などに譲った現在では大型船の通過のために橋げたを上げるシーンはめっきり少なくなったが、それでも油圧の力で跳ね上げる機能は現役。運がよければ、往時さながらの活躍ぶりを眺めることができる。

橋内は**タワー・ブリッジ体験館**Tower Bridge Experienceとなっており、橋げた開閉のメカニズムなどが見学できる。また、2つの塔を結ぶ格子作りの歩道橋は恰好の展望台。50mの高さからの眺望は抜群。この眺めを見るだけでも、入館料を払う価値がある。

DATA ●タワー・ブリッジ体験館 ▶ ☎020-7403-3761 ▶ OPEN：9:30〜17:00、4〜8月は9:00〜 ▶ 12/24・25、1/1休み ▶ 入館料：大人£4.50、子供£3.00

ロンドン塔見物でお腹が空いたらテムズ河畔でランチを

ロンドン塔見物でお腹が空いたら、最近オープンしたロンドン塔内のレストラン（営業時間はロンドン塔と同じ）へ行こう。武器や食料の貯蔵庫として建てられたニュー・アームリーズの中にある。日曜や祝日には込み合うが、ランチの他にもクリーム添えのスコーンなど手軽なメニューもあり、ひと休みにもぴったり。時間に余裕がある時は少し足をのばして、塔の東側にある**セント・キャサリンズ・ドック**か、タワ

とっておき情報

MAP ●切りとり-21、p.113-L
ー・ブリッジを渡った**バトラーズ・ワーフ**（p.132参照）へ足をのばすのもおすすめ。どちらにもしゃれたレストランが並んでいる。

ヨットを見ながら優雅にランチを楽しもう

威容を誇るイングランド銀行

City
長い歴史に支えられた金融の街
シティ

MAP ●切りとり-13〜14、p.113-F〜p.114-G
⊖Bank駅から徒歩1分

　金融の街シティを象徴するのが、バンク駅前の広場にそびえる**イングランド銀行**Bank of Englandと隣の**旧王立取引所** Old Royal Exchangeのふたつ。北側にそびえるイングランド銀行はスコットランド人のウィリアム・パターソンによって設立された世界最古の銀行で、1694年には早くも民間から資金を募り、株式会社組織の銀行としてスタートした。イギリスにおける銀行の歴史をたどる博物館（p.163参照）を併設している。

　一方、広場の東側にそびえるコリント式柱廊の建物が王立取引所。こちらは銀行より早い1566年、シティの商人サー・トマス・グレシャムによって設立され、1571年にはエリザベス1世の勅許を得て取引所としてスタートした。入口の前に立つ銅像はワーテルローの戦いでナポレオン軍を破った英雄、ウェリントン将軍（p.161参照）だ。長い歴史を誇ったが商品取引所としての使命は終わり、現在はオフィスビル。1階はショッピングアーケード、地下にはレストランも入っている。

　イングランド銀行の向かいの建物は**マンション・ハウス**Mansion House。1752年に建てられたシティ市長（ロード・メイヤー）の公邸で、儀式の間や舞踏室などが当時のまま保存されている。

　バンク駅前の交差点からもう少し東に進ん

だところに忽然と現れるのが、**ロイズ保険** Lloyd'sの本社ビル。ここも歴史は古く、1688年、エドワード・ロイドが始めた株の仲買人たちのためのコーヒーハウスがそもそもの起源。ハイテックなビルは、パリのポンピドゥー・センターを手がけたリチャード・ロジャースの設計によるものだ。

The Monument
大火災の教訓を今に伝える
ロンドン大火記念碑

MAP ●切りとり-14、p.113-G
⊖Monument駅から徒歩1分

　1666年、夜半に起きた火事は3日にわたって燃え続ける大火となった。当時のロンドンは過密な人口をかかえ、しかも家屋の多くが木造だったため、ひとたまりもなく炎上。シティの3分の2が焼け落ちたと伝えられている。この大火の教訓を後の世に残そうと建てられたのが、このモニュメント。最初に燃え落ちた教会の跡地に建てられたもので、完成は1677年。塔の高さ61mは、ここから火元とされるプディング通りのパン屋までの距離に等しいとされている。

DATA ▶ ☎020-7626-2717 ▶ OPEN：9:30〜17:00 ▶ 12/24・25、1/1休み ▶ 入館料：大人£2.00、子供£1.00

St.Mary-le-Bow
マザー・グースにも歌われた
セント・メアリ・ル・ボウ教会

MAP ●切りとり-13、p.112-F
⊖St.Paul's駅またはBank駅から徒歩5分

　シティに残る古い教会のひとつで、その歴史はノルマン時代までさかのぼる。チープサイドCheapside通りに面した教会は、マザー・グースの歌にも登場するなじみ深い存在で、14世紀から約500年の間、人々は毎朝この教会の鐘の音で目覚め、夜9時の晩鐘で1日を終えていた。ボウとは石工の用語で「石造りのアーチ」を意味し、地下聖堂にある11世紀の弓状のアーチに由来している。ここも大火で焼失。現在の建物はクリストファー・レンによって1673年に再建されたものだ。

DATA ▶ ☎020-7258-5139 ▶ 入館無料

ミニ情報　クリストファー・レン（1632〜1723）：ウィンザー生まれの建築家。優秀な天文学者でもあったが、ロンドン大火後の都市計画立案や、セント・ポールズ大聖堂の設計に携わるなど、英国建築の大成者となった。

Guildhall
シティの自治権のシンボル
ギルドホール

MAP ●切りとり-13、p.112-B
St.Paul's駅またはBank駅から徒歩5分

シティの商人たちのギルド（同業者組合）の本部が置かれていた建物。12世紀に自治権を獲得して以来、市庁舎としての役目を担ってきた。初の市長が誕生したのが1185年。1319年には選挙権、行政権が認められ、市長は議員や行政官によって選出されるようになった。シティがロンドンの一部になった時から市長は実権のない名誉職になったが、今でも新市長が誕生するとパレード（ロード・メイヤーズ・ショー）が行われ、ギルドホールで首相臨席のパーティーが開かれる。

ここもロンドン大火と第2次大戦の戦火で中世以来の建物の大半が焼失したが、地下室とグレード・ホールは被害を免れて現在にいたっている。館内には

今も大切に守られるグレート・ホール

シティの歴史的資料を集めたギルドホール図書館や時計職同業組合の貴重なコレクションを集めた**時計博物館**Clock Museumがあり、見学ができる。また、同じ敷地内にロンドン市所蔵の美術コレクションを展示する**ギルドホール・ギャラリー**（p.161参照）もある。

DATA ▶ ☎020-7332-3700 ▶ OPEN：10:00〜17:00、日曜12:00〜16:00 ▶ 12/24・25、1/1休み ▶ 入館料：大人£2.50、16歳以下は無料

The Barbican
シティの中のニュー・タウン
バービカン

MAP ●切りとり-13、p.112-B
Barbican駅またはMoorgate駅利用

1960年代に、第2次大戦後の焼け跡を総合的に開発して誕生したエリア。古風なセント・ジャイルズ・クリップルゲート教会を取りかこむようにいくつものビルが回廊でつながり、オフィス棟の他、住宅や商店などが入っている。南にあるのが、**ロンドン博物館**（p.162参照）。ロンドン市の歴史をビジュアルな展示で分かりやすく紹介している。北部にある**バービカン・センター**Barbican Centreには、ロンドン・シンフォニー・オーケストラの本拠地となるコンサート・ホールや劇場など、文化施設が集中している。

ZOOM in　市民が築いた街シティで市場めぐり

長い歴史を刻む街だけに、シティや周辺には個性的なマーケットが点在している。そのひとつが、金融街のど真ん中、ロイズ保険ビルの近くにある**レドンホール・マーケット**Leadenhall Market（MAP p.113-G）。その歴史はローマ人の時代にさかのぼるほど古く、一時はシティ直営の市場でもあったところ。現在の屋根付きの立派なアーケードは1881年に建てられたもので、鳥や獣の肉、魚、ワインなどの小売店が軒を並べている。

シティの東側、**スピタルフィールズ**にある元の青果市場Former Spitalfields Market（MAP p.113-D）は、毎週末、クラフトなどのマーケットに変身。その周辺には**ペチコート・レーン・マーケット**Petticoat Lane Marketと呼ばれる日用品から骨董品まで揃う格安の露店街も

アーチ型の天井が美しいレドンホール

ある。また、マーケット近くはバングラディッシュ人の街。安くておいしいカレーなら、ここがロンドンでもピカイチ。日曜のシティは閑散として寂しいが、リヴァプール・ストリート駅の東側のこのエリアまで足をのばせば、ひと味違うロンドンのダウンタウンが味わえる。

St.Paul's Cathedral
ロンドン市民がこよなく愛す教会
セント・ポールズ大聖堂

MAP ●切りとり-13、p.112-F
🚇St.Paul's駅から徒歩1分

ロンドン市民に愛され続けた大聖堂

サクソン人がここに木造の教会を造ったのが604年。その後、石造りの教会になったが、ロンドン大火で焼け落ち、現在の寺院の再建が開始されたのはシティ炎上から数年後。30年以上の歳月を費やし、1708年、建築家クリストファー・レンの手によって現在の建物が完成した。正面の両側に双塔がそびえ、中央には直径34m、高さ110mのドームがある。古典的な

ノルマン様式を巧みに取り入れた建物は、バティカンのサン・ピエトロ寺院に想を得たレン晩年の傑作。ワシントンの議事堂やパリのパンテオンに影響を与えたといわれている。

モザイク画に飾られた聖堂は荘厳な雰囲気に包まれ、地下聖堂には国民的英雄のウェリントン将軍やネルソン提督、戦火からこの聖堂を守ったウィンストン・チャーチルなど多くの著名人の墓や記念碑があり、見ごたえ充分。また、ドームの内側は回廊になっており、階段で頂上まで登れる。ドームの上から望む大パノラマは壮観だ。

DATA ▶☎020-7236-4128▶OPEN：8:30〜16:00、ギャラリーは9:30〜▶日曜は見学不可▶入館料：大人£8.00、子供£3.50

Butler's Wharf
倉庫街が最先端スポットに変身
バトラーズ・ワーフ

MAP ●切りとり-21、p.113-L
🚇Tower Hill駅またはLondon Bridge駅利用

テムズ南岸の寂しい倉庫街が、近年、最先端のレストランが軒を連ねるおしゃれなグルメタウンに生まれ変わった。レストラン街に

とっておき情報
テムズ河畔をそぞろ歩いて 対岸の眺望を心ゆくまで楽しもう！

テムズ対岸のそぞろ歩きで楽しいのが、河畔のパブでのひと休み。屋外に並んだ椅子に座り、河向こうの景色を眺めながら飲むビールは格別の味。河畔のパブでおすすめは、ヘイズ・ギャレリア1階の「ホーニマン」。ここからは軍艦ベルファスト号やタワー・ブリッジ、対岸のロ

テムズ河畔は散歩に最適

ンドン塔が一望できる。バトラーズ・ワーフのレストランからの眺望も見のがせない。中でもおすすめしたいのが、モダンブリティッシュの名店として人気のデザイン博物館（p.162参照）のレストラン。夜にはライトアップされて、さらにゴージャスな眺めが楽しめる。

もう少し西に進むと、ロンドン・ブリッジとサザーク・ブリッジの間に、「オールド・テムサイド・イン」と「アンカー」がある。さらに西、テート・モダンの近くには「ファウンダーズ・アームス」と「ドッグゲッツ」が、それぞれ適当な距離をおいて河に面して建っている。どこも極寒の季節を除けば、屋外にテーブルが並ぶ。もっと眺望を楽しみたいという人は、テート・モダン（p.160参照）の最上階にあるカフェへ行こう。大きなガラス窓からの眺望は、もちろん文句なしの素晴らしさ。平日は17:30閉店だが、金・土曜なら21:30まで開いている。

※「無休」とある観光地も、12/25前後と1/1はほとんどが休みとなります。ご注意ください。

シェイクスピア時代を再現したグローブ座

は、近現代の商業デザインの変遷を伝える**デザイン博物館**（p.162参照）もある。

（p.162参照）

Southwark
河向こうに誕生した芝居の街
サザーク

MAP ●切りとり-19～21、p.112-I～p.113-K
⊖Tower Hill駅またはLondon Bridge駅利用

シティの対岸一帯は、演劇が不道徳として迫害された時代にシェイクスピアたち演劇人がシティから飛び出して開いた新天地。最古の劇場**ローズ座の跡地**やシェイクスピア時代の芝居小屋をそっくり再現した**シェイクスピア・グローブ座**があり、近くには今も中庭で芝居が上演されるパブ、**ジョージ・イン**（p.173参照）もある。

サザークにはこの他、血なまぐさいシーンばかり再現した風変わりな見せ物小屋**ロンドン・ダンジョン**、ワインの魅力を紹介する**ヴィノポリス**など多彩なアトラクションが点在。16世紀に世界一周航海をなし遂げたフランシス・ドレイク卿の帆船、**ゴールデン・ハインド号**のそばには、ゴシック様式の壮麗な**サザーク大聖堂**がそびえ、ショップやレストランが並ぶヘイズ・ギャレリアHay's Galleriaの前には**軍艦ベルファスト号**が浮かんでいる。また、そのさらに先には最新のギャラリー、**テート・モダン**（p.160参照）があり、セント・ポールズ大聖堂に向けて優雅な吊り橋**ミレニアム・ブリッジ**が架かっている。サザークから西のランベスへ、河畔に続く遊歩道をそぞろ歩きながら、中世から現代へ、この街の歴史をたどるのも楽しい。

ミレニアム・ブリッジ

●**ローズ座跡**　Rose Theatre
DATA ▶☎020-7593-0026（グループ予約のみ受け付け）▶OPEN：10:00～17:00▶12/24・25休み▶入場料：大人£3.00、子供£2.00

●**ロンドン・ダンジョン**　London Dungeon
DATA ▶☎020-7403-7221▶OPEN：10:00～18:30、10～3月は10:30～17:00▶入場料：大人£14.50

●**ヴィノポリス**　Vinopolis City of Wine
DATA ▶☎0870-241-4040▶OPEN：12:00～18:00、月・金・土曜は～21:00▶12/25、1/1休み▶入場料：大人£12.50、子供£6.00

●**ゴールデン・ハインド号**　Golden Hinde
DATA ▶☎020-7403-0123▶開館時間不定▶無休▶入場料：大人£2.75、子供£2.00

●**サザーク大聖堂**　Southwark Cathedral
1106年にアウグスティノ会の修道院として歴史に登場する古い聖堂。
DATA ▶☎020-7367-6700▶OPEN：8:00～18:00、土・日曜は8:30～▶展示室は有料

Shakespeare's Globe Theatre
中世の芝居小屋をそっくり再現
シェイクスピア・グローブ座

MAP ●切りとり-20、p.112-F/J
⊖London Bridge駅から徒歩10分

シェイクスピアの時代を再現して1997年に造られた円形吹き抜けの劇場。劇場の地下にローズ座やグローブ座に関する資料やシェイクスピア時代のコスチューム、当時のサザークの街などを紹介する博物館を併設している。

●**博物館** DATA ▶☎020-7902-1400▶OPEN：9:00～12:00、12:30～17:00、10～4月は10:00～17:00▶12/24・25休み▶入館料：大人£8.50、子供£6.00

H.M.S. Belfast
1933年建造のイギリス海軍の巡洋艦
軍艦ベルファスト号

MAP ●切りとり-21、p.113-K/L
⊖London Bridge駅から徒歩10分

ノルマンディー上陸作戦などで活躍した巡洋艦。現在は内部が開放され、見学できる。

DATA ▶☎020-7940-6300▶OPEN：10:00～18:00、11～2月は～17:00▶12/24～26休み▶入場料：大人£7.00、子供無料

ミニ情報 フランシス・ドレイク（1543～96）：エリザベス1世の勅許のもとスペイン商船に対する海賊行為（私掠船）で活躍。1577～80年には世界一周航海にも成功。スペイン無敵艦隊を撃退した時の英国海軍の提督でもある。

Piccadilly Circus
~Covent Garden

昼も夜も刺激的な繁華街

ピカディリー・サーカス ～コヴェント・ガーデン

ソーホーから、マーケットで賑わう東隣のコヴェント・ガーデンにかけては、ロンドンでもいちばん繁華なエリア。多彩な店が競い合い、ヨーロッパからアジア、アフリカまで、世界中の味に出会える。また、夜になれば、ナイトクラブや劇場のイルミネーションが輝いて、昼とは違う魅力を放ち始める。ここは昼も夜も楽しめる街だ。

ピカディリー広場のエロスの像

ⓘ観光案内所 Tourist Information Centre
●英国&ロンドン・ビジターセンター The Britain
& London Visitor Centre▶1 Regent St. **MAP** ●
切りとり-18、p.114-J▶OPEN：9:00～18:30、月
曜は9:30～、土・日曜は10:00～16:00（6～9月の
土曜は9:00～17:00）▶無休

街歩きのヒント

利用できる地下鉄線も駅も多いが、ピカディリー・サーカスからコヴェント・ガーデンにかけてはむしろ歩いた方がいい。移民の街、市場の街として発展してきただけに、細い通りが網の目のように入り組んでいるが、地図があれば迷うこともないだろう。また、法律関係の施設が並ぶホーボーンは、コヴェント・ガーデンの東隣。大英博物館のあるブルームズベリーは、ソーホーの北側にあり、いずれも徒歩で行ける距離にある。

見どころ Sightseeing

Piccadilly Circus
市内観光とショッピングの中心
ピカディリー・サーカス
MAP ●切りとり-11、p.114-J
🚇Piccadilly Circus駅から徒歩1分

この賑やかな交差点にイルミネーションが最初にきらめいたのは200年以上も昔の18世紀末。ピカディリーとは、レースの襟を流行らせて大儲けした仕立て職人が、16世紀に豪邸ピカデイル・ホールを建てたことに由来する。エロスの像を中心に何本もの通りがクロスするピカディリーは、まさに繁華街の中

心地。1年中賑やかなこの交差点から、ソーホーの街歩きを始めよう。

Regent Street
老舗が並ぶショッピング通り
リージェント・ストリート
MAP ●切りとり-11、p.114-J
🚇Piccadilly Circus駅から徒歩1分

ピカディリー・サーカスから優雅な弧を描いて北へ続く大通りは、1813年から1823年にかけて、名建築家ジョン・ナッシュが後にジョージ4世（p.209参照）となる皇太子のために造った道。ロンドンきっての華やかな通りで、左右に創業数百年を誇る老舗やデパートが並んでいる。この表通りと対照的なのが、東側の**カーナビー・ストリート**Carnaby St.（MAP p.114-J）。60年代に最先端のロン

ドン・ファッションを発信した通りらしく、こちらには若者向けの店が集まっている。

老舗が軒を連ねるリージェント・ストリート

Piccadilly
高級ホテルが並ぶ華やかな通り
ピカディリー通り
MAP ●切りとり-17/18、p.116-B
🚇Piccadilly Circus駅から徒歩1分

紅茶で有名なフォートナム&メイソンなどの老舗とともに、日本の本や食品の他、日本人向けの旅行も主催するジャパン・センター

ミニ情報　リージェント・ストリート：Regent Streetは直訳すれば「摂政通り」となる。父であるジョージ3世の摂政（Regent）を務めていた皇太子（後のジョージ4世、p209参照）に捧げられたことからこの名がある。

（MAP p.114-J）や日本大使館もこの通りにあり、日本人には何かとなじみのある通りだ。マーケット広場のあるセント・ジェームズ教会の斜め向かいは、**ロイヤル・アカデミー**。常設展示とともに、レベルの高い企画展を開催することで知られている。一本南側の**ジャーミン・ストリート**Jermyn St.も、専門店が点在する魅力的なショッピング街だ。

●**ロイヤル・アカデミー** Royal Academy of Arts
DATA ▶☎020-7300-8000▶OPEN：10:00～18:00、金曜は～22:00▶入館料：大人£11.00、子供£4.00（特別展は別途料金）

MAP ●切りとり-10、p.114-I ●Piccadilly Circus駅、Green Park駅、またはBond St.駅利用

ピカディリーからオールド・ボンドの名で始まり、ニュー・ボンドと名を変えてオックスフォード・ストリートにいたる。通りの両側に並ぶのはイギリスの老舗ブランドとともに、グッチ、シャネルといった世界のブランド店ばかり。まさにブランドショッピングのメッカだ。背広の語源ともいわれる**セヴィル・ロー**Savile Rowはオールド・ボンドの東側。短い通りに、伝統と格式を誇る高級テーラーが集中している。ニュー・ボンドの西側の**サウス・モルトン**South Molton St.も注目のショッピング街。こちらには若手デザイナーの店などが続々誕生している。

Soho
昼も夜も楽しい遊びのエリア
ソーホー

MAP ●切りとり-11、p.114-J ●Piccadilly Circus駅から徒歩1分

リージェント・ストリートの東側一帯が、ソーホーと呼ばれる街。ロンドンでも最高の食と遊びの集中地帯で、あらゆる国のレストランがひしめき、夜ともなれば劇場や映画館、バー、クラブのイルミネーションがきらめく。ヨーロッパ最大の**チャイナタウン**（MAP p.114-J）は、ソーホーの南の境界線、シャフツベリー・アベニューShaftesbury Ave.の南側。カラフルな中華門に飾られたジェラー

観光客で賑わうレスター・スクエア周辺

ド・ストリートGerrard St.を中心に、数十軒の中国料理店が軒を並べている。和食の店が集中しているのは、**ブルワー・ストリート**Brewer St.（MAP ●切りとり-11）。寿司やラーメン店とともに、和食弁当まである日本食品のスーパーマーケットや日本酒を売る酒店などもある。中国料理に比べると多少高いが、ここにくれば日本の味にありつける。

Leicester Square
劇場街の小さな広場
レスター・スクエア

MAP ●切りとり-11、p.115-K ●Piccadilly Circus駅または●Leicester Sq.駅から徒歩3分

ピカディリー・サーカスからコヴェント・ガーデンにかけての一帯が"**ウェスト・エンド**（p.164参照）"と呼ばれる劇場街。大小さまざまな劇場がひしめき、オペラやバレエ、古典劇や現代劇、ミュージカルからコメディまで、日々上演されている。その入口にあるのが、チャイナタウンの南側にあるこの広場だ。映画館やカフェにかこまれた小さな広場周辺はいつも人でいっぱい。広場にはシェイクスピアやチャップリンの銅像が並び、南側には劇場チケットを半額で売る小さな建物「**tkts**」（p.164参照）もある。目当てのチケットがある時は、必ずここをチェック。運がよければ格安でチケットが手に入る。

ヨーロッパ最大規模のチャイナタウン

ZOOM in

おしゃれフリークが集まる
ニール・ストリート *Neal St.*

　コヴェント・ガーデン駅から北にのびる**ニール・ストリート**は、地元のおしゃれ人間に支持される話題のショッピングストリート。狭い通りを人が埋めるところはさながら"ロンドンの原宿・竹下通り"といった賑わいだが、通りに並ぶのは、アフリカ民芸の店、ビーズや占いグッズの専門店、お茶ばかりを集めた店など個性的かつユニークな店が勢揃い。また、食の世界も多彩で、ロンドンでも古参のイタリア料理店もあれば、話題のベルギー料理店、イタリア直輸入の食材やデリカを売る店など、流行に敏感なロンドンっ子に人気の店が揃っている。この通りの裏手にある小さな広場、**ニールズ・ヤード**も必見。アロマショップや自然素材にこだわった店、おしゃれなカフェなどが並んでいる。個性的なロンドンみやげをゲットしたい時は、この通りも忘れずチェックしよう。

小道を抜けると小さな三角形の広場に出る

Oxford Street
デパートが並ぶ庶民のエリア
オックスフォード・ストリート

MAP ●切りとり-10/11、p.114-F
⊖Oxford Circus駅利用

　ソーホーの北の端にあたるのがこの通り。西のマーブル・アーチMarble Archからホーボーンまで、東西に約2kmにわたって続いている。ジョン・ルイスやマークス&スペンサーといった地元の人々ご用達のデパートや大型ショッピングビル、スーパーマーケットがズラリと並び、買い物客でいつも大混雑。市内バスの多くがここを走るため、店が閉まった後も夜遅くまで賑やかだ。

Charing Cross Road
本屋が並ぶロンドンの"神保町"
チャリング・クロス

MAP ●切りとり-11、p.115-K ⊖Tottenham Court Rd.駅またはCharing Cross駅利用

　ソーホーの東端を南北に貫く通りで、この通りの周辺がロンドンを代表する書店街。ウォーター・ストーンズなど新刊書の大型書店とともに、専門店や古書店などがあちこち

にある。通りの南寄りにあるのが、古書の専門店街の**セシル・コート**Cecile Ct.（MAP p.115-K）。わずか数十mの路地に専門書の古書店が並んでいる。

Trafalgar Square
英雄ネルソン提督が睥睨する広場
トラファルガー・スクエア

MAP ●切りとり-18、p.115-K、p.117-C
⊖Charing Cross駅から徒歩1分

　ナポレオン率いるフランス・スペインの連合艦隊をトラファルガー沖で破り、イギリスに海上の覇権をもたらした英雄がネルソン提督。この広場は彼の偉業を記念して、19世紀にジョン・ナッシュによって造られた。ジョージ4世と2人の将軍の銅像が広場の3つの角を飾り、巨大な4頭のライオンに守られた高さ50mの円柱の上からネルソン提督の銅像が広場を見下ろしている。

いつも観光客と鳩で賑やかなトラファルガー・スクエア

大英帝国時代の雰囲気を残す広場は、ロンドンの風物詩が演じられるイベント会場でもあり、クリスマスにはノルウェーから贈られた大きなツリーが飾られ、大晦日にはビッグ・ベンの鐘が午前0時を告げるのを聴こうと市民がここに集まってくる。

Cleopatra's Needle
エジプトからきたオベリスク
クレオパトラの針
MAP ●切りとり-19、p.115-K/L
⊖Embankment駅から徒歩3分

テムズ河畔にある、高さ21mのオベリスク。紀元前1450年頃のもので、ジョージ4世の戴冠を記念して1819年にエジプト提督が寄贈した。はるばるエジプトから運ばれたが、ロンドンに到着したのは王の没後47年も経ってから。周辺は遊歩道として整備され、近くのピアからはテムズ河を周遊するクルーズ船（p.125参照）が発着している。

Covent Garden
一年中賑やかなマーケット広場
コヴェント・ガーデン
MAP ●切りとり-11/12、p.115-K
⊖Covent Garden駅から徒歩2分

コヴェントとは、かつて修道院Coventの菜園だったことから。ヘンリー8世時代の修道院令の廃止とともにベドフォード伯爵家の領地となり、1635年に現在の石畳の広場が造られた。また、広場の中心にあるレンガ造りの建物は、もともとは花と青果の市場として19世紀に建てられたもの。ミュージカル映画『マイ・フェア・レディ』で、ヘップバーン演じる主人公イライザが花を売っていたのがこの市場だ。

1974年に青果市場が移転した後、市場の建物はショッピングビルになり、建物の間の通路はアンティークやクラフトの常設マーケットになった。隣接してインドアのジュビリー・マーケットもあるので、掘り出し物探しには最適。この他、広場のまわりには**ロンドン交通博物館**（p.163参照）や、**劇場博物館**（p.162参照）などもある。

Royal Opera House
イギリスを代表するオペラの殿堂
ロイヤル・オペラ・ハウス
MAP ●切りとり-11/12、p.115-K
⊖Covent Garden駅から徒歩3分

1732年にコヴェント・ガーデン劇場として造られた。現在の建物は1858年にできた三代目。1982年に西翼が増築され、1999年に再び改装されてショッピングモールも併設。さらに豪華になった。世界三大オペラハウスのひとつとされるだけに、ホールの音響効果は抜群。現在、ロイヤル・オペラとロイヤル・バレエを交互に上演している。

とっておき情報

ロンドンらしい老舗が勢揃いするアーケード街に注目！

ピカディリー周辺で注目したいのが、いかにもイギリスらしい店が並ぶ古風なアーケード街。ヴィクトリア朝の時代に流行したアーケード街のひとつ、ピカディリー通り北側に入口のある**バーリントン・アーケード**Burlington Arcade（MAP p.114-J）は、キャベンディッシュ卿が19世紀に造ったもの。宝石やカシミア、アンティークなどの贅沢な店が並び、通路には赤いコスチューム姿の靴磨きがいて、まさに古き良きロンドンそのままの雰囲気。

ピカディリーから南側のジャーミン・ストリートに通じる**プリンセス**Princesと**ピカディリー**Piccadilly（MAP p.114-J）の2本のアーケードもいい。ここにもカシミアの名店やチョコレート専門店など、とびきりの店が並んでいる。

もう少し渋めの店が並ぶのが、ロアー・リージェントとヘイマーケットの間を通る**ロイヤル・オペラ・アーケード**Royal Opera Arcade（MAP p.117-C）。釣り具の老舗やパイプの専門店など、いずれも創業数百年を誇る個性豊かな店ばかり。ショーウィンドーを見て歩くだけでも、タイムスリップした気分で楽しい。

クラシックなムード漂うアーケードには靴磨きもいる

St.Paul's Church
マーケットに隣接する簡素な教会
セント・ポールズ教会

MAP ●切りとり-11、p.115-K
●Covent Garden駅から徒歩3分

　広場の開発時にベトフォード伯爵の注文で建てられた教会で、完成は1663年。ギリシア・ローマ様式の簡素な教会だが、土地がらか俳優や芸術家、音楽家との縁が深く、マーケット側にあるトスカーナ式の柱廊玄関はパフォーマンスの舞台としておなじみの場所。イギリス最初の人形劇もここで上演された。

Somerset House
美術館が入る華麗な建物
サマセット・ハウス

MAP ●切りとり-12、p.115-L
●Covent Garden駅またはTemple駅から徒歩5分

　そもそもは16世紀のエドワード6世の時代に摂政を務めたサマセット公爵が、膨大な私財を投じて建てた邸宅。やがて公爵は陰謀の罪に問われて処刑され、ルネッサンス様式の屋敷はジョージ3世の命により解体されたが、1786年にスコットランド人の建築家、ウィリアム・チェンバースによって再建。海軍省など政府関係の役所の入る新サマセット・ハウスが誕生した。中庭をぐるりと取りまく壮大な建築群は一見の価値がある。

　ここには現在、役所の他に北翼に印象派絵画のコレクションを誇る**コートールド・ギャラリー**（p.160参照）、南翼に装飾品を集めた**ギルバート・コレクション**（p.161参照）、さらに**ハーミテージ・ギャラリー**も入っている（3館共通入館料は£12.00）。美術館を訪れる人のためのカフェやレストランが、館内やテムズ河畔にある。

噴水の中庭を優雅な建物がぐるりと取りまく

Holborn
中立が信条の法律家と新聞の街
ホーボーン

MAP ●切りとり-12、p.115-H
●Temple駅またはHolborn駅利用

　ホーボーンは、古くから法律関係の施設が集中する街で、ストランドStrandがフリート・ストリートFleet St.と名を変えるあたりに**王立裁判所**がある。裁判所の向かいの3層の塔を持つ教会は、**セント・クレメンツ・デーンズ**St. Clement Danes。1682年にクリストファー・レンの設計で建てられたが、戦火で焼失。1955年から3年がかりで英国空軍の教会として再建されたものだ。

　裁判所の北側にあるのが、ロンドンの四大法学院のひとつ、**リンカーンズ・イン**Lincoln's Inn（MAP p.115-H）。13世紀にエドワード1世の法律顧問だったリンカーン伯爵が若い法律家たちの研修の場として寄贈したもので、トマス・モアや宗教家のクロムウェルもここで学んでいる。もうひとつの法学院**グレイズ・イン**Gray's Inn（MAP p.115-H）があるのはさらに北。ここの庭園は4つの法学院の庭園の中でももっとも美しいといわれ、一般にも公開されている。

●王立裁判所　Royal Courts of Justice
　1862年に完成した垂直ゴシック様式の壮麗な建物で、法廷内の見学ができる。
DATA ▶OPEN：開廷期間中の月〜金曜9:30〜16:30▶入館無料

The Temple
中世の雰囲気に包まれた空間
テンプル

MAP ●切りとり-12、p.115-L
●Temple駅から徒歩5分

　テンプルとは、フリート・ストリートとテムズ河の間にある小さなエリアの名称。12世紀後半にロンドンに移ってきたテンプル騎士団が、教会や修道院を建てたことからできた。法学院の残るふたつ、**インナー・テンプル**Inner Templeと**ミドル・テンプル**Middle Templeがあるのがここ。通りに面した入口のうち、チューダー様式の門はインナー・テンプルのゲート。この上階には、日記作家サミュエル・ピープスの博物館「**ヘンリー王**

138

ミニ情報　エドワード6世（1537〜53、在位1547〜53）：ヘンリー8世と3番目の妃との間の王子。幼くして即位したため、実権は長く摂政のサマセット公に握られていた。治世中、イギリスの国教会化が広範に進展した。

子の部屋」がある。

歴史を感じさせるテンプルの中でもひときわ古いのが**テンプル騎士団教会**。エルサレムの聖母教会を模して造られたロマネスク様式の身廊は、テンプル騎士団が1185年に本拠地として建てたもの。その後、1240年に長方形の内陣が新たに建てられた。また、ミドル・テンプルの大ホールは16世紀の建築で、この法学院の会員だったフランシス・ドレイクが、世界一周時に用いたゴールデン・ハインド号の船板を使ったテーブルが残っている。

●ヘンリー王子の部屋
Prince Henry's Room

DATA ▶ 11:00～14:00 ▶ 日曜休み ▶ 入館無料

インナー・テンプルの入口。2階にヘンリー王子の部屋がある

Bloomsbury
大英博物館のある学問の街

ブルームズベリー

MAP ●切りとり-4/5、p.114-B
⊖Holborn、Tottenham Court Rd.駅利用

ジョージ朝様式の街並みに、美しい広場が点在する静かなエリア。大英博物館の背後に、ロンドン大学の建物が並んでいる。ケンブリッジやオックスフォードが教会の管轄下にあるのとは異なり、ここは宗教とは無関係に創設された総合大学で、ブルームズベリーには本部校舎の他、大学付属の教会や中国陶磁器の世界的なコレクションで知られる**パーシヴァル・デイヴィッド中国美術財団美術館**（p.163参照）などがある。

ポロック玩具博物館

大学から西へ、電気店が並ぶ大通りを渡った先には、ヴィクトリア時代に活躍した人形劇作家、ベンジャミン・ポロックを偲んで1956年に開館した**ポロック玩具博物館**（p.163参照）が、また大学の東側には、作家**チャールズ・ディケンズの家**（p.163参照）がそのまま保存され、博物館として公開されている。

ZOOM in   ホーボーンの路地裏で見つける別世界
Holborn

MAP ●切りとり-12、p.112-E

クラシックな建物が数多く残るホーボーンは、歩くほどに新たな魅力を発見する街。とくに、フリート・ストリート北側に入口のある網の目のような路地はぜひ歩いてみたい。手を広げれば届くほど狭い路地の奥に、思いがけなく美しい中庭があったりする。

「ロンドンに飽きた人は人生に飽きた人だ」との名台詞をはいた文豪サミュエル・ジョンソン博士の家があるのも、そんな路地の奥。フリート・ストリートに掲げられた小さなプレートにしたがって路地に入ると、やがて小ぢんまりとした博士の家に出る。イギリス最初の国語辞典を作った博士の業績に興味のある人は、この小さな博物館にも立ち寄ってみよう。博士がしばしば通ったというパブ、ジ・オールド・チェシャー・チーズ（p.173参照）も当時のままの姿で、営業を続けている。

路地の奥にひっそりとたたずむジョンソン博士の家

●ジョンソン博士の家 Dr.Johnson's House
DATA ▶ ☎020-7353-3745 ▶ OPEN：11:00～17:30、10～4月は～17:00 ▶ 日曜、1/1、イースター、12/23～31休み ▶ 入館料：大人£4.50、子供£1.50

Bukingham Palace ~Lambeth

緑と宮殿に彩られた優雅な街

バッキンガム宮殿 ~ランベス

シティとともにロンドンを代表する観光エリアで、公園や広場が点在する優雅な街に、バッキンガム宮殿やビッグ・ベン、ウェストミンスター寺院などロンドン有数の名所が並んでいる。一方、ナショナル・シアターや美術館の並ぶテムズ対岸のランベスは、ここ数年で再開発が進んだ注目のエリア。新たな観光スポットが続々誕生している。

ホースガーズの騎馬兵

❶観光案内所 Tourist Information Centre
▶ ≠ヴィクトリア駅構内　**MAP** p.116-F
▶ OPEN：8:00～19:00（夏は～22:00）、日曜～18:00
▶ 無休

街歩きのヒント

　バッキンガム宮殿の衛兵のパレードは1度は見てみたいロンドン観光のハイライトだが、宮殿の近くには地下鉄の駅がない。宮殿の正門前まで、トラファルガー・スクエアからアドミラルティ・アーチを抜けてザ・マルThe Mallを歩くと約20分。最寄りの駅は、グリーン・パーク駅、ヴィクトリア駅、セント・ジェームズ・パーク駅、ハイド・パーク・コーナー駅の4ヵ所あるが、いずれの駅からも徒歩10～15分ほどかかる。

　また、バッキンガム宮殿からビッグ・ベンなどテムズ河周辺にある見どころへの移動も徒歩が基本。距離はあるが、公園を抜けることもできるので、散歩気分で歩きたい。ただし、あちこちに見どころがあるので、どこに立ち寄るか決めてからスタートしよう。

Sightseeing
見どころ

Buckingham Palace
公園に囲まれた白亜の宮殿
バッキンガム宮殿

MAP ●切りとり-17/18、p.116-F
⊖Victoria駅、Green Park駅、Hyde Park Corner駅、またはSt.James's Park駅から徒歩10～15分

　ヴィクトリア女王以来、歴代のイギリス国王が住んだ宮殿で、現在のエリザベス女王も、週末にウィンザー城、夏にスコットランドのバルモラル城に行く以外はここが住まい。屋上に王室旗があれば、女王在館の合図。

　東京の迎賓館のモデルにもなった白亜の宮殿は、もとはバッキンガム公爵が建てた邸宅で、1762年に国王ジョージ3世が王妃と子供たちのために購入した。その後各々改修され、現在の姿になったのは1912年。中庭をかこむ宮殿は部屋数650と広大で、内部は豪華そのもの。宮殿の正面左手に王室の美術コレクションを展示する**クィーンズ・ギャラリー**と、馬車などを展示した**王立厩舎**がある。

　1992年のウィンザー城の火事の修復費に当てるため、夏の間、宮殿の一部が一般に公開されている。衛兵のパレードは夏は毎朝、冬は1日おき、11時頃から始まる。

DATA ▶ ☎020-7766-7300 ▶ OPEN：8～9月（開館日は年により異なる）の9:30～18:30 ▶ 10～7月は見学不可 ▶ 入場料：大人£13.00、子供£7.00

バッキンガム宮殿正面。手前はヴィクトリア女王記念碑

●王立厩舎　Royal Mews

DATA ▶OPEN：3/5〜7/24、9/28〜10/31は11:00〜16:00（金曜休み）、7/25〜9/27は10:00〜17:00▶3/25、5/28、6/4・11、12/24・25休み▶入場料：大人£6.00、子供£3.50

●クィーンズ・ギャラリー　Queen's Gallery

DATA ▶OPEN：10:00〜17:30▶4/18、12/25・26休み▶入館料：大人£7.50、子供£4.00

The Mall
貴族的な雰囲気漂う街
ザ・マル周辺

MAP ●切りとり-18、p.116-B〜p.117-C
⊖Charing Cross駅から徒歩5分

　アドミラルティ・アーチからバッキンガム宮殿へ真っすぐのびる並木道で、そもそもは1660年に馬車専用の道として造られたもの。通りの北側一帯には、**スペンサー・ハウス**などの貴族の豪壮な邸宅や、紳士たちの社交場"クラブ"の建物が並び、重厚な雰囲気が漂う。通りの東端、バッキンガム宮殿の近くにあるもうひとつの宮殿は、**セント・ジェームズ宮殿**St.James's Palace。1532年、焼失したホワイトホール宮殿に変わる住まいとしてヘンリー8世によって造られ、1837年にバッキンガム宮殿に移るまで、ヴィクトリア女王もここに住んでいた。隣接するクラレン

ス・ハウスには、2002年の崩御までエリザベス2世の母、皇太后が住んでいた。

●スペンサー・ハウス　Spencer House

　ロンドンに残る個人の邸宅としては唯一18世紀の建物で、新古典主義の先駆けとされる。

DATA ▶☎020-7499-8620
▶OPEN：日曜の10:30〜16:45▶1、8月は休み▶入場料：大人£6.00

St.James's Park
木々が生い茂る都心のオアシス
セント・ジェームズ・パーク

MAP ●切りとり-18、p.116-F〜p.117-C/G
⊖St.James's Park駅から徒歩3分

　ザ・マルの南側に広がるロンドンでももっとも古い公園。王室の公園としても最古で、ヘンリー8世がホワイトホール宮殿の庭として沼地を干拓して造らせたのが始まり。その後、王政復古後にチャールズ2世がヴェルサイユ宮殿の庭園を模して改造し、さらに19世紀にジョン・ナッシュの設計で現在のようなイギリス風の庭園に生まれ変わった。公園の北西は芝生の広がるグリーン・パークにつながり、南側には**近衛兵博物館**（p.163参照）を併設したウェリントン兵舎がある。パレードの衛兵の一部はここから出発する。

● とっておき情報

バッキンガムの衛兵パレードを確実に見るための情報

　衛兵パレードは通常、午前11時頃から始まる。宮殿から騎馬兵の一隊がホース・ガーズに向けて去った後、まず正面左手のウェリントン兵舎から一隊が出発して宮殿へ。続いて、正面右手のセント・ジェームズ宮殿から行進してくる。兵士はみんな黒い熊の毛皮の帽子に赤い服の、あのおなじみのスタイル。先導役の軍楽隊は全国の部隊が交代で務めるため、キルト姿のスコットランド兵のこともある。10分ほどの時間差をおいて、双方とも音楽を演奏しながら前庭に集合。ここで宮殿内の兵士と交替する。これが衛兵交替の儀式で、ほぼ12時に終了。この後、再び兵士は二手に分かれ、軍楽隊を先頭にそれぞれの出発点に帰っていく。

　したがって、交替の儀式そのものを見物したければ、宮殿正面のゲート前がベスト。パレードをメインに、儀式も少しは見たければ、ヴィ

一度は見てみたい衛兵のパレード

クトリア女王記念碑の台座の上の方を確保。ただし、銅像の足元までよじ登ると、騎馬警官に厳しく注意されるので、やめた方がいい。パレードだけでいいというのなら、それぞれの出発地近くか、台座下の歩道の好位置を確保しよう。よい場所ほど早く埋まる。確実に見たい時は1時間前には到着しておきたい。

寺院は国会議事堂に隣接している

Westminster Abbey
英王室ゆかりの寺院の中の寺院
ウェストミンスター寺院

●切りとり-18、p.117-G
⊖Westminster駅から徒歩3分

　ウィリアム征服王（p.206参照）から現在のエリザベス2世にいたるまで、ほとんどの王の戴冠式がここで行われ、多くの王の墓もここにある。その歴史は古く、発端は7世紀にサクソン人がテムズの中州に建てた教会や修道院。現在の建物はエドワード懺悔王が1050年に建てたノルマン様式の修道院が原型で、その後13世紀にヘンリー3世（p.204参照）が当時フランスで流行っていたゴシック様式を取り入れて現在の姿に建て替えた。

　王家とこの教会の関係は深く、ローマ法王と対立したヘンリー8世（p.16参照）の宗教改革によって国中の教会や修道院が解体・資産没収となった時も、ここは難を免れて生きのびた。大理石をふんだんに用いた壮麗な寺院内には、シェイクスピアや音楽家のヘンデルなど、さまざまな分野の著名人の記念碑と

ともに、王の戴冠式に使われる椅子など王室関連のものも数多く見ることができる。

DATA ▶ ☎020-7654-4900▶●**身廊と王室礼拝室**Nave & Royal Chapel▶OPEN：9:30〜15:45、水曜は〜19:00、土曜は〜13:45▶日曜休み▶入館料：大人£8.00、子供£6.00

House of Parliament & Big Ben
イギリス議会政治のシンボル
国会議事堂&ビッグベン

MAP ●切りとり-18/19、p.117-G/H
⊖Westminster駅から徒歩3分

　市民たちに「ウェストミンスター」の愛称で呼ばれる議事堂は、エドワード懺悔王が1050年から約15年を費やして建てたウェストミンスター宮殿がその始まりで、ヘンリー8世がホワイトホール宮殿を造った1512年まで、王の居城として使われ、その後は、議事堂として使われるようになった。現在の建物は、1834年の火事で焼失した後、1852年に再建されたもの。北に**ビッグ・ベン**Big Ben、南に**ヴィクトリア・タワー**Victoria Towerの2つの塔を持つネオ・ゴシック様式の壮麗な建物は、全長265m、部屋数1000以上、総面積3万3000㎡。中央ホールを境に、北が下院、南が上院（貴族院）に分かれ、議場の他に国王のための控えの間や一般傍聴席などがある。西側に隣接している**ウェストミンスター・ホール**Westminster Hallはウェストミンスター宮殿の唯一の名残で、11世紀

MAP ●切りとり-19、p.117-D

ZOOM in
ロンドンの最新名所
BAロンドン・アイ
British Airway's London Eye

　2000年のミレニアムに造られたイギリス最大のアトラクション。高さ135mの大観覧車は世界最大で、透明なカプセルからの眺望はもちろんロンドンでもピカイチ。オープンから3年たった今でも人気抜群で、休日には内外の観光客であふれて、午前中に予約しても、乗れるのは夕方になるほど。確実に乗りたい時は、事前にチケットブースや英国ビジターセンターなどで予約しておいた方がいい。

DATA ▶☎0870-500-0600▶9:30〜20:00、7・8月〜22:00▶12/25、1/6〜2/9休み▶料金：大人£12.50、子供£6.50（料金・オープン時間とも季節により変動）

透明なカプセルは20人乗り

ミニ情報 エドワード懺悔王（1003〜66、在位1042〜66）：ロンドンのウェストミンスターに寺院を建立するなど敬虔な王だったが政治的には無能で、子を残さなかったことから、死後、ノルマン人によるブリテン島の支配を招いた。

手前はウェストミンスター・ホール

●バンケティング・ハウス　Banqueting

House　**MAP** ●切りとり-18、p.117-C
▶☎0870-751-5178▶OPEN：10:00～17:00
▶日曜、12/24～1/1休み▶入館料：大人
£4.00、子供£3.00

●キャビネット・ウォー・ルームズ

Cabinet War Rooms　**MAP** p.117-G
▶☎020-7930-6961▶OPEN：9:30～18:00、
10～2月は10:00～▶12/24～26休み▶入館
料：大人£7.50

Former County Hall

ミレニアム・マイルの起点

旧ロンドン市庁舎

MAP ●切りとり-19、p.117-D/H
⊖Westminster駅またはWaterloo駅利用

　1963年に完成した巨大な建物で、1986年
にグレーター・ロンドン・カウンシルが廃止
されて役所としては使われなくなり、近年、
ホテルや**ロンドン水族館**、ギャラリーなど
が次々にオープンした。ホールの正面には大
観覧車BAロンドン・アイもあって、今やロ
ンドンでも人気のスポット。ここからテムズ
河に沿って博物館やコンサートホールが並ぶ
サウスバンク、さらにサザークから東のバト
ラーズ・ワーフ（p.132参照）まで、遊歩道
「ミレニアム・マイル」が続いている。

●ロンドン水族館　London Aquarium

DATA ▶☎020-7967-8000▶OPEN：10:00～
18:00▶12/25休み▶入館料：大人£8.75～
9.75、子供£5.25～6.25

Lambeth Palace

カンタベリー大司教のための邸宅

ランベス宮殿

MAP ●切りとり-26、p.117-H
⊖Waterloo駅から徒歩15分

　1207年から1209年にかけて造られた、カ
ンタベリー大司教のための屋敷で、後に宮殿
となった。地下礼拝堂やロラーズ・タワーな
ど13世紀初期に建てられた貴重な建物が残
され、館内に膨大なコレクションを所蔵して
いるが、現在もカンタベリー大司教のロンド
ンでの滞在場所になっているため一般には公
開されていない。宮殿の南の**庭園史博物館**
（p.162参照）は見学できる。

の建物。ここの大広間は法廷として使われ、
トマス・モアやチャールズ１世（p.150参照）
に対する死刑判決もここで下された。

●審議の傍聴▶議事堂西側のセント・ステ
ファン・ゲートで係員からチケットをもら
い、住所・氏名を届けた上で入場。入館無料
●下院House of Commonsの傍聴席
▶☎020-7219-4272▶OPEN：月曜14:30～
22:00、火・水曜11:30～19:30、木曜11:30
～18:30、金曜9:30～15:00▶土・日曜休み
●上院House of Lordsの傍聴席
▶☎020-7219-3107▶OPEN：月～水曜14:30
～22:00、木曜11:00～19:00▶金曜（不定期）、
土・日曜休み

Whitehall

首相官邸もあるロンドンの霞が関

ホワイトホール

MAP ●切りとり-18、p.117-C
⊖Westminster駅またはCharing Cross駅利用

　トラファルガー・スクエアから国会議事堂
まで続く大通りがホワイトホール。この通り
の周辺に政府関係の役所がずらりと並んでい
る。通りの西側、旧財務省と旧内務省の間に
ある細い通りが**ダウニング街**Downing St.。
ここの10番地に首相官邸がある。ヘンリー8
世が建てた宮殿、ホワイトホールがあったの
がこの通り。部屋数2000を誇った豪華な宮
殿は火災で焼失し、現在は祝宴の場として使
われていた**バンケティング・ハウス**だけが延
焼を免れて残っている。
　バンケティング・ハウスの向かいにあるの
が、近衛騎兵連隊の司令部、**ホース・ガーズ**
Horse Guards。毎朝11時頃に騎兵の交替式
が行われている。さらに南の財務省の建物に
は、第2次大戦時の指令室として造られた地
下室、**キャビネット・ウォー・ルームズ**が、
当時の姿のまま保存、一般公開されている。

ミニ情報　トマス・モア（1477～1535）：『ユートピア』の著者で、学識を評価されて平民として初めて大法官に任じ
られた。敬虔なカトリック教徒であったため、ヘンリー8世の離婚問題に端を発する混乱の中で処刑された。

ロンドン

143

エリア③／バッキンガム宮殿～ランベス

Another Town in Central London

個性豊かな街やエリアが点在

ロンドン中心部
その他の見どころ

ロイヤル・ホスピタル

シティやピカディリー、ウェストミンスター以外にも、ロンドンにはまだまだ魅力的な街がたくさんある。テラスハウスと呼ばれる連棟式住宅が並ぶ美しい街並みは、周辺に足をのばすほど美しくなる。歴史を秘めた街並みとも、活気に満ちたエリアとも違うロンドンを探してみよう。どこも、地下鉄やバスを使えば簡単に行ける。

Knightsbridge
高級ショッピング・エリア
ナイツブリッジ

MAP ●切りとり-16、p.104-D
Ⓤ Knightsbridge駅、Hyde Park Corner駅利用

　ハイド・パークの南側、ベルグレーヴィアからナイツブリッジの一帯は、18世紀後半から19世紀にかけて、シティから移ってきた裕福な人々によって開かれた街。貴族やブルジョアたちの邸宅が建ち並んでいた街には、今も各国の大使館が多い。地下鉄ナイツブリッジ駅周辺はリッチな人々のショッピング街で、19世紀にこの地に店を開いたデパート、ハロッズ（p.178参照）をはじめ、長い伝統を誇る老舗ブランド店が並んでいる。ナイツブリッジ駅からのびる**スローン・ストリート**Sloane St.は、ピカディリーのボンド・ストリートと並ぶ有名ブランドのメッカ。また、ケンジントンへ続く**ウォルトン・ストリート**Walton St.もショッピング通り。伝統刺しゅうの店やアンティーク店などが並んでいる。

Chelsea
芸術家たちが愛した街
チェルシー

MAP ●切りとり-23、p.104-D
Ⓤ Sloane Sq.駅駅利用

　ナイツブリッジの南、テムズ河に沿って広がるチェルシーは、多くの画家や文学者たちが好んで住んだ芸術家たちの街。地下鉄のスローン・スクエア駅周辺や駅前からのびる**キングス・ロード**King's Rd.には賑やかに店が並んでいるが、一歩裏にまわると並木の緑が

影を落とす静かな住宅街になる。毎年フラワーショーの会場となる広大な**ロイヤル・ホスピタル**Royal Hospitalの緑地が河に沿って広がり、薬草園**チェルシー・フィジック・ガーデン**や"チェルシーの賢人"と呼ばれた歴史家、**カーライルの家**などもある。

● **チェルシー・フィジック・ガーデン**
Chelsea Physic Garden **MAP** p.104-D
DATA ▶ ☎ 020-7352-5646 ▶ 4〜10月の水曜12:00〜17:00、日曜14:00〜18:00 ▶ 11〜3月休み ▶ 入場料：大人£5.00、子供£3.00

● **カーライルの家** Carlyle's House
MAP p.104-D
DATA ▶ ☎ 020-7352-7087 ▶ OPEN：4〜10月の水〜金曜14:00〜17:00、土〜月曜11:00〜 ▶ 11〜3月休み ▶ 入館料：大人£4.00、子供£1.80

フィジック・ガーデンは小学生の学習の場

ミニ情報　カーライル（1795〜1881）：スコットランド出身の歴史家。はじめ宗教家をめざしたが、進路を変え『衣裳哲学』や、『フランス革命史』などの歴史書を著した。

Kensington
静かで優雅な住宅地
ケンジントン

MAP ●切りとり-15、p.104-D
●High St.Kensington駅、Gloucester Rd.駅、South Kensington駅利用

広大な**ケンジントン・ガーデンズ**Kensington Gardensの西側も、古くから住宅地として開発されたエリア。公園の南側には**ヴィクトリア&アルバート博物館**（p.158参照）をはじめとした文化的施設が並び、公園の中にはコンテンポラリーアートで名高い**サーペンタイン・ギャラリー**（p.163参照）や故ダイアナ元皇太子妃の最期の家となった**ケンジントン宮殿**がある。また、地下鉄ハイ・ストリート・ケンジントン駅前から北にのびる**ケンジントン・チャーチ・ストリート**Kensington Church St.は、アンティークファンには魅力的な商店街。高級住宅地らしい質の高い店が並んでいる。

●ケンジントン宮殿 Kensington Palace
MAP ●切りとり-15、p.104-D
DATA ▶☎0870-751-5170▶OPEN：3～10月は10:00～18:00、11～2月は～17:00▶12/24～26休み▶入館料：大人£10.80、子供£7.00

Bayswater
混沌とした雰囲気が魅力
ベイズウォーター周辺

MAP ●切りとり-8、p.104-A
●Queensway駅、Bayswater駅利用

ケンジントン・ガーデンズの北側、ベイズウォーターからパディントンにかけても優雅なテラスハウスが並ぶが、こちらはアパートやエコノミーなホテルに使われているところが多い。海外からの観光客が多い上に、地元の住民の人種も多彩なためか、地下鉄ベイズウォーター駅から北にのびる**クィーンズウェイ**Queenswayに並ぶレストランの国籍もバラエティ豊か。ソーホーのチャイナタウンに数こそ及ばないが、味では絶対ひけをとらないとびきりおいしい中国料理店はじめ、インド、アフリカといったさまざまな国の料理店が並んでいる。値段も中心部に比べるとかなりリーズナブルだ。また、ベイズウォーターから西に続く**ウェストボーン・グローヴ**

レンガ造りの可愛い宮殿、ケンジントン宮殿

Westbourne Groveは、最近注目のグルメとファッションのストリート。都心部で人気を博したレストランやブティックが、続々とここに進出している。

ベイズウォーターの西側の**ノッティング・ヒル**Notting Hillも静かな住宅街だが、毎週土曜になると一変。地下鉄ノッティング・ヒル・ゲート駅近くから始まる細い商店街がロンドンでも有数のアンティークマーケットに早変わりして、内外からの買い物客でごった返す。この街のもうひとつの名物が、毎年8月に開かれるカーニバル。カリビアンやアフロアフリカンのお祭りで、この日ばかりは静かな街もラテン一色に包まれる。

Baker Street
シャーロック・ホームズゆかりの街
ベーカー・ストリート界隈

MAP ●切りとり-2/3、p.104-A
●Baker St.駅、Regent's Park駅利用

オックスフォード・ストリートの北側はマリルボーンと呼ばれ、オフィスビルの間に話題のレストランなどが点在している。この静かなエリアの中で観光客が集まるのが、ベーカー・ストリート駅周辺だ。とくに、1761年にフランス生まれの**マダム・タッソー**が開いたろう人形館は、歴史的な人物や事件をリアルに再現して相変わらず人気がある。

リージェンツ・パークのバラ園

ミニ情報 アビー・ロード：ビートルズのレコードのジャケットで有名なアビー・ロードは、地下鉄セント・ジョンズ・ウッドSt. John's Wood駅、またはメイダ・ヴェイルMaida Vale駅近くにある。MAP：p.104-A

もうひとつの観光ポイントが**シャーロック・ホームズ博物館**。かの名探偵が住んでいたという「221b Baker Street」の番地表示をつけたユニークな博物館で、内部は小説に描かれた探偵の家そっくりにしつらえてある。博物館のさらに北側に広がるのは**リージェンツ・パーク**。ロンドンでも最大の公園で、イオニア式柱廊を持つ豪華な邸宅が取りまくように並び、園内には見ごとな庭園や夏に野外劇が演じられる舞台などがある。公園の北端は**ロンドン動物園**。リージェンツ運河（p.147参照）が北の境界になって流れている。

●マダム・タッソーろう人形館
Madame Tussaud's/Planetarium
MAP ●切りとり-3、p.104-A
DATA ▶☎0870-400-3000▶OPEN：9:30〜17:30、土・日曜は9:00〜18:00▶無休▶入館料：プラネタリウムとの共通券は大人£21.99〜、子供£17.99〜

出迎えは警察官。屋内は物語に登場する家そのままというシャーロック・ホームズ博物館。隣のビルにビートルズ・ショップも並んでいる

●シャーロック・ホームズ博物館
The Sherlock Holmes Museum
MAP ●切りとり-2/3、p.104-A
DATA ▶☎020-7935-8866▶OPEN：9:30〜18:00▶12/25休み▶入館料：大人£6.00、子供£4.00

Camden Town
マーケットで賑わう若者の街
カムデン・タウン
MAP p.105-B、p.190-B
⊖Camden Town駅利用

リージェンツ・パークの北側にある。メイ

若者に人気のカムデン・タウン

ンストリートに沿って商店が並ぶ小さな街は、ロンドンっ子の情報と流行発信地のひとつ。人気のジャズクラブやカフェがあり、平日はどちらかといえば夜の方が活気づくが、週末は様相が一変。土曜から日曜にかけて、通りの左右にいくつものマーケットがオープンする。古着中心のマーケットもあれば、クラフトなどを主に並べたインドアのマーケット、さらに海外のバイヤーもやってくる大型のアンティークマーケット（p.175参照）など、マーケットはそれぞれ個性的。ケバブやホットドッグの屋台なども出て、街はお祭り気分で大賑わいする。マーケットは朝8時頃から少しずつオープンし始め、夕方6時過ぎには店仕舞いする。早めに出かけて、1日たっぷり掘り出し物探しを楽しみたい。

Angel
アンティークの市が立つ街
エンジェル周辺
MAP p.105-B ⊖Angel駅利用

北東部にある小さな街。地下鉄駅から北にのびるアッパー・ストリートUpper St.沿いにレストランがズラリと並び、その裏道には毎週水曜と土曜の2日間、ロンドンでも指折りのアンティーク市、**カムデン・パッセージ**（p.175参照）がオープンする。精緻なジュエリーや銀器、テディベアや絵画、家具まで、レベルの高いアンティークが並び、個性的な古着ショップもある。アンティークに興味のある人なら、ぜひ訪れたい街だ。

●カムデン・パッセージ　Camden Passage
DATA ▶OPEN：水曜は8:00〜14:00、土曜9:00〜17:00▶インドアマーケットのみ、火・木・金曜も9:00〜オープン

146

※「無休」とある観光地も、12/25前後と1/1はほとんどが休みとなります。ご注意ください。

白亜のケンウッド・ハウス

Hampstead
美しいカントリーサイド
ハムステッド

MAP p.105-B、p.190-B ⊖Hampstead駅利用

　北の郊外、ハムステッドはロンドン住民にとっても憧れの住宅地。広大なハムステッド・ヒースの緑地が背後に広がる小さな街には、ロンドンの最先端ショッピングタウンをコンパクトにまとめたようなおしゃれなメインストリートがあり、選り抜きのレストランも点在している。華やかな表通りから坂道を少し登れば、そこは静かな住宅街。ロマン派の詩人、ジョン・キーツが生前暮らした**キーツ・ハウス**や、アンティークな楽器のコレクションを公開している**フェントン・ハウス**など、すっぽりと樹木に覆われた、絵本の挿絵のように美しい家が並んでいる。また、市街地から足をのばしてヒースの丘に出れば、広

大な緑地の北端に18世紀にスコットランドの建築家、ロバート・アダムスが手がけた見ごとな邸宅、**ケンウッド・ハウス**もある。都心の雑踏を避けて、イングランドの自然に包まれた街を訪れてみるのもいいだろう。

●フェントン・ハウス Fenton House
⊖Hampstead駅から徒歩10分 **DATA** ▶ ☎020-7435-3471▶OPEN：4～10月の水～金曜14:00～17:00、土・日曜11:00～（3月は土・日曜の14:00～17:00のみ）▶11～2月休館▶入館料：大人£4.60、子供£2.30
●キーツ・ハウス Keats House
⊖Hampstead駅から徒歩10分
DATA ▶ ☎020-7435-2062▶OPEN：季節・曜日で変動▶入館料：£3.00
●ケンウッド・ハウス Kenwood House
⊖Hampstead駅からタクシー利用、または⊖Golders Green駅から210番のバスで約10分
　庭園の池のほとりの野外音楽堂で、毎年7月から9月にかけてサマーコンサートが催される。チケットは£16.00～33.00
●予約▶www.picnicconcerts.com
DATA ▶ ☎020-8348-1286▶OPEN：10:00～16:00、4～10月は～17:00▶入場無料（寄付制）

ZOOM in

運河をたどる小舟の旅
リトル・ヴェニス
Little Venice

MAP ●切りとり-8、p.104-A

⊖Warwick Avenue駅から徒歩3分

　キッチンや寝室の付いた小さな船「ナロー・ボート」で運河をめぐりながら旅をするのがイギリス人の間で人気だが、ロンドンにいながらにしてその気分を味わえる船旅がある。乗り場は、リトル・ヴェニス。パディントン駅の北側にジョージ朝様式の可愛らしい家々にかこまれた小さな船着場があり、ここからロンドン動物園を経て、カムデン・タウンまで、リージェンツ運河を行く笹の葉のような細身の遊覧ボートがある。動物園までは約30分、終点のカムデン・タウンまでは約50分。河面をスルスルと進む小さなボートに揺られながら、両岸に広がる美しい街並みを見物するのはなかなかの風情。緑深いロンドンを満喫できる。

●ロンドン・ウォーターバス・カンパニー
London Waterbus Co.
DATA ▶ ☎020-7482-2660▶OPEN：10:00～17:00の間、1時間に1～2本運航▶運賃：カムデンまで大人£5.20（往復£6.60）、子供£3.40（往復£4.30）

笹の葉のような細身のボートが運河を行き交う

天文台が見守る古風な港町
グリニッジ

クィーンズ・ハウス

♪ACCESS

DLR ⊖バンク駅またはDLRタワー・ゲイトウェイ駅〜DLRカティ・サーク駅

🚆チャリング・クロス駅〜グリニッジ駅

ボート▶ウェストミンスター・ピア、またはタワー・ピア〜グリニッジ・ピア▶10:30〜17:00頃、30分毎に1本程度運航

❶観光案内所
Tourist Information Centre
ピアとDLR駅前の広場にある
▶Pepys House, 2 Cutty Sark
Gardens▶☎0870-608-2000
▶OPEN：10:00〜17:00
▶12/25・26休み

●カティ・サーク号、国立海洋博物館、旧英国海軍大学、天文台の開館時間は共通▶10:00〜17:00
▶12/24〜26休み

ロンドンの南東約10km、再開発で急速に近代化する対岸のドックランズとは対照的に、今も昔ながらの風情を残しているのがテムズ河下流の街、グリニッジだ。15世紀に宮殿が造られて以来王室とのゆかりも深く、街を見下ろす高台には「世界標準時」でおなじみの天文台もある。ロンドン市内からは無人の電車DLR（ドックランズ・ライト鉄道Docklands Light Railway）が利用できるし、中心部のピアからリヴァーボートで来ることもできる。ちょっと足をのばして、中心部とは違うのどかな港町の散歩を楽しもう。

見どころ
Sightseeing

The Cutty Sark
大航海時代の華麗な帆船
カティ・サーク号

MAP p.149

DLR Cutty Sark駅から徒歩2分

ウイスキーの名にもなっている美しい帆船で、建造は1869年。中国やインドとの貿易にクリッパー（快速艇）として活躍していたが、帆船時代の終焉とともにその役目を終え、流転の

ZOOM in

週末は"何でもあり"の
グリニッジの名物マーケットへ

MAP p.149

観光地だけにいつも賑やかなグリニッジだが、とくに楽しいのが、街のあちこちにマーケットがオープンする週末。カティ・サーク号のそばのインドアマーケットは地元住民手作りのクラフトや古書、絵画、陶器など。その南側には新鮮な食料品や日用品のマーケットが店開きし、鉄道グリニッジ駅へ向かう道筋の広場には、

"どろぼう市"の異名を持つアンティークのストールが並ぶ。インドアの店の中には木・金曜日も営業するところもあるが、全部オープンするのは土曜と日曜の2日間だけ。朝9時頃から夕方5時頃まで開いている。

近郊の農家が持ち込んだ野菜がいっぱい

こちらはガラクタもありのアンティーク市

ミニ情報　英国海軍大学：大学とはいえ高校を卒業して入るものではなく、海軍士官の中でも将来有望な一部のエリートに高度の専門教育を施す機関。留学生も受け入れており、戦艦大和を設計した平賀譲もここで学んでいる。

末、1954年に現在地に落ち着いた。現在は船の博物館として、19世紀の帆船の生活を再現している。同じくドック入りしているヨットは、全長16mの**ジプシー・モス号**。サー・フランシス・チェスターが1966年から67年にかけて単独無寄港世界一周を遂げた時の船だ。

The Old Royal Naval College **MAP** p.149
河辺に並ぶ優雅な建物
旧英国海軍大学

DLR Cutty Sark駅から徒歩5分

テムズ河に面して建つ4棟の建物で、北東部分は1669年に建てられたチャールズ2世の宮殿、キング・ハウスが前身。その後改装されて王立の海軍療養施設となり、1873年からは海軍大学となった。1789年に建てられた礼拝堂やバロック様式の天井が見ごとなペインテッド・ホールなどが公開されている。

National Maritime Museum **MAP** p.149
イギリス海軍の歴史を伝える
国立海洋博物館

DLR Cutty Sark駅から徒歩7分

ジェームズ1世が王妃のために建てた夏の別荘、**クィーンズ・ハウス**に隣接する博物館。クィーンズ・ハウスは、1637年に完成したイギリスでも最初のパラーディオ様式の優雅な宮殿だったが、共和制時代に荒れ果てて、現在はその一部が残されている。博物館には過去の大きな海戦を記念する貴重な品々や資料、絵画など、膨大なコレクションが展示され、イギリス海軍の歴史をたどることができる。

The Old Royal Observatory **MAP** p.149
グリニッジ標準時を刻む
旧王立天文台

DLR Cutty Sark駅から徒歩15分

街並みの背後に広がる広々とした丘全体がグリニッジ・パークとして整備され、天文台はその丘の頂上にある。

17世紀にチャールズ2世によって建てられた天文台は、やがて1884年の国際天文会議で経度ゼロ地点となり、世界の時間軸としてその名を知られてきた。現在、天文観測はサセックスに移り天文台としては現役を退いたが、内部は当時のまま保たれて博物館として一般に公開されている。

天文台のある高台からは市街が一望の下に

対岸のカナリー・ワーフ

●カティ・サーク号
DATA ▶ ☎020-8858-3445
▶ 入館料：大人£4.50、子供£3.20

●旧英国海軍大学
DATA ▶ ☎020-8269-4747
▶ 入館無料（礼拝堂、ペインテッド・ホールの入場は£5.00）

●国立海洋博物館
DATA ▶ ☎020-8858-4422
▶ 入館無料（特別展示は有料）

●クィーンズ・ハウス
DATA ▶ ☎020-8312-6565
▶ 入館無料

●旧王立天文台
DATA ▶ ☎020-8858-4422
▶ 入館無料

ロンドン近郊

グリニッジ
Greenwich
0　　　　　300m

ドックランズ・ライト鉄道
Docklands Light Railway

アイランド・ガーデンズ駅
Island Gardens Sta.

タワー・ブリッジへ

歩行者用トンネル
Greenwich Foot way Tunnel

テムズ河
R. Thames

Greenwich Pier

ジプシー・モス四世号
Gipsy Moth Ⅳ

カティ・サーク駅
Cutty Sark Sta.
観光案内所

Creek Rd.

アーツ＆クラフツ・マーケット

セント・
アルフェージ教会
St. Alfege
Church

グリニッジ駅
Greenwich Station

Greenwich South St.

Greenwich High Rd.

カティ・サーク号 p.148
The Cutty Sark

Old Woolwich Rd.
Park Row
トラファルガー通りへ
Trafalgar Rd.
メイズ・ヒルへ

旧英国海軍大学 p.149
The Old Royal Naval College

ドレッドノート病院
Dreadnought Hospital

Romney Rd.

クィーンズ・ハウス p.149
Queen's House

国立海洋博物館 p.149
National Maritime Museum

ヴィレッジ・マーケット
（土・日曜のみ）

グリニッジ・シアター
Greenwich Theatre

グリニッジ・アンティーク・
マーケット（土・日曜のみ）

Gloucester
Circus

旧王立天文台 p.149
The Old Royal Observatory

グリニッジ・パーク
Greenwich Park

プラネタリウム
Planetarium

King George St.

Croom's Hill

Hyde Vale

Blissett St.

Point Hill

The Point

Royal Hill

Blackheath Hill

Shooter's Hill

グリニッジ子午線
Greenwich Meridian

テムズ河畔の美しい街
リッチモンド

小舟が行き交うテムズ河

ACCESS

🚇 ロンドン市内各駅〜リッチモンド駅

🚃 ロンドン・ウォータールー駅〜リッチモンド駅

🚇 ロンドン市内各駅〜キュー・ガーデンズ駅

🚌 リッチモンド駅前〜バス65番利用〜キュー・ガーデンズ（ヴィクトリア・ゲート）▶所要約15分

🚃 ロンドン・ウォータールー駅〜ハンプトン・コート駅▶所要約30分

🚌 リッチモンド駅前〜バスR68番利用〜ハンプトン・コート駅前▶所要約20分

ⓘ 観光案内所
Tourist Information Centre
Old Town Hall & Reference Library, Whittaker Ave.▶☎020-8940-9125▶OPEN：10:00〜17:00
▶日曜休み（5〜9月の日曜10:30〜13:30）

150

●リッチモンド・パーク
Richmond Park
街の東側にある2470エーカー（998万㎡）に及ぶ広大な公園。チャールズ1世が王室の狩猟地としたところで、公園としてはグレーター・ロンドンで最大。中世からの木々が生い茂り、野生の鹿が生息している。
DATA ▶☎020-8948-3209
▶OPEN：夜明け〜日没▶入場無料

広大な緑地、リッチモンド・パーク

ロンドン郊外には美しい街がいくつもあるが、その中でもとりわけ優雅なのが、かつてプランタジネット朝歴代の王の夏の離宮があったリッチモンド。エリザベス1世がその生涯を閉じたテムズ河の上流のこの街からは、世界でも最大規模を誇る植物園キュー・ガーデンズやヘンリー8世の壮麗な宮殿、ハンプトン・コート宮殿へも簡単に行ける。リッチモンドまでは、ロンドン中心部から地下鉄ディストリクト・ラインで約30分ほどで到着する。名所を見物するというより、のんびり河畔の美しい街を散歩をする気分で出かけてみたい。

Sightseeing
見どころ

Richmond　　　　　　　　　MAP p.190-B
緑に包まれた河畔の街　　　　　🚇Richmond駅利用
リッチモンド

街の中心は鉄道と地下鉄の駅。おしゃれなブティックやレストランが並ぶ駅前のジョージ・ストリートGeorge St.を道なりに下っていけば、豊かな樹木が影を落とすテムズの河辺はすぐ。

観光案内所はその手前の旧タウンホールの中にある。河に架かるアーチ型の古風な橋は、1777年完成のリッチモンド・ブリ

リッチモンドの静かな住宅街。テムズ河畔の散歩道としては、ロンドン周辺でもここが最高

ッジ。この橋の近くには、キュー・ガーデンズやハンプトン・コートへ行くリヴァーボートの船着場があり、美しく整備された河畔の遊歩道をそのまま上流にたどれば17世紀の邸宅**ハム・ハウス**に出る。ハンプトン・コート宮殿は、そのさらに上流。また、反対に下流に下れば、キュー・ガーデンズまで河畔を歩いて行ける。

ジョージ・ストリートの南側にある広場、リッチモンド・グリーン周辺が**リッチモンド宮殿**の跡が残るエリア。1500年代に建てられた宮殿の正門が今も残され、その奥や周辺に蔦のからまる優雅な邸宅が並んでいる。広場から河畔にかけての邸宅街はまさにリッチモンドならでは。美しい庭を鑑賞しながら、チャールズ・ディケンズの『大いなる遺産』に描かれたエレガントな街をゆっくり味わおう。

宮殿のゲート。周辺に豪壮な邸宅が並んでいる

Kew Gardens (Royal Botanic Gardens)　MAP p.190-B
世界最大規模の植物園
キュー・ガーデンズ
⊖Kew Gardens駅から徒歩5分

温帯の植物を集めたパーム・ハウス

1759年、リッチモンド宮殿の付属施設として造られた植物園。2003年に世界遺産に登録された。テムズ河に沿った120万㎡の豊かな緑地にはオークやシャクナゲが心地よい木陰を造り、その間に熱帯のエキゾチックな植物を集めたテンペレート・ハウスや温帯植物のパーム・ハウスなど、19世紀のヴィクトリア時代に造られた典雅な温室が並んでいる。テムズ河畔に建つ赤レンガでできたオランダ風の可愛らしい建物は、**キュー宮殿**。1631年に建てられたジョージ3世の夏の離宮で、国王夫妻は毎年夏になると13人の子供たちとともにこの宮殿で過ごしたという。

この他、中国の塔を模した10層のパゴダや、西本願寺の唐門のミニチュアが建つ日本庭園、世界を旅した画家マリア・ノースの美術館などが点在。散策の疲れを癒すカフェやレストランも園内にある。

●ハム・ハウスHam House
1610年に建てられたジャコビアン様式の瀟洒な屋敷は、別名「眠り姫の家」。1637年から1948年までダイサート伯爵家の所有だったが、ナショナル・トラストのものとなり、現在はヴィクトリア&アルバート博物館が管理している。
DATA ▶☎020-8940-1950
▶OPEN：4～10月の13:00～17:00▶木・金曜と11～3月休み（ガーデンは通年オープン、木・金曜休み）▶入館料：大人£7.00、子供£3.50

●キュー・ガーデンズ
DATA ▶☎020-8332-5655
▶OPEN：9:30～18:30（週末は～19:30、冬季は～16:00頃）▶12/25、1/1休み▶入場料：大人£10.00、子供（16歳以下）無料

再現された日本庭園

レンガ色の可愛らしいキュー宮殿

宮殿の魅力は豪華な室内とともに、周囲に広がるみごとな庭園

西側はヘンリー8世当時の宮殿

Hampton Court Palace
イギリス・ルネッサンスの象徴
ハンプトン・コート宮殿

MAP p.190-F
🚃Hampton Court駅から徒歩8分

● ハンプトン・コート宮殿
DATA ▶ ☎0870-752-7777
▶ OPEN：4〜10月は10:00〜18:00、11〜3月が9:30〜16:30（月曜10:15〜）▶ 12/24〜26休み▶ 入場料（迷路含む）：大人£11.80、子供£7.70
※迷路のみ：大人£3.50、子供£2.50

● ハンプトン・コート宮殿のフラワーショー
Hampton Court Palace Flower Show

イギリスでは毎年各地でフラワーショーが開催されるが、5月に開催されるロンドン市内のチェルシーのフラワーショーとともに、国内外で人気が高いのがこのフラワーショー。ヨーロッパ最大規模の花と庭園のフェスティバルで、毎年7月の初旬から中旬にかけて6日間行われる。
★問い合わせ：王立園芸協会
▶ ☎020-7834-4333

そもそもはヘンリー8世の寵臣、ヨーク大司教トマス・ウォルジー卿が1514年に建てた壮麗な屋敷だったところ。やがて、ヘンリー8世とローマ教皇との対立によってウォルジー卿は罷免され、ハンプトン・コートは没収されて王室のものとなった。以来、1838年にヴィクトリア女王の命令で一般に公開されるまで、歴代の国王や女王がここを別邸として使い、その間、宮殿はチューダー様式からバロック様式へ、時代に合わせて改装を繰り返してきた。現在、西側にはヘンリー8世時代の豪壮な赤レンガ造りの建物が残り、東側はクリストファー・レンによる17世紀のバロック様式の壮麗なファサードを擁している。

ふたつの中庭をかこむ宮殿の中には、ヘンリー8世が過ごしたステート・アパートメントやチューダー時代のキッチン、華麗なバロック様式の国王と王妃のアパートメントやプライベートルームなどがある。また、宮殿の周囲は、すべてすばらしい庭園。東正面には池を中心に半円形の庭園が広がり、南には、王のプライベートな庭として造られたみごとな庭園が、さらに、北の庭園には、樹木でできたイギリス最大の迷路がある。

衛兵のパレードといった派手な見せ物こそないが、宮殿のほとんどすべてが見学できるので、その分見ごたえがある。

初期の面影を色濃く止めたベース・コート。ヘンリー8世の紋章が見える

駅を出ると、宮殿はすぐに目の前に

ミニ情報 トマス・ウォルジー卿（1472〜1530）：ヘンリー8世の寵臣で、トマス・モア（p143参照）の前任の大法官。離婚をめぐりローマ教皇との間に発生していた問題を調停するよう命じられていたが、失敗して失脚。

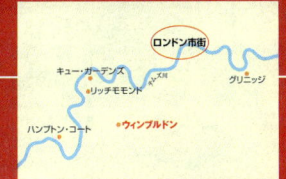

ロンドン市街
キュー・ガーデンズ
●リッチモンド
テムズ川
グリニッジ
ハンプトン・コート
★ウィンブルドン

テニスファン憧れの聖地
ウィンブルドン

ウィンブルドンの街並み

全英テニス選手権大会の開催地として名高いウィンブルドンは、大会開催中こそ内外からつめかけたファンの熱気に包まれるが、ふだんは静かな住宅地。ゆるやかなアップダウンの続く丘陵地に瀟洒な住宅が並び、その周辺をウィンブルドン・パークとウィンブルドン・コモンの豊かな緑地が取りまいている。テニスファン必見の博物館も、大会期間以外は静かなもの。センター・コートもゆっくり見学できる。

街歩きのヒント

　テニスファン憧れの聖地センター・コートは、全英ローン・テニス＆クリケット・クラブの敷地の中にある。歩いてそこまで行く時は、終点ウィンブルドン駅の2つ手前、サウスフィールズ駅の方が近い上に道も分かりやすい。駅前のウィンブルドン・パーク・ロードWimbledon Park Rd.を真っすぐ南に歩いていけば約20分ほどで到着する。次のウィンブルドン・パーク駅で下車して公園を突っきって行くこともできる。ただしこの場合は、公園中央の池を迂回するので、かなり遠まわりになる。また、ウィンブルドン駅からのルートも、時間は30分ほどかかるが、歩くのが苦にならないようならおすすめできる。駅前のきれいな並木道Wimbledon Hill Rd.を10分ほど上り、チャーチ・ロードChurch Rd.で右折。そのまま道なりに行くと、やがて道がV字型に分かれる。ここまで来れば、博物館はもうすぐ。右に数分歩くとゲートに到着する。

Wimbledon Lawn Tennis Museum
センター・コートも見られる
ウィンブルドン・ローン・テニス博物館
⊖Southfield駅から
徒歩20分

　全英オープンの試合が行われるセンター・コートに併設された博物館で、テニスが貴族たちの室内遊戯として誕生してから今日までの歴史やテニスの道具の変遷などを紹介している。必見は、博物館内から見物できるセンター・コートと、テニスウエアの変遷をたどるコーナー。とくに女子用コスチュームの変化は時代を反映して興味深い。また、女子シングルス・ダブルスのチャンピオン、ヴィーナス・ウィリアムスや、テニス界のスーパースター、アンナ・クルニコワの着用したテニスウエアも展示されているので見のがさないように。この他、偉大なプレイヤーたちの試合を鑑賞するビデオコーナーや、ウィンブルドンのオリジナルグッズの販売コーナーなどもある。

ACCESS

⊖ロンドン市内各駅～サウスフィールド駅、またはウィンブルドン・パーク駅

≅ロンドン・ウォータールー駅～ウィンブルドン駅　所要約15分
※⊖≅のウィンブルドン駅から博物館までは徒歩約30分、バス路線はないので、タクシーを利用

テニス・ファンなら行く価値ありの博物館

●ウィンブルドン・ローン・テニス博物館
DATA ▶☎020-8946-6131
▶OPEN：10:30～17:00（選手権大会開催中は観客のみ）▶12/24～26、1/1休み▶入館料：大人£6.00、子供£3.75▶選手権開催中の日曜、直後の月曜休み

●ウィンブルドン風車博物館
Wimbledon Windmill Museum
⊖Wimbledon駅からバス93番利用
　博物館の西側に広がる広大な公園、ウィンブルドン・コモンにある。風車の付いた建物を使い、風車の構造や歴史を紹介している。
DATA ▶☎020-8947-2825
▶OPEN：4～10月の土曜14:00～17:00、日曜11:00～▶入館料：£1.00▶無休

全英選手権の舞台、センター・コート

注 ⊖：地下鉄（p.120参照）、≅：英国鉄道（p.72参照）、🚌：バス（p.124参照）
※「無休」とある観光地も、12/25前後と1/1はほとんどが休みとなります。ご注意ください。

英王室ゆかりの宮殿と名門校
ウィンザー

クラシックなドレスで街をアピール

◆ACCESS

≉ロンドン・パディントン駅～スローン駅乗り換え～ウィンザー＆イートン・セントラル駅▶所要約40分▶1時間に2～3本運行
≉ロンドン・ウォータールー駅～ウィンザー＆イートン・リヴァーサイド駅▶所要約1時間▶1時間に2本運行
🚌 ロンドン・ヴィクトリアのグリーン・ライン・コーチステーションからウィンザー＆レゴランド行き～ウィンザー▶所要約50分▶1時間に1～2本運行

❶観光案内所
Tourist Information Centre
▶24 High St. Windser ▶☎01753-74-3900 ▶OPEN：10:00～17:00（11～3月は～16:00）▶無休

セントラル駅

●ウィンザー城
DATA ▶☎020-7766-7304
▶OPEN：9:45～17:15（最終入場～16:00）、11～2月は～15:00
▶12/25・26休み▶入場料：大人£12.50、子供£6.50～
※毎年6月は公式行事のためオープン時間が変更になることがある。

ウィンザー城の正門となるヘンリー8世門

英王室の居城のあるウィンザーは、ロンドン郊外の中でもとくに人気のある街。ロンドンからの日帰りバスツアーも多く、鉄道やコーチでも簡単に行ける。ウィンザー城は鉄道の駅のすぐ近くにそびえ、観光案内所は駅を出て、右に少し行ったところにある。テムズ河畔に開けた小ぢんまりとした街にはカフェやレストランも多く、テムズの対岸に足をのばせばイギリス屈指の名門私立校イートン校もある。ロンドン滞在の1日に、ウィンザー観光を加えてみよう。

見どころ
Sightseeing

Windsor Castle   MAP p.155
英王室の週末の宮殿
ウィンザー城
≉Windsor & Eton Central駅から徒歩3分

ウィンザー城の最初の礎を築いたのは、ウィリアム征服王（p.206参照）。東の砦であるロンドン塔に対して、11世紀、西の守りとして築いた木造の砦がその始まりだ。以来、何世紀にもわたって建て替えられ、現在の形がほぼ完成したのが、19世紀のジョージ4世（p.209参照）の時代。今もなお現役の居城で、エリザベス2世もバッキンガム宮殿、夏に過ごすバルモラル宮殿とともに、とくに週末はここで過ごすことが多い。

城はテムズ河を見下ろす高台にあり、内部はロウァー、ミドル、アッパーの3つのウォードと呼ばれる部分に分かれている。正門のヘンリー8世門はロウァー・ウォードにあるが、一般見学者が入城するのはミドル・ウォードのゲートから。石造りの城門の中にそびえているのは、ヘンリー2世が12世紀に築いた石の塔、ラウンド・タワーだ。通常はここにイギリスの国旗が翻っているが、女王滞在時には王室旗になる。

この塔の周囲をまわり込んでゆるやかな坂をのぼってアッパー・ウォードに行くと、エリザベス女王の居城、ステート・アパートメントがある。ここが城内でも最大の見どころ。1992年の火災で大きな被害を受けたが修復され、女王が不在の時だけ一般に公開されている。絵画やコブラン織りのタペストリーなどに飾られた豪華な宮殿内部を見学できるが、とくに人気があるのがクィーン・メアリの人形の館。一流の建築家が造った小屋ぐらいはありそうなドールハウスの中に、家具や調度類はもちろん、

ミニ情報 　ヘンリー2世（1133～89、在位1154～89）：もとはフランスのアンジュー伯。王位継承権首位のウィリアム王子の死後、混乱を制して即位。後にカンタベリー大司教ベケットを殺害（p.200参照）することになる。

ウィンザー城のシンボル、ラウンド・タワー

壁にかけられた絵からテーブルの上の食器や本にいたるまで、驚くほど精巧なミニチュアが並んでいる。

ロウァー・ウォードのセント・ジョージズ・チャペルは15世紀にエドワード4世によって建てられた教会で、ヘンリー8世をはじめ10代に及ぶ王室の墓所があり、ガーター勲章を受けてナイトとなった人々の旗印も並べられている。ロウァーには衛兵の詰所もあり、毎朝11時（冬季は1日おき）に、教会と正門の間の広場でバッキンガム宮殿と同じような衛兵の交替式が行われる。

Eton College MAP p.155
英王室ゆかりの名門私立校
イートン校
🚶Windsor & Eton Central駅から徒歩15分

1440年にヘンリー6世が創設した名門パブリックスクール。男子だけの寄宿制の学校で、王子たちの多くもここで学んでいる。シルクハットに燕尾服がこの学校の制服。イートン校に続く道を歩いていると、イートニアンと呼ばれる燕尾服姿のペンギンのような少年たちに出会う。

パブリックスクールとは、そもそも家庭教師によって教育されていた貴族や富裕な階級の子弟に学校という公の場を提供しようという趣旨で始められた学校のこと。日本の中学と高校にあたる私立校で、イギリス国内にこの他にもいくつか名門校があるが、ここはその中でもとびぬけた名門校。卒業生の中から首相になった人はすでに18名。作家のハックスレーやジョージ・オーウェルなどもここを卒業している。オックスフォードやケンブリッジといった名門大学への道も開けるが、大学でのネットワークよりパブリックスクールのネットワークの方が社会に入ってから大きくものをいう。イギリスの階級制度を支える重要な要素のひとつでもある。

構内には15世紀に建てられた教会やシェイクスピアの初版本など貴重なコレクションを収蔵する図書館、イートン校の生活を紹介する博物館などがある。

ウィンザーを流れるテムズ河

●イートン校
DATA ▶☎01753-67-1177
▶OPEN：10:30〜16:30（4月下旬〜7月初旬、9月初旬〜10月初旬は10:30〜）▶10〜3月休み▶入館料：大人£3.80、子供£3.00 ★校内ガイド付きツアー▶毎日14:15と15:15スタート▶ツアー料金：大人£4.90、子供£4.00

●レゴランドLegoland
ウィンザーからシャトルバス利用で約30分
玩具でおなじみのブロック『レゴ』の遊園地。小さなお城など、すべてがブロックでできている。
DATA ▶☎0870-5040-404
▶OPEN：10:00〜17:00（7月中旬〜9月上旬〜19:00）▶11〜3月中旬休み▶入園料：大人£24.00、子供£22.00

モーニング姿の少年たちが行き交う校内は不思議な雰囲気

名門の誇りと歴史を刻むイートン校

博物館&美術館
Museum&Gallery Guide

人類の記憶を満載した世界最大級の博物館
大英博物館
The British Museum

MAP ●切りとり-11、p.115-G
Ⓣ Tottenham Court Rd.またはHolborn駅から徒歩5分 **DATA** ▶☎020-7323-8299▶OPEN：10:00〜17:30（木・金曜〜20:30）▶グッドフライデー、12/24〜26、1/1休み▶入館無料（寄付制／特別展示は有料）

集中と拡散を繰り返す博物館

　大英博物館は、1753年に医師であり博物学者でもあったサー・ハンス・スローンが国に遺贈した、8万点に及ぶ個人コレクションに始まる。後にオックスフォード伯爵の文書コレクションや王室の蔵書なども寄贈されてコレクションは拡大し、1759年、モンタギュー・ハウスに世界初の国立博物館としてオープンした。それ以後、18世紀末から19世紀にかけての大英帝国の全盛期には、世界中から発掘品や美術品が集まり、今日の基礎が整った。現在収蔵されているコレクションは約600万点に及んでいる。

　一方、収蔵品の増加にともなって建物は増改築が繰り返され、1852年にはロバート・スマークの設計になる現在の建物が完成。1857年には巨大な円形の図書館が併設され

た。しかし増え続ける収蔵品に対応しきれず、1881年には自然史部門を分離して自然史博物館をオープン。また美術品の一部をナショナル・ギャラリーに移すなど、分館と移管が盛んに行われた。最近では大英図書館がセント・パンクラスに移転し、2000年にはガラス天井に覆われた**グレート・コート**が整備された。コート中央の巨大な円筒形の建物の地上部分にかつての図書館の閲覧室を保存、上部がレストランになっている。グレート・コートと呼ばれるこの古くて新しい一角は展示会やパーティー会場としても使われ、大英博物館の新しい人気スポットになりつつある。

グレート・コートにはレストランやカフェ、ショップもある

●グレート・コート
▶OPEN：日〜水曜9:00〜18:00、木〜土曜9:00〜23:00

古今東西の遺産を整然と展示

　大英博物館のすべてをつぶさに見るには一週間はかかる。短時間の見学なら、あらかじめ見たいコーナーを決めておくのがベスト。正面入口にある売店で館内の見取り図のったガイドを買い、目当てのコーナーを効率的に見て歩こう。また売店には、代表的なコレクションに関する日本語の解説書も売ってい

トトメス3世の頭像のあるエジプト・ギャラリー

注 グッドフライデー（聖金曜日）：2006年は4月14日、イースターは4月16日。年により変動します。

るので、それを片手に見学すればさらに有意義な時間が過ごせるだろう。

1階正面左手、グレート・コートの西側には、エジプトの彫刻ギャラリー、古代近東、さらにその奥にギリシア・ローマのコーナーが続いている。数々のエジプト彫刻とロゼッタ・ストーン、エルギン・マーブルズと呼ばれる大理石のギリシア彫刻群など、有名なコレクションがこのエリアにある。他にも、戦闘シーンを生き生きと表現したアッシリアの浮き彫り、東洋の繊細な宝飾品、マヤ・アステカの彫刻など大英博物館ならではの有名なコレクションが多く、見学のスタートには絶好の位置といえる。

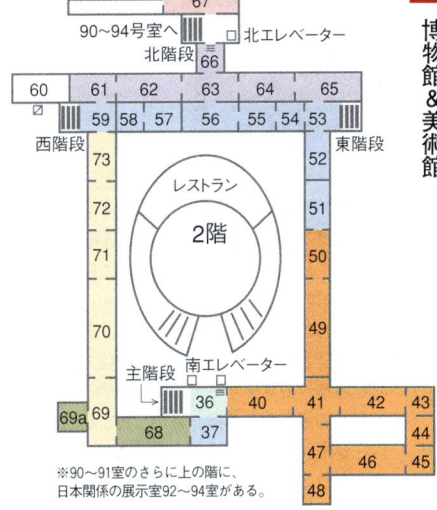

2階はイギリスを始めとするヨーロッパのコレクションが中心。戦時中にサフォークで発掘された数々の宝物や、ローマ時代の傑作といわれるポートランドの壺がある。さらに、メソポタミア文明に代

古代ローマの彫刻

表される中近東の発掘品や東洋の文物、古代エジプト人の生活用品なども2階に展示されている。とくに人間ばかりでなくネコやヘビ、ワニなどのミイラと、繊細な彩色を施した柩のコーナーが好奇心旺盛な観光客に人気だ。

博物館内部には90余の部屋があり、国や文明ごとにエリア分けされ、さらにテーマごとに部屋が分かれている。しかし廊下というものがほとんどないので、途中を飛ばして次のポイントへ行こうにも、たいていはどこかの部屋を経由する仕組み。興味深い展示を見つけて部屋ごとに立ち止まっていては、目的のものを見学し終えることはできないので注意しよう。またグッズや書籍を買う時間も、忘れずに残しておきたい。

展示室と展示内容

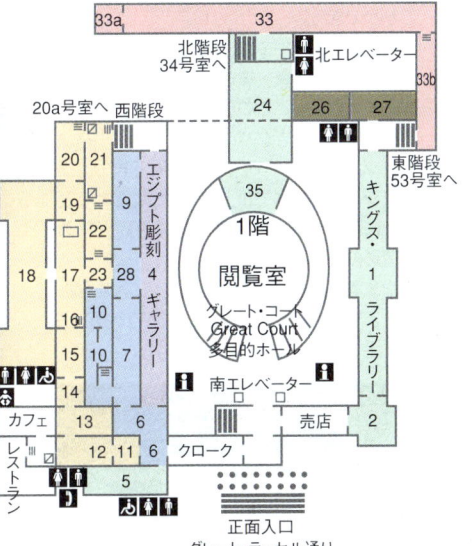

90〜94号室へ

注 英国では、ほとんどの公立の博物館・美術館は無料で開放されている。しかし、どこも維持管理費用は不足気味。旅行者としてはぜひ寄付をしたい。

あらゆるジャンルの美術工芸品をコレクション

ヴィクトリア&アルバート博物館
Victoria & Albert Museum

MAP ●切りとり-23、p.104-D
Ⓤ South Kensington駅から徒歩5分
DATA ☎020-7942-2000 ▶ OPEN：10：00〜17：45（水曜と毎月最終金曜は〜22：00）▶ 1/1、5/1、12/24〜26休み ▶ 入館無料（寄付制/特別展示は有料）

ヴィクトリア&アルバート博物館は、1851年に開催されたロンドン大博覧会の出展作品を母体としてオープンした。ヴィクトリア女王の夫君アルバート公が、労働者階級を中心とする一般市民に世界の優れた工芸品を紹介し、産業の発展に役立てようと意図したのが発端である。当初は「工業製品博物館」の名でオープンした。1859年に現在の建物に移転して「サウス・ケンジントン博物館」となったが、アルバート公の没後、1899年に彼の偉業をたたえてヴィクトリア&アルバート博物館と改称された。以後、収蔵品の増加とともに建物の増改築が繰り返され、今や展示室の数は140以上、すべての部屋を一巡すると11km、コレクションは500万点以上の膨大なスケールに及んでいる。

世界の全様式・全時代の美術工芸品の収集を謳ったV&Aのコレクションは、美術品、陶器・ガラス器、金属工芸、家具、服飾、装身具などジャンルも多彩。1回の訪問ですべてを見学す

工芸品コレクション

ることはむずかしいので、興味のある分野をあらかじめしぼり込んでおきたい。美術品の第一の見どころは、ラファエルの巨大な宗教画だろう。システィーナ礼拝堂を飾るタペストリーの下絵として描かれた、長さ6mの絵は圧巻だ。またターナー、コンスタブルなどのイギリス絵画はいうまでもなく、イギリス最大といわれる細密画のコレクションも必見。中世ヨーロッパ彫刻の複製を展示したカースト・コートも、著名な作品が一堂に会した楽しい空間となっている。

東洋の美術工芸では、かつて植民地であったインドのコレクションが充実しており、き

ローマ皇帝ティベリウスの像

らびやかな宝飾品の数々や黄金の玉座が目を引く。東インド会社のイギリス人を襲う「ティープーのトラ」も、悪趣味ながらどこかとぼけた味わい。中国、韓国とともに日本のコーナーもある。とくに日本のコレクションはヨーロッパ最大といわれ、今では国内でもあまりふれる機会のない日本の職人芸を見ることができる。

美術工芸品の中では、陶磁器やガラス器のコレクションが質・量ともにすばらしく、愛好家が見飽きることのないコーナーとなっている。また、嗅ぎタバコ入れのような小物からタンスや机といった家具にいたるまで、コレクションのすべてが上流階級のこだわりとそれに応えた職人の技の結晶。日用品が極めた造形の美を堪能したい。

増改築を繰り返した館内は広くて複雑なため、まずインフォメーションや売店で案内図を入手してから見学を始めよう。

テーブルを再現した陶磁器のコーナー

ミニ情報　ターナー（1775〜1851）：イギリスの画家。主題の背景としてのみ描かれることの多かった風景画を、絵画の1ジャンルとして確立した。光や大気の描写が特色。コンスタブル（1776〜1837）は稠密な写実表現を得意とした。

158

ナショナル・ギャラリー

各時代の名品でヨーロッパ絵画の歴史散策

National Gallery　**MAP** ●切りとり-18、p.115-K

トラファルガー・スクエアから見るギャラリー正面

　1824年、銀行家ジョン・ジュリアス・アーガンスタインのコレクション38点を議会が買い上げ、公開したのがナショナル・ギャラリーの始まり。1838年に現在の建物へ移転してからは初期ルネサンスのイタリア絵画の購入に力を入れる一方、収集家からの寄贈も相次ぎ、さらにターナー・コレクションが加わるなどしてコレクションは拡大していった。

　展示は時代ごとに4ヵ所に分けられている。1250～1500年の作品を集めたセンズベリー・ウィング、1500～1600年は西ウィング、1600～1700年は北ウィング、そして1700年以降は東ウィングと分かりやすい。西から東へ時代が下る構成になっているので、もっとも古いセンズベリー・ウィングから東へ進むコースがおすすめ。ダ・ヴィンチ、ラファエル、レンブラント、そしてターナーからゴッホ、ピカソにいたるまで、ヨーロッパ絵画の傑作を堪能しながら贅沢な歴史散策ができる。しかし、ゆっくり見ようと思えば、1回の訪問で鑑賞できる絵はせいぜい30から40程度。欲張らずに、見たい作品を決めてから見学を始めよう。

ファン・アイク作「アルノルフィーニ夫妻の像」

●Charing Cross駅から徒歩3分　**DATA** ▶☎020-7747-2885 ▶OPEN：10:00～18:00（水曜～21:00）▶1/1、グッドフライデー（2006年は4月14日）、12/24～26休み ▶入館無料（寄付制／特別展示は有料）

テート・ブリテン

分館によって復活したイギリス絵画の殿堂

Tate Britain　**MAP** ●切りとり-25、p.117-K

　砂糖貿易で財をなしたヘンリー・テートのコレクションを核として、1897年にナショナル・ギャラリーの分館としてオープンした。1955年の独立後は20世紀のモダンアートを積極的に収集してきたが、コレクションの増加によりロンドン市内はもとより、イギリス各地に分館が進められ、最近では2000年にオープンしたテート・モダン（p.160参照）に現代美術を移管。テート・ブリテンは現在、発足当初のイギリス絵画を中心とした美術館として復活している。約300点の油絵と2万点に及ぶ水彩とデッサンからなるターナー・コレクションを筆頭に、コンスタブルの風景画やラファエル前派の作品群など、見応えのある作品が揃っている。

ターナーのコレクションは必見

●Pimlico駅から徒歩10分　**DATA** ▶☎020-7887-8000 ▶OPEN：10:00～17:50 ▶12/24～26休み ▶入館無料（寄付制／特別展示は有料）

ミニ情報　ラファエル前派：ロセッティ（1828～82）、ミレー（1829～96）らを中心に1848年に結成されたイギリスの芸術家グループ。名前はルネッサンス盛期の画家ラファエル以前のイタリア絵画を理想としたことに由来。

コートールド・ギャラリー
ヨーロッパ随一の印象派コレクションを誇る

Courtauld Gallerys MAP ●切りとり-12、p.115-L

美術館はサマセット・ハウスの北側のウィングにある

実業家サミュエル・コートールドが、1932年、自宅と美術コレクションをロンドン大学に寄贈したことが始まり。後にルネッサンス絵画や美術工芸品などが加わり、質の高さでは定評のある美術館に成長していった。現在のサマセット・ハウスに移転したのは1990年。小規模ながらコレクションはどれも粒よりで、ボッティチェリ、クラナッハなどのルネッサンス美術からガラス器、銀器などの工芸品まで幅広い。中でもマネ、ルノワール、ドガ、さらにロートレック、モジリアニなど、ヨーロッパで随一といわれる前・後期印象派コレクションは見のがせない。

マネの傑作「草上の昼食」

⊖Covent Garden駅から徒歩5分 DATA ▶☎020-7848-2777▶10:00（日曜12:00）～18:00、最終入場は17:15
▶1/1、グッドフライデー、12/25～26休み▶入館料：£5.00、18歳以下無料、月曜の10:00～14:00無料

ナショナル・ポートレート・ギャラリー
イギリスの歴史を彩る人々の肖像画

National Portrait Gallery MAP ●切りとり-18、p.115-K

1856年にオープンした肖像画専門の美術館で、彫刻や写真を含めて9000点以上の「顔」を収蔵している。展示されているのは芸術、文化、政治などの分野でイギリス史に名を残した人物ばかり。3階はチューダー朝～17世紀、2階は18～19世紀、1階が20世紀と、階を下るごとに時代が新しくなる構成で、ヘンリー8世やエリザベス1世、シェイクスピアなど、歴史教科書でおなじみの肖像画や、ポール・マッカートニーなど現代イギリスを代表する顔が並んでいる。最近改装されてエスカレーターが設置され、最上階にトラファルガー・スクエアを見渡す眺望抜群のレストラン（p.167参照）もオープンした。

館内は上から下へ、時代を追って歩ける

⊖Charing Cross駅から徒歩4分 DATA ▶☎020-7312-2463▶OPEN：10:00～18:00（木・金曜～21:00）
▶1/1、グッドフライデー、12/25・26休み▶入館無料（寄付制／特別展示は有料）

テート・モダン

Tate Modern MAP ●切りとり-20、p.112-J

20世紀を網羅した現代アートのコレクション

テムズ河畔に建つかつての発電所を改造し、2000年にオープン。現代アート専門としては最大級の美術館で、ダリ、ピカソからウォーホルまでジャンルも多彩。

⊖Blackfriars駅、またはSt.Paul's駅から徒歩15分
DATA ▶☎020-7887-8000
▶OPEN：10:00～18:00、金・土曜～22:00▶12/24～26休み
▶入館無料（寄付制／特別展示は有料）

最上階のカフェからの対岸の眺望は最高

 グッドフライデー（聖金曜日）：2006年は4月14日、イースターは4月16日。年により変動します。

ギルドホール・ギャラリー

Guildhall Art Gallery 　MAP ●切りとり-13、p.112-B

ロンドン市政の中心に誕生した美術館

　2000年夏、市長の就任式などが行われるギルドホールにオープンした美術館。コンスタブルやラファエル前派などの絵画4000点以上を収蔵している。

🚇Bank駅またはMoorgate駅から徒歩7分
DATA ▶☎020-7332-3700
▶ OPEN：10:00〜17:00、日曜12:00〜16:00 ▶12/24〜26、1/1休み
▶ 入館料：£2.50、16歳以下無料（15:00以降と金曜は入館無料）

美術館はギルドホールと同じ敷地内にある

ギルバート・コレクション

Gilbert Collection of Decorative Arts MAP ●切りとり-12、p.115-L

きらびやかなヨーロッパ装飾美術品の数々

　サマセット・ハウスにある、装飾美術品のコレクションではロンドン屈指の博物館。金の嗅ぎタバコ入れや銀器、モザイク画など800点を展示している。

🚇Covent Garden駅から徒歩7分
DATA ▶☎020-7420-9400
▶ OPEN：10:00〜18:00、日曜と1/1は12:00〜 ▶12/24〜26休み
▶ 入館料：£5.00、学生・18歳以下無料

入口はサマセット・ハウスの南、テムズ河畔にある

ウォレス・コレクション

Wallace Collection 　　　MAP ●切りとり-10、p.105-B

公爵家が代々収集した世界的なコレクション

　ハートフォード公爵家代々の当主が収集した絵画や装飾品、陶器、家具など世界有数のコレクション。1900年に国立美術館となり、一般に公開された。

🚇Bond Street駅から徒歩5分
DATA ▶☎020-7563-9500
▶ OPEN：10:00）〜17:00 ▶1/1、グッドフライデー、5/1、6/3、12/24〜26休み ▶入館無料

フランス18世紀の絵画や彫刻作品が充実している

サー・ジョン・ソーンズ博物館

Sir John Soane's Museum MAP ●切りとり-12、p.115-H

建物も記念碑的な名建築家のコレクション

　建築家ジョン・ソーンが収集した大理石像、彫刻、絵画などを展示。複雑な構造の建物もソーン自らの手になる、全体がひとつの芸術品といえる博物館。

🚇Holborn駅から徒歩3分
DATA ▶☎020-7405-2107
▶ OPEN：10:00〜17:00（第1火曜18:00〜21:00）
▶ 日・月曜、1/1、イースター、12/24〜26休み ▶入館無料

偉大な知識人の生活空間をかいま見るのも楽しい

ウェリントン博物館

The Wellington Museum MAP ●切りとり-17、p.116-A

歴史的英雄の戦利品と名画を展示

　ワーテルローの英雄で、後に首相となったウェリントンが住んだアプスリー・ハウスに隣接。当時の肖像画や戦利品である美術品の数々が展示されている。

🚇Hyde Park Corner駅から徒歩2分
DATA ▶☎020-7499-5676
▶ OPEN：11:00〜17:00 ▶月曜、1/1、グッドフライデー、5/1、12/24〜26、12/31休み ▶入館料：£4.50、学生£3.00

ヨーロッパの絵画コレクションが壁を飾る

ミニ情報　ウェリントン（1769〜1852）：1809〜15年にかけてスペイン、南フランス、ワーテルローでナポレオン率いるフランス軍と戦い、これを撃破した将軍。戦功により公爵位を与えられ、1828〜30年には首相も務めた。

ロンドン

161

博物館&美術館

ロンドン博物館

Museum of London　　MAP ●切りとり-13、p.112-B

先史時代から20世紀までのロンドンを見る

　1976年にオープンした歴史博物館。石器時代から現代までのロンドンの歴史を、発掘物、絵、写真、模型、実際に使われた品々によって再現している。

●Barbican駅またはSt.Paul's駅から徒歩5分
DATA ▶☎0870-444-3852
▶ OPEN：10:00（日曜12:00）〜17:50 1/1、12/24〜26休み
▶ 入館無料（寄付制／特別展示は有料）

ロンドンがどこよりもよくわかる博物館

デザイン博物館

Design Museum　　MAP ●切りとり-21、p.113-L

日用品のデザインの変遷をビジュアルに展示

　テレビ、カメラ、メガネ、家具、自動車など、日常的な品物のデザインの変遷を展示したユニークな博物館。見慣れた品物の初期の形に驚くことも多い。

●Tower Hill駅またはLondon Bridge駅から徒歩15分
DATA ▶☎0870-833-9955
▶ OPEN：10:00〜17:45（4/1〜9月の金曜〜21:00）
▶ 12/25・26休み▶入館料：£6.00、学生£4.00

テレビや家具など身近な製品を集めて展示

庭園史博物館

Museum of Garden History　　MAP ●切りとり-26、p.117-L

文化としてのガーデニングを紹介する

　造園道具やパネルで歴史をたどりながら、イギリス文化とガーデニングの関わりを紹介している。再現された17世紀の庭園は春から夏にかけてが見頃。

●Lambeth North駅から8分
DATA ▶☎020-7401-8865
▶ OPEN：10:30〜17:00 冬期（12〜3月）休館
▶ 入館料（寄付金）：£3.00

テムズ南岸のランベス宮殿に隣接

劇場博物館

Theatre Museum　　MAP ●切りとり-12、p.115-K

イギリスの舞台芸術の奥深さを実感する

　演劇、ミュージカル、オペラ、バレエなど多彩な分野にわたるイギリス舞台芸術の歴史を年代を追って紹介。舞台化粧の実演も見られる。

●Covent Garden駅から徒歩3分
DATA ▶☎020-7943-4700
▶ OPEN：10:00〜18:00▶月曜、イースター、12/24〜27、12/31〜1/3休み▶入館無料（寄附制）

コヴェント・ガーデンにあるユニークな博物館

自然史博物館

Natural History Museum　　MAP ●切りとり-23、p.104-D

大英博物館の自然科学分野を展示

　無生物を扱うアース・ギャラリーと、生物のライフ・ギャラリー、2つのテーマから自然科学を楽しく見せる工夫に満ちた博物館。科学博物館も隣接している。

●South Kensington駅から徒歩5分
DATA ▶☎020-7942-5000
▶ OPEN：10:00（日曜11:00）〜17:50▶1/1、12/24〜26休み
▶ 入館無料（寄付制／特別展示は有料）

大聖堂のようなホールには巨大な恐竜の骨を展示

ロンドン交通博物館

London Transport Museum **MAP** ●切りとり-12、p.115-K

乗合馬車や、蒸気機関車が牽引する地下鉄など、ロンドンを走った乗り物の実物を展示。売店のオリジナルグッズも観光客に人気。

⊖Covent Garden駅から徒歩3分
DATA ▶☎020-7379-6344
▶OPEN：10:00（金曜11:00）～18:00
▶12/24～26休み▶入館料：£5.95（16歳以下無料）

ディケンズの家

The Dickens House Museum **MAP** ●切りとり-5、p.115-D

文豪チャールズ・ディケンズが『オリバー・ツイスト』などを執筆した家。初版本や手紙、原稿、家具などが展示している。

⊖Russell Square駅から徒歩10分
DATA ▶☎020-7405-2127
▶OPEN：10:00～17:00（日曜は11:00～）▶12/24～26、1/1休み▶入館料：£5.00、5～15歳£3.00

ベスナル・グリーン子供博物館

Bethnal Green Museum of Childhood **MAP** ●p.106-C

玩具、人形の家、子供服、民族衣装、絵画など、子供に関わるコレクションを世界中から集めたV&A（p.158）の分館。

⊖Bethnal Green駅から徒歩5分
DATA ▶☎020-8980-2415
▶OPEN：10:00～17:50▶金曜、グッドフライデー、1/1、12/24～26休み▶入館無料（寄付制）

サーペンタイン・ギャラリー

Serpentine Gallery **MAP** ●切りとり-16、p.104-D

コンテンポラリー・アートの特別企画展で有名。ケンジントン・ガーデンズの中にあるおしゃれな建物は、かつてのティーハウス。

⊖Lancaster Gate駅から徒歩15分
DATA ▶☎020-7402-6075
▶OPEN：10:00～18:00▶12/24～26、1/1休み
▶入館無料（寄付制）

ブラマ紅茶&コーヒー博物館

The Bramah Museum of Tea & Coffee **MAP** ●切りとり-20、p.112-J

コーヒーと紅茶に関するありとあらゆるものを集めた個人のコレクション。館内にカフェがあり、オリジナルの紅茶が楽しめる。

⊖London Bridge駅から徒歩5分
DATA ▶☎020-7403-5650
▶OPEN：10:00～18:00▶12/25・26休み
▶入館料：大人£4.00、子供£3.50

陸軍博物館

National Army Museum **MAP** ●p.104-D

剣や弓、甲冑の時代から2つの世界大戦まで、イギリス陸軍の歴史を武器、勲章、軍服、絵画などのコレクションで紹介する。

⊖Sloane Square駅から徒歩8分
DATA ▶☎020-7730-0717▶OPEN：10:00～17:30▶1/1、グッドフライデー、5月のバンクホリデー、12/24～26休み▶入館無料（寄付制）

近衛兵博物館

Guards Museum **MAP** ●切りとり-18、p.116-F

17世紀から続く近衛連隊の歴史を紹介する小さな博物館だが、売店の玩具の兵隊はロンドンでもっとも豊富な品揃えと評判。

⊖St. James's Park駅から徒歩5分
DATA ▶☎020-7414-3428
▶OPEN：10:00～16:00▶12/24、25、1/1休み
▶入館料：£2.00、子供£1.00

フローレンス・ナイチンゲール博物館

Florence Nightingale Museum **MAP** ●切りとり-19、p.117-H

近代医学における看護の地位と重要性を決定づけた彼女の生涯を、数々の遺品と写真でたどる小さな記念館。

⊖Waterloo駅から徒歩5分
DATA ▶☎020-7620-0374▶OPEN：10:00～17:00、土・日曜とバンクホリデーは～16:30
▶イースター、12/24～1/2休み▶入館料：£5.80

パーシヴァル・デイヴィッド中国美術財団美術館

Percival David Foundation of Chinese Art **MAP** ●切りとり-4、p.115-C

中国の芸術・文化に関する資料を展示しており、中でも10～18世紀の磁器コレクションは世界的に有名。ロンドン大学の中にある。

⊖Russell Square駅から徒歩5分
DATA ▶☎020-7387-3909
▶OPEN：10:30～17:00▶土・日曜、バンクホリデー、イースター、12/23～1/2休み▶入館無料（寄付制）

イングランド銀行博物館

Bank of England Museum **MAP** ●切りとり-13、p.113-G

300年にわたる銀行の歴史や金融の仕組みを紹介する展示の他に、外為ディーラー体験コーナーなど、遊び心も盛りだくさん。

⊖Bank駅から徒歩2分
DATA ▶☎020-7601-5545
▶OPEN：10:00～17:00▶土・日曜、イースター、12/25・26、1/1休み▶入館無料（寄付制）

帝国戦争博物館

Imperial War Museum **MAP** ●切りとり-26、p.105-E

第1次・第2次大戦を中心とする20世紀の戦争をテーマに、銃火器や戦車などの武器、戦時下の市民生活に関する資料などを展示。

⊖Lambeth North駅から徒歩8分
DATA ▶☎020-7416-5320
▶OPEN：10:00～18:00▶12/24～26休み
▶入館無料（寄付制/特別展示は有料）

ポロック玩具博物館

Pollock's Toy Museum **MAP** ●切りとり-11、p.114-F

テディベアや木彫りの人形をはじめ、19～20世紀の人形と玩具を展示。世界の珍しい玩具を売るショップも併設している。

⊖Goodge Street駅から徒歩2分
DATA ▶☎020-7636-3452
▶OPEN：10:00～17:00▶日曜、イースター、12/25・26、1/1休み▶入館料：£3.00、3～18歳£1.50

注 グッドフライデー（聖金曜日）：2006年は4月14日、イースターは4月16日。年により変動します。

ウェスト・エンド West End

★アデルフィ Adelphi
MAP p.115-k ▶ ☎0870-403-0303
★アルベリー Albery
MAP p.115-k ▶ ☎0870-060-6621
★オルドウィッチ Aldwych
MAP p.115-L ▶ ☎0870-400-0805
★アポロ Apollo
MAP p.114-J ▶ ☎0870-890-1101
★ケンブリッジ Cambridge
MAP p.115-k ▶ ☎020-7494-5080
★コメディ Comedy
MAP p.114-J ▶ ☎0870-060-6622
★クライテリオン Criterion
MAP p.114-J ▶ ☎0870-060-2313
★ドゥルリー・レイン Drury Lane
MAP p.115-k ▶ ☎0870-890-1109
★ダッチェス Duchess
MAP p.115-L ▶ ☎0870-890-1103
★デューク・オブ・ヨークス Duke of York's
MAP p.115-k ▶ ☎0870-060-6623
★フォーチュン Fortune
MAP p.115-k ▶ ☎0870-060-6626
★ガーリック Garrick
MAP p.115-k ▶ ☎0870-890-1104
★ヘイマーケット Haymarket
MAP p.114-J ▶ ☎0870-901-3356
★ハー・マジェスティーズ Her Majesty's
MAP p.114-J ▶ ☎0870-890-1106
☆ロンドン・コリシアム London Coliseum
MAP p.115-k ▶ ☎020-7632-8300
★ライシアム Lyceum
MAP p.115-L ▶ ☎0870-243-9000
★リリック Lyric
MAP p.114-J ▶ ☎0870-890-1107
★ニュー・ロンドン New London
MAP p.115-G ▶ ☎0870-890-0141
★パレス Palace
MAP p.115-k ▶ ☎0870-895-5579
★フェニックス Phoenix
MAP p.115-k ▶ ☎0870-060-6628
★ピカディリー Piccadilly
MAP p.114-J ▶ ☎0870-060-6630
★プリンス・エドワード Prince Edward
MAP p.114-J ▶ ☎0870-850-9191
★プリンス・オブ・ウェールズ Prince of Wales
MAP p.114-J ▶ ☎0870-850-0393

★クィーンズ Queen's
MAP p.114-J ▶ ☎0870-890-1110
☆ロイヤル・オペラ・ハウス Royal Opera House
MAP p.115-k ▶ ☎020-7304-4000
★セント・マーティンズ St.Martins
MAP p.115-k ▶ ☎0870-160-2878
◇セント・マーティン教会 St Martin-in-the-Fields
MAP p.115-k ▶ ☎020-7839-8362
★サヴォイ Savoy
MAP p.115-k ▶ ☎0870-164-8787
★シャフツベリー Shaftesbury
MAP p.115-G ▶ ☎020-7379-5399
★ストランド Strand
MAP p.115-L ▶ ☎0870-060-2335
★ヴォードヴィル Vaudeville
MAP p.115-k ▶ ☎0870-890-0511

●割引チケット売り場 tkts
MAP p.115-K ▶ 正規特別割引のチケット売り場で、当日チケットの半額や25%割引の他、正規の価格でも販売。▶ OPEN：10:00〜19:00、日曜12:00〜15:00

●インターネット予約窓口
劇場協会の公式窓口。市内・近郊で上演されている演目を紹介。ネットで予約もできる。▶ オンライン予約：
http://www.officiallondontheatre.co.uk

リージェンツ・パーク

7 ★オープン・エア・シアター
Open Air Theatre
MAP p.104-A
▶ ☎0870-060-1811

◇ウィグモア・ホール
Wigmore Hall
MAP p.114-E
▶ ☎020-7935-2141
8

オペラ座の怪人

★ドミニオン
Dominion
MAP p.114-F
▶ ☎0870-169-0116
1

Baker St. 駅

Tottenham Court Rd.駅

Oxford Circus 駅

Bond St. 駅

2

Covent Garden 駅

Leicester Sq.駅

Piccadilly Circus 駅

★ロンドン・パラディアム
London Palladium
MAP p.114-J ▶ ☎0870-890-1108

ウェスト・エンド
West End

ロイヤル・コート劇場

ハイド・パーク

Nightsbridge 駅

6 ☆ロイヤル・アルバート・ホール
Royal Albert Hall
MAP p.104-D
▶ ☎020-7589-8212

South Kensington 駅

Victoria 駅

★ヴィクトリア・パレス
Victoria Palace **4**
MAP p.116-F
▶ ☎0870-895-5577

3 ★アポロ・ヴィクトリア
Apollo Victoria
MAP p.116-F
▶ ☎0870-4000-650

Sloane Sq.駅

5

★ロイヤル・コート
Royal Court
MAP p.116-I
▶ ☎020-7565-5000

Waterlo

●主なシアター＆ホール
★：ミュージカル＆プレイ
☆：オペラ＆バレエ、
◇：コンサートホール
☎：予約窓口 Box Office

チケットを予約する

人気のあるミュージカルなどのチケットは、日本国内のチケットエージェント（p.43参照）や、ロンドンの公式なチケットオフィス（左ページ参照）などで出発前に予約しておいた方が無難。ロンドン到着後に予約する時は、ホテルのフロントや観光案内所、街のあちこちにあるチケット専門店で予約できる。ただし、いずれも手数料がかかる。

余分な出費を避けたければ、劇場で直接予約しよう。劇場の予約窓口Box Officeへ電話すればクレジットカードで予約できるし、直接出向けば好みの席を指定して申し込める。さらに安くあげたい時は、ソーホーのレスター・スクエアにある正規割引のチケット売り場「tkts」へ行ってみよう。半額や25％割引で当日券を売っている。確実に買えるとは限らないが、ここだとかなり安い値段でチケットが手に入る。支払いは現金かクレジットカードで。

9 Angel 駅

☆サドラーズ・ウェルズ
Sadler's Wells
MAP ●切りとり-5、p.105-B▶☎0870-737-7737

★◇バービカン
Barbican
MAP p.112-B
10 ▶☎0845-120-7516

Barbican 駅

割引チケット売り場 tkts

★シェイクスピア・グローブ座
Shakespeare's Globe
MAP p.112-F▶☎020-7401-9919

11

テムズ河

ス・バンク
th Bank

Southwark 駅

London Bridge 駅

2 ★オールド・ヴィック Old Vic
MAP p.112-I▶☎0870-060-6628

劇場の情報を集める

ロンドン・シアター・ガイドという公式パンフを観光案内所などで入手するのがいちばん手っ取り早い方法。ロンドン市内の劇場でその時上演している演目や開演時間、料金、最寄りの駅などがのっている。これが手に入らない時は「タイム・アウト」などの市販の週刊情報誌を利用しよう。こちらにはより詳しい情報が掲載されているし、シアター情報以外にイベントのニュースやレストラン、ショップなどの情報ものっている。

劇場の座席の呼称

各呼称は以下の通り。下に行くほど料金は安くなる。
●ドレス・サークルまたはロイヤル・サークル：2階正面の桟敷席
●ボックス・シート：舞台脇に張り出した席
●ストールズまたはオーケストラ・ストールズ：1階席または2階の前方の席
●アッパー・サークルまたはグランド・サークル：3階席または2階の後方席
●バルコニー：天井桟敷

劇場の上演ガイドは地下鉄駅やホテルにある

サウス・バンク　South Bank

◇クィーン・エリザベス・ホール Queen Elizabeth Hall
MAP p.117-D▶☎0870-401-8181
◇ロイヤル・フェスティヴァル・ホール Royal Festival Hall
MAP p.117-D▶☎0870-401-8080
★ナショナル・シアター National Theatre
MAP p.117-D▶☎020-7452-3000

目の保養、心の滋養のひと時を思いきり楽しみたい

ロンドン・エンターテインメント情報

膨大なコレクションを誇る博物館や美術館での芸術鑑賞とともに、ロンドンという街を存分に味わうために忘れてはならないのが舞台芸術。シェイクスピアを生んだイギリスは、今でもヨーロッパ有数のエンターテインメントシティでもある。芝居はもちろん、オペラ、バレエ、コンサートといずれも世界的な水準の舞台が楽しめるが、とくに最近はミュージルが盛んで、「オペラ座の怪人」や「レ・ミゼラブル」などロンドン発のミュージカルが世界的にヒットしている。

街の規模に比して劇場やホールの数も多く、「ウェスト・エンド」と呼ばれるコヴェント・ガーデン周辺の劇場街やテムズ対岸の「サウス・バンク」を中心に、市内のあちこちに大小さまざまな劇場が点在している。「フリンジFringe」と呼ばれる小劇場まで加えるとその数は膨大なもの。ニューヨークと並ぶ迫力の舞台を、ライブで楽しもう。

レストラン
Restaurant Guide

イギリス料理 British

☎：要予約　👔：服装に注意　£：予算

ルールズ
Rules　　**MAP** ●切りとり-11、p.115-K
☎👔£：£50

歴史を誇る大英帝国時代のダイニング

　大英帝国時代の華やかさと格式ある店構えで、老舗中の老舗といわれるレストラン。1798年から同じ場所にあり、歴代の顧客には文豪チャールズ・ディケンズをはじめチャップリン、クラーク・ゲーブルなどそうそうたる顔ぶれが並ぶ。

　「伝統にこだわった個性派レシピ」で知られ、ローストビーフやステーキ、パイ料理に加え、天然モノのサケやマスなどの魚類も充実。ゲームと呼ばれる野鴨、兎、鹿などは、店所有のラーティントン・ホール・パ

伝統的イギリス料理、ローストビーフ

ークで狩猟されるもので、旬に合わせてメニューに登場する。夜10時以降にはポスト・シアター・サパーという2品コースのお得なセットメニューもある。

🚇Covent Garden駅またはCharing Cross駅から徒歩5分
▶ 35 Maiden Lane WC2▶☎020-7836-5314
▶ OPEN：12:00〜23:30、日曜〜22:30▶無休

シンプソンズ・イン・ザ・ストランド
Simpson's-in-the-Strand　**MAP** ●切りとり-12、p.115-K
☎👔£：£40

英国料理の代表格ローストビーフの老舗

　ローストビーフの名店。絶妙な焼き具合の仔牛をはじめ各種プディングなど、伝統料理が勢揃い。ローストビーフは目の前で切り分けてくれる。

🚇Charing Cross駅から徒歩5分▶100 Strand WC2▶☎020-7836-9112▶OPEN：7:15〜10:30（土・日曜を除く）、12:15〜14:30、17:30〜22:45（日曜18:00〜21:00）▶無休

ヴェロニカズ
Veronica's　　**MAP** ●切りとり-8、p.104-A
☎👔£：£25

伝統のレシピを現代に再現する店

　16、17世紀のイギリスの伝統のレシピを蘇らせたメニューで知られる店。ジョージ1世時代を再現したダイニングや、イギリス産ワインなど、伝統へのこだわりがユニーク。

🚇Bayswater駅から徒歩10分
▶ 3 Hereford Road, W2▶☎020-229-5079
▶ OPEN：18:30〜23:00▶日曜休み

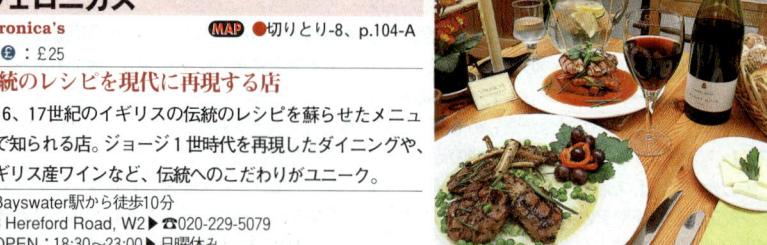

※「無休」とある店も、12/25前後と1/1はほとんどが休みとなります。ご注意ください。

アラステア・リトル

Alastair Little　**MAP** ●切りとり-11、p.114-J
😊 £ ：£30

モダンブリティッシュはこの店から始まった

　独自の創造性でモダンブリティッシュ料理の草分けとなったアラステア・リトルの店。地中海料理をベースに野菜をふんだんに使ったメニューは、どれもが満足のいく味だ。

⊖Leicester Square.駅から徒歩10分▶ 49 Frith St. W1
▶☎020-7734-5183▶OPEN：12:00〜15:00（土曜はランチのみ）、18:00〜23:30▶土曜の夜、日曜休み

ポートレート・レストラン＆バー

Portrait Restaurant & Bar **MAP** ●切りとり-11/18,p.115-K
😊 £ ：£30

ギャラリー最上階のレストランでランチを

　トラファルガー・スクエアを眺めながら、モダンヨーロピアン料理が楽しめるポートレート・ギャラリーのレストラン。

⊖Leicester Square駅またはCharing Cross駅から徒歩5分
▶ Top Floor, National Portrait Gallery, St. Martin's Place WC2
▶☎020-7312-2490
▶OPEN：10:00〜17:00、木・金曜のみ〜22:00▶無休

ビベンダム・オイスター・バー

Bibendum Oyster Bar　**MAP** ●切りとり-23、p.104-D
£ ：£30

アールデコ調のレストランで新鮮な海の幸

　ロンドンを代表するアールデコ建築、ミシュランのビルにあり、タイル張りの内装も必見だ。冷たいシャンパンと一緒に味わう新鮮な魚介類は最高。

⊖South Kensington駅から徒歩5分
▶ Michelin House, 81 Fulham Rd. SW3▶☎020-7589-1480
▶OPEN：12:00〜22:30、日曜12:00〜22:00▶無休

ライヴベイト

Livebait　**MAP** ●切りとり-12、p.115-K/L
😊 £ ：£35

新鮮な魚介類を楽しめる人気のシーフード

　テムズ河対岸にオープンした1号店を皮切りに、次々と支店を増やしている人気のシーフード・レストラン。個性的なメニューが多い。白ワインも豊富に揃っている。

⊖Covent Garden駅から徒歩5分
▶ 21 Wellington St., WC2▶☎020-7836-7161
▶OPEN：12:00〜23:00▶無休

ギールズ

Geales　**MAP** p.104-D
😊 £ ：£20

伝統の味フィッシュ＆チップスならこの店

　1960年から続くエルトン・ジョンもお気に入りの人気店。1999年からは魚料理専門店になった。金曜日はとくに込むので予約がおすすめだ。

⊖Notting Hill Gate駅から徒歩3分▶ 2 Farmer Street W8
▶☎020-7727-7528▶OPEN：12:00〜15:30、18:00〜23:00、日曜は18:00〜23:00のみ▶無休

ロンドン

167

レストラン

ヨーロッパ料理 European

ミラベル

The Mirabelle 　　　MAP ●切りとり-17、p.116-B

☺🍴£：£40

天才シェフの贅沢な味とサービスを堪能

手前が主菜のマグロのグリル。奥は前菜のテリーヌ。

史上最年少でミシュランの3ツ星を獲得した天才シェフ、マルコ・ピエール・ホワイト経営の高級フランス料理店。上流階級の社交場だったこの店を、1998年に改装して再オープン。インテリアは30年代風の優雅なクラシックモダンで、上品で華やかな空間がすばらしい。料理は正統派フレンチに英国料

理のエッセンスを加えた独創的なメニュー。シェフの鋭い感性が、味覚と視覚を同時に満足させる。贅沢な高級店だが、値段は比較的手頃だ。ランチの2コースは£16.50、3コースが£19.95。日曜日のランチなら3コース£19.50で楽しめる。

🚇Green Park駅から徒歩3分
▶ 56 Curzon St. W1 ▶ ☎020-7499-4636
▶ OPEN：12:00〜14:30、18:00〜23:30、日曜12:00〜15:00、18:00〜22:30 ▶ 無休

シェ・ジェラード

Chez Gerard 　　　MAP ●切りとり-11、p.114-F

£：£30

気軽に立ち寄れる手頃な値段が魅力

肩ひじ張らずにフランス料理を楽しみたいならこの店。味は本格的だが、ディナーも2コースで£12.50、3コースで£15と手頃な値段。

🚇Goodge Street駅から徒歩7分 ▶ 8 Charlotte St. W1
▶ ☎020-7636-4975 ▶ OPEN：12:00〜23:30、土曜12:00〜15:30、17:30〜23:30〜、日曜12:30〜22:30 ▶ 無休

イタリアン・キッチン

Italian Kitchen 　　　MAP ●切りとり-11、p.115-G

£：£20

ロンドンっ子ご用達のおいしくて安い店

味には定評があるカジュアルなイタリア料理の店。7時前のプレシアター用メニューは£7.95。アラカルトメニューも充実、ワインの値段もかなりお手頃だ。

🚇Tottenham Court Road駅から徒歩5分
▶ 43 New Oxford St. WC1 ☎020-7836-1011
▶ OPEN：12:00〜22:45、日曜〜22:30 ▶ 無休

スペーゴ

Spago 　　　MAP ●切りとり-23、p.104-D

☺£：£20

おしゃれなエリアで味わう陽気なイタリアン

サウス・ケンジントンで注目の店。大きめの皿で出てくる料理は、味もボリュームも満点。陽気なスタッフたちの温かいサービスも嬉しい。

🚇South Kensington駅から徒歩3分
▶ 6 Glendower Place SW7 ☎020-7225-2407
▶ OPEN：12:00〜23:30 ▶ 無休

※「無休」とある店も、12/25前後と1/1はほとんどが休みとなります。ご注意ください。

ラ・タスカ

La Tasca　　　MAP ●切りとり-11、p.115-K

💷：£20

居酒屋感覚で小皿料理タパスを味わう

スペインのタパスはバラエティに富んだ小皿料理。40種類ものタパスがあり、一皿£2.50〜と手軽な値段で。いろいろな料理を少しずつ味わえるのが魅力だ。

🚇Covent Garden駅から徒歩7分、またはCharing Cross駅から徒歩5分▶23-24 Maiden Lane WC2E▶☎020-7240-9062
▶OPEN：12:00〜23:00、日曜〜22:30▶無休

オ・ファド

O Fado　　　MAP ●切りとり-23、p.104-D

💷：£25

ポルトガル家庭料理の温かいもてなし

乾燥タラのシコシコした歯ざわりが絶妙なコロッケやイワシの丸焼きなど家庭的な魚料理が豊富だ。手頃な価格のポルトガル産ワインもぜひお試しを。

🚇Knightsbridge駅から徒歩7分
▶49-50 Beauchamp Place SW3▶☎020-7589-3002
▶OPEN：12:00〜15:00、18:30〜1:00am（日曜〜24:00）▶無休

マイ・オールド・ダッチ

My Old Dutch　　　MAP ●切りとり-23、p.104-D

💷：£10

海鮮と野菜たっぷりのオランダ風パンケーキ

オランダの片田舎を思わせる素朴な店。トッピングたっぷりのパンケーキは、軽い食事やおやつにぴったり。デザート風パンケーキもある。

🚇Sloane Sq.駅またはSouth Kensington駅から徒歩10分
▶221 King's Road SW3▶☎020-7376-5650▶OPEN：10:00
（土・日曜9:30）〜23:00（金・土曜23:30）▶無休

ベルゴ・セントラール

Belgo Centraal　　　MAP ●切りとり-11、p.115-K

💷：£15

ムール貝とベルギーの白ビールがおすすめ

ガーリックがきいたムール貝の蒸焼きやエスカルゴ、ロブスターなどの魚介の料理がおすすめ。軽い口あたりのベルギー産ビールも試したい。

🚇Covent Garden駅から徒歩3分
▶50 Earlham St. SW1▶☎020-7813-2233
▶OPEN：12:00〜23:30、土曜〜24:00、日曜〜22:30▶無休

リアル・グリーク

The Real Greek　　　MAP ●切りとり-7、p.106-C

💷💷：£30〜35

洗練されたモダンギリシア料理

芸術家が多く住む注目エリア、ホクストンにある連日満席の人気のギリシア料理店。モダンにアレンジした料理は、どれも洗練された見ごとな味。

🚇Old Street駅から徒歩7分▶15 Hoxton Market N1
▶☎020-7739-8212▶OPEN：12:00〜23:00
▶日曜・バンクホリデー休み

エスニック料理 Ethnic

ハーンディ

Haandi 　　MAP ●切りとり-16、p.104-D

£ : £25

スパイス絶妙の本格派のインド料理

　ナイツブリッジのデパート、ハロッズの斜め向かいにある人気のインド料理店。おしゃれな雰囲気の店で、おいしいインド料理を心ゆくまで楽しめる。とかく「辛い」と思われがちなインド料理だが、ここぐらいの本格的なレストランになるとスパイスの妙味を味わうためにあえて辛さを抑えているので、辛いのが苦手な人も安心。各種カレーはもちろん、肉、魚、野菜など新鮮な素材に香辛料を複雑に組み合わせた料理はどれも絶品のおいしさ。ダイニングルームの他に、インド料理の店には珍しくピアノバーがあり、ここで食前酒が楽しめる。また小皿料理

ソフトな色合いがおしゃれな店内

もあるので、これをつまみにワインやカクテルを飲むのもいい。

🚇Knightsbridge駅から徒歩5分
▶136 Brompton Rd.,SW7 ▶☎020-782-3737
▶OPEN：12:00〜15:00、18:00〜22:30（金・土曜〜23:00）▶無休

ザイカ

Zaika 　　MAP ●切りとり-15、p.104-D

🍴🍷 : £35

インド料理初のミシュラン1ツ星を獲得

　正統派インド料理の概念をくつがえすメニューで、ミシュラン1ツ星を獲得。絶妙の味が楽しめる。

🚇High St. Kensington駅から徒歩5分
▶1 Kensington High St. SW3 ☎020-7795-6533
▶OPEN：12:00〜14:45（土曜はなし）、18:00〜22:45（日曜〜21:45）▶無休

メラティ

Melati 　　MAP ●切りとり-11、p.114-J

£ : £25

インドネシアの味を気軽に楽しむ

　気楽に東南アジアの味を満喫できる。メニューは豊富だが、麺類もおいしいので1皿は注文を。テイクアウトもできる。週末は予約を入れておきたい。

🚇Piccadilly Circus駅から徒歩5分
▶21 Great Windmill St. W1 ☎020-7437-2745
▶OPEN：12:00〜23:30、土曜〜24:30▶無休

ソフラ

Sofra 　　MAP ●切りとり-12、p.115-K/L

🍷🍴 : £25

しゃれたインテリアでモダントルコ料理を

　メゼと呼ばれる小皿料理が豊富。もちろんメインも充実で、柔らかな仔羊肉がおいしい。トルコ産ワインもかなりイケるので、ぜひともお試しを。

🚇Covent Garden駅から徒歩7分
▶36 Tavistock St. WC2 ☎020-7240-3773
▶OPEN：12:00〜24:00▶無休

※「無休」とある店も、12/25前後と1/1はほとんどが休みとなります。ご注意ください。

ロイヤル・チャイナ

Royal China MAP ●切りとり-8、p.104-A

£：£20

ロンドン最高の飲茶は行列覚悟で

　おいしい中国料理ならここ。とくに飲茶は評判で、週末には長蛇の列ができるほどの人気だ。もちろん一品料理も絶品。豪華な店作りだが、値段は手頃。

🚇Queensway駅から徒歩1分▶13 Queensway W2
▶☎020-7221-2535▶OPEN：12:00～23:00（金・土曜～23:30）、日曜11:00～22:00、飲茶は～17:00▶無休

鹿鳴邨（ハーバー・シティ）

Harbour City MAP ●切りとり-11、p.115-K

£：£15

チャイナタウンの本格派チャイニーズ

　チャイナタウンの数ある店の中でも、本格的な広東料理を味わえる名店。飲茶も人気で、湯葉を使った春巻きなど小皿料理がおいしい。

🚇Leicester Sq.駅から徒歩3分▶46 Gerrard St. W1
▶☎020-7439-7859▶OPEN：12:00～23:30、金・土曜～24:00、日曜11:00～22:30、飲茶は～17:00▶無休

タイ・パヴィリオン

Thai Pavilion MAP ●切りとり-11、p.114-J

£：£25

辛さ控えめのデリケートなタイ料理

　前菜からカレーやサラダ、各種グリルまで、すべて辛さ控えめのマイルドな味。メニューは80種以上と豊富。ランチのセットや手頃な値段のプレシアターメニューもある。

🚇Piccadilly Circus駅から徒歩2分
▶42 Rupert St.,W1▶☎020-7287-6333
▶OPEN：12:00～23:30、日曜12:30～22:30▶無休

ミョン・ガ

Myung Ga MAP ●切りとり-11、p.114-J

£：£25

味に定評ある本格派韓国料理の名店

　観光客にも人気の店で、日本語のメニューもある。焼き肉も一品料理も味には定評があり、笑顔のサービスが心地よい。カラオケルームもある。

🚇Oxford Circus駅から徒歩3分▶1 Kingly St. W1
▶☎020-7734-8220▶OPEN：12:00～15:00（日曜はなし）、17:00～23:00（日曜～22:30）▶無休

バンブー

Ban-bou MAP ●切りとり-11、p.114-F

£：£30～40

セレブも訪れるフランス風ベトナム料理

　1階がレストランで、2、3階はバー。フランス風ベトナム料理の洗練された味と、異国情緒あふれるムードが魅力。ナオミ・キャンベルもお気に入りの店。

🚇Goodge St.駅から徒歩5分▶1 Percy St.,W1
▶☎020-7323-9130▶OPEN：12:00～15:00（土曜なし）、18:00～23:00、バーは～1:00am▶日曜休み

サツマ

Satsuma MAP ●切りとり-11、p.114-J

£：£15〜20

トライしたい英国感覚あふれる日本料理

日本食ブームが生んだイギリス産日本料理。日本のビール
やお酒もある。シンプルな店内で英国風幕の内弁当やラーメ
ンを試してみよう。

⊖Piccadilly Circus駅から徒歩5分▶56 Wardour St. W1
▶☎020-7437-8338▶OPEN：月・火曜12:00〜23:00、金・土曜
〜23:45、日曜〜22:30▶無休

祭

Matsuri MAP ●切りとり-18、p.116-B

🍴£：£40〜50

寿司、天ぷらと豊富なメニューが好評

120席ある鉄板焼きダイニングはロンドン最大。おいしさ
とサービスには定評があり、ビジネスランチは£6.50〜
12.50。ランチタイムのお好み焼きも人気だ。

⊖Green Park駅から徒歩5分
▶15 Bury St. SW1 ☎020-7839-1101
▶OPEN：12:00〜14:30、18:00〜22:30▶無休

イツ

Itsu MAP ●切りとり-11、p.114-J

£：£15

春巻も流れるロンドン生まれの回転寿司

寿司ブームのロンドンでは、おしゃれな回転寿司が大人気。
奥に見えるのは、ドリンクカウンター。セルフサービスの酒
マシンもおもしろい。

⊖Piccadilly Circus駅から徒歩7分▶103 Wardour St. W1
▶☎020-7479-4794▶OPEN：12:00〜22:00、金・土曜〜24:00
▶バンクホリデー休み

ノト（能登）

Noto MAP ●切りとり-13、p.113-C

£：£20

大好評の定食はボリュームたっぷり

金融街シティにあり、昼はビジネスマンで満員。昼、夜と
もにボリューム満点の定食はバラエティ豊かで、小鉢料理は
£3.50からと手頃な値段。

⊖BarbicanまたはMoorgate駅から徒歩7分
▶2-3 Bassishaw Highwalk EC2▶☎020-7256-9433
▶OPEN：11:30〜14:30、18:00〜21:30▶土・日曜休み

ラーメンりょう

Ryo's Noodle Bar MAP ●切りとり-11、p.114-J

£：£10

ラーメン＆餃子を食べたくなったらここ

大ぶりの器にたっぷりのラーメン£5.50は、ロンドン在住
の日本人に大好評。各種日本語新聞が揃い、新聞片手にラー
メンをすするビジネスマンがロンドンでも健在だ。

⊖Piccadilly Circus駅から徒歩3分
▶84 Brewer St. W1▶☎020-7287-1318
▶OPEN：11:30〜23:30、木〜土曜〜24:30▶無休

※「無休」とある店も、12/25前後と1/1はほとんどが休みとなります。ご注意ください。

パブ Pub

ソールズベリー
The Sailisbury　MAP　●切りとり-11、p.115-K
£：£10

ヴィクトリア様式の華麗なパブ

劇場が建ち並ぶウェスト・エンドの真ん中にあり、古くから劇場関係者や劇場に通う人々に愛されてきた店。芝居やミュージカルが始まる前に軽く一杯飲む人などで、いつも賑わっている。磨き込まれたカウンター、アンティークな鏡や美しい彫刻のほどこされたガラス窓など、店そのものがアンティークな雰囲気でいっぱい。店内には壁一面に芝居のポスターが貼られた小部屋もある。バーカウン

花籠に飾られたいかにもパブらしい入口

美しいカットグラスに魅了される

ターの奥にある暖炉のあるこの小部屋は、パブが階級によって仕切られていた頃のなごりとか。
🚇Leicester Sq.駅から徒歩2分
▶90 St Martin's Lane,WC2
▶☎020-7836-5863
▶OPEN：11:00〜23:00、日曜12:00〜22:30▶無休

ジ・オールド・チェシャー・チーズ
Ye Olde Cheshire Cheese　MAP　●切りとり-12、p.112-E
£：£10

ディケンズたち文豪・文人の溜まり場

300年以上の歴史を持つ由緒正しいパブ。内部は、地下へとアリの巣のように小部屋が続き、常連客でも迷ってしまうほど。英国の伝統料理も味わえる。
🚇Blackfriars駅から徒歩5分▶145 Fleet St. EC4
▶020-7353-6170▶OPEN：11:30〜23:00、日曜12:00〜15:00、ランチ〜14:30▶無休

ディケンズ・イン
Dickens Inn　MAP　●切りとり-21、p.113-L
£：£10

ヨットが浮かぶマリーナを眺めるパブ

セント・キャサリンズ・ドックに面したパブは、テムズ河の交易が盛んだった頃の倉庫を改装したもの。2階は魚料理のレストランになっている。
🚇Tower Hill駅から徒歩10分
▶St Katharine's Way E1 ☎020-7488-2208
▶OPEN：11:00〜23:00、日曜12:00〜22:30▶無休

ジョージ・イン
George Inn　MAP　●切りとり-20、p.113-K
£：£10

ロンドン最古のパブで歴史の重みを実感

16世紀後半に開業したロンドン最古のパブ。太い樫の梁が通る低い天井や、少し傾きかけた建物が味わい深い。本格的な英国ビールを堪能しよう。
🚇London Bridge駅から徒歩5分
▶77 Borough High St. SE1 ☎020-7407-2056
▶OPEN：11:00〜23:00、日曜12:00〜22:30▶無休

雑貨に夢中！

わがまま歩き流ロンドンのショッピング情報

伝統の重みをずっしりと感じさせてくれる逸品から、世界の先端をいくファッションまで、ロンドンのショッピングの楽しみは多彩だが、とくにこだわりたいのが雑貨。キッチンやインテリア、アンティークやコスメ用品まで、ロンドンはまさに雑貨の宝庫。その中から、わがまま取材班が見つけたとっておきの雑貨探しのポイントはココッ！

●アート＆キッチュな雑貨たち
スピタルフィールズ・マーケット

Spitalfields Market▶ **MAP** ●切りとり-14、p.113-D

ロンドン中探してもここにしかない手作りアートであふれているのが、市東部のスピタルフィールズ・マーケット。トレンディエリアとして注目のショーディッチに続くこの街は、アーティストたちが多く住むエリア。そのせいもあって、毎週日曜、青果市場跡の巨大な建物を使って開催されるマーケットはアーティスティックなクラフト類の宝庫。とびきりのおタカラ探しには最適。

DATA ▶ ⊖Liverpool St.駅下車▶ Commercial St.,E1▶ 日曜10:00～17:00

大きな市場の中にクラフトの店がびっしり

「クィーンズ」の魅力あふれる人形たち

マーケットビルの一角にある人形の店「クィーンズ'Queens」のオリジナル人形たち。リアルでミステリアスな人形であふれた店に一歩入ると、摩訶不思議なクィーンズの世界にぜったいハマる

●思わず手が出るキュートなバス＆ボディ用品
ブーツ　Boots

ちょっと賑やかな通りなら、必ずあるのがファーマシー（薬局）のチェーン、ブーツ。サンドイッチや生活雑貨などもあってコンビニ的に便利な店だが、ここで注目はオリジナルのコスメ類。ルビー・ミリーもナンバー７もひとつ£10前後とお手頃価格。カラーパレットやリップ類はカラーも豊富で、ぜひ欲しい。もうひとつ注目が、これまたオリジナルのバス用品やボディケア用シリーズ。バス用品のナチュラル・コレクションは、香り別にいろいろ揃えられて楽しい。容器も可愛いので、おみやげにしても喜ばれそう。

ナチュラル・コレクションのバスピールとボディスプレイ。手前は同じくオリジナルのボディケアのシリーズ、フレッシュ。£2～5なので、アレコレ買いたくなる

●クリエーターに人気のアートな雑貨
ロンドン・グラフィック・センター

London Graphic Centre ▶ **MAP** ●切りとり-11、p.115-K

高級文具店スマイソン（**MAP**●切りとり-10）でレターセットをオーダーするのもいいけれど、どうせだったらもうちょっとアートな気分で文具を楽しみたい。コヴェント・ガーデンにほど近いここは、クリエーターたちもご用達の文具と画材用具の専門店。英国老舗ブランドの色鉛筆やこの店オリジナルのスケッチブックなど、思わず欲しくなる魅力的な文具がどっさり。アートっぽいデザインのものが、倉庫のように大きな店内にあふれている。

DATA ▶ ⊖Covent Garden駅下車 ▶ 16-18 Shelton St.,WC2 ▶ 9:30～18:00、木曜～19:00、土曜10:30～ ▶ 日曜、バンクホリデー休み

LGCオリジナルのアートブックと1761年創業のドイツの老舗FABER CATSLE社のグラフィックアート用ペンシル、それに陶器製水壺付きの水彩絵筆セット。黒のみのペンシルは、8Bから2Hまで10本入り。モノクロのスケッチにトライしてみる？

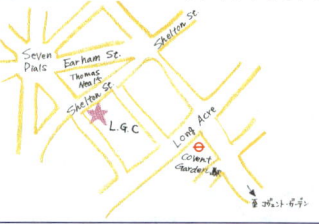

●イギリスならではのアンティーク雑貨
アンティークマーケット

セットだと高価で手の出ないアンティークシルバーも、ティースプーンとバターナイフを自分用に揃えるなら、それほど背伸びしなくても買える。日本だと飛び出る価格のアンティークアクセサリーも、ロンドンならぐんと安い。アンティークのメッカは、やっぱりマーケット。常設マーケット（p.179参照）の他、曜日を決めてオープンするマーケットがあちこちにある。その中で、とくにおすすめのアンティークマーケットは以下の3カ所。

★カムデン・パッセージ　Camden Passage
／ **MAP** p.105-B

細い石畳の道の両側にアーケードが続き、その隙間にストールと呼ばれる屋台の店が並ぶ。アーケードの中には銀器や絵画、陶磁器、アクセサリーなど、各種アンティークの専門店が何十軒も並んでいる。この街で注目は、やはりアンティークシルバー。プロも買い付けにくるハイレベルなものから、素人にも手が出せそうな手軽なモノまでズラリ。雑貨も豊富。テディベアの専門店もある。

DATA ▶ ⊖Angel駅下車 ▶ 火～土曜10:00～17:00（ストールは水・土曜のみ） ▶ 日・月曜休み

好きな人にはたまらないのが、アンティークドール。写真は、カムデン・パッセージの屋外ストールで見かけた素朴な人形たち。テディベアもアンティークものがかわいい

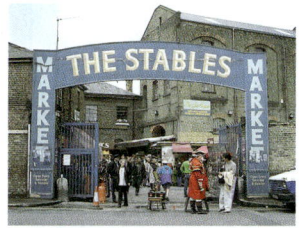

★ステーブルズ・マーケット（カムデン・タウン）
Stables Antique Market／ **MAP** p.190-B

毎週末、若者たちで大賑わいするカムデン・タウンのマーケットのひとつ。駅からは一番奥、廃線になった列車の高架の向こうにある。古着やクラフト中心のマーケットの中で、ここだけはアンティーク専門。大きな建物の中と周囲に店が出る。アールデコのランプもあれば、使い込まれたキッチン雑貨も、ブリキのオモチャもありで、ガラクタか、はたまたおタカラかは見る人の価値観次第。

DATA ⊖Camden Town駅下車 ▶ 金～日曜9:30～18:30

★ポートベロー・マーケット　Portbello Market／ **MAP** p.104-A

アンティーク好きの内外の観光客に圧倒的な人気があるのがここ。銀器からアンティークドールまで、さまざまな店と屋台が続き、途中に大型のアーケードなどもある。南北に長く続くマーケットで、アンティーク市は南側半分。それより先は生鮮野菜の市になり、さらにその先はレゲエミュージックの流れる古着市になる。

DATA ▶ ⊖Notting Hill Gate駅下車 ▶ 土曜8:00～16:00、野菜マーケットは毎日早朝～18:00

Ｓhop Guide
ショップ

バーバリー
Burberry　英国ブランド　**MAP**　●切りとり-10、p.114-I

注目の新・お嬢さまブランド

伝統のチェックを若々しくデザイン

　リージェント・ストリートにある本店は敷居が高いというイメージがあったが、最近のバーバリーは伝統のチェック柄をモダンにアレンジ。上品でさわやかなニューコレクションを充実させている。そのフラッグシップストアがニューボンド・ストリートにオープンした店で、クールな店内はメンズ、レディース、キッズと充実の品揃え。もちろん伝統のバーバリー・チェックとトレンチコートは健在だ。

トレンチ・コートをラフに着こなす

🚇Bond St.駅から徒歩5分
▶21-23 New Bond St. W1 ☎020-7839-5222
▶OPEN：10:00〜19:00、日曜12:00〜18:00▶無休

ダックス
Daks　　　　　　　　　英国ブランド　**MAP**　●切りとり-18、p.114-J

英国気質が生きるスーツはキャリア組のご用達

　1894年の創業以来、英国気質をその品質に折り込んだスーツやシャツは、ビジネス界では定番。都会的で上品なビジネススーツの他、遊び心あふれるカジュアルウエアも注目だ。

🚇Bond St.駅から徒歩6分▶10 Old Bond St. W1S▶☎020-7409-4000
▶OPEN：10:00〜18:00▶日曜休み

アクアスキュータム
Aquascutum　　　　　英国ブランド　**MAP**　●切りとり-11、p.114-J

名門ブランドで仕立てる一生モノのコート

　バーバリーと双璧をなすトレンチコートでおなじみの名店。男女ともにトラッドながら、野暮ったさのない粋なデザインが人気。コートは、オーダーメイドなら£400〜800で仕立てられる。

🚇Piccadilly Circus駅から徒歩5分▶100 Regent St. W1▶☎020-7675-9050
▶OPEN：10:00〜18:30、木曜〜19:00、日曜12:00〜17:00▶無休

マルベリー
Mulberry　　　　　　英国ブランド　**MAP**　●切りとり-10、p.114-I

伝統に育まれた粋なカントリースタイル

　1971年、ベルトやチョーカーなど革製品の店として始まり、今でもハンドバッグや旅行カバンは定番のアイテムとして親しまれている。カントリースタイルをテーマとしたメンズとレディース衣料も充実している。

🚇Bond St.駅から徒歩5分▶41-42 New Bond St.,W1
▶☎020-7491-3900▶OPEN：10:00〜18:00、木曜〜19:00▶日曜休み

※「無休」とある店も、12/25前後と1/1はほとんどが休みとなります。ご注意ください。

コノリー
Connolly　英国ブランド　**MAP**　●切りとり-10、p.114-I

老舗で見つける極上の逸品

　ロールスロイスなどの名車の内装に使われるコノリー・レザーといえば高級皮革の代名詞。一度ふれたら忘れられない極上の革製品の肌ざわりは、まさに職人技。最高級のレザーを使ったバッグや旅行カバンは、少々高くても一生モノにぜひ欲しい。ベル

小物にも注目を！

グレーヴィアの本店に続いて、オックスフォード・ストリート近くにニューショップがオープン。バッグや靴

上質で飽きのこないデザインは一生モノに

の他、手袋や財布などの小物も充実。使うほどに味わい深くなるエレガントな極上革製品が揃う。イギリスのスキンケアの人気ブランド、ジョー・マロンのセットが入った旅行用キットもある。

⊖Oxford Circus駅から徒歩5分
▶41 Conduit St. W1▶☎020-7439-2510
▶OPEN：10:00〜18:00、木曜〜19:00▶日曜休み

ポール・スミス（ウェストボーン・ハウス）
Paul Smith　　　　　　　英国ブランド　**MAP** p.104-A

シャツ一枚にもアートフルな英国が漂う

　粋なおしゃれを楽しみたい大人たちに人気のブランド。閑静な住宅街ウェストボーンにあるヴィクトリア朝の邸宅を改装したショップは、メンズ、レディース、キッズとすべてのアイテムが勢揃い。

⊖Notting Hill Gate駅から徒歩7分▶122 Kensington Park Road W11
▶☎020-7727-3553▶OPEN：10:30〜18:30、金・土曜10:00〜▶日曜休み

ジョセフ
Joseph　　　　　ファッション　**MAP**　●切りとり-23、p.104-D

エレガントな大人の女性に人気の店

　オリジナルブランドのドレスやスーツ、パンツ、シャツが揃う。イタリアンテイストにまとめられたドレス類は、どれも組み合わせがしやすく、着こなし次第でオフィスからパーティーまで幅広く楽しめる。

⊖South Kengington駅から徒歩5分▶77 Fulham Rd.,SW3▶☎020-7823-9500
▶OPEN：10:00〜18:30、水曜〜19:00、日曜12:00〜17:00▶無休

ターンブル＆アッサー
Turnbull & Asser　英国ブランド　**MAP**　●切りとり-18、p.116-B

王室御用達オーダーメイド・シャツの贅沢

　チャールズ皇太子が顧客リストに並ぶ、シャツ作りの老舗。生地選びから採寸、仮縫いと、おしゃれをしたいならしっかり手間ひまをかけたい。オーダーは6枚セットで1枚£150から。

⊖Piccadilly Circus駅から徒歩5分▶71〜72 Jermyn St. W1
▶☎020-7808-3000▶OPEN：9:00〜18:00、土曜9:30〜▶日曜休み

フローリス
Floris　　　　　コスメティック　**MAP**　●切りとり-18、p.116-B

ダンディな英国紳士の香りは007愛用のNo.89

　長い伝統を持つフレグランスの専門店。ジェームズ・ボンド愛用の香水No.89は、この店の住所から名付けられたもの。上品なバス用品はおみやげにも最適。

⊖Piccadilly Circus駅から徒歩3分▶89 Jermyn St. W1
▶☎020-7930-2885▶OPEN：9:30〜18:00、土曜10:00〜▶日曜休み

ルル・ギネス

Lulu Guinness　ファッション小物　**MAP**　●切りとり-24、p.104-D

キュートなバッグやポーチで人気の店

カラフルな花の刺しゅうや愛らしい形のポーチなど、ルルならではの作品で人気の店。最近、ウェストボーンの住宅街からスローン・スクエア駅のそばに移転した。新作も充実なので、ルルのファンは必見。

⊖Sloane Square駅から徒歩5分▶2 Ellis St.,SW1 ☎020-7823-4828
▶OPEN：10:00～18:00、土曜11:00～、日曜は時期により営業▶無休

パトリック・コックス

Patrick Cox　シューズ　**MAP**　●切りとり-24、p.104-D

洗練されたデザインで足下をしっかりキメる

注目のデザイナーの靴は、どれも都会的センス漂う美しさ。メンズ＆レディースともに、履き心地満点の最新モードが揃う。

⊖Sloane Square.駅から徒歩3分
▶129 Sloane St. SW3 ☎020-7730-8886
▶OPEN：10:00～18:00、水曜～19:00▶日曜休み

ハロッズ

Harrods　デパート　**MAP**　●切りとり-16、p.104-D

英国でいちばん早くクリスマスが来る百貨店

王室御用達指定証を返上してからも人気は衰えず、ますます充実の品揃え。品質とサービスの良さでは、英国一のデパートだ。

⊖Knightsbridge駅から徒歩1分▶87-135 Brompton Rd., Knightsbridge SW1▶☎020-7730-1234▶OPEN：10:00～19:00▶日曜休み（11月下旬～12/24、1月のセール期間は営業）

フォートナム＆メイソン

Fortnum & Mason　デパート　**MAP**　●切りとり-18、p.114-J

中流階級が憧れるステータスある百貨店

紅茶があまりにも有名だが、ファッションや家庭用品も扱う高級百貨店。ここで名前入りのクリスマスカードを印刷するのが、英国の中流階級のステータスシンボルといわれている。

⊖Piccadilly Circus駅から徒歩3分▶181 Piccadilly, W1▶☎020-7734-8040
▶OPEN：10:00～18:00、日曜12:00～（食品フロア・レストランのみ営業）

リバティ

Liberty　デパート　**MAP**　●切りとり-11、p.114-J

花柄の代名詞にもなったリバティ・プリント

ファブリックの他に、傘やエプロンなど四季折々の花をモチーフにしたオリジナルのプリント地の小物が人気だ。

⊖Oxford Circus駅から徒歩3分
▶210-220 Regent St. W1▶☎020-7734-1234▶OPEN：10:00～19:00、木曜～20:00、日曜12:00～18:00▶無休

セルフリッジ

Selfridges　デパート　**MAP**　●切りとり-10、p.105-B

ジャパニーズ・ビューローもある大型デパート

オックスフォード・ストリートに並ぶデパートの中でも、ひときわ大きいデパート。日本人向けビューローがあり、買い物案内や日本への発送を受け付けている。各国のデリカ充実の食品売り場がおもしろい。

⊖Bond St.駅から徒歩2分▶400 Oxford St.,W1▶☎0870-837-7377
▶OPEN：10:00～20:00、土曜9:30～、日曜12:00～18:00▶無休

※「無休」とある店も、12/25前後と1/1はほとんどが休みとなります。ご注意ください。

ハムリーズ

Hamleys　　　　トイ＆ホビー　　**MAP**　●切りとり-11、p.114-J

大人も夢中になるおもちゃの殿堂

　積み木から最新鋭のゲームソフトまで何でも揃う。店全体がおもちゃ箱というムードで、大人もかなり楽しめる。

⊖Oxford Circus駅から徒歩5分
▶ 188-196 Regent St. W1 ☎0870-333-2455
▶ OPEN：10:00～20:00、土曜9:30～、日曜12:00～18:00▶無休

ウェッジウッド

Waterford Wedgwood　テーブルウエア　**MAP**　●切りとり-11、p.114-J

良質のテーブルウエアをさりげなく毎日の食卓に

　飽きのこない上品な柄は、使い方次第で和食にも合う。少しずつ増やしていくのがベスト。日本への配送サービスもある。

⊖Oxford Circus駅から徒歩7分
▶ 158 Regent St. W1 ☎020-7734-7262
▶ OPEN：10:00～19:00、木曜～19:30、日曜12:00～17:00▶無休

スマイソン

Smythson　　　ステーショナリー　**MAP**　●切りとり-10、p.114-I

英王室ご用達の高級文具の店

　長年にわたってロイヤルファミリーに愛されてきた文具の名店。名入れができるレターセットや園芸日誌などの手帳類など、いかにもイギリスらしい文具は気のきいたおみやげには最適。

⊖Bond Street 駅から徒歩5分▶ New Bond St.,W1
▶ 9:30～18:00、木・土曜10:00～▶日曜休み

セインズベリーズ・チェルシー・ブルーバード

Sainsbury's Chelsea Bluebird　スーパーマーケット　**MAP**　●切りとり-23、p.104-D

食通が集まるチェルシーの高級食品マーケット

　英国の人気スーパーマーケット、セインズベリーズが土地がらに合わせて品揃えした高級食品店。ヨーロッパやアジアなどの豊かな食材が揃い、デリカも充実。グルメなチェルシーの住民たちが訪れる話題の店だ。

⊖Sloane Square駅から徒歩15分、車で5分▶ 350 King's Rd.,SW3
▶ ☎020-7349-1650▶8:00～22:00、日曜11:00～17:00

グレイズ・アンティークマーケット
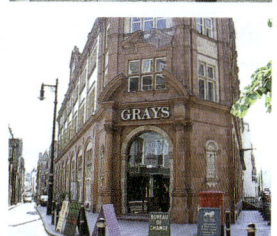

Grays Antique Market　アンティーク　**MAP**　●切りとり-10、p.114-I

200店が並ぶ屋内マーケットでジュエリー探し

　時計とジュエリーが充実する常設のアンティークマーケット。カメオや貴石の細工モノなどがズラリと並ぶ。骨董品の味わい深さを堪能しながら、掘り出し物を見つけよう。

⊖Bond St.駅から徒歩1分▶ 58 Davies St. W1
▶ ☎020-7629-7034▶ OPEN：10:00～18:00、土曜11:00～▶日曜休み

アルフィーズ・アンティークマーケット

Alfie's Antique Market　アンティーク　**MAP**　●切りとり-2、p.104-A

骨董品の山から根気よくお宝をゲット

　銀器、陶器、絵画、家具、時計など、びっくりするほど豊富な品揃え。350店舗がところ狭しと並べる骨董品は、見ているだけも宝探しの気分満点だ。最近はヴィンテージ服のコレクションがセレブにも人気。

⊖Edgware Road駅から徒歩10分▶ 13-25 Church St. NW1
▶ OPEN：10:00～18:00▶日・月曜休み

Hotel Guide
ホテル

ロンドンのホテル事情

180

ホテルでの英会話

空き部屋はありますか？
ドゥ　ユー　ハヴ　エニ　ヴェイカンスィズ
Do you have any vacancies ?

予約したいのですが。
アイド　ライク　トゥ　メイカ　リザヴェイション
I'd like to make a reservation.

チェックインをお願いします。
アイド　ライク　トゥ　チェック　イン　プリーズ
I'd like to check in please.

予約している伊藤です。
マイ　ネーム　イズ　イトー、アイ　ハヴァ　リザヴェイション
My name is Ito. I have a reservation.

確認書はこれです。
ヒアリズ　マイ　コンファメイション　スリップ
Here is my confirmation slip.

夜の9時頃の到着ですが、予約は残して下さい。
アイル　アライヴ　アラウンド　ナイン　オクロック
I'll arrive around 9 o'clock,
バット　プリーズ　キープ　マイ　レザヴェイション
but please keep my reservation.

ホテルの数は多く、1泊£300以上する贅沢なホテルから£50以下のエコノミーなものまでクラスもさまざまあるが、全体的にロンドンの宿泊料金は地方都市より高い。ただし、ここで紹介しているのは、2005年5月中旬の平日1泊あたりの料金。宿泊料はシーズンや平日と週末により変動することが多く、高級ホテルほど変動が大きい。また、最近はコンピュータによる空室管理が進んだためもあって、集客状況に応じて随時こまめに変動させているケースもある。したがって、各ホテルのページ記載の料金はあくまで目安と考えたい。

エコノミーなホテルやB＆Bが集中しているのは、大英博物館の周辺やヴィクトリア駅の南側、パディントン駅周辺やアールズ・コート駅からグロースター・ロード駅にかけて。最近はホームページのあるホテルも多いので、事前に料金や付帯設備などをよく確認してから予約しよう。格安ホテルの場合はカードが使えないところもあるので、それも事前にチェックしておいた方がよい。

★★★★★デラックス　　　　ツイン1泊£300以上

サヴォイ
The Savoy 　　　MAP　●切りとり-12、p.115-K

セピア色の時間が流れる贅沢な空間

数々の歴史に彩られた1889年創業のデラックスなホテル。客室は随時改装されていて、設備は近代的。レストランやティールームも粒揃い。

DATA ▶ ⊖Embankment駅、Charing Cross駅から徒歩5分 ▶ Strand, WC2 ▶ ☎020-7836-4343 ▶ FAX 020-7240-6040 ▶ URL：www.savoy-group.co.uk ▶ 263室 ▶ S£154〜、T£184〜 ▶ JH, TO

リッツ
The Ritz 　　　MAP　●切りとり-17、p.116-B

世界にその名を知られる超豪華なホテル。

サヴォイと双璧をなす名門ホテル。内装の豪華さとともに、こちらも伝説的な逸話にはこと欠かない。

DATA ▶ ⊖Green Park駅から徒歩2分 ▶ 150 Piccadilly, W1 ▶ ☎020-7493-8181 ▶ FAX 020-7493-2687 ▶ URL：www.theritzlondon.com ▶ 133室 ▶ S£310〜、T£370〜 ▶ LH, JH, TO

注 各ホテルのデータ最後に記載してある「JH, TO」などのアルファベットは、そのホテルの日本での予約・連絡先事務所の略号。連絡先詳細はp.430参照。

マンダリン・オリエンタル・ハイド・パーク・ロンドン

Mandarin Oriental Hyde Park London MAP ●切りとり-16、p.104-D

イギリス的な贅沢を存分に味わえる伝統のホテル

公園の緑を背に、高級ショッピング街ナイツブリッジにそびえるホテルは、まさに英国伝統の優雅さ。ここのアフタヌーンティーは最高。

DATA ▶ ⊖Knightsbridge駅から徒歩2分▶66 Knightsbridge, SW1
▶☎020-7235-2000▶FAX 020-7235-2001▶URL：www.mandarinoriental.com
▶200室▶S/T£225〜▶MO, JH, TO

ドーチェスター

The Dorchester MAP ●切りとり-17、p.116-A

ブルネイの王族が所有する贅沢なホテル。ハイド・パークの向かい側に位置し、窓からの眺めが最高。朝食には和食もオーダーできる。

DATA ▶⊖Hyde Park Corner駅から徒歩5分
▶53 Park Lane, W1▶☎020-7629-8888
▶FAX 020-7409-0114▶URL：www.dorchesterhotel.com
▶248室▶S£290〜、T£350〜▶LH

フォー・シーズンズ

Four Seasons MAP ●切りとり-17、p.116-A

シンプルな外観に贅を尽くした内装が人気のホテル。映画スターの利用が多いことでも有名。サービスの質の高さにも定評がある。

DATA ▶⊖Hyde Park Corner駅から徒歩5分
▶1 Hamilton Place, W1▶☎020-7499-0888
▶FAX 020-7493-1895▶URL：www.fourseasons.com
▶220室▶S£320〜、T£375〜▶LH, FS

ハルキン

The Halkin MAP ●切りとり-17、p.116-E

ヴィクトリア朝の建物が並ぶ高級住宅街にあるプチホテル。1991年オープンと歴史は浅いが室内は近代的でおしゃれ感覚は抜群。

DATA ▶⊖Hyde Park Corner駅から徒歩5分
▶5 Halkin St., SW1▶☎020-7333-1000
▶FAX 020-7333-1100▶URL：www.halkin.co.uk
▶41室▶S/T£345〜▶LH

スタッフォード

The Stafford MAP ●切りとり-18、p.116-B

グリーン・パークに近い静かな一角にあり、公園を抜ければバッキンガム宮殿へ行ける。インテリアや料理は伝統的な英国の雰囲気満点。

DATA ▶⊖Green Park駅から徒歩5分
▶16-18 St. James's Place, SW1▶☎020-7493-0111
▶FAX 020-7493-7121▶URL：www.thestaffordhotel.
co.uk▶68室▶S£230〜、T£250〜

★★★★スーペリア

ツイン1泊£200〜300

シスル・ハイド・パーク

Thistle Hyde Park MAP ●切りとり-8、p.104-A/D

白いテラスハウスに近代的な設備

建物は1866年に建てられたものだが、淡いピンクと白で統一された客室は、近代的な設備が整った快適な空間。1階にはケンジントン・パークの眺望が広がるカフェコーナーもある。

DATA ▶⊖Lancaster Gate駅から徒歩5分
▶90-92 Lancaster Gate, W2▶☎0870-333-9210
▶FAX 0870-333-9210
▶URL：www.thistlehotels.com/hydepark
▶54室▶S/T£152.75〜▶UT, TO

宿泊客のためのバー・コーナー

インターコンチネンタル・ロンドン

Hotel Inter-Continental London MAP ●切りとり-17、p.116-A

日本人向けのサービスが充実したホテル

ハイド・パークとグリーン・パークの接点にある緑豊かなロケーション。日本語案内書や和食のサービスが充実している。

DATA ▶⊖Hyde Park Corner駅から徒歩2分▶1 Hamilton Place, W1
▶☎020-7409-3131▶FAX 020-7493-3476▶URL：www.ichotelsgroup.com
▶451室▶S/T£180〜▶IC, JH, TO

注 ホテルの宿泊料金は2005年5月中頃の料金を表示しています。料金はシーズンや曜日により変動するので、予約時に最新の料金を確認してください。

バジル・ストリート

The Basil Street Hotel　　🅜🅐🅟　●切りとり-16、p.104-D

おしゃれなエリアの隠れ家的ホテル

ナイツブリッジのハロッズの裏、静かなショッピングストリートにある小ぢんまりとしたホテル。英国式の洗練されたサービスが魅力。

DATA ▶ ⊖Knightsbridge駅から徒歩2分▶ 10 Basil St., SW3
▶ ☎020-7581-3311▶ FAX 020-7581-3693▶ URL：www.thebasil.com
▶ 80室▶ S £145〜、T £205〜▶ UT

カプソーン・タラ

The Copthorne Tara　　🅜🅐🅟　●切りとり-22、p.104-D

アメリカンスタイルのモダンなホテル

近代的な外観にふさわしく、アメリカンスタイルのサービスが特徴。レストラン、バー、コーヒーショップなども充実。

DATA ▶ ⊖High St. Kensington駅から徒歩5分▶ Scarsdale Place, W8
▶ ☎020-7937-7211▶ FAX 020-7937-7100▶ URL：www.millennium-hotels.com▶ 834室▶ S £125〜、T £130〜▶ JH, TO, UT

ランドマーク・ロンドン

The Landmark London　🅜🅐🅟　●切りとり-2、p.104-A

19世紀の名建築を改装した優雅な外観と、ゆったりと広い客室が常連客に人気。伝統に裏付けられた快適なサービスが期待できる。

DATA ▶ ⊖Marylebone駅から徒歩1分▶ 222 Marylebone Rd., NW1 ☎020-7631-8000▶ FAX 020-7631-8080
▶ URL：www.landmarklondon.co.uk▶ 299室
▶ S £190〜、T £215〜▶ PH

シェラトン・パーク・タワー

Sheraton Park Tower　🅜🅐🅟　●切りとり-17、p.104-D

近代的な円筒形の高層ホテル。ショッピング街のナイツブリッジ界隈とハイド・パークのどちらへ行くにも便利な立地にある。

DATA ▶ ⊖Knightsbridge駅から徒歩5分
▶ 101 Knightsbridge, SW2 ☎020-7235-8050
▶ FAX 020-7235-8231▶ URL：www.spg.com
▶ 280室▶ S £235、T £255〜▶ SH, TO

マイホテル・ブルームズベリー

Myhotel Bloomsbury　🅜🅐🅟　●切りとり-11、p.114-F

大英博物館に近い便利な場所にあり、瀟洒な外観と風水を取り入れたスタイリッシュなインテリアで評判を呼ぶ人気のホテル。

DATA ▶ ⊖Tottenham Court Rd.駅から徒歩5分
▶ 11-13 Bayley St., Bedford Sq., WC1 ☎020-7667-6000
▶ FAX 020-7667-6001▶ URL：www.myhotels.co.uk
▶ 78室▶ S £150〜、T £185〜

キャヴェンディッシュ・ホテル・セント・ジェームズ

The Cavendish Hotel St.James's　🅜🅐🅟　●切りとり-18、p.116-B

老舗の名店が並ぶジャーミン・ストリートにあるモダンなホテル。ピカデリー界隈にも近く、ショッピングに最適。ビジネス客の利用も多い。

DATA ▶ ⊖Green Park駅またはPiccadilly Circus駅から徒歩3分▶ 81 Jermyn St., SW1▶ ☎020-7930-2111
▶ FAX 020-7839-2125▶ URL：www.devereonline.co.uk
▶ 230室▶ S £235〜、T £245〜▶ JH

アシーニアム

Athenaeum Hotel　🅜🅐🅟　●切りとり-17、p.116-A

伝統を誇る名門ホテルのひとつ。大通りのピカデリーに面し、グリーン・パークを望む好立地。小ぶりだが家族的なサービスが売り物。

DATA ▶ ⊖Green Park駅またはHyde Park Corner駅から徒歩5分▶ 116 Piccadilly, W1 ▶ ☎020-7499-3464
▶ FAX 020-7493-1860▶ URL：www.athenaeumhotel.com
▶ 123室▶ S £265〜、T £285〜

デュークス

Dukes Hotel　🅜🅐🅟　●切りとり-18、p.116-B

ソファのついたエレベーターなど、上流階級の会員制クラブを思わせる雰囲気で、ロンドン屈指の伝統と格式を誇る。

DATA ▶ ⊖Green Park駅から徒歩5分▶ 35 St. James's Place, SW3 ▶ ☎020-7491-4840▶ FAX 020-7493-1264
▶ URL：www.dukeshotel.co.uk
▶ 89室▶ S £198〜、T £235〜

22ジャーミン・ストリート

Twenty-two Jermyn Street　🅜🅐🅟　●切りとり-18、p.114-J

伝統的な老舗の並ぶピカデリーの繁華街にあって、英国スタイルの落ち着いたサービスを堪能できる小型ホテル。

DATA ▶ ⊖Piccadilly Circus駅から徒歩2分
▶ 22 Jermyn St., SW1 ☎020-7734-2353
▶ FAX 020-7734-0750▶ URL：www.22jermyn.com
▶ 18室▶ S/T £210〜

シャーロック・ホームズ

Sherlock Holmes Hotel　🅜🅐🅟　●切りとり-10、p.104-A

モダンなインテリアのおしゃれなホテル。駅も近く、ボンド・ストリートも徒歩圏内。ロンドンの観光やショッピングの拠点として最適

DATA ▶ ⊖Baker Street駅から徒歩2分
▶ 108 Baker St., W1 ☎020-7486-6161
▶ FAX 020-7958-5211
▶ 119室▶ S/T £122〜▶ JH, TO

🌼**注** 各ホテルのデータ最後に記載してある「JH, TO」などのアルファベットは、そのホテルの日本での予約・連絡先事務所の略号。連絡先詳細はp.430参照。

★★★スタンダード

ツイン1泊£100〜200

シスル・ケンジントン・パーク

Thistle Kensington Park 　**MAP** ●切りとり-15、p.104-D

静かな街角に建つおしゃれなホテル

　伝統的なスタイルとおしゃれなインテリアで、イギリス的な雰囲気を楽しめるホテル。閑静な環境にあるが、アンティーク街やナイツブリッジに近く、ショッピングや街歩きにも便利。

DATA ▶⊖High St.Kensington駅から徒歩7分
▶De Vere Gardens,Kensington, W8
▶☎0870-333-9112▶FAX 0870-333-9212
▶URL：www.thistlehotels.com/kensingtonpark
▶353室▶S/T£111.63〜▶UT

イギリスらしい室内インテリアも魅力

ホリデイ・イン・リージェンツ・パーク

Holiday Inn Regents Park 　**MAP** ●切りとり-3、p.114-A

近代的な客室と充実した設備が人気

　設備の整った機能的な客室がビジネス客に人気のホテル。繁華街からは少し離れるが、駅が近いので足まわりはよい。

DATA ▶⊖Great Portland St.駅から徒歩2分
▶Carburton St., W1▶☎0870-400-9111▶FAX 020-7387-2806
▶URL：www.ichotelsgroup.com▶333室▶S/T£94〜▶IC, TO

ナンバー16

Hotel Number Sixteen 　**MAP** ●切りとり-23、p.104-D

庭付きの優雅なタウンハウス

　サウス・ケンジントンのタウンハウスが並ぶ美しい通りに面したホテル。手入れの行き届いた裏庭では、ロンドンっ子の気分が満喫できる。

DATA ▶⊖South Kensington駅から徒歩3分▶16 Sumner Place, SW7
▶☎020-7589-5232▶FAX 020-7584-8615
▶URL：www.firmdale.com▶42室▶S£95〜、T£170〜

モントカーム・ホテル・ニッコー

The Montcalm-Hotel Nikko 　**MAP** ●切りとり-9、p.104-A

日系ホテルならではのこまやかさが魅力

　ニッコー・ホテルズのひとつで、日本語スタッフ、日本の新聞、本格的な和朝食などが揃い、日本人には肩の凝らないホテル。

DATA ▶⊖Marble Arch駅から徒歩3分▶34-40 Great Cumberland Place, W1
▶☎020-7402-4288▶FAX 020-7724-9180▶URL：www.nikkohotels.com
▶120室▶S/T£180〜▶NH, JH, MH, TO

ブレイクス

Blakes Hotel 　**MAP** ●切りとり-22、p.104-D

ロンドン屈指のおしゃれなホテル

　オーナーである女性デザイナーが演出した、贅沢で個性的なインテリアが評判のホテル。常連客には芸能界の大物も多い。

DATA ▶⊖South Kensington駅から徒歩15分▶33 Roland Garden, SW7
▶☎020-7370-6701▶FAX 020-7373-0442
▶URL：www.blakeshotels.com▶50室▶S/T£170〜

※ ホテルの宿泊料金は2005年5月中頃の料金を表示しています。料金はシーズンや曜日により変動するので、予約時に最新の料金を確認してください。

ロンドン

183

ホテル

ロンドン・ヒルトン・オン・パーク・レーン

London Hilton 　MAP ●切りとり-17、p.116-A

　28階の建物はパーク・レーンのランドマーク的存在。都会的な快適さとサービスが魅力。客室は機能的なアメリカン・スタイルだ。

DATA ▶ ⊖Hyde Park Corner駅から徒歩5分
▶ 22 Park Lane, W1 ▶ ☎020-7493-8000
▶ FAX 020-7208-4142 ▶ URL：www.hilton.com
▶ 450室 ▶ S/T £239〜 ▶ HR, TO, UT

ウォルドーフ・ヒルトン

Waldorf Hilton 　MAP ●切りとり-12、p.115-L

　エレガントな外観にゴージャスな内装を誇る老舗。タイタニック号のモデルになったラウンジが有名。ショッピング街にも近い。

DATA ▶ ⊖Covent Garden駅から徒歩5分 ▶ Aldwych, WC2 ▶ ☎020-7836-2400 ▶ FAX 020-7836-7244
▶ URL：www.hilton.com
▶ 303室 ▶ S/T £194〜 ▶ JH, TO, UT

コンノート

The Connaught 　MAP ●切りとり-10、p.114-I

　ロンドン屈指の高級住宅地メイフェアに立地するエレガントなホテル。比較的小規模だが、その分いき届いたサービスが満喫できる。

DATA ▶ ⊖Bond Street駅から徒歩7分
▶ Carlos Place, W1 ▶ ☎020-7499-7070
▶ FAX 020-7495-3262 ▶ URL：www.savoy-group.co.uk
▶ 47室 ▶ S £154〜、T £194〜 ▶ JH

ハイアット・リージェンシー・ザ・チャーチル

Hyatt Regency The Churchill 　MAP ●切りとり-10、p.104-A

　ロンドンを代表する大型で近代的な高級ホテル。付属施設も充実しており、エグゼクティブなビジネスマンの利用が多い。

DATA ▶ ⊖Marble Arch駅から徒歩5分 ▶ 30 Portman Sq, W1 ▶ ☎020-7486-5800 ▶ FAX 020-7486-1255
▶ URL：www.london.churchill.hyatt.com
▶ 445室 ▶ S/T £175〜 ▶ JH, TO

ブラウンズ

Brown's Hotel 　MAP ●切りとり-17、p.114-I

　閑静な高級住宅地メイフェアの中心にあり、格調高いインテリアとラウンジで味わうアフタヌーンティーが評判の名門ホテル。

DATA ▶ ⊖Green Park駅から徒歩3分
▶ Albemarle & Dover St., W1 ▶ ☎020-7493-6020
▶ FAX 020-7493-9381 ▶ URL：www.brownshotel.com
▶ 118室 ▶ S £150〜、T £165〜

ミレニアム・ロンドン・メイフェア

Millennium London Hotel Mayfair 　MAP ●切りとり-10、p.114-I

　高級感漂うメイフェアにあるリッチなホテル。18世紀に建てられた建物だが、内部はモダン。日本語サービスや和食レストランもある。

DATA ▶ ⊖Bond Street駅から徒歩5分 ▶ 44 Grosvenor Sq., W1 ▶ ☎020-7629-9400 ▶ FAX 020-7629-7736
▶ URL：www.millennium-hotels.com
▶ 342室 ▶ S/T £129〜 ▶ TO, UT

クラリッジズ

Claridge's 　MAP ●切りとり-10、p.114-I

　各国の元首級のVIPや名士、イギリスの上流階級に愛される名門でイギリス的な贅沢が存分に味わえる。サービスも超一流と評判。

DATA ▶ ⊖Bond Street駅から徒歩5分 ▶ Brook St., Mayfair, W1 ▶ ☎020-7629-8860 ▶ FAX 020-7499-2210
▶ URL：www.savoy-group.co.uk ▶ 203室
▶ S £184〜、T £214〜 ▶ JH, TO

グロヴナー・ハウス

Grosvenor House 　MAP ●切りとり-17、p.116-A

　ハイド・パークを見渡す大型ホテル。歴史あるホテルだが、室内プールやアスレチックなどの近代的な施設も豊富に揃えている。

DATA ▶ ⊖Marble Arch駅から徒歩5分 ▶ Park Lane, W1
▶ ☎020-7499-6363 ▶ FAX 020-7591-1128
▶ URL：www.marriott.com ▶ 456室
▶ S/T £209〜 ▶ JH, MR, TO, UT

ランガム・ロンドン

The Langham london MAP ●切りとり-10、p.114-E

　1865年創業の伝統のホテル。荘厳な外観にふさわしい、クラシックでゴージャスな内装が歴史を感じさせる。

DATA ▶ ⊖Oxford Circus駅から徒歩3分
▶ 1 Portland Place, W1 ▶ ☎020-7636-1000
▶ FAX 020-7323-2340 ▶ URL：www.langhamhotels.com ▶ 429室 ▶ S/T £168〜 ▶ LH, TO

ホリデイ・イン・ロンドン・メイフェア

Holiday Inn London Mayfair MAP ●切りとり-17、p.116-B

　ピカディリーに隣接し、地下鉄駅もすぐそばという、観光やショッピングには抜群の位置にある。アメリカ的な近代的設備も充実して快適なホテル。

DATA ▶ ⊖Green Park駅から徒歩1分 ▶ 3 Berkeley St., W1 ▶ ☎0870-400-9110 ▶ FAX 020-7629-2827
▶ URL：www.ichotelsgroup.com
▶ 186室 ▶ S/T £142〜 ▶ IC

バークレイ

The Berkeley 　MAP ●切りとり-17、p.116-E

　シンプルな外観に落ち着いた雰囲気。スライド式天井のあるプールをはじめ、サウナ、映画館などの館内施設が充実している。

DATA ▶ ⊖Knightsbridge駅またはHyde Park Corner駅から徒歩5分 ▶ Wilton Place, SW1 ▶ ☎020-7235-6000
▶ FAX 7235-4330 ▶ URL：www.savoy-group.co.uk
▶ 156室 ▶ S £194〜、T £224〜 ▶ JH

ミレニアム・ナイツブリッジ

The Millennium Knightsbridge MAP ●切りとり-16、p.104-D

　ブランドショップが軒を連ねる通りに面したモダンなホテル。ハロッズも目と鼻の先にあり、ショッピングには最適の立地。

DATA ▶ ⊖Knightsbridge駅から徒歩3分
▶ 17 Sloane St., W1 ▶ ☎020-7235-4377
▶ FAX 020-7235-3705 ▶ URL：www.millennium-hotels.com
▶ 222室 ▶ S £149〜、T £170〜 ▶ TO, UT

注 各ホテルのデータ最後に記載してある「JH, UT」などのアルファベットは、そのホテルの日本での予約・連絡先事務所の略号。連絡先詳細はp.430参照。

ウェストベリー

The Westbury MAP ●切りとり-10、p.114-I

ブランドのメッカ、ボンド・ストリートもピカディリー・サーカスも歩歩圏内なので、ショッピングやナイトライフに最適。

DATA ▶⊖Bond St.駅から徒歩5分▶Bond St., W1
▶☎020-7629-7755▶FAX 020-7499-1270
▶URL：www.westbury-london.co.uk
▶249室▶S£212〜、T£228〜▶JH、TO

ロンドン・マリオット・マーブル・アーチ

London Marriott Marble Arch MAP ●切りとり-9

オックスフォード・ストリートに近い中型ホテル。建物が近代的で客室が広く、サウナ、プールなどの施設も充実。ビジネス客も多い。

DATA ▶⊖Marble Arch駅から徒歩8分
▶134 George St., W1 ☎020-7723-1227
▶FAX 020-7725-5924▶URL：www.marriott.com
▶240室▶S/T£179〜▶MR

カールトン・タワー

Carlton Tower Hotel MAP ●切りとり-17/24、p.104-D

外見はシンプルだが、サービスのレベルは高く、近代的な設備で快適。ショッピング街や駅に近く、観光にも便利。

DATA ▶⊖Knightsbridge駅から徒歩5分
▶Cadogan Place, SW1 ☎020-7235-1234▶FAX
020-7235-9129▶URL：www.carltontower.com
▶220室▶S/T£219〜▶LH

バーナーズ

The Berners Hotel MAP ●切りとり-11、p.114-F

閑静な立地で、大英博物館へは徒歩数分。ショッピング街、レストラン街、地下鉄駅にも近い。街歩き派におすすめ。

DATA ▶⊖Tottenham Court Road駅から徒歩7分
▶10 Berners St., W1 ☎020-7666-2000
▶FAX 020-7666-2001▶URL：www.thebernershotel.
co.uk▶216室▶S£190、T£215▶UT、TO

チェスター・フィールド・メイフェア

The Chesterfield Mayfair MAP ●切りとり-17、p.116-A

高級住宅街メイフェアにあり、公園やショッピング街、駅に近く、ロンドンのさまざまな顔が楽しめる環境にある。

DATA ▶⊖Green Park駅から徒歩5分▶35 Charles
St.,W1 ☎020-7491-2622▶FAX 020-7958-7725
▶URL：www.redcarnationhotels.com
▶225室▶S£225〜、T£295〜

ボーフォート

The Beaufort MAP ●切りとり-23、p.104-D

ナイツブリッジのおしゃれなプチホテル。白い瀟洒な外観とセンスのよい客室インテリア、行き届いたサービスでとくに女性客に人気。

DATA ▶⊖Knightsbridge駅から徒歩7分
▶33 Beaufort Gdns.,SW3☎020-7584-5252
▶FAX 020-7589-2834▶URL：www.thebeaufort.co.uk/
▶29室▶S£155〜、T£195〜▶UT

ゴーリング

The Goring Hotel MAP ●切りとり-24、p.116-F

バッキンガム宮殿の近くにあり、観光の拠点としては申し分ない立地。重厚なインテリアと家庭的なサービスに定評がある。

DATA ▶⊖Victoria駅から徒歩5分
▶15 Beeston Place, SW1▶☎020-7396-9000
▶FAX 020-7834-4393▶URL：www.goringhotel.co.uk
▶74室▶S£200〜、T£255〜

シスル・トラファルガー・スクエア

Thistle Trafalger Square MAP ●切りとり-18、p.115-K

ナショナル・ギャラリーの横にあり、少し歩けばピカディリー・サーカスに出る。チャリング・クロス駅にも近く街歩きに便利な立地。

DATA ▶⊖Leicester Sq.駅から徒歩5分▶Whitcomb St.,
WC2▶☎0870-333-9119▶FAX 0870-333-9219
▶URL：www.thistlehotels.com/tratalgarsquare
▶116室▶S£135.13〜、T£152.75〜▶TO、UT

ヒルトン・ロンドン・メトロポール

Hilton London Metropole MAP ●切りとり-9、p.104-D

近代的な大型ホテルで、室内設備も充実している。パディントンやマーブル・アーチへも徒歩で行けるのが魅力。

DATA ▶⊖Edgware Rd.駅から徒歩3分
▶225 Edgware Rd., W2▶☎020-7724-8866
▶FAX 020-7724-8866▶URL：www.londonmet.
hilton.com▶1058室▶S/T£129〜▶HR、TO、UT

ラディソン・エドワーディアン・マウントバッテン

Radisson Edwardian Mountbatten MAP ●切りとり-11、p.115-K

劇場街ウェスト・エンドやチャイナタウンのあるソーホーの中心にあり、街歩きやナイトライフを楽しむには絶好の立地。

DATA ▶⊖Covent Garden駅から徒歩5分
▶20 Monmouth St.,WC2▶☎020-7836-4300
▶FAX 020-7240-3540▶URL：www.radisson
edwardian.com▶151室▶S/T£151〜▶TO

ラディソンSASポートマン

Radisson SAS Portman MAP ●切りとり-10

オックスフォード・ストリートに近い近代的なホテル。周辺はオフィス街だが、ちょっと歩けば賑やかなショッピング街に出る。

DATA ▶⊖Marble Arch駅から徒歩5分
▶22 Portman Sq., W1▶☎020-7208-6000
▶FAX 020-7224-4928▶URL：www.radissonsas.com
▶272室▶S/T£169〜▶TO

ストランド・パレス

Strand Palace Hotel MAP ●切りとり-12、p.115-K

劇場が並ぶストランド通りにある大型ホテル。ナショナル・ギャラリーやソーホーも徒歩圏内にあり、街歩きにぴったり。

DATA ▶⊖Charing Cross駅から徒歩8分
▶372 The Strand, WC2▶☎020-7836-8080▶FAX 020-
7257-9218▶URL：www.strandpalacehotel.co.uk
▶875室▶S£97〜、T£109〜▶JH、TO、UT

注 ホテルの宿泊料金は2005年5月中頃の料金を表示しています。料金はシーズンや曜日により変動するので、予約時に最新の料金を確認してください。

ヒルトン・ロンドン・ミューズ

Hilton London Mews (MAP) ●切りとり-17、p.116-A

静かな小道にある小ぶりなホテル。アットホームで、客室はゆったりと落ち着ける。ナイツブリッジやボンド・ストリートも徒歩圏内。

DATA ▶ ⊖Green Park駅から徒歩5分▶2 Stanhope Row, W1▶☎020-7493-7222▶FAX 020-7629-9423
▶URL：www.hilton.com
▶72室▶S£139〜、T£129〜▶HR, TO, UT

レンブラント

The Rembrandt (MAP) ●切りとり-23、p.104-D

ヴィクトリア&アルバート博物館の真向かいにあり、ナイツブリッジの繁華街も近い。客室サイズはゆったりしている。

DATA ▶ ⊖South Kensington駅から徒歩7分
▶11 Thurloe Place, SW7▶☎020-7589-8100
▶FAX 020-7225-3476▶URL：www.sarova.co.uk
▶195室▶S£190〜、T£215〜

カンバーランド

Cumberland (MAP) ●切りとり-10、p.104-A

気軽な滞在を楽しめる大型ホテル。大改装でモダンに変身した。マーブル・アーチ駅の真上にあるので足まわりもよい。

DATA ▶ ⊖Marble Arch駅から徒歩1分▶Marble Arch, W1▶☎0870-333-9280▶FAX 0870-333-9281
▶URL：quoman.com▶900室
▶S/T£129〜▶BW, JH, TO

フレミングス・メイフェア

The Flemings Mayfair (MAP) ●切りとり-17、p.116-B

高級住宅街メイフェアにあるが、ピカディリーも近く、便利でしかも静かな環境。日本人向けのサービスが充実している。

DATA ▶ ⊖Green Park駅から徒歩3分▶8-12 Half Moon St., W1▶☎020-7499-2964▶FAX 020-7499-1817
▶URL：www.flemings-mayfair.co.uk
▶119室▶S£169〜、T£199〜▶JH, UT, TO

ゴア

The Gore (MAP) ●切りとり-15、p.104-D

ロイヤル・アルバート・ホールの裏手に位置し、ハイド・パークもすぐそば。文教エリアのケンジントンの散策には最適な立地。

DATA ▶ ⊖Gloucester Road駅から徒歩10分
▶190 Queen's Gate, SW7▶☎020-7584-6601
▶FAX 020-7589-8127▶URL：www.gorehotel.com
▶54室▶S£130〜、T£190〜▶UT

ラディソン・ケニルワース

Radisson Kenilworth (MAP) ●切りとり-11、p.115-G

赤レンガ造りのエレガントな外観で設備も充実。大英博物館やショッピング街、ソーホーにも近く、気楽な滞在に向いている。

DATA ▶ ⊖Tottenham Court Road駅から徒歩2分
▶97 Great Russell St., WC1▶☎020-7637-3477
▶FAX 020-7631-3133▶URL：www.radissonedwardian.com▶186室▶S/T£128〜

モスティン

The Mostyn Hotel (MAP) ●切りとり-10、p.104-A

18世紀に建てられた貴族の邸宅を改装した豪奢な建物。目と鼻の先に賑やかなオックスフォード・ストリートがあるが、周辺は静か。

DATA ▶ ⊖Marble Arch駅から徒歩3分
▶4 Bryanston St., W1▶☎020-7935-2361
▶FAX 020-7487-2759▶URL：www.mostynhotel.co.uk
▶121室▶S£145〜、T£185〜▶BW, TO

ホテル・ラッセル

Hotel Russell (MAP) ●切りとり-4、p.115-C

大英博物館近くにある後期ヴィクトリア様式の重厚な建物で、内装もまさにイギリスそのもの。地下鉄の駅も近く、足まわりがよい。

DATA ▶ ⊖Russell Square駅から徒歩1分▶Russell Sq., WC1▶☎020-7837-6470▶FAX 020-7837-2857
▶URL：www.principal-hotels.com
▶371室▶S/T£135〜▶TO, UT

ヒルトン・ロンドン・オリンピア

Hilton London Olympia (MAP) p.104-D

中心部から少し離れるが、周辺はロンドン屈指の高級住宅地。近代的な大型ホテルで、24時間営業のブラッスリーもある。

DATA ▶ ⊖Kensington Olympia駅から徒歩5分
▶380 Kensington High St., W14▶☎020-7603-3333
▶FAX 020-7603-4846▶URL：www.olympia.hilton.com▶405室▶S£89、T£99〜▶HR, JH, TO, UT

カドガン

The Cadogan Hotel (MAP) ●切りとり-24、p.104-D

ナイツブリッジの住宅街にある赤レンガ造りのテラスハウスを改造したしゃれたホテル。アットホームな雰囲気で、滞在そのものが楽しめる。

DATA ▶ ⊖Knightsbridge駅から徒歩10分
▶75 Sloane St., SW1▶☎020-7235-7141
▶FAX 020-7245-0994▶URL：www.cadogan.com
▶65室▶S/T£245〜▶LH, UT

セント・ジョージズ

St.George's Hotel (MAP) ●切りとり-10、p.114-E

繁華街のほぼ中心にあるモダンなホテル。最寄り駅は地下鉄が3路線利用できるので、街歩きの拠点としては最適の立地。

DATA ▶ ⊖Oxford Circus駅から徒歩4分
▶Langham Place, W1▶☎020-7580-0111
▶FAX 020-7436-7997▶URL：www.cairnhotelgroup.com▶86室▶S£124〜、T£138〜

シェラトン・パーク・レーン

Sheraton Park Lane Hotel (MAP) ●切りとり-17、p.116-A

シェラトン系列の高級感あるホテルで、伝統的な英国の雰囲気も残している。日本大使館が近いので、日本人ビジネス客も多い。

DATA ▶ ⊖Green Park駅から徒歩6分
▶Piccadilly, W1▶☎020-7499-6321
▶FAX 020-7290-1965▶URL：www.spg.com
▶307室▶S/T£140〜▶SH

※注 各ホテルのデータ最後に記載してある「JH, UT」などのアルファベットは、そのホテルの日本での予約・連絡先事務所の略号。連絡先詳細はp.430参照。

★★エコノミー

ツイン1泊£100以下

ホリデイ・イン・ブルームズベリー

Holiday Inn Bloomsbury MAP ●切りとり-4、p.115-C

アカデミックな街の近代的ホテル

大英博物館も徒歩圏内の大学街に立地。地下鉄の駅も近く、周囲にはコンビニなども多くて便利。近代的ホテルで客室サイズはゆったり。レストランやカフェなどもある。

DATA ▶ ⊖Russel Square駅から徒歩3分
▶ Coram St.,WC1
▶ ☎0870-400-9222▶ FAX 020-7837-5374
▶ URL：www.ichotelsgroup.com
▶ 310室▶ S/T£94～▶ IC, TO

閑静な学生街にあって駅も近く、立地は申し分ない

クラウン・プラザ・セント・ジェームズ

Crowne Plaza St. James's MAP ●切りとり-18、p.116-F

歴史を感じさせる風格だが、館内・室内は近代的な設備が充実。バッキンガム宮殿やウェストミンスター寺院などの観光スポットも近い。

DATA ▶ ⊖St.James's Park駅から徒歩5分▶ 45-51 Buckingham Gate, SW1 ☎020-7834-6655▶ FAX 020-7630-7587▶ URL：www.london.crowneplaza.com
▶ 342室▶ S/T£127～▶ JH, IC

ラディソン・マルバラ

Radisson Marlborough MAP ●切りとり-11、p.115-G

大英博物館の前にあるエレガントな雰囲気のホテル。オックスフォード・ストリートやソーホーなどの繁華街も近い。

DATA ▶ ⊖Tottenham Court Road駅から徒歩5分
▶ 9-13 Bloomsbury St., WC1 ☎020-7636-5601▶ FAX 020-7636-0532▶ URL：www.radissonedwardian.com
▶ 166室▶ S/T£128～▶ TO

パーク・インターナショナル

The Park International Hotel MAP ●切りとり-22、p.104-D

サウス・ケンジントンに近い静かな住宅地にある。客室はシンプルかつ機能的でビジネス客に人気。各観光ポイントへのアクセスもいい。

DATA ▶ ⊖Gloucester Road駅から徒歩7分
▶ 117-125 Cromwell Rd., SW7 ☎020-7370-5711▶ FAX 020-7244-9211▶ URL：www.parkinternationalhotel.com
▶ 117室▶ S£28～、T£55～

コーラス・ホテル・ハイドパーク

Corus Hotel Hyde Park MAP ●切りとり-9、p.104-A

クラッシックな白亜の外観。内部に自販機やアイスマシンを備えた近代的な大型ホテルで、気軽な滞在にぴったり。

DATA ▶ ⊖Lancaster Gate駅から徒歩3分
▶ 1-7 Lancaster Gate, W2▶ ☎0870-609-6161
▶ FAX 020-7724-8666▶ URL：www.corushotels.co.uk
/londonhydepark▶ 390室▶ S/T£129～▶ EV, JH

ケンジントン・クローズ

Kensington Close Hotel MAP ●切りとり-22、p.104-D

近代的設備充実のシティホテル。閑静な住宅地にあるが、すぐ近くにケンジントン・ハイ・ストリートのショッピング街がある。

DATA ▶ ⊖High Street Kensington駅から徒歩3分
▶ Wrights Lane, W8 ☎0870-400-9000
▶ FAX 020-7937-8289▶ URL：www.kensingtonhotel
london.co.uk▶ 550室▶ S/T£90～▶ UT, TO

セントラル・パーク

Central Park Hotel MAP ●切りとり-8、p.104-A

建物・客室ともにシンプルだが、客室内は機能的でビジネス客も多い。最寄りの2駅を利用できるので足まわりもいい。ネット予約だと大幅に安い。

DATA ▶ ⊖Qweensway駅から徒歩5分▶ Queensboro-ugh Ter., W2 ☎020-7229-2424▶ FAX 020-7229-2904
▶ URL：www.centralparklondon.co.uk
▶ 275室▶ S£140～、T£180～▶ TO, UT

シスル・マーブル・アーチ

Thistle Marble Arch MAP ●切りとり-10、p.104-A

中心部にあり、駅の目の前という立地に加え、各階に自販機を置くなど、気軽な滞在にぴったりの雰囲気が魅力。

DATA ▶ ⊖Marble Arch駅から徒歩1分▶ Bryanston St.,W1▶ ☎0870-333-9116▶ FAX 0870-333-9216
▶ URL：www.thistlehotels.com/marblearch
▶ 692室▶ S/T£141～▶ JH, TO, UT

グランジ・ランガム・コート

Grange Langham Court Hotel MAP ●切りとり-10、p.114-E

BBCラジオの近くにある白と黒を基調にしたおしゃれな建物。周辺は静かなオフィス街だが、繁華街も徒歩圏内で、交通の便はいい。

DATA ▶ ⊖Oxford Circus駅から徒歩5分
▶ 31-35 Langham St., W1 ☎020-7436-6622
▶ FAX 020-7436-2303▶ URL：www.grangehotels.com
▶ 60室▶ S£125～、T£135～▶ JH

注 ホテルの宿泊料金は2005年5月中頃の料金を表示しています。料金はシーズンや曜日により変動するので、予約時に最新の料金を確認してください。

ウィレット

The Willett MAP ●切りとり-24、p.116-I

小ぢんまりとした可愛らしいホテルで、女性に人気。地下鉄の駅も近く、ショッピング街、キングス・ロードもすぐそばにある。

DATA ▶ ⊖Sloane Square駅から徒歩3分
▶ 32 Sloane Gardens,SW1 ☎020-7824-8415
▶ FAX 020-7730-4830▶URL：www.eeh.co.uk
▶ 20室▶S£75〜、T£100〜

インペリアル

Imperial MAP ●切りとり-4、p.115-C

ロイヤル・ナショナルの近くにある大型ホテル。客室もサービスもシンプルだが、ボリューム満点の朝食付き。大英博物館が徒歩圏内。

DATA ▶ ⊖Russell Square駅から徒歩3分
▶ 61-66 Russell Sq., WC1 ☎020-7837-3655
▶ FAX 020-7837-4653▶URL：www.imperialhotels.co.uk
▶ 457室▶S£73〜、T£98〜

エリザベス

Elizabeth Hotel MAP ●切りとり-24、p.116-J

プライベートガーデンのあるクラッシックな造りのホテル。周辺は静かな住宅街。シングルはバス・トイレ共用。

DATA ▶ ⊖Victoria駅から徒歩7分
▶ 37 Eccleston Sq., SW1 ☎020-7828-6812
▶ FAX 020-7828-6814▶URL：www.elizabethhotel.com
▶ 41室▶S£55〜、T£92〜

ホテル167

Hotel One-Sixtyseven MAP ●切りとり-22、p.104-D

テラスハウスを改装したおしゃれなプチ・ホテル。シンプルながらモダンな客室で、ビジネス客にも評判がいい。

DATA ▶ ⊖South Kensington駅から徒歩10分
▶ 167 Old Brompton Rd., SW5 ☎020-7373-0672
▶ FAX 020-7373-3360▶URL：www.hotel167.com
▶ 19室▶S£79〜、T£99〜

トラベル・イン・キャピタル・ロンドン・カウンティ・ホール

Travel Inn Capital/London County Hall MAP ●切りとり-19、p.117-H

全国ネットのビジネスホテルのチェーンのひとつで、ロンドン・アイの前のカウンティ・ホールにある。入口はテムズの反対側。設備は規格化されて快適。

DATA ▶ ⊖Waterloo駅から徒歩3分▶London County Hall,Belvedere Rd,.SE1 ☎0870-238-3300
▶ FAX 020-7902-1619▶URL：www.travelinn.co.uk
▶ 313室▶S/D£84.95〜86.95

アイビス・ロンドン・ユーストン

ibis London Euston MAP ●切りとり-4、p.114-B

ユーストン駅に隣接した快適なビジネスホテル。ちょっと寂しい立地だが、地方への旅の拠点には便利。客室の設備は充実。朝食は別料金。

DATA ▶ ⊖Euston駅から徒歩2分
▶ 3 Cardington St.,NW1 ☎020-7388-7777
▶ FAX 020-7388-0001▶URL：www.ibishotel.com
▶ 380室▶S/D£74.95〜79.95

ロイヤル・ナショナル

Royal National MAP ●切りとり-4、p.115-C

客室はシンプルだがスペースはゆったり。低料金と立地条件が魅力の大規模ホテル。地下鉄駅も近く、各国からのツアー客が多い。

DATA ▶ ⊖Russell Square駅から徒歩3分
▶ 38-50 Bedford Way, WC1 ▶☎020-7278-7871
▶ FAX 020-7837-4653▶URL：www.imperialhotels.co.uk
▶ 1600室▶S£66〜、T£85〜▶JH, TO

プレジデント

President MAP ●切りとり-4、p.115-C

堂々たる建物の大型ホテル。地下鉄駅のすぐそばにあり、交通の便は抜群。イングリッシュ・ブレックファストが付いてこの価格は魅力。

DATA ▶ ⊖Russell Square駅から徒歩3分
▶ Russell Sq., WC1 ☎020-7278-7871
▶ FAX 020-7837-4653▶URL：www.imperialhotels.co.uk
▶ 523室▶S£67〜、T£89〜▶JH, TO

ベドフォード

Bedford MAP ●切りとり-4/11、p.115-G

大英博物館から徒歩数分の位置にあり、ソーホーやピカディリーなど人気エリアと直結するホーボーン駅にも近い。

DATA ▶ ⊖Russell Square駅から徒歩5分
▶ 83 Southampton Row, WC1 ☎020-7636-7822
▶ FAX 020-7837-4653▶URL：www.imperialhotels.co.uk
▶ 184室▶S£71〜、T£95〜▶JH, TO

ホリデイ・イン・エクスプレス(ヴィクトリア)

Express by Holiday Inn London Victoria MAP ●切りとり-25、p.116-J

テート・ブリテンにほど近い静かなエリアにある。ホリデイ・インのエコノミーラインのホテルで、客室はすべて規格化され、近代的で快適な設備が充実。

DATA ▶ ⊖Pimlico駅から徒歩3分
▶ 106-110 BelgraveRd., SW1 ▶☎020-7630-8888
▶ FAX 020-7828-0441▶URL：www.hiexpressvictoria.co.uk▶52室▶S/T£109〜▶IC

トラベロッジ・ロンドン・リヴァプール・ストリート

Travelodge London Liverpool. St MAP ●切りとり-14、p.113-D

トラベル・イン同様、全国チェーンのビジネスホテル。リヴァプール・ストリート駅に近く、シティは徒歩圏内。近くに賑やかなマーケットが立つ。

DATA ▶ ⊖Liverpool St.駅から徒歩7分
▶ 1 Harrow Pl.,E1 ☎0870-191-1689
▶ FAX 020-7626-1105▶URL：www.travelodge.co.uk
▶ 128室▶S/D£95〜

アンバサダーズ

Ambassadors Hotel MAP ●切りとり-22、p.104-D

教会がそびえる静かな街にあるが、すぐ近くに大型スーパーがあり、気軽な滞在にぴったり。地下鉄駅も2駅利用できて便利。部屋はやや狭い。

DATA ▶ ⊖Gloucester Rd.駅から徒歩5分
▶ 16 Collingham Rd.,SW5 ▶☎020-7373-1075▶FAX 020-7244-8375▶URL：www.crystalhotels.co.uk/ambassador.htm▶140室▶S£80〜、T£100〜▶UT

Southern England イングランド南部

カンタベリー	198	ブライトン	208
ドーヴァー	202	リーズ城	213
ライ	204	アランドル	214
ヘイスティングス	206	ウィンチェスター	215
		ポーツマス	218
		ソールズベリー	220
		バース	222
		ブリストル	226
		エクセター	229
		トーキー	234
		プリマス	236
		ペンザンス	238
		セント・アイヴス	240

Suffolk

Felixstowe
フェリックストウ

ハリッチ
Harwich

Braintree
ブレインツリー

スタンステッド空港
Stansted Airport

コーチェスター p.294
Colchester

Bishop's
Stortford
ビショップス
ストートフォード

Walton-on-Sea
ウォルトン・オン・シー

Witham
ウィザム

ハーロウ
Harlow

Essex

Maldon
モールドン

クラクトン・オン・シー p.294
Clacton-on-Sea

C

D

Epping
エッピング

チェルムスフォード
Chelmsford

ブレンウッド
Brentwood

サウスエンド・オン・シー
Southend-on-Sea

Greater London

バジルドン
Basildon

コンドン p.103
London

テムズ河
R. Thames

グリニッジ p.148
Greenwich

ティルベリー
Tilbury

Dartford
Dartford

グレイヴズエンド
Gravesend

シアネス
Sheerness

チャタム
Chatham

Whitstable
ウィッツタブル

マーゲイト
Margate

ラムズゲイト
Ramsgate

ベアステッド
Bearsted

カンタベリー p.198
Canterbury

セヴンオークス
Sevenoaks

メイドストン
Maidstone

リーズ城 p.213
Leeds Castle

Kent

Deal
ディール

トンブリッジ
Tonbridge

ステイプルハースト
Staplehurst

アシュフォード
Ashford

East Grinstead
イースト・グリンステッド

タンブリッジ・ウェルズ
Tunbridge Wells

シシングハースト城ガーデン p.213
Sissinghurst Castle Garden

ドーヴァー p.202
Dover

ハートフィールド
Hartfield

G

H

アシュダウン・フォレスト(プー・カントリー) p.212
Ashdown Forest(Pooh Country)

フォークストン
Folkestone

ユーロ・トンネル
Euro Tunnel

191

Haywards Heath

East Sussex

ドーヴァー海峡
Strait of Dover

カレーへ

オーステンデへ

アックフィールド
Uckfield

ライ p.204
Rye

ブライトン p.208
Brighton

バトル
Battle

ヘイスティングス p.206
Hastings

ニューヘイヴン
Newhaven

イーストボーン
Eastbourne

ヘイスティングス城 p.206
Hastings Castle

ブーローニュ
Boulogne

p.207 ビーチー・ヘッド
Beachy Head

聖クレメンツの洞窟 p.206
St. Clements Caves

網倉 p.207
Net Huts

K

L

フランス
FRANCE

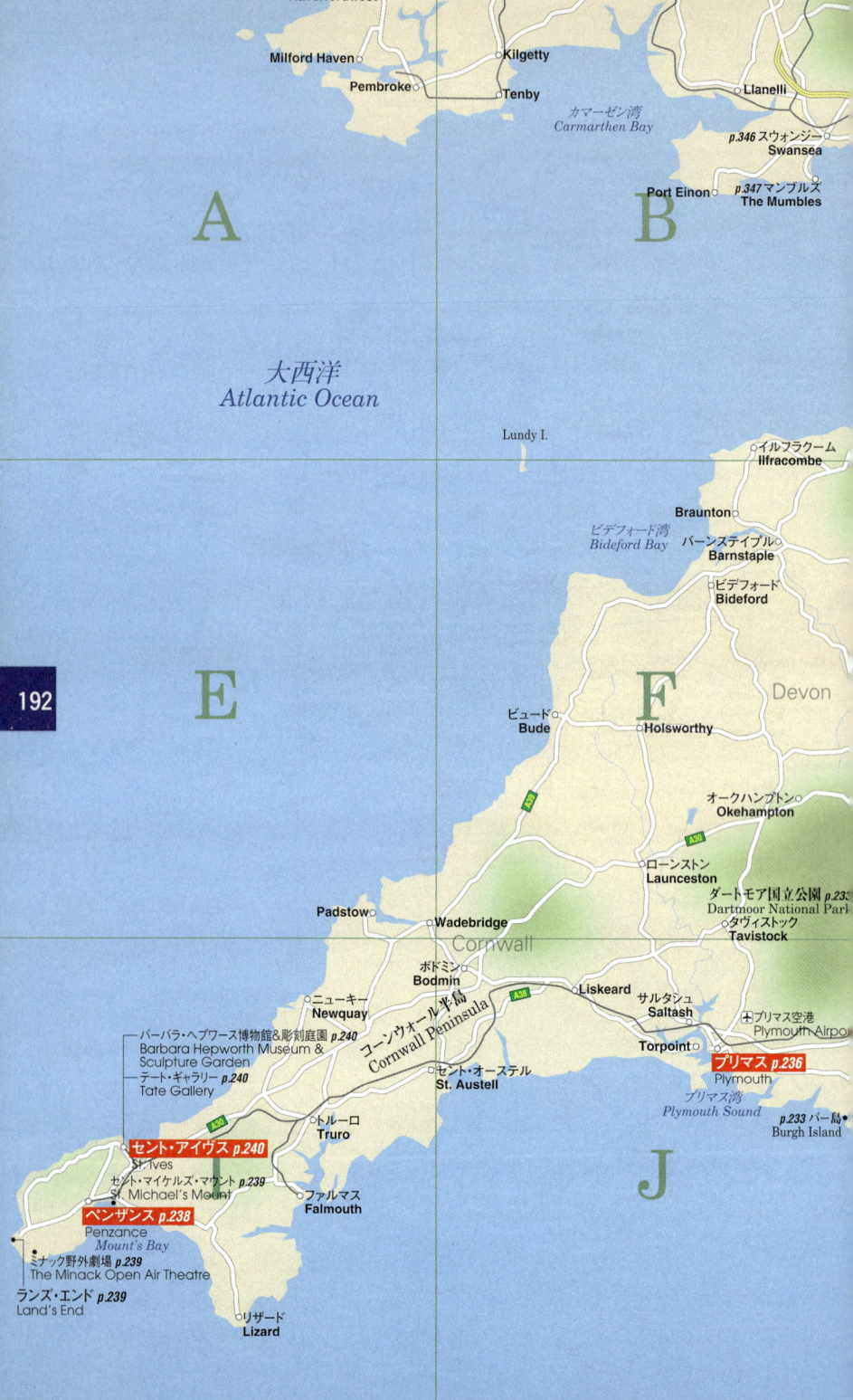

Haverfordwest

Milford Haven

Pembroke
Kilgetty
Tenby

Llanelli

カマーゼン湾
Carmarthen Bay

p.346 スウォンジー
Swansea

Port Einon
p.347 マンブルズ
The Mumbles

A

B

大西洋
Atlantic Ocean

Lundy I.

イルフラコーム
Ilfracombe

Braunton

ビデフォード湾
Bideford Bay

バーンステイプル
Barnstaple

ビデフォード
Bideford

E

F

Devon

ビュード
Bude

ホルスワージー
Holsworthy

オークハンプトン
Okehampton

ローンストン
Launceston

ダートモア国立公園 p.233
Dartmoor National Park

タヴィストック
Tavistock

Padstow

Wadebridge

Cornwall

ボドミン
Bodmin

Liskeard

サルタシュ
Saltash

プリマス空港
Plymouth Airpo

ニューキー
Newquay

コーンウォール半島
Cornwall Peninsula

Torpoint

プリマス p.236
Plymouth

バーバラ・ヘプワース博物館&彫刻庭園 p.240
Barbara Hepworth Museum &
Sculpture Garden

セント・オーステル
St. Austell

プリマス湾
Plymouth Sound

p.233 バー島
Burgh Island

テート・ギャラリー p.240
Tate Gallery

トルーロ
Truro

J

セント・アイヴス p.240
St. Ives

セント・マイケルズ・マウント p.239
St. Michael's Mount

ファルマス
Falmouth

ペンザンス p.238
Penzance
Mount's Bay

ミナック野外劇場 p.239
The Minack Open Air Theatre

ランズ・エンド p.239
Land's End

リザード
Lizard

イングランド南西部
Southwest England

0　　　　　　30km

イングランド南部 街の概観

穏やかな気候に恵まれた海と田園地帯

なだらかな丘陵地帯と田園風景の中に歴史を刻む街や村があり、海岸線にはいくつものリゾート地や港町が連なる。東南部はロンドンからの日帰りで訪れるだけでも、大都会とはまったく違うイギリスが見えてくる。南西部には古き良き時代の優雅な温泉保養地や大聖堂の街が点在するが、できればデボンやコーンウォールまで足をのばしてみよう。陽光輝く海辺の街と荒野が広がる丘陵地のコントラストが新鮮に映るのではないだろうか。

① ペンザンス　Penzance → p.238

鉄道の最西端の終着地。のんびりした港町で、大西洋に臨むイギリスの最西端の「地の果て」、ランズ・エンドLand's Endなどへの観光拠点。

⑥ ブリストル　Bristol → p.226

エイヴォン河の河口に開けた港町。再開発で生まれ変わったウォーターフロントのスポットをはじめ見どころも多い。

② セント・アイヴス
St. Ives → p.240

19世紀末から芸術家に愛されてきたアートの街。美術館やギャラリーが多く、ビーチに面して白い建物が並び、ちょっと南欧の気分。

⑦ バース　Bath → p.222

18世紀に上流階級の間でもっともファッショナブルだった温泉保養地。当時の建物がそのまま残り気品が漂う。ローマ時代の浴場の跡もある。

194

③ プリマス　Plymouth → p.236

イギリスの航海史に残る港町で、メイフラワー号の出航地としても知られる。ホーの丘からの眺めは絶景。街の古い一角がおしゃれに変身中。

④ トーキー　Torquay → p.234

まばゆい陽光と白亜の建物が並ぶリゾート地は「イギリスのリビエラ」と呼ばれる。アガサ・クリスティの故郷でゆかりの場所もある。

⑤ ダートモア
国立公園
P.233

④

③

ペイントン
P.235

② ① ランズ・エンド P.239

⑧ ソールズベリー
Salisbury → p.220

イギリス一高い尖塔を持つ大聖堂を中心に13世紀にできた街。近郊には牧草地にサークル状の巨石が並ぶ古代遺跡、ストーンヘンジStonehengeがある。

⑤ エクセター
Exeter → p.229

イギリスでももっとも古い街のひとつで、ゴシック様式の壮麗な大聖堂を中心に中世の遺跡などが点在。エクセ河畔が新エリアとして浮上中。

ウィンチェスター
Winchester → p.215
　アルフレッド大王ゆかりの地で、イングランド最初の都。緑豊かな中に大聖堂や古い建造物が並び、古都の風格が今も漂う。

カンタベリー
Canterbury→p.198
　英国国教会総本山の大聖堂は、歴史的にイギリスのキリスト教の中心地。「カンタベリー物語」でも知られる巡礼の地で、街は中世の面影に包まれている。

ポーツマス
Portsmouth → p.218
　英国海軍の基地がある軍港の街で、海洋史に残る16世紀の軍艦を中心とした旧ドックが最大の見どころ。

リーズ城 Leeds Castle → p.213
　丘陵地帯の湖に浮かぶ優雅な城。12世紀以来、何代もの国王・王妃や貴族に愛されてきた。

アランドル Arundel → p.214
　11世紀に遡るアランドル城が丘の上に立つ。街はかつて河沿いの港町だったが、今は静かなたたずまい。骨董店が多い。

ロンドン

ストーンヘンジ
P.221

ブー・カントリー P.212

シシングハースト城
P.213

ワイト島
P.219

ブライトン
Brighton → p.208
　南岸でもっとも人気のある海辺の街。18世紀から王族・貴族のリゾート地として開け、ロイヤル・パヴィリオンや街並みに昔の栄華がほの見える。

ライ Rye → p.204
　丘の上に、古い建物を縫って石畳の道が続く可愛い街。13世紀の城塞も残るかつての港町だが、海が遠のいて平野に取り残された。

ドーヴァー
Dover → p.202
　対岸にフランスを望む、欧州大陸への入口。白い絶壁のホワイト・クリフがそびえ、断崖の上にイギリス最古の要塞ドーヴァー城が建つ。

イーストボーン
Eastbourne → p.207
　静かなリゾート地でホワイト・クリフの断崖見物の拠点。断崖ではビーチー・ヘッドとセブン・シスターズが有名。

ヘイスティングス
Hastings → p.206
　ノルマン人のイングランド征服の舞台となった11世紀のヘイスティングスの戦いで有名な街。昔ながらの漁港とリゾートの2つの顔を持つ。

カントリーサイドの休日を満喫する
マナーハウス

マナーハウスとはそもそも、貴族や富裕な階級の領主たちが広大な荘園を取りしきる拠点として建てた邸宅のこと。その持ち主には貴族でなくとも "ロード" という称号が与えられ、周辺一帯の

大地主として富と権力を握っていた。こうしたマナーハウスが今も英国全土に数多く点在しており、ホテルとして利用されているところも多い。個人の邸宅であっただけに建築やインテリアなどにそれぞれが独自のスタイルを持ち、伝統につちかわれた優雅な雰囲気が楽しめる。美しいガーデンも魅力のひとつ。都会のホテルでは味わえないカントリーサイドの休日を、マナーハウス滞在で味わってみてはどうだろうか。

196

オックスフォード近郊の
マナーハウスに泊まる

　ウェストン・マナーホテルは英国の数あるマナーハウスの中でも、もっとも古い歴史と由緒を誇る。11世紀に建てられて以来、16世紀中頃にはヘンリー8世の所有となり、第2次大戦中にはロンドンの戦禍を逃れるため、BBC（英国放送協会）の通信部門がここに置かれていたこともあったという。

　石造りの気品あふれる建物の内部は、まさに伝統と格式が息づく英国のお屋敷そのもの。磨き込まれた樫の柱や、代々受け継がれてきたアンティーク家具がかもし出す優美で重厚な香りが、訪れる人を中世の世界に誘い込む。客室はトラッドなファブリックで上品にまとめられ、窓の外には美しく手入れされたイングリッシュ

ガーデンが見える。季節の花々が彩りを添える庭園には、緑の生け垣にかこまれたプールもある。マナーハウスならではの贅沢なひと時を思う存分楽しみたい。

気のおもむくままに散歩？
それともショッピング？

　旅支度を解いたら、さっそく庭園を散策してみよう。ホテルの庭を抜けるとフットパス（自然遊歩道）にもつながっていて、オックスフォードシャーの豊かな自然の中でカントリーウォーキングが楽しめる。

　周辺に足をのばしたいなら、車で約15分ほどのオックスフォード（p.248参照）へ。帰りの時間を気にせず、ゆっくり大学街のひと時が楽しめる。また、デザ

ホテルの周辺は藁葺き屋根の家が点在するのどかな農村地帯。近くのパブまで、のんびり散歩するのも楽しい。カントリーウォーキングを楽しもう

シックなインテリアでまとめられた客室。家具調度品はすべてアンティークだ。窓からは、美しく手入れされたイングリッシュガーデンが見渡せる

イナーズブランドが30〜70％オフで手に入るファクトリー・アウトレットショップ「ビスター・ヴィレッジ（p.255参照）」へは5kmほどの距離。どちらもホテルにタクシーを手配してもらえば、簡単に行くことができる。

ダイニングルームで優雅にディナーを

カントリーサイドの休暇では、食事の時間は重要なエンターテインメント。伝統的な朝食はもちろん、別途注文すれば、アフタヌーンティーやディナーもホテルで楽しめる。マナーハウスならではのゴージャスな食事をぜひ楽しみたい。ディナーは、バーでの食前酒から始まる。貴族の屋敷に招かれた気分で、さりげなくシャンペンやカクテルなど飲みながら、ワインリストに目を通そう。ほどなく給仕が注文を取りにやって来る。食事の支度が整ったら、おごそかにダイニングルーム

英国伝統料理に地中海のエッセンスを加えたメニューは、カラフルで美味しいものばかり。柔らかい仔羊のローストにナッツとタラゴンのソースが絶妙だ。パンはすべて自家製。ヤギのチーズと地中海野菜のサラダは、爽やかなバジルのドレッシング

11世紀に建てられたチャペルは、現在はダイニングルームに。重要な文化財なので、ここだけは禁煙だ

へ。メニューは3コースを柱に、サラダやシャーベットがサーブされ、たっぷり3時間はかかる本格的なフルコースだ。食後はラウンジで気分を変えるもよし、バーに戻って食後酒をじっくり味わうのもよし。マナーハウスで過ごす長い夜を、心ゆくまで楽しもう。

ウェストン・マナーホテル
Weston Manor Hotel
🚃ロンドン・マリルボーン駅〜ビスター・ノースBicester North駅▶約1時間▶駅前からタクシーで約10分
🅓🅐🅣🅐 ▶Weston-on-the-Green, Oxfordshire
▶☎01869-35-0621▶FAX 01869-35-0901
▶URL：www.westonmanor.co.uk▶35室
▶S£99〜、D／T£121〜（イングリッシュブレックファスト付き、ディナーは別料金）

観光に便利なマナーハウス・ホテル

ティルニー・ホール・ホテル
Tylney Hall Hotel
ヒースロー空港へ約30分という便利なロケーションで、歴史の街ウィンザー（p.154参照）へのアクセスが良い。レゴランドへも近い。
🅓🅐🅣🅐 ▶🚃ロンドン・ウォータールー駅〜ベイジングストークBasingstoke駅▶約50分▶駅からタクシーで約15分▶Rotherwick, Hook, Hampshire
▶☎01256-76-4881▶FAX 01256-76-8141
▶URL：www.tylneyhall.co.uk
▶112室▶S、T£165〜（朝食付き）

ローワー・スローター・マナー
Lower Slaughter Manor
風光明媚なコッツウォルズ（p.262参照）観光には最適のロケーション。豊かな自然とのどかなカントリーサイドを満喫できる。
🅓🅐🅣🅐 ▶🚃ロンドン・パディントン駅〜キンガムKingham駅▶約1時間30分▶駅からタクシーで約15分▶Lower Slaughter, Gloucestershire
▶☎01451-82-0456▶FAX 01451-82-2150
▶URL：www.lowerslaugter.co.uk
▶16室▶S£175〜、T£220〜（朝食付き）

ハウフィールド・マナーホテル
Howfield Manor Hotel
大聖堂で知られるカンタベリー（p.198参照）の近郊にあり、中世の街ライ、リーズ城、ドーヴァー城など、周辺には観光ポイントが多い。
🅓🅐🅣🅐 ▶🚃ロンドン・ヴィクトリア駅〜カンタベリー・イースト駅▶約1時間30分▶駅からタクシーで約10分▶Chartham Hatch, Canterbury, Kent
▶☎01227-73-8294▶FAX 01227-73-1535
▶URL：www.howfieldmanor.co.uk
▶15室▶S£90〜、T£112〜（朝食付き）

ロゼイ・マナー
Rothay Manor
湖水地方の美しい街アンブルサイドにあり、周囲には自然を満喫するウォーキングコースが多い。質の高いレストランはアフタヌーンティーでも有名。
🅓🅐🅣🅐 ▶🚃ロンドン・ユーストン駅〜ウィンダミア駅▶約3時間50分▶駅からタクシーで15分▶Rothay Bridge, Ambleside,Cumbria
▶☎01539-43-3605▶FAX 01539-43-3607
▶URL：www.rothaymanor.co.uk▶19室
▶S£85〜、T£145〜（朝食付き）

大聖堂に守られた中世の街

カンタベリー

MAP p.191-H

キリスト教がイギリスに初めて伝わったのが、今から1400年ほど昔。布教のためにローマからやってきた聖アウグスティヌスがこの地に修道院と大聖堂を築いたのがその起こりだ。以来、幾多の変遷を経ながらもイギリスのキリスト教の総本山として、あるいはチョーサーの『カンタベリー物語』に描かれた巡礼者たちが訪れる聖地として栄えてきた。産業革命の影響を受けることもなく、宗教ひと筋に生きてきた街にはチューダー朝の木造家屋も多く、中世の面影が今も漂っている。

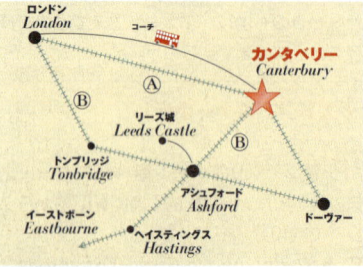

ロンドン
London
コーチ
カンタベリー
Canterbury
Ⓐ
Ⓑ
リーズ城
Leeds Castle
Ⓑ
トンブリッジ
Tonbridge
アシュフォード
Ashford
ドーヴァー
Dover
イーストボーン
Eastbourne
ヘイスティングス
Hastings

🚅 ACCESS

🚅Ⓐロンドン・ヴィクトリア駅～カンタベリー東駅（チャザム経由ドーヴァー・プライオリ駅行き）▶ 1時間30分 ▶ 1時間に2本運行
🚅Ⓑロンドン・チャリングクロス駅～カンタベリー西駅（アシュフォード経由カンタベリー西駅行き）▶ 1時間30分 ▶ 1時間に2本運行
※ドーヴァー・プライオリ駅行きはカンタベリー西駅には迂回しないので要注意
🚌 ロンドン・ヴィクトリア・コーチステーション～カンタベリー・バスターミナル前（ドーヴァー行き）▶ 約2時間 ▶ 1時間に1本運行

❶観光案内所 Tourist Information Centre
12-13 Sun St. ☎01227-37-8100 ▶OPEN：4～10月は9:30～17:00（日曜10:00～16:00）、11～3月は10:00～16:00 ▶ 1～3月の日曜休み

■ 街歩きのヒント

　名前が知られているわりに、城壁と環状道路にかこまれた街は驚くほど小ぢんまりとしている。旧市街には市内バスの路線もなく、1日あれば充分歩いてまわれる。鉄道の東駅、西駅は、いずれも城壁の外側にあるが、駅から街の中心の観光案内所までは徒歩10分ほど。コーチは城壁の中にある市内バスターミナルの前に到着する。観光案内所を起点に、まず大聖堂へ。次に城壁を抜けてセント・ア

ウグスティヌス修道院跡を見物したら、後はハイ・ストリートに沿いながら周辺に点在する見どころをまわって歩こう。

見どころ
Sightseeing

Canterbury Cathedral
受難の歴史を生き抜いた聖地
カンタベリー大聖堂

MAP p.199-B ❶観光案内所から徒歩1分

　カンタベリー大聖堂は英国国教会の総本山だが、その長い歴史は平坦なものではなかった。最初に大聖堂ができたのは601年。ローマ法王の命を受けた聖アウグスティヌスによって創建された、サクソン様式の聖堂がその原型。この聖堂はほぼ400年にわたって存続したが、1067年に焼失。1070年にノルマン人のロンフラン大司教が再建したが、これも2度の火災に見舞われ焼失している。

　一方、キリスト教の勢力が強大になるにつれて、国家との対立は苛烈になっていった。そのクライマックスが、1170年に起きたカンタベリー大司教トマス・ベケットの暗殺

賑やかな街並みから一歩踏み込むと、そこは巡礼者の聖地

だ。ヘンリー2世の意を受けた騎士によるこの暗殺は反発を招き、以来、ベケットの死後の奇跡を信じる巡礼者がひきもきらずこの地を訪れるようになり、カンタベリーは王の思惑を外れてさらに繁栄することになった。

しかし、その繁栄に影を落とす大事件が再び起きた。ヘンリー8世による宗教改革だ。ローマ法王と対立して国教会を興したヘンリー8世は、1538年、カンタベリーのすべての寺院や修道院を閉鎖。ベケットは「反逆者」の烙印を押され、身廊の奥のトリニティ・チャペルにあったベケットを祀る祭壇も取り壊された。さらに1642年、ピューリタン革命が起きると、今度は狂信的な清教徒の破壊で聖堂は大きな痛手を被った。現在のゴシック様式の建物はその後修復されたもの。トリニティ・チャペルは今も巡礼者たちの最終的な目的地とされる場所で、チャペルの北側にはベケットの生涯を描いたステンドグラスがあり、地下には彼を祀るロマネスク様式の地下聖堂がある。「天国への門」と讃えられる聖堂の内部をゆっくり見学しよう。

DATA ▶☎01227-76-2862▶OPEN：9:00～18:30、10～3月は～16:30、日曜12:30～14:30と16:30～17:30▶最終入場は30分前▶無休▶入館料：大人£4.50、子供£3.50▶館内撮影料：£2.00

St.Augustine's Abbey

無残に破壊された栄華の跡

セント・アウグスティヌス修道院跡

MAP p.199-B ℹ観光案内所から徒歩5分

聖アウグスティヌスが大聖堂とともに造った修道院の跡。広大な領地から上がる収益でイングランドでもっとも富裕なベネディクト派の修道院として栄華を誇ったが、ヘンリー8世の宗教改革でここも閉鎖。その後、石造部分は解体されて廃墟となり、現在は正門だけが完全な形で残っている。日本語のオーディオガイド（無料）を利用できる。

DATA ▶☎01227-76-7345▶OPEN：10:00～18:00（10～3月は～16:00）▶10～3月の月・火曜、12/24～26、1/1休み▶入館料：大人£3.70、子供£1.90

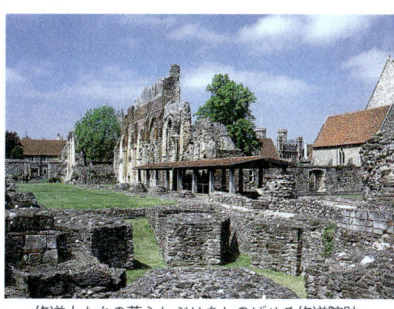

修道士たちの暮らしぶりをしのばせる修道院跡

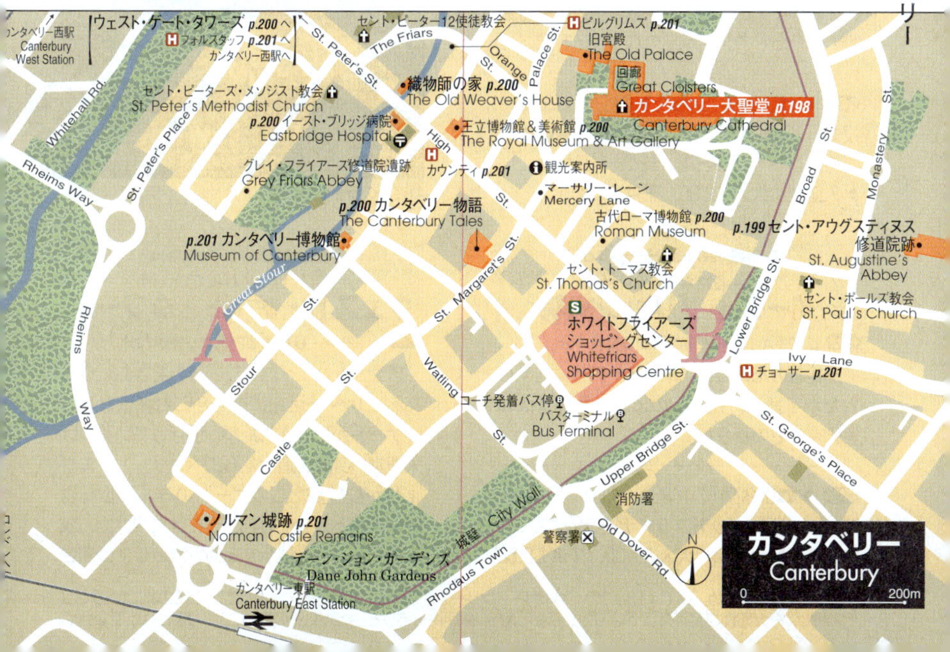
カンタベリー
Canterbury
0
200m
カンタベリー西駅
Canterbury West Station
ウェスト・ゲート・タワーズ p.200へ
H フォルスタッフ p.201へ
カンタベリー西駅へ
セント・ピーター12使徒教会
H ピルグリムズ p.201
旧宮殿
The Old Palace
回廊
Great Cloisters
カンタベリー大聖堂 p.198
Canterbury Cathedral
織物師の家 p.200
The Old Weaver's House
セント・ピーターズ・メソジスト教会
St. Peter's Methodist Church
p.200 イースト・ブリッジ病院
Eastbridge Hospital
王立博物館＆美術館 p.200
The Royal Museum & Art Gallery
グレイ・フライアーズ修道院遺跡
Grey Friars Abbey
H カウンティ p.201
観光案内所
マーサリー・レーン
Mercery Lane
p.200 カンタベリー物語
The Canterbury Tales
古代ローマ博物館 p.200
Roman Museum
p.201 カンタベリー博物館
Museum of Canterbury
p.199 セント・アウグスティヌス修道院跡
St. Augustine's Abbey
セント・トーマス教会
St. Thomas's Church
セント・ポールズ教会
St. Paul's Church
ホワイトフライアーズ ショッピングセンター
Whitefriars Shopping Centre
H チョーサー p.201
コーチ発着バス停
バスターミナル
Bus Terminal
消防署
警察署
城壁
City Wall
ノルマン城跡 p.201
Norman Castle Remains
デーン・ジョン・ガーデンズ
Dane John Gardens
カンタベリー東駅
Canterbury East Station
The Friars
St. Peter's St.
Orange St.
Palace St.
Whitehall Rd.
St. Peter's Place
Rheims Way
High St.
St. Margaret's St.
Great Stour
Stour St.
Castle St.
Watling St.
Broad St.
Monastery St.
Lower Bridge St.
Ivy Lane
Upper Bridge St.
St. George's Place
Old Dover Rd.
Rhodaus Town
A
B
N

The Canterbury Tales
巡礼者たちの世界を体験
カンタベリー物語
MAP p.199-B　❶観光案内所から徒歩2分

チョーサーの名作『カンタベリー物語』の世界を、視聴覚を通して再現する観光客に人気のアミューズメント施設。

街の歴史の概略を知るのには絶好のアミューズメント

DATA ▶☎01227-47-9224▶OPEN：10:00～17:00（11～2月は10:00～16:30）▶12/25休み▶入館料：大人£6.95、子供£5.25

Canterbury Roman Museum
美しいモザイクが必見
古代ローマ博物館
MAP p.199-B　❶観光案内所から徒歩3分

ローマ人たちが定住し始めた2世紀頃の街並みや市場などが再現されている。床の見ごとなモザイクは、第2次大戦の空襲にも奇跡的に残ったもの。展示品のハイライトだ。

DATA ▶☎01227-78-5575▶OPEN：10:00～17:00（日曜は13:30～）▶最終入場は1時間前▶11～5月の日曜、12/24～26休み▶入館料：大人£2.90、子供£1.80

Eastbridge Hospital
巡礼者たちの憩いの宿
イーストブリッジ病院
MAP p.199-A　❶観光案内所から徒歩4分

巡礼者のための宿。ホールや円柱に支えられた地下室は、12世紀のまま。礼拝堂は14世紀末のものとされている。

DATA ▶☎01227-47-1688▶OPEN：10:00～16:45▶日曜、グッドフライデー、クリスマス時期休み▶入館料：大人£1.00、子供£0.50

The Royal Museum & Art Gallery
市が所有する美術品を展示
王立博物館＆美術館
MAP p.199-A　❶観光案内所から徒歩3分

ハイ・ストリートにある古風な建物で、1階は図書館、2階が美術館。カンタベリーに住んだヴィクトリア期の画家シドニー・クーパーの作品などを展示している。同じ建物にカンタベリー連隊の歴史博物館もある。

DATA ▶☎01227-45-2747▶OPEN：10:00～17:00▶日曜、グッドフライデー、クリスマス時期休み▶入館無料

The Old Weaver's House
中世そのままのたたずまい
織物師の家
MAP p.199-A　❶観光案内所から徒歩4分

市内を流れる小川のほとりにある典型的なチューダー様式の家で、16世紀に大陸から渡ってきたユグノー教徒たちが織物の工場として用いていた。現在、建物の1階部分はイタリア料理店として使われており、客として入れば内部も見学できる。

数百年の歴史を刻む家も、今やレストランに

West Gate Towers
牢獄として使われていた門
ウェスト・ゲート・タワーズ
MAP p.199-A　❶観光案内所から徒歩10分

賑やかなハイ・ストリートの突きあたりにある。14～15世紀に市をかこむ城壁と8つのゲートが再建されたが、現存しているのは大聖堂の身廊を造った石工ヘンリー・イエヴェルが設計したこのゲートのみ。15世紀以降は牢獄として使われ、現在は鎧や武器、絞首刑の台などを展示する博物館として公開さ

ミニ情報　トマス・ベケット（1118～70）：初め国王ヘンリー2世の顧問を務め、親友でもあったが、1162年にカンタベリー大司教に任じられた頃より対立が激化。教会の権利を守ろうとした結果、王の騎士により殺害された。死後列聖。

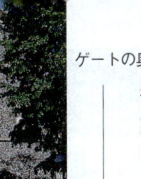

ゲートの奥は小川が流れ、美しく整備されている

れている。ゲートの周辺には小川に沿った小道があり、そばにギルドホールもある。

DATA ▶ ☎01227-78-9576 ▶ OPEN：11:00〜12:30と13:30〜15:30 ▶ 日曜、グッドフライデー、クリスマス時期休み ▶ 入館料：大人£1.15、子供£0.70

Museum of Canterbury
見どころ充実の歴史博物館
カンタベリー博物館

MAP p.199-A　❶観光案内所から徒歩7分

12世紀に悪名高い高利貸しの館として建てられ、その後貧しい聖職者のための施設として使われてきた建物で、外部を覆っているのはフリントと呼ばれる火打ち石。館内には街が所有する宝物類が収められ、紀元前から第2次大戦の空襲まで、カンタベリーの歴史をたどることができる。展示品には、アングロサクソンの王女が身に付けていたペンダントやスティーブンスンが作った蒸気機関車「インヴィクタ」など貴重なものが多い。

DATA ▶ ☎01227-45-2747 ▶ OPEN：10:30〜17:00、6〜10月の日曜は13:30〜 ▶ 最終入場は1時間前 ▶ 11〜5月の日曜、12/24〜26休み ▶ 入館料：大人£3.20、子供£2.15

Norman Castle Remains
カンタベリー城の本丸跡
ノルマン城跡

MAP p.199-A　❶観光案内所から徒歩10分

侵攻してきたノルマン人によって1120年頃に建てられたカンタベリー城の跡。城の大半はすでにないが、残された本丸はイギリスで5番目に大きく、石造りのものとしては最古のものとされる。

DATA ▶ 見学自由

Hotel Guide

カウンティ　★★★
Macdonald County Hotel　**MAP** p.199-A　❶観光案内所から徒歩3分

街歩きの拠点に最適
メイン・ストリートのほぼ中心にあり、どこへ行くにも便利。創業は1588年と古く、内装もエレガントで優雅な滞在が楽しめる。

DATA ▶ High St. ▶ ☎01227-76-6266 ▶ FAX 01227-45-1512 ▶ URL：www.macdonaldhotels.co.uk ▶ 73室 ▶ S £85〜、T £115〜 ▶ TO

フォルスタッフ　★★
The Falstaff Corus Hotel　**MAP** p.199-A　❶Canterbury West駅から徒歩3分

伝統的なスタイルの小ぢんまりとしたホテル
築600年という伝統的なカントリースタイルの建物は、歴史の街カンタベリーならでは。ウェスト・ゲートの近くで、街歩きにも便利なロケーション。

DATA ▶ 8-10 St Dunstans St. ▶ ☎0870-609-6102 ▶ FAX 01227-46-3525 ▶ URL：www.corushotels.co.uk ▶ 47室 ▶ S、D/Tとも£90〜 ▶ JHC, UT

チョーサー　★★
The Chaucer Hotel　**MAP** p.199-B

外観は古風だが、近代的で快適なシティホテル。内装もモダンでくつろげる。城壁の外側にあるが、観光ポイントや中心部へは徒歩ですぐ。

DATA ▶ ❶観光案内所から徒歩10分 ▶ 63 Ivy Lane ▶ ☎01227-46-4427 ▶ FAX 01227-45-0397 ▶ URL：www.swallowhotels.com/chaucer ▶ 42室 ▶ S £85〜、T £108〜

ピルグリムズ　★★
The Pilgrims Hotel　**MAP** p.199-A

16世紀の歴史的な建物を使った家族経営の小ぢんまりしたホテル。大聖堂にも近く観光には絶好の立地。バーなども併設されている。

DATA ▶ ❶観光案内所から徒歩2分 ▶ 18 The Friars ▶ ☎01227-46-4531 ▶ FAX01227-76-2514 ▶ URL：www.pilgrimshotel.com ▶ 15室 ▶ S £49〜、T/D £69〜

ミニ情報　ユグノー：カルヴァン派の信仰を持つ人々で、フランス各地に居住していたが、カトリックによる弾圧が激化するとともにヨーロッパ各国に亡命。商人や職人が多かったことから、優れた技術を伝播する役割を果たした。

欧州大陸へのゲートウェイ
ドーヴァー

MAP p.191-H

高台から海峡を見渡す

ACCESS

🚃ロンドン・チャリング・クロ
ス駅〜ドーヴァー・プライオリー
駅▶1時間30〜45分▶1時間に
2本運行
🚃ロンドン・ヴィクトリア駅〜
ドーヴァー・プライオリー駅▶
1時間50分▶1時間に2本運行
🚌ロンドン・ヴィクトリア・コ
ーチステーション〜ドーヴァー・
コーチストップ▶約2時間30分
▶1時間に1本運行

🛈 観光案内所
Tourist Information Centre
The Old Town Gaol, Biggin St.
▶☎01304-20-5108▶OPEN：9:00
〜17:30、土・日曜10:00〜16:00
（6〜8月の日曜9:00〜17:30）
▶10〜3月の日曜、12/25休み

カヌーのような木造の船で海を渡ってきた鉄器時代から、ド
ーヴァーはいつの時代も「欧州大陸へのゲートウェイ」として
の役割を果たしてきた。ユーロ・トンネルが開通した今も、欧
州大陸へ渡る人の群れは絶えることはないが、いつの時代もド
ーヴァーは旅の「通過地点」。観光の目的地として見られるこ
とは少ないが、国境に臨む街独特の風情と、要塞都市ならでは
の見どころもある。白い断崖ホワイト・クリフが連なる街を歩
いてみよう。

見どころ
Sightseeing

Dover Castle
MAP p.203
英仏海峡を守り続けた要塞
ドーヴァー城
🚃Dover Priory駅から
徒歩20分

断崖絶壁の頂上にそびえ立ち、海からも陸からも見えるドー
ヴァーのランドマーク。現存する要塞としてはイギリス最古の
歴史を誇る。1181年にノルマン人によって建設されて以来「イ

もうひとつの旅
Promenade

海峡を渡る日帰りヨーロッパ旅行

　ドーヴァーまで来れば、欧州大陸はもう目と
鼻の先。日帰りでフランスの雰囲気を味わって
みてはどうだろう。フランスのカレーCalaisま
ではフェリーで片道約1時間。イギリス人は、
安い酒類やタバコを求めて気軽にカレーまでシ
ョッピングに出かける。カレーには「シテ・
ド・ヨーロッパ」と呼ばれる一大ショッピング
センターがあり、フランス産ワインなどが格安
で販売されている。ショッピングの後はカレー
の街中でランチを楽しんでもいいし、車を30分

ほど飛ばしてブーローニュまで足をのばし、お
いしいシーフードの食事をするのもいい思い出
になる。

●ホーヴァースピード Hoverspeed
DATA ▶ドーヴァー〜カレー間運航
▶☎0870-240-8070
▶URL：www.hoverspeed.com▶1日8本
▶約1時間▶往復大人£15.00

●P&Oステナ・ライン P&O Stena Line
DATA ▶ドーヴァー〜カレー間運行
▶☎0870-600-0600▶URL：www.posl.com
▶24時間運行（1日25本）
▶1時間〜1時間15分▶日帰り料金：①車な
し1人£18.50（早朝・深夜便は車の乗客のみ）、
②車1台（乗客5人まで）£38.00
※その他各種料金設定あり、車は要予約

海峡を船で越えて、フランスへ渡るのもおもしろい

ングランド王国を守る鍵」としての役目を果たしてきた。城の中は中世の面影を残し、本丸の頂上からの眺めは圧巻。第2次世界大戦時には城の地下に参謀本部や病院などが密かに作られ前線を守った。現在、地下は博物館になっていて、約1時間のツアーでまわることができる。

城は役目を終えた今も静かに海峡を見守っている

Dover Museum
世界最古の鉄器時代の船を展示
ドーヴァー博物館

MAP p.203

⇌Dover Priory駅から
徒歩10分

　アトラクション豊富なホワイト・クリフ館に隣接する本格派の博物館。世界でもっとも古いといわれる、鉄器時代に使われた船が展示されている。その他、ローマ時代の床下暖房システムの遺跡もかなり良い保存状態で残っている。

噴水が美しい街の広場。世界最古の船を展示する博物館はこの広場に面している

●ドーヴァー城
DATA ☎01304-21-1067
▶OPEN：10:00〜18:00、11〜3月は〜16:00、10月は〜17:00、7・8月は9:30〜18:30▶11〜1月の火・水曜、12/24〜26、1/1休み▶入館料：大人£8.95、子供£4.50

ドーヴァー周辺はイーストボーンとともにホワイト・クリフで知られる

●ドーヴァー博物館
DATA ▶☎01304-20-1066
▶OPEN：10:00〜17:30▶日曜、12/25・26、1/1休み▶入館料：大人£2.00、子供£1.25

Hotel Guide

ヒューバート・ハウス
Hubert House　MAP p.203　★
⇌Dover Priory駅から徒歩15分
DATA ▶9 Castle Hill Road
▶☎01304-20-2253
▶FAX 01304-21-0142
▶URL：www.huberthouse.co.uk
▶8室▶S £30〜、D/T £45〜

プレミア・トラベル・イン
Premier Travel Inn MAP p.203　★
🛈観光案内所から徒歩10分
DATA ▶Marine Court, Marine Parade▶☎0870-900-6516
▶FAX 0870-990-6517
▶URL：www.travelin.co.uk
▶100室▶S/D £52.95〜

石畳の坂道と中世の家並み
ライ

MAP p.191-G

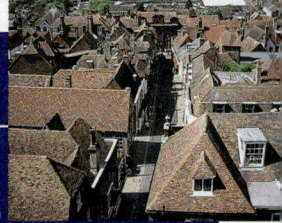
セント・メアリズ教会から見た街

ACCESS

ロンドン・チャリング・クロ
ス駅（ロンドン・ブリッジ駅経由）
～ライ駅（アシュフォード・イン
ターナショナル駅でヘイスティン
グス行きに乗り換え）▶約2時
間▶1時間に1本運行
ヘイスティングス駅～ライ駅
20分▶1時間に1本運行（ロンド
ン～ヘイスティングスはp.206参照）

● **観光案内所**
Tourist Information Centre
The Heritage Centre, Strand Quay
▶☎01797-22-6696▶OPEN：9:30
～17:00、日曜10:00～、11～2月
は毎日10:00～16:00▶無休

204

●ライ城博物館＆イプラ・タワー
DATA ☎01797-22-6728
▶OPEN：10:30～13:00と14:00
～17:00（11～3月は10:30～
15:30）▶4～10月の火・水曜休
み、11～3月はイプラ・タワー
は月～金曜休み（分館は全期間休
み）▶入館料：博物館分館＆タワ
ーは大人£2.90、子供£1.50。片
方のみ大人£1.90、子供£1.00

セント・メアリズ教会
DATA ▶☎01797-22-2430▶OPEN
：9:00～19:00（11～3月は～日
没）、塔10:00～17:00または日没
▶12/25休み▶入館料：教会は無
料（寄付制）、塔は大人£2.00、
子供£1.00

●ライ物語
DATA ▶☎01797-
22-6696▶OPEN：
9:30～17:00、11～
2月は10:00～16:00
▶12/25・26、1/1休
み▶入館料：大人£
2.50、子供£1.00

丘の上の教会を取りかこ
むように、白壁に黒い木組
みの家やレンガの家がぎっ
しりと建ち並び、その間を
縫って石畳の道が続いてい
る。イングランド東南部の
古い小さな街の中で、誰も
が美しい街の筆頭に挙げる
のがこのライだ。小さな漁
港に過ぎなかった村に目を

石畳の坂道で歩き疲れたら、こんな街
角のパブでひと休みを

つけたのはノルマン人で、12世紀には交易のための良港として
発展。一時フランス領だったこともあり、19世紀初めまで英仏
の間で何度も街をめぐる戦いが起きている。かつては丘の下ま
で海が迫っていたが、時が流れて海は4kmの彼方に遠のいてし
まった。今では、丘の下を流れるティリンガム河に浮かぶボー
トや漁船に、港町の面影がかすかに残るだけだ。観光客で賑わ
うシーズンでも、小さな路地に入ると時が止まったかのような
静けさが漂う。街には古いパブやティールームも多いので、散
策の途中に立ち寄るといいだろう。

Sightseeing 見どころ

Rye Castle Museum & Ypres Tower　MAP p.205
海からの攻撃に備えた城塞
ライ城博物館＆イプラ・タワー
Rye駅から徒歩 10分

　イプラ・タワーは13世紀にヘンリー3世が、街の守りとして
築いた海に面した城塞だ。役割を終えた後は、住居や監獄とし
て使われたこともある。現在は密輸人の資料など街に関わる歴
史の一部を紹介する博
物館で、塔の上にも登
れる。歩いて5分のイー
スト・ストリートに
も博物館の分館があり、
ここにはライ名産の陶
器や衣装、船の模型な
ど産業史の展示がある。

これはイプラ・タワー。博物館
の方にもぜひ立ち寄りたい

ミニ情報
ヘンリー3世（1207～72、在位1216～72）：マグナカルタを書かされたジョン失地王の子。奸臣を重用
し重税を課すなど失政が多く、有力貴族の圧力によってイギリス初の議会を召集することを認めさせられた。

教会の塔に登れば、街の彼方に海まで見渡すことができる

ライ
Rye
0
100m
N
↑アシュフォードへ
p.205 ランド・ゲート
Land Gate
The Grove
Rope Walk
Tower St.
Hilder's Cliff
Conduit Hill
East St.
Fishmarket Road
ライ城博物館 p.204
Rye Castle Museam
イプラ・タワー p.204
Ypres Tower
p.205 ホワイト・ヴァイン・ハウス
High Street
Lion St.
Church Sq.
ガン・ガーデン
Gun Garden
Cinque Ports Street
p.205 セント・メアリズ教会
St. Mary's Church
ライ駅
Rye Station
Market Rd.
マーメイド・イン p.205
Church Sq.
George
West St.
The Mint
コッパー・ケトル
The Mermaid Passage
マーメイド通り p.205
Mermaid St.
Watchbell St.
South Undercliff
Ferry Road
オールド・ホスピタル
スワン・コテージ
Wish Street
Wish Ward
ジークス・ハウス p.205
The Strand
A259
p.205 ライ物語
観光案内所
ストランド河畔 Strand Quay
ティリンガム川
↓ヘイスティングスへ

St. Mary's Church
MAP p.205

塔の上から街と海を一望

セント・メアリズ教会

≉Rye駅から徒歩10分

街のいちばん高い地点に建つ教会で、商店の並ぶハイ・ストリート側から見える時計は街のシンボルのひとつだ。これは1760年頃にできたもので、当時のままに時を刻んでいる。教会は1120年頃に建てられたが、現在の建物は18～19世紀に大がかりな修復が行われたもの。苦労しても登りたいのが塔の上だ。街全体はもちろん海まで眺めることができる。教会をかこむ緑の敷地の周囲には、中世のままの家並みが続いている。

Mermaid Street
MAP p.205

ライでいちばん有名な坂道

マーメイド通り

ℹ観光案内所から徒歩２分

ホテルは白と黒の典型的なハーフティンバー

ライといえば必ず登場するほど有名な通りだ。石畳の急な坂道の両側にレンガや白壁の家が続き、春から夏には各家を小さな植木や鉢植えの花が彩り、何度でも登り降りしたくなるほど魅力的。登りきる手前にある白壁に木組みの建物は、1420年に建てられたマーメイド・イン。現在はホテルで、裏手にはパブもあるので建物の中を見ながらひと休みしよう。

Story of Rye & Audio Tours
MAP p.205

街の歴史を手っ取り早く知る

ライ物語

ℹ観光案内所隣

模型や音響効果を駆使して、ビジュアルにライの歴史と昔の姿を紹介するライのヘリテージ・センター。

Land Gate
MAP p.205

唯一残る城壁の門

ランド・ゲート

≉Rye駅から徒歩10分

かつてライの街は城壁にかこまれ、４つの門が入口になっていた。このうち、1329年に建てられたここだけが現存している。

Hotel Guide

マーメイド・イン
The Mermaid Inn ★★★

MAP p.205

ℹ観光案内所から徒歩５分

街でもっとも由緒あるホテルで、内装も中世の雰囲気を生かしている。レストランも定評がある。

DATA ▶Mermaid St.▶☎01797-22-3065▶FAX 01797-22-5069▶URL：www.mermaidinn.com▶31室▶S￡90～、T/D￡160～

ホワイト・ヴァイン・ハウス
White Vine House ★★

MAP p.205

≉Rye駅から徒歩７分

商店街に面した16世紀の建物。ティールームが優雅。

DATA ▶24 HighSt.▶☎01797-22-4748▶FAX 01797-22-3599▶URL：www.whitevinehouse.co.uk▶7室▶S￡50～、T/D￡80～

ジークス・ハウス
Jeake's House Hotel ★★

MAP p.205

ℹ観光案内所から徒歩２分

建物は17世紀のもの。バス共有の部屋なら１人￡39～。

DATA ▶MermaidSt.▶☎01797-22-2828▶FAX 01797-22-2623▶URL：www.jeakshouse.com▶12室▶S￡70～、D/T￡94～

丘に挟まれた漁港とリゾート
ヘイスティングス

MAP p.191-G

港から望むイースト・ヒル

ＡＣＣＥＳＳ

≒ロンドン・チャリング・クロス駅（ロンドン・ブリッジ駅経由）～ヘイスティングス駅▶1時間40分▶1時間に2本運行

🚌 ロンドン・ヴィクトリア・コーチステーション～ヘイスティングス・クィーンズ・パレード▶約3時間▶1日に2本運行

---

❶観光案内所
Tourist Information Centre
Queens Sq., Priory Meadow
▶01424-78-1111
▶OPEN：8:30～18:15、土曜9:00～17:00、日曜10:00～16:30▶無休
▶オールド・タウンThe Stade, Old Townの案内所は10:00～16:30で11～4月は土・日曜のみ開く

●ヘイスティングス城
DATA ▶☎01424-78-1112▶OPEN：10:00～17:00、10～3月は11:00～15:00▶12/24・25休み▶入館料：大人£3.40、子供£2.25

●セント・クレメンツの洞窟
DATA ▶☎01424-42-2964▶OPEN：10:00～17:30、10月～イースターは11:00～16:00▶12/24～26休み▶入場料：大人£5.95、子供£3.95

●漁師博物館
Fishermen's Museum
DATA ☎01424-46-1446
▶OPEN：10:00～17:00、11～3月は11:00～16:00▶12/25休み▶入館無料

●ヘイスティングス博物館＆美術館
Hastings Museum & Art Gallery
❶観光案内所から徒歩10分
　サセックス地域の陶器や工芸品、自然史などに関する博物館。♪

フランスのノルマンディーから来たノルマン公ウィリアムがイングランド王を破ってノルマン朝が始まったという、英国史の転換となった1066年の「ヘイスティングスの戦い」で知られる海辺の街。実際の戦場は海岸から内陸に10kmほど入ったところで、その名もバトル（戦い）という。現在のヘイスティングスには、海辺のリゾートと昔からの漁港という2つの顔がある。海に迫る2つの丘、ウェスト・ヒルとイースト・ヒルの間が漁港を抱えるオールド・タウンで、2つの丘にはケーブルカーもあり、緑に覆われた丘の上から眺める英仏海峡がすばらしい。駅や観光案内所のあるウェスト・ヒルの西側が新市街で、ヘイスティングス・ピアが海に張り出して、典型的な海辺のリゾートの風景が広がっている。

見どころ
Sightseeing

Hastings Castle
ノルマン人が最初に築いた城塞
ヘイスティングス城

❶観光案内所から徒歩10分、またはウェスト・ヒルのケーブルカーで頂上下車、徒歩3分

オールド・タウンの街並み

　ノルマン人がイングランド征服後に築いた最初の城のひとつで、フランスとの間を行き来する際の戦略的な拠点となった。13世紀に暴雨風の被害を受け、16世紀にはすでに廃城となっている。丘の上には1066年の戦いをビジュアルに展示する「1066年物語1066 Story」がある。

St Clements Caves
18世紀の密輸の世界
セント・クレメンツの洞窟

❶観光案内所から徒歩15分、またはウェスト・ヒルのケーブルカーで頂上下車、徒歩5分

　自然の洞窟を拡張したもので、18世紀には酒やタバコなど密輸品の隠し場所だった。それにちなんで現在は「密輸人の冒険Smugglers Adventure」というアトラクションになっている。

ウィリアム征服王（1028～87、在位1066～87）：もとノルマンディー公爵。エドワード懺悔王（p.142参照）の遠縁にあたり、王の死後継承権を主張して侵入、ヘイスティングスでイングランド軍を破ってノルマン朝をたてた。

暗い洞窟の中でぞっとするリアルな人形や音響効果を使い、現代版お化け屋敷といったところ。洞窟めぐりは約1時間かかる。

Net Huts
漁師の網の保管場所
網倉
❶観光案内所から徒歩15分

オールド・タウンの有名な眺めが、海岸に建ち並ぶ黒く細長い木造小屋。漁師たちが網などの商売道具を収めているものだ。網倉のそばには漁師のための教会を改造した**漁師博物館**もあり、船の模型や網、古い写真、20世紀初めの漁船などを展示している。博物館前にも古い漁船が置かれている。

もうひとつの旅
Promenade
MAP p.191-G

白い断崖の観光拠点
イーストボーン
Eastbourne

イギリス南岸には石灰質の真っ白な断崖、ホワイト・クリフが断続的に連なっているが、イーストボーンから西の海岸線はドーヴァーと並んで壮大なホワイト・クリフで知られている。イーストボーンはヘイスティングスとブライトンの間にあり、賑やかなふたつの街とは対照的に静かでのんびりした雰囲気が残っている。19世紀に開けた街には1872年に建てられたピア（桟橋）もあり、海岸には近代的なリゾートマンションもある。この街を起点にホワイト・クリフの名所をまわるとよいだろう。

●ビーチー・ヘッド　Beachy Head

街からいちばん近いホワイト・クリフで、海面からの高さは162mとイギリスでもっとも高い。道は断崖の上を走り、バスを降りれば切り立った絶壁の上まですぐ。イーストボーンの街と海岸も望める。余裕があれば断崖の尾根づたいに起伏のある丘を歩くのもいいだろう。バス停の近くには食事の充実したパブもある。

セブン・シスターズの白亜の絶壁は、まさに自然が生んだ絶景

欧州各地の陶器も集めている。

DATA ▶ ☎01424-78-1155
▶ OPEN：10:00～17:00、10～3月は～16:00で土・日曜は11:00～16:00 ▶ グッドフライデー、12/25・26休み ▶ 入館無料

リゾート気分漂うイーストボーン

●セブン・シスターズ　Seven Sisters

白い断崖が波打つように続く雄大な景観は、ホワイト・クリフの中でも抜群の美しさだ。セブン・シスターズという呼び名は、波のような丘が7つ連なることから付いたもの。バス停や駐車場から海岸まで歩いて20分ほどかかるが、周囲には原野が残り、野鳥なども多い。

ACCESS
⇌ヘイスティングス駅～イーストボーン駅
▶ 30分 ▶ 1時間に3～4本運行
⇌ロンドン・ヴィクトリア駅～イーストボーン駅 ▶ 1時間30分 ▶ 1時間に2本運行

●ビーチー・ヘッド

6～9月は、イーストボーン・ピアとビーチー・ヘッドを結ぶバス「シーフロント・サービス」で約15分、またはシティサイトシーイング社の乗り降り自由のバス利用（3月下旬～10月のみ運行）。年中運行は、ピアからバス13番（日曜のみ）、またはイーストボーン駅からバス8番でビーチー・ヘッドのふもとで下車して徒歩25分

●セブン・シスターズ

イーストボーン・ピアからバス12、712番（ブライトン行き、日曜は13、712番）で約25分、エクシート・パーク・センターExceat Park Centre下車。ブライトンからは同じバスで約1時間

❶イーストボーン観光案内所

DATA ▶ Cornfield Road ▶ ☎0906-711-2212
▶ OPEN：9:30～17:30 ▶ 日曜、11～3月休み

注 グッドフライデー（聖金曜日）：2006年は4月14日、イースターは4月16日。2007年は4月6日、8日。

イギリス最大の海辺のリゾート
ブライトン

MAP p.191-G

　イギリス南岸の漁村だったブライトンが、保養地として脚光を浴びるようになったのは海水浴が流行し始めた18世紀半ばからだ。皇太子時代のジョージ4世が気に入ってロイヤル・パヴィリオンの建設に着手したことで、上流階級がこぞって別荘を建てるようになった。海辺に並ぶヴィクトリア時代の白い優雅な建物が華やかなりし頃を彷彿させるが、かすかに残る漁村の面影も街に彩りを添えている。ロンドンから気軽に行けるリゾート地だけに、夏は大変な賑わいとなる。

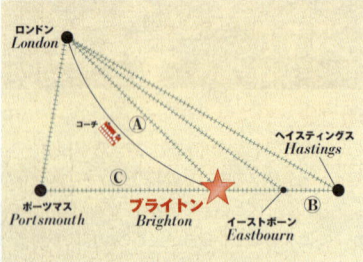

ACCESS

🚃Ⓐ：ロンドン・ヴィクトリア駅〜ブライトン駅▶50分▶1時間に2本運行、またはロンドン・ブリッジ駅〜ブライトン駅▶1時間▶1時間に4本運行
🚌ロンドン・ヴィクトリア・コーチステーション〜ブライトン・プール・バレー・コーチステーション▶約2時間▶1時間に1本運行
🚃Ⓑ：ヘイスティングス駅〜イーストボーン駅〜ブライトン駅▶ヘイスティングスから1時間5〜20分、イーストボーンから40分▶1時間に2本運行
🚃Ⓒ：ポーツマス・ハーバー駅〜ブライトン駅▶1時間30分▶1時間に1本運行

ⓘ観光案内所 Tourist Information Centre
10 Bartholomew Sq.▶☎01273-29-2599、090-6711-2255▶OPEN：9:00〜17:00、土曜10:00〜17:00、日曜10:00〜16:00▶10〜3月の日曜休み

■ 街歩きのヒント

　駅を降りてクィーンズ・ロードQueen's Rd.を真っすぐ歩いていくと、約15分で海岸に出る。見どころはこの道の東側と海岸線にあり、観光案内所とバスターミナルも海岸近くだ。気候のいい時なら、ブライトン・ピア（桟橋）の両側に広がるビーチにも降りてみよう。ビーチに面してヴィクトリア朝の白亜の建物が並び、その横にパブやレストラン、

フィッシュ＆チップスなどの店が賑やかに並んでいる。ビーチに陽光があふれるシーズンには、浜辺に移動遊園地が出現して、街はリゾート気分一色になる。

　浜辺を走るカラフルな小型電車は1883年開業で、乗客用の「電車」としてはイギリスで最初。海沿いをコトコトと、ヨットが係留されるブライトン・マリーナまでの1.5kmを結んでいる。電車と反対に西に向かうと、1866年に建てられたウェスト・ピアがある。リゾート用としてはイギリスで最初のピアだが、1975年に閉鎖された。さらに西に歩くと、19世紀末から開けたリゾートの街ホープHoveがある。ここはいまだに昔ののんびりとした避暑地の雰囲気のまま。ブライトンの喧騒もここまでは届かない。静かな海辺を味わいたいなら、ここもおすすめだ。

カフェやショップが賑やかに並ぶ海岸通り

ロイヤル・パヴィリオンのタマネギ型の屋根はまさにインド風

Brighton Pier
100年続く娯楽の殿堂
ブライトン・ピア

MAP p.209
❶観光案内所から徒歩3分

イギリスのビーチ・リゾートには、必ずといっていいほどヴィクトリア時代に造られた娯楽施設付きのピアがある。中でもここはブライトンの顔として有名で、この街を訪れたら誰もが一度はそぞろ歩く場所だ。現在のピアは1899年に拡大して再オープンしたもので、長さは約500m。当初はコンサート・ホールもある華やかな社交場だったが、現在は子供に人気の小さな遊園地や大型のゲーム・センター、パブやレストラン、

夜にはイルミネーションできらびやかに輝く

見どころ
Sightseeing

Royal Pavilion
ジョージ4世の豪華な離宮
ロイヤル・パヴィリオン

MAP p.209
❶観光案内所から徒歩2分

道楽者として知られたジョージ4世が、皇太子時代に王室おかかえの建築家、ジョン・ナッシュに造らせた夏の離宮。ブライトンが大好きな皇太子の意向を受けた宮殿は、1787年に着工され、改装や拡張の末、1822年に現在の姿に完成した。タマネギ型の丸いドームをいただくインド風の外観も異様だが、内部の中国風内装はあっ気にとられるほど。家具や内装は、当時の上流階級に人気があったシノワズリー（中国趣味）一色にまとめられ、シャンデリアの銀の竜、竹を模した鋳鉄の階段、漢字風文字を散りばめた壁紙など、今見ればやや悪趣味ともいえるほどの凝りようだ。西洋の人々の東洋に対するエキゾチシズムにはあきれるばかりだが、資金をふんだんにかけただけに、中はどこも豪華絢爛の極み。後のヴィクトリア女王はこのブライトンの街も、離宮も嫌いで、家具から装飾品まですべてをブライトン市に売り払ってしまった。現在は、それらが戻されている。

DATA ▶ ☎01273-29-0900 ▶ OPEN：9:30～17:45、10～3月は10:00～17:15 ▶ 最終入場は45分前 ▶ 12/25・26休み ▶ 入館料：大人£5.95、子供£3.50

ブライトン
Brighton
0　　　　300m

ブライトン駅
Brighton Sta.
Trafalgar St.
Gloucester Pl.
Gloucester Rd.
Sussex St.
North Rd.
Queen's Rd.
ヴィクトリア・ガーデン
Victoria Gardens
Carlton Hill
John St.
Church St.
p.210 ブライトン博物館&美術館●
Brighton Museum & Art Gallery
ショッピングセンター
Shopping Centre
S
クオリティ **p.211**
North St.
West St.
Middle St.
Ship St.
Kings Rd.
ザ・レーンズ **p.210**
The Lanes
観光案内所 ❶
ブライトン・センター
Brighton Centre
ベルグレイヴ **p.211**
グランド **p.211**
プリンス・リージェント **p.211**へ
ヒルトン・ブライトン・メトロポール **p.211**へ
←ウェスト・ピア West Pier へ
シスル・ブライトン **p.211**
パレス **p.211**
クイーンズ **p.211**
Edward St.
ロイヤル・パヴィリオン **p.209**
Royal Pavilion
Old Steine
バスターミナル
Bus Terminal
St James's St.
シー・ライフ・センター（水族館）**p.210**
Sea Life Centre
Marine Parade
ブライトン・ピア **p.209**
Brighton Pier
小型電車
ブライトン・マリーナ **p.210**へ

ミニ情報 ジョージ4世（在位1820～30）：1811～20年の間は摂政Regentを務めた。芸術・娯楽を愛し建築、家具、食事、ファッションに至るまで時代の最先端をゆく存在で、愛称は快楽の王子、そのスタイルはリージェンシー・スタイルと呼ばれた。

占い師のテントやドーナツの屋台などが賑やかに並んでいる。カラフルなテントハウスが並ぶ桟橋は、それだけでもきらびやかなデコレーションケーキのようだが、夜にはイルミネーションが輝いて、さらに美しくなる。

DATA ▶ ☎01273-60-9361 ▶ OPEN：10:00〜24:00、6〜9月は9:00〜2:00am ▶ 12/25休み ▶ 入場無料

Brighton Sea Life Centre
欧州一の海底トンネル
シー・ライフ・センター（水族館）
MAP p.209　**❶**観光案内所から徒歩2分

1872年開館と古く、内装の一部は歴史を感じさせる。見かけは小ぢんまりとしているが、欧州でいちばんという海底トンネル体験ができる。魚を見るだけでなく、さわれる水槽や餌付けのできる水槽などもある。ドーヴァー海峡を泳いでいたであろう魚たちと、身近に接してみるのもおもしろい。

DATA ▶ ☎01273-60-4234 ▶ OPEN：10:00〜18:00、10〜2月は〜17:00 ▶ 最終入場は1時間前 ▶ 12/25休み ▶ 入館料：大人£8.50、子供£5.50

Brighton Museum & Art Gallery
アールデコに注目
ブライトン博物館＆美術館
MAP p.209　**❶**観光案内所から徒歩5分

上流階級の避暑地ならではの博物館で、彼らが手放したアールヌーボーやアールデコの家具、ドレス、絵画、グラスなどのコレクションが充実している。とくに、18〜20世紀初めの陶器は豊富で、その数は約2000点に

及ぶ。アフリカ、アジア、太平洋地域の美術品のギャラリーもあり、こちらも見ごたえ充分。貴族たちで賑わったブライトンの華やかな時代を伝える展示など、街の歴史をたどるコーナーも興味深い。

DATA ▶ ☎01273-29-0900 ▶ OPEN：火曜は10:00〜19:00、水〜土曜は〜17:00、日曜は14:00〜17:00 ▶ 月曜、グッドフライデー、12/24〜26、1/1休み ▶ 入館無料

The Lanes
漁村の面影残す迷路のような小道
ザ・レーンズ
MAP p.209　**❶**観光案内所の西側

ロイヤル・パヴィリオンから海岸に続く道の西側にある。ここはブライトンが漁村だった頃の名残をとどめる一角だが、今では街でいちばん人気のショッピングと食のエリアになっている。迷路のように入り組んだ石畳の小道に、アンティークショップやおしゃれなインテリア雑貨の店、ブライトンのみやげ物の店などが賑やかに並んでいる。夏には小さな広場や石畳の道にレストランやパブのテーブルが広げられ、ミュージシャンやストリート・パフォーマーも現れてお祭り気分に包まれる。ブライトンを訪れたら、ぜひ一度は歩いてみたい。

カフェやショップが並ぶザ・レーンズ

Brighton Marina
レストランやショップも充実
ブライトン・マリーナ
MAP p.209　ブライトン・ピアから海岸線を徒歩20分、または海岸を走るミニ電車で5分、終点下車

ブライトン・ピアから東1.5kmのところにあるイギリスでは最大のマリーナで、約1300隻のヨットが優雅に浮かびマストを並べてい

る。こんな風景に出会うと、海辺の高級リゾートの気分も最高潮。マリーナを望むヴィレッジ・スクエアにはショップやレストラン、映画館などがあり、街の新しい人気スポットになっている。

ヨットが並ぶマリーナ

Hotel Guide

グランド ★★★

The De Vere Grand Hotel MAP p.209 ❶観光案内所から徒歩8分

海風が吹き込むリッチで優雅なホテル

ブライトンを代表する高級ホテルで、政財界の会合にもよく使われる。海に面したヴィクトリア時代の白亜の建物が優美だ。

DATA ▶ Kings Road ▶ ☎01273-22-4300 ▶ FAX 01273-22-4321 ▶ URL：www.grandbrighton.co.uk ▶ 200室 ▶ S、D/Tとも£110〜（2泊以上は割引あり）

ヒルトン・ブライトン・メトロポール ★★★

Hilton Brighton Metropole MAP p.209 ❶観光案内所から徒歩10分

海を見渡す絶好のロケーション

世紀末にできたレンガ造りの大型ホテル。ゴージャスなリゾートホテルらしく、プールやスポーツ施設などレジャー設備が充実している。

DATA ▶ Kings Road ▶ ☎01273-77-5432 ▶ FAX 01273-20-7764 ▶ URL：www.brightonmet.hilton.com ▶ 485室 ▶ S、D/Tとも£125〜 ▶ HR, UT, TO

シスル・ブライトン ★★★

Thistle Brighton MAP p.209

海沿いに建つ近代的なホテル。クラシックな雰囲気よりも、機能的な心地よさを重視する人向き。ザ・レーンズに近く、ショッピングにも便利。

DATA ▶ ❶観光案内所から徒歩3分 ▶ Kings Road ▶ 0870-333-9129 ▶ FAX 0870-333-9229 ▶ URL：www.thistlehotels.com/brighton ▶ 207室 ▶ S、D/T £104〜 ▶ UT

ベルグレイヴ・クラシック ★★★

The Belgrave Classic Hotel MAP p.209

1882年に紳士のクラブとして建てられた風格あるホテル。往時のブライトンを実感できる。

DATA ▶ ❶観光案内所から徒歩5分 ▶ 64 Kings Road ▶ 01273-32-3221 ▶ FAX 01273-32-1485 ▶ URL：www.thebelgravehotel.brighton.cwc.net ▶ 61室 ▶ S、D/Tとも£100〜

クオリティ ★★

Quality Hotel Brighton MAP p.209

アールデコの建物が華やかな街の中でもひときわ異彩を放つ。設備も近代的で充実しており、快適に過ごせる。海岸にも近い。

DATA ▶ ❶観光案内所から徒歩5分 ▶ West St. ▶ 01273-22-0033 ▶ FAX 01273-77-8000 ▶ URL：www.qualityhotelbrighton.co.uk ▶ 140室 ▶ S、D/Tとも£65〜（朝食別）▶ JH

クイーンズ ★★★

Queens Hotel Brighton MAP p.209

ブライトン・ピアやザ・レーンズの近くという絶好の立地のわりには手頃な価格。客室はクラシックな雰囲気。屋内プールもある。

DATA ▶ ❶観光案内所から徒歩2分 ▶ 1 Kings Road ▶ ☎01273-32-1222 ▶ FAX 01273-20-3059 ▶ URL：www.queenshotelbrighton.com ▶ 97室 ▶ S £90〜、D/T £140〜

プリンス・リージェント ★★

The Prince Regent Hotel MAP p.209

海を望む緑のスクエアの奥にある。白い優雅なヴィクトリア時代の建物で、内装、サービスともアットホーム。静かで落ち着ける。

DATA ▶ ❶観光案内所から徒歩12分 ▶ 29 Regency Sq. ▶ ☎0800-0199-332 ▶ FAX 01273-74-8162 ▶ URL：www.princeregent.com ▶ 20室 ▶ S £45〜、D/T £85〜

パレス ★★

The Palace Hotel MAP p.209

海辺にある中級ホテルで、1階が賑やかなパブ、2階から上がホテルという、昔ながらの「イン」スタイル。レセプションも1階にある。

DATA ▶ ❶観光案内所から徒歩2分 ▶ 10-12 Grand Junction Rd. ▶ ☎01273-20-2035 ▶ FAX 01273-20-2034 ▶ URL：www.palacebrighton.co.uk ▶ 26室 ▶ S £55〜、D/T £85〜

絵本の舞台になった プー・カントリー

イギリスを代表する熊のキャラクターといえば「くまのプーさん」。この絵本の主人公にも、実在する故郷がある。ロンドンからブライトンやヘイスティングスに向かう途中にある**アシュダウン・フォレスト**Ashdown Forestだ。

作者のアラン・アレキサンダー・ミルンは風刺雑誌「パンチ」の編集者で、物語の始まりは息子のクリストファー・ロビンをモデルにした詩。これに息子の熊のぬいぐるみや子豚、ロバ、カンガルーなどをキャラクターに加えて1926年に発表したのが『くまのプーさんWinnie the Pooh』で、挿絵は同じ雑誌で働いていたE.H.シェパードが担当。全4点が出版されている。アシュダウン・フォレストにはミルン一家の別荘があり、ミルンはシェパードを別荘に招待して物語に出てくる場所を案内したという。ちなみに、くまのプーさんのモデルになったぬいぐるみは、クリストファー・ロビンの1歳の誕生日に買ったもので、ロンドンのデパート、ハロッズ特製の「エドワード」だ。

森の入口は**ハートフィールド**Hartfield村。街道沿いにパブや雑貨屋などが数軒並ぶだけの静かな村だが、村のはずれには**プー・コーナー**というプー・グッズを集めた店がある。ファンには心躍るプーさんの世界で、ここで絵本の舞台になったプー・カントリーの情報も手に入る。

プー・コーナーでもらった地図を頼りに森の中を40分ほど歩くと、「プースティック橋Poohsticks Bridge」に出る。森の中の小川にかかる小さな木の橋だが、ファンにはおなじみの小枝投げゲームの橋だ。小枝を投げて橋の反対側から河面をのぞき、誰の小枝が先に流れてくるかを競うもの。さらに30分ほど歩けば、ミルンとシェパードの記念プレートがある小高い丘に出る。ここから見渡せるアシュダウン・フォレストの森が、物語に出てくる「魔法の場所Enchanted Places」のモデルとされている。森の中には、くまのプーさんの登場人物にちなんだ場所もいくつかある。絵本を手がかりに「イングランドの庭園」と呼ばれるイギリス南部の自然を楽しみたい。

森の中に入れば、そこはプー・カントリーだ

ACCESS

🚃ロンドン・チャリング・クロス駅（ロンドン・ブリッジ駅経由）～タンブリッジ・ウェルズTunbridge Wells駅▶55分▶1時間に2本運行／🚌タンブリッジ・ウェルズ駅～ハートフィールド（イースト・グリンステッドEast Grinstead行き）▶バス291番で約25分（日曜は運休）▶1時間に1本運行

または🚃ロンドン・ヴィクトリア駅～イースト・グリンステッド駅▶55分▶1時間に2本運行／🚌イースト・グリンステッド駅～ハートフィールド（タンブリッジ・ウェルズ行き）▶バス291番で約25分（日曜は運休）▶1時間に1本運行

ブライトンからは鉄道で、ヘイスティングス駅乗り換えでタンブリッジ・ウェルズ駅へ。

🚗ロンドンとブライトンを結ぶM23（A23）号からA264号を利用。ハートフィールドを抜けるB2026号沿いに、プーにちなむ場所がある。

●プー・コーナー　Pooh Corner

DATA ▶☎01892-77-0456
▶URL：www.pooh-country.co.uk▶OPEN：9:00～17:00、日曜・祝日は11:00～17:00（イースター～10月は～17:30）▶12/25・26、1/1休み

ここで情報を集めてから森に入ろう

湖に浮かぶ王妃のための古城
リーズ城

MAP p.191-G

湖畔に建つリーズ城

なだらかな丘陵地帯の湖に浮かぶように建つ優雅な城は、歴代の国王や貴族たちの心をとらえ、6人の王妃が暮らしたことから「貴婦人の城」とも呼ばれている。敷地は広大で、牧草地や森、庭園はもちろん、ゴルフ場やぶどう園もあり、ロンドンからならケント州の自然にふれる1日がかりの小旅行になる。

見どころ
Sightseeing

城内のカルペパー庭園

イングランドがノルマン人に征服されてから半世紀後の1119年、ノルマン人の豪族の手で城塞が造られたのがこの城の始まり。13世紀に王室の所有となってから300年間は王族の歴史の舞台となり、国王亡き後の王妃の住まいという慣習が受け継がれた。最初に城を大改修したのは、ウェールズを占領しスコットランドに進軍したエドワード1世だ。16世紀には、ヘンリー8世がフランスに負けない豪華な城を築くために大金を注ぎ込んでいる。1552年以来、持ち主の貴族は次々と変わり、最後はイギリス系アメリカ人のベイリー夫人が1924年から74年までここに暮らしていた。

増改築を重ねた城の中にはさまざまな時代の特徴が見られ王族ゆかりの部屋もあるが、ベイリー夫人が城の歴史を伝えるために改装し再現した部分も多い。とくに城内で最大の部屋であるヘンリー8世の宴会場や女王の部屋は、中世の城を彷彿させる。近年まで使用していた部屋は設備も近代的だ。

城の裏手にあるカルペパー庭園は、城の食材を育てていた畑だったところに1980年、田舎のコテージ風庭園を造ったもの。イングリッシュガーデンの典型だ。さらに奥には100種以上の鳥を飼う鳥舎と迷路がある。植木で作られた迷路はかなり複雑で、ゴール地点には現代彫刻家と貝細工アーティストが装飾を施した洞窟がある。この他、温室やぶどう園も見学できる。

ACCESS

🚃 ロンドン・ヴィクトリア駅〜ベアステッド駅▶1時間▶1時間に1本運行▶駅からリーズ城行きバスで終点下車。バスは列車到着に連絡して運行

🚌 ロンドン・ヴィクトリア・コーチステーション〜リーズ城▶約1時間30分▶往路は9:00発、復路は15:00発のみ

●リーズ城
DATA ▶☎01622-76-5400▶11:00〜19:00,11〜3月は10:15〜17:00、最終入場は閉場2時間前▶12/25、6月末〜7月初めの土曜2回休み▶入館料：大人£13.50、子供£9.00

●交通機関と城の割引チケット
■ロンドン〜ベアステッド駅と駅〜城のバスの往復、城の入館料がセットになったチケットをヴィクトリア駅窓口で購入できる▶料金：大人£22.50、子供£11.70
■ロンドン・ヴィクトリア・コーチステーションからコーチの往復と城の入館料のセット切符▶料金：大人£18.00、子供£13.00

もうひとつの旅
Promenade

シシングハースト城ガーデン

Sissinghurst Castle Garden　**MAP** p.191-G

リーズ城の南15kmにある16世紀に建てられた城で、タワーをかこむ庭園は愛好家必見。とくに6〜7月のバラが有名。英国最古のハーブ・ガーデンもある。

ACCESS

🚃 ロンドン・チャリング・クロス駅〜ステイプルハースト Staplehurst駅▶1時間▶1時間に3本運行▶駅からヘイスティングス行きバスでシシングハースト村下車、徒歩25分。5月中旬〜8月の火・日曜には駅から直通バスもある

DATA ▶☎01580-71-0700▶OPEN：11:00〜18:30、土・日曜、バンクホリデーは10:00〜▶水・木曜、11月〜3月中旬休み▶入園料：大人£7.50、子供£3.50

SOUTHERN ENGLAND
Arundel

田園に溶け込む城の街
アランドル

MAP p.190-F

民家の庭ごしに城を望む

ACCESS

🚃ロンドン・ヴィクトリア駅～
アランドル駅▶ 1 時間20分▶ 1
時間に 2 本運行

ℹ️ **観光案内所**
Tourist Information Centre
61 High St. ▶ ☎01903-88-2268
▶ OPEN：10:00～18:00、日曜は
～16:00。11～3月は10:00～
16:00で日曜は～15:00 ▶ 無休

●アランドル城
DATA ▶ ☎01903-88-2173
▶ OPEN：12:00～17:00、庭園
11:00～▶ 最終入場は 1 時間前▶
土曜（連休時を除く）、11～3月
休み▶ 入館料：大人£11.00、子
供£7.50

●アランドル大聖堂
DATA ▶ ☎01903-88-2297 ▶ OPEN
：9:00～日没▶無休▶入館無料

Hotel Guide

ノーフォーク・アームズ
Norfolk Arms Hotel ★★
ℹ️観光案内所から徒歩 1 分
1783年に「イン」として創業。
DATA ▶ High St. ▶ ☎01903-88-
2101 ▶ FAX 01903-88-4275
▶ URL：www.forestdale.com
▶ 34室 ▶ S£75～、T/D£95～

スワン
Swan Hotel ★★
ℹ️観光案内所から徒歩 1 分
DATA ▶ 27-29 High St. ▶ ☎01903-
88-2314 ▶ FAX 01903-88-3759
▶ URL：www.swan-hotel.co.uk
▶ 17室 ▶ S£60～、T/D£65～

アランドル・パーク
Arundel Park Hotel ★★
アランドル駅から徒歩 3 分
DATA ▶ The Causeway
▶ ☎01903-88-2588 ▶ FAX 01903-
88-3808 ▶ URL：www.arundel
parkhotel.co.uk ▶ 15室 ▶ S£46
～、T/D£60～

214

　アラン河のほとり、牧草地にかこまれたなだらかな丘にある
小さな街だ。ノルマン人の征服王ウィリアム（ウィリアム 1 世、
p.206参照）の家臣が与えられた領地に城を築いたのが始まり
で、その後城はノーフォーク公爵の居城のひとつとなった。19
世紀には河に蒸気船が走り、街には倉庫や船員目当てのパブが
建ち並んで今では想像できないほどの賑わいだった。港町の役
割を終えた今は、田園風景に溶け込むようにたたずんでいる。
アンティークショップが多く、これを目あてに訪れる人も多い。
駅からも見える城をめざして歩けば、街までは10分ほどだ。

見どころ
Sightseeing

Arundel Castle
ノーフォーク公爵家の居城　　　　ℹ️観光案内所から徒歩 2 分
アランドル城

今も実際に貴族が住んでいる館はぜひ見学したい

　初代アランドル伯爵が11
世紀後半に築城したものだ
が、当時の建物で残っている
のは門楼だけ。17世紀の清
教徒革命の戦いで破壊され、
18世紀末に第11代ノーフォー
ク公爵が修復し19世紀後半
に増築されて今のような姿に
なった。現在は公爵家の長男
アランドル伯爵の住まいだ。
内部には16世紀以来の家具、
ヴァン・ダイクやゲインズバ
ラなどの絵画が並んでいる。

Cathedral of Our Lady & St. Philip Howard
カトリックの公爵家ゆかりの地　　ℹ️観光案内所から徒歩 5 分
アランドル大聖堂

　1872年に建てられたカトリックの聖堂で、正式名の聖フィ
リップ・ハワードとは第4代ノーフォーク公爵の息子。16世紀
にカトリック教徒ゆえにロンドン塔に幽閉されて亡くなり、
1970年に聖人に列せられている。公爵家は代々カトリックで、
聖堂建設の資金を援助したのも第15代公爵だ。パイプオルガ
ンとバラ窓のステンドグラスが美しい。聖ハワードの遺骸の一
部が北翼廊に祀られている。

ミニ情報　現在アランドル伯はノーフォーク公の長男の称号になっている。
これはノーフォーク公がアランドル伯の領地と城を相続したため。

アルフレッド大王ゆかりの古都

ウィンチェスター

MAP p.190-E

イッチン河が流れる、緑に包まれたローマ時代からの街だ。6～8世紀の七王国時代にウェセックス王国の都となり、871年に即位したアルフレッド大王がヴァイキングの侵入を阻止して七王国をまとめ上げ、街はイングランドで最初の都になった。ノルマン人の征服王ウィリアムが1066年に首都をロンドンに移した後も、大聖堂の街として栄え、巡礼者を迎えている。産業革命の波には取り残されたが、おかげで中世の香りが色濃く残り、今も古都の風格が感じられる。

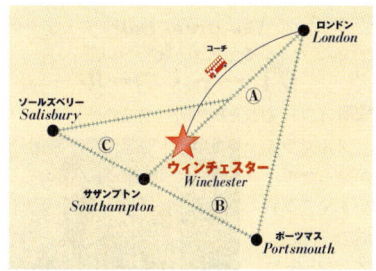

ACCESS

🚆Ⓐ：ロンドン・ウォータールー駅～ウィンチェスター駅▶1時間▶1時間に4本運行

🚌 ロンドン・ヴィクトリア・コーチステーション～ウィンチェスター・キング・アルフレッド・スタチュー・コーチストップ▶約2時間▶2時間に1～2本運行

🚆Ⓑ：ポーツマス駅～ウィンチェスター駅▶1時間▶直通1時間に1本運行、またはサザンプトン・セントラルSouthampton Central駅乗り換えが1時間に1本運行

🚆Ⓒ：ソールズベリー駅～ウィンチェスター駅（サザンプトン乗り換え）▶1時間▶1時間に2本運行

> ❶観光案内所 Tourist Information Centre
> Guildhall,The Broadway▶☎01962-84-0500
> ▶OPEN：9:30～17:30、日曜11:00～16:00、10～3月は10:00～17:00▶10～3月の日曜休み

街歩きのヒント

街の中央を東西にショッピング街のハイ・ストリートが走り、東端を流れるイッチン河にシティ・ブリッジが架かる。ここが昔からの街の入口で、今も車やバスはこの橋を渡り、アルフレッド大王の像に迎えられて街に入る。観光案内所は、大王像のそばに建つ19世紀の壮麗なギルドホールの中にある。駅はこの橋と反対側の街の西端にあり、大王像ま

で歩いて20分強。駅から古い家並みのショッピング街を抜けていくが、途中に見どころが点在している。寄

街の出入口となる古風なシティ・ブリッジ

り道しながらの散策にぜひ加えたいのが、シティ・ブリッジからイッチン河沿いに続く遊歩道だ。うっそうとした緑の中を小川が流れ、ウルヴァジー城やウィンチェスター・カレッジの並ぶカレッジ・ストリートへ抜ける。時間があれば、河の東側にあるセント・ジャイルズ・ヒルSt. Giles Hillに登るのもいい。街を見下ろす絶好の展望台だ。

見どころ

Sightseeing

Winchester Cathedral
歴代のウェセックス国王が眠る

ウィンチェスター大聖堂

MAP p.216 ❶観光案内所から徒歩5分

1079年に建造が始まり500年かけて増改築が重ねられたもので、14世紀の身廊は垂直ゴシック様式では欧州でも有数の長さを誇る。この地には648年に最初の聖堂が建てられ、アルフレッド大王など歴代のウェセックス国王が埋葬されていたが、大王の遺骨は12世紀に街の北に建てられたハイド僧院に移された。その僧院も16世紀に取り壊されている。

大王を除くウェセックス国王の遺骨は今も聖堂内に埋葬され、作家ジェーン・オーステ

ミニ情報　アルフレッド大王（849～99、在位871～99）：アングロ・サクソン系のウェセックス王家の王で、デーン人（ヴァイキング）の侵攻を撃退して、イングランドの独立を守り、国内の産業と学問の発展にも尽力した。

垂直ゴシック様式の堂々たる大聖堂

地図ラベル:
ウィンチェスター駅 Winchester Station
ロイヤル劇場
North Walls
ウェストゲート p.217 Westgate
ウィンチェスター・ロイヤル p.217
Friarsgate
グレート・ホール p.216 The Great Hall
ホテル・デュヴァ＆ビストロ p.217
シティ博物館 p.217 City Museum
ハンプシャー連隊博物館
大王の像 アルフレッド バスステーション
観光案内所 シティ・ブリッ
p.217ウェセックス
ウィンチェスター大聖堂 p.215
Winchester Cathedral
キングスゲート Kingsgate
ウルヴァジー城 p.216 Wolvesey Castle
p.217ウィッカム・アームズ
ジェーン・オースティンの家 p.217
Jane Austen's House
ウィンチェスター・カレッジ p.216
Winchester College
College Walk

ィンの墓もある。不思議なのは創建当時から残る地下室Cryptで、プールのように水が張られている。イッチン河とつながっているといわれ、季節によって水かさが変わる。水の中に立つ人間をかたどった神秘的な彫刻は、現代作家アントニー・ゴームリーの作品だ。

DATA ▶ ☎01962-85-7224 ▶ OPEN：8:30〜18:00、日曜8:30〜17:00 ▶ 無休 ▶ 入館料：£3.50

Wolvesey Castle
歴代国王も訪れた司教の宮殿
ウルヴァジー城

MAP p.216　❶観光案内所から徒歩15分

司教の壮大な館も、今は瓦礫が残るのみ

　城と呼ばれているが、ここは10世紀に造られたウィンチェスター司教の宮殿跡。街を訪れた歴代の国王はここでもてなしを受け、1554年には即位間もない女王メアリが、ウィンチェスター大聖堂で婚礼を挙げる前にここで饗宴を催している。12世紀には司教の権力を象徴するような壮大な建物に拡張されて栄華を極めたが、今では石造りの壁や礎石の一部が無残な姿で残るだけだ。

DATA ▶ ☎01962-85-4766 ▶ OPEN：10:00〜〜17:00 ▶ 10〜3月休み ▶ 入場無料

The Great Hall
ウィンチェスター城唯一の遺構
グレート・ホール

MAP p.216　❶観光案内所から徒歩15分

　ノルマン人が造ったウィンチェスター城の一部として1235年に建てられもので、城で唯一残っている貴重な遺構だ。内部は天井が

アーサー王伝説に登場する円卓がこのホール（右奥の建物）にあるが…

高く、壁にはアーサー王伝説に登場する有名な円卓Round Tableがかかっているので、ぜひ中に入って見物しよう。ただし、このテーブルが造られたのは、ずっと後の13世紀と判明している。建物の裏にある中世の庭園も見のがせない。

DATA ▶ ☎01962-84-6476 ▶ OPEN：10:00〜17:00 ▶ 12/25・26休み ▶ 入館無料（寄付制）

Winchester College
600年の歴史を誇る私立中等学校
ウィンチェスター・カレッジ

MAP p.216　❶観光案内所から徒歩12分

　イートン校やハロー校と並ぶ私立中等教育学校パブリックスクールの名門校。1387年創立で、レンガ造りの建物の一部は創立当時からのもの。中世のステンドグラスが残るチャペルもあるので、ぜひ内部をのぞいてみたい。

メアリ1世（1516〜58、在位1553〜58）：ヘンリー8世と最初の妃キャサリンの子で、エリザベス1世の異母姉。熱心なカトリック教徒で、既に国教化が進んでいたイングランドで反動政策をとり、混乱を招いた。

イギリスの明日を担う未来のエリートたち

見学者用ツアーに参加すれば、建物内をくまなく見学することができる。

DATA ▶☎01962-62-1209▶OPEN：10:00〜13:00と14:00〜17:00、日曜14:00〜のみ。ツアーは1日4回（日・火・木曜2回）▶クリスマス時期休み▶ツアー料金：大人£3.50、子供£3.00

Westgate
12世紀の城壁の門
ウェストゲート
MAP p.216　❶観光案内所から徒歩12分

街を取りかこんでいた城壁の門の中で残っているのは、ここと大聖堂裏のキングスゲートだけ。12世紀に造られ、壁には牢獄に使われていた時代の受刑者の落書きも残る。天井はウィンチェスター・カレッジから移した15世紀のもの。屋上にも登れる。

DATA ▶☎01962-84-8269▶OPEN：10:00〜17:00、日曜12:00〜。2・3月は10:00〜16:00、日曜12:00〜▶11〜1月と、2・3月の月曜休み▶入館無料

City Museum
街の歴史をおさらい
シティ博物館
MAP p.216　❶観光案内所から徒歩7分

ローマ時代やアルフレッド大王の時代から現代にいたる街の歴史を、時代を追って分かりやすく解説。この博物館をひと通り見てまわれば、英国史におけるこの街の重要性を手っ取り早く学べる。ヴィクトリア時代の店舗を再現したコーナーなどもある。

DATA ▶☎01962-84-8269▶OPEN：10:00〜17:00、日曜12:00〜。11〜3月は10:00〜16:00、日曜12:00〜▶11〜3月の月曜、12/25・26休み▶入館無料

Jane Austen's House
女流作家の最晩年の家
ジェーン・オースティンの家
MAP p.216　❶観光案内所から徒歩10分

彼女の家はカレッジのすぐそばにある

『エマ』など数々の名作で知られる女流作家ジェーン・オースティンが1817年7月に亡くなるまでの最後の6週間を過ごした家。大聖堂裏にある可愛い家だが、現在は個人の家で内部は見学できない。

イングランド南部

217

ウィンチェスター

Hotel Guide

ウェセックス　★★★
Macdonald Wessex Hotel　**MAP** p.216

大聖堂の隣という最高の立地にある近代的な高級ホテル。設備や施設も申し分ない。

DATA ▶❶観光案内所から徒歩2分▶Paternoster Row▶☎0870-400-8126▶FAX 01962-84-9617▶URL：www.macdonaldhotels.co.uk/wessex▶94室▶S、D/Tとも£125〜▶UT

ホテル・デュ・ヴァン&ビストロ ★★★
Hotel Du Vin & Bistro　**MAP** p.216

古い家を改造した、街でいちばんスタイリッシュなホテル。オーナーは一流のシェフなので、ビストロだけの利用もおすすめだ。

DATA ▶❶観光案内所から徒歩12分▶Southgate St.▶☎01962-84-1414▶FAX 01962-84-2458▶URL：www. hotelduvin.com▶24室▶S、D/Tとも£115〜

ウィンチェスター・ロイヤル ★★★
The Winchester Royal　**MAP** p.216

ショッピング街から少し入った静かな一角にある。広い庭園もあるので、ゆっくりとリラックスした滞在が楽しめる。

DATA ▶❶観光案内所から徒歩10分▶St. Peters St.▶☎01962-84-0840▶FAX 01962-84-1582▶URL：www.forestdale.com▶75室▶S£99〜、D/T£119〜▶UT

ウィッカム・アームズ ★★
The Wykeham Arms　**MAP** p.216

大聖堂の裏手の静かな通りにあり、1階は伝統的なパブという伝統的な「イン」のスタイル。家庭的な食事も好評。部屋も快適だ。

DATA ▶❶観光案内所から徒歩10分▶75 Kingsgate St.▶☎01962-85-3834▶FAX 01962-85-4411▶14室▶S£55〜、D/T£95〜

ミニ情報 垂直ゴシック様式：イギリスの後期ゴシック建築に特徴的な様式で、14〜16世紀に流行。上下方向の線を強調した装飾を持ち、ケンブリッジのキングス・カレッジやヨーク、カンタベリーの大聖堂が代表的な例。

海洋史に輝くドックと軍港
ポーツマス

MAP p.190-F

美しい帆船ウォリアー号

ACCESS

🚃ロンドン・ウォータールー駅
～ポーツマス・ハーバー駅▶1
時間35分▶1時間に2本運行、
ウィンチェスター駅から50分
🚌ロンドン・ヴィクトリア・コ
ーチステーション～ポーツマス・
ハード・インターチェンジ・バス
ステーション▶2時間30分～3
時間30分▶2時間に1本運行

ⓘ観光案内所
Tourist Information Centre
The Hard（フラッグシップ・ポー
ツマスの入口）▶☎023-9282-6722
▶OPEN：9:30～17:45、11～3月
は～17:15／12/25休み

ガンワーフ・キーズ

12世紀末にリチャード1世がこの港に造船所建造を命じたの
が始まり。フランス遠征に向かうイギリス軍の集結地となり、
18世紀には帝国の拡大とともに造船所と街は急成長して19世
紀に最盛期を迎えた。海洋史に残る軍艦を生んだドックは、
1967年を最後に造船の歴史に幕を下ろして保守修理専門とな
り、旧ドックは今では街最大の観光スポットになっている。海
岸線を南に下るとサウスシーのリゾートがあり、軍港とは違っ
たおだやかな表情に変わる。鉄道には終着駅ポーツマス・ハー
バー駅とひとつ手前のポーツマス＆サ
ウスシー駅があるが、観光には終着駅
が便利。バス発着所も終着駅のそばだ。

見どころ
Sightseeing

ネルソン提督ゆかりのヴィクトリー号

Portsmouth Historic Dockyard

MAP p.218

3隻の歴史的軍艦が必見
ⓘ観光案内所に隣接
ポーツマス・ヒストリック・ドックヤード

広大な敷地に海洋史に燦然と輝く軍艦が錨を下ろし、歴史的
建造物や博物館などもある。見のがせないのは3つの歴史的艦
船。「メアリー・ローズ号」は1509年にヘンリー8世の命で建
造され、1545年にドックから
1.5kmの地点で沈没したもの。
1982年に引き上げられた船体
がホールの中におかれ、展示館
には一緒に回収された船内の備
品や船員の私物などがある。
「H.M.S ヴィクトリー号」はネ
ルソン提督がトラファルガー海
戦で乗り込んだ船で、修復で往
時の姿が蘇った。ポーツマス・
ハーバー駅からも望める
「H.M.S.ウォリアー号」は、
1860年に建造された世界初の
鉄製船体を持つ装甲艦。内部も
くまなく見学できる。

この他、中世から現代まで英
国海軍の歴史をたどる英国海軍
博物館や造船技術の変遷を展示
したドックヤード・アプレンテ

ポーツマス
Portsmouth

0   300m

N

p.219 チャールズ・ディケンズの生家
Charles Dickens Birthplace

Military Rd

Victoria Rd

英国海軍博物館
Royal Naval Museum
メアリ・ローズ号ホール
Mary Rose Ship Hall
H.M.Sヴィクトリー号
H.M.S. Victory
ポーツマス・ヒストリック・ドックヤード p.218
メアリ・ローズ博物館
Mary Rose Museum
ポーツマス・ヒストリック・ドックヤード・ビジターセンター
Portsmouth Historic Dockyard Visitor Centre
観光案内所
ヴィクトリア・ゲート
Victory Gate
ハード・インターチェンジ・バスステーション
The Hard Interchange Bus Station
ポーツマス・ハーバー駅
Portsmouth Harbour Sta.
フェリー・ターミナル
ガンワーフ・キーズ
Gunwharf Quays
H.M.Sウォリアー号
H.M.S. Warlior

海軍基地&ドックヤード
HM Naval Base & Dockyard

Unicorn Gate

Hope St

Circular Rd

Markeway

Commercial Rd

Alfred Rd

Queen   St.
旧市街
Old Portsmouth

ヴィクトリア・パーク
Victoria Park
ポーツマス&サウスシー駅
Portsmouth & Southsea Sta.
観光案内所

ギルドホール
Guildhall

Park   Rd

Anglesea Rd

Cambridge Rd

St. George's Rd

アランデル・ソールズベリーへ

ワイト島行きフェリー

Winston Churchill Ave.
アイス
ポーツマス p.219

ポーツマス市立博物館 p.219
Portsmouth City Museum
サウスシー城 p.219へ

High St.

【H ホリデイ・イン・ポーツマス p.219 へ】

文 Univ. of Portsmouth

ィスもある。正門のヴィクトリー・ゲートは、ドックをかこむレンガ壁とともに1711年に建設され、歴代の国王もくぐったもの。現在の海軍基地を含めて湾内をボートでまわるウォーター・ハーバー・ツアーや歴史的建造物をめぐるツアーもある。

Charles Dickens Birthplace　MAP p.218
偉大な作家が3歳まで暮らした家　⇌Portsmouth & Southsea駅から徒歩15分
チャールズ・ディケンズの生家

　ディケンズが1812年に生まれ、1815年に父親の仕事でロンドンに移るまで暮らした家。ディケンズの生まれた部屋などを再現し、彼の人生と作品に関する展示がある。

Southsea Castle　MAP p.218
軍事史を伝える古城　バスステーションからバス700・X27番で10分、サウスシー城下車
サウスシー城

　1545年にヘンリー8世が、造船所をフランスの攻撃から守るために築いた城。1960年まで軍事施設だった。創建当時の城が今も残り、ポーツマスの軍事史の展示もある。

Portsmouth City Museum　MAP p.218
地域の歴史を学ぶ
ポーツマス市立博物館

ⓘ観光案内所から徒歩15分、またはバス5・7番でミュージアム・ロード下車
　地域の歴史や装飾美術を展示。17世紀から1950年代までの生活と技術を展示するコーナーもある。

●ポーツマス・ヒストリック・ドックヤード
DATA ▶ ☎023-9286-1533
▶OPEN：10:00～17:30、11～3月は～17:00（最終入場1時間前）
▶12/24～26休み▶入場料：敷地内の入場は無料。各軍艦と海軍博物館は大人£9.70、子供£8.00、湾内ツアーを含む共通チケットは大人£15.50、子供£12.50

●チャールズ・ディケンズの生家
DATA ▶ ☎023-9282-7261
▶OPEN：10:00～17:30▶10～3月休み（ディケンズの誕生日2月7日は開館）▶入館料：大人£2.50、子供£1.50

●サウスシー城
DATA ▶ ☎023-9282-7261
▶OPEN：10:00～17:30、10～3月は～17:00▶12/24～26休み▶入館料：大人£2.50、子供£1.50

●ポーツマス市立博物館
DATA ▶ ☎023-9282-7261
▶10:30～17:30、10～3月は～17:00▶12/24～26休み▶入館無料

Hotel Guide

ホリデイ・イン・ポーツマス　★★
Holiday Inn Portsmouth　MAP p.218
DATA ▶ⓘ観光案内所からバスまたは車で5分
▶Pembroke Rd.▶☎0870-400-9065
▶FAX 023-9275-6715▶URL：www.ichotelsgroup.com
▶167室▶S/T £85～（朝食別）▶IC, TO

アイビス・ポーツマス　★
Ibis Portsmouth Centre　MAP p.218
DATA ▶⇌Portsmouth & Southsea駅から徒歩7分
▶Winston Churchill Ave.▶☎023-9264-0000
▶FAX 023-9264-1000▶URL：www.ibishotel.com
▶144室▶S/T £42.95～（朝食別）

もうひとつの旅　Promenade
ヴィクトリア女王の愛したワイト島　MAP p.190-I
Isle of Wight

　ポーツマス湾の対岸に横たわるワイト島は、92kmの海岸線に総延長40kmのビーチが連なり、マリンスポーツが盛んなレジャーアイランドだ。遊園地や水族館、動物園、小さな博物館など家族連れにもうれしい観光スポットが多く、南西部の白い岩壁など景観の美しさでも人気がある。島を愛したヴィクトリア女王が1901年に亡くなったのも、イースト・カウズの街に近い別荘オズボーン・ハウスだった。ローマ時代の村跡や清教徒革命時にチャールズ1世が幽閉されたカリスブルック城など島の歴史を語る見どころもある。フェリーが発着するライドやカ

ウズなど海辺の街や内陸部のニューポートに宿泊施設が揃っている。

ACCESS
●ポーツマス・ハーバー（鉄道終着駅に隣接）～フィッシュボーンFishbourne（カーフェリー）
▶35分▶1時間に2本運航
●ポーツマス・ハーバー～ライドRyde（乗客のみ）▶15分▶1時間に2本運航
●サウスシー・ホーバーポート～ライド（ホーバークラフト）▶10分▶1時間に2本運航▶ホーバーポートへはバスステーションから700番でクラレンス・ピア下車

エイヴォン河に臨む大聖堂の街
ソールズベリー

MAP p.190-E

クローズへ入るゲート

⚓ACCESS

🚃ロンドン・ウォータールー駅
～ソールズベリー駅▶1時間20
～30分▶1時間に2本運行
🚌ロンドン・ヴィクトリア・コーチステーション～ソールズベリー・エンドレス・ストリート・バスステーション▶約3時間▶1日に3本運行

---

❶観光案内所
Tourist Information Centre
Fish Row▶☎01722-33-4956
▶OPEN：9:30～18:00(日曜10:30
～16:30)、10～4月は9:30～17:00
▶10～4月の日曜休み

●ソールズベリー大聖堂
DATA ▶☎01722-55-5120
▶OPEN：7:15～18:15、6～8月
は～19:15、日曜は通年～18:15▶
無休▶入館料：£3.80、子供£2.00

●モンペソン・ハウス&ガーデン
DATA ▶☎01722-33-5659
▶OPEN：11:00～17:00▶次右上

220

イギリスでもっとも高い尖塔を持つ大聖堂の街として知られるが、大聖堂で有名なカンタベリーやウィンチェスターなどの街が中世以前からの歴史をもつのに対して、ここは13世紀の大聖堂建立とともに街ができた。街の前身は2km北の丘にあるオールド・サラムで、城塞を取りかこむ街には11世紀に大聖堂もできて栄えていた。しかし、聖職者と駐屯部隊の間で摩擦が絶えなかったため、エイヴォン河のほとりに新たな大聖堂が建てられ、やがて街自体が移ってしまった。クローズと呼ばれる大聖堂をかこむ敷地のまわりに開けた街には15～16世紀の建物も残り、今ではショッピング客と観光客で賑わいが絶えない。見どころはクローズに集まっているが、街の散策にも時間をさきたい。

ゴシック様式の壮大な塔が高くそびえている

見どころ
Sightseeing

Salisbury Cathedral   MAP p.220
大憲章マグナ・カルタを保存
ソールズベリー大聖堂
❶観光案内所から
徒歩7分

1219年に建設が始まり、身廊や祭壇は1258年に完成したが、123mの尖塔は当時の最新技術を駆使して1310年に建てられた。チャプター・ハウスの天井はゴシック様式の建築美を誇り、聖書の物語を描いた壁のレリーフは中世美術の傑作のひとつとされている。1386年に作られた時計は今も時を刻むものとしては欧州でも最古で、1215年に国王権を制限した初めての勅許状である大憲章マグナ・カルタも保存されるなど、見どころが多い。中庭をかこむ回廊、クロイスターも国内最大の規模だ。

Mompesson House & Garden
名家の優雅な邸宅
モンペソン・ハウス&ガーデン
MAP p.220   ❶観光案内所から徒歩7分

ソールズベリーの名家で国会議員でも

ソールズベリー
Salisbury

ロンドンへ
モルティングス・ショッピング・センター
The Maltings Shopping Centre
🚉ソールズベリー駅
Salisbury Station
❶観光案内所
Fisherton St.
シティ・ホール
City Hall
マーケット・スクエア
Market Square
ギルドホール
Guildhall
❶観光案内所
R. Avon
Castle St.
Chipper Lane
Salt Lane
Lane
Greencroft St.
オールド・サラム p.221へ
ストーンヘンジへ
バスステーション
Bus Station
Winchester St.
Cathedral
Milford St.
Catherine St.
レッド・ライオン p.221
New Canal
Old George Mall
オールド・ジョージ・モール p.221
New St.
Crane St.
Crane Bridge Rd.
Mill Rd.
R. Nadder
Town Path
Queen Elizabeth Gardens
クイーン・エリザベス・ガーデンズ
p.220 モンペソン・ハウス&ガーデン
Mompesson House & Garden
p.221 連隊博物館(ザ・ワードローブ)
Regimental Museum
(The Wardrobe)
ディスカヴァー・ソールズベリー(メディーヴァル・ホール) p.221
Discover Salisbury(The Medieval Hall)
p.221 ソールズベリー&サウス・ウィルシャー博物館
Salisbury & South Wiltshire Museum
West walk
ハイ・ストリート・ゲート
High St. Gate
North walk
White Hart
Kings Arms
セント・アンズ・ゲート
St. Ann's Gate
✝ソールズベリー大聖堂 p.220
Salisbury Cathedral
チャプター・ハウス
Chapter House
ビショップ・パレス
Bishops Palace
Friary Lane
Exeter St.
クローズ
The Close
De Vaux pl.
South walk
Broad walk
Churchill Way South
St. Nicholas's Hospital
Harnham Bridge
N
0   300m

あったモンペソン卿が建造に着手し、孫の代の1701年に完成した邸宅。18世紀初めのアン女王様式を代表する優雅な建物だ。18世紀のグラスや家具のコレクションが収められている。建物とクローズの北壁との間にある庭園を眺めながらお茶を飲むのもいい。

Salisbury & South Wiltshire Museum　MAP p.220
国王のための元迎賓館
ソールズベリー＆サウス・ウィルトシャー博物館
❶観光案内所から徒歩10分

中世に建てられ、17世紀に国王をもてなす迎賓館として改築された建物で、ストーンヘンジやオールド・サラム、ソールズベリーの歴史をひもとく博物館になっている。ウェッジウッドなどの陶器やグラスのコレクションが見ごと。

Old Sarum　MAP p.220
ソールズベリーの元祖
オールド・サラム
⛬Salisbury 駅からバス 3・5・6・8・9・69A番で 5分、オールド・サラム下車

ローマ人が開きサクソン人からノルマン人に引き継がれた城塞の街で、今は城跡と大聖堂の礎石が残るだけだ。小高い丘の上にあり、ソールズベリーの大聖堂と街を一望できる。

もうひとつの旅
Promenade

謎に包まれた巨石群
ストーンヘンジ
Stonehenge　MAP p.190-E

その巨大さを目のあたりにすると、謎がさらに深まる

牧草地にこつ然と立つサークル状の巨石群ストーンヘンジは、何のために造られたのかまったく分かっていない。宗教儀式のため、あるいは天体観測のためなど諸説あるが、謎に包まれたままだ。できたのは3000年以上前とされ、一部残る石柱と石柱をまたぐ横石は、最初は全ての石柱の上に置かれていたという。夏至には北西にあるヒールストーンの方向から日が登り、石群を背景に儀式が催される。普段はロープが張られて近くまで寄れないが、遠めに見るだけでも不思議な気分に満ちてくる。

DATA ▶☎01980-62-4715 ▶OPEN：9:30～18:00、10月中旬～3月中旬は～16:00、6 ～ 8 月は9:00～19:00 ▶12/24～26、1/1休み▶入場料：大人£5.50、子供£2.80

ACCESS
ソールズベリー・バスステーション～ソールズベリー駅～ストーンヘンジ▶バス 3 番で駅から約25分▶1 時間に 1 本運行
●ソールズベリー駅からのストーンヘンジ・ツアー
▶シティサイトシーイング社のバス▶1日 3 本運行▶11～3月休み▶料金（入場料込み）：大人£15.00、子供£8.00

▶木・金曜、11～ 3 月休み▶入館料：大人£4.00、子供£2.00

●ソールズベリー＆サウス・ウィルトシャー博物館
DATA ▶☎01722-33-2151
▶OPEN：10:00～17:00、7・8月の日曜14:00～▶7・8 月以外の日曜、12/24～26、1/1休み▶入館料：大人£4.00、子供£1.50

●オールド・サラム
DATA ▶☎01722-33-5398
▶10:00～18:00、10月は～17:00、11～ 3 月は～16:00 ▶12/24～26、1/1休み▶入場料：大人£2.90、子供£1.30

●連隊博物館（ザ・ワードローブ）
Redcoats Museum (The Wardrobe)
MAP p.220
❶観光案内所から徒歩 8 分

1254年に建てられたもので、ワードローブの名前の由来は司教の店だったこと。現在は女王の夫君エディンバラ公の連隊で知られるウィルトシャー州とバークシャー州の連隊本部兼博物館。
DATA ▶☎01722-41-9419
▶10:00～16:30 ▶11月と 2・3月の月曜、12・1 月休み▶入館料：大人£2.75、子供£0.75

●ディスカバー・ソールズベリー
Discover Salisbury
MAP p.220
❶観光案内所から徒歩10分

大型スクリーンで街の歴史などを紹介。建物は「中世ホール」と呼ばれ、13世紀にできた司祭館だ。
DATA ▶☎01722-41-2472
▶OPEN：11:00～17:00 ▶10～3月休み▶入館料：大人£2.25、子供£1.75

Hotel Guide

レッド・ライオン・ホテル
Best Western Red Lion Hotel ★★★
MAP p.220
❶観光案内所から徒歩 1 分

大聖堂の建築に携わる人々の宿として1230年に造られたホテル。
DATA ▶Milford St. ▶☎01722-32-3334 ▶FAX 01722-32-5756
▶URL：www.the-redlion.co.uk
▶51室▶S£97～、T/D£126～
▶BW

ローマ人が開いた優雅な保養地
バース

MAP p.193-D

コッツウォルズ丘陵の南西の端、エイヴォン河のほとりに広がる街は、紀元前にローマ人たちによって開かれた温泉スパ。ローマ人の撤退後は衰退していたが、18世紀になって温泉の効能が認められたことから上流階級の人気が集まり、この街を舞台に華やかな社交の世界が繰り広げられた。ジョージ朝様式の建物がそのまま残る街は今も優雅な華やぎに包まれ、世界遺産に登録された街にはローマ時代の浴場跡をはじめ見どころも多い。できれば滞在してゆっくり楽しみたい街だ。

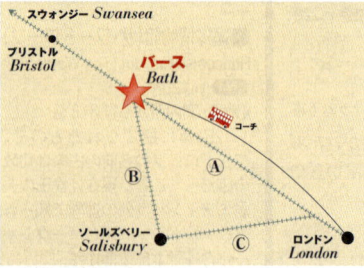

✒ACCESS

🚄Ⓐロンドン・パディントン駅〜バース・スパ駅（〜ブリストル〜スウォンジー行き）▶1時間25〜30分▶1時間に2本運行

🚌ヴィクトリア・コーチステーション〜バース・バスステーション▶3時間15〜40分▶2時間に1〜2本運行

🚄Ⓑバース・スパ駅〜ソールズベリー駅（〜ポーツマス行き）▶約1時間▶1時間に1〜2本運行

🚄Ⓒソールズベリー駅〜ロンドン・ウォータールー駅▶1時間20〜30分▶1時間に2本運行

---

❶観光案内所 Tourist Information Centre
Abbey Chambers, Abbey Churchyard
▶☎090-6711-2000（有料）▶OPEN：9:00〜18:00
（10〜4月は〜17:00）、日曜10:00〜16:00▶無休

■ 街歩きのヒント

バース・スパ駅は街の南端、バスステーションも駅の近くにある。ここから北端のロイヤル・クレッセントまでは直線にして約1.3km。ゆっくり歩いて30分ほどの距離だ。途中の観光案内所で資料を入手したら、一気にロイヤル・クレッセントへ行こう。丘の上からは、街並みの彼方に広がる美しい丘陵地が一望できる。後は点在する見どころをまわっていこう。街には劇場やアンティーク店が並ぶショッピング街があり、カフェやレストラ

ンも多い。また、車やツアーを利用すれば、コッツウォルズの街も日帰り圏内。列車に乗れば、ソールズベリーやブリストルも近い。

●コッツウォルズ・リンクＸ55

バースとストラットフォードを結ぶバスで、途中コッツウォルズの街を経由。運行は夏のみ。午前、午後に各1本。

Sightseeing 見どころ

The Roman Baths
至福の時を演出した古の浴場
ローマ・バース

MAP p.223 ❶観光案内所から徒歩2分

西暦65〜75年頃、ケルト人と融合したローマ人が築いたのが温泉地バースの発端。現存する浴場跡はヨーロッパでも有数の古代遺跡で、18世紀になって発掘、復元された。今も摂氏46度の湯が流れ込み、あふれた湯はエイヴォン河に流れていく。大浴場グレート・バスには湯が冷めないように鉛板が床にしきつめられているが、これらの仕組みはローマ人が考案したもの。地下の博物館には浴場とともに建造されたローマ式神殿の模型な

プールのような大浴場。かつては屋根があったが、今は露天に

どが展示され、ローマ人に「アクア・スリス」と呼ばれていた当時の姿が蘇ってくる。

上階の**パンプ・ルーム**Pump Roomは社交場として1706年に建てられた施設で、現在は生演奏を聴きながらランチや午後のお茶を楽しめるカフェレストランになっている。

DATA ▶☎01225-47-7785▶OPEN：9:00〜18:00、7・8月は〜22:00、11〜2月は9:30〜17:30▶最終入場は1時間前▶12/25・26休み▶入館料：大人£9.50、子供£5.30
●**パンプ・ルーム**▶OPEN：博物館と同じ（ランチは12:00〜14:30、アフタヌーンティーは14:30〜）▶12/25・26休み

Bath Abbey
ゴシック様式の美しい寺院
バース寺院

MAP p.223 ❶観光案内所から徒歩2分

中世の教会建築を代表する美しい教会。創建は758年と古く、973年にはイングランドを統一したサクソン王エドガーの戴冠式がここで行われた。現在

博物館側から見た寺院。寺院前の広場はいつも賑やか

バース
Bath
0　　200m

のゴシック様式の建物は1499年になって建造が始まり、1617年にようやく完成したもの。正面西側には天使たちが梯子を登っている珍しい彫刻が刻まれている。地下の博物館では、1600年にわたるバースのキリスト教の歴史を紹介している。

DATA ▶☎01225-42-2462▶OPEN：9:00〜18:00、11月〜イースターは〜16:30▶無休▶入館料（寄付制）：£2.50が目安

Royal Crescent
高台にそびえる貴族たちの館
ロイヤル・クレッセント

MAP p.223 ❶観光案内所から徒歩15分

18世紀後半、大富豪ラルフ・アレンをパトロンに、建築家ジョン・ウッド父子によってバースの原型が造られたが、ここもそのひとつ。貴族たちの住まいとして造られたテラスハウスで、完成は1774年。バース近郊で採れる乳白色の石を使った114本のイオニア式円柱が並ぶ優雅な建物で、30軒の屋敷が美しい弧を描いて連なっている。現在、その1番地が博物館として一般に公開されている。

テラスハウスの立つ丘からはバースの街が一望に

●**ロイヤル・クレッセット1番地**

No.1 Royal Crescent **DATA** ▶☎01225-42-8126▶OPEN：10:30〜17:00、11月は10:30〜16:00▶月曜、12月中旬〜2月上旬休み▶入館料：大人£4.00、子供£3.50

Assembly Rooms & Museum of Costume
古きよきバースに遊ぶ
アセンブリー・ルームズ
＆衣装博物館

MAP p.223 ❶観光案内所から徒歩10分

1771年に建てられた貴族たちの社交場。ここもジョン・ウッドの作で、舞踏会や音楽会が開かれたシャンデリアの輝く舞踏室やカードルームなど、華やかな社交の館が開放されている（見学無料）。衣装博物館はコスチューム類の展示ではイギリスでも最大規模。

注 イースター：2006年は4月16日。

16世紀から現代まで約400年間の約200点を展示している。時代背景などを詳細に語る日本語オーディオガイド（無料貸出）もある。

DATA ▶ ☎01225-47-7789 ▶ OPEN：11:00～17:00（11～2月は～16:00）▶ 12/25・26休み ▶ 衣装博物館入館料：大人£6.25、子供£4.25（アセンブリー・ルームズは無料）

The Building of Bath Museum
ジョージ朝時代の街並みを再現
バース建築博物館

MAP p.223 　❶観光案内所から徒歩10分

　バースは18世紀の約100年間で国内髄一のスパリゾートに生まれ変わったが、ここはその間に造られたジョージ朝スタイルの建物に関する資料や模型ばかりを集めた博物館。伯爵夫人が所有していた18世紀のゴシック様式のチャペルの中にあり、当時の街や建物の様子を再現している。

DATA ▶ ☎01225-33-3895 ▶ OPEN：10:30～17:00 ▶ 月曜、12月下旬～2月上旬休み ▶ 入館料：大人£4.00、子供£1.50

Jane Austen Centre
この街に住んだ女流作家の家
ジェーン・オースティン・センター

彼女の作品のファンなら、ここにも立ち寄りたい

MAP p.223
❶観光案内所から徒歩10分

　バースには多くの芸術家が集まったが、女流作家オースティンもその1人。彼女は1801年から1804年にかけてこの家に住んでいた。華やかな社交界が苦手

だった彼女はやがてこの地を去ったが、『説得されて』などの作品にバースでの体験が残されている。センターでは、彼女のバースでの生活や当時の街の様子などを紹介している。

DATA ▶ ☎01225-44-3000 ▶ OPEN：10:00～17:30、日曜は10:30～、11～2月11:00～16:30 ▶ 無休 ▶ 入館料：大人£4.65、子供£2.45

Bath Postal Museum
郵便の歴史がわかる博物館
バース郵便博物館

MAP p.223 　❶観光案内所から徒歩10分

　世界初の郵便切手『ペニー・ブラック』を貼った手紙が投函された建物で、2階にヴィクトリア時代の郵便局や1854年から現代までの郵便ポストの実物などを展示している。

DATA ▶ ☎01225-46-0333 ▶ OPEN：11:00～17:00 ▶ 日曜、12/25・26、1/1休み ▶ 入館料：£2.90、子供£1.50

The Holburne Museum of Art
貴族の暮らしを実感
ホルバーン博物館

MAP p.223 　❶観光案内所から徒歩20分

　パルトニー・ブリッジを渡った先にある、銀器や陶磁器、家具などの博物館。建物そのものも美しく、室内にはゲインズバラやターナー（p.158参照）の作品が飾られている。中心部から少し歩くが、行くだけの価値はある。

DATA ▶ ☎01225-46-6669 ▶ OPEN：10:00～17:00、日曜11:00～ ▶ 月曜、11月中旬～2月中旬休み ▶ 入館料：大人£3.50、子供無料

ZOOM in 　バースのショッピング情報

骨董店が並ぶマーガレッツ・ビルディングの小道

　バース寺院の北側一帯がショッピング街で、ミルソム・ストリートMilsom St.のジョリーズJoliy'sはイギリス最古の百貨店。ハイ・ストリートHigh St.のギルドホールには1284年から続くマーケットがあり、金・銀製品や皮革製品の店が並んでいる。アンティークも魅力的。ジョージ・ストリートGeorge St.周辺やロイヤル・クレッセント近くの細い通り、マーガレッツ・ビルディングMargaret's Bldg.などに個性的な骨董店が点在している。インドアマーケットなら、バートレット・ストリートBartlett St.のアンティークセンターへ。数十軒の骨董店がひしめいている。

※「無休」とある観光地や店も、12/25前後と1/1はほとんどが休みとなります。ご注意ください。

Restaurant&Hotels

サリー・ランズ・ハウス
Sally Lunn's House 　**MAP** p.223　≈Bath Spa駅から徒歩10分

イギリス最古のティーハウス
15世紀末に建てられたバースでもいちばん古い家で、しかも英国でもっとも古いティーハウス。フランスから亡命してきたサリー・ランが始めた店。

DATA ▶4 North Parade Passage ▶☎01225-46-1634
▶OPEN：10:00～23:00、日曜11:00～22:30▶無休

フランシス ★★★
Macdonald Francis Hotel, Bath 　**MAP** p.223　≈Bath Spa駅から徒歩15分

伝統的なイギリス・スタイルのホテル
緑豊かなクィーン・スクエアに面して建つクラシックなホテル。内装もジョージ朝時代の優雅な雰囲気で統一されている。

DATA ▶Queen Sq. ▶☎0870-400-8223▶FAX 01225-31-9715
▶URL：www.thefrancishotel.co.uk▶95室▶S£80～、T/D£125～▶JH, TO

アビー ★★★
The Abbey Hotel 　**MAP** p.223　≈Bath Spa駅から徒歩10分

花に飾られた優雅なホテル
街の中心部にあり、観光の拠点としては最高の立地。建物は1740年代のものだが、内部は1990年に大改装され、近代的設備で快適。

DATA ▶4 North Parade ▶☎01225-46-1603▶FAX 01225-44-7758
▶URL：www.abbeyhotelbath.com▶60室▶S£70～、T/D£100～▶BW

クィーンズベリー ★★★
Queensberry 　**MAP** p.223

静かな住宅街にある小さなホテル。ジョン・ウッドの手になる歴史的な建物だが、レストランの料理はモダンブリティッシュ。

DATA ❶観光案内所から徒歩15分 ▶Russel St.
▶☎01225-44-7928▶FAX 01225-44-6065▶URL：www.thequeensberry.co.uk▶60室▶S、T/Dとも£105～

ハリントンズ ★★
Harington's Hotel 　**MAP** p.223

家庭的雰囲気が魅力のB＆B。石畳の路地にある小さくて可愛らしいホテルで、アットホームなもてなしが期待できる。

DATA ❶観光案内所から徒歩7分 ▶8-10 Queen St.
▶01225-46-1728▶FAX 01225-44-4804▶URL：www.haringtons.co.uk▶13室▶S£68～、T/D£88～

ロイヤル ★★
The Royal Hotel 　**MAP** p.223

鉄道の駅前にある気軽なホテル。エコノミーだが設備は充実。料金には、伝統的スタイルのボリュームたっぷりの朝食も含まれている。

DATA ≈Bath Spa駅から徒歩1分 ▶Manvers St.
▶☎01225-46-3134▶FAX 01225-44-2931▶URL：www.royalhotelbath.co.uk▶31室▶S£50～、T/D£80～

カーファックス ★★
Carfax Hotel 　**MAP** p.225

18世紀のタウンハウスを改装したクラシックな外観の快適な宿。エイヴォン河の対岸、ホルバーン博物館につきあたる通りに面している。

DATA ❶観光案内所から徒歩15分 ▶13-15 Great Pulteney St. ▶☎01225-46-2089▶FAX 01225-44-3257▶URL：www.carfaxhotel.co.uk▶31室▶S£58～、T/D£87～

Zoom in 本格スパついにオープン！

2005年秋、バースの街に近代的な設備充実の新しいスパがオープンする。ニコラス・グリムショー設計のガラスと石でできたスパの中には屋上・屋内の温泉プールの他、スチームバスやレストランなども完備。
●ヘトリング・パンプ・ルーム
　Hetling Pump Room▶Hot Bath St.
DATA ▶☎01225-33-1234▶OPEN：オープン時間は未定▶12/25、12/31、1/1休み
▶利用料：2時間コースで1人£45.00～

注 S＝シングル、T＝ツイン、D＝ダブルベッドルームの室料　★★★＝スタンダードクラス、★★＝エコノミークラスのホテル。データの最後にある「UT, JH」は日本でのホテル予約事務所の略号。詳細はp.430参照。

造船からアートの街に変身中
ブリストル

MAP p.193-D

ブリストル湾に注ぐエイヴォン河の河口にできた港町で、アメリカとの貿易で富を蓄積した。19世紀には英国でもっとも名高い土木技師イザムバード・キングダム・ブルネルによってクリフトン吊り橋とS.S.グレート・ブリテン号が設計され、ブリストルは造船の街となる。それ以来、多くの人や船がここから世界へ旅立っていった。深く刻み込まれたパイオニア精神は、ウォーターフロントの再開発や現代アート、音楽、演劇、そして食など、今も街の文化の中に見ることができる。

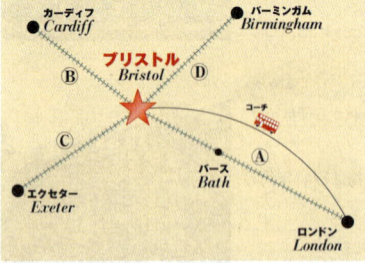

✎ *ACCESS*

🚃Ⓐ：ロンドン・パディントン駅〜ブリストル・テンプル・ミード駅▶ 1時間40分▶ 1時間に2本運行／バース・スパ駅〜ブリストル・テンプル・ミード駅 15分▶ 1時間に3〜5本運行

🚌 ヴィクトリア・コーチステーション〜ブリストル・バス&コーチステーション▶ 約2時間30分▶ 1時間に1本運行

🚃Ⓑ：ブリストル・テンプル・ミード駅〜カーディフ・セントラル駅▶ 約50分▶ 1時間に2本運行

🚃Ⓒ：ブリストル・テンプル・ミード駅〜エクセター・セント・デイヴィッス駅▶ 1時間〜1時間20分▶ 1時間に1〜3本運行

🚃Ⓓ：ブリストル・テンプル・ミード駅〜バーミンガム・ニュー・ストリート駅▶ 1時間30分▶ 1時間に2本運行

> ⓘ**観光案内所 Tourist Information Centre**
> TheAnnexe,Wildscreen Walk,Harbourside▶ アット・ブリストルの敷地内▶ ☎0906-711-2191▶ OPEN：10:00〜18:00、11〜2月は〜17:00で日曜〜16:00▶ 無休

■ 街歩きのヒント

　見どころをまわるなら、循環バス8、9番を利用するとよい。このバスは駅から街の中心へ出られる他、観光ポイントを循環しているので便利だ。4〜9月には市内観光バスも運行される。運河周辺の見学にはボートも利用できる。

●ボート・トリップ　Bristol Packet

DATA ▶☎0117-926-8157／運河めぐりの各種コースの他、夏にはバースまで約5時間の日帰りツアーもある。

Sightseeing
見どころ

@ *Bristol*
新しいブリストルのシンボル
アット・ブリストル

MAP p.227-A ▶ⓘ観光案内所と同じ敷地内

　ブリストルの最先端の情報を発信する科学、自然、芸術をコンセプトに造られた複合施設で、IMAXシアターなどを併設。対岸には前衛的なダンスや音楽などが公演されるアーノルフィニがある。

DATA ▶☎0845-345-1235▶ OPEN：10:00〜18:00▶ 12/25休み▶ 入館料：1アトラクションは大人£6.50または7.50、子供£4.50または4.95、IMAXシアターは別料金

現代感覚あふれる施設は魅力のニュー・スポット

S.S.グレートブリテン：全長98m、総トン数3,270tで、現代の豪華客船クィーンエリザベスⅡと比べると、全長は1/3、総トン数は1/20だが、当時の画期的大型客船。とはいえ速力は時速10ノット（18km）、英国～NY間に16日を要した。

S.S. Great Britain
世界初の大西洋横断鉄船
S.S.グレート・ブリテン

MAP p.227-A　ボートでシティ・センターから10分

　1843年に建造された世界初の鉄製の船。この船がアメリカやオーストラリアなどへ多くの移民を運んだ。隣に造船の歴史を紹介するマリタイム・ヘリテイジ・センターと、1497年にブリストルから出航してニューファンドランドを発見したジョン・カボットが乗った船マシュー号のレプリカが展示されている。

DATA ▶ ☎0117-926-0680 ▶ OPEN：10:00～17:30、11～3月は～16:30 ▶ 12/24・25休み ▶ 入場料：マリタイム・ヘリテイジ・センターとマシュー号も含む共通チケットで大人£6.25、子供£3.75

Bristol Cathedral
美しい広場は市民の憩いの場
ブリストル大聖堂

MAP p.227-A　❶観光案内所から徒歩5分

1140年にアウグスティノ修道会の修道院として建てられた。ノルマン人によって建てられた

塔がそびえる大聖堂

チャプター・ハウスと14世紀のイースタン・レディ・チャペルは必見。

DATA ▶ ☎0117-926-4879 ▶ OPEN：8:00～18:00 ▶ 無休 ▶ 入館料：£2.00（寄付制）

City Museum & Art Gallery
オリエンタル美術が中心
シティ博物館＆美術館

MAP p.227-A　❶観光案内所から徒歩15分

　18世紀にブリストルの商人のために建てられた建物で、エジプトで発掘されたミイラなど、主にオリエンタルアートや陶磁器を中心に展示している。

DATA ▶ ☎0117-922-3571 ▶ OPEN：10:00～17:00 ▶ 12/25・26休み ▶ 入館無料

St.Nicholas Markets
レトロな屋内市場
セント・ニコラス・マーケット

MAP p.227-B　❶観光案内所から徒歩10分

　歴史的な街並みが残るセント・ニコラス地区にある古風な構えの屋内市場。マーケットの歴史も1743年までさかのぼる。レトロな市場は歩くだけでもおもしろい。ここから北のブロードミード地区にかけては、曜日ごとに違ったマーケットがオープンするので、こちらものぞいてみよう。

DATA ▶ OPEN：9:30～17:00 ▶ 日曜休み

ブリストル
Bristol
0　　　　300m

Theatre Royal & The Old Vic
イギリスで現役最古の劇場
シアター・ロイヤル

MAP p.227-A　❶観光案内所から徒歩7分

現役の劇場としてはイギリス国内で最古の歴史を持つ。名門劇団ブリストル・オールド・ヴィック・カンパニーはここが本拠地で、劇場は通称オールド・ヴィックの名で呼ばれて親しまれている。ここから巣立って有名になる俳優も多く、舞台の質の高さは国内でも定評がある。

DATA ▶ ☎0117-987-7877（チケット要予約）

Clifton Suspension Bridge
ブリストルが誇る鉄橋
クリフトン吊り橋

MAP p.227-A　
⇄Bristol駅からバス8番で約20分

ワイン商のジョン・ハーヴィ＆サンズが遺産を提供し、1859年に完成した橋。当時、最高のエンジニアだったブルネルが手がけたもので優美な橋はブリストルのシンボル。ビジターセンターは現在閉鎖中（2005年5月現在）。新センターの建設が予定されている。

DATA ▶ ☎0117-974-4664

Restaurants&Hotels

ミュゼット
The Muset　　**MAP** p.227-A　バス8、9番でVictoria Sq.下車、徒歩5分

街で最高のレストランのひとつ

クリフトン・ヴィレッジにあるフレンチレストラン。ブリストル・レストラン協会の格付けでも折り紙付き。価格はさほど高くない。

DATA ▶ 16 Clifton Rd., Clifton ☎0117-973-2920　（予約をした方がよい）
▶ OPEN：18:30～22:30、土・日曜12:00～14:30 ▶ 無休

コンラッド・アット・ジェイムソンズ
Conrad at Jamesons　　**MAP** p.227-A

肉、魚、ベジタリアンと、新鮮な素材が自慢の店。英国の伝統料理からモダンヨーロピアンまで、メニューも豊富。セットメニューは£22.50～。

DATA ▶ バス＆コーチステーションから徒歩10分
▶ 30 Upper Maudin St. ▶ ☎0117-927-6565
▶ OPEN：12:00～24:00 ▶ 無休

ホテル・デュ・ヴァン＆ビストロ
Hotel du Vin & Bistro　　**MAP** p.227-A

ホテル内にある落ち着いた店で、地域で採れた素材を活かし、現代的にアレンジして料理。ワインリストも厳選されている。

DATA ❶観光案内所から徒歩10分 ▶ The Sugar House,
Narrow Lewins Mead ▶ ☎0117-925-5577
▶ OPEN：12:00～14:00、18:00～22:00 ▶ 無休

シスル・ブリストル　　　　　　★★★
Thistle Bristol Hotel　　**MAP** p.227-B　❶観光案内所から徒歩10分

ヴィクトリア朝の典型的ホテル

昔の街並みが残る周囲に溶け込んだヴィクトリア様式の建物。街の中心にあり、近くにはマーケットや飲食店も多い。

DATA ▶ Broad St. ▶ ☎0870-333-9130 ▶ FAX 0870-333-9230
▶ URL：www.thistlehotels.com/bristol ▶ 182室 ▶ S、T/Dとも£126～ ▶ UT

エイヴォン・ゴージュ　　★★★
The Avon Gorge Hotel　　**MAP** p.227-A

吊り橋と河に臨む絶好の立地で、テラスで景色を楽しみながら食事もできる。

DATA ▶ クリフトン吊り橋から徒歩5分
▶ Sion Hill,Clifton ▶ ☎0117-973-8955
▶ FAX 0117-923-8125 ▶ URL：www.peelhotel.com
▶ 76室 ▶ S £109～、D/T £119～ ▶ UT

ブリグストウ　　　　　★★
Brigstow Hotel　　**MAP** p.227-B

河沿いに建つ近代的なホテル。内装もモダンで設備も充実している。レストランも人気。

DATA ▶ ❶観光案内所から徒歩7分 ▶ 5-7 Welsh Back
▶ ☎0117-929-1030 ▶ FAX0117-929-2030
▶ URL:www.fullershotels.com
▶ 115室 ▶ S、T/Dとも£99～

注　S＝シングル、T＝ツイン、D＝ダブルベッドルームの室料　★★★＝スタンダードクラス、★★＝エコノミークラスのホテル。データの最後にある「UT, JH」は日本でのホテル予約事務所の略号。詳細はp.430参照。

SOUTHERN ENGLAND
Exeter

2000年の歴史を語る街並み

エクセター

MAP p.193-G

デヴォンやコーンウォールに向かう玄関口となっているエクセターでは、ゴシック様式の壮麗な大聖堂だけを見て通り過ぎてしまう人も多い。しかし、紀元50年頃にローマ人が築いたイギリスでもっとも古い街のひとつで、ところどころに残る城壁、中世の遺跡とチューダー朝の建物、毛織物貿易で繁栄した貿易港跡など、歴史の厚みが街並みに陰影を刻んでいる。穏やかな気候とエクセ河の河口に近いためだろうか、イギリスに数ある古い街の中でも明るさでは際立っている。

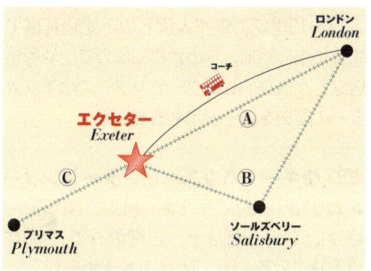

✈ *ACCESS*

🚆Ⓐ：ロンドン・パディントン駅～エクセター・セント・デイヴィッス駅▶2時間～2時間40分▶1時間に2本運行

🚌ロンドン・ヴィクトリア・コーチステーション～エクセター・バス＆コーチステーション▶約4時間10分▶2時間に1本運行

🚆Ⓑ：ロンドン・ウォータール―駅～エクセター・セント・デイヴィッス駅（ソールズベリー経由、エクセター・セントラル駅にも停車）▶3時間20分▶直通は2時間に1本運行

🚆Ⓒ：プリマス駅～エクセター・セント・デイヴィッス駅▶1時間▶1時間に2～3本運行

ℹ️観光案内所 Tourist Information Centre
●シビックセンター内Civic Centre, Paris St.
▶☎01392-26-5700▶OPEN：9:00～17:00、土曜9:00～13:00と14:00～17:00、7・8月の日曜10:00～16:00▶7・8月以外の日曜休み
●ビジターセンター
Quay House Visitor Centre, 46 The Quay▶☎01392-27-1611▶OPEN：10:00～17:00、11～3月は土・日曜のみ11:00～16:00▶12/25・26、1/1休み

■ 街歩きのヒント

　街の中心部に近いセントラル駅はロンドン・ウォータール―駅からの列車が停車するが、ローカル線用の駅。インターシティーが停車するセント・デイヴィッズ駅から街中心部までは徒歩だと15分かかる。駅前からバ

スN番に乗れば約5分。コーチは観光案内所近くのターミナルに着く。見どころは徒歩でまわれる。まずエクセター大聖堂をめざし、ここを起点にすると分かりやすいだろう。エクセ河畔にも観光案内所があり、付近はウォーターフロントとして開発が進んでいる。

●ウォーキング・ガイドツアー

　無料ガイドツアーで、様々なコースがある。エクセター大聖堂北西角のロイヤル・クラレンス・ホテル前から出発▶4～10月は1日2～6回、11～3月は1日2～3回。当日の出発時刻は出発地の掲示板に示される▶☎01392-26-5203

Sightseeing
見どころ

Exeter Cathedral (St. Peter's Cathedral)
街のシンボル
エクセター大聖堂

MAP p.230　🚶Exeter駅から徒歩20分

　12世紀の初めに建てられた大聖堂で、2本のノルマン様式の塔は創建当時のまま。建物の大部分は14世紀に建て替えられており、イギリスのゴシック建築の典型的なものとされる。西側正面を飾る石像は壮観で、イエス・キリストをはじめ、ウィリアム征服王（p.206参照）、アルフレッド大王（p.215参照）の像もある。内部のアーチ型天井

エクセター大聖堂は正式にはセント・ピーターズ大聖堂という

注🚆：英国鉄道(p.72参照)、🚌：コーチ(p.76参照)　2006年のイースターは4月16日。

はゴシック様式としては世界最長。北塔の下には天体をデザインした15世紀の時計もある。

DATA ▶ ☎01392-21-4219 ▶ OPEN：9:30〜17:00、日曜8:00〜19:30 ▶ 無休 ▶ 入館料：寄付制（£3.50）

Exeter Guildhall
イギリス最古の地方自治体の建物
ギルドホール

MAP p.230　エクセター大聖堂から徒歩1分

1160年に造られた集会所が起源とされる。現在の建物の一部は14世紀のもの、異彩を放つ4本の柱廊式玄関は16世紀末のものだ。地方自治体の庁舎としては国内最古を誇る。

DATA ▶ ☎01392-66-5500 ▶ OPEN：10:30〜13:00、14:00〜16:00 ▶ 日曜午前・土曜午後、イースター時期、12/24〜1/5頃休み（不定休あり）▶ 入館無料

Underground Passages
13世紀に始まる水の供給路
地下水道

MAP p.230　エクセター大聖堂から徒歩5分

飲料水を城壁の外から引き込むため13〜15世紀にかけて造られた水道で、19世紀初

頭まで利用されていた。ツアーに参加すれば、ガイドと一緒に見学できる。

DATA ▶ ☎01392-66-5887 ▶ OPEN：12:00〜17:00、土曜10:00〜17:00、6〜9月は10:00〜17:00 ▶ ツアーは30分おきに出発 ▶ 日・月曜（6〜9月は月曜も開館）、12/25・26休み ▶ 入場料：大人£3.00（6〜9月£3.75）、子供£2.00（6〜9月£2.75）

Quayside
ウォーターフロントの新エリア
キーサイド

MAP p.230　エクセター大聖堂から徒歩10分

17〜19世紀に欧州大陸との毛織物貿易で栄えた港の跡地。昔の倉庫にはカフェや骨董店などが並び、ビジターセンターではエクセターの歴史を語る展示もある。

DATA ●キー・ハウス・ビジターセンター ▶ ☎01392-27-1611 ▶ OPEN：10:00〜17:00、11〜3月は土・日曜のみで11:00〜16:00 ▶ 12/25・26、1/1休み ▶ 入場無料

St. Nicholas Priory
建物の一部は11世紀のまま
セント・ニコラス・プライオリー

MAP p.230　エクセター大聖堂から徒歩5分

ノルマン征服後の1087年に造られて以来、拡張を重ねてきたが、16世紀のヘンリー8世時代に大部分が取り壊されてしまった修道院。その後20世紀初めまで住宅として使われていたが、今も食料貯蔵庫など建物のうち約4分の1は11世紀当時のまま。15世紀のホールや寝室などを見学できる。

DATA ▶ ☎01392-66-5858 ※改装工事のため現在（2005年5月）は閉館中。2006年夏にリニューアルオープンの予定。

エクセター
Exeter
0　　200m

ブリストルへ
エクセター・セント・デイヴィッズ駅
Exeter St. Davids Station
Exeter Technical College 文
Bury Meadow
Hele Rd.
New North Rd.
Howell Rd.
New Rd.
シールズベリー Rd.
Longbrook St.

p.231 クイーンズ・コート H
p.231 シルヴァー・スプリングス H
ボンハイ Bonhay Rd.
デイヴィッズ・ヒル Davids Hill

エクセター・セントラル駅
Exeter Central Station
ノーサーンヘイ・ガーデンズ
Northernhay Gdns.
城壁 City Wall
North St.

p.231 シスル・エクセター H
ロイヤル・アルバート記念博物館＆美術館
Royal Albert Memorial Museum & Art Gallery
ギルドホール・ショッピングセンター
Guildhall Shopping Centre
p.230 地下水道
Underground Passages
バス＆コーチステーション
Bus & Coach Station
市庁舎・観光案内所
Civic Centre
Paris St.

Flower Pot Playing Fields
エクセ河 River Exe
p.230 ギルドホール
Guildhall
Exe St.
Old Cemetery
Queen St.
ハイ・ストリート High St.
H マイケル・ケインズ p.231
R ロイヤル・クラレンス Royal Clarence
R ハンソンズ p.231

セント・ニコラス・プライオリー p.230
St. Nicholas Priory
Bartholomew St.
Fore St.
South St.
Holloway St.
エクセター大聖堂 p.229
Exeter Cathedral
The Close
城壁 City Wall
Western Way

p.231 ブラッズ R
p.231 ホワイト・ハート R
サウスゲート p.231
Southgate
H マグダレン Magdalen St.
Bull Meadow Park

プリマス・トーキーへ
Okehampton St.
Frog St.
Edmund St.
Commercial Rd.
Western Way
観光案内所
キーサイド p.230
Quayside
キー・ハウス・ビジターセンター
Quay House Visitor Centre

Restaurants&Hotels

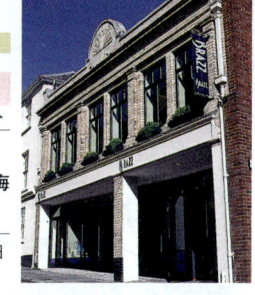

ブラッズ
Brazz 〔MAP〕p.230　エクセター大聖堂から徒歩5分

スタイリッシュなセッティングの新感覚料理

料理から内装まで、新感覚のレストランを自認するおしゃれな店。地中海料理を中心に伝統的なロースト料理も出す。

〔DATA〕▶10-12 Palace Gate▶☎01392-25-2525▶OPEN：11:00〜22:30、月・日曜12:00〜、金・土曜11:00〜23:00、▶無休

マイケル・ケインズ
Michael Caines Restaurant 〔MAP〕p.230　エクセター大聖堂前

グルメにも定評のヨーロピアン料理の店

クラレンス・ホテルの1階にあり、街で最高のレストランのひとつ。料理はフレンチがベース。内装はモダンで落ち着いた雰囲気。

〔DATA〕▶The Royal Clarence, Cathedral Yard▶☎01392-31-0031
▶OPEN：12:00〜14:30、19:00〜22:00▶無休

ハンソンズ
Hanson's 〔MAP〕p.230

英国料理の他にもメニューはバラエティ豊か。建物はチューダー様式。午後のお茶だけでも、気軽に立ち寄りたい。

〔DATA〕エクセター大聖堂前▶2 Cathedral Close
▶☎01392-27-6913▶OPEN：9:00〜18:00、祝日は11:00〜▶日曜休み

ホワイト・ハート
White Hart 〔MAP〕p.230

15世紀から続く「イン」で、ドリンクだけで中をのぞくのもいい。本格的な伝統料理を出し、一般的なパブの食事とは一線を画している。

〔DATA〕▶エクセター大聖堂から徒歩5分
▶66 South St.▶01392-27-9897
▶12:00〜14:30、19:00〜22:00▶無休

シスル・エクセター
Thistle Exeter 〔MAP〕p.230　エクセター大聖堂から徒歩7分　★★

街並みに溶け込むシックなレンガ建て

レンガ造りのクラシックなホテル。チェーンホテルだけあって、館内、室内の設備や施設は揃っていて安心できる。

〔DATA〕▶Queen Street▶☎0870-333-9133▶FAX 0870-333-9233
▶URL：www.thistlehotels.com/exeter▶90室▶S、D/Tとも£116〜▶UT

サウスゲート
Macdonald Southgate Hotel〔MAP〕p.230　エクセター大聖堂から徒歩5分　★★★

快適なホテルライフを満喫

屋内プールなど設備の充実した近代的大型ホテル。大聖堂とキーサイドの中間にあり観光の拠点として便利な立地にある。

〔DATA〕▶Southernhay East▶☎0870-400-8333▶FAX 01392-41-3549
▶URL：www.southgate-hotel.co.uk▶110室▶S、D/Tとも£120〜

クィーンズ・コート
Queens Court Hotel 〔MAP〕p.230　★★

小ぢんまりとしたエレガントなホテル。緑の広場に面しており、周辺は静か。レストランの「オリーブ・ツリー」もおいしいと定評がある。

〔DATA〕▶≷St. Davids駅から徒歩10分▶6-8 Bystock Terrace
▶☎01392-27-2709▶FAX 01392-49-1390▶URL：www.queenscourt-hotel.co.uk▶18室▶S£69〜、D/T£85〜

シルヴァー・スプリングス
Silver Springs 〔MAP〕p.230　★★

ジョージ朝様式のテラスハウスを改造したプチホテル。料金も手頃で、オープンから数年のため館内の設備も整っている。

〔DATA〕▶≷St. Davids駅から徒歩10分▶12 Richmond Road, St David's▶☎/FAX01392-49-4040▶URL：www.silversprings.co.uk▶10室▶S£40〜、D/T£65〜

注 S＝シングル、T＝ツイン、D＝ダブルベッドルームの料金　★★★＝スタンダード、★★＝エコノミークラスのホテル。データの最後にある「UT, JH」は日本でのホテル予約事務所の略称。詳細はp.430参照。

MAP p.192-193

海の光と荒野が織りなす

アガサ・ミステリーの世界

陽光が降り注ぎ気候も温暖なことから「イギリスのリビエラ」と呼ばれるトーキーやペイントンなど海辺の街々。ここからプリマスまで続くデヴォン地方の海岸線には、入り江やビーチが連なり光を浴びて色鮮やかな街や村が点在する。これとは対照的に、海岸から遠くに見渡せる山並みにはダートモアの荒涼とした原野が広がっている。トーキーに生まれ、この気候と変化に富んだ自然を愛した作家が、「ミステリーの女王」と呼ばれたアガサ・クリスティーだ。1976年に85歳で亡くなったアガサが生涯に書き残した作品は、長編ミステリー約70点の他、短編集や戯曲なども含めて約100点。今も世界中で愛読されている。デヴォンの海岸とダートモアには彼女の足跡が刻み込まれ、ミステリーの舞台が展開する。まさにここは、「アガサ・カントリー」だ。アガサの足跡を追いながら街をまわれば、旅はさらに味わいを増すのではないだろうか。

アガサが生まれた海辺の街
トーキー　*Torquay*

アガサが生まれた1890年当時、トーキーは優雅なリゾート地として上流階級の人々を集めていた。アガサも裕福な家の出身で、多くの作品を彩る上流階級の生活ぶりは、トーキーの暮らしと華やかな社交界の経験から自然とにじみ出てきたもの。街には今も往時のリゾートの香りが瀟洒な建物や浜辺にかすかに残り、そのどれもがアガサにつながっていく。(p.234参照)

る間だった。1916年、休暇で過ごしたダートモアのヘイトー村にあるモアランド・ホテルで、1編の小説を書き上げた。ポアロを世に送り出した処女作『スタイルズ荘の怪事件』の誕生だ。ただ、出版社にことごとく断られ、出版されたのは1920年でアガサ29歳の時。ストーリーだけでなく、登場人物の性格と背景を丹念に描き込んだアガサのミステリー小説はしだいに反響を呼ぶようになり、1930年代初めから次々と作品を出版する作家人生の全盛期を迎えた。

アガサが滞在したモアランド・ホテル

優雅な海辺の避暑地トーキーにはアガサの時代が今も漂う

処女作が生まれた
ダートモアのヘイトー村　*Haytor*

1914年の暮れ、アガサ・ミラーはアーチー・クリスティーと結婚。10代から小説や演劇に関心のあったアガサが本格的に小説を書き始めたのは、少尉だった夫が第1次大戦で出征してい

ミス・マープルの村のモデル
ウィドコム村　*Widecombe*

ポアロと双璧をなす登場人物、ミス・マープルが住むセント・メアリー・ミード村と、その前庭で『アクロイド殺し』の舞台、キングス・アボット村。このモデルとなったのがダートモアの谷間にあるウィドコム村とされている。ロンドンからの距離など相違点はあるが、教会とパブ、小さな村の店など背景はそっくり。イギ

リスのどこにでもある村に過ぎないともいえるが、ダートモアでも愛らしい村のひとつだ。

『そして誰もいなくなった』の舞台
ミステリアスなバー島　*Burgh Island*

干潮時は対岸と道でつながれるが、満潮になると道が沈み孤島になるバー島。1929年に建てられたアールデコ様式のホテルが当時のままに建つ他はパブが1軒あるぐらいだ。交通も不便で訪れる人も少ない。アガサもここに滞在しているが、辺鄙で不思議な島はミステリーの発想をかきたてたのだろう。『そして誰もいなくなった』や『白昼の悪魔』の舞台とされている。

ホテルの向こうに紺碧の海が広がっている

●バー・アイランド・ホテル

ホテルは隠れ家的で、王族や貴族、数々の有名人も宿泊した。全室スイートルームで、夕食時はジャケット着用を求められる。

DATA ▶☎01548-81-0514▶FAX01548-81-0243
▶URL：www.burghisland.com
▶14室▶D/Tとも£260〜

アガサが最後に過ごした街
ダートマス　*Dartmouth*

ダート河の河口の街、ダートマスからは河を上るリヴァー・クルーズの船が出ている。この河岸のディティシャムDittishamは『死者のあやまち』に登場する街ギティシャムだ。アガサ

が1938年に購入して後半生を過ごした邸宅、グリーンウェイ・ハウスもダート河沿いにある。ダートマスの対岸、キングスウェアとペイントンの間は今も蒸気機関車が走り、『ABC殺人事件』のテレビ映画化ではポアロがこれを利用している。(p.235参照)

激しく起伏する荒野をまわる
ダートモア国立公園　*Dartmoor National Park*

荒野と点在する村をハイキングやサイクリングでまわるのが、ダートモアの自然を満喫するいちばんの方法。ただ広大なため、拠点の街や村まで車で行く人も多い。バスの場合、ダートモアを縦断するB3212号を通ってプリマスとエクセターを結ぶ82番を使えば、車窓から通り過ぎる風景や村を眺めることができる。途中にある街、プリンス・タウンPrince Townは拠点のひとつ。この街のビジターセンターでハイキングやドライブなどの情報を入手するといいだろう。

プリンス・タウン。茫漠とした荒野にこんな村が点在する

ACCESS

●ダートモア

🚌 プリマス・バスステーションからエクセター・バスステーションまでバス82番で所要2時間15分 ▶1日3〜5本（冬期は土・日曜のみ）運行
※トーキーへは、ダートモアのプリンス・タウンからバス172番でニュートン・アボットへ出る▶約1時間▶1日2〜3本（夏期のみ）運行
ウィドコムへはニュートン・アボットからバス172番（日曜は170番）で約40分▶1日2〜3本（夏期のみ）運行、途中ヘイトー村にも停まる

ス・マープルの舞台、ウィドコム村

●バー島

島に渡るには、島を目の前に見るビグベリー・オン・シーBigbury-on-Seaに出る。鉄道の駅があるいちばん近い街、アイビーブリッジIvybridgeから15kmもあり、プリマスからだと30km近くある。公共交通は次のようにほとんどなく、タクシーを手配するかレンタカーを利用することになる。なおアイビーブリッジへはプリマスからバス（X88番、1時間に2本）で約30分、または列車（午後だけ1時間に1本）で15分。
🚌 プリマス・バスステーションから875番でビグベリー・オン・シー下車▶約1時間20分▶運行は金曜のみ1本
🚗 プリマスからA379号、ハーラトンHarratonからB3392号に入る。トーキーからもA379号を利用

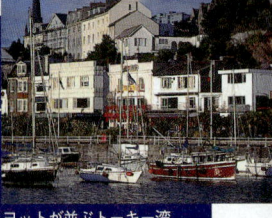

「イギリスのリビエラ」の拠点
トーキー

MAP p.193-K

ヨットが並ぶトーキー湾

ACCESS

🚃：ロンドン・パディントン駅～トーキー駅（ニュートン・アボット駅、またはエクセター・セント・デイヴィッス駅乗り換え）▶ 3時間10～30分▶ 1時間に1～2本運行

🚌：ロンドン・ヴィクトリア・コーチステーション～トーキー・コーチステーション▶ 約5時間20分▶ 2時間に1本運行（夜行便が1日に1本）

❶観光案内所
Tourist Information Centre
Vaughan Parade
▶ ☎0906-680-1268▶ OPEN：9:30～18:00、日曜10:00～、10月～5月上旬は～17:00で日曜休み
▶ アガサ・クリスティーゆかりの場所を訪ねるなら、ここで専用のパンフレットを入手するとよい

●トー・アビー
DATA ▶ ☎01803-29-3593
▶ OPEN：9:30～18:00（入場は17:00まで）▶ 11～3月は休み▶ 入館料：大人£3.50、子供£1.70

ZOOM in

午後の紅茶は
デヴォンシャー・クリームで

街のカフェやレストランに必ずあるのが「クリームティー」。紅茶とスコーンのセットだ。スコーンにつけるクリームは、この地方特有のデヴォンシャー・クリーム。バターを思わせる濃いクリームはクセになる味。

19世紀から20世紀初めに裕福な人々を集めたファッショナブルなリゾート地は、今では太陽を求める人々が大挙して繰り出す「イギリスのリビエラ」の中心となる大観光地だ。とくに、アガサが夏を過ごしたかつての女性専用ビーチ、ビーコン・コーヴをはじめゆかりの場所は、ファンには見のがせない。

見どころ
Sightseeing

Torre Abbey MAP p.234
アガサゆかりの12世紀の修道院
トー・アビー

🚃Torquay駅から徒歩5分

1195年に修道院として建てられたが、18世紀に個人の邸宅となってから大がかりな増改築が行われ、1930年にトーキー市（現トーベイ市）に売却された。「アガサ・クリスティーズ・メモリアル・ルーム」と名付けられた小部屋にはアガサ愛用のアームチェアやタイプライター、直筆の原稿、古い写真などファンにはこたえられない品々がおさめられている。

部屋には、今もアガサの時間が流れる

エクセターへ
Belgrave
🏨 トー・アビー *p.234*
Torre Abbey Abbey Gardens
Torbay
p.235 トーキー博物館
Torquay Museum
観光案内所 ❶
🚃 トーキー駅 Torquay Station
🏨 グランド *p.235*
Queens
Warren Rd.
p.235 パヴィリオン
The Pavilion (Shopping Centre)
トーキー・マリーナ Torquay Marina
ロイヤル・ヨット・クラブ Royal Yacht Club
Victoria Parade
Park Hill Rd.
ビーコン・コーヴ Beacon Cove
トー湾 *Tor Bay*

トーキー
Torquay
0 — 300m

ペイントン、ブリクサム、ダートマスへ

Torquay Museum
アガサの展示に注目 　　　　　　　　　MAP p.234
トーキー博物館
❶観光案内所から徒歩7分

　地域の歴史やエジプト関連、考古学や自然史など展示内容は幅広いが、とくにアガサ・クリスティーの展示は見のがせない。遺族の提供による数々の写真で彼女の足跡をたどり、作品の映画化や演劇化についてもスペースをさいている。

The Pavilion
音楽会に使われた白亜の殿堂 　　　　　　MAP p.234
パヴィリオン
❶観光案内所から徒歩2分

アガサも訪れた華麗な社交の殿堂

　コンサートホールとして1912年にオープンした白亜の建物は、当時の新しい社交場だった。アガサも何度も通い、1913年初め、アーチー・クリスティーとここでコンサートを楽しんだ後、プロポーズされたという。現在はショップやギャラリー、カフェが入ったショッピングアーケードになっている。

●トーキー博物館
DATA ▶ ☎01803-29-3975
▶ OPEN：10:00～17:00、11～3月の土曜は13:30～16:00、日曜13:30～17:00 ▶ 11～3月の日曜、クリスマス時期休み ▶ 入館料：大人£3.00、子供£1.50

●パヴィリオン
DATA ▶ OPEN：9:30～21:30、冬期は～17:30 ▶ 無休

Hotel Guide

グランド
The Grand Hotel 　　　　　　★★★
MAP p.234
➧Torquay駅から徒歩1分
　ブリストルで結婚式を挙げた後、アガサが泊まったホテル。
DATA ▶ The Sea Front
▶ ☎01803-29-6677 ▶ FAX 01803-21-3462 ▶ URL：www.grandtorquay.co.uk ▶ 117室 ▶ S£75～、T/D£145～ ▶ BW

もうひとつの旅
Promenade

ペイントンからダートマスへ蒸気機関車の旅
MAP p.193-K
Paignton & Dartmouth Steam Trains

　トーキーの南隣にあるペイントンからは蒸気機関車がダート河の河口のキングスウェアKingswearまで走り、そこから対岸のダートマスへはフェリーが結んでいる。ダートマスは河口に開けた街で、ここから上流のトットネスまではリヴァー・クルーズの船も行き来している。蒸気機関車とダートマスへのフェリー、蒸気機関車とリヴァー・クルーズを組み合わせたツアーもあるので、のんびりと1日かけて南デヴォン地方をめぐるのもいいだろう。

　また、ペイントンのさらに南には漁港を抱える**ブリクサム**Brixhamがある。入り江を丘がかこむ静かな街で、リゾートの喧騒からは隔絶された場所だ。この港は、1688年の名誉革命の時にオレンジ公ウィリアム（オラニエ公ウィレム）がオランダから上陸した地。彼は議会に迎えられてウィリアム3世として即位している。港にはウィリアムの像が立ち、当時を再現した船が浮かんでいる。

港にそびえるウィリアム3世の像とレプリカの帆船

ACCESS
▶トーキーからバス12番でペイントンまで約20分、ブリクサムまで約40分 ▶ 1時間に3～6本
●蒸気機関車とフェリー／ペイントン駅隣にペイントン＆ダートマス蒸気機関車の駅がある
DATA ▶ ☎01803-55-5872 ▶ URL：www.paignton-steamrailway.co.uk ▶ 所要30分 ▶ 5月末～10月は毎日1日4～9本運行 ▶ 4・5月の月・水・金曜、11～3月は運休 ▶ キングスウェアまで大人往復£7.00、子供£5.00。ダートマスへのフェリーも含めて大人往復£8.50、子供£5.80。1時間のリヴァー・クルーズも含めて大人往復£13.00、子供£9.00
●リヴァー・クルーズ
▶ダートマス～トットネスTotnes ▶ 55分 ▶ イースター～10月末まで1日1～5本運行 ▶ 大人片道£6.50、子供£4.00。往復大人£8.00、子供£5.00

イギリス航海史の足跡
プリマス

MAP p.192-J

英雄たちが船出したプリマス港

ACCESS

🚆：ロンドン・パディントン駅
〜プリマス駅▶ 3時間〜3時間
30分▶ 1時間に1本運行
🚌：ロンドン・ヴィクトリア・コーチステーション〜プリマス・バスステーション▶約5時間▶ 1日
に7本運行（うち1本は夜行便）

ⓘ観光案内所
Tourist Information Centre
Mayflower center, 3-5 the Barbi
can ▶ ☎01752-30-4849▶ OPEN：
9:00〜17:00、日曜と11〜4月の土曜
10:00〜16:00▶ 11〜4月は日曜休み

●乗り降り自由の観光バス
シティサイトシーイング社が30
分おきに運行▶ 10:00〜17:00、
4・5月の土・日曜は〜15:00▶
9月末〜イースター休み▶ 大人
£6.50、子供£2.00

効率的にまわるのなら、こんなバスが便利

●スミートンズ・タワー
Smeaton's Tower
DATA ▶ ☎01752-60-3300▶ OPEN
：10:00〜16:00、11〜3月は〜
15:00▶ 11〜3月の日・月曜休み
▶ 入館料：£2.25

●プリマス・ドーム
DATA ▶ ☎01752-60-3300▶ OPEN
：10:00〜17:00、11〜3月は〜
16:00▶ 11〜3月の日・月曜、
12/25休み▶ 入館料：大人£4.70、
子供£3.25

　海が人を駆り立てるのか、プリマスの港はイギリス史に数多くの軌跡を残してきた。1588年にはドレイク船長がこの港から出航してスペイン無敵艦隊を打ち破り（アルマダ戦争）、1620年には新大陸に向かう清教徒たちがメイフラワー号で旅立った。1912年に南極を探検したスコット船長も、ドレイク船長も、プリマスとその近郊の出身だ。駅から海に臨むホーまではショッピング街を抜けるアルマダ・ウェイで一直線。徒歩で約20分。見どころはホーの周辺や旧市街の東端にあるバービカン地区に集中しているので歩いてまわることもできる。

見どころ
Sightseeing

The Hoe　　　　　　　　　　　　MAP p.237
海を望む最高の見晴らし台　　ⓘ観光案内所から徒歩8分
ホーの丘

　丘に登ると目の前一面に海が広がる。プリマスで最高の眺望だ。市民の憩いの場で、戦没者記念碑やアルマダ戦争※記念碑、ドレイク船長の像などが並んでいる。ドレイク船長はもともとスペイン船を襲っていた海賊の親玉。そこをエリザベス1世に見込まれて重用され、イギリス海軍の提督にまでなった人物だ。丘の端に立つ**スミートンズ・タワー**は18世紀半ばに20km沖合に建てられた燈台で、1884年にホーに移築されている。タワーは上まで登れる。

丘の上には記念碑や像が立ち並ぶ

Plymouth Dome　　　　　　　MAP p.237
マルチメディアで楽しむ航海史　ⓘ観光案内所から徒歩10分
プリマス・ドーム

　プリマスにちなむ航海史や街の歴史を、マルチメディアを駆使して解説するアトラクション。古い街の再現や航海体験コーナーなどがあり、気楽に歴史のおさらいができる。

Barbican　　　　　　　　　　MAP p.237
古い街並みの新しいエリア　　ⓘ観光案内所から徒歩1分
バービカン

　古い街並みが残る地区で、プリマスの新しいスポットとなっている。サットン・ハーバーの小さなドックをかこむ水辺には、おしゃれなカフェやパブが並び、夜まで賑わいが絶えない。

港町らしい風情が漂うバービカンの
サットン・ハーバー

アルマダ戦争：英国商船にスペイン船に対する海賊行為を行わせ、ネーデルランド独立運動も支援するなどしたエリザベス1世を排除すべく、スペインが無敵艦隊（アルマダ）を派遣したものの、嵐と英海軍の反撃で敗退した戦争。

The Elizabethan House
MAP p.237
16世紀の生活を再現
エリザベス朝の家
ℹ️観光案内所から徒歩1分

　各部屋の家具・調度品は17世紀初頭のアンティークで、16世紀後半に急速に街が発展した当時の面影を伝えている。

Mayflower Steps
MAP p.237
米英両国の国旗がひるがえる記念碑
メイフラワー号記念碑
ℹ️観光案内所から徒歩2分

　新大陸をめざしたメイフラワー号出航を記念したもの。清教徒たちは新大陸にプリマスという名の街を作り、今や全米に30以上のプリマスがあるという。

The Merchant's House
MAP p.237
17世紀の市長の館
マーチャンツ・ハウス
ℹ️観光案内所から徒歩5分

　16〜17世紀に建てられたオーク材とライムストーンの建物。17世紀には3代の市長が住んでいたこともあり、当時の生活ぶりを再現した博物館になっている。

National Marine Aquarium
MAP p.237
サメの泳ぐ大水槽は迫力満点
プリマス水族館
ℹ️観光案内所から徒歩5分

　大規模な水族館で、サメが泳ぐ大水槽がある。「海底体験」のうたい文句どおりの迫力だ。

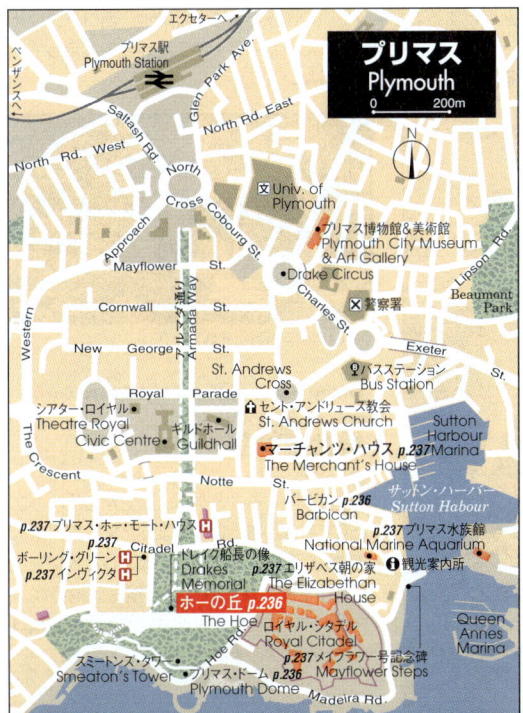

プリマス駅 Plymouth Station
エクセターへ
ペンザンスへ
プリマス Plymouth
0　　　　200m
Glen Park Ave.
Saltash Rd.
North Rd. East
North Rd. West
Cross
Cobourg St.
North
Approach
Univ. of Plymouth
プリマス博物館＆美術館 Plymouth City Museum & Art Gallery
Drake Circus
Mayflower
Cornwall
アルマダ・ウェイ Armada Way
Charles St.
Lipson Rd.
Beaumont Park
New
George St.
St. Andrews Cross
Exeter St.
バスステーション Bus Station
Royal Parade
シアター・ロイヤル Theatre Royal Civic Centre
ギルドホール Guildhall
セント・アンドリューズ教会 St. Andrews Church
マーチャンツ・ハウス p.237 The Merchant's House
Sutton Harbour Marina
Notte St.
バービカン p.236 Barbican
サットン・ハーバー Sutton Habour
p.237 プリマス水族館 National Marine Aquarium
p.237 プリマス・ホー・モート・ハウス
ボーリング・グリーン
p.237 インヴィクタ
Citadel
ドレイク船長の像 Drakes Memorial
p.237 エリザベス朝の家 The Elizabethan House
観光案内所
ホーの丘 p.236 The Hoe
ロイヤル・シタデル Royal Citadel
Queen Annes Marina
スミートンズ・タワー Smeaton's Tower
プリマス・ドーム p.236 Plymouth Dome
p.237 メイフラワー号記念碑 Mayflower Steps
Madeira Rd.

●エリザベス朝の家
DATA ▶️☎01752-30-4774
▶️OPEN：10:00〜17:00▶️月・火曜、10〜3月は休み▶️入館料：£1.10、子供£0.60

●マーチャンツ・ハウス
DATA ▶️☎01752-30-4774
▶️OPEN：10:00〜13:00、14:00〜17:30、土曜・祝日の月曜〜17:00▶️日・月曜、10〜3月は休み▶️入館料：£1.10、子供£0.60

●プリマス水族館
DATA ▶️☎01752-60-0301
▶️OPEN：10:00〜18:00、11〜3月は〜17:00▶️12/25休み▶️入館料：大人£8.75、子供£5.25

ユニークな水族館は子供連れにも人気

Hotel Guide

プリマス・ホー・モート・ハウス
The Plymouth Hoe Moat House Hotel ★★★
MAP p.237
ℹ️観光案内所から徒歩7分
DATA ▶️Armada Way ☎01752-63-9988▶️FAX 01752-67-3816
▶️URL：www.moathouse.com/plymouth▶️210室
▶️S £92〜、D £115〜▶️UT

インヴィクタ
Invicta Hotel Plymouth ★★
MAP p.237
ℹ️観光案内所から徒歩10分
ホーの丘に立つ家族的ホテル。
DATA ▶️11-12 Osbourne Place, Lockyer St.▶️☎01752-66-4997
▶️FAX 01752-66-4994
▶️URL：www.invictahotel.co.uk
▶️23室▶️S £55〜、T/D £65〜

ボーリング・グリーン
Bowling Green Hotel ★★
MAP p.237
ℹ️観光案内所から徒歩10分
ホーにある手頃なホテル。
DATA ▶️9-10 Osbourne Place, Lockyer St.▶️☎01752-20-9090
▶️FAX 01752-20-9092▶️12室
▶️料金：S £42.50〜、D/T £58〜

SOUTHERN ENGLAND
Penzance

西の果ての港町
ペンザンス

MAP p.192-I

街のメイン・ストリート

▶*ACCESS*

✈：ロンドン・パディントン駅～
ペンザンス駅 ▶ 5時間～5時間
30分
▶ 直通は2時間に1本運行
🚌：ロンドン・ヴィクトリア・
コーチステーション～ペンザン
ス・バスステーション
▶ 約8時間30分 ▶ 1日に6本運
行（1本は夜行便）

---

❶観光案内所
Tourist Information Centre
Station Approach
▶ ☎01736-36-2207 ▶ OPEN：
9:00～17:00、日曜10:00～13:00、
10～4月の土曜は～13:00で日曜
休み

238

●ペンリー・ハウス
美術館＆博物館
DATA ▶ ☎01736-36-3625
▶ OPEN：10:00～17:00、10～4
月は10:30～16:30 ▶ 最終入場は
30分前 ▶ 日曜、12/25・26、1/1
休み ▶ 入館料：大人£2.00、子
供無料、土曜日は大人も無料

　列車がペンザンスに近づくにつれ左手に海が開け、沖に浮か
ぶ小島にそびえるセント・マイケルズ・マウントが見えてく
る。イギリス最西端の地、ペンヴィス半島に足を踏み入れる瞬
間だ。鉄道もここが西の終着駅。街には潮の香りがあふれ、丘
に広がる家並みの間から輝く海が望める。ケルト語で「聖なる
岬」を意味するペンザンスは、オペレッタ『海賊』の舞台とし
ても知られ、16世紀末のスペイン軍侵略を経て現在の街ができ
上がった。今ではランズ・エンド、西コーンウォールの岸壁の
連なる海岸線やビーチ、荒野に点在する古代遺跡をめぐる観光
拠点として賑わっている。

Sightseeing
見どころ

Penlee House Gallery & Museum　　**MAP** p.238

ニューリン派の絵画を所蔵
ペンリー・ハウス美術館＆博物館

✈Penzance駅から
徒歩15分

　白い瀟洒な建物は19世紀の個人の邸宅。コーンウォールを
拠点とするニューリン派の画家たちの作品の他、西コーンウォ
ールの石器時代から現代にいたる歴史や工芸作品を展示してい
る。美しい庭園も散策したい。

作品は庭園にも展示されている

Trinity House National Lighthouse Centre

海を守る燈台の歴史を展示
燈台博物館

MAP p.238　✈Penzance駅から徒歩7分

　燈台に関することなら、歴史から仕組みま
で何でも分かるというちょっとマニアックな
博物館。海辺に並ぶ倉庫を改造した大型施設
で、19世紀に使われていた燈台設備の展示
やビデオによる解説、燈台内部を再現したコ
ーナーなどがある。

St. Michael's Mount
海に浮かぶ旧修道院
セント・マイケルズ・マウント

MAP p.238、p.192-I

🚌 バスステーションからバス2・7・17B番で10分、マラザイオン・スクエアMarazion Square下車、1時間に2〜3本運行

干潮時には地続きに

マウント湾の沖合に浮かぶ小島で、干潮時には地続きとなるが、潮が満ちてくるとボートが行き来する。フランス語の名前はノルマンディーにあるモン・サン・ミッシェルと同じで景観もそっくり。実は12世紀に建てられたベネディクト会の修道院で、フランスの僧院とは兄弟にあたる。17世紀以来、セント・オーバイン家の居城となり、現在はナショナル・トラストが管理。城内の各部屋には装飾品や絵画、古地図、武具などがある。

●燈台博物館
DATA ▶ ☎01736-36-0077▶ OPEN：10:30〜16:30 ▶11月〜イースターは休み▶入館料：大人£3.00、子供£1.00

●セント・マイケルズ・マウント
DATA ▶ ☎01736-71-0507 ▶ OPEN：10:30〜17:30、11〜3月は要予約▶土曜休み▶入場料：大人£5.50、子供£2.75▶ボートの料金：片道大人£1.00、子供£0.50

もうひとつの旅
Promenade

大西洋に臨む西の「地の果て」
ランズ・エンド

Land's End **MAP** p.192-I

周囲には荒野が広がり、切り立った岸壁に大西洋から風が吹き寄せる。ランズ・エンド、つまり「地の果て」にふさわしい光景だ。岸壁の上には「イングランドの最初で最後の家The First & Last House in England」と掲げられた白い建物もある。イギリスの最西端の地を実感するにはこれだけで充分だが、せっかくここまで来た観光客向けにレジャーセンターも設けられ、子供連れのためのアトラクションやみやげ物屋、パブなどが並んでいる。センター内にある「ランズ・エンド・ポストルーム」では、絵葉書にランズ・エンドのスタンプを押してもらって投函できる。ここを起点に海岸線をハイキングする人々も多い。

車なら、ペンヴィス半島に点在する古代の石の遺跡もまわってみよう。ストーン・サークルなど神秘的な石群が荒野に打ち捨てられたように残っている。ストーンヘンジほど大きくないが、観光化されていないだけに想像力をかき立てるものがある。

誰が、何のために造ったのか。古代遺跡には不思議がいっぱい

また、ランズ・エンドの近くには岩壁を利用したミナック野外劇場もあり見学できる。演劇好きの女性ロウィーナ・ケイドが1931年から亡くなる1983年まで1人で築き上げたもの。夏には海を背景に芝居が上演される。

ACCESS
🚌 ペンザンスからバス1、1A、300番で約55分▶1時間に1〜2本運行▶セント・アイヴスからバス300番で約1時間30分、1日5本（冬期減便）運行

🚗 ペンザンスからA30号。セント・アイヴスからは海沿いのA3306号を走りA30号に入る

DATA ▶アトラクションは6つあり有料
▶☎0870-458-0099▶アトラクションと店舗は10:00〜17:00、冬期は〜15:00
●古代遺跡をめぐるツアー／マイクロバスで遺跡をまわる「ハリー・サファリHarry Safari」
▶☎0845-644-5940▶予約は観光案内所でできる▶所要約4時間

●ミナック野外劇場
The Minack Open Air Theatre

ACCESS ▶ 🚗 ペンザンスまたはランズ・エンドからA3315号

DATA ▶ ☎01736-81-0181▶見学は9:30〜17:30、10〜3月は10:00〜16:00、演劇上演は5月下旬〜9月中旬でマチネ上演日は午後の見学はなし▶入場料：大人£2.50、12〜16歳£1.00、12歳未満無料。演劇チケットは£7.50

地の果てランズ・エンド

芸術家が愛した街
セント・アイヴス

MAP p.192-I

セント・アイヴスのビーチ

ペンザンス駅〜セント・アイヴス駅（セント・アースSt. Erth駅乗り換え）▶25〜45分▶1時間に1〜2本運行

ペンザンスからバス16、17、17A、17B、300番で30〜45分▶1時間に2〜3本運行

ランズ・エンドからバス300番で約1時間30分▶1日に5本（冬期減便）運行

ロンドン・ヴィクトリア・コーチステーション〜セント・アイヴス・バスステーション▶約8時間▶1日に3本運行▶駅とバスステーションから街中心部まで徒歩10分

❶観光案内所
Tourist Information Centre
The Guild Hall, Street-an-Pol
▶☎01736-79-6297▶OPEN：9:00〜18:00、日曜10:00〜13:00（6〜8月は〜16:00）、10〜4月は9:00〜17:00（土曜10:00〜14:00）▶10〜4月の日曜休み

●テート・ギャラリー
DATA ▶☎01736-79-6226
▶OPEN：10:00〜17:30、11〜2月は〜16:30▶11〜2月の月曜、12/24〜26、1/1休み（不定休あり）▶入館料：大人£5.50、子供£2.50▶バーバラ・ヘプワース博物館&彫刻庭園との共通券は大人£8.50、子供£3.90

●バーバラ・ヘプワース
　博物館&彫刻庭園
DATA ▶☎01736-79-6226
▶OPEN：10:00〜17:30、11〜2月は〜16:30▶11〜2月の月曜、12/24〜26、1/1休み▶入館料：大人£4.50、子供£2.25

240

港とビーチにかこまれた小さな街で、白い建物の間をぬう迷路のような路地を歩くと南欧にでも来た気分になる。この街並みと温暖な気候を愛した芸術家たちが19世紀後半から住み始め、1920年代から画家や彫刻家、陶芸家が続々と移り住んで活動したことで、芸術家の街として知られるようになった。今でもクラフトショップやギャラリー、芸術家のスタジオが多く、訪れる人々の目を楽しませてくれる。

見どころ
Sightseeing

Tate Gallery St. Ives
土地にゆかりの作品を展示　　　　❶観光案内所から徒歩10分
テート・ギャラリー

　1920年代以降のモダンアート作品の美術館で、セント・アイヴスとその周辺にゆかりのある作家の作品を中心に絵画・彫刻・陶芸などを集めている。日本から戻ってこの街に住んだ陶芸家バーナード・リーチの作品もある。建物は斬新なデザインで、最上階からはビーチと海が一望できる。

Barbara Hepworth Museum & Sculpture Garden
芸術家夫婦の家が博物館に　　　　❶観光案内所から
バーバラ・ヘプワース博物館&彫刻庭園　　　徒歩5分

　彫刻家バーバラ・ヘプワースが、夫で画家のベン・ニコルソンとこの街に移り住んだのは1939年。1980年、彼女のスタジオ兼住宅がその遺志により博物館となった。現在はテート・ギャラリーの分館。庭園と調和するように彫刻が置かれ、抽象的作品が好きな人にはたまらない。スタジオも当時のままだ。

ZOOM *in*
❶観光案内所から
徒歩5分

旅の思い出に甘い味
マイリングス　　*Myring's*

　甘い砂糖菓子のようなカラフルなファッジや自家製ジャムなどが豊富に揃う店。食材の他、この地方の特産品やクラフトなど、みやげ物もここなら見つかる。

DATA ▶55 Fore St.▶☎01736-79-7494
▶10:00〜17:00（夏期は〜19:00）、日曜11:00〜17:00（夏期は10:00〜）▶無休

バーバラたちのスタジオがそのまま保存されている

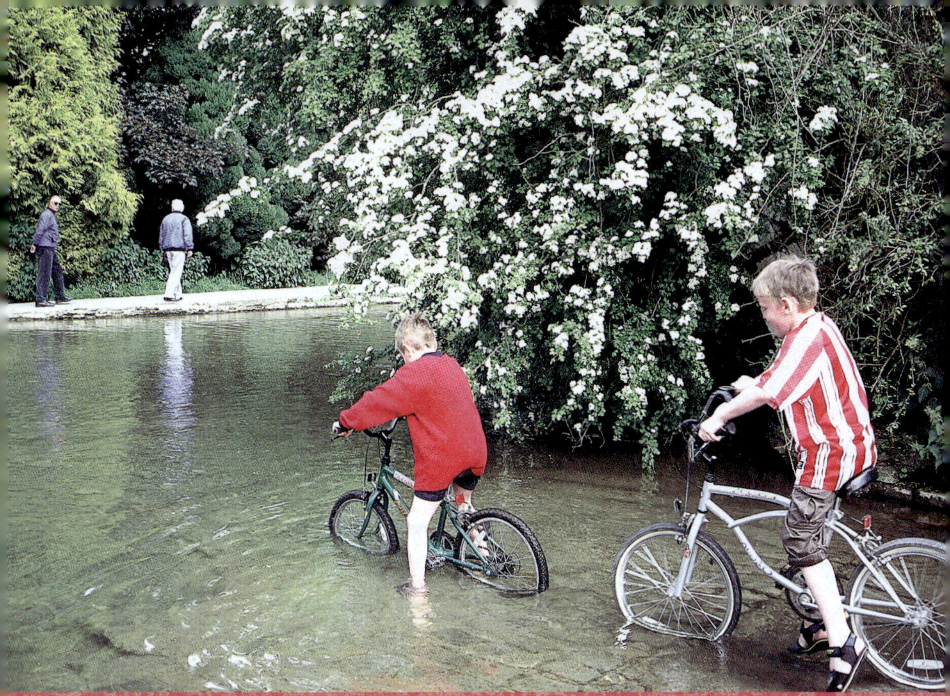

Central England イングランド中央部

オックスフォード 248
ストラットフォード・アポン・エイヴォン 256
コッツウォルズ 262
チェルトナム 268
バーミンガム 270
シュルーズベリー 272
チェスター 275
ストーク・オン・トレント 278
ノッティンガム 281
ケンブリッジ 284
イーリー 289
キングス・リン 290
イプスウィッチ 291
ノーリッチ 292
コーチェスター 294

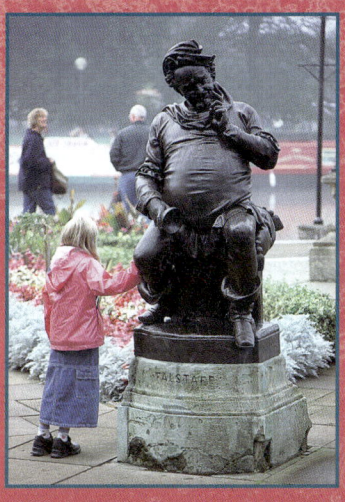

サウスポート
Southport
オームスカーク
Ormskirk
ボルトン
Bolton
ロッチデール
Rochdale
ハダーズフィールド
Huddersfield
ソーン
Thorne
スカンソープ
Scunthorpe
ウィガン
Wigan
オールダム
Oldham
ペニストン
Peniston
バーンズリー
Barnsley
ドンカスター
Doncaster
ゲインズバラ
Gainsborough
リヴァプール p.300
Liverpool
ピーク・ディストリクト国立公園
Peak District National Park
ロザラム
Rotherham
ワークソップ
Worksop
レットフォード
Retford
p.306 マンチェスター
Manchester
シェフィールド
Sheffield
Greater Manchester
South Yorkshire
B
マンチェスター空港
Manchester Airport
キャッスルトン
Castleton
チェスターフィールド
Chesterfield
リヴァプール
ジョン・レノン空港
Liverpool
John Lennon Airport
ナッツフォード
Knutsford
マックルズフィールド
Macclesfield
バクストン
Buxton
エドウィンストー
Edwinstowe
A
チェスター p.275
Chester
Cheshire
コングルトン
Congleton
リーク
Leek
マンスフィールド
Mansfield
ニューアーク・オン・トレント
Newark-on-Trent
グランサム
Grantham
Wrexham
ナントウィッチ
Nantwich
クルー
Crewe
オルフレトン
Alfreton
Ruabon
ストーク・オン・トレント p.278
Stoke-on-Trent
ニューステッド・アビー p.283
Newstead Abbey
リプリー
Ripley
ホイットチャーチ
Whitchurch
M6
Nottinghamshire
ノッティンガム p.281
Nottingham
Oswestry
マーケット・ドレイトン
Market Drayton
ユトクセター
Uttoxeter
ストーン
Stone
ダービー
Derby
Derbyshire
Staffordshire
ニューポート
Newport
スタッフォード
Stafford
バートン・アポン・トレント
Burton-upon-Trent
ラフバラ
Loughborough
メルトン・モーブレイ
Melton Mowbray
ウェルシュプール
Welshpool
シュルーズベリー p.272
Shrewsbury
キャノック
Cannock
M1
オーカム
Oakham
p.274 ロクスターの遺跡
Wroxter Roman City
テルフォード
Telford
A5
Leicestershire
中央ウェールズ空港
Mid Wales Airport
アイアン・ブリッジ p.274
Iron Bridge
タムワース
Tamworth
レスター
Leicester
ウォルヴァーハンプトン
Wolverhampton
West Midland
E
ブリッジノース
Bridgnorth
ヒンクリー
Hinckley
F
マーケット・ハーバラ
Market Harborough
コービー
Corby
ニューニートン
Nuneaton
242
Ludlow
キダーミンスター
Kidderminster
バーミンガム p.270
Birmingham
コヴェントリー p.271
Coventry
ケタリング
Kettering
M42
ノーザンプトン
Northampton
レミンスター
Leominster
Redditch
Warwick
ウォリック城 p.260
Warwick Castle
p.260 メアリ・アーデンの家
Mary Arden's House
Warwickshire
ウィルムコート
Wilmcote
ウースター
Worcester
アルセスター
Alcester
ストラットフォード・アポン・エイヴォン p.256
Stratford-upon-Avon
ヘリフォード
Hereford
P.263
イーヴシャム
Evesham
M40
バンベリー
Banbury
ミルトン・キーンズ
Milton Keynes
Herefordshire
レドベリー
Ledbury
ブロードウェイ
Broadway
モートン・イン・マーシュ
Moreton in Marsh
バッキンガム
Buckingham
M50
コッツウォルズ p.262
Cotswolds
Buckinghamshire
Ross-on-Wye
チッピング・ノートン
Chipping Norton
ビスター p.255
Bicester
エールズベリー
Aylesbury
グロスター
Gloucester
チェルトナム p.268
Cheltenham
ウッドストック
Woodstock
A34
アバゲヴェニー
Abergavenny
モンマス
Monmouth
バーフォード
Burford
ブレナム宮殿 p.265
Blenheim Palace
オックスフォード p.248
Oxford
Raglan
Gloucestershire
バイブリー
Bibury
ウィットニー
Witney
I
ストラウド
Stroud
スワン p.267
サイレンセスター
Cirencester
J
ウェールズ
Wales
ケンブル
Kemble
アビンドン
Abingdon
Oxfordshire
チェプストウ
Chepstow
ハイ・ウィカム
High Wycombe
ニューポート
Newport
スウィンドン
Swindon
Thames
テムズ河
レディング
Reading
M4
ブリストル p.226
Bristol
エイヴベリー
Avebury
マールボロ
Marlborough
ニューベリー
Newbury
ブリストル空港
Bristol Airport
バース p.222
Bath
ディヴァイゼス
Devizes

0　　　　　30km

N

ハンバー河
R. Humber

グリムスビー
Grimsby

C

ラウス
Louth

メーブルソープ
Mablethorpe

D

北海
North Sea

リンカン
Lincoln

ホーンキャッスル
Horncastle

スケグネス
Skegness

Lincolnshire

スリーフォード
Sleaford

ボストン
Boston

ウォッシュ湾
The Wash

ハンスタントン
Hunstanton

ウェルズ・ネクスト・ザ・シー
Wells-next-the-Sea

クローマー
Cromer

スポルディング
Spalding

スタンフォード
Stamford

イングランド
England

ウィズビーチ
Wisbech

キングス・リン p.290
King's Lynn

ディアハム
Dereham

Norfolk

ノーリッチ p.292
Norwich

ザ・ブローズ p.293
The Broads

ピーターバラ
Peterborough

マーチ
March

Swaffham

Downham Market

p.293 グレート・ヤーマス
Great Yarmouth

Oundle

Chatteris

Cambridgeshire

Mundford

G

イーリー p.289
Ely

ベックルズ
Beccles

H

Rushden

ハンチンドン
Huntingdon p.288

ニューマーケット
Newmarket

Mildenhall

Thetford

Bungay

Diss

p.293 サウスウォルド
Southwold

St. Neots

ケンブリッジ p.284
Cambridge

ベリー・セント・エドマンズ
Bury St. Edmunds

Suffolk

Northamptonshire

A14

ベドフォード
Bedford

Bedfordshire

ハヴァーヒル
Haverhill

ストーマーケット
Stowmarket

Aldeburgh

ロイストン
Royston

サドベリー
Sudbury

イプスウィッチ p.291
Ipswich

Baldock

Hitchin

スタンステッド空港
Stansted Airport

ブレイントリー
Braintree

ハリッチ
Harwich

Felixstowe

ルートン
Luton

ルートン空港
Luton Airport

ビショップス・ストートフォード
Bishop's Stortford

Essex

コーチェスター p.294
Colchester

Walton-on-Sea

ハートフォード
Hertford

ハーロウ
Harlow

クラクトン・オン・シー p.294
Clacton-on-Sea

Hertfordshire

St. Albans

エッピング
Epping

チェルムスフォード
Chelmsford

モルドン
Maldon

K

Watford

p.147 ハムステッド
Hampstead

Greater London

カムデン・タウン p.146
Camden Town

ブレントウッド
Brentwood

バシルドン
Basildon

L

サウスエンド・オン・シー
Southend-on-Sea

151 キュー・ガーデンズ
Kew Gardens

ロンドン p.103
London

グリニッジ p.148
Greenwich

テムズ河
R. Thames

154 インザー
indsor

ヒースロー空港
Heathrow
Airport

ウィンブルドン・ローン・テニス博物館 p.153
Wimbledon Lawn Tennis Museum

グレーヴセンド
Gravesend

シアネス
Sheerness

p.150 リッチモンド
Richmond

ウィンブルドン p.153
Wimbledon

チャタム
Chatham

マーゲイト
Margate

ハンプトン・コート宮殿 p.152
Hampton Court

243

イングランド中央部 街の概観

個性ある街が落ち着いた表情を見せる

オックスフォードやケンブリッジなどの大学街、美しい村が点在するコッツウォルズはもちろんのこと、あまり知られていない街にもそれぞれの個性が息づき、思わぬ発見の喜びがある。シュルーズベリーやストラットフォード・アポン・エイヴォンには中世の面影が色濃く残り、ロンドンからも近いイーストアングリアの平野をめぐれば歴史をくぐり抜けて来た小さな街の軌跡が見えてくる。

❷ シュルーズベリー　Shrewsbury → p.272
黒い木組みに白壁のチューダー様式の建物がもっともよく残る街のひとつ。ミステリー小説で知られる修道院など見どころも多く、近郊には世界初の鉄橋が架かる産業革命発祥の地もある。

❶ チェスター　Chester → p.275
全長3kmの城壁が街をかこみ、チューダー様式の建物も多く、中世そのままの雰囲気。ローマ時代の遺跡もある。

❸ チェルトナム　Cheltenham → p.268
18世紀末から温泉保養地として王室・貴族に愛され、今も街には優雅さが漂う。アンティークなどショッピングも楽しい。

❶ ピーク・ディストリクト
国立公園
❽

アイアン・ブリッジ
P.274
❷

ウォリック城
P.260
❻
❼
❹
❸
❺

コッツウォルズ　Cotswolds → p.262
なだらかな丘陵が続く美しい田園地帯に、絵本に出てくるような昔ながらの石造りの村が点在する。丘陵の東端には、18世紀のバロック様式の壮大な館、ブレナム宮殿Brenheim Palace（p.265）がある。
❹

❻ バーミンガム　Birmingham → p.270
ビジネスと交通の中心地で、人口約100万人のイギリス第3の都市。街にはヴィクトリア時代の建物が並び、19世紀から宝石産業でも知られ、工房めぐりもできる。イギリスの自動車産業の発祥の地、コヴェントリーCoventry（p.271）も近郊にある。

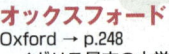

❺ オックスフォード　Oxford → p.248
イギリス最古の大学を抱え、中世以来の荘厳なカレッジの建物が点在。街は賑やかで若さがあふれている。

❼ ストラットフォード・アポン・エイヴォン　Stratford-upon-Avon → p.256
シェイクスピアが生まれたエイヴォン河のほとりの街で、生家などゆかりの場所が多く、その演劇も上演される。近郊にイングランドでも有数の雄大な城、ウォリック城 Warwick Castle（p.260）もある。

⑧ ストーク・オン・トレント
Stoke-on-Trent → p.278
　ボーンチャイナの生まれ故郷で、今もイギリスの陶磁器産業の中心地。ウェッジウッドやスポードなど有名な窯元を見学できる。

⑪ キングス・リン
King's Lynn → p.290
　河口近くにあり、中世から物資の集積地として交易で栄えた街。15〜17世紀の商館やギルドホールなど歴史的建物が残っている。

⑫ ノーリッチ
Norwich → p.292
　イーストアングリア地方の中心都市で大聖堂と城がシンボル。街にある教会の数ではイギリス最多。石畳の坂道に店が並び、マーケットも開かれて散策も楽しい。

⑨ ノッティンガム
Nottingham → p.281
　ロビン・フッド伝説で有名なシャーウッドの森に近く、詩人バイロンゆかりの場所もある。レース刺繍の中心地で、市内の見どころも豊富。

⑬ イーリー　Ely → p.289
　11世紀に建てられた巨大な大聖堂で知られる小さな街。清教徒革命の指導者クロムウェルが暮らした家もある。

⑨

コヴェントリー
P.271

⑪

⑫

グレート・ヤーマス P.293

⑬

ブレナム宮殿
P.265

⑩　ニューマーケット
P.288

⑭

⑮

クラクトン・オン・シー
P.294

ロンドン

⑭ イプスウィッチ　Ipswich → p.291
　15〜18世紀の風格ある建物が街並みに彩りを添える、散策の楽しい街。クライストチャーチ・マンションにはイギリス人画家の作品が並んでいる。

⑩ ケンブリッジ　Cambridge → p.284
　歴史を誇る数々のカレッジの建物が、ケム河と緑を背景に立つ姿は壮観。オックスフォードとは対照的に、街は小さくてしっとりしている。乗馬に興味のある人は、近郊にあるイギリス競馬の中心地、ニューマーケットNewmarket (p.288) にも足をのばしてみよう。

⑮ コーチェスター
Colchester → p.294
　ローマ時代の城壁の一部が残り、記録に残る街としてはイギリス最古。ノルマン時代の城や中世の僧院跡もある。

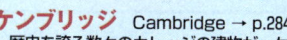

バスツアーで日帰り小旅行 花のコッツウォルズめぐり

のどかな丘陵地帯に美しい街や村が点在するコッツウォルズは、一度は訪れてみたいところ。ただ、どの街も鉄道の駅から離れているので、車なしに周遊するのはむずかしい。こんな時、便利なのがバスの日帰りツアーだ。日本の旅行会社の他にもイギリスのバスツアー専門の会社がロンドンや近郊の街発着のガイド付きツアーを催行している。ツアーの申し込みはホテルのフロントや観光案内所など。集合場所は、指定された複数のホテルのロビー、またはツアー会社のオフィスやコーチステーションなどの出発場所に直接行く。

※以下は2005年4月のゴールデン・ツアーズ日本語ガイド付き「ベスト・オブ・コッツウォルズ（クリームティー付き）」の例▶参加料金：大人£44、子供£36▶毎週水・金・日曜催行

8:30　グリーンライン・コーチ ステーション集合

ツアーの出発場所は、ヴィクトリア駅とヴィクトリア・コーチステーションの中間にあるグリーンライン・コーチのバスターミナル。最寄りのホテルでピックアップしてもらった参加者も、いったんここに集合する。ツアーデスクの前にある案内板の前で待機。ツアーの行き先はさまざまなので、自分が参加するツアーを間違えないように確認しよう。出発時間が近づくと、それぞれのツアーのドライバーとガイドが乗客に合図。バスに誘導してくれる。

ロゴマーク入りのバスの前でガイド氏がお出迎え

9:00　ツアーバス出発

ほぼ満員の乗客を乗せた大型バスは、バスターミナルを出発。ロンドン市内を抜けて、イングランド北西部に続く高速道に乗り、コッツウォルズの丘陵地帯をめざしてひた走る。市街地を抜けると、車窓に広がるのは一面のなだらかな牧草地帯。羊や牛がのんびりと草を食む風景に見とれているうちに、バスはコッツウォルズの東端の街、ブレナム宮殿のあるウッドストック Woodstock に近づいていく。

誘導に従って、乗客がゾロゾロとバスに乗り込む

10:30　ブレナム宮殿 Blenheim Palace

ブレナム宮殿での見学時間は約1時間。城の内部の見学料はツアー料金には含まれていないが、1時間ではとても中まで見ている時間はない。ヨーロッパでも最高とされる見事なバロック建築と美しい庭園だけでも見ごたえは充分。宮殿の1階にはショップがあり、オリジナルのグッズの他、コッツウォルズ名産の羊毛製品も売っている。

まずガイド氏が宮殿の歴史を簡単に解説。その後、自由見学となる

11:30　宮殿出発

再びバスに乗って牧草地帯を抜け、羊毛業で賑わう街、バーフォードへ。

12:00　バーフォード Burford

街道に沿ってパブやレストラン、ホテルが賑やかに並ぶこの街で、昼食＆休憩タイム。古風な構えのパブで、伝統的なイングリッシュフードのランチを楽しもう。昼食の後は散策を。蜂蜜色の石で造られたコッツウォルズらしい家並みを抜けて河辺へ行くと、中世そのままの古い橋の向こうは一面の牧草地帯。羊が草を食むのどかな風景が広がっている。

賑やかなバーフォードの表通り。ここでランチ休憩

13:30 バーフォード出発

次にめざすのは、コッツウォルズでもいちば
ん人気のあるボートン・オン・ザ・ウォータ
ー。到着まで、ドライブのひと時を。

14:00 ボートン・オン・ザ・ウォーター
Bourton-on-the-Water

「コッツウォルズのヴェニス」という別名の通
りに、清らかな小川が縫うように流れる美しい
街で散策のひと時を。小さな街だが、河辺の街
並みの美しさはとびきり。ミュージアムなど見

どころもけっ
こう多い。時
間を有効に使
って楽しみた
い。

小川は浅く、清ら
かで、まるで絵本
の世界

15:00 ボートン・オン・ザ・ウォーターを出発

ボートン・オン・ザ・ウォーターを出発。コッ
ツウォルズの丘を上り、この地方でもいちば
ん高い位置にある小さな街、ストウ・オン・
ザ・ウォルドへ。

15:15 ストウ・オン・ザ・ウォルド
Stow-on-the-Wold

アンティークの街としても人気のこの街で、
午後のお茶のひと時を（ツアー料金にセットさ
れている）。ポットいっぱいの紅茶と大きめの
スコーンに添えられるのは、たっぷりのバター
と手作りのジャム。ジャムの甘さに1日の疲れ
がほぐされていくようだ。

熱いお茶が疲れを癒してくれる

16:15 ストウ・オン・ザ・ウォルド出発

再びバスに乗り、チッピング・ノートンの街
を抜け、一路ロンドンへ。市内に入った後、ハ
イ・ストリート・ケンジントン、グロースター・ロ
ード、ナイツブリッジ、ハイド・パーク・コーナー
の各駅に停車しながら、最終解散地へ向かう。

18:45 ヴィクトリア駅到着

ヴィクトリア駅前に到
着後、解散。世話になっ
たガイドさんとドライバ
ーへのチップを忘れずに。

ドライバー氏▲と京都で
日本語を覚えたというガ
イドのエドワードさん◀

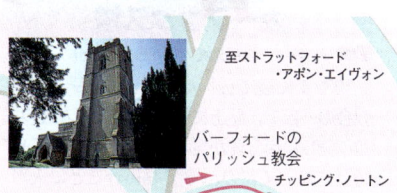

至ストラトフォード
・アポン・エイヴォン

バーフォードの
パリッシュ教会
チッピング・ノートン

ストウ・オン・ザ・ウォルド **④**
ボートン・オン・ザ・ウォーター **③**
チェルトナム

ブレナム宮殿 **①**　ウッドストック

②
バーフォード

至ロンドン

オックスフォード

小さな村にも、観光バス用
の駐車場が必ずある

※コッツウォルズをめぐるバスツアーには、ストラトフォード・アポン・エイヴォンやオックスフォードと組み
合わせたタイプなど各種ツアーをツアー各社（p.96参照）が催行している。

アカデミズム漂う学生たちの街
オックスフォード

MAP p.242-J

テムズ河とチャーウェル河にはさまれた街は、13世紀に最初のカレッジが造られて以来、ケンブリッジとともに学問の中心として名を馳せてきた。オックスフォード大学と呼ばれているが、ひとつの大学があるわけではない。教授や学生が同じ寮に寄宿しながら専門的な学問を学ぶ"学寮"＝カレッジの総称で、現在、市内に点在するカレッジの数は40余り。数々の指導者や学者を輩出してきた学問の街は、今も変わらぬアカデミックな魅力に溢れている。

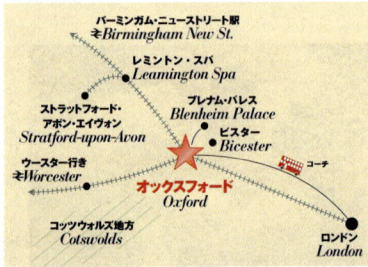

バーミンガム・ニューストリート駅
Birmingham New St.
レミントン・スパ
Leamington Spa
ストラットフォード・
アポン・エイヴォン
Stratford-upon-Avon
ブレナム・パレス
Blenheim Palace
ビスター
Bicester
ウースター行き
Worcester
コーチ
オックスフォード
Oxford
コッツウォルズ地方
Cotswolds
ロンドン
London

✈ ACCESS

Ⓐロンドン・パディントン駅～オックスフォード駅▶1時間／1時間に2本運行

🚌 ヴィクトリア・コーチステーション～オックスフォード▶約1時間40分（The Oxford Express）▶昼間は1時間に3～5本、24時間運行

Ⓑオックスフォード駅～ストラットフォード・アポン・エイヴォン駅（途中のレミントン・スパ駅で乗り換え）▶約1時間30分

ℹ️観光案内所 Tourist Information Centre
15-16 Broad St.▶☎01865-72-6871▶OPEN：9:30～17:00、日曜・祝日10:00～15:30、▶11～3月の日曜・祝日、12/25～1/1休み

街歩きのヒント

鉄道のオックスフォード駅は街の西端にあり、駅から観光案内所までは徒歩で約10分。コーチは駅と案内所の中間にあるバス＆コーチのターミナルに到着する。

街は東西に走るハイ・ストリートを境に北と南に分かれる。南側にはこの街最大のカレッジ、クライスト・チャーチや植物園がある。北側には数多くのカレッジとともに博物館が点在している。北から南にカレッジや博物館をまわりながら下っていくか、まず南下して

クライスト・チャーチを見学した後、ハイ・ストリートの北側のカレッジをまわるか、あらかじめルートを決めて歩き出そう。大きな街ではないので徒歩でまわれるが、歴史的な建造物や博物館の多さでは全国でも有数。つぶさに見て歩くと半日ではまわり切れない。宿泊する余裕がない時は見学場所をしぼるか、市内を循環する乗り降り自由の観光バス（£9）を使って効率よく見学しよう。

Sightseeing
見どころ

Carfax Tower
オックスフォードのシンボル
カーファクス塔

MAP p.249-A ℹ️観光案内所から徒歩5分

1032年に建てられたセント・マーティン教会の一部で、屋上に登ればカレッジが建ち並ぶ美しい街全体が見渡せる。塔はからくり時計になっており、今でも15分ごとに人形が現れて時を告げている。

DATA ▶☎01865-79-2653▶OPEN：10:00～17:30、11～3月は～15:30▶12/25～1/1休み▶入館料：大人£1.50、子供£0.60

Christ Church
ヘンリー8世が造ったカレッジ
クライスト・チャーチ

MAP p.249-B カーファクス塔から徒歩7分

数あるカレッジの中でも、ぜひ訪れたいのがここ。12世紀に修道院として始まったこと

注 2006年のイースターは4月16日、グッドフライデーは4月14日。

からチャーチという名が残されている
が、ここもれっきとしたカレッジ。前
身となるカーディナル・カレッジがこ
の地に造られたのが1525年。1546年に
は、ヘンリー8世が学寮と聖堂をひと
つにした現在のカレッジを創設した。

　オックスフォードの数あるカレッジ
の中でも飛び抜けた名門校で、数多く
の首相を輩出している。『不思議の国
のアリス』の著者ルイス・キャロルが
数学の教師として教鞭を取っていたの
もこのカレッジ。寮生たちが今も食事をとる
大食堂グレート・ホールは、まさにルイスの
時代のままだ。ここで見のがせないのが、大
聖堂のステンドグラス。14世紀の作品に加
え、1858年に完成したラテン・チャペルに
はラファエル前派のバーン・ジョーンズ作の
華麗なステンドグラスもある。

DATA ▶ ☎01865-28-6573 ▶ OPEN：9:00〜
17:30、日曜は13:00〜17:30 ▶ グレート・ホ
ールは12:00〜14:00は非公開 ▶ 12/25休み ▶
入館料：大人£4.00、学生・子供£3.00

Merton College
中世の面影をそのまま残す
マートン・カレッジ

MAP p.249-B　カーファクス塔から徒歩7分

　1264年にウォルター・ドゥ・マートンが
設立した名門校で、現皇太子の浩宮殿下が在
学したのがこのカレッジだ。創建当時からの
建物群が数多く、見ごたえがある。

DATA ▶ ☎01865-27-6310 ▶ OPEN：14:00〜
16:00、土・日曜は10:00〜 ▶ イースター、
クリスマス時期、1/1休み（図書館は日曜休
館）▶ 入館無料（図書館：£2.00）

249

バーミンガムへ

R ブラウンズ p.253 へ↑　↑ **H** オールド・パーソニージ p.255　**R** ジーズ p.254 へ

キーブル・カレッジ
Keble College

大学（自然史）博物館 p.253
Univercity Museum of Natural History

p.254 イーグル＆チャイルド **R**

ピット・リヴァーズ博物館 p.253
Pitt Rivers Museum

クリケット場
Cricket
Ground

Oxford Canal

Parks Rd.

St. Cross Rd.

St. Giles

文 セント・ジョンズ・カレッジ
St. John's College

文 オックスフォード・ストーリー p.251
Oxford Story

文 トリニティ・カレッジ
Trinity College

文 バリオール・カレッジ p.251
Balliol College

i 観光案内所

オックスフォード駅
Oxford Station

アシュモリアン博物館 p.252
Ashmolean Museum

ウースター・カレッジ **文**
Worcester College

Beaumont St.

Hythe Bridge St.

バスステーション
Bus Station

ランドルフ p.255 **H**

George St.

Broad St.

ブロード・
ストリート

Worcester St.

New Rd.

Park End St.

Hollybush Row

ナフィールド・カレッジ **文**
Nuffield College

St. Thomas St.

p.251 シェルドニアン・シアター
Sheldonian Theatre

カヴァード・
マーケット p.251
Covered
Market

S オックスフォード・キャンパス・ストア p.254

ボードリアン図書館 p.251
Bodleian Library

ラドクリフ・カメラ p.251
Radcliffe Camera

ハートフォード・カレッジ
Hertford College

H パーズ・プレイス p.255

オール・ソールズ・カレッジ p.250
All Soul's College

文 ニュー・カレッジ
New College

Cornmarket St.

カーファクス塔 p.248
Carfax Tower

クラレンドン・ショッピングセンター **S**
Clarendon Shopping Centre

Castle St.

Paradise St.

Queen St.

High St.

R クォド p.253

R オールド・バンク p.254

文 クィーンズ・カレッジ
Queen's College

モードリン・
グローヴ
Magdalen
Grove

ウェストゲート・ショッピングセンター **S**
Westgate Shopping Centre

p.253 オックスフォード現代美術館
Modern Art Oxford

ペンブローク・カレッジ
Pembroke College

タウン・ホール
Town Hall

オックスフォード博物館 p.253
Museum of Oxford

St. Mary The Virgin

.250 セント・メアリ教会

モードリン・カレッジ p.250
Magdalen College

ユニヴァーシティ・カレッジ p.250
Univercity College

H イーストゲート p.254

Oxpens Rd.

Speedwell St.

p.254 アリス・ **S**
ショップ

アリスズ・ **R**
ティールーム

St. Aldates

クライスト・チャーチ p.248
Christ Church

文 大聖堂
Cathedral

ゲートハウス
Gatehouse

トム・タワー
Tom Tower

Thames St.

Merton St.

チャペル

マートン・カレッジ p.249
Merton College

モブ・クォード
Mob Quad

マートン・フィールド
Merton Field

鐘楼
Bell Tower

オックスフォード大学
植物園 p.250
Univ. of Oxford
Botanic Garden

モードリン橋
Magdalen
Bridge

ロンドンへ

クライスト・チャーチ緑地
Christ Church Meadow

オックスフォード
Oxford

0　　　　　300m

A

University of Oxford Botanic Garden
学生たちの緑のオアシス
オックスフォード大学植物園
MAP p.249-B
カーファクス塔から公園入口まで徒歩10分

1621年、医学学校の薬草園として造られたイギリスでも最古の植物園で、300年前の温室がある。河が流れる園内は散歩に最適。

DATA ▶ ☎01865-27-6690 ▶ OPEN：9:00〜18:00、3・4・10月は〜17:00、11〜2月は〜16:30 ▶ 最終入園は45分前 ▶ イースター、12/25休み ▶ 入園料：£2.50、子供無料

Magdalen College
河辺に建つ美しいカレッジ
モードリン・カレッジ
MAP p.249-B　カーファクス塔から徒歩10分

シンプソン夫人との愛を貫いて王位を捨てたエドワード8世や、オスカー・ワイルド、C.S.ルイスなどが学んだカレッジで、創立は1458年。「花嫁の塔」と呼ばれるチューダー朝の美しい鐘楼では、毎年、メーデーの夜明けに聖歌隊が賛美歌を歌う。カレッジの北側には、鹿が遊ぶ豊かな緑地がある。

DATA ▶ ☎01865-27-6000 ▶ OPEN：13:00〜18:00または日没、6月末〜9月は12:00〜 ▶ イースター、クリスマス期間休み ▶ 入館料：大人£3.00、学生・子供£2.00

University College
著名な科学者を送り出す名門校
ユニヴァーシティ・カレッジ
MAP p.249-B　カーファクス塔から徒歩8分

自然科学系の名門カレッジ。アルフレッド大王が西暦800年代に創設したとの説もあるが、実際の設立は1249年（カレッジとしての活動は1280年から）。「ボイルの法則」を提唱したロバート・ボイルはじめ、数多くの業績や優れた学者がここから誕生した。

DATA ▶ ☎01865-27-6602 ▶ 一般公開は不定期

All Soul's College
ハイ・レベルな学術機関
オール・ソールズ・カレッジ
MAP p.249-B　カーファクス塔から徒歩5分

学士号のある研究者のための学術機関として1437年に創立した。大建築家、クリストファー・レンの作になる美しい日時計は必見。

DATA ▶ ☎01865-27-9379 ▶ OPEN：14:00〜16:30、10〜4月は〜16:00 ▶ 土・日曜休み ▶ 入館無料

St.Mary The Virgin
尖塔は最高のビュー・ポイント
セント・メアリ教会
MAP p.249-B　カーファクス塔から徒歩5分

13世紀に建てられた教会だが、大学との関わりは深く、シェルドニアン・シアターやボードリアン図書館ができるまでは図書室や大学の式典会場として使われてきた。高さ約60mの尖塔からのパノラマは最高。

DATA ▶ ☎01865-27-9111 ▶ 9:00〜17:00（7・8月は〜18:00）、日曜は12:15〜17:00 ▶ 入館無料（展望台：£2.00）▶ 展望台はグッドフライデー、12/24〜26休み

手前が円形の図書館、ラドクリフ・カメラ。広場をはさんだ向こうにセント・メアリ教会の尖塔が見える

ミニ情報 ロバート・ボイル（1627〜91）：貴族出身の科学・物理学者。一定温度にある一定量の気体の体積は圧力に反比例する「ボイルの法則」を発見。私費で実験室を建て、実体験から古代ギリシャ由来の学説を否定した。

Radcliffe Camera
ボードリアン図書館の読書室
ラドクリフ・カメラ

MAP p.249-B　セント・メアリ教会に隣接

　「カメラ」とはラテン語で「アーチ型の屋根を持つ部屋」の意味。ここは医師ジョン・ラドクリフの遺産を投じて1749年に建てられた円形のユニークな建物で、1861年からはボードリアン図書館の分館となり、現在は閲覧室として使われている。一般には公開していない。

周辺は中世そのままの静かな広場

Bodleian Library
膨大な蔵書を誇る図書館
ボードリアン図書館

MAP p.249-B　ラドクリフ・カメラの隣

　17世紀初頭創設の英国でも最古とされる図書館で、グロスター公寄贈の書物を基に造られ、大英図書館に次ぐ膨大な蔵書（約550万部）を誇っている。現在もイギリスで出版された書物はすべてここに収められている。

DATA ▶ ☎01865-27-7224 ▶ OPEN：9:00～17:00、土曜は～12:30 ▶ 日曜、イースター期間、12/24～1/1休み ▶ 入館無料（ツアー£4.00）

Sheldonian Theatre
内装も壮麗な式典会場
シェルドニアン・シアター

MAP p.249-B　ボードリアン図書館から徒歩1分

　クリストファー・レンの処女作で完成は1669年。古代ローマの野外劇場をモチーフにしたゴシック風の建物で、上部に飾られているのはローマの歴代皇帝の彫像群。学位授与式などカレッジの重要な式典の会場になる。

DATA ▶ ☎01865-27-7299 ▶ OPEN：10:00～12:30と14:00～16:30、11～3月は10:00～15:30 ▶ イースター、12/22～1/1休み ▶ 入館料：大人£1.50、子供£1.00

Oxford Story
街の歴史をリアルに体験
オックスフォード・ストーリー

MAP p.249-B　カーファクス塔から徒歩5分

　オックスフォードや学生たちの生活を紹介するアミューズメント。カートに乗って進むと、800年に及ぶオックスフォードの大学と街の歴史が見えてくる。カートには日本語のオーディオガイドもある。所要約30分。

DATA ▶ ☎01865-72-8822 ▶ OPEN：10:00～16:30、日曜は11:00～、7・8月は毎日9:30～17:00 ▶ 12/25休み ▶ 入館料：大人£6.95、子供£5.25

Zoom in
魅力的な店がいっぱい！
カヴァード・マーケット
Covered Market

MAP p.249-B

　1772年に造られた屋根付きのマーケットでハイ・ストリートHigh St.の北側に2ヵ所、コーン・マーケット・ストリートCornmarket St.に1ヵ所入口がある。細い路地を抜けて市場に足を踏み入れると、そこはまるで別世界。食料品の店や肉屋、パン屋、花屋…と、生活用品を商う小さな店が細い通りの左右にズラリと並び、その合間にカフェや軽食スタンド、可愛らしい雑貨の店などが混じっている。地元の人々の暮らしに欠かせない市場は、観光客にとっても魅力的な場所。丹念に見て歩けば、観光客向けの店にはない、とっておきのオックスフォードみやげが見つかりそう。夕方5時にはすっかり店じまいしてしまうので、時間をかけてまわりたい時は早めに行こう。

ミニ情報　エドワード8世（1894～1972）：1936年に即位するも、離婚歴のあるアメリカ人Wallis Warfield Simpsonと結婚のため同年末退位。退位後ウィンザー公を名乗った。代わりに弟で現女王の父であるジョージ6世が即位。

Museum & Gallery
博物館・美術館

学問の街ならではの規模と内容の博物館は必見

Ashmolean Museum
イギリス最古の公立博物館
アシュモリアン博物館

MAP p.249-A　**❶**観光案内所から徒歩5分

　1863年に開館したイギリスでももっとも古い博物館のひとつ。考古学的展示品とともに、ミケランジェロやラファエルなどヨーロッパの絵画も展示している。

DATA ▶ **☎**01865-27-8000 ▶ OPEN：10:00〜17:00、日曜は12:00〜、7〜9月の木曜は〜19:00 ▶ 月曜、12/24〜26、1/1、イースター休み ▶ 入館無料

ZOOM in　大学の街オックスフォードはファンタジー文学ゆかりの街

　『不思議の国のアリス』が、オックスフォードで生まれたことはよく知られている。作者のルイス・キャロル（本名チャールズ・ラドウィッジ・ドジソン）は、1851年にクライスト・チャーチで学び、卒業後も教師としてとどまって、1898年に亡くなるまでずっとこの街に暮らしていた。主人公アリスのモデルとなった少女も、クライスト・チャーチの学寮長の次女で、やはりこの街にいた実在の人物だ。

　幼い少女と内気な数学教師の友情から生まれた物語は、オックスフォードの実在の場所や人物をモデルに展開する。クライスト・チャーチのラテン・チャペルのステンドグラス「病を癒す聖なる井戸」は、物語の中で三姉妹が住む「糖蜜の井戸」として出てくるし、ヘビのように首がのびたアリスのモチーフになったのは、

グレート・ホールの暖炉の両脇にあるファイアドッグ、チェシャー猫はアリスが飼っていた猫、時計を手にせかせか走りまわるウサギは、多忙な学寮長、アリスの父がモデル…といった具合。

　この『不思議の国のアリス』とともに、オックスフォードとゆかりの深いファンタジー文学が、世界的な人気を集めている『ハリー・ポッター』と『指輪物語　旅の仲間』。アリスで登場したクライスト・チャーチのグレート・ホールは『ハリー・ポッターと賢者の石』の中で、ホグワーツ魔法学校として使われている。また、「ロード・オブ・ザ・リング」として映画化された『指輪物語』の作者、J.R.Rトールキンはオックスフォードのエクセター・カレッジで学び、キャロルと同じようにそのまま教鞭を取り、約33年間にわたってこの街で暮らした。ルイスとアリスがドードー鳥などを見物したオックスフォード博物館には、トールキンのカレッジガウンや手紙なども展示されている。

　古風な建物が並ぶオックスフォードの街はただ歩くだけでもいいが、ファンタジー文学ゆかりの場所を目的に歩いてみれば、また違う趣が楽しめるのではないだろうか。

この奥がアリスたちの世界、クライスト・チャーチ

Museum of Oxford
内容充実の博物館
オックスフォード博物館
MAP p.249-B　❶観光案内所から徒歩7分

有史以前の恐竜の時代から現在までのオックスフォードの歴史を展示している。

DATA ▶ ☎01865-25-2761 ▶ OPEN：10:00〜16:00、土曜は〜17:00、日曜は12:00〜16:00 ▶ 月曜、12/25・26休み ▶ 入館料：大人£2.00、子供£0.50

博物館はクライスト・チャーチの北隣り

University Museum of Natural History
大規模な自然科学博物館
大学（自然史）博物館
MAP p.249-B　❶観光案内所から徒歩7分

自然史の博物館。鋼鉄とガラスで造られたネオ・ゴシック様式の展示室に標本や化石などを豊富に展示していて見ごたえ充分。開館は1860年。

DATA ▶ ☎01865-27-2950 ▶ OPEN：12:00〜17:00 ▶ イースター、12/25・26休み ▶ 入館無料

Pit Rivers Museum
コレクションは100万点以上
ピット・リヴァーズ博物館
MAP p.249-B　❶観光案内所から徒歩8分

大学博物館の東側に隣接する人類学系の博物館。世界各地から集められた人類学に関する膨大なコレクションを展示している。

DATA ▶ ☎01865-27-0927 ▶ OPEN：12:00〜16:30 ▶ 祝日休み ▶ 入館無料

Modern Art Oxford
ハイ・レベルな現代アート
オックスフォード現代美術館
MAP p.249-A　❶観光案内所から徒歩5分

醸造所の建物を改装して1965年にオープンした現代アートの美術館。常設展示はないが、世界中の現代美術作品を集めた特別展はレベルが高い。滞在中に開催されている時はのぞいてみよう。

DATA ▶ ☎01865-72-2733 ▶ OPEN：10:00〜17:00、日曜は12:00〜 ▶ 月曜、イースター、12/24〜26、12/31、1/1休み ▶ 入館無料

253

オックスフォード

Restaurants & shops & Hotels

クオド
Quod Restaurant & Bar　**MAP** p.249-B　❶観光案内所から徒歩7分
街の中心にあるおしゃれなイタリアン
オールド・バンク・ホテルの1階にあるイタリア料理の店。表通りに面した店内は、スタイリッシュで開放的。パスタやピザの他、コース料理もある。

DATA ▶ 92-94 High St. ▶ ☎01865-20-2505 ▶ OPEN：12:00〜23:00、日曜〜22:30 ▶ 無休

ブラウンズ
Browns Restaurant & Bar　**MAP** p.249-A　❶観光案内所から徒歩10分
伝統的なイギリス料理を楽しむならここへ
オックスフォードの街に古くからある、地元で人気の店。ゆったりとした店内は、アットホームでくつろいだ雰囲気に包まれている。

DATA ▶ 5-11 Woodstock Rd. ▶ ☎01865-51-1995 ▶ OPEN：11:00〜23:00、日曜・バンクホリデーは11:00〜22:30 ▶ 無休

注 イースター：2006年は4月16日。2007年は4月8日。バンクホリデーはp.26〜27を参照
※「無休」とある店も、12/25前後と1/1はほとんどが休みとなります。ご注意ください。

ジーズ
Gee's Restaurant MAP p.249-B　**❶**観光案内所から徒歩15分
美しい住宅地にある温室のような店
　街の中心部を抜けて、しばらく静かな住宅地を歩いたところにある。伝統的なイギリス料理がメインで、ランチにはお得なセットもある。

DATA ▶61A Banbury Rd. ▶☎01865-55-3540▶OPEN：12:00〜14:30、18:00〜22:30（金・土曜〜23:00）、日曜12:00〜15:30、18:00〜22:30▶無休

イーグル&チャイルド
Eagle & Child MAP p.249-A　**❶**観光案内所から徒歩8分
学生たちにこよなく愛される伝統のパブ
　カレッジの教授や学生愛用のパブは市内に多いが、ここもそのひとつ。奥にコンサバトリー（温室）があり、食事もゆっくり楽しめる。

DATA ▶49 St.,Giles ▶☎01865-30-2925▶OPEN：11:00〜23:00、日曜12:00〜22:30（ランチは12:00〜14:00）▶無休

オックスフォード・キャンパス・ストア
Oxford Campus Store MAP p.249-B　**❶**観光案内所から徒歩1分
オックスフォード・グッズが勢揃い
　オックスフォードのおみやげを探す時はこの店へ。トレーナーやオックスフォード・カラーのタイ、カップなど、おみやげ好適品が充実した観光客に人気の店。

DATA ▶9-10 Broad St. ▶☎01865-72-7517▶OPEN：9:00〜17:30、日曜9:30〜▶無休

アリス・ショップ
Alice's Shop MAP p.249-A　**❶**観光案内所から徒歩7分
アリス・ファン必見の店
　物語の中にも描かれた由緒ある店で、各種のアリス・グッズや古書などが揃う。初期の本に使われた挿絵など、この店にしかないものも多い。店の隣にはギャラリーを併設したティールームもある。

DATA ▶83 St Aldates ▶☎01865-72-3793▶OPEN：11:00〜17:00▶無休

イーストゲート
Macdonald Eastgate Townhouse MAP p.249-B　**❶**観光案内所から徒歩15分　★★★
伝統のスタイルを守る快適なホテル
　植物園近くの静かな一角にある優雅なホテル。内装はクラシックなスタイルで統一されているが、設備は近代的。

DATA ▶The High St.▶☎0870-400-8201▶FAX 01865-79-1681
▶URL：www.eastgate-hotel.com▶64室▶S、D/Tとも£140〜▶JH, TO

オールド・バンク
Old Bank Hotel MAP p.249-B　**❶**観光案内所から徒歩7分　★★★
アート感覚あふれるおしゃれなホテル
　市内の中心部にあり、街歩きのベースとしては最高。銀行のクラシックな建物を使っているが、内部はモダンに改装されている。

DATA ▶92-94 High St.▶☎01865-79-9599▶FAX 01865-79-9598▶URL：www.oldbank-hotel.co.uk▶42室▶S£150、T/D£165〜

※「無休」とある店も、12/25前後と1/1はほとんどが休みとなります。ご注意ください。

オールド・パーソニージ ★★★

Old Parsonage Hotel MAP p.249-B ❶観光案内所から徒歩15分

蔦のからまるレンガの洋館に泊まる

個人の館のようなアットホームな雰囲気。朝は本格的なイングリッシュブレックファーストが食べられる。

DATA ▶ 1 Banbury Road ▶ ☎01865-31-0210 ▶ FAX 01865-31-1262
▶ URL：www.oldparsonage-hotel.co.uk ▶ 30室 ▶ S £135、T/D £155〜

ランドルフ ★★★

The Macdonald Randolph Hotel,Oxford MAP p.249-A

伝統と格式を誇る大型ホテル。創業は1864年。中心部にある賑やかな広場に面している。

DATA ❶観光案内所から徒歩2分 ▶ Beaumont St.
▶ ☎0870-400-8200 ▶ FAX 01865-79-1678
▶ URL：www.randolph-hotel.com
▶ 151室 ▶ S、T/Dとも£140〜 ▶ JH, TO

バース・プレイス ★★

Bath Place MAP p.249-B

カレッジを抜ける石畳の路地の奥にある、17世紀の雰囲気そのままのコテージホテル。家庭料理のターフ・タバンも併設している。

DATA ❶観光案内所から徒歩5分 ▶ 4-5 Bath Place
▶ ☎01865-79-1812 ▶ FAX 01865-79-1834 ▶ URL：
www.bathplace.co.uk ▶ 13室 ▶ S £75〜、D £95〜

もうひとつの旅
Promenade MAP p.242-J

アウトレットでブランドモノを6割引きで買う！ビスター・ヴィレッジ

Bicester Village

オックスフォードを訪れたら、ぜひ足をのばしたいのがアウトレット・ショッピングセンターの「ビスター・ヴィレッジ」。ここでは英国をはじめ世界の有名ブランドモノが30〜60%引きで手に入る。英国のアウトレットの中ではもっとも品揃えが充実していて、ロンドンやオックスフォードからのアクセスも便利だ。

広大な敷地の中に建てられたショッピングモールは、広めの歩道の両脇にショップがズラリと並ぶ。有名ブランドの店が一本のストリートにぎっしり集まっていて、一歩足を踏み入れただけで買い物意欲が一気に高まる。

さて肝心のブランドだが、ざっと挙げてみると…ヴェルサーチ、フェラガモ、ラクロア、マックス・マーラ、エスカダ、アクアスキュータム、ポール・スミス、イェーガー、DKNY、ポロ・ラルフローレン、ニコル・ファリ、ベンハリゴンズ、ヴァレンティノ、ティンバーランドなど75ブランド。シーズンオフ商品や余剰商品が中心だが、れっきとした高級品。かなりお得な値段で掘り出しモノを見つけるチャンスだ。また旅行者にはVAT（付加価値税17.5%）を還

評判を聞いた買い物客でいつも大賑わい

元する手続きもしてくれるので、パスポートを忘れずに持っていこう。

DATA ▶ 50 Pringle Drive, Oxfordshire
▶ ☎01869-323-200 ▶ URL：www.bicester
village.com ▶ OPEN：10:00〜18:00、土曜9:00
〜19:00 ▶ 12/24〜26休み

ACCESS

●オックスフォードから

🚃オックスフォード駅〜ビスター・タウンBicester Town駅 ▶ 約30分 ▶ 2時間に1本運行 ▶ 駅からは徒歩2分

🚌グロスター・グリーンのバス停から、27、28、29番バスでビスター・ヴィレッジまで約30分 ▶ 30分に1本運行 ▶ バス停から徒歩5分

●ロンドンから

🚃ロンドン・マリルボーン駅〜ビスター・ノースBicester North駅 ▶ 1時間 ▶ 1時間に2〜3本運行 ▶ 木〜日曜は駅からシャトルバス（片道£1.00）あり。タクシーなら約5分、徒歩約10分

中世が宿るシェイクスピアの故郷
ストラットフォード・アポン・エイヴォン

MAP p.242-F

イングランド中部の美しい田園地帯を流れるエイヴォン河。そのほとりにある小さな街は、偉大な劇作家シェイクスピアのゆかりの地だ。彼はここに生まれ、ロンドンで名声を得た後、晩年に舞い戻ってここで最期の時を迎えている。街には今も木枠にしっくい壁という16世紀のチューダー様式の建物が連なり、訪れる人々を劇作家の時代に引き戻す。劇団ロイヤル・シェイクスピア・カンパニーの本拠地でもあり、世界中の演劇ファンにとって一度は足を運びたい聖地となっている。

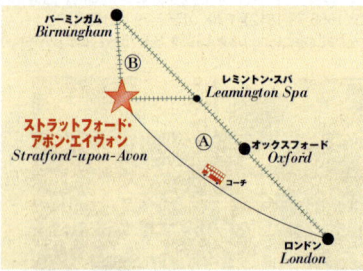

256

ＡＣＣＥＳＳ

🚃Ⓐ：ロンドン・マリルボーン駅～ストラットフォード・アポン・エイヴォン駅▶直通で2時間10分▶2時間に1本運行
🚌 ロンドン・ヴィクトリア・コーチステーション～ストラットフォード・アポン・エイヴォン・リバーサイド・バスステーション▶約3時間▶1日に4本運行
🚃Ⓑ：バーミンガム・スノーヒル駅～ストラットフォード・アポン・エイヴォン駅▶50分▶1時間に1本運行

---

❶観光案内所 Tourist Information Centre
Bridgefoot▶☎01789-29-3127▶OPEN：9：00～17：30、日曜10：30～16：30、11～3月は9：30～17：00、日曜10：00～16：00▶12/25・26休み

街歩きのヒント

街は小さく、街はずれにある駅からエイヴォン河沿いの観光案内所まで徒歩15分ほど。コーチなら街のすぐ北側に着く。チューダー様式の家並みを眺めながら見どころや劇場をまわり、緑に包まれたエイヴォン河沿いを散策して1日のんびり過ごすといいだろう。演劇ファンならぜひ1泊して、シェイクスピア・カンパニー本拠地の劇場で観劇のひと晩を過ごしたい。本場中の本場で味わう舞台はまた格別だ。

市内は歩いてまわれるが、シェイクスピアゆかりの建物5ヵ所すべてを半日でまわろうとするとかなり忙しくなる。3ヵ所

静かな街にはチューダー様式の家並みが続いている

は街の中心部にあるので短時間でまわれるし、ちょっと離れたアン・ハサウェイの家もウォーキングをかねて歩いて行けるが、メアリ・アーデンの家は街の中心から西に約5.5km離れている。ここまで歩くのはかなり大変。このふたつの家と街の見どころを巡回する乗り降り自由の観光バスを利用するのがいちばん便利だ。バスは観光案内所近くから発着している。

●乗り降り自由の観光バス

シティサイトシーイング社▶12/25・26、1/1を除く年中運行▶9：30～最終バスは季節により16：00～17：40▶15～30分おきに運行▶大人£8.00、子供£3.50

Ｓightseeing 見どころ

Shakespeare's Birthplace
生まれた当時の生活を再現
シェイクスピアの生家

MAP p.257-B ❶観光案内所から徒歩7分

シェイクスピアが1564年に生まれ青年期まで暮らした家で、16世紀の様式がそのまま保存されている。彼の父親は革手袋の生産

🌸 イースター：2006年は4月16日、グッドフライデー（聖金曜日）は4月14日。2007年は4月6日、8日。

どっしりとした構えのシェイクスピアの生家

や羊毛の取引で財を築き市長にもなった街の名士で、家は当時としては裕福な家庭の典型的なものだった。シェイクスピアの没後も19世紀初めまで彼の子孫が暮らしていたが、18世紀半ばにはすでに見学者が増え、詩人のキーツや作家のディケンズなど数多くの著名人もここを訪れている。

　19世紀まではタウンハウスのようにひと続きの棟の一角だったが、今はこの家が残るだけだ。時代を経て内部は改造されていたが、近年になってシェイクスピアが暮らしていた当時の状態に修復され、家具や調度品、壁の装飾にいたるまで16〜17世紀の様式を忠実に再現している。1階には食堂や手袋生産工房などがあり、2階にシェイクスピアが生まれた寝室がある。彼が実際に使ったものはないが、当時の生活ぶりは充分うかがえる。入

口は隣接する**シェイクスピア・センター**内にあり、ここにも偉大な劇作家の作品の資料や舞台衣装などが展示されている。

DATA ▶ ☎01789-20-4016 ▶ OPEN：10:00〜17:00、6〜8月は9:00〜、11〜3月は16:00、6〜8月の日曜は9:30〜、11〜3月の日曜は10:30〜 ▶ 12/23〜26休み ▶ 入館料：大人£6.70、子供£2.60
※シェイクスピアの生家財団が管理する5つの家の共通割引切符は3ヵ所で大人£10.00、子供£5.00、5ヵ所で大人£13.00、子供£6.50

Royal Shakespeare Theatre
名門劇団の本拠地
ロイヤル・シェイクスピア劇場

MAP p.257-B　❶観光案内所から徒歩5分

　劇団ロイヤル・シェイクスピア・カンパニー（RSC）の本拠地で、エイヴォン河の岸に立つレンガ造りの建物は、1870年代の建物が焼けた後、1932年に再建されたアールデコ風のもの。公演期間は年11ヵ月間で、6〜9月のハイシーズンには日曜を除く毎日シェイクスピア劇が上演される。舞台裏をめぐるシアターツアーもおもしろい。隣接する**スワン劇場**は、木造の劇場を1986年に建て替え、チューダー朝の時代の劇場を再現している。中に入って見学してみたい。また、南に

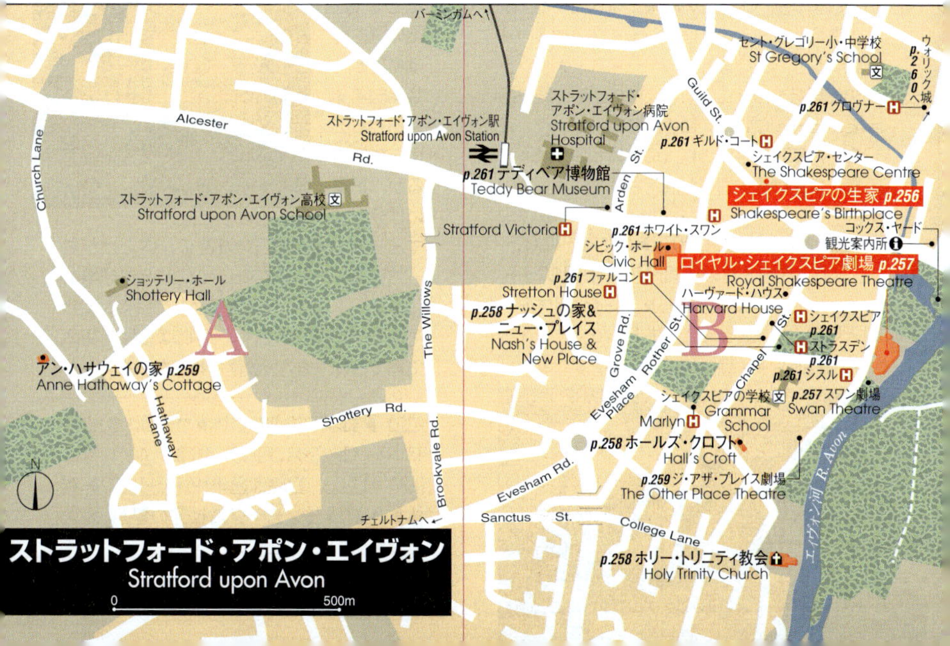

バーミンガムへ↑

セント・グレゴリー小・中学校
St Gregory's School 文

ウォリック城へ
p.260へ↑

p.261 グロヴナー H

Alcester

Church Lane

ストラットフォード・アポン・エイヴォン駅
Stratford upon Avon Station

ストラットフォード・アポン・エイヴォン病院
Stratford upon Avon Hospital

Guild St.

p.261 ギルド・コート H

シェイクスピア・センター
The Shakespeare Centre

シェイクスピアの生家 p.256
Shakespeare's Birthplace

コックス・ヤード
Cox's Yard

Rd.

p.261 テディベア博物館
Teddy Bear Museum

Arden St.

ストラットフォード・アポン・エイヴォン高校 文
Stratford upon Avon School

Stratford Victoria H

p.261 ホワイト・スワン
White Swan

ロイヤル・シェイクスピア劇場 p.257
Royal Shakespeare Theatre

❶観光案内所

シビック・ホール
Civic Hall

ショッテリー・ホール
Shottery Hall

The Willows

p.261 ファルコン
Stretton House

p.261 シスル H

ハーヴァード・ハウス
Harvard House

シェイクスピア
p.261

ストラスデン H

Grove Rd.

Rother St.

Chapel St.

p.258 ナッシュの家＆
ニュー・プレイス
Nash's House &
New Place

アン・ハサウェイの家 p.259
Anne Hathaway's Cottage

Hathaway Lane

Shottery Rd.

Brookvale Rd.

Evesham Place

Marlyn

シェイクスピアの学校 文
Grammar School

p.257 スワン劇場
Swan Theatre

N

p.258 ホールズ・クロフト
Hall's Croft

Evesham Rd.

チェルトナムへ↓

Sanctus St.

p.259 ジ・アザ・プレイス劇場
The Other Place Theatre

College Lane

エイヴォン河 R. Avon

p.258 ホーリー・トリニティ教会
Holy Trinity Church

ストラットフォード・アポン・エイヴォン
Stratford upon Avon

0　　　　　　　500m

A

B

本場の中の本場でシェイクスピアを

徒歩5分弱の**ジ・アザ・プレイス**は、実験的なものも含めた新作を取り上げる劇場だ。

DATA ▶ ☎01789-40-3405（予約）▶ シアターツアー（要予約／英語のみ）：大人£4.00、19歳以下£3.00▶ チケットは£10～40（シーズン、劇場により異なる。6月下旬～8月末のハイシーズンは予約した方が無難）

Nash's House & New Place
晩年を過ごした家の跡
ナッシュの家&ニュー・プレイス

MAP p.257-B　❶観光案内所から徒歩7分

　ニュー・プレイスは、成功したシェイクスピアが1597年に購入した街で有数の豪邸で、1616年に亡くなるまでの晩年をこの家で過ごした。死後は娘夫婦が相続したが、18世紀に取り壊され、現在は礎石や井戸が残るだけで、エリザベス様式の庭園となっている。隣にあるナッシュの家は、シェイクスピアの孫娘エリザベスの最初の夫トーマス・ナッシュの住居だったところ。2人は結婚後、親夫婦とニュー・プレイスに住んでいたという。現在、内部には当時の様式の家具が置かれ、2階には街の歴史資料が展示されている。

DATA ▶ ☎01789-20-4016▶ OPEN：11:00～17:00、6～8月は9:30～（日曜10:00～）、11～3月は11:00～16:00▶ 12/23～26休み▶ 入場料：大人£3.50、子供£1.70

街に残るシェイクスピア一族の家のひとつ

Hall's Croft
17世紀の医者の家
ホールズ・クロフト

MAP p.257-B　❶観光案内所から徒歩10分

　シェイクスピアの娘スザンナの夫である医師のジョン・ホールの家で、結婚後もニュー・プレイスに移るまで夫婦はこの家に住んでいた。17世紀前半のアンティーク家具が置かれ、居間や寝室などに加えて当時の診察室も再現している。

DATA ▶ ☎01789-20-4016▶ OPEN：11:30～17:00、6～8月は9:30～（日曜10:00～）、11～3月は11:00～16:00▶ 12/23～26休み▶ 入館料：大人£3.50、子供£1.70

Holy Trinity Church
シェイクスピアの埋葬地
ホリー・トリニティ教会

MAP p.257-B　❶観光案内所から徒歩12分

　河沿いの並木道の先に見える教会で、シェイクスピアが生誕洗礼を受け、死後埋葬されたところ。彼の誕生日は命日と同じ1564年4月23日と伝えられているが、正確には分かっておらず、4月26日の洗礼の記録だけが残っている。シェイクスピアの墓は奥の祭壇前にあり、妻や娘など一族も並んで眠る。教会そのものの歴史も古く、建物は13世紀初めに建てられ、その後改修されたものだ。

DATA ▶ ☎01789-26-6316▶ OPEN：8:30～18:00。11～2月は9:00～16:00、4・10月は8:30～17:00、日曜は通年12:15～16:00▶ 無休▶ 入館料（シェイクスピアの墓）：大人£1.00、子供£0.50

Anne Hathaway's Cottage
庭園にかこまれた藁葺きの農家
アン・ハサウェイの家

MAP p.257-A

🚉Stratford-upon-Avon駅から徒歩25分

DATA ▶ ☎01789-20-4016 ▶ OPEN：9:30〜17:00（日曜10:00〜）、6〜8月は9:00〜（日曜9:30〜）、11〜3月は10:00〜16:00 ▶ 12/23〜26休み ▶ 入館料：大人£5.20、子供£2.00

自然を生かした庭園にかこまれた藁葺き屋根の家は400年前のまま。シェイクスピアの妻アンが1582年に結婚するまで住んでいた家で、当時の裕福な農家の典型だ。19世紀末までアンの子孫のハサウェイ家の一族が住み、19世紀前半にはすでに名所のひとつになっていた。15世紀半ばの建物と17世紀に建て増した部分がある。家具・調度品はハサウェイ家が所有していたもので、内装は19世紀末の様子をとどめている。

この地方独特の美しい曲線を描く藁葺きの屋根が美しい

ZOOM in 人間の普遍性を見ていた 天才劇作家シェイクスピア

ウィリアム・シェイクスピアが生涯に書いた37の劇作は、時代と国を超えて親しまれてきた。数々の名セリフに代表されるように、どの作品も人間の普遍性をとらえ、今も観客の心の琴線に触れて感動を呼び起こす。彼が活躍した時代は、エリザベス1世が君臨したチューダー朝の時代で、イギリス独自の文化・芸術が花開いた時期でもあった。

豊かな家に生まれたシェイクスピアは、今も実際に使われている街のグラマースクールで教育を受け、ここで学んだ古典が後の劇作の筋や登場人物に反映されている。18歳で8歳年上のアン・ハサウェイと結婚しているが、不つりあいにも思えるこの結婚は、実は妊娠させてしまったからだとい

広場にはシェイクスピアの戯曲ゆかりの像が並んでいる

われている。当時、何で生計を立てていたかはっきりしないが、子供を3人もうけた後、1586年頃に家族を残して単身ロンドンに旅立ってしまった。俳優を志したとされているが、その理由はいまだに分かっていない。

最初に彼の名前が世の中に現れるのは、1592年頃に『ヘンリー6世』など初期の作品が世に出た時だ。1594年にはチェンバレン卿が後援する新しい劇団の結成に加わり、約20年間にわたって劇作家としての名声がしだいに築かれていった。ロンドンでの華々しい成功は彼に富をもたらし、1597年に故郷にニュー・プレイスの豪邸を購入するなど資産作りにも励んでいたようだ。

当時の劇場は、ロンドンに再建されたグローブ座（p.133参照）からも分かるように円形で天井はなく、自然の明かりを利用して昼間に公演が行われている。また、女性の役もすべて男性が演じていた。劇団はエリザベス1世の前でも演じ、1599年にグローブ座がオープンしてからは、ジェームス1世が劇団の後援者に加わっている。『ハムレット』や『オセロ』『リア王』『マクベス』など有名な悲劇のほとんどは、この時期に書かれたものだ。最後の作品となったのは、53歳で亡くなる4年前の1612年に上演された『テンペスト』で、ここには彼の人生に対する思いが凝縮されているという。

白壁に木の梁が美しい典型的な農家

Mary Arden's House
シェイクスピアの母親の故郷
メアリ・アーデンの家

🚃Stratford-upon-Avon駅から鉄道で5分▶1時間に
1〜2本運行▶ウィルムコートWilmcote下車徒歩5分

　シェイクスピアの母親メアリ・アーデンが結婚してストラットフォードの街に移るまで暮らしていた家。田園にかこまれたウィルムコートの村にあり、敷地の広さからも、堂々とした家構えからも豊かな農家だったことが分かる。

敷地内と家の中に16世紀の農村の生活がかいま見られて興味深い。

DATA ▶☎01789-20-4016▶OPEN：10:00〜17:00、11〜3月は〜16:00、6〜8月は9:30〜▶12/23〜26休み▶入館料：大人£5.70、子供£2.50

もうひとつの旅
Promenade

MAP p.242-F

中世をビジュアルに見せる
ウォリック城　*Warwick Castle*

塔からは赤い屋根が連なるウォリックの街が一望できる

　イングランドに数ある城の中でも、雄大さではウィンザー城に引けをとらない有名な城だ。エイヴォン河のほとりに最初にこの城を築いたのは、ウェセックス王国アルフレッド大王の娘エセルフレーダで914年のこと。ただこの時の城は小さな要塞に過ぎず、現在の城の基礎は1068年にノルマン人の征服王ウィリアム(p.206参照)が造ったもの。18世紀まで増築が重ねられ、1871年の火災の後に修復されている。

幽霊も真っ青！　エンターテインメント古城
　夜な夜な幽霊がさまようことで有名な城でもあったが、今やここは他の城では見られない観光客向けの楽しい趣向が盛りだくさんのテーマパークのような城に変身した。スタッフは中世の衣装をまとい、夏には広大な敷地を利用して中世のマーケットや戦いが演じられる。実はロンドンのマダム・タッソーろう人形館(p.146参照)を運営するタッソーズ・グループが1978年に城主のウォリック伯爵から城を買い取り、資金を投じてエンターテインメントの城に変えたのだ。

　城の内部はリアルなろう人形でさまざまな時代を表し、各部屋には実在の人物の人形も登場する。「キングメーカー」では15世紀のバラ戦争に出陣する前の準備の様子が見られ、「ロイヤル・ウイークエンド・パーティー」では、1890年代に王族を招いて開かれていた週末のパーティーを再現している。

　城壁や塔の上にも登れるし、拷問の部屋もあるが、忘れてならないのがウォリック城の名を有名にしていたゴースト・タワー。グレヴィル卿の幽霊が出ると伝えられる塔だ。王室から授かった城を修復したグレヴィル卿は、1628年に無残にも召使に殺されてしまった。しかし、自分が愛した城を死後も忘れられず、魂は寝室のあった塔をさまよっているという。解説本や携帯オーディオ解説(£2.95)にも日本語があるので、ぜひここも見てみよう。

ACCESS
🚃：ロンドン・マリルボーン駅〜ウォリック駅
▶1時間40分▶1時間に2〜3本運行
🚃：ストラットフォード・アポン・エイヴォン駅〜ウォリック駅▶25分▶2時間に1本運行
🚌ロンドン・ヴィクトリア・コーチステーション〜ウォリック・バスステーション▶約2時間45分▶1日3本運行
🚌ストラットフォード・アポン・エイヴォン〜ウォリック・バスステーション▶バス16番で約20分▶1時間に1本運行
▶駅から城まで徒歩15分、バスステーションからは徒歩5分
DATA ▶☎0870-442-2000/01926-49-5421
▶OPEN：10:00〜18:00、10〜3月は〜17:00
▶12/25休み▶入館料：大人£12.95〜16.95、子供£7.95〜9.95、※季節により変動

Teddy Bear Museum
ショップにもベアがいっぱい
テディベア博物館

MAP p.257-B

≉Stratford-upon-Avon駅から徒歩5分

テレビ番組に登場したベアからアンティーク的価値を持つ貴重なベアまで、テディベアが大集合した博物館。パディントン・ベアやくまのプーさんなどおなじみの顔も揃っている。併設する店もベアとベアのグッズが充実し、テディベアのファンには感激もの。

DATA ▶ ☎01789-29-3160 ▶ OPEN：9:30～

17:30 ▶ 12/25・26休み ▶ 入館料：大人£2.50、子供£1.50

エイヴォン河畔の最新スポット、コックス・ヤード

Hotel Guide

ホワイト・スワン
The White Swan Hotel   **MAP** p.257-B   ❶観光案内所から徒歩10分   ★★

シェイクスピアもバーの常連だった古風なホテル

オーク材の柱に白い壁が美しい16世紀の古い建物をそのまま活かしたホテルで、内装もできるだけ当時の状態を保っている。

DATA ▶ Rother St. ▶ ☎01789-29-7022 ▶ FAX 01789-26-8773
▶ URL：www.thewhiteswanstratford.co.uk ▶ 41室 ▶ S £60～、D/T £80～ ▶ TO

シェイクスピア   ★★★
Macdonald Shakespeare Hotel   **MAP** p.257-B

創業1637年と古く、18世紀以来、多くの作家や俳優に愛されてきた名門ホテル。アンティーク家具の置かれた部屋もある。

DATA ▶ ❶観光案内所から徒歩7分 ▶ Chapel St. ▶ ☎0870-400-8182 ▶ FAX 01789-41-5411 ▶ URL：www.shakespeare-hotel.com ▶ 74室 ▶ S、D/Tとも£120～ ▶ JH

シスル・ストラットフォード・アポン・エイヴォン   ★★★
The Thistle Stratford-upon-Avon   **MAP** p.257-B

RSCの劇場が目の前で、エイヴォン河もホテルのすぐ横を流れている。全国チェーンの高級ホテルで、設備は近代的で快適。

DATA ▶ ❶観光案内所から徒歩5分 ▶ 44 Waterside
▶ ☎0870-333-9146 ▶ FAX 0870-333-9246 ▶ URL：www.thistlehotels.co.uk ▶ 63室 ▶ S、D/Tとも£119～ ▶ UT

ファルコン   ★★★
The Falcon Hotel   **MAP** p.257-B

RSC劇場の近くにある16世紀のチューダー様式の建物。当時のままの部屋もあるが、裏手は近代的。

DATA ▶ ❶観光案内所から徒歩10分 ▶ Chapel St.
▶ ☎0870-609-6122 ▶ FAX 01789-41-4260
▶ URL：www. corushotels.com/thefalcon
▶ 84室 ▶ S £60～、D/T £100～ ▶ TO

ストラスデン   ★★
Stratheden Hotel   **MAP** p.257-B

1673年に建てられた、街でも最古のレンガ建築の建物。客室数もわずか9室と小さなホテルでアットホームな雰囲気。中心地にあり街歩きには便利。

DATA ▶ ❶観光案内所から徒歩10分 ▶ 5 Chapel St.
▶ ☎/FAX 01789-29-7119 ▶ URL：www.uk-hotel-booking.com/ja/stratheden-hotel ▶ 9室 ▶ S £45～、T £70～

グロヴナー   ★★★
The Grosvenor Hotel   **MAP** p.257-B

19世紀の建物を利用し古風でインテリアもクラシックだが、明るくて温かみがあふれている。ガーデンレストランが自慢。街の中心まで歩いて5分ほど。

DATA ▶ ❶観光案内所から徒歩7分 ▶ Warwick Rd.
▶ ☎01789-26-9213 ▶ FAX 01789-26-6087 ▶ URL：www. groshotelstratford.co.uk ▶ 73室 ▶ S £115～、D/T £130～

ギルド・コート   ★★
Guild Court   **MAP** p.257-B

アパートメント形式のホテルで自炊もできる。ゆっくり滞在して観劇ざんまいしたい人に最適。家族やグループ用の部屋もある。

DATA ▶ ❶観光案内所から徒歩7分 ▶ 3 Guild St.
▶ ☎01789-29-3007 ▶ FAX 01789-29-6301
▶ URL：www.guildcourt.co.uk ▶ 10室 ▶ T £60～

注 S＝シングル、T＝ツイン、D＝ダブルベッドルームの室料　★★★＝スタンダード、★★＝エコノミークラスのホテル。データの最後にある「UT, JH」は日本でのホテル予約事務所の略号。詳細はp.430参照。

蜂蜜色に煙る美しい田園地帯
コッツウォルズ

MAP p.242-I/J

ロンドンから西へ約200km、オックスフォード郊外から始まり、西端はチェルトナムにいたる美しい丘陵地帯がコッツウォルズ。北端にはシェイクスピアの生まれ故郷、ストラッドフォード・アポン・エイヴォン、南にはかつての贅沢な温泉リゾート、バースの街がある。ゆるやかに起伏する丘陵地には、13〜14世紀にかけて羊毛産業の集積地として栄えた美しい村や街が点在し、裕福なウール商人たちが建てた蜂蜜色の家が今も静かにたたずんでいる。

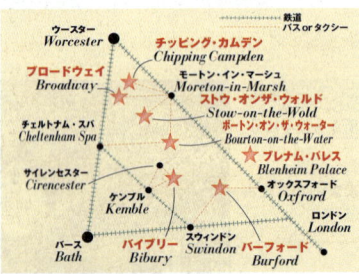

鉄道
バスorタクシー

ウースター Worcester
チッピング・カムデン Chipping Campden
ブロードウェイ Broadway
モートン・イン・マーシュ Moreton-in-Marsh
ストウ・オンザ・ウォルド Stow-on-the-Wold
チェルトナム・スパ Cheltenham Spa
ボートン・オン・ザ・ウォーター Bourton-on-the-Water
サイレンセスター Cirencester
ブレナム・パレス Blenheim Palace
ケンブル Kemble
オックスフォード Oxford
ロンドン London
バース Bath
バイブリー Bibury
スウィンドン Swindon
バーフォード Burford

262

街歩きのヒント

どこの街も村も鉄道の駅から距離があり、ローカルバスの本数は少ない。日帰りの場合は目的の街をしぼった方がよい。タクシーは10分で£7〜10が目安。いくつも訪れたい時は、レンタカーでまわるのがやはり効率的だ。ロンドンやチェルトナムなどから日帰りバスツアー（p.246、269参照）が出ているので、それを利用するのもいいだろう。各街ごとにホテルはあるが観光地のためやや高め。コッツウォルズの入口になるモートン・イン・マーシュには手頃な料金のホテルもある。

なお、夏の間はバースとストラットフォード間を、コッツウォルズの主な街を経由して結ぶバス、コッツウォルズ・リンクX55（p.222参照）が午前と午後に各1本運行している。

Sightseeing
見どころ

Burford
河に抱かれた静かな村
バーフォード

▶*A*ccess
MAP p.263

⇆ロンドン・パディントン駅〜オックスフォード駅
▶1時間▶オックスフォードからバスX3番で約1時間▶1日5本運行

❶ 観光案内所 Tourist Information Centre
The Brewery, Sheep St. ▶☎01993-82-3558
▶OPEN：9:30〜17:30 （11〜2月10:00〜16:30）
▶日曜休み

　なだらかに傾斜するハイ・ストリートに沿って静かな家並みが続くバーフォードは、古くから牧羊を主な産業に発展してきた村。今でも、家々のまわりには羊が草を食むのどかな牧草地が広がっている。

　村で唯一の繁華な表通りに沿って、郷土資料館トルセイ・ミュージアムThe Tolsey Museumや地元でとれた蜂蜜の瓶詰を並べた食料品店、居心地のよさそうなパブなどが賑やかに並んでいるが、少し歩けばもう村はずれ。村の北側を迂回して流れるウィンドラッシュ河のほとりには、荷馬車のために架けられた中世の小さな石の橋がそのままの姿で残り、河に沿って少し歩くと蜂蜜色の美しいバーフォード・パリッシュ教会がひっそりとたたずんでいるのに出会う。これといった名所があるわけではないので、のんびりとした時間を過ごしたい。観光案内所はハイ・ストリートを西にそれた静かな小道にある。

賑やかなバーフォードのメイン・ストリート

花に飾られた水辺の村
ボートン・オン・ザ・ウォーター

▶ACCESS
MAP p.263

✈ロンドン・パディントン駅〜チェルトナム・スパ
駅▶2時間15分▶1時間に2〜4本運行
🚌ロンドン・ヴィクトリア・コーチステーション〜
チェルトナム・スパ▶約3時間▶チェルトナムから
バスP1番で約40分▶1日に8本運行
✈ロンドン・パディントン駅〜モートン・イン・マー
シュ駅▶1時間30分▶2時間に1〜2本運行▶🚌
モートン・イン・マーシュ駅からタクシーで約15分、
またはバス55番とP1番で約20分▶1時間に1〜2本
運行▶日曜は夏期にP1番が1本のみ運行

パフューマリー・エキジビジョンは観光案内所の近く

ℹ観光案内所 **Tourist Information Centre**
Victoria St.▶☎01451-82-0211▶OPEN：10:00〜
17:00（11〜3月9:30〜16:30）▶日曜、12/25・26休み

小川が流れる村は、どこも絵のような美しさだ

シーズンが終わると、街は静けさを取り戻す

「コッツウォルズのヴェニス」と謳われる、美しい街や村が点在するこのエリアでももっとも美しいといわれる村。水深わずか10cmほどの小川が村を縫うように流れ、河沿いに急勾配の石屋根に窓と煙突が並ぶ17世紀頃の石造りの家々が並んでいる。窓辺や庭先には花が飾られ、河畔の小道には並木が豊かな影を落とす、さながら名画をそのまま再現したような村には見どころも多い。9分の1の精巧なミニチュアでこの村の美しさをそっくり見せてくれるモデル・ヴィレッジやクラシックカーを展示したモーター・ミュージアム、香水の博物館パフューマリー・エキジビジョ

ンなど、人気の村だけにあちこちに小さなミュージアムやアトラクションがあり、たっぷりとコッツウォルズの休日を楽しめるようになっている。

　シーズン中は押し寄せる観光客でロンドンの繁華街のような賑わいになるが、少し季節をずらせば村はいつもの静かな素顔を取り戻す。小川に沿って村をそぞろ歩き、河辺のカフェでお茶を飲む。そんな時間にこそ、この村の魅力をいちだんと深く味わえるはずだ。

コッツウォルズ
Cotswolds
0　　　　　15km

Broadway

イギリス人が愛する美しい村
ブロードウエイ

▶ACCESS

MAP p.263

✈ロンドン・パディントン駅～モートン・イン・マーシュ駅▶約1時間30分▶2時間に1～2本運行
▶✈モートン・イン・マーシュ駅からタクシーで約15分、または、モートン・イン・マーシュ駅からバス21番で約20分▶1日4本運行、または✈イヴシャムEvesham駅近くからバス559番▶1日7本運行、約30分▶日曜はいずれも運休

> ❶観光案内所 **Tourist Information Centre**
> 1 Cotswold Court, The Green, High St.,
> ▶☎01386-85-2937▶OPEN：10:00～13:00、14:00
> ～17:00▶日曜、クリスマス～2月休み

"ブロード" とは「幅の広い」という意味。その名の通りゆったりと幅広の歩道が続く村には、交通の要衝として名を馳せたかつての賑わいの跡が今もほのかに漂う。名門ホテルリゴン・アームズ (p.267参照) は、当時の駅馬車の宿「イン」の面影のまま。コッツウォルズの村々の中では大きい村で、ゆったりと続くメインストリートには、歩道沿いにライムストーンで造られた蜂蜜色の民家や年月を経た藁葺き屋根の家、ローカルなパブなどがちんまりと肩を寄せ合うように並んでいる。イギリスらしいキッチン小物の店、昔懐かしい駄菓子が並ぶキャンディーショップ、ブリキの缶ばかりを集めたノスタルジックな店、アクセサリーや小物が綺麗に飾られたアンティークショップなど、見てまわるだけで楽しくなる店がいっぱい。中でもぜひのぞいてみたいのが、アンティークのテディベアの博物館、「ブロードウェイ・ベアーズ&ドールズ」。ぬいぐるみの病院を兼ねた小さな店の奥に、月日を重ねてすっかり変色した古風なテディベアたちが静かに展示されている。できればここで旅装を解いて、ゆっくり滞在したくなる静かな街だ。

通りに寄り添うように広がるチッピング・カムデン

Chipping Campden

栄華を伝えるウールタウン
チッピング・カムデン

▶ACCESS

MAP p.263

✈ロンドン・パディントン駅～モートン・イン・マーシュ駅▶約1時間30分▶2時間に1～2本運行
▶✈モートン・イン・マーシュ駅からタクシーで約15分、または、モートン・イン・マーシュ駅からバス22番で約30分▶1日5本運行、またはバス21番で約35分▶1日6本運行▶日曜はいずれも運休

> ❶観光案内所 **Tourist Information Centre**
> The Old Police Station, High St.▶☎01386-84-
> 1206▶OPEN：10:00～17:30、11～3月は～17:00
> ▶12/25・26、1/1休み

全体がすっぽりと蜂蜜色の家々で覆われているような小さな村は、13～14世紀にかけて栄えた "ウールタウン" のひとつ。村の中心には、その当時を物語るマーケット・ホールが中世のままの姿で残されている。石造りのがっしりとしたホールは、チーズや鶏肉など、この地方の特産品の売買のために1627年に造られたもの。アーチ形の天井を石の柱が支えるホールの石畳の床は長年にわたって使われてきたせいですっかりすり減っているが、今でも現役。チャリティー・マーケットの会

マーケット・ホール

コッツウォルズ地方独特の可愛らしい家並み

すり減った床に歴史を実感するマーケット・ホール

ACCESS　MAP p.263

✈ロンドン・パディントン駅〜モートン・イン・マーシュ駅▶約1時間30分▶2時間に1〜2本運行▶モートン・イン・マーシュ駅からタクシーで約6分、またはバス55番とP1番で約10分▶1時間に1〜2本運行▶日曜は夏期にP1番の1本のみ運行

❶観光案内所 **Tourist Information Centre**
Hollis House, The Square▶☎01451-83-1082
▶OPEN：9:30〜17:30、日曜10:00〜16:00、11〜3月は9:30〜16:30▶11〜3月の日曜休み

　チッピング・カムデン同様、この街も羊毛製品のマーケットタウンとして栄えたところ。街の中心、石畳の広場、マーケット・スク

石の十字架がそびえるマーケット・スクエア。観光案内所も広場の近くにある

場として地元の人々に使われている。この村でもうひとつ見のがせないのが、みごとな職人技が生み出すハンドクラフト製品。数百年の歴史を誇る工房があちこちにあり、スタジオショップやクラフトの博物館などもある。金銀の細工物や燭台、置物といったテーブルウエアなど、おみやげ探しには嬉しい村だ。

もうひとつの旅
Promenade

英王室以外が所有する唯一の宮殿、ブレナム宮殿
Blenheim Palace

MAP p.242-J

20年の歳月と膨大な資金を投じた館は、宮殿と呼ぶのにふさわしい豪華さだ

　宿敵フランスを打ち負かしたブレナムの戦いでの功績を認められて、初代マールバラ公がアン女王からこの地を譲り受けたのが18世紀の初め。英雄の功績を讃えようと、膨大な国家予算がこの館の建築のために注ぎ込まれた。かつてヘンリー2世の時代に狩猟用の別荘があった地に、建築家サー・ジョン・バンブラとクリストファー・レンの弟子、ニコラス・ホークスモアが建てた館は、部屋数が200以上、柱廊式玄関を持つ堂々たる建物は、まさに宮殿という名にふさわしい豪華さ。ヨーロッパでも最高のバロック建築の傑作といわれている。

　マールバラ公の子孫で英国の宰相として名高いサー・ウィンストン・チャーチルは1874年にここで生まれ、1965年に亡くなった後は庭園南端にある墓地に葬られている。現在もマールバ

ラ公の一族が住んでいるが、チャーチルゆかりの部屋や図書館など宮殿の一部と館を取りまく庭園が一般に公開されている。

　宮殿があるウッドストックはオックスフォードの北西約13km。オックスフォードから行く場合はバス、またはツアーを利用するのが便利。ツアーの詳細はオックスフォードの観光案内所へ。

DATA ▶☎01993-81-1091▶OPEN：10:30〜17:30（最終入場〜16:45）▶11・12月の月・火曜と12月中旬〜2月中旬休み▶入館料：大人£11.50〜、子供£6.00〜（季節により変動）

ACCESS
▶オックスフォードのバスステーションからバス20番で約30分▶1時間に2本運行

ミニ情報　ウールタウン：13〜14世紀に羊毛の生産と輸出で栄えた街のこと。良質の羊毛を産出するコッツウォルズは、当初はフランドル地方に、後にはイングランド国内の毛織物産業に原料を供給して莫大な利益を上げた。

静かな通りを歩けば、あちこちにアンティークの店が

エアにある石の十字架はマーケット・クロスといわれ、羊毛の公正な取引を行ってきた街のシンボルだ。標高240mとなだらかな丘が広がるコッツウォルズ地方でもいちばん高い位置にあり、ローマ人の時代からの長い歴史を刻んでいる。この広場をぐるりと一周すれば、街の歴史が見えてくる。近年はアンティークの街としての人気もすっかり定着して、マーケット・スクエアの周辺だけで専門店が30店余りも並び、週末にはアンティーク目あての周辺からの買い物客で街は一気に活気づく。アンティークファンなら、ぜひ立ち寄りたい魅力の街だ。

Bibury
清流が流れる美しい村
バイブリー

▶ ACCESS
MAP p.263

⇌ロンドン・パディントン駅〜ケンブルKemble駅▶1時間10分▶直通は2時間に1本運行▶ケンブル駅からタクシーで約20分
🚌 ヴィクトリア・コーチステーションからサイレンセスター Cirencester▶2時間15分（1〜2時間に1本運行）▶サイレンセスターからバス863番などで約15分（2時間に1本運行、土・日曜は夏期のみ）、またはタクシー利用

❶観光案内所はない。

　詩人のウィリアム・モリスが「イングランドでもっとも美しい」と称賛したのが、この村。水鳥が泳ぎ、天然のマスが悠然と泳ぐ澄んだ小川が流れ、可愛らしい石造りのコテージが連なるところは、まさしく典型的なコッツウォルズ。村を流れるコルン河の上流にはマスの養殖場があり、釣りも楽しめる。名所旧跡があるわけではないが、村全体がどこを見ても絵になる風景。美しい村で過ごす時間は、ただただ静かに味わいたい。

民家の軒先は、どこも花に美しく彩られている

Hotel Guide

バーフォード・ハウス
Burford House Hotel ★★★
バーフォード

街の中心にあるクラシックな宿
　メインストリートにある。17世紀のタウンハウスを改造した小さいが贅沢なホテルで、室内の設備は充実している。

 ▶99 High St.,Burford ☎01993-82-3151 ▶FAX 01993-82-3240
▶URL：www.burford-house.co.uk ▶8室▶S £85〜、D £110〜

ベイ・ツリー
The Bay Tree Hotel ★★★
バーフォード

蔦におおわれた可愛らしいホテル
　観光案内所のすぐそばにある。16世紀の建物だが、内部は居心地よく改装され、レストランの料理もおいしい。

 ▶12-14 Sheep St.,Burford ▶01993-82-2791 ▶FAX 01993-82-3008
▶URL：www.cotswold-inns-hotels.co.uk ▶21室▶S £119〜、D/T £165〜

🌟注 ▶S＝シングル、T＝ツイン、D＝ダブルベッドルームの室料　★★★＝スタンダード、★★＝エコノミークラスのホテル。

オールド・ブル ★★★
The Old Bull バーフォード

本格的な伝統料理のレストラン兼ホテル

1658年創業の伝統的「イン」スタイルのレストラン＆ホテル。1階はパブの奥にレストランがあり、客室は上階にある。

DATA ▶ 105 High St.,Burford ▶ ☎01993-82-2220 ▶ FAX 01993-82-3243
▶ URL：www.oldbullhotel.com ▶ 14室 ▶ S £85、D/T £105

ストウ・ロッジ ★★
Stow Lodge Hotel ストウ・オン・ザ・ウォルド

マナーハウスでカントリーライフを満喫

広々とした庭園にかこまれたマナーハウス。暖炉のあるラウンジがあり、客室も伝統的なスタイル。優雅な滞在が満喫できる。

DATA ▶ The Square, Stow-on-the-Wold ▶ ☎01451-83-0485 ▶ FAX 01451-83-1671
▶ URL：www.stowlodge.com ▶ 21室 ▶ S/T £81～

ダイアル・ハウス ★★★
The Dial House Hotel ボートン・オン・ザ・ウォーター

美しい庭園にかこまれた優雅なホテル

17世紀のカントリーハウスを改造したホテルで、客室は美しい庭園に面している。アットホームなサービスと料理で人気。

DATA ▶ The Chestnuts, Bourton-on-the-Water ▶ ☎01451-82-2244
▶ FAX 01451-81-0126 ▶ URL：www.dialhousehotel.com ▶ 15室 ▶ D/T £110～

オールド・マンス ★★★
The Old Manse Hotel ボートン・オン・ザ・ウォーター

ウィンドラッシュ河のほとりにある古風なホテル。1748年に建てられた牧師館を改装したホテルで、1階はパブになっている。

DATA ▶ Victoria St.,Bourton-on-the-Water
▶ ☎01451-82-0082 ▶ FAX 01451-81-0381 ▶ URL：
www.oldmansehotel.com ▶ 15室 ▶ S £75、D/T £105

リゴン・アームズ ★★★
The Lygon Arms ブロードウェイ

駅馬車宿として建てられた16世紀の面影を色濃く残す名門ホテル。外観、内装ともクラシックで、細やかなサービスが期待できる。

DATA ▶ HIgh St.,Broadway ▶ ☎01386-85-2255
▶ FAX 01386-85-4470 ▶ URL：www.the-lygon-arms.
com ▶ 69室 ▶ S £119～、D/T179～

ブロードウエイ ★★★
The Broadway Hotel ブロードウェイ

修道院長のために建てられた16世紀の建物をそのまま使った古風な構えのホテル。1階のレストランは地元の人にも人気がある。

DATA ▶ The Green,Broadway ▶ ☎01386-85-2401
▶ FAX 01386-85-3879 ▶ URL：www.cotswold-inns-hotels.co.uk ▶ 20室 ▶ S £80、D/T £130～

レッド・ライオン・イン ★★
The Red Lion Inn チッピング・カムデン

16世紀から続くローカルなパブ＆ホテル。地元の素材を使ったおいしいレストランを併設しており、地元でも人気の店。

DATA ▶ Lower High St.,Chipping Campden
▶ ☎01386-84-0760 ▶ FAX 01386-84-1089 ▶ URL：www.
english-inns.co.uk/redlioninn ▶ 8室 ▶ S/D £79

コッツウォルド・ハウス ★★★
The Cotswold House Hotel チッピング・カムデン

17世紀の豪商の邸宅を改装したデラックスなホテル。高級感あふれるアメニティ、賞に輝く自慢のレストランも併設している。

DATA ▶ The Square,Chipping Campden ▶ ☎01386-
84-0330 ▶ FAX 01386-84-0310 ▶ URL：www.cotswold
house.com ▶ 20室 ▶ S、D/Tとも£125～

スワン ★★★
Swan Hotel バイブリー

河沿いに建つ蔦のからまる伝統的なホテル。内装は近代的に改装され、レストランで供されるモダンブリティッシュの料理も自慢。

DATA ▶ Bibury ▶ ☎01285-74-0695 ▶ FAX 01285-74-0473
▶ URL：www.swanhotel.co.uk
▶ 18室 ▶ S £75～、D/T £130～

ミニ情報 コッツウォルズの語源：Cotswoldsの語源には二説あり、ひとつはCot＝羊小屋、Wold＝丘、つまり羊小屋のある丘という説。もうひとつはCod（人名）、Wold＝森（古語）でコッドさんの森というもの。

CENTRAL ENGLAND
Cheltenham

王室と貴族に愛された温泉保養地
チェルトナム

MAP p.242-I

観光案内所近くの広場

MAP p.242-I

ACCESS

✈：ロンドン・パディントン駅〜チェルトナム・スパ駅▶直通で約2時間15分（スウィンドンかブリストルで乗り換え）▶1時間に2〜4本（直通は2時間に1本）運行※駅から街の中心へはC、G、F番などのバスが頻繁に出ている。中心部まで所要5分

🚌 ヴィクトリア・コーチステーション〜チェルトナム▶約3時間▶1〜2時間に1本運行※バス発着場所は観光案内所に隣接している。

❶観光案内所
Tourist Information Centre
77 Promenade ▶☎01242-52-2878
▶OPEN：9:30〜17:15、水曜10:00〜、祝日9:30〜13:30▶日曜休み

●ウォーキングツアー
6月下旬〜9月上旬の11:00（土曜11:30、日曜休み）に観光案内所を出発▶約1時間15分▶料金：£3.00

●チェルトナム美術館＆博物館
DATA ▶☎01242-23-7431▶OPEN：10:00〜17:20▶日曜・祝日休み▶入館無料

この地に温泉が発見されたのが1716年。1788年にジョージ3世がこの湯を飲んでから王室に愛されるようになり、その後の半世紀の間に開発が進んでファッショナブルでエレガントな保養地となった。ヴィクトリア女王をはじめとする王侯・貴族やバイロン、ジェーン・オースティン、ディケンズなど多くの作家もこの街を訪れた。今ではイギリスの中で19世紀初めの摂政時代（p.209参照）の建築がもっともよく残っている街として知られ、当時の優雅さを堪能できる。おしゃれなモンペリエ広場の周辺も見のがせない。

見どころ
Sightseeing

Cheltenham Art Gallery & Museum   **MAP** p.268-B
アーツ＆クラフツのコレクション
チェルトナム美術館＆博物館
❶観光案内所から徒歩3分

チェルトナムの歴史を伝える展示とともに、17世紀と19世紀のオランダ絵画、中国の陶磁器、宝石などを展示。特別展も年間を通して開催している。

Town Hall   **MAP** p.268-B
温泉のお湯が飲める
タウン・ホール
❶観光案内所から徒歩2分

インペリアル・ガーデンズ脇にある1903年に建てられたホール。フェスティバルやコンサートの会場となり、7月初めには

チェルトナム
Cheltenham
0   200m

バーミンガムへ→
グロスター Rd. Gloucester Rd.
Market
High St.
Swindon Rd.
ピットヴィル・パンプ・ルーム p.269 へ↑
Hannafords H

Arle Rd.
←ウースターへ
Memorial Gardens
Playing Field
p.269 ホルスト・バースプレイス博物館・
Holst Birthplace Museum
Brewery ·

Rowanfield Rd.
Alstone Lane
Millbrook St.
Western Rd.
New St.
Fairview Rd.

Saint Gp.268 チェルトナム美術館＆博物館
Cheltenham Art Gallery
& Museum
High St.
Albion St.

A

Malvern
Western Rd.
George's
バスステーション
Bus Station
Regent Arcade
S

Gloucester Rd.
Overton Rd.
p.269 ジョージ
Carlton H
観光案内所 ❶
Rodney Rd.
オックスフォードへ→

B

←チェルトナム・スパ駅
Cheltenham Spa Station
Parabola Rd.
p.269 ミルトン・ハウス H
Bayshill Rd.
St. Promenade
タウン・ホール p.268
Town Hall
Abbey H
High St.

Church
Queen's Rd.
p.269 ワイアストン H
Imperial Gardens
インペリアル・ガーデンズ
クイーンズ p.269
Bath Rd.
Sandford Park

Lansdown Rd.
Lansdown Crescent
Montpellier
Montpellier Rd.
モンペリエ広場
Montpellier Gardens
Montpellier Terrace
College Rd.

クラシック音楽のインターナショナル・フェスティバル・オブ・ミュージック、10月には文学フェスティバルが開催されている。温泉のお湯を飲めるので試してみたい。

丸い天井のホールには、温泉のお湯を飲むための施設がある

Pittville Pump Room
19世紀から人気の社交スポット
ピットヴィル・パンプ・ルーム

MAP p.268-B

🛈観光案内所から
徒歩20分

湯治場が社交だった時代を実感させる美しい建物

政治家で企業家だったジョセフ・ピットの館で1830年に完成。当時は温泉のお湯を飲ませるいちばん大きな場所だったため、大勢の人で賑わった。現在は、コンサートや見本市などの会場として利用されている。今でも温泉のお湯を飲むことができる。

Holst Birthplace Museum
作曲家ホルストの生家
ホルスト・バースプレイス博物館

MAP p.268-B

🛈観光案内所から
徒歩10分

「惑星」で有名な作曲家のホルストの生家。当時、ホルストの父親はこの近くの教会のオルガニストだった。館内には、彼が愛用していたピアノなどが展示してある。

●タウン・ホール
DATA ▶☎01242-22-7979（催し物予約電話）▶OPEN：9:30〜17:30▶日曜休み▶URL：www.cheltenhamfestivals.co.uk

●ピットヴィル・パンプ・ルーム
DATA ▶☎01242-52-3852▶OPEN：10:00〜16:00▶火曜休み▶入館無料

●ホルスト・バースプレイス博物館
DATA ▶☎01242-52-4846▶10:00〜16:00▶日・月曜、12月半ば、〜1月半ば休み▶入館料：大人£2.50、子供£2.00

●コッツウォルズへのツアー
コッツウォルズの各村にはチェルトナムを起点にそれぞれバスが出ている。運行本数は少ないので、車のほうが無難。また、夏期（6月下旬〜9月中旬）にはチェルトナムからコーチのツアーが出ており、コッツウォルズの北部と南部をまわるふたつのツアーがある。ストラットフォード・アポン・エイヴォンやバースへの日帰りツアーもある。詳細は観光案内所で確認を。

Zoom in プロご用達の骨董市
日曜日には街のあちこちでアンティークマーケットが開かれる。基本的には業者やコレクターのための骨董市だが、旅行者も参加できる。観光案内所で事前に情報をもらって、目の保養をしよう。

Hotel Guide

クィーンズ ★★★
Macdowald Queen's Hotel **MAP** p.268-B

1838年にオープンした豪華なホテル。当時の貴族の気分を味わえる。レストランなども充実。

DATA ▶🛈観光案内所から徒歩7分▶The Promenade▶☎0870-400-8107▶FAX 01242-22-4145▶URL：www.macdonaldhotels.co.uk/queens▶79室▶S、T/Dとも£124〜▶TO

ジョージ ★★★
The George Hotel **MAP** p.268-B

エレガントなテラスハウスで、観光案内所にも近く、街歩きには便利な立地。

DATA ▶🛈観光案内所から徒歩5分▶St. Georges Road▶☎0800-013-3221▶FAX 01242-22-4359▶URL：www.stayatthegeorge.co.uk▶38室▶S£85〜、T/D£105〜

ワイアストン ★★
The Wyastone Hotel **MAP** p.268-A

ヴィクトリア時代のテラスハウスを改造した小ぢんまりしたホテル。建物の裏手にパティオがある。

DATA ▶🛈観光案内所から徒歩10分▶Parabola Road▶☎01242-24-5549▶FAX 01242-52-2659▶URL：www.wyastonehotel.co.uk▶13室▶S£59.50〜、T/D£82.50〜

ミルトン・ハウス ★★
Milton House Hotel **MAP** p.268-B

コッツウォルズの石で作られた蜂蜜色の建物で、小ぢんまりとした家庭的な雰囲気。

DATA ▶🛈観光案内所から徒歩7分▶12 Bayshill Road, Royal Parade▶☎01242-58-2601▶FAX 01242-22-2326▶URL：www.miltonhousehotel.co.uk▶11室▶S£65〜、T/D£85〜

※観光地や店は、12/25前後と1/1はほとんどが休みとなります。ご注意ください。

ビジネスと交通の中心都市
バーミンガム

MAP p.242-F

ヴィクトリア・スクエア

ＡＣＣＥＳＳ

🚃ロンドン・ユーストン駅〜バ
ーミンガム・ニュー・ストリート
駅▶1時間30分▶1時間に2本
運行

🚌 ヴィクトリア・コーチステー
ション〜バーミンガム・コーチス
テーション▶約2時間50分▶1
時間に2本運行

ℹ️観光案内所
Tourist Information Centre
150 New Street▶☎0121-202-
5099▶OPEN：9:30〜17:30、日
曜・祝日は10:30〜16:30▶無休

●バーミンガム博物館＆美術館
DATA▶☎0121-303-2834
▶OPEN：10:00〜17:00、金曜
10:30〜、日曜12:30〜▶12/24〜
26、1/1休み▶入館無料（寄付制）

●宝石博物館
DATA▶☎0121-554-3598
▶OPEN：11:30〜16:00（入場は
閉館の1時間前まで）▶月曜、11
月〜イースターの日曜休み▶入
館無料（寄付制）

270

Hotel Guide

バーリントン

Macdonald Burlington Hotel ★★★
MAP p.270
🚃New St. 駅から徒歩2分
DATA▶6 Burlington Arcade,
126 New St.▶☎0121-643-9191
▶FAX 0121-628-5005▶URL：
www.burlingtonhotel.com▶112
室▶S、T/Dとも£140〜、週末は
S、T/Dとも£105〜

ホテルのロビー。室内もイギリスら
しい落ち着いた内装

南東部にある首都ロンドンに対して、バーミンガムはまさに
イングランドの"へそ"的な位置にある大都市。産業革命とと
もに中部イングランドではここを起点に鉄道や運河が張りめぐ
らされ、その恩恵で街は大いに発展し、ヴィクトリア朝の豪壮
な建物が建ち並んだ。現在も交通の要衝で、イギリス最大の見
本市会場や国際的な会議場があり、世界中の政治家やビジネス
マンが集まって活気に満ちている。音楽やスポーツの催しも盛
んで、7月初旬の国際ジャズフェスティバルはとくに有名。街
中いたるところでジャズが聞ける。

見どころ
Sightseeing

Birmingham Museum & Art Gallery　**MAP** p.270
ラファエル前派の作品は世界最大　🚃New St.駅から
バーミンガム博物館＆美術館　徒歩7分

ラファエル前派の作品では世界最大
の所蔵点数を誇る。ガラスや陶器のコ
レクションにも優れ、地域の歴史など
の展示もある。2001年秋に現代美術の
ウォーター・ホールもオープンした。

貴重なコレクションは一見の価値あり

バーミンガム
Birmingham
0　　　　1km

宝石博物館 p.271
Museum of
the Jewellery Quarter

ジュエリー・
クウォーター駅
Jewellery
Quarter Station
Warstone Lane

ジュエリー・クウォーター
Jewellery Quarter

p.271バーミンガム&ファズリー運河
Birmingham & Fazeley Canal

スノー・ヒル駅
Snow Hill Station

Grand H

ミレニアム・ポイ
Millennium poi

タウン・ホール

国立室内
競技場
The NIA

国際コンベンション・センター
The ICC

イコン・ギャラリー
Ikon Gallery

国立シー・ライフ・Paradise
センター　　　Circus
National Sea Life
Centre

ヴィクトリア・スクエア
Victoria Square

バーミンガム博物館&美術館 p.270
Birmingham Museum & Art Gallery

バーリントン p.270
観光案内所

ムア・ストリート
Moor St. Sta

New St.

ニュー・ストリート駅
New St. Station

H コンフォート・イン p.271

コーチステーション
Coach Station

H バーミンガム・マリオット
p.271

バーミンガム・マリオット

Aston
Univers

Museum of the Jewellery Quarter　MAP p.270

宝石製造・販売の中心地の顔
宝石博物館

⊿Jewellery Quarter駅から徒歩3分、または中心部からバス101、8C、16、74、79、91番を利用

　博物館のあるジュエリー・クウォーター地区は、英国のアクセサリーの最前線。100以上の貴金属店や工房が集まっており、現代作家の創作ジュエリーの販売やオリジナルアクセサリーの注文もできる。博物館は、宝石工場や事務所が1981年に閉鎖された当時のまま保存されたもの。見学はガイド付きツアーで約1時間。

繊細な細工を施す職人の技に目を奪われる

Birmingham & Fazeley Canal　MAP p.270

運河の街の新ウォーターフロント
バーミンガム＆ファズリー運河

❶観光案内所から徒歩10分

　ヴィクトリア・スクエアの先のパラダイス・サーカスを西に向かうと、運河のあるウォーターフロントに出る。ここにはカフェやパブも多く、運河沿いの散歩やボートに乗るのも気持ちがよい。国際会議などの行われる国際コンベンション・センターや国立競技場といった大型施設もここに並んでいる。

バーミンガム・マリオット ★★★
Birmingham Marriott Hotel
MAP p.270
⊿New St. 駅から車で5分
DATA ▶12 Hagley Road, Five Ways▶☎0870-400-7280▶FAX 0870-400-7380▶URL：www.marriott.com▶98室▶S、T/Dとも£129〜、週末はS、T/Dとも£90〜▶MR、TO

コンフォート・イン
Comfort Inn Birmingham　★★
MAP p.270
⊿New St. 駅から徒歩5分
DATA ▶Station St.▶☎0121-643-1134▶FAX 0121-643-3209▶40室▶S£60〜、T/D£75〜▶TO

●NEC-ナショナル・エキジビジョン・センター
The NEC-National Exhibition Center
⊿New St.駅から列車でBirmingham International駅下車
　イギリス最大の見本市会場。20のホールを有し、年間180以上の展示会を開催。稼働率は欧州一。
DATA ▶☎0121-780-4141

もうひとつの旅
Promenade

イギリス自動車産業の誕生の地
コヴェントリー
Coventry
MAP p.242-F

　現在、ウォリックシャーWarwickshire一帯には自動車工場が多いが、その中心地コヴェントリーはもともと自転車産業が盛んで、それを下敷きにして自動車産業が興きた街。パイオニアの1人とされるハリー・ローソンがドイツの自動車エンジンのパテントを取得し、ダイムラーの製造を開始したのが1896年。ここに、イギリスが誇る国産高級車ダイムラーが誕生した。自転車から自動車に転身して成功した会社には、この他にもローバーやトライアンフなどがあ

る。コヴェントリーには、英国における自動車発達の歴史を展示した**ジャガー・ダイムラー博物館**の他、爆撃で廃墟となったセント・マイケル教会St.Michaelや1962年に完成した斬新なデザインのコヴェントリー大聖堂などがある。興味のある人は足をのばしてみよう。

ACCESS
⊿バーミンガム・ニュー・ストリート駅〜コヴェントリー駅▶直通で約20〜35分▶1時間に5〜6本運行

●ジャガー・ダイムラー博物館
Jaguar Daimler Heritage Trust
▶コヴェントリーの北西5km、バス7番でHolyhead Road下車
DATA ▶024-7620-3322（予約電話）▶OPEN：毎月最終日曜10:00〜16:00（月〜金曜は予約のみ）▶土曜・月末以外の日曜休み▶入館無料

ラファエル前派：ロセッティ（1828〜82）、ミレー（1829〜96）、らを中心に1848年に結成されたイギリスの芸術家グループ。名前はルネッサンス期の画家ラファエロ以前のイタリア絵画を理想としたことに由来。

チューダー朝が今も息づく街
シュルーズベリー

MAP p.242-E

　黒い柱に白い壁というチューダー様式の建物はイギリスの各地に残るが、シュルーズベリーはこのチューダー様式がもっともよく保存された街のひとつといわれ、歩くだけで中世を体感できる。街はセヴァーン河が蹄鉄状に曲がり込んだ半島の中にあり、三方を河に守られた戦略上の拠点として発展してきた。地上から唯一攻め込まれる地点に、今も赤い砂岩でできた城が守りを固めている。ゆるやかに起伏している丘と平原の先はもうウェールズだ。

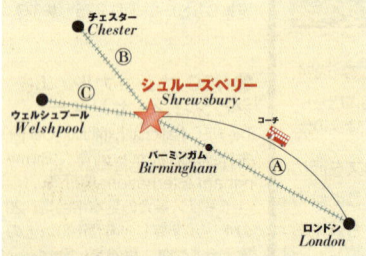

272

ACCESS

ⓐロンドン・ユーストン駅〜シュルーズベリー駅
▶バーミンガムまたはウォルヴァーハンプトンWolverhampton駅またはクルーCrewe駅乗り換えで約2時間50分▶1時間に2〜3本運行

🚌 ロンドン・ヴィクトリア・コーチステーション〜シュルーズベリー▶約4時間30分▶1日2本運行

ⓑシュルーズベリー駅〜チェスター駅▶55分▶1時間に1本運行

ⓒシュルーズベリー駅〜ウェルシュプール駅▶25分▶2時間に1本運行

❶観光案内所 Tourist Information Centre
The Square▶☎01743-28-1200▶OPEN：9:30〜17:30（日曜10:00〜16:00）、10〜4月10:00〜17:00▶10〜4月の日曜休み

■ 街歩きのヒント

　駅は街の北東の端にあり、観光案内所はほぼ街の中心部にある。セヴァーン河にすっぽりと抱かれたような小ぢんまりとした街で、点在する見どころはほぼ徒歩圏内。半日かければ、街をゆっくり見物できる。チューダー様式の古風な家並みを残す静かな街を散策気分で歩いてみよう。また、この街からウェールズの街ウェルシュプールWelshpoolへはすぐ。ウェールズ各地への鉄道も利用できる。

この街を起点にウェールズに足をのばすのも楽しい。

シュルーズベリー駅はウェールズへの起点になる

Sightseeing
見どころ

The Medieval Town
歴史的な家並みが圧倒
ミディーヴァル・タウン

MAP p.273-B 🚶Shrewsbury駅から徒歩10分

　丸い石が敷きつめられた通りやチューダー様式の家が軒を連ねる。歩けばところどころに隠れた通りを発見し、入ってみたくなるだろう。16世紀の終わりにウェールズから仕入れた毛織物で儲けた商人が建てた家が今も街のあちこちに数多く残されている。ハイ・ストリートのアイルランズ・マンションIrelands Mansionや、ブッチャー通りのアボッツ・ハウスAbbot's Houseなどがその典型。キャッスル通りにある精巧な門楼も見のがせない。

ハーフティンバーと呼ばれるチューダー様式の家々

ハイ・ストリートに続くワイル・カップ通りは17世紀に、ロンドンとウェールズのホリーヘッドを結ぶ中間地点の馬車駅として栄えた通り。ここの街並みはその当時とほとんど変わっていない。

Shrewsbury Museum & Art Gallery
街の歴史を語る博物館
シュルーズベリー博物館

MAP p.273-A ≉Shrewsbury駅から徒歩10分
❶観光案内所から徒歩5分

街の歴史がわかる博物館。考古学や陶磁器、衣装など展示物は幅広く、郊外にあるローマ人が築いた街「ロクスターの遺跡」からの出土品もある。中でもローマ人の鏡は細工が見ごと。ローマ皇帝ハドリアヌス帝が訪れた際の碑銘も収蔵されている。

DATA ▶☎01743-36-1196▶OPEN：10:00〜17:00（日・月曜〜16:00）、10〜3月は〜16:00▶10〜5月の日・月曜、12月下旬〜1/1休み▶入館無料（寄付制）

Shrewsbury Abbey
ミステリー小説の舞台
シュルーズベリー修道院

MAP p.273-B ≉Shrewsbury駅からバス8番で5分、または❶観光案内所から徒歩15分

エリス・ピータースのミステリー小説『修道士カドフェル』で知られる。1083年、ベネディクト会の修道院としてサクソン人の教会跡に建てられ、その後ヘンリー8世によって閉鎖されるまで457年間続いた。1283年にはここの集会所で議会が開かれている。清教徒革命時の混

修道院の横には、小説に描かれた修道士の生活を体験できるアトラクション、シュルーズベリー・クエストもある（有料）。272ページ上の写真はシュルーズベリー城。郷土連隊の博物館を併設している。

乱で破壊されるなどして、現在では修道院の聖堂部分が残るだけだが、南側面にはかつての修道院の回廊につながっていた箇所の痕跡が見られる。夏にはオルガンのリサイタルや、団体客のみのカドフェル・ツアーもある。

DATA ▶☎01743-23-2723▶OPEN：9:30〜17:30、11月〜イースターは10:30〜15:00▶入館無料（寄付制）

St.Chad's Church
円筒形の本堂が目印
セント・チャッズ教会

MAP p.273-A ❶観光案内所から徒歩5分

直径30mの本堂は円型のものとしてはイギリス最大。葬礼の際、各家の紋章を描いて示した「ハッチメント」といわれる木板のコレクションで知られる。

DATA ▶☎01743-36-5478▶8:00〜17:00、11月〜イースターは〜13:00▶無休▶入館無料（寄付制）

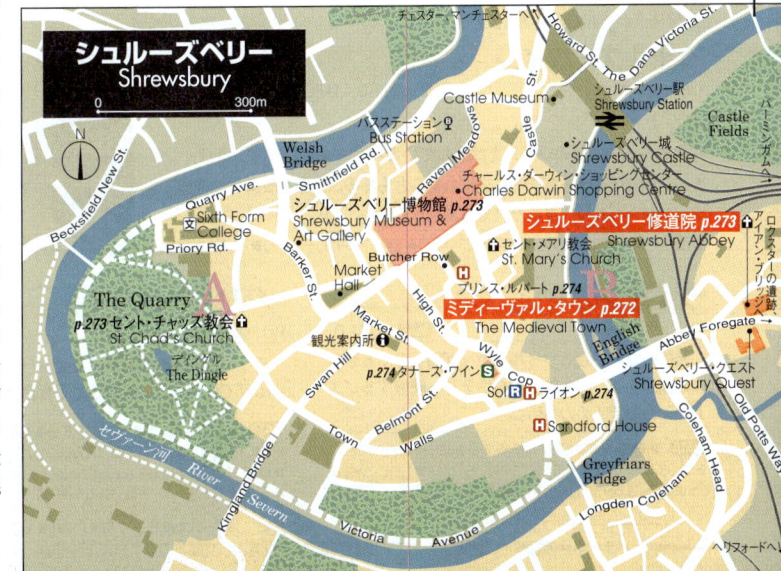

Wroxter Roman City
大規模なローマ時代の遺跡
ロクスターの遺跡

MAP p.242-E　バス96番（2時間に1本、日曜運休）で約20分、ロクスター下車。🚗ならB4380号

ローマ時代の遺跡としてはイギリスでも最大規模。シュルーズベリーの東8kmほどのところ、世界初の鉄橋アイアン・ブリッジへ行く途中にあり、紀元2世紀にローマ人が造った浴場の跡を見ることができる。

DATA ▶ ☎01743-76-1330 ▶ OPEN：10:00〜17:00、7・8月は〜18:00、11〜2月は〜16:00 ▶ 12/24〜26、1/1休み ▶ 入場料：大人£4.00、子供£2.00

もうひとつの旅
Promenade

MAP p.242-E

世界初の鉄橋が架かる
産業革命発祥の地
アイアン・ブリッジ　*Iron Bridge*

世界最初の鉄橋は今も現役でがんばっている

シュルーズベリー郊外のこの地でアブラハム・ダービーがコークスを使った鉄の精錬に成功したのは1709年。やがて車輪、レール、鉄橋が造られて蒸気機関車が誕生した。ここには世界初の鉄橋をはじめ、9つの博物館とアトラクションがある。コールブルックデール鉄博物館Coalbrookdale Museum of Ironでは産業革命の歴史がわかるので、時間のない人はここと鉄橋だけでも見るとよい。鉄博物館にはダービーが使った当時の炉の遺構があり、彼の家も復元されている。タイル博物館Jackfield Tile、コールポート陶磁器博物館Coalport China、ヴィクトリア時代の街を復元したブリストル・ヒルBristol Hillなど野外型の博物館もある。

ACCESS
▶ シュルーズベリーからバス96番（2時間に1本、日曜運休）で40分、アイアン・ブリッジ下車 🚗 M54号のジャンクション4番で降りると表示がある。

DATA ▶ OPEN：9:00〜17:00、土・日曜は10:00〜 ▶ 12/24〜26、1/1休み（博物館によっては11〜3月に閉館するところもある）▶ 入館料：全館共通のパスポートは大人£13.25、子供£8.75

● 総合インフォメーションセンター
▶ ☎01952-88-4391 ▶ OPEN：10:00〜17:00

Shop&Hotels

タナーズ・ワイン
Tanners Wines　　**MAP** p.273-B　❶観光案内所から徒歩7分
世界中のワインを集めた老舗ワイン商

世界各国の上質のワインを輸入している1842年創立のワインセラー。イギリス中部のベスト卸売商に選ばれたこともある。倉庫を改造した店舗にはワインがぎっしり。見るだけでもおもしろい。

DATA ▶ 26 Wyle Cop ▶ ☎01743-23-4500 ▶ OPEN：9:00〜18:00 ▶ 日曜・祝日休み

ライオン　★★
The Lion Hotel　　**MAP** p.273-B

昔の街並みが残るワイル・カップ通りのゆるやかな坂道にある、歴史的な有名ホテル。隣接するレストランもおすすめの名店。

DATA ▶ ❶観光案内所から徒歩7分 ▶ Wyle Cop ▶ ☎0870-609-6167 ▶ FAX 01743-35-2744 ▶ URL：www.corushotels.com/thelion ▶ 59室 ▶ S、T/Dとも£76〜 ▶ UT

プリンス・ルパート　★★★
Prince Rupert Hotel　　**MAP** p.273-B

チューダー朝の建物が建ち並ぶ一角にある。街の中心部で便利だが、周囲はとても静か。

DATA ▶ ❶観光案内所から徒歩5分 ▶ Butcher Row ▶ ☎01743-49-9955 ▶ FAX 01743-35-7306 ▶ URL：www.prince-rupert-hotel.co.uk ▶ 70室 ▶ S£85〜、T/D£105〜 ▶ UT

ミニ情報　修道士カドフェル：12世紀のシュルーズベリーを舞台に、もと十字軍兵士で薬草に詳しいカドフェルがさまざまな事件の謎解きに活躍するミステリー。邦訳は光文社より文庫本でシリーズが刊行中。

274

2000年の歴史を刻む城壁の街

チェスター

MAP p.242-A

ローマ人が紀元74年頃に砦を築いて以来、ウェールズ侵略の拠点となった街だ。ローマ人の遺跡をはじめ街全体が2000年の歴史を物語っているが、とくに市街を今でもほぼ完全に取りかこむ城壁と、城壁の中に整然と並ぶ黒い木組みに白壁というチューダー様式の建物に目を見張るだろう。イギリスの中でも中世の面影をもっともよく伝える街だが、これは18～19世紀に整備されたおかげだ。街並み保存の先駆的存在で、現在でも景観には細心の注意が払われている。

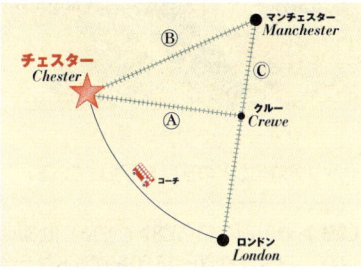

ACCESS

🚃Ⓐ：ロンドン・ユーストン駅～チェスター駅（途中クルー駅で乗り換え）▶2時間20分▶1時間に2本運行

🚌 ロンドン・ヴィクトリア・コーチステーション～チェスター・バスステーション▶約6時間▶1日に3本運行（うち1本は夜行）

🚃Ⓑ：マンチェスター・ピカデリー駅～チェスター駅▶1時間▶1時間に2～3本運行

🚃Ⓒ：ロンドン・ユーストン駅～マンチェスター・ピカデリー駅▶2時間20分▶1時間に2本運行

※リヴァプールへも鉄道で40分、30分毎に出ている。

> ❶観光案内所 Tourist Information Centre
> Town Hall, Northgate St. ▶☎01244-40-2111
> ▶OPEN：9:00～17:30（日曜10:00～16:00）、11～4月は10:00～17:00▶11～4月の日曜休み
> ●チェスター・ビジターセンター
> Chester Visitor Centre, Vicars Lane ☎01244-35-1609▶OPEN：9:30～17:30▶無休

■ 街歩きのヒント

駅から市街までは徒歩約20分、コーチは城壁のすぐ北側に到着する。駅から行くと、城壁の入り口で街のシンボル、イーストゲートの時計塔が迎えてくれる。中心は、南北と東西の通りが交差するカギ型の十字路。中央にザ・クロスという塔が建つ。ここに毎日正午に登場するのが「タウン・クライヤー」。昔、ニュースやお達しを伝えた「街の触れ役」で、衣装も当時のまま。見どころはすべて城壁内にあり、十字路を起点に歩いてまわる。城壁は全長約3㎞。散策路としても整備されており、1周しても1時間ほど。

●ウォーキングツアー

街の2000年の歴史の解説付きで歩くツアー
DATA ▶☎01244-40-2445（観光案内所で申し込める）▶毎日1回▶ツアー料金：£4.00

The City Wall
街で最高の散歩道
城壁

MAP p.276
❶観光案内所からイーストゲートまで徒歩5分

ローマ人が築いたのは東側と北側で、その後ノルマン人が南側と西側を築き、18世紀の大改修で現在のような散策路が完成した。一部にローマ人やノルマン人の城壁も残っている。イーストゲートの上にある時計台はヴィクトリア女王の即位60年を記念して造られたもの。東北角のキング・チャールズ・タワーは、清教徒革命で処刑されたチャールズ1世がここで国王軍の敗退を知ったことか

カラフルな時計が飾られたイーストゲート

チェスター Chester

0　　　200m

チェスター駅 Chester Station

コーチ＆バスステーション Coach & Bus Station

ノースゲート Northgate　キング・チャールズ・タワー King Charles Tower

城壁 p.275

ウォーター・タワー Water Tower

ル・ジュール p.277

ブルー・ベル p.277

トニック・バー・キュイジーヌ p.277

チェスター大聖堂 p.276 Chester Cathedral p.276

タウン・ホール Town Hall

フォーラム・ショッピングセンター Forum Shopping Centre

観光案内所

イーストゲート（時計台） Eastgate

チェスター・モート・ハウス p.277

ザ・ロウズ p.276 The Rows

ブロッサムズ p.277

チェスター・グロヴナー＆スパ p.277

ウォーターゲート Watergate

ザ・クロス The Cross

Watergate St.

グロヴナー・ショッピングセンター Grosvenor Shopping Centre

チェスター・ビジターセンター Chester Visitor Centre

p.276 ディーヴァ・ローマン・エクスペリエンス Dewa Roman Experience

ニューゲート Newgate

古代ローマ円形劇場跡 Roman Amphitheatre

フランクス p.277

パパラッチ p.277

グロヴナー博物館 p.276 Grosvenor Museum

ローマ・ガーデン Roman Garden

ルーディー・チェスター競馬場 The Roodee Chester Racecourse

p.277 リコーダー

軍事博物館 Cheshire Military Museum

州庁舎 County Hall

ブリッジゲート Bridgegate

p.276 チェスター城 Chester Castle

裁判所 Crown Courts

ら名付けられた。北西角には、ディー河からの侵入を監視したウォーター・タワーがある。西側の城壁から見える一面の芝は、イギリス最古の競馬場とされるルーディー競馬場だ。東側ニューゲートのすぐ外には、野外劇場跡などを集めたローマン・ガーデンもある。

The Rows
中世の気分で散策
ザ・ロウズ
MAP p.276
ℹ️観光案内所から徒歩3分

十字路周辺のチューダー様式の建物2階部分のバルコニーがつながって通路となっているのが、ザ・ロウズ。16世紀から19世紀にかけてできたもので、昔の様式をそのまま活かしたアーケードになっている。

Chester Cathedral
ゴシック様式の宝庫
チェスター大聖堂
MAP p.276
ℹ️観光案内所から徒歩1分

10世紀にサクソン人が教会を築いた場所に11世紀末、ノルマン人が建設したのがそもそもの始まり。現在の聖堂にもその一部が残っているが、500年近くかけて建設されたためゴシックのあらゆる様式が取り入れられ、19世紀半ばにも大改修が行われた。聖歌隊の座席の木造彫刻は14世紀のもの。クロイスター（回廊）の庭園も必見。

DATA ▶ ☎01244-32-4756 ▶ OPEN：9:00〜17:00、日曜は13:00〜18:00 ▶ 無休 ▶ 入館料：大人£4.00、子供£1.50

Grosvenor Museum
街の歴史をビジュアルに展示
グロヴナー博物館
MAP p.276
ℹ️観光案内所から徒歩10分

2000年に及ぶ街の歴史を伝える他、博物館の一部である17世紀の建物「ペリオッド・ハウスPeriod House」では19世紀ヴィ

クトリア時代などの部屋を再現している。

DATA ▶ ☎01244-40-2008 ▶ OPEN：10:30〜17:00、日曜は13:00〜16:00 ▶ グッドフライデー、クリスマス時期、1/1休み ▶ 入館無料

Chester Castle
ウェールズ派兵の拠点
チェスター城
MAP p.276
ℹ️観光案内所から徒歩15分

最初の城は11世紀後半に造られ、15世紀にヘンリー7世がウェールズ派兵の拠点とした。現在の建物は19世紀初めに建てられたもので、今では裁判所とチェシャー州の庁舎として使われている。

Dewa Roman Experience
ローマ人の砦を体感
ディーヴァ・ローマン・エクスペリエンス
MAP p.276
ℹ️観光案内所から徒歩5分

ローマ人の砦「ディーヴァ」にあった通りや当時の人々の生活を実物大で見せるユニークな展示。ローマから中世にいたる遺跡も展示されている。

DATA ▶ ☎01244-34-3407 ▶ OPEN：9:00〜17:00、日曜は10:00〜 ▶ 12/25・26休み ▶ 入館料：大人£4.25、子供£2.50

※ グッドフライデー（聖金曜日）：2006年は4月14日、イースターは4月16日。2007年は4月6日、8日
※「無休」とある観光地や店も、12/25前後と1/1はほとんどが休みとなります。ご注意ください。

Restaurants&Hotels

トニック・バー・キュイジーヌ
Tonic Bar Cusine　**MAP** p.276　❶観光案内所から徒歩5分

手軽なヨーロピアン料理の店
コンサバトリー（温室）もあるくつろげる店で、ヨーロッパ各地の料理法をアレンジした肉や魚などのメニューが豊富。軽い食事も揃っている。

DATA ▶2 Abbey Green▶☎01244-32-9932
▶OPEN：12:00～15:00、17:00～22:30、土曜11:00～23:30▶日曜休み

ブルー・ベル
The Blue Bell　**MAP** p.276

15世紀末に宿屋だった建物を用いて19世紀初めに創業したレストラン。料理もクラシックで、本格派を自認している

DATA ▶❶観光案内所から徒歩3分▶65 Northgate St.
▶☎01244-31-7758▶OPEN：11:30～14:30、18:00～21:30（土曜17:30～22:00）▶日曜休み

パパラッチ
Paparazzi　**MAP** p.276

古い建物の中にあるが、内装は対照的にスタイリッシュ。おしゃれな雰囲気でイタリアンが楽しめる。パスタなら価格も手軽だ。

DATA ▶❶観光案内所から徒歩10分▶29 Grosvenor St.
▶☎01244-40-0029▶OPEN：12:00～14:30、18:00～22:00（日曜12:00～21:30）▶無休

シェ・ジュール
Chez Jules　**MAP** p.276

料金が手頃でメニューも豊富な、地元でも人気抜群のフランス風レストラン。ランチだったら、コースがお得。気軽なムードで入りやすい。

DATA ▶❶観光案内所から徒歩4分▶71 Northgate St.
▶☎01244-40-0014▶OPEN：12:00～15:00、18:00～22:30、日曜12:00～16:00▶無休

フランクス
Francs　**MAP** p.276

手軽なビストロで、店内にはパリの気分がいっぱい。コースもあるが、アラカルトも値段は手頃。気軽にフレンチが楽しめる。

DATA ▶❶観光案内所から徒歩8分
▶14 Cuppin St.▶☎01244-31-7952
▶OPEN：11:00～23:00、日曜12:00～22:00▶無休

チェスター・グロヴナー&スパ ★★★★
The Chester Grosvenor & Spa　**MAP** p.276

1865年創業で、今もウェストミンスター公爵所有という高級感あふれるホテル。クロック・タワーのすぐそばにあり、観光にも便利。

DATA ▶❶観光案内所から徒歩5分▶Eastgate
▶☎01244-32-4024▶FAX 01244-31-3246▶URL：www.chestergrosvenor.co.uk▶80室▶S/T £185～

リコーダー ★★
Recorder Hotel　**MAP** p.276

入口はチェスターの街をかこむ城壁上の遊歩道に面している。ヴィクトリア朝様式の内装は美しく、部屋によってはディー河の眺めも楽しめる。

DATA ▶❶観光案内所から徒歩10分▶19 City Walls
▶☎01244-32-6580▶FAX 01244-40-1674▶URL：www.recorderhotel.co.uk▶11室▶S £45～、D £60～

クィーン ★★★
The Queen Hotel　**MAP** p.276

駅前にあり、歴史は100年以上。重厚な建物で、裏手には美しいガーデンもある。

DATA ▶⇌Chester 駅から徒歩1分▶City Road
▶☎01244-30-5000▶FAX 01244-31-8483
▶URL：www.feathers.uk.com/queen
▶128室▶S £95～、D/T £125～▶JH、BW

チェスター・モート・ハウス ★★
Chester Moat House　**MAP** p.276

近代的なホテルで快適。プール付きのジムなど各種設備も充実している。

DATA ▶❶観光案内所から徒歩5分▶Trinity St.
▶☎01244-89-9988▶FAX 01244-31-6118
▶URL：www.moathousehotels.com/chester
▶160室▶S、D/Tともに£92～▶TO、UT

ブロッサムズ ★★
Macdonald Blossoms Hotel　**MAP** p.276

レンガ造りのシックなホテルで、内装もクラシック。レストランが2軒など施設も充実。

DATA ▶❶観光案内所から徒歩7分▶St. John St
▶☎0870-400-8108▶FAX 01244-34-6433
▶URL：www.macdonaldhotels.co.uk▶64室
▶S £75～、D/T £90～▶JH、TO

ウェストミンスター ★★
Westminster Hotel　**MAP** p.276

駅前の通りにあるレンガ造りのクラシックなホテル。大改装で設備も充実した。

DATA ▶⇌Chester駅から徒歩3分▶City Road
▶☎01244-31-7341▶FAX 01244-32-5369
▶URL：www.feathers.uk.com/westminster
▶75室▶S £70～、D/T £99～▶BW

注 S＝シングル、T＝ツイン、D＝ダブルベッドルームの室料／★★★★＝スーペリア、★★★＝スタンダード、★★＝エコノミークラスのホテル。データの最後にある「UT, JH」は日本でのホテル予約事務所の略号。詳細はp.430参照。

ボーン・チャイナの生まれ故郷

ストーク・オン・トレント

MAP p.242-A

イギリスでは陶磁器の窯元はストーク・オン・トレントに集中し、文字通り「陶磁器の里」だ。古くからスタフォードシャー北部では陶器が作られていたが、これは土地が痩せていたため農民の生活の糧として始まったもの。粘土、石炭、水に恵まれ、技術開発で18世紀末には陶器産業の中心地となり、19世紀末にはイギリス陶磁器生産の90%を占めるまでになった。20世紀の半ばまで数千ものボトルキルン（瓶型の煙突）から煙が出ていたという。もちろん今も世界に誇る陶磁器産業の街だ。

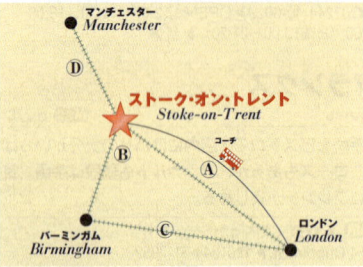

278

✈ACCESS

✈Ⓐ：ロンドン・ユーストン駅～ストーク・オン・トレント駅▶直通で1時間30分▶1時間に1～2本運行

🚌 ヴィクトリア・コーチステーション～ストーク・オン・トレント（ハンリー・バスステーション）▶約4時間▶1日に6本運行（うち1本は夜行）

✈Ⓑ：ストーク・オン・トレント駅～バーミンガム・ニュー・ストリート駅▶約1時間▶1時間に2本運行

✈Ⓒ：バーミンガム・ニュー・ストリート駅～ロンドン・ユーストン駅▶約1時間30分▶1時間に2本運行

✈Ⓓ：マンチェスター・ピカディリー駅～ストーク・オン・トレント駅▶45分▶1時間に4本運行

ℹ観光案内所 Tourist Information Centre
Quadrant Rd., Hanley ▶☎01782-23-6000
▶OPEN：9:15～17:15▶日曜休み
▶http://www.visitstoke.co.uk

■ 街歩きのヒント

駅を出るとすぐ左手にバス停があるので、ここから観光案内所のある街の中心、ハンリーHanleyまでバスに乗って行こう。ハンリーまでは約20分。バスは平日の日中には頻繁に出ている。ロンドンからのコーチは、このハンリーの街に着く。

ストーク・オン・トレントは、ハンリー、

バーズレム、タンストール、ストーク、フェントン、ロングトンの6つの街からなり、それぞれに窯元が散らばっている上、人気のあるウェッジウッドはひとつだけ離れている。これらをバスでまわる時は、本数が限られるので、訪れる窯元を厳選しよう。車の場合、街の中は一方通行や進入禁止の通りも多いので注意が必要だ。

見どころ
Sightseeing

The Wedgwood Visitor Centre
ボーンチャイナの歴史に触れる
ウェッジウッド・ビジターセンター

MAP p.279-B ✈Stoke-on-Trent駅からバス350番で20分（日曜運休）、ウェッジウッド・ビジターセンター前下車、または✈Wedgwood駅から徒歩5分

本社と同じ敷地内にあり、"イギリス陶工の父"といわれるジョサイア・ウェッジウッドの代表作を展示。併設の工場も見学できる。ショップで販売しているのは一級品だが、別棟では値引きされたB級品の商品もある。

DATA ▶☎01782-20-4218▶OPEN：9:00～17:00、土・日曜は10:00～（日曜のショップは～16:00）▶12/25～1/1休み▶入館料：大人£7.50、子供£5.50

工場見学は、産地ならではの楽しみ

注 ✈：英国鉄道（p.72参照）、🚌：コーチ（p.76参照）

The Courtyards at Spode
ファクトリー・ショップが充実
コートヤーズ・アット・スポード

MAP p.279-A　★Stoke-on-Trent駅から徒歩8分

世界的にも有名な窯元で、駅から一番近い。博物館もあり、工場見学もできる。細かいブルーの模様はこの窯元の人気柄。日常使いによい白い陶器も格安で手に入る。

手頃な価格の陶器が並ぶ、工場内のショップ

DATA ▶ ☎01782-74-4011 ▶ OPEN：9:00〜17:00、日曜10:00〜16:00 ▶ 祝日と工場の休日は休み
●工場見学▶月〜木曜は1日4回、金曜は2回▶土・日曜、クリスマス時期休み▶工場見学：大人£4.50、子供£4.00

Royal Doulton
日本の人気商品も一堂に
ロイヤル・ドルトン

MAP p.279-A　★Etruria 駅から徒歩15分

ストーク・オン・トレントが誇るボーンチャイナの名門窯元のひとつだが、工場が老朽化したため閉鎖し、現在地に最近移転した。工場の生産は再開したが、工場見学は中止している（2005年5月現在）。2006年中には新工場内にビジターセンターがオープンする予定。ロングトンにあるお手頃価格のアウトレットショップは現在も営業している。

DATA ☎01782-40-4040 ▶ ビジターセンターの開館時間、入場料などは未定

The Potteries Museum & Art Gallery
地元の陶器5000点を展示
陶芸博物館＆美術館

MAP p.279-A　★ハンリー観光案内所から徒歩10分

地元の陶工たちの作品を中心に5000点以上を展示。日本的な陶磁器もあり、18〜19世紀の英国陶磁器の発達史がよく分かる。

DATA ▶ ☎01782-23-2323 ▶ 10:00〜17:00（日曜は14:00〜）、11〜2月は〜16:00（日曜13:00〜）▶ 12/24〜1/1休み ▶ 入館無料

Gladstone Pottery Museum
最後の瓶型の窯が残る
グラッドストーン陶磁器博物館

MAP p.279-B　★Longton駅から徒歩10分

1967年の窯の閉鎖後、19世紀の陶磁器工場を再現する博物館となった。瓶の形をした窯（ボトルオーブン）が完全な形で残されているのはここが最後。なお、ロングトンにはロイヤル・ストラットフォードのビジターセンターが、博物館の近くにはエインズレーのファクトリーショップがある。

DATA ▶ ☎01782-31-9232 ▶ OPEN：10:00〜17:00 ▶ 12/25〜1/2休み ▶ 入館料：大人£4.95、子供£3.50

Hotel Guide

ノース・スタフォード ★★★
Britannia North Stafford Hotel **MAP** p.279-A

駅にも近く、窯場めぐりの拠点にするのに便利な立地。週末割引がある。

DATA ▶ ≠Stoke-on-Trent駅から徒歩1分 ▶ Winton Sq., Station Rd. ▶ ☎01782-74-4477 ▶ FAX 01782-74-4580 ▶ URL：www.britanniahotels.com ▶ 88室 ▶ S £79〜、T/D £101〜 ▶ UT

クォリティ ★★★
Quality Hotel Stoke-on-Trent **MAP** p.279-A

プール、スパ、サウナなどの設備も充実。中心街に近い便利なロケーション。

DATA ▶ ❶ハンリー観光案内所から徒歩8分 ▶ 66 Trinity St.,Hanley ▶ ☎01782-20-2361 ▶ FAX 01782-28-6464 ▶ URL：www.qualityhotelstoke.co.uk ▶ 136室 ▶ S £110〜、T/D £120〜

モート・ハウス ★★★
Stoke-on-Trent Moat House Hotel **MAP** p.279-A

ジョサイア・ウェッジウッドの館をホテルに改造。館内・客室内の設備は充実している。

DATA ▶ ≠Etruria 駅から徒歩15分 ▶ Etruria Hall, Festival Way, Etruria ▶ ☎01782-60-9988 ▶ FAX 01782-28-4500 ▶ URL：www.moathouse.com/stoke ▶ 143室 ▶ S £97〜、T/D £120〜 ▶ UT

ジョージ ★★
The Swallow George Hotel **MAP** p.279-A

ハーズレムの街にある。古いが落ち着いたホテルで、レストランもいい。

DATA ▶ ❶ハンリー観光案内所から徒歩10分 ▶ Swan Square, Burselem ▶ ☎01782-57-7544 ▶ FAX 01782-83-7496 ▶ URL：www.swallow-hotels.com/georgeburslem ▶ 42室 ▶ S £55〜、T/D £75〜

ZOOM in 英国の陶工たちの意地が生んだ名品
ボーンチャイナ *Bone china*

今や磁器も日用品。写真はスポード社のファクトリーショップ

　テーブルウエアとして名高いボーンチャイナは、良質のものは50％の骨灰と25％の陶石、25％の陶土でできている。イギリスが世界に誇るこの上質な陶磁器は、ストーク・オン・トレントの陶工たちの「中国の陶磁器を超えるものを作りたい」という意地が生み出したものだ。

　イギリスが産業革命を迎えていた18世紀後半、ストークでは6つの街を中心に陶磁器産業が発展していた。パイオニアは、ジョサイア・ウェッジウッドとジョサイア・スポードの2人。それまで中国の陶磁器輸入を牛耳っていた東インド会社も輸入量を徐々に縮小せざるをえなくなったが、これを決定的にしたのがボーンチャイナの誕生だった。1750年頃から骨灰を使った実験が繰り返されていたが、ジョサイア・スポードが1796年にほぼ完成、死後を引き継いだ息子が1799年にその手法を確立した。「ストーク・チャイナ」として登場するとまたたくまに反響を呼び、他の窯元も追随した。東インド会社が陶磁器輸入から完全に手を引いたのは1799年だった。

　一方、科学者と称されたウェッジウッドは緻密な実験の末、名高いジャスパーウエアを世に送り出した。彼は企業イメージを高める術にもたけ、1765年にはイギリス王室シャーロット王妃に「クィーンズウエア」を納めて名声を獲得。1773年にロシア帝室の女帝エカテリーナ

から受注した「フロッグサービス」が話題をさらい、貴族や新興ブルジョワからの注文が殺到した。ショールームやカタログ販売を始めたのも彼が最初である。

　また、彼が1777年に完成させたトレント・マーシー運河は、陶磁器産業に輸送革命をもたらした。クリームウエアやボーンチャイナの生産のため、地元の粘土納入業者は白い粘土を求めコーンウォールやデヴォン、ドーセットなどイングランド南西部にたどり着いた。運河はこの材料と製品の運搬の大動脈となったのだ。

　貴族のテーブルを飾ったボーンチャイナが中流階級の手に届くようになったのは、19世紀に機械導入で大量生産を可能にしたヘンリー・ドルトンのおかげだ。今では一般家庭でも使われるようになったボーンチャイナを見る時、ストークの陶工たちの思いが伝わってくる。

CENTRAL ENGLAND
Nottingham

シャーウッドの森に包まれた伝説の地

ノッティンガム

🗺 **MAP** p.242-B

ノッティンガムと聞いてまず思い浮かべるのは、ロビン・フッドが隠れ住んでいた広大なシャーウッドの森。今は郊外に行かないと見られないが、13世紀頃はノッティンガム城あたりから森が続いていたという。ピルグリム・ファーザーズや救世軍のルーツもこの街にあり、詩人バイロンや作家D.H.ロレンスの作品も森の中から生まれた。19世紀にはレース刺繍の工場が多く集まるようになり、今もこれにちなむ場所や施設があちこちに残り、毎年見本市も開催されている。

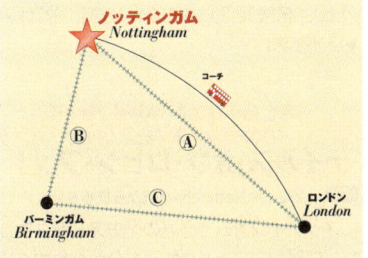

▶ ACCESS

≈Ⓐ：ロンドン・セント・パンクラス駅～ノッティンガム駅▶直通で1時間40分▶1時間に2本（直通は1時間に1本）運行
🚌 ヴィクトリア・コーチステーション～ノッティンガム・ブロード・マーシュ・バスステーション▶約3時間30分▶2時間に1～2本運行
≈Ⓑ：ノッティンガム駅～バーミンガム・ニュー・ストリート駅▶1時間20分▶1時間に3本運行
≈Ⓒ：バーミンガム・ニュー・ストリート駅～ロンドン・ユーストン駅▶1時間30分▶1時間に2本運行

ⓘ 観光案内所 Tourist Information Centre
1-4 Smithy Row ▶ ☎0115-915-5330
▶OPEN：9:00～17:30、土曜～17:00、8月の日曜10:00～15:00▶8月以外の日曜休み

■ 街歩きのヒント

鉄道の駅は街の南側にあり、大型ショッピングセンターの間を歩行者天国の賑やかな通りが続いている。観光案内所があるのは、その中間にあるエクスチェンジ・アーケード Exchang Arcadeのそば。シャーウッドの森など郊外の見どころ以外は、ほぼこの周辺に点在している。道は複雑に入り組んでいるし坂道も多いが、それほど大きい街ではない。地図を片手に、古風な教会の点在する街を歩いて楽しもう。

ミニ情報 ピルグリム・ファーザーズ：1620年に新大陸に移住した102名のピューリタン（清教徒）のこと。

Sightseeing
見どころ

Nottingham Castle
秘密の抜け穴が張りめぐらされた城
ノッティンガム城

🗺 **MAP** p.282 ≈Nottingham駅から徒歩7分

約1000年前に征服王ウィリアムが築いた要塞が始まり。現在の建物はニューキャッスル伯爵が17世紀に建てたもので、キャッスル博物館・美術館となっている。陶器のコレクションが見ごたえがあり、現代アートの特別展示も行われる。岩盤の上に立つ城の下には洞窟が掘られ、幾つものトンネルがある。有名なのは**モチマー・ホール洞窟**Mortimer's Hole Caveで、14世紀の若き国王エドワード3世の後見人たちが、母である前王の妃イザベラの愛人モチマーを捕らえた際の侵入路となったという洞穴だ。ここも見学できる。

DATA ▶☎0115-915-3700▶OPEN：10:00～17:00、11～2月は～16:00、庭は8:00～日没▶最終入場は30分前▶城は12/24～26、1/1休み▶入館料：平日は無料、土・日曜・祝日は大人£2.00、子供£1.00 学生£1.50

●モチマー・ホール・ツアー

ガイドが洞窟内を案内してくれる。城門の

モチマー・ホール洞窟

ところにその日のツアーの開始時間が表示される。チケットは博物館内ショップで販売。
▶ツアー料金：大人£2.00、子供£1.00

中世そのままのノッティンガム城

The Lace Centre
街のレース産業の歴史を語る
レース・センター
MAP p.282　≈Nottingham駅から徒歩7分

　ノッティンガムは18世紀後半からレース産業で栄え、19世紀半ばには130以上のレース工場がひしめいていた。20世紀初頭から需要の減少で衰退したが、今もその歴史を語る場所が街のあちこちに残っている。レース・センターは14世紀の建物の中でレース

282

ノッティンガム
Nottingham
0　　　200m

産業の歴史を伝えている。**レース・マーケット・センター**では、レースの展示のほか職人がレース製作を実演。また裁判博物館内には**レース・マーケット・ヘリテージ・ポイント** Lace Market Heritage Pointがあり、レース・マーケットの紹介とオーディオガイドでこのエリアを歩くツアーを催している。

DATA ▶☎0115-941-3539▶OPEN：10:00〜16:00、日曜11:00〜▶年末年始休み▶入館無料
●レース・マーケット・センター
Lace Market Centre
DATA ▶Nottingham駅から徒歩7分
▶☎0115-989-7365▶OPEN：10:00〜17:00、日曜10:30〜16:00▶12/25、1/1休み
▶入館無料

The Tales of Robin Hood
ロビン・フッドの物語を再現
テイルズ・オブ・ロビン・フッド
MAP p.282　≈Nottingham駅から徒歩8分

　ノッティンガムで必見の歴史アトラクション。ロビン・フッドの物語を分かりやすく紹介している。所要時間は約1時間30分。ロビン・フッドのグッズを売るショップもある。

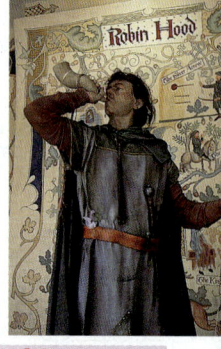

DATA ▶☎0115-948-3284
▶10:00〜17:30▶最終入場は1時間前▶12/25・26休み▶入館料：大人£7.95、子供£5.95

伝説を詳しく知ろう

Brew House Yard Museum
街の歴史をビジュアルに展示
ブリューハウス・ヤード博物館
MAP p.282　≈Nottingham駅から徒歩8分

　城のすぐ裏手の崖にある博物館。過去300年の街の歴史を、店のショーウインドーや室内など、当時の暮らしを再現して見せている。

DATA ▶☎0115-915-3600▶OPEN：10:00〜16:30▶12/24〜26、1/1休み▶入館料：平日は無料、土・日曜・祝日は大人£1.50、子供£0.80

City of Caves
地下に広がるもうひとつの世界
ノッティンガム洞窟

MAP p.282 ≈Nottingham駅から徒歩5分

ブロード・マーシュ・ショッピングセンターの内側、街の地下に広がる洞窟。かつて革なめし場や住居、防空壕などに使われていた。

DATA ▶ ☎0115-925-0555 ▶ OPEN：10:30〜16:30 ▶ 12/24〜26、12/31、1/1休み ▶ 入場料：大人£4.95、子供£3.95

学生 3.95

Galleries of Justice
ちょっと風変わりな展示
裁判博物館

MAP p.282 ≈Nottingham駅から徒歩7分

裁判、監獄、処刑に関する展示をするユニークな博物館で、実際の裁判の状況を再現して見せるコーナーや警察博物館もある。

DATA ▶ ☎0115-952-0555 ▶ OPEN：10:00〜17:00、土・日曜と11〜3月は〜16:00 ▶ 最終入場は1時間前 ▶ 月曜、12/24・25、1/1休み ▶ 入館料：大人£7.95、子供£5.95

Newstead Abby
バイロンが散策した修道院
ニューステッド・アビー

MAP p.242-B
🚌 ヴィクトリア・バスステーションからバス737、747、757番で25分、ニューステッド下車
🚗 M1号のジャンクション27で降りる。ノッティンガムからはA60号

門から館まで、両側をうっそうとした森に覆われた約2.5kmの曲がりくねった道が続いている。12世紀後期の修道院だったニューステッド・アビーはその後廃絶され、1540年にはバイロン一族の館になり、ここから偉大な詩人が生まれた。現在は一般にも公開され、バイロンに関する展示の他、ヴィクトリア朝時代の優雅な内装の部屋で、家具や絵画などを鑑賞できる。館の前には湖が広がり、さまざまなスタイルの庭園があって、これを見てまわるだけでも楽しい。

DATA ▶ ☎01623-45-5900 ▶ OPEN：館は12:00〜17:00、庭は9:00〜日没 ▶ 最終入場は1時間前 ▶ 館は10〜3月、庭は11月最終金曜、12/25休み ▶ 入館料：大人£5.00、子供£2.00、庭のみ大人£2.00、子供£1.50

ZOOM in
ロビン・フッドとシャーウッドの森
Sherwood Forest

MAP p.282

伝説を秘めたシャーウッドの森

ロビン・フッドは世界でもっとも知られたアウトローのヒーロー。弓の名人で、勇気があり、ユーモアのセンスも抜群。唯一の財産は弓矢と剣と角笛で、貧しい人々のために悪い長官に敢然と立ち向かう…。当時、人々は読み書きがほとんどできなかったため記録はないが、史実もおりまぜられていることからロビン・フッドは実在の人物といわれてきた。約700年前の伝説は中世の吟遊詩人によって語り継がれ、今もなお繰り返し映画や舞台となって聴衆を魅了し続けている。

そのロビン・フッドが隠れていた森の最有力候補が、背景の符合するシャーウッドの森。古くから王侯貴族が狩猟を楽しんだ森で、現在はシャーウッドの森のカントリー公園の他、北にあるアン女王の猟場だったクランバー公園、南のラフォード公園、ノッティンガムの北にあるベストウッド公園、西にあるウォラトン公園な

ど、いくつもの公園に分かれ、夏の日曜には主要な公園を結ぶバスが運行している。

ACCESS

🚌 ヴィクトリア・バスステーションからバス33番でEdwinstowe, Royal Oak下車 ▶ 所要約50分 ▶ 1〜2時間に1本運行
※7月下旬〜8月はビジターセンター前にも停車
🚗 M1号のジャンクション28で降りる。ノッティンガムからはA614号
●交通機関の問い合わせ ☎0870-608-2608
▶ URL：www.traveline.org.uk

緑に包まれた中世のカレッジ

ケンブリッジ

MAP p.243-G

数多くの著名な学者や政治家を送り出した街で、比較的大きな地方都市であるオックスフォードとは対照的に、街がそのままキャンパスのようだ。歴史はローマ時代に始まり、1284年にイーリー司教によって最初のカレッジが設立され、14〜16世紀に次々とカレッジができた。ケム河沿いの豊かな緑の中に風格ある中世の校舎が並び、訪れる人々を魅了するが、伝統にしがみついてはいない。今では、大学と連携したサイエンス・パークが、イギリスの技術開発の中心地になっている。

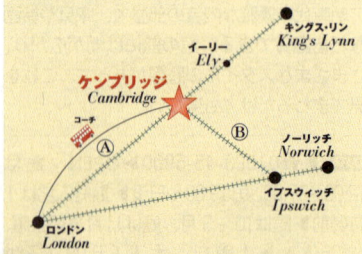

ＡＣＣＥＳＳ

≈Ⓐ：ロンドン・キングス・クロス駅〜ケンブリッジ駅▶50分▶1時間に3本運行、またはロンドン・リヴァプール・ストリート駅〜ケンブリッジ駅▶1時間20分▶1時間に2本運行▶ケンブリッジ駅から街中心部へはバスで5分。バス3番など頻繁に出ている
🚌 ロンドン・ヴィクトリア・コーチステーション〜ケンブリッジ・ドラマー・ストリート・バスステーション▶約2時間▶1時間に1本運行
≈Ⓑ：イプスウィッチ駅〜ケンブリッジ駅▶1時間20分▶1時間に1本運行

ℹ観光案内所 **Tourist Information Centre**
The Old Library, Wheelen St. ☎0906-586-2526
▶OPEN：10:00〜17:30、土曜〜17:00、日曜11:00〜16:00▶10〜3月の日曜休み

街歩きのヒント

駅から街の中心へは歩くと20分かかるので、駅前からバスに乗るほうがいいだろう。街の中心はマーケット広場で、観光案内所もこの近くにある。小さな街なので歩いてまわれ、最大の見どころである歴史あるカレッジも、セント・ジョンズ・ストリートに各カレッジの入口がズラリと並んでいる。カレッジの裏側にはケム河が流れ、対岸にはバックスThe Backsと呼ばれる芝生が広がっている。

バックスから見るカレッジの建物が、ケンブリッジでもっとも美しい風景だ。夏のケム河には、パンティングという1本の棹で川底を突いて進むボートも行き交う。

最古のカレッジはピーターハウス・カレッジで、クレア・カレッジがこれに続く。一般公開しているカレッジでも、あくまでも授業と行事が優先なので、学期中は公開時間が不定期になりがちだ。とくに6月の最終試験期間中は、門を閉ざすところも多い。大学の1年は9月末から10月初めに始まり、各学期は10月〜12月中旬、1月初め〜3月下旬、4月中旬〜6月中旬となっている。

見どころ
Ｓ**ightseeing**

King's College
礼拝堂は街のシンボル
キングス・カレッジ

MAP p.285-A　ℹ観光案内所から徒歩2分

1441年にヘンリー6世によって創設されたカレッジで、壮麗な建物には国王の力を見

4本の塔がそびえるゴシック様式のキングス・カレッジ

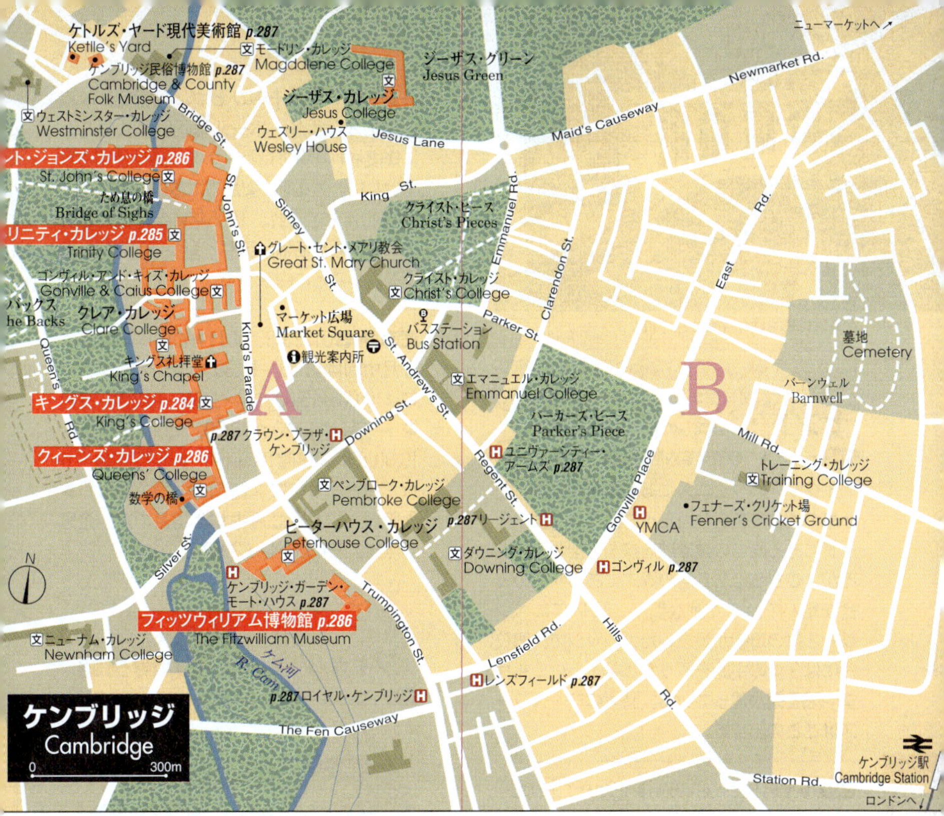

ケトルズ・ヤード現代美術館 p.287
Kettle's Yard
ケンブリッジ民俗博物館 p.287
Cambridge & County Folk Museum
モードリン・カレッジ
Magdalene College
ジーザス・グリーン
Jesus Green
ジーザス・カレッジ
Jesus College
ウェストミンスター・カレッジ
Westminster College
ウェズリー・ハウス
Wesley House
Jesus Lane
Maid's Causeway
Newmarket Rd.
ニューマーケットへ
Bridge St.
ト・ジョンズ・カレッジ p.286
St. John's College
ため息の橋
Bridge of Sighs
リニティ・カレッジ p.285
Trinity College
St. John's St.
Sidney St.
King St.
クライスト・ピース
Christ's Pieces
Emmanuel Rd.
グレート・セント・メアリ教会
Great St. Mary Church
ゴンヴィル・アンド・キィズ・カレッジ
Gonville & Caius College
クライスト・カレッジ
Christ's College
Clarendon St.
East Rd.
バックス
The Backs
クレア・カレッジ
Clare College
マーケット広場
Market Square
バスステーション
Bus Station
Parker St.
墓地
Cemetery
Queen's Rd.
キングズ礼拝堂
King's Chapel
King's Parade
観光案内所
St. Andrew's St.
エマニュエル・カレッジ
Emmanuel College
A
B
バーンウェル
Barnwell
キングス・カレッジ p.284
King's College
p.287 クラウン・プラザ・ケンブリッジ
Downing St.
パーカーズ・ピース
Parker's Piece
Mill Rd.
クィーンズ・カレッジ p.286
Queens' College
ユニヴァーシティー・アームズ p.287
Regent St.
トレーニング・カレッジ
Training College
数学の橋
ペンブローク・カレッジ
Pembroke College
Gonville Place
ピーターハウス・カレッジ
Peterhouse College
p.287 リージェント
YMCA
フェナーズ・クリケット場
Fenner's Cricket Ground
Silver St.
ダウニング・カレッジ
Downing College
ゴンヴィル p.287
N
ケンブリッジ・ガーデン・モート・ハウス p.287
Trumpington St.
フィッツウィリアム博物館 p.286
The Fitzwilliam Museum
ニューナム・カレッジ
Newnham College
ケム河
R. Cam
Lensfield Rd.
Hills Rd.
レンズフィールド p.287
p.287 ロイヤル・ケンブリッジ
ケンブリッジ
Cambridge
0
300m
The Fen Causeway
ケンブリッジ駅
Cambridge Station
Station Rd.
ロンドンへ

せつける意図もあった。中でも礼拝堂はゴシック建築の傑作とされ、バックスからの眺めはケンブリッジのシンボルになっている。礼拝堂の中では1634年に描かれたルーベンスの絵画が必見。

DATA ▶☎01223-33-1212▶OPEN：学期中9:30～15:30、土曜は～15:15、日曜13:15～14:15と17:00～17:30。休み中は9:30～16:30、日曜10:00～17:00▶クリスマス期間は一般公開なし▶入館料：大人£4.50、子供£3.00

Trinity College

名だたる学者・作家を輩出

トリニティ・カレッジ

MAP p.285-A　観光案内所から徒歩5分

物理学者のニュートンや詩人のバイロンはじめ著名人を輩出した名門カレッジで、ノーベル賞受賞者は物理学や化学を中心に31人にのぼる。1546年にキングス・ホールとマイケル・ハウスのふたつのカレッジが一緒になったもので、創始者はヘンリー8世。彼の目的は自分が創設した英国国教会の指導者育成だった。王室との関わりが深く、カレッジ旗はエドワード3世の旗で、今もカレッジ長は国王に任命される。20世紀のエドワード7世やジョージ6世もここで学び、チャールズ現皇太子も卒業生だ。中庭のグレート・コートは各カレッジの中でも最大で、正面には17世紀初めのグレート・ホールがある。レン図書館には、ミルトンの詩篇やニュートンの手書き原稿があり、このカレッジの出身者であるアラン・A・ミルンの『くまのプーさん』(p.212参照）の原稿も展示されている。

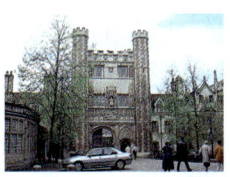

トリニティは庭から見るとさらに美しい

DATA ▶☎01223-33-8400▶OPEN：10:00～17:00、グレート・ホールは15:00～17:00。レン図書館は学期中は月～金曜12:00～14:00と土曜10:30～12:30▶6月下旬、10月初旬、12/25休み▶入館料：大人£2.20（11月～3月上旬無料)、子供£1.30、レン図書館は無料

注 グッドフライデー（聖金曜日）：2006年は4月14日、イースターは4月16日。2007年は4月6日、8日。

ケム河に影を映す「ため息の橋」

ケム河に架かる「ため息の橋」
セント・ジョンズ・カレッジ

MAP p.285-A　❶観光案内所から徒歩7分

　イタリアのヴェニスにある橋を模した「ため息の橋」で有名なカレッジ。オックスフォードにある同名の橋は道を挟んで架かっているが、こちらはケム河の両岸にある新旧の校舎を結んでいる立派な橋だ。1511年にヘンリー8世の母親が設立したカレッジで、旧校舎には3つの中庭を取りかこむように、礼拝堂や図書館が建っている。詩人のワーズワースはここの出身だ。

DATA ▶ ☎01223-33-8600 ▶ OPEN：10:00〜17:00、土・日曜9:30〜。11月〜イースターは不定期 ▶ 一般公開をしないことが不定期にある ▶ 入場料：大人£2.20、子供£1.30

2人の王妃が創設
クィーンズ・カレッジ

MAP p.285-A　❶観光案内所から徒歩5分

　キングス・カレッジを造ったヘンリー6世の妃、マーガレット王妃が1448年に創設し、1465年にエドワード4世のエリザベス王妃が完成させた。クィーンズという名前はこの2人の王妃のことだ。ここでとくに美しいのがレンガ造りの建物が取りかこむ中庭のグレ

カレッジ裏手の緑地にある数学の橋は木製

ート・コート。そのひとつ、18世紀に改築されたオールド・ホールは1961年に見ごとに修復され、今では特別の時以外は使用されていない。ケム河に架かる木造の「数学の橋」は1749年に造られ、1905年に架け替えられている。呼び名は、デザインが幾何学的な構造を持つことに由来する。

DATA ▶ ☎01223-33-5511 ▶ OPEN：11月〜3月中旬は13:45〜16:30、3月下旬〜5月中旬は10:00〜15:00（土・日曜〜16:30）、6月末〜9月は10:00〜16:30、10月は13:45〜16:30（土・日曜10:00〜）▶ 5月下旬〜6月下旬とクリスマス時期は一般公開なし ▶ 入館料：11月〜3月中旬と10月の月〜金曜は無料、それ以外は£1.50

地方都市では最大規模
フィッツウィリアム博物館

MAP p.285-A　❶観光案内所から徒歩10分

学問の街ならではの規模と内容を誇る博物館

　膨大な考古学や美術品の収蔵品は、地方都市の博物館としては国内最大規模を誇り、19世紀半ばに建てられた建物自体が鑑賞に値する。見のがせないのは絵画のコレクションで、ルネッサンス絵画からゲインズバラやコンスタブルなどイギリス絵画、さらにモネ、ドガ、ルノワール、セザンヌといったフランス印象派の巨匠たちの作品も並ぶ。この他、家具、時計、陶磁器などの装飾工芸品、エジプトや古代ギリシアとローマの考古学関連も充実している。

DATA ▶ ☎0123-33-2900 ▶ OPEN：10:00〜17:00、日曜は12:00〜 ▶ 月曜、グッドフライデー、12/24・25、1/1休み ▶ 入館無料

Kettle's Yard
コンテンポラリーアートもカバー
ケトルズ・ヤード現代美術館
MAP p.285-A　❶観光案内所から徒歩15分

　小さな美術館で、ザ・ハウスにはヘンリー・ムーアなど20世紀の絵画・彫刻の他、家具、陶器、グラスなどが展示されている。

DATA ▶ ☎01223-35-2124 ▶ OPEN：ザ・ハウスは13:30〜16:30（9月下旬〜4月初め14:00〜16:00）、ギャラリーは11:30〜17:00 ▶ 月曜、グッドフライデー、12/24〜27、1/1休み ▶ 入館無料

Cambridge and County Folk Museum
生活文化の歴史をたどる
ケンブリッジ民俗博物館
MAP p.285-A　❶観光案内所から徒歩15分

　17世紀に建てられた宿屋「イン」の建物を使った博物館。ケトルズ・ヤード現代美術館に臨接している。17世紀から現代にいたるケンブリッジとイングランド東部の人々の生活文化を紹介している。
※現在（2005年5月）は改装のため閉館中。2005年内に再オープンの予定。

DATA ▶ ☎01223-35-5159

Hotel Guide

ケンブリッジ・ガーデン・モート・ハウス ★★★
Cambridge Garden Moat House **MAP** p.285-A　❶観光案内所から徒歩10分
ケム河の水辺にそびえる近代的なホテル
　ケム河沿いに緑に包まれて建つ高級ホテルで、観光にも便利な立地ある。河を望むテラスがあり、リラックスするのに最高。

DATA ▶ Granta Place, Mill Lane ▶ ☎01223-25-9988 ▶ FAX 01223-31-6605 ▶ URL：www.moathouse.com/ ▶ 121室 ▶ S £137〜、D/T £160〜 ▶ JH, TO, UT

クラウン・プラザ・ケンブリッジ ★★★
Crowne Plaza Cambridge **MAP** p.285-A

　近代的な大型ホテル。改装により設備も一新され、さらに快適に。室内はクラシックな内装で統一されている。

DATA ▶ ❶観光案内所から徒歩5分 ▶ Downing St. ▶ ☎0870-400-9180 ▶ FAX 01223-23-3426 ▶ URL：www.crowneplaza.com ▶ 198室 ▶ S、D/Tとも£106〜 ▶ HR

ユニヴァーシティー・アームズ ★★★★
De Vere University Arms Hotel **MAP** p.285-B

　広大なパーカーズ・ピースの緑地に面したレンガ造りの堂々たるホテルで、格式の高さでは街でも最高。優雅さに満ちている。

DATA ▶ ❶観光案内所から徒歩10分 ▶ Regent St. ▶ 01223-35-1241 ▶ FAX 01223-27-3037 ▶ URL：www.devereonline.co.uk/universityarms ▶ 120室 ▶ S、D/Tとも£200〜 ▶ TO

ゴンヴィル ★★
Best Western Gonville Hotel **MAP** p.285-B

　カレッジ群からはやや離れた静かな立地。くつろいだ雰囲気で、1階のレストランも人気がある。

DATA ▶ ❶観光案内所から徒歩15分 ▶ Gonville Place ▶ ☎01223-36-6611 ▶ FAX 01223-31-5470 ▶ URL：www.gonvillehotel.co.uk ▶ 73室 ▶ S £89〜、D/T £99〜 ▶ BW

ロイヤル・ケンブリッジ ★★★
Royal Cambridge Hotel **MAP** p.285-A

　中心部の南端にあり、フィッツウィリアム博物館が近い。テラスハウスを改装した伝統的な雰囲気のホテルで、小ぢんまりとしているが格調は高い。

DATA ▶ ❶観光案内所から徒歩15分 ▶ Trampington St. ▶ ☎01223-35-1631 ▶ FAX 01223-35-2972 ▶ URL：www.forestdale.com ▶ 57室 ▶ S £120〜、T/D £145〜 ▶ TO

リージェント ★★
Regent Hotel **MAP** p.285-B

　パーカーズ・ピースが目の前に広がる小ぢんまりしたホテル。落ち着いた内装や行き届いたサービスに家族経営のよさがにじみ出る。

DATA ▶ ❶観光案内所から徒歩13分 ▶ 41 Regent St. ▶ ☎01223-35-1470 ▶ FAX 01223-46-4937 ▶ URL：www.regenthotel.co.uk ▶ 25室 ▶ S £89〜、D/T £99〜

レンズフィールド ★★
The Lensfield Hotel **MAP** p.285-B

　カレッジが並ぶ通りに近い、心地よいホテル。客室内はカラーコーディネイトされ、レストランもコンサバトリー風でおしゃれな雰囲気だ。

DATA ▶ ❶観光案内所から徒歩15分 ▶ 53 Lensfield Road ▶ ☎01223-35-5017 ▶ FAX 01223-31-2022 ▶ URL：www.lensfieldhotel.co.uk ▶ 30室 ▶ S £65〜、D/T £90〜

注 ★★★★＝スーペリア、★★★＝スタンダード、★★＝エコノミークラスのホテル。S＝シングル、T＝ツイン、D＝ダブルベッドルームの室料。データの最後にある「UT、JH」は日本でのホテル予約事務所の略号。詳細はp.430参照。

競馬の一大中心地、ニューマーケット　Newmarket

広場からのびる通りにジョッキー・クラブがある

イギリスの伝統的なスポーツ、競馬の中心地がケンブリッジに近いニューマーケット。小さな街にローリー・マイルとジュライの2つの競馬場があるだけでなく、騎手やトレーナーに免許を交付するジョッキー・クラブ、種馬から名馬を育てるナショナル・スタッド、騎手を夢見る若者が集まる英国競馬学校があり、欧州最大の馬の競売会社もここを本拠としている。まさに街全体が競馬一色。乗馬や競馬に興味のある人、さらには競馬をキーワードにした推理小説シリーズでおなじみのディック・フランシスのファンなら、一度は訪れてみたい街だ。

競馬の街を歩く

　ニューマーケットの朝は早い。競馬学校の訓練は早朝から昼までなので、その風景を見たければ午前中には着いていたい。ケンブリッジ方面から入ると、街の手前で道の両側にえんえんと続く柵が競馬場で、その一角が**ナショナル・スタッド**。現在、種馬8頭と牝馬約200頭を飼育している。

　街の中心にあるのが、競馬の歴史やトピックスを展示する**競馬博物館**。その隣にはジョッキー・クラブがある。1752年に設立されたイギリス競馬界の最高権威で、女王も後援者に名を連ねている。中心部は商店街が1本通るだけだが、周囲の約10k㎡の平原や森がレースや乗馬の訓練に使われ、馬専用の走行路は総延長50kmにも及ぶ。街はずれの英国競馬学校付近に行けば、馬に乗った若者たちが、次々と広大な平原に出て行く姿を見ることができる。

●競馬博物館
DATA ▶ ☎01638-66-7333 ▶ OPEN：11:00〜16:30 ▶ 7・8月以外の月曜、11〜3月中旬休み ▶ 入館料：大人£4.50、子供£2.50

●ナショナル・スタッド

MAP p.243-G

DATA ▶ ☎01638-66-6789 ▶ ツアーは11:15と14:30の2回、日曜は14:30のみ ▶ 10・11月はレース日以外は休み、12〜2月休み ▶ ツアー料金：大人£5.00、子供£3.50

王室が育てたスポーツ"競馬"

　この街に最初に目をつけたのは、17世紀初頭のジェームズ1世。平坦な地形が乗馬に適していたためで、1622年には最初のレースが開かれている。17世紀後半のチャールズ2世も大の馬好きで、競馬があるたびにこの街まで来て、ついには自分の厩舎とともに小さな宮殿まで造ってしまった。この王室の伝統は現在のエリザベス女王にも受け継がれ、競争馬を保有し、品種改良のためにロイヤル・スタッドまで運営している。王室のお墨付きで始まったことが、イギリスの競馬を単なるギャンブルとはいえないスポーツにしたようだ。

　現在イギリス国内には60ヵ所の競馬場があり数々のレースが行われているが、中でも有名なのがエイントリ競馬場で開催されるグランド・ナショナル（障害レース）と、ロンドン郊外エプソム競馬場のダービー・ミーティング、そしてアスコット競馬場のロイヤル・アスコット。ダービーやロイヤル・アスコットは高貴な人々の社交場なので、眺めるだけでもイギリスならではの競馬事情がかいま見られておもしろい。

ACCESS
╪ケンブリッジ駅〜ニューマーケット駅▶20分 ▶1時間に1本運行
■ケンブリッジ〜ニューマーケット・ハイストリート▶バスX11、X12番で約25分▶1時間に2本運行
❶観光案内所　Tourist Information Centre Palace House, Palace St. ▶ ☎01638-66-7200 ▶ OPEN：9:00〜17:00、土曜10:00〜13:00 ▶ 日曜休み

乗馬姿があたりまえの風景だ

多彩な表情持つ大聖堂の街
イーリー

MAP p.243-G

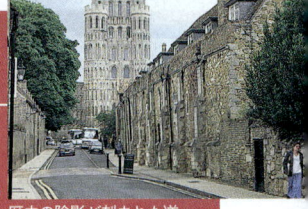
歴史の陰影が刻まれた道

ケンブリッジの北、イーストアングリアの平野にある小さな街。グレート・ウーズ河が街を流れ周辺には運河も多く、17世紀までは沼地の中の島だったという。大聖堂で有名だが、清教徒革命のクロムウェルゆかりの地、マーケットの街など多彩な表情がある。駅は街の中心から離れているが、大聖堂をめざして歩けば10分ほど。ボートが浮かぶ河べりの散策や、木曜日に開かれる屋外マーケットをめぐるのもいい。

見どころ
Sightseeing

Ely Cathedral
ロマネスク様式の傑作
イーリー大聖堂

❶観光案内所から徒歩2分

サクソン時代の王女エセルドレダが673年、この地に修道院を築いたのが最初とされているが、現在の建物は1083年から建造が始まったもの。18世紀と19世紀に改修が行われたロマネスク様式の建物は、小さな街には不釣合いなほどの壮大な規模だ。大聖堂内部には見ごたえのあるステンドグラス博物館がある。

壮麗な大聖堂

Oliver Cromwell's House
清教徒革命の指導者の家
オリヴァー・クロムウェルの家

❶観光案内所に併設

17世紀の清教徒革命で議会派を指導し、チャールズ1世を処刑して共和制を打ち立てたクロムウェルが、1636年から10年間暮らした家。彼は護国卿として独裁政治を行ったが、死後イギリスの王制は復活している。8つの部屋で当時の生活を再現し、クロムウェルとその家族に関する歴史を紹介している。

Ely Museum
刑務所の監房も再現
イーリー博物館

❶観光案内所から徒歩5分

街の歴史について、出土されたローマ時代の遺跡からこの地方の連隊の制服にいたるまで展示する小さな博物館。建物は元刑務所で、昔の監房も再現している。

街の歴史を伝える博物館

▶ ACCESS

ロンドン・キングス・クロス駅〜イーリー駅（ケンブリッジ経由）
▶1時間▶直通は1時間に1本運行

ケンブリッジ・ドラマー・ストリート・バスステーション〜イーリー・マーケット・ストリート
▶エクスプレス・バスX12番で約45分▶1時間に2本運行
※ロンドンからケンブリッジ乗り換えのコーチ＆バス割引切符あり

❶観光案内所
Tourist Information Centre
29 St Mary's St.（オリヴァー・クロムウェルの家に付設）
▶☎01353-66-2062▶OPEN：10:00〜17:30（11〜3月は〜16:00で土曜は〜17:00）▶12/25・26、1/1休み
●イーリー・パスポート
イーリー大聖堂＆ステンドグラス博物館、オリヴァー・クロムウェルの家、イーリー博物館共通チケット▶料金：£11.00、子供無料

●イーリー大聖堂
DATA ▶☎01353-66-7735
▶7:00〜19:00、11〜3月は7:30〜18:00、日曜〜17:00▶無休▶入館料：£4.80、子供無料

●ステンドグラス博物館
DATA ▶☎01353-66-0347▶OPEN：10:00〜17:00、土曜は〜17:30、日曜12:00〜18:00（11月〜イースターの日曜〜16:30）▶12/25・26休み▶入館料：大人£3.50、子供£2.50

●オリヴァー・クロムウェルの家
DATA ▶☎01353-66-2062▶OPEN：10:00〜17:30、11〜3月は11:00〜16:00で土曜は〜17:00▶12/25・26、1/1休み▶入館料：大人£3.75、子供£2.50

●イーリー博物館
DATA ▶☎01353-66-6655
▶OPEN：10:30〜17:00、11〜3月は〜16:00で土曜は13:00〜▶11〜3月の火曜、12/25・26、1/1休み▶入館料：大人£3.00、子供無料

CENTRAL ENGLAND
King's Lynn

中世交易の繁栄を残す街並み
キングス・リン

MAP p.243-G

観光案内所のある商館

▶ACCESS

✈ロンドン・キングス・クロス駅～キングス・リン駅（ケンブリッジ経由）▶ 1時間35分（ケンブリッジから45分）▶ 1時間に1本運行

🚌 ノーリッチ・バスステーション～キングス・リン・バンクーバー・センター・バスステーション▶ バスX1番で約1時間40分▶ 1時間に2本（日曜は1時間に1本）運行
※ケンブリッジからのバスは朝・晩各1本運行

---

❶観光案内所
Tourist Information Centre
The Custom House, Purfleet Quay ▶ ☎01553-76-3044▶ OPEN：9:30～17:00（10～3月は10:30～16:00）、日曜は12:00～▶無休
●カスタム・ハウス Custom House
観光案内所の入った17世紀の建物。街の海洋交易の歴史に関する展示がある。
DATA ▶ ☎観光案内所と同じ▶ 10:00～16:00▶無休▶入館無料

290

●オールド・ジェイル・ハウス
DATA ▶ ☎01553-77-4297
▶ OPEN：10:00～17:00、11～3月は～16:00▶最終入場は45分前▶日曜、11～3月の月曜、クリスマス時期休み▶入館料：大人£2.50、子供£1.80

●セント・ジョージズ・ギルドホール
DATA ▶ ☎01553-76-5565
▶ OPEN：10:00～14:00▶日曜・祝日、12/24～1/1休み▶入館無料

●リン博物館
DATA ▶ ☎01553-77-5001
▶ 2005年5月現在、改装のため閉館中。2006年初めに再オープンの予定。

グレート・ウーズ河の河口近くの街で、始まりは1101年に建てられたセント・マーガレット教会。教会は18世紀に修復されているが、塔の一部は当時のままだ。街は河と運河を使った物資の集積地として栄え、交易は国内だけでなく欧州大陸にも広がり、北ドイツのハンザ同盟とのつながりもあった。河沿いの一角には15～17世紀の商館が残り、イギリスで唯一現存するハンザ同盟の倉庫もある。周辺には当時豊かだった街の名残をとどめる建物が多く、これらを見てまわるのがキングス・リンならではの楽しみ方だ。駅とバスステーションはショッピング街のそばにあり、ここから観光案内所のある河辺までは歩いて10分弱で行ける。

見どころ
Sightseeing

Tales of the Old Jail House(Goal)
19世紀の監獄
オールド・ジェイル・ハウス(監獄)

❶観光案内所から徒歩5分

格子柄の建物は15世紀に建てられたトリニティ・ギルドホール。19世紀には監獄として使われ、その当時の監房を音響や嗅覚効果を使って再現している。

とても元刑務所には見えない

St George's Guildhall
シェイクスピアも演じた劇場
セント・ジョージズ・ギルドホール

❶観光案内所から徒歩3分

1410年頃に建てられ、倉庫や劇場、裁判所などに使われてきた。シェイクスピアが役者時代にここで演じたと伝えられている。現在は街のアートセンターで、劇場やギャラリーなどがある。7月のキングス・リン・フェスティバルでは本部となる。

Lynn Museum
建物はヴィクトリア時代の教会
リン博物館

❶観光案内所から徒歩7分

ヴィクトリア時代に建てられた教会の建物の中にある。この地域の自然と歴史に焦点をあてた博物館で、サクソン時代の兵士の骨や、交易の街として繁栄していたヴィクトリア時代の商店街を再現したコーナーなどがある。

400年に及ぶ街の歴史を伝える興味深い博物館

CENTRAL ENGLAND
Ipswich

サクソン時代から続く街
イプスウィッチ

MAP p.243-L

オールド・カスタムハウス

600年頃、ブリテン島に侵入してきたアングロ・サクソン人がオーウェル河を使った交易地として築いた街で、今もサクソン時代と同じ場所にある街はイギリスでも珍しい。一見するとどこにでもある地方都市のようだが、15〜18世紀の古い建物が街並みに溶け込むように残り、マーケットが開かれるサクソン時代からの街の中心、コーンヒルの広場を起点に街路を歩くと、その魅力がしだいに見えてくる。駅から広場まで徒歩で20分。途中で渡るオーウェル河にはドックがあり、現在はマリーナとなっている。

見どころ
Sightseeing

Christchurch Mansion
有名画家の作品も展示する美術館
クライストチャーチ・マンション
ⓘ観光案内所から徒歩10分

16世紀半ばにロンドンの豪商が建てた邸宅で、クライストチャーチ公園の中にある。内部は部屋をそのまま使った美術館で、ゲインズバラやコンスタブルなどイギリスの有名な画家の作品もある。アンティーク家具が、16世紀やヴィクトリア時代を再現した部屋の中に置かれている。

Ancient House
白いレリーフが目印
エインシェント・ハウス
ⓘ観光案内所から徒歩1分

15世紀に建てられた個人の邸宅で、2階部分の白い外壁に施された美しいレリーフが目を引く。現在は家庭用品店だ。清教徒革命に続く1651年のウースターの戦いで敗れたチャールズ皇太子（後のチャールズ2世）が身を隠したこともある。

Ipswich Museum
街の長い歴史を伝える
イプスウィッチ博物館
ⓘ観光案内所から徒歩7分

アングロ・サクソン人が築いて以来の街の歴史とともに、自然史・考古学関連を展示。原寸大に作られたマンモスもある。

小道を歩けば中世の世界

ACCESS
🚃ロンドン・リヴァプール・ストリート駅〜イプスウィッチ駅▶1時間10分▶1時間に3本運行
🚌ロンドン・ヴィクトリア・コーチステーション〜イプスウィッチ・オールド・キャトルマーケット・バスステーション▶約2時間40分▶1日に3本運行

ⓘ観光案内所
Tourist Information Centre
St.Stephen's Church, St. Stephens's Lane▶☎01473-25-8070▶OPEN：9:00〜17:00▶日曜、12/25・26休み

●クライストチャーチ・マンション
DATA▶☎01473-43-3554
▶OPEN：10:00〜17:00、日曜14:30〜16:30、11〜3月は10:00〜16:00、日曜14:30〜▶月曜、グッドフライデー、12/24〜26、1/1休み▶入館無料

●イプスウィッチ博物館
DATA▶☎01473-43-3550
▶OPEN：10:00〜17:00▶日・月曜、12/24・25、1/1、グッドフライデー休み▶入館無料

◀外壁に施された美しいレリーフは1670年代のもの

サクソン時代からの街の中心、コーンヒル広場

イングランド中央部

291

キングス・リン／イプスウィッチ

注 グッドフライデー（聖金曜日）：2006年は4月14日、イースターは4月16日。2007年は4月6日、8日。

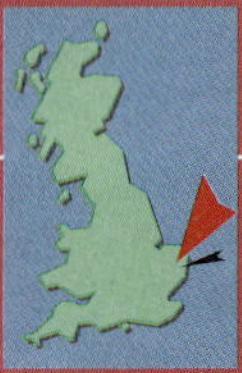

CENTRAL ENGLAND
Norwich
イーストアングリアの中心
ノーリッチ

MAP p.243-H

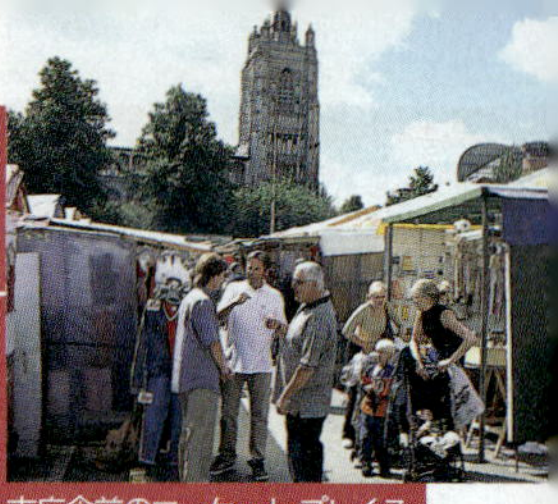

市庁舎前のマーケット・プレイス

ACCESS

≠ロンドン・リヴァプール・ストリート駅〜ノーリッチ駅▶1時間55分▶1時間に2本運行

🚌ロンドン・ヴィクトリア・コーチステーション〜ノーリッチ・バスステーション▶3時間〜3時間30分▶1日に5本運行

≠イーリー駅〜ノーリッチ駅▶1時間▶1時間に2本運行

🚌キングス・リン・バスステーション〜ノーリッチ・バスステーション▶バスX1番で約1時間40分▶1時間に2本（日曜は1時間に1本）運行

ℹ観光案内所
Tourist Information Centre
The Forum, Millennium Plain▶☎01603-72-7927▶OPEN：10:00〜18:00、11〜3月は〜17:30、日曜10:30〜16:30▶11〜3月の日曜休み

●ノーリッチ大聖堂
DATA ▶☎01603-21-8321▶OPEN：7:30〜18:00、5月中旬〜9月中旬は〜19:00▶無休▶入館無料（寄付制）

●ノーリッチ城博物館
DATA ▶☎01603-49-3625▶OPEN：10:00〜16:30、土曜〜17:00、日曜13:00〜、6月中旬〜9月上旬は10:00〜18:00で日曜13:00〜17:00▶12/24〜27、1/1休み▶入館料：大人£5.95、子供£4.45（城のみは大人£3.95、子供£2.95）

●ノーリッチ人形劇場
Norwich Puppet Theatre
MAP p.292
ℹ観光案内所から徒歩20分

人形劇専門の劇場。学校の休みの時期には公演日数が多くなる。開演時間は通常、午前11時頃と午後2時30分頃。公演予定は観光案内所で入手できる。
DATA ▶☎01603-62-9921▶料金：通常大人£6.00、子供£3.75

11世紀にノルマン人が城を築き、大聖堂ができてマーケットが開かれて以来、現在にいたるまでイーストアングリア地方の中心として栄えてきた。中心部は起伏に富み、縦横に走る小路や坂道を散策すると、次々と新しい表情が現れる。とくに大聖堂に近いエルム・ヒルは、石畳の両側に16〜18世紀の建物が続き見のがせない。教会が多いのにも驚く。今も一部残る城壁の内側の旧市街に点在する教会は31ヵ所もあり、小さな街としては驚くほどの数。市庁舎の前にあるマーケット・プレイスは中世以来の市場で、広場一面に色とりどりのテントが張られて迷路のような楽しさだ。広場の南側には1899年にできたロイヤル・アーケードがあり、天井から差し込む光に鮮やかな装飾が映える。この広場の横には15世紀のギルドホールもある。観光案内所も広場のすぐ近くにあり、駅からは徒歩で約15分だ。

見どころ Sightseeing

Norwich Cathedral MAP p.292
高い尖塔が街のシンボル
ℹ観光案内所から徒歩10分
ノーリッチ大聖堂

1096年から50年をかけて造られたが、木造の屋根と尖塔は火災で焼け、1463年に石造りとなった。尖塔は96mあり、国内ではソールズベリーの大聖堂に次ぐ高さ。長い身廊の奥には1200

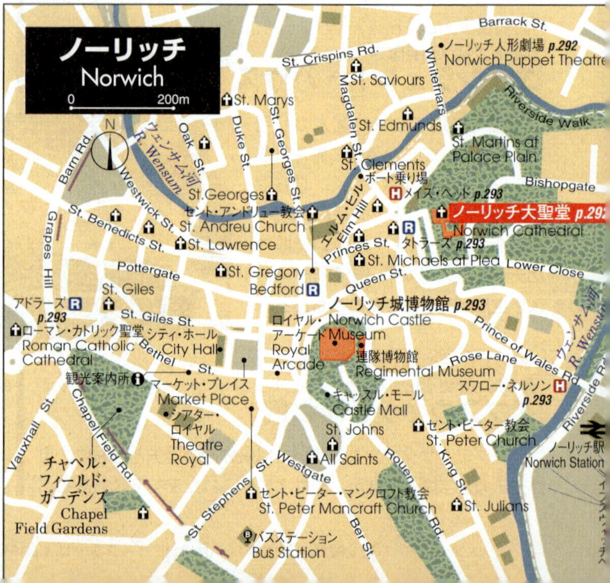
ノーリッチ
Norwich
0
200m
N
Barrack St.
St. Crispins Rd.
Whitefriars
●ノーリッチ人形劇場 p.292
Norwich Puppet Theatre
Riverside Walk
St. Saviours
Magdalen St.
St. Marys
Duke St.
St. Georges St.
Oak St.
ウェンサム川
R. Wensum
St. Edmunds
St. Martins at Palace Plain
Barn Rd.
Westwick St.
St. Clements
●ボート乗り場
Bishopgate
メイズ・ヘッド p.293
St.Georges
セント・アンドリュー教会
St. Andreu Church
エルム・ヒル
Elm Hill
ノーリッチ大聖堂 p.292
Norwich Cathedral
St. Benedicts St.
St. Lawrence
Princes St.
タトラーズ p.293
St. Michaels at Plea
Lower Close
Grapes Hill
Pottergate
St. Gregory
Bedford
Queen St.
St. Giles
アドラーズ p.293
ノーリッチ城博物館 p.293
St. Giles St.
ロイヤル・アーケード
Royal Arcade
Norwich Castle Museum
ローマン・カトリック聖堂
Roman Catholic Cathedral
シティ・ホール
City Hall
Bethel St.
連隊博物館
Regimental Museum
Prince of Wales Rd.
Rose Lane
観光案内所
マーケット・プレイス
Market Place
スワロー・ネルソン p.293
キャッスル・モール
Castle Mall
Vauxhall St.
Chapel Field Rd.
シアター・ロイヤル
Theatre Royal
St. Johns
セント・ピーター教会
St. Peter Church
ノーリッチ駅
Norwich Station
Riverside Rd.
All Saints
Rouen Rd.
King St.
チャペル・フィールド・ガーデンズ
Chapel Field Gardens
Westgate
セント・ピーター・マンクロフト教会
St. Peter Mancroft Church
St. Julians
St. Stephens St.
バスステーション
Bus Station
Ber St.

もうひとつの旅
Promenade

MAP p.243-H

風車と運河のザ・ブローズと
海辺のグレート・ヤーマス
The Broads & Great Yarmouth

平原に風車が点在しているところは、まるでオランダ

　平坦な地形のイーストアングリアの中でも、ノーリッチの東から海岸にかけての一帯は「ザ・ブローズ」と呼ばれ、オランダと比較されるほど。見渡す限りの平野の中を運河が走り、風車が点々と並んでいる。この風景を前にすると、「イギリスの中のオランダ」というフレーズに納得してしまう。平野を抜けた海岸の街グレート・ヤーマスは、この地方のコーストラインに点在する街の中ではもっとも大きなリゾート地だ。夜になると派手なネオンが輝いてやや悪趣味だが、広いビーチは混雑とは無縁。海岸沿いには手頃なホテルやレストランも数多く並んでいる。さらに足をのばして南に20km余り下ったサウスウォルドSouthwoldまで行けば、ひっそりと落ち着いたビーチリゾートになる。

ACCESS
🚃 ノーリッチ駅〜グレート・ヤーマス駅（途中ブローズを通る）▶30分▶1時間に1本運行
🚌 ノーリッチ・バスステーション〜グレート・ヤーマス・マーケット・ゲーツ（途中ブローズを通る）▶バスX1番で約45分▶1時間に2本（日曜は1時間に1本）運行
🚗 ノーリッチからA47号で、西に向かえばグレート・ヤーマスに着く

年以上の歴史を持つ「司教の玉座」が置かれている。その奥には1100年頃に作られた聖人の石像もあり、聖堂内は900年の歴史の宝庫だ。聖堂周囲のクローズ（敷地）はウェンサム河まで続く広大なもので、歴史的建築物が点在し、その中には私立学校ノーリッチ・スクールが利用しているものも多い。

壮大な大聖堂は歴史の宝庫

Norwich Castle Museum
MAP p.292
12世紀以来のノルマンの城
ノーリッチ城博物館
❶観光案内所から徒歩7分

　ノルマン人がイギリスに侵入した直後の1067年に木造の城が築かれ、12世紀に石造りとなった。街を見下ろす丘の上に建つ姿は当時のままだ。19世紀末までは監獄に使われたこともある。城の内部を眺めながら、この地方の歴史や自然、工芸品、絵画などの展示を見るのもおもしろい。

Restaurants

アドラーズ
Adlard's　**MAP** p.292
❶観光案内所から徒歩5分、フレンチを加味したモダンブリティッシュでミシュラン1つ星。
DATA ▶79 Upper St.Giles St.
▶☎01603-63-3522▶OPEN：12:30〜13:45、19:30〜22:30▶月・日曜休み

タトラーズ
Tatlers　**MAP** p.292
❶観光案内所から徒歩8分、地元の素材にこだわったモダンブリティッシュの店。大聖堂のすぐ近くにある。
DATA ▶21 Tombland▶☎01603-76-6670▶OPEN：12:00〜14:00、18:30〜22:00▶日曜休み

Hotel Guide

スワロー・ネルソン ★★★
Swallow Nelson Hotel　**MAP** p.292

　駅にも近い近代的なホテル。ウェンサム河に面していて眺望は抜群。ホテル内の施設も充実している。

DATA ▶🚃Norwich 駅から徒歩1分▶Prince of Wales Rd.▶☎01603-76-0260▶FAX 01603-62-0008▶URL：www.swallow-hotels.com/norwich▶132室▶S £100〜、T/D £115〜

メイズ・ヘッド ★★
The Maids Head Hotel　**MAP** p.292

　大聖堂のすぐそばにある。建物の一部は13世紀のものだ。併設のレストランも味には定評ある。

DATA ▶❶観光案内所から徒歩10分▶Tombland
▶☎0870-609-6110▶FAX 01603-61-3688
▶URL：www.corushotels.com/maidshead
▶81室▶S、T/Dとも£93〜▶UT

※観光地や店は、12/25前後と1/1はほとんどが休みとなります。ご注意ください。

廃墟が残るセント・ボトルフ僧院

ローマ人の城壁が残る
コーチェスター

MAP p.243-L

ローマ人がブリテン島に来た紀元43年、カムロダナムで城壁の築造を開始した。これが今のコーチェスターで、記録に残る街としてはイギリスで最古。歴史が少し違えばロンドンではなくコーチェスターが首都になっていたかもしれない。城壁の一部は今も残り、ノルマン時代の城など小さな街に見どころが点在している。街のどこからも見える門のような高い塔は、19世紀末に建てられた給水塔で通称「ジャンボ」。駅からこれをめざして歩けば、中心部までは約10分だ。

ACCESS

✈ロンドン・リヴァプール・ストリート駅～コーチェスター駅▶ 45分～1時間▶ 1時間に4～5本運行

🚌 ロンドン・ヴィクトリア・コーチステーション～コーチェスター・バスステーション▶ 2時間10～30分▶ 1日3本運行

---

❶観光案内所
Tourist Information Centre
▶Queen St. ▶ ☎01206-28-2920
▶OPEN：9:30～18:00、日曜は10:00～17:00、11～3月は10:00～17:00▶ 11～3月の日曜休み

●コーチェスター城博物館
DATA ▶ ☎01206-28-2939
▶OPEN：10:00～17:00、日曜は11:00～▶ 12/25・26、1/1休み▶ 入館料：大人£4.50、子供£2.90

●ホリーツリーズ博物館
DATA ▶ ☎01206-28-2940▶OPEN：10:00～17:00、日曜は11:00～▶ 12/23～26、1/1休み▶ 入館無料

●セント・ボトルフ僧院跡
St. Botolph's Priory
❶観光案内所から徒歩3分
1100年に建てられたイギリスで最初の聖アウグスティノ修道会の僧院。ヘンリー8世の命で閉鎖され、清教徒革命時の攻防戦で破壊された。▶ 入場自由

見どころ
Sightseeing

Castle Museum

最大級のノルマンの城
コーチェスター城博物館
❶観光案内所から徒歩2分

原型を保ったノルマン様式の城

ブリテン島に侵入したノルマン人が1076年～1125年に築いた城で、ノルマンの城としてはイギリスでも最大級の規模で、当時のままの姿を残している。もとはローマ人がクラウディアス寺院を建てた場所だが、紀元60年にこの地方の女王ボアディケアが街を攻めた時、寺院は焼け落ちた。城内の博物館には、2000年におよぶ街の歴史に関する展示がある。

Holytrees Museum

300年間の生活史
ホリーツリーズ博物館
❶観光案内所から徒歩1分

1718年に完成したジョージ朝様式の建物の中に18～20世紀半ばの衣装、玩具、装飾美術品などを収めた生活史を振り返る博物館。アンティーク人形のコレクションも充実している。

もうひとつの旅
Promenade

MAP p.243-L

クラクトン・オン・シー
Clacton-on-Sea

コーチェスターの東にある海岸には、ビーチが約20kmにわたって断続的に連なっている。中心の街はクラクトン・オン・シーで、ピア（桟橋）やフィッシュ＆チップスの店、ゲームセンターなどイギリスの海のリゾートの定番が揃っている。ロンドンからも遠くはないが、南海岸のリゾート地に比べればずっと静かだ。

歴史的な街が多いこの地方で、ここはちょっと異色の存在

ACCESS
✈コーチェスター駅～クラクトン駅▶ 30分▶ 1時間に1本運行

🚌 コーチェスター・バスステーション～クラクトン・オン・シー・バスステーション▶ バス74、74B、76番で約50分▶ 1時間に2本（日曜は2時間に1本）運行

Northern England

イングランド北部

リヴァプール	300
ブラックプール	305
マンチェスター	306
湖水地方	310
カーライル	318
リーズ	320
ハワース	322
ヨーク	324
ノーザンバーランド	328
ダーラム	330

ベリック・アポン・ツイード p.328 へ
Berwick-upon-Tweed p.328

ホーリー・アイランド p.329
Holy Island

Kelso

ベルフォード
Belford

バンバラ p.329
Bamburgh

シーハウジズ
Seahouses

ノーザンバーランド p.328
Northumberland

クラスター
Craster

p.328 アニック
Alnwick

ノーザンバーランド国立公園 p.328
Northumberland National Park

C

D

North Sea
北海

Northumberland

モーペス
Morpeth

ニューキャッスル空港
Newcastle Airport

ニューキャッスル p.328
Newcastle-upon-Tyne

Hadrian's Wall

ヘクサム
Hexham

サンダーランド
Sunderland

Chester-le-Street

シーハム
Seaham

ダーラム大聖堂 p.330
Durham Cathedral

ダーラム p.330
Durham

ダーラム城 p.330
Durham Castle

Durham

ハートルプール
Hartlepool

バーナード・キャッスル
Barnard Castle

ストックトン・オン・ティーズ
Stockton-on-Tees

レッドカー
Redcar

Brough

Bowes

ダーリントン
Darlington

ミドルズバラ
Middlesbrough

H

297

ウィットビー
Whitby

イングランド
England

リッチモンド
Richmond

ノース・ヨーク・ムーア国立公園
North York Moors National Park

Hawes

レイバーン
Leyburn

ベデール
Bedale

ノーサラトン
Northallerton

North Yorkshire

サースク
Thirsk

スカーボロ
Scarborough

York

ピカリング
Pickering

ファイリー
Filey

ヨークシャー・デイルズ国立公園 p.327
Yorkshire Dales National Park

セトル
Settle

マラム
Malham

モルトン
Malton

ブリドリントン
Bridlington

Coniston
Cold

スキプトン
Skipton

ハロゲイト
Harrogate

West Yorkshire

Wetherby

ヨーク p.324
York

East Riding of
Yorkshire

クリザロー
Clitheroe

ハワース p.322
Haworth

ビバリー
Beverley

バンリー
Burnley

Accrington

ブラッドフォード
Bradford

リーズ p.320
Leeds

セルビー
Selby

マーケット
ウェイトン
Market
Weighton

Rochdale
Bury

ハリファックス
Halifax

ウェイクフィールド
Wakefield

グール
Goole

ハウデン
Howden

キングストン・アポン・ハル
Kingston upon Hull

L

オールダム
Oldham

ハダーズフィールド
Huddersfield

ソーン
Thorne

スカンソープ
Scunthorpe

R.Humber

グリムズビー
Grimsby

Greater
Manchester

ペニストン
Penistone

バーンズリー
Barnsley

ドンカスター
Doncaster

マンチェスター p.306
Manchester

ピーク・ディストリクト国立公園
Peak District National Park

ロザラム
Rotherham

ゲインズバラ
Gainsborough

ラウス
Louth

マンチェスター空港
Manchester Airport

キャッスルトン
Castleton

シェフィールド
Sheffield

South Yorkshire

雄大な自然と産業革命の歴史に多様な顔がある

産業革命で栄えた工業都市が再開発で新たな魅力を取り戻す一方で、ヨークやダーラムのように中世をそのまま伝える街もある。そしてここには、風の吹きすさぶヨークシャーや湖と渓谷が織りなす湖水地方の景観など、昔のままの姿を見せる美しい自然もある。また、喧騒とは無縁の東北海岸に足をのばせば、北イングランドの素顔にも出会えるだろう。

② 湖水地方　Lake District → p.310

数多くの湖や沼、山や渓谷など変化のある自然が広がるイギリス最大の国立公園。ピーター・ラビットや詩人ワーズワースの世界がそのまま息づいている。起点になるのはウィンダミアとボウネスの街。グラスミアやホークスヘッドなど小さな街や村も見のがせない。

① カーライル　Carlisle → p.318

スコットランドとの攻防の舞台で、城がその歴史を伝える。ローマ人が築いたハドリアヌスの長城跡に向かう拠点となっている。

観光シーズンで賑わう
ウィンダミアの湖畔

④ ブラックプール　Black pool → p.305

海辺に巨大な遊園地やゲームセンター、タワーなどが並び、夜にはイルミネーションが輝くちょっと異色のリゾート地。

③ ヨークシャー・デイルズ国立公園　Yorkshire Dales National Park → p.327

緑豊かな牧草地やヒースの荒野、石灰岩の岩肌がのぞく渓谷などさまざまな景観が広がる国立公園。

ツアーで訪れるビートルズゆかりのストロベリー・フィールズ

⑤ リヴァプール　Liverpool → p.300

ビートルズの故郷でファンには見のがせないスポットが多い。一時は寂れていた港町もウォーターフロントの再開発で見ごとに蘇った。

⑥ マンチェスター　Manchester → p.306

ロンドンに次ぐ大都会で、グレーター・マンチェスターの人口は約260万人。産業革命が生んだ街で、鉄道や産業の歴史を語る博物館は必見。再開発で生まれ変わり、若者文化の新たな発信地となっている。のどかな草原が広がるピーク・ディストリクトPeak Districtへはここから行ける。

港町のシンボル、ピア・ヘッド

ピープルズ・ヒストリー・ミュージアム

ニューキャッスル
Newcastle -upon- Tyne → p.328
　かつて鉄鋼・造船で栄えた街は、タイン河に何本も架かる鉄橋がシンボル。海外企業の進出により、今も東北部最大の産業都市。

9

ノーザンバーランド
Northumberland → p.328
　海岸線には静かなリゾート地と古城が点在し、僧院跡が残る島、ホーリー・アイランドもある。西側の高地には国立公園の自然が広がっている。

8

8

8

ハドリアヌスの長城
P.319

9

10

3

ダーラム
Durham → p.330
　12世紀に完成した大聖堂と司教の住まいだった城が、丘の上にそびえる。中世の面影が残り、ウィアー河沿いの緑も豊かで散策にも楽しい。

10

11

7

12

6

ヨーク　York → p.324
　城壁にかこまれた街には2000年の歴史の名残が散りばめられ、細い石畳の通りに中世が宿る。大聖堂や城、博物館など歴史的な見どころが多い。

11

ハワース
Haworth → p.322
　作家のブロンテ姉妹が生まれた村で、一家のかつての住まいや「嵐が丘」の舞台になった荒野を抜けるブロンテの小径がある。

7

12

リーズ　Leeds → p.320
　19世紀の工業都市が再開発で変身。ヨークシャーの中心都市で、金融センターとして発展している。美術館なども見ごたえがある。

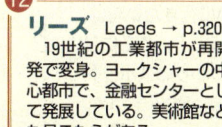

ビートルズが生まれた港町

リヴァプール

MAP p.296-J

　小さな漁村に過ぎなかったこの街に一大転機が訪れたのが、奴隷貿易の始まった1700年代。中継貿易港として20世紀まで大いに賑わったものの、大英帝国の衰退と航空輸送の発達でみるみる衰退した。以来長い間、不況と失業にあえいできた街が、ふたたび息を吹き返したのが1960年代。ビートルズという世界的なスターの誕生に支えられ、街に活気が戻ってきた。寂れていた埠頭も市民の憩いの場として生まれ変わり、過去の豊富な文化遺産を背景に街は生まれ変わろうとしている。

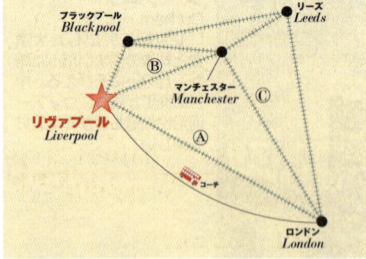

ACCESS

⇄Ⓐ：ロンドン・ユーストン駅〜リヴァプール・ライム・ストリート駅▶2時間30分▶1時間に1本運行

🚌 ロンドン・ヴィクトリア・コーチステーション〜リヴァプール・コーチステーション▶約5時間▶1日5本運行（うち1本は夜行便）

⇄Ⓑ：マンチェスター・ピカディリー駅〜リヴァプール・ライム・ストリート駅▶50分▶1時間に5本運行

⇄Ⓒ：ロンドン・ユーストン駅〜マンチェスター・ピカディリー駅▶2時間20分▶1時間に2本運行

※チェスターへも鉄道で約1時間、30分毎に出ている。

🛈観光案内所 Tourist Information Centre
リヴァプール・ライム・ストリート駅から徒歩3分。Queen Square▶☎0151-709-8111
▶9:00〜17:30、日曜は10:30〜16:30▶無休

街歩きのヒント

　市街地は郊外に広がっているが、中心部の見どころは鉄道の駅から埠頭にかけての狭いエリアに集中しており、徒歩でも充分まわれる。ビートルズゆかりの場所に行きたい時は、まず駅近くの観光案内所へ行こう。ここにリヴァプール市内に点在するゆかりのスポットを詳細に紹介する地図や資料が揃っている。ジョンやポールの家も見学できるが、家や学校などは郊外に広く点在しているため、徒歩

や路線バスで訪れるのはむずかしい。タクシーをチャーターするか、ビートルズ・ファンのためのバスツアー（p.302参照）を利用した方がいい。ツアーの申し込みも観光案内所で受け付けている。

観光案内所で情報を集めよう

Sightseeing
見どころ

Metropolitan Cathedral of Christ the King
度肝をぬく超モダンな大聖堂
メトロポリタン大聖堂

MAP p.301-B
⇄Liverpool Lime St.駅から徒歩15分

　ビートルズが世界を席巻していた1960年代に建設されたローマ・カトリックの大聖堂。コンクリート造りの斬新な建物は、カトリックが与える一般的なイメージと相入れないデザイン。聖堂内はさらに派手で、赤・青・黄・緑の鮮やかな色ガラスがふんだんに使われている。ロック

※「無休」とある観光地や店も、12/25前後と1/1はほとんどが休みとなります。ご注意ください。

ンロールを育んだ土地だからこそ受け入れられた大聖堂といった感がある。

DATA ☎0151-709-9222 ▶ OPEN：8:00〜18:00、冬の日曜は〜17:00 ▶ 無休 ▶ 入館無料

Liverpool Anglican Cathedral
世界最大の英国国教会の大聖堂
リヴァプール・アングリカン大聖堂

MAP p.301-B
⇄Liverpool Lime St.駅から徒歩20分

　メトロポリタン大聖堂とは対照的に伝統的な建物で、イギリスで最大、かつアングリカン（英国国教会）の大聖堂としても世界最大級。一見すると中世の建物かと思うが、74年の歳月をかけて1978年に完成した建物。

DATA ▶ ☎0151-709-6271 ▶ 8:00〜18:00 ▶ 無休 ▶ 寄付制（£3.00）

The Walker
イタリア人画家の作品が充実
ウォーカー美術館

MAP p.301-B
⇄Liverpool Lime St.駅から徒歩5分

　ヨーロッパ、とくにイタリア絵画が充実している。また、リヴァプール出身の画家ジョージ・スタッブズの絵画も多い。隣に中央図書館、その隣には自然史や民俗学の**リヴァプール博物館**が並んでいる。

DATA ●**ウォーカー美術館** ▶ ☎0151-478-4199 ●**リヴァプール博物館** ▶ ☎0151-478-4399 ▶ OPEN（両館共通）：10:00〜17:00、ウォーカー美術館は木曜〜19:00 ▶ 12/23〜26、1/1休み ▶ 入館無料

重厚な美術館や博物館が連なる広場

St George's Hall
過去の栄光を伝える歴史的建物
セント・ジョージズ・ホール

MAP p.301-B
⇄Liverpool Lime St.駅から徒歩2分

　北米貿易の主導権を握っていた頃の1854年に建てられたもので、最初はコンサート会場として使われていたが、その後軍人病院や刑事法院に利用され、現在はバンケット会場などに利用されている。

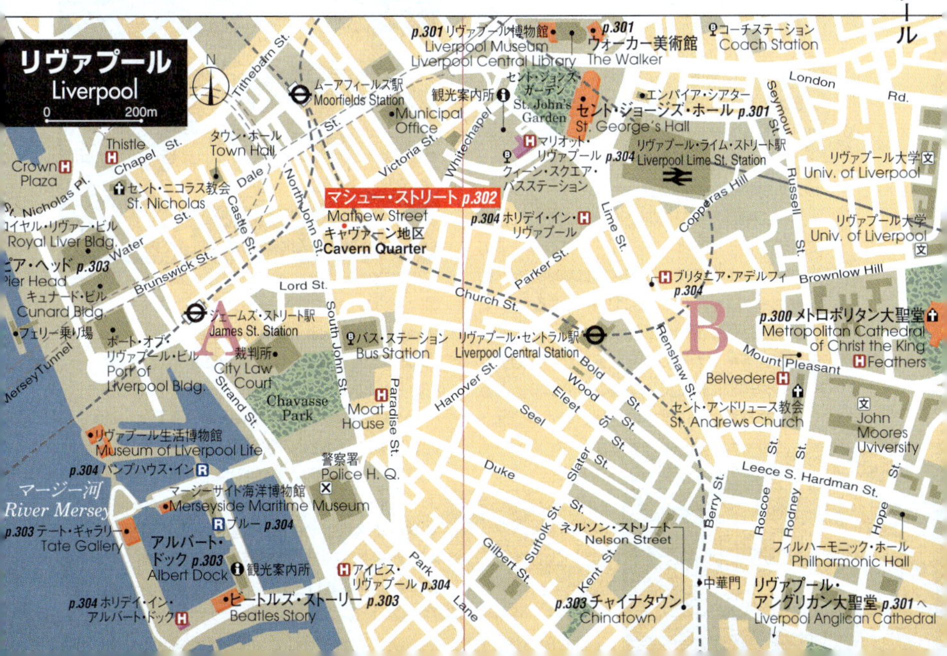

リヴァプール
Liverpool

0　　　　200m

p.301 リヴァプール博物館 Liverpool Museum
Liverpool Central Library
p.301 ウォーカー美術館 The Walker
コーチステーション Coach Station
ムーアフィールズ駅 Moorfields Station
観光案内所
セント・ジョンズ・ガーデン St John's Garden
エンパイア・シアター Empire Theatre
タウン・ホール Town Hall
ミュニシパル・オフィス Municipal Office
セント・ジョージズ・ホール p.301 St. George's Hall
マリオット・リヴァプール p.304
リヴァプール・ライム・ストリート駅 Liverpool Lime St. Station
クイーン・スクエア・バスステーション
リヴァプール大学 Univ. of Liverpool
Crown Plaza
Thistle Chapel St.
セント・ニコラス教会 St. Nicholas
マシュー・ストリート p.302 Mathew Street
キャヴァーン地区 Cavern Quarter
p.304 ホリデイ・イン・リヴァプール
リヴァプール大学 Univ. of Liverpool
ロイヤル・リヴァー・ビル Royal Liver Bldg.
ピア・ヘッド p.303 Pier Head
キュナード・ビル Cunard Bldg.
ブリタニア・アデルフィ p.304
Brownlow Hill
ジェームズ・ストリート駅 James St. Station
裁判所 City Law Court
ポート・オブ・リヴァプール・ビル Port of Liverpool Bldg.
バス・ステーション Bus Station
リヴァプール・セントラル駅 Liverpool Central Station
p.300 メトロポリタン大聖堂 Metropolitan Cathedral of Christ the King
Belvedere
フェリー乗り場
マージー・トンネル Mersey Tunnel
シャヴァス・パーク Chavasse Park
モート・ハウス Moat House
セント・アンドリュース教会 St Andrews Church
ジョン・ムーアズ大学 John Moores University
リヴァプール生活博物館 Museum of Liverpool Life
p.304 パンプハウス・イン
警察署 Police H.Q.
マージー河 River Mersey
マージーサイド海洋博物館 Merseyside Maritime Museum
ブルー p.303
観光案内所
フィルハーモニック・ホール Philharmonic Hall
p.303 テート・ギャラリー Tate Gallery
アルバート・ドック p.303 Albert Dock
アイビス・リヴァプール p.304
中華門 Chinatown
リヴァプール・アングリカン大聖堂 p.301へ Liverpool Anglican Cathedral
p.304 ホリデイ・イン・アルバート・ドック
ビートルズ・ストーリー p.303 Beatles Story
p.303 チャイナタウン Chinatown

Mathew Street
ビートルズゆかりの通り
マシュー・ストリート

MAP p.301-A

🚉Liverpool Lime St.駅から徒歩10分

　ビートルズを目的にリヴァプールを訪れたなら、真っ先に立ち寄りたいのがこの通り。駅近くのバーやパブなどが並ぶ静かな通りなのだが、無名時代のビートルズとは深い縁がある。ビートルズのブロンズの像やレコード盤で飾られた通りは、まさにビートルズづくし。レノンズ・バーやビートルズ・グッズの専門店ビートルズ・ショップなどが並んでいる。ビートルズが演奏していた伝説的なクラブ、「キャバーン・クラブ」もいまだに健在。場所は少し移動したが、内部は当時と変わらない雰囲気が保たれている。年代を感じさせる石壁はビートルズの古いポスターや写真で飾られ、生演奏のバンドはリクエストすればビートルズ・ナンバーを演奏してくれる。ビールでも飲みながら、ゆっくりビートルズの世界にひたるのも楽しい。

ビートルズ・ナンバーが流れるキャバーン・クラブ

　この通りでもうひとつ見逃せないのが、**マシュー・ストリート・ギャラリー**。ジョン・レノンの作品だけを集めたギャラリーは、ヨーロッパでもここだけ。作品はちょっと高いが、レノン自作の絵をナマで見られるだけでも、ファンには嬉しい。

●**マシュー・ストリート・ギャラリー**
Mathew Street Gallery
DATA ▶ ☎0151-236-0009▶ 10:00〜17:00、日曜は11:00〜16:00▶ 無休▶ 見学無料

とっておき情報

ファンだけにおすすめしたい、とっておきのビートルズ・ツアー

　ファンには感動モノ、そうでない人にはあまりおすすめできないのが、マジカル・ミステリー・ツアー。リンゴの生家、ジョンが通った学校、ジョンとポールが出会った教会など、"ただの街"をひたすらまわる。道中車内を満たすBGMはもちろんビートルズ・ナンバー。途中下車するのは、ジョンが幼い頃に過ごした"ペニー・レイン"、歌でおなじみの"ストロベリー・フィールズ"、ポールが100曲以上を作ったリヴァプール最後の家など。記念撮影を存分に楽しんだツアーのフィナーレは、マシュー・ストリートのキャバーン・クラブだ。ガイドは英語だが、解説書があればおおよその筋は理解できるだろう。チケットは観光案内所やビートルズ・ストーリーで買えるが、人気のあるツアーなので観光シーズンや週末には満員になることもある。どうしても乗りたい人は早めに手配をしておこう。

ここは2007年に閉鎖される

●マジカル・ミステリー・ツアー
Beatles Magical Mistery Tour
DATA ▶ 予 約 ☎0151-709-3285▶ FAX 0151-236-8081▶ URL：www.cavern-liverpool.co.uk▶ 毎日14:10（土・日曜と7〜9月は11:40発もある）に駅近くの観光案内所を出発、14:30にアルバート・ドックの観光案内所（ビートルズ・ストーリー前）で一旦停車。そこからの客を乗せて名所をめぐる。16:00頃市内到着後、キャバーン・クラブで解散▶ 12/25・26、1/1休み▶ 料金：£11.95

ファンには嬉しいデザインのツアー用のバス。ただし老朽化のためそろそろ代替りのウワサも…

Zoom in

夜はちょっとご用心！チャイナタウン

MAP p.301-B
≋Liverpool Lime St.駅から徒歩15分

あまり知られていないが、ヨーロッパでももっとも古いチャイナタウンがリヴァプールにある。規模こそロンドンのチャイナタウンには劣るものの、中華門の派手さではこちらの方が上。いかにも中国料理店らしい構えの店がネルソン・ストリートNelson St.に並んでいるのだが、なぜかロンドンのような賑やかさがない。その理由は、周辺を見渡せば一目瞭然。派手な店とは対照的に、周囲に並んでいるのは朽ちかけたビルばかり。不況の時代の名残が無残なまでに残されているのだ。とはいえ、味は上々で、値段も安い。軽いランチを食べたいといった時にはチャイナがやっぱりいい。ただし、夜に行く時は、余分な現金は持たず、できるだけ大勢で出かけるようにしよう。

Pier Head
リヴァー・バートが見守る埠頭
ピア・ヘッド

MAP p.301-A
≋Liverpool Lime St.駅から徒歩20分

税関のビルがそびえる、港町を象徴するエリア。税関の隣のビルの屋上に飾られているのが、街のシンボル "リヴァー・バード"。翼を広げた美しい鳥が河面をみつめている。2つの桟橋の大きさは世界でも最大級で、ここからマージー河を渡る船が発着している。また、河に沿った遊歩道があり、アルバート・ドックまで河畔の散歩が楽しめる。

Albert Dock
ファッショナブルな憩いの場
アルバート・ドック

MAP p.301-A
≋Liverpool Lime St.駅から徒歩20分

1972年を最後に埠頭としての役目を終え、その後しばらくは廃墟と化していたのを再開発。ファッショナブルな市民の憩いの場に改造した。ドックをかこむ建物にはテート・ギャラリー、ビートルズ・ストーリーなどの文化施設やレストラン、ショップなどが入っている。このドックから発着する水陸両用車のツアー（大人£9.95、子供£7.95）もある。

ドック内を航行中のボートがツアーの水陸両用車

Tate Gallery
近代・現代の秀品を常時展示
テート・ギャラリー

MAP p.301-A　アルバート・ドックの中

ムーアやジャコメッティらを含む近代から現代に至るブリティッシュモダンの作品を常設展示するコンテンポラリーアートの美術館。質の高さではロンドンのテート・ギャラリーに劣らない。

DATA ▶ ☎0151-702-7400 ▶ OPEN：10:00〜17:50 ▶ 月曜、グッドフライデー、12/24〜26、1/1休み ▶ 入館無料

Beatles Story
ファン必見の最新ミュージアム
ビートルズ・ストーリー

MAP p.301-A　アルバート・ドックの中

ビートルズ・ナンバーを聞きながらビートルズ誕生から今日までの彼らの足跡を追うアトラクションで、オープン時にはレノン夫人のオノ・ヨーコも来た。レノンが最期の日まで使っていた白いグランドピアノなど、コレクションの豊富さはさすが発祥の地ならでは。オリジナルグッズも販売。マジカル・ミステリー・ツアーは、駅近くの観光案内所を出発した後、この前に停車する。チケットはここでも買える。

DATA ▶ ☎0151-709-1963 ▶ OPEN：10:00〜18:00 ▶ 最終入場は1時間前 ▶ 12/25・26休み ▶ 入場料：大人£9.00、子供£5.00

イングランド北部

303

リヴァプール

ミニ情報 リヴァプールの語源：Liverとはいえ肝臓のプール、などという意味ではもちろんない。Liverは褐色の、濁った、の意味でPoolは水たまり、入り江などを示す。河畔の地形を「褐色に濁ったよどみ」と表現したのが街の語源。

Restaurants&Hotels

ブルー

Blue Bar & Grill **MAP** p.301-A ⇄Liverpool Lime St.駅から徒歩20分

アルバート・ドックのおしゃれな店

ドックの水辺に面してテラス席が並ぶおしゃれな多国籍料理のレストラン。メイン料理が£10〜と比較的リーズナブル。

DATA ▶ Edward Pavilion,Albert Dock ▶ ☎0151-709-7097
▶ OPEN：12:00〜24:00 ▶ 無休

パンプハウス・イン

The Pumphouse Inn **MAP** p.301-A ⇄Liverpool Lime St.駅から徒歩20分

煙突が目印の河畔のパブ

煉瓦造りの古いポンプ小屋を改造したパブ。店内には2階もあり、ドックと河の眺望が楽しめる。伝統的パブランチもある。

DATA ▶ The Colonnades, Albert Dock ▶ ☎0151-709-2367
▶ OPEN：11:00〜23:00、日曜〜22:30 ▶ 無休

ブリタニア・アデルフィ ★★★

Britannia Adelphi Hotel **MAP** p.301-B ⇄Liverpool Lime St.駅から徒歩5分

リヴァプール随一の伝統的ホテル

テレビドラマや映画にもよく登場する、リヴァプールでもっとも知られたホテル。やや古びているが、クラシックな内装に歴史を感じさせる。

DATA ▶ Ranelagh Place ▶ ☎0151-709-7200 ▶ FAX 0151-708-8326
▶ URL：www.britanniahotels.com ▶ 402室 ▶ S£109〜、D£119〜 ▶ JH、TO、UT

ホリデイ・イン・リヴァプール ★★

Holiday Inn Liverpool City Centre **MAP** p.301-B ⇄Liverpool Lime St.駅から徒歩3分

観光には最適な立地条件

リヴァプールの主要駅ライム・ストリート駅の目と鼻の先に建つ都市型ホテルで、観光には便利な立地条件だ。週末割引きもある。

DATA ▶ Lime St. ▶ ☎0151-709-7090 ▶ FAX 0151-709-0137
▶ URL：www.ichotelgroup.com ▶ 139室 ▶ S、D/Tとも£66〜 ▶ IC

マリオット・リヴァプール ★★★

Marriott Liverpool Hotel City Centre **MAP** p.301-B ⇄Liverpool Lime St.駅から徒歩5分

優雅なホテル・ライフを満喫する

都心部にある高級ホテルの中でも、格式の高さと豪華さではここが最高。プールやスポーツジムなど設備も充実。

DATA ▶ 1 Queen Sq. ▶ ☎0151-476-8000 ▶ FAX 0151-474-5000
▶ URL：www.marriott.com/lpllp ▶ 146室 ▶ S、D/Tとも£119〜 ▶ MR

アイビス・リヴァプール ★★

Ibis Liverpool City Centre **MAP** p.301-A

全国チェーンのエコノミーな近代的ホテルで、客室はコンパクトだが、清潔で快適。

DATA ⇄Liverpool Lime St.駅から徒歩20分 ▶ 27
Wapping ▶ ☎0151-706-9800 ▶ FAX 0151-706-9810
▶ URL：www.ibishotel.com ▶ 127室 ▶ S、Tとも
£45.95〜59.95（朝食別）

ホリデイ・イン・アルバート・ドック ★★

Holiday Inn Liverpool Albert Dock **MAP** p.301-A

2000年にオープンしたホテル。客室はシンプルだが、ホリデイ・イン系列らしく、近代的で快適。アルバート・ドックに面している。

DATA ⇄Liverpool Lime St.駅から徒歩20分 ▶ Britannia
Pavilion, Albert Dock ▶ ☎0151-709-1133 ▶ FAX 0151-
709-1144 ▶ 135室 ▶ S、Tとも£68〜 ▶ IC

※ S＝シングル、T＝ツイン、D＝ダブルベッドルームの料金／★★★＝スタンダード、★★＝エコノミークラスのホテル。データの最後にある「UT、JH」は日本でのホテル予約事務所の略号。詳細はp.430参照。

派手さが売りの異色の海岸リゾート
ブラックプール

MAP p.296-J

タワーがそびえるプロムナード

1840年に鉄道が開通したのをきっかけに「娯楽の街」として発展し始め、街の景観基準が厳しくなる前に今の派手な街並みの基となる形を造り上げてしまった。こうなると「お上」ももう手の施

ブラックプール・タワー

しようがないといった感じで、今や街全体がアミューズメントパーク。夏は老若男女を問わずアイスクリームを片手にプロムナードをそぞろ歩き、冬になると街全体がイルミネーションできれいに飾られ、アイリッシュ海の風を受けつつ砂浜を歩けばロマンチックな気分にもなる。リヴァプールやマンチェスターまで来たら、異色のリゾート地ブラックプールまで足をのばしてみるのもおもしろい。

見どころ
Sightseeing

イギリスの観光地はコッツウォルズや湖水地方のように、風光明媚で落ち着いたたたずまいというイメージがあるが、ここは大違い。海岸沿いの大通り、プロムナードPromenadeには、この街の象徴となっている**ブラックプール・タワー**を筆頭に、ボクシングのグローブのような形をした屋内大プールの**サンドキャッスル**や、派手な色使いの大看板を掲げたアミューズメントアーケード、それにジェットコースターの種類の多さでは世界に比類のない巨大な遊園地**プレジャー・ビーチ**など、賑やかなアミューズメント施設が軒を並べている。コンピューターゲームの機械的な音やジェットコースターに乗った人たちの叫び声が街に響いて、その熱気は圧倒されるほど。海岸沿いに敷設されている路面電車も、車体に派手な広告を描いてゴトゴトと走っている。

海岸もまた賑やかで、北桟橋North Pier、中央桟橋Central Pier、南桟橋South Pierの3つの桟橋が並んでいる。いずれも年季が入っているが、中でも北桟橋がいちばん古くて完成は1863年。桟橋の上まで路面電車が走っている。いずれの桟橋も所狭しと、遊園地やギフトショップなど数々のアトラクションや店が並んで、桟橋そのものがアミューズメント。年がら年中、フェスティバル気分の街で、イギリスの他の街ではちょっと味わえない陽気なリゾートを満喫しよう。

桟橋全体が賑やかな遊園地のよう

ACCESS

✈ロンドン・ユーストン駅〜プレストンPreston駅乗り換え〜ブラックプール・ノース駅 ▶ 3時間15〜50分 ▶ 1時間に1〜2本運行

🚌 ヴィクトリア・コーチステーション〜ブラックプール・タルボット・ロード・バスステーション ▶ 約6時間30分 ▶ 1日4本（うち1本は夜行便）

ℹ️ **観光案内所**
Tourist Information Centre
1 Clifton Street, Blackpool
▶ ☎01253-47-8222
▶ OPEN：9:00〜17:00
（日曜は10:00〜15:30）
▶ 12〜3月の日曜休み

● ブラックプール・タワー
Blackpool Tower
✈Blackpool North駅から徒歩15分
社交ダンスの世界競技会場。
DATA ▶ ☎01253-62-2242
▶ OPEN：10:00〜18:00、日曜〜17:00（ボール・ルームは土曜〜23:00）▶ 11〜3月の月・火・木・金曜休み ▶ 入場料：大人£12.00、子供£8.00

● プレジャー・ビーチ
Pleasure Beach
✈Blackpool North駅から徒歩25分
DATA ▶ ☎0870-444-5566
▶ OPEN：10:00〜17:00（夏期は最長〜23:00）▶ 11〜3月は休み ▶ 乗り放題1日券：£30.00

● サンドキャッスル
Sandcastle
✈Blackpool North駅から徒歩15分
DATA ▶ ☎01253-34-3602
▶ OPEN：10:00〜17:30 ▶ 11〜5月は土・日曜と学校の休み期間開業 ▶ 入園料：大人£9.00、子供£7.50

元気な街の若者文化は注目の的
マンチェスター

MAP p.297-K

路面電車が走る市街地

ACCESS

🚄ロンドン・ユーストン駅～マンチェスター・ピカディリー駅
▶2時間20分（土・日曜は3時間40分）▶1時間に2本運行
🚌ロンドン・ヴィクトリア・コーチステーション～マンチェスター・セントラル・コーチステーション▶約5時間▶2時間に1～2本

---

❶観光案内所
Tourist Information Centre
Town Hall Extension, Lloyd St.
▶☎0161-234-3157
▶OPEN：10:00～17:30、日曜・祝日は10:30～16:30▶12/25・26、1/1休み

306

街歩きのヒント

　ロンドンからの列車はマンチェスター・ピカディリー駅に到着する。駅からタウン・ホールの隣にある観光案内所までは徒歩15分。ここが街のヘソにあたる。2つの主要駅と中心部やウォーターフロントなど郊外を「メトロ」と呼ばれる路面電車が結び、これを利用すれば歩きやすい。オフピーク（平日9時半以降と土・日曜）の全線1日券£3.40が便利。

● マンチェスター科学産業博物館
DATA ▶☎0161-832-2244
▶OPEN：10:00～17:00▶12/24
～26休み▶入館無料

● アービスUrbis
DATA ▶☎0161-605-8200
▶OPEN：10:00～18:00▶最終入館は1時間前▶月曜、12/25・26休み▶入館料：常設展は無料

● 帝国戦争博物館
Imperial War Museum North
DATA ▶☎0161-836-4000
▶OPEN：10:00～18:00▶12/24
～26休み▶入館無料

　レンガの豪壮な建物が街のあちこちに並び、その間から真新しいビルがそそり立つ。19世紀から20世紀初めの豊かさを極めた時代と、活気を取り戻した今の姿を象徴する風景だ。蒸気機関と紡績産業で始まった産業革命により18世紀半ばの寒村がまたたく間に一大産業都市に変身し、1830年代には世界初の旅客鉄道がリヴァプールとの間で開通。大英帝国の没落とともに衰退し1960年代には荒廃したが、1980年代から再開発で蘇った。この20年余り、ロックスターを次々と生み出し、マンチェスター発のクールな若者文化は今や注目の的。ショッピングもナイトライフも充実し、活力が街にみなぎっている。

見どころ
Sightseeing

Museum of Science & Industry in Manchester　　MAP p.306
家族揃って1日いても飽きない　　　観光案内所から
マンチェスター科学産業博物館　　徒歩15分

　ローマ人の時代の砦跡を残すキャッスルフィールドにあり、建物は世界最初の旅客鉄道の駅舎跡を利用。紡績機から航空機まで科学産業の歴史と発展をたどる博物館で、旧式の紡績機や蒸気機関が整備されて実際に動かして見せている。子供向けに楽しみながら物理や化学などを実験できる部屋もある。

マンチェスター
Manchester
0　　300m

メトロ（路面電車）

Deansgate

賑やかなショッピングと食のエリア
ディーンズゲート

MAP p.306

観光案内所から
徒歩7分

ディーンズゲートの通りを中心にショップやレストラン、カフェがひしめく一大エリアだ。キング・ストリートKing Street周辺にはおしゃれなブランドの店が並び、北側のエクスチェンジ・スクエア周辺にはデパートや大ショッピングセンター、アーンデイル・センターもある。マンチェスター大聖堂そばの三角形のガラス張りビル、**アービス**はマンチェスターを中心に世界の都市と都市生活に関する展示空間だ。

China Town

飲茶をしたくなったらここへ
チャイナタウン

MAP p.306

Piccadilly駅から
徒歩10分

レンガの重厚なビルの谷間に中華門が立ち、周囲には中国料理の店が軒を並べている。ロンドンに比べればずっと小規模で店の種類も限られるが、飲茶なら手頃で安心だ。

The Quays

発展中の注目ウォーターフロント
ザ・キーズ

Piccadilly駅からメトロで
Harbour City下車（所要16分）、徒歩7分

運河沿いの広大なウォーターフロントが、再開発でオフィス＆住宅地区に生まれ変わった。水べりで異彩を放つ銀色の建

ユニークなビルばかり

物は**帝国戦争博物館**で、20世紀から現代にいたる戦争の悲惨さと庶民生活への影響などを中心に展示している。その対岸で建築デザインを競っているのは**ザ・ラウリー**。大小2つの劇場やギャラリー、図書館を収め、運河に臨むカフェとレストランもある。その隣には、ナイキの他、カレン・ミランやモルトン・ブラウンなど中級ブランドのアウトレット約80店が集まった**ラウリー・アウトレット・モール**もある。マンチェスター・ユナイテッドのスタジアムからも徒歩で15分ほどだ。

Manchester United Museum & Tour

英国サッカーの真髄を実感
マンチェスター・ユナイテッド博物館＆ツアー

Piccadilly駅からメトロでOld Trafford下車（所要12分）、徒歩10分

サッカー・プレミアリーグの人気チーム、マンチェスター・ユナイテッドの巨大ホームグランド「**オールド・トラッフォード（Old Trafford）**」。チームの歴史をたっぷり見せる博物館から出発するスタジアム・ツアーが人気だ。チームの更衣室や選手ラウンジものぞける。チームのグッズが勢揃いしたメガストアもファンには必見。

●ザ・ラウリーThe Lowry
DATA ▶☎0161-876-2000
▶OPEN：ギャラリーは11:00～17:00、土曜は10:00～▶12/25・26休み▶ギャラリー入館無料

●ラウリー・アウトレット・モール
Lowry Outlet Mall
DATA ▶☎0161-848-1850
▶OPEN：10:00～19:00、土曜は10:00～19:00、日曜は11:00～17:00▶12/25・26、1/1休み

●マンチェスター・ユナイテッド博物館＆ツアー
DATA ▶☎0870-442-1994
▶OPEN：9:30～17:00（ツアーの最終出発16:30）▶試合開催日、12/25休み▶入館料：博物館のみ大人£5.50、子供£3.75、博物館＆ツアーは大人£9.00、子供£6.00

Hotels Guide

ミッドランド・マンチェスター
The Midland Manchester　★★★★
MAP p.306
🚉Piccadilly駅から徒歩20分、またはメトロで4分、St Peter's Square下車すぐ
DATA ▶Peter St.▶☎0161-236-3333▶FAX 0161-932-4100
▶URL:www.themidland.co.uk
▶303室▶S、D/Tとも£115～
▶TO

パレス
The Palace Hotel　★★★
MAP p.306
🚉Piccadilly駅から徒歩15分
DATA ▶Oxford St.▶☎0161-288-1111▶FAX 0161-288-2222
▶URL:www.principal-hotels.com▶252室▶S、Dとも£115～

ブリタニア
The Britannia Hotel Manchester　★★
MAP p.306
🚉Piccadilly駅から徒歩8分
DATA ▶Portland St.▶☎0161-228-2288▶FAX 0161-236-9154
▶URL:www.britanniahotels.com
▶363室▶S、T/Dとも£75～
▶TO, UT

ピーター・ラビットの故郷

ビアトリクス・ポターが愛した湖水地方

うさぎのピーターをはじめ、リスのナトキン、子猫のトム、あひるのジマイマ、子豚のピグリン・ブランドなどビアトリクス・ポターの描いた絵本の世界は、彼女が愛した湖水地方を抜きには語れない。ポターはナショナル・トラストとともにその景観を守ることに生涯をかけ、昔と変わらぬ絵本の舞台が訪れる人々を魅了する。湖水地方にはポターの自然と動植物への愛が刻み込まれている。

308

手作り絵本から生まれた
『ピーターラビットのおはなし』

1866年にロンドンの裕福な家庭に生まれたポターは、子供の頃から動植物の写生が好きで、ケンジントンの邸宅にはたくさんのペットを飼っていた。一家で毎年夏に訪れていた湖水地方は、そんな彼女の心をとらえたのだろう。

ウィンダミアの「ポターの世界」にある実物大のあひるのジマイマ

『ピーターラビットのおはなし』の原型は、ポターのかつての家庭教師の息子が病で伏せっていた時に、書き送った絵付きのお話だった。この絵本の出版に力を尽くしてくれたのが、湖水地方で出会ったローンズリー牧師。ナショナル・トラストの創設者だ。当初出版社が関心を示さないため自費出版に踏みきり、これが好評で1902年の36歳の時に商業出版が実現。今でいうベストセラーになり、以後毎年2〜3点のペースで絵本を出版する作家生活が始まった。

ホークスヘッドで見つけた可愛い動物たち

湖水地方に居を構え
ナショナル・トラストを支援

印税収入でポターがかなえた夢、それは湖水地方に住みかを構えることだった。以前からお気に入りだったニア・ソーリー村にある家と農場を購入してヒル・トップと命名。農場経営に携わりながら、ここで数々のお話を生み出している。舞台は湖水地方の美しい田園風景で、ヒル・トップの家もしばしば顔を出す。主人公の動物たちもピーターをはじめ、ほとんどは実際にポターが飼っていた動物たちの名前だ。

この頃、ナショナル・トラストの活動が軌道に乗り、「開発で失われつつある古き良きイギリスを守る」という趣旨に共鳴したポターは、湖水地方の保存のために自分でもどんどん土地

ニア・ソーリー村の花が飾られたB＆B

蒸気船博物館に展示されているポターの手漕ぎ船

湖水地方にはこんな素朴な民家が多く見られる

を購入し、土地の売却情報をせっせとナショナル・トラストに伝えている。これが縁で不動産関連弁護士のウィリアム・ヒーリスと結婚したのは47歳の時だった。

農場経営に打ち込んだ晩年

　ポターが絵本を描いていたのは50代半ばまでで、1943年に77歳で亡くなるまでの20年余りは、羊飼いを雇って牧羊業を中心に農場経営だけに打ち込むようになった。羊の品種改良に取り組み、品評会では受賞を重ね、絵本作家というよりも「羊飼いのヒーリス夫人」と呼ばれることを好んだという。死後、遺言によって所有していた15の農場やターンハウズ湖周辺の土地、コテージなどがナショナル・トラストに寄贈されている。これがポターの湖水地方への

最後の恩返しだった。ポターの遺灰は秘密の場所にまかれ、今もヒル・トップの「ジマイマの森」のどこか…としか分かっていない。

羊に要注意の道路標識。これもこの地方ならではの風景だ

美しい自然に溶け込むようにのどかな羊たち

左ページ上の湖はグラスミア湖、右の花の向こうに見える水面はウィンダミア湖

氷河期が生んだ自然の芸術
湖水地方

MAP p.296-F

　小さい頃に『ピーターラビットのおはなし』を読んだイギリス人は、湖水地方と聞くだけで目を細める。山を越えるたびに次々と姿を現す16の湖と無数の小さな湖沼、きり立った渓谷と草原が織りなす景観は、地形的に変化の乏しいイングランドでは珍しく、誰もが美しさを讃える。氷河期が生んだ自然の芸術は、ワーズワースなど幾多の詩人や作家にも影響を与えてきた。できれば、この地をウォーキングやサイクリングでまわりたい。昔ながらの村が暖かく迎えてくれるはずだ。

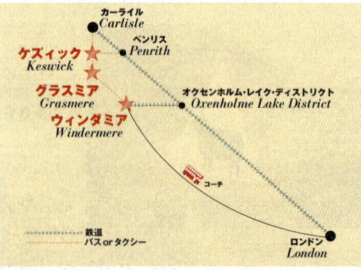

湖水地方めぐりのヒント

　観光の起点となるのはウィンダミアとウィンダミア湖畔の街、ボウネス。湖水地方の玄関口となる街で、夏には人々で賑わうが、ここだけを訪れるのではもったいない。湖水地方の魅力は、大小の湖とそれを取りまく山々、湖畔や山間に点在する小さな街や村にあるからだ。主要な街には、ウィンダミア／ボウネスの北にあるアンブルサイド、グラスミア、ケズィックの他、ウィンダミア湖を挟んだボウネスの対岸にビアトリクス・ポターゆかりのニア・ソーリーやホークスヘッドがある。

　ただ湖水地方は英国最大の国立公園で、ウィンダミアからグラスミアまで約15km、ケズィックまでは約35kmもある。車がもっとも便利だが、バス

豊かな自然に恵まれた湖水地方はゆっくり滞在して楽しみたい

を駆使してまわることもできる。余裕をもったプラン作りをしよう。

●湖水地方の路線バス

★555番「レイクスリンクLakeslink」
▶湖水地方を抜けてランカスターとカーライルを結ぶ。途中、ウィンダミア、アンブルサイド、ライダル、グラスミア、ケズィックを通る▶ウィンダミア〜ケズィック間は1時間に1本運行

★599番「レイクランド・エクスペリエンス Lakeland Experience」
▶ボウネス〜ウィンダミア〜ライダル〜グラスミア▶5〜8月の毎日と9・10月の日曜に20〜30分おき運行

DATA ▶ 湖水地方の路線バス乗り放題のチケット：1日券大人£8.50、子供£5.75。4日券大人£18.00、子供£13.00

●ミニ観光バス（半日・1日観光）

★レイクス・スーパーツアーズ
Lakes Supertours
▶ ☎01539-44-2751/48-8133
▶ URL：www.lakes-supertours.co.uk
▶ ウィンダミアの観光案内所そばから発着

★マウンテン・ゴート・ツアーズ
Mountain Goat Tours
▶ ☎01539-44-5161 ▶ URL：www.mountain-goat.com ▶ ウィンダミアとアンブルサイドの両観光案内所、ボウネスの桟橋、グラスミアのレッド・ライオン・スクエアから発着

ウィンダミア湖の船着場。湖上遊覧の船が出るのはここ

Windermere /Bowness

湖水地方観光の起点となる
湖畔の街

ウィンダミア／ボウネス

　夏の観光シーズンにウィンダミア湖畔の街、ボウネスに来るとそのあまりの賑わいぶりに「ピーター・ラビットの世界」とのギャップにショックを感じるかもしれない。しかし、湖上クルーズで手つかずの自然が残る湖の西側を眺めると、美しい湖水地方の一端が見えてくる。

　ウィンダミアには鉄道の終着駅があるが、湖観光の拠点となるのはボウネス。ここが全長17kmに及ぶ細長いウィンダミア湖の中間地点にあたる。ウィンダミア駅からボウネスまでは約2km。バスが頻繁に2つの街をつないでいる。

ACCESS

🚄 ロンドン・ユーストン駅〜オクスンホルム・レイク・ディストリクトOxenholme Lake District駅、またはランカスターLancaster駅乗り換え〜ウィンダミア駅▶3時間50分▶1時間に1本運行

🚌 ロンドン・ヴィクトリア・コーチステーション〜ウィンダミア駅▶約7時間50分▶1日1本運行

🚌 カーライル・バスステーション〜ケズィック〜グラスミア〜ウィンダミア駅▶バス555番▶ケズィックまで1時間10分、グラスミアまで1時間45分、ウィンダミア駅まで2時間20分▶1日に3本運行

ℹ️ **観光案内所 The Tourist Information Centre**
●**ウィンダミア**▶ Victoria St., Windermere
▶ ウィンダミア駅そば▶ ☎01539-44-6499
▶ OPEN：9:00〜18:00 ▶無休

●**ボウネス**▶ Glebe Rd., Bowness-on-Windermere
▶ クルーズ船桟橋そば▶ ☎01539-44-2895
▶ OPEN：9:30〜17:30、11〜3月は10:00〜16:00
▶ 12/25・26、1/1休み

●ウィンダミア湖上クルーズ

　ボウネスの桟橋から「アイランド・クルーズ」と「半周クルーズ」が出ている。半周クルーズには、湖南端のレイクサイドLakesideとの往復と、湖北端でアンブルサイドに近い

ウォーターヘッドWaterheadとの往復のふたつがあり、片道だけでも利用できる。また、対岸のニア・ソーリーに向かう入口までフェリーが結んでいる。

DATA ☎01539-53-1188
★**アイランド・クルーズ**The Islands Cruise
▶所要45分間▶OPEN：10:15～16:45の間30分ごとに運航、11～3月は1日2本運航（12:45、13:45）▶12/25運休▶料金：大人往復£5.25、子供£2.65
★**半周クルーズ・ウォーターヘッド往復**▶所要片道30分▶OPEN：10:00～17:40の間1時間に2本、11～3月は1時間に1本運航（～15:45）▶12/25運休▶料金：往復大人£6.95、子供£3.60、片道大人£4.70、子供£2.80
★**半周クルーズ・レイクサイド往復**▶所要片道40分▶OPEN：10:30～17:00の間1時間に1本運航、11～3月は1日4本運航（～15:00）▶12/25運休▶料金：大人往復£7.20、子供£3.70、片道大人£4.80、子供£2.90

●蒸気機関車と船の小旅行

ウィンダミア湖周辺の自然と蒸気機関車の旅の両方を満喫できるのがこのコース。ウィンダミア湖南端のレイクサイドLakesideからハーヴァースウェイトHaverthwaiteまで蒸気機関車が走っているので、ボウネスからレイクサイドまでのクルーズと組み合わせて楽しめる。

DATA ▶所要往復2時間40分▶ボウネスからの往復の場合1日に5本運行▶11～4月上旬運休▶クルーズと蒸気機関車の往復料金：大人£11.50、子供£5.75

牧歌的な風景の中を蒸気機関車で旅するのは最高！

Sightseeing 見どころ

The World of Beatrix Potter Attraction
ピーター・ラビットのファン必見
ビアトリクス・ポーターの世界
MAP p.311 ←ボウネス観光案内所から徒歩7分

ビアトリクス・ポーターが描いた絵本の主人公たちが、勢揃いして迎えてくれる楽しいアトラクション。最初に5分間の映像でポーターの全作品の概要をつかみ、展示室では各物語のシーンを人形たちが再現してくれる。最後にポーターの生涯を解説した15分間の映像があり、ファンでなくても湖水地方の魅力を再認識するだろう。映像はいずれも日本語の翻訳付きヘッドホンが利用できる。

ピーターの世界に入り込もう

DATA ▶☎01539-48-8444▶OPEN：10:00～17:30、10月～イースターは～16:30▶12/25、1/1休み▶入館料：大人£5.00、子供£4.00

The Windermere Steamboat Museum
蒸気船クルーズが人気
ウィンダミア蒸気船博物館
MAP p.311 ←ボウネス観光案内所から徒歩15分

19世紀後半から20世紀初頭にウィンダミア湖で活躍した蒸気船や小型船を集めた博物館で、ウィンダミア湖が展示場。1850年から現役を続けるドリー号やビアトリクス・ポーターの手漕ぎボートなども展示。12人乗りの小型蒸気船で湖に浮かぶベル島Belle Isleをまわる50分間のクルーズもある。申し込みは、館内のショップで。

DATA ▶☎01539-44-5565▶OPEN：10:00～17:00▶11月～3月中旬は休み▶入館料：大人£4.75、子供£2.50
●蒸気船クルーズ
▶1日5本運航（天候により運休）▶11月～3月中旬休み▶料金：大人£5.50、子供£2.50

注 グッドフライデー（聖金曜日）：2006年は4月14日、イースターは4月16日。2007年は4月6日、8日。

Grasmere

ワーズワースが暮らした
ひなびた村
グラスミア

村の小さな広場にはパブと雑貨屋が並び、まわりには牧草地と丘が広がる。こんな昔ながらの光景を求めて観光客が集まるため、ホテルの数は村の規模には不釣り合いなほど。ぜひ足をのばしたいのが村から歩いて5分のグラスミア湖畔。うっそうとした森の中にある岸辺は静寂に包まれている。

ACCESS

🚃 ウィンダミア駅〜グラスミア▶バス555番で約30分▶1時間に1本運行
🚃 ボウネス（ウィンダミア駅経由）〜グラスミア▶バス599番で45分▶1時間に2〜3本運行▶11〜4月運休
🚗 ウィンダミアからA591号で1本

ℹ️観光案内所 Tourist Information Centre
Redbank Rd.,Grasmere▶☎01539-43-5245
▶OPEN：9:30〜17:30、11〜3月は金・土曜の10:00〜15:30のみ▶11〜3月の日〜木曜休み

見どころ
Sightseeing

Dove Cottage & The Wordsworth Museum
数多くの詩作を生んだ家
ダヴ・コテージ&ワーズワース博物館
MAP p.313 ℹ️観光案内所から徒歩10分

湖水地方で生まれ育った詩人ワーズワースが、1799年から1808年まで暮らした家。元はパブだった建物に彼は妹ドロシーと移り住み、ここで結婚して3人の子供も生まれている。そして数多くの有名な作品が生まれたのも、この家だった。内部は当時のまま。家具も一部を除いてワーズワース一家が使っていたものだ。手狭になってここを去った一家は、2回の転居を経て最後の住まいライダル・マウント（p.316参照）に移っている。博物館では原稿や遺品などを展示。

DATA ▶☎01539-43-5544▶OPEN：9:30〜17:30▶12/24〜26、1月中旬〜2月上旬休み▶入館料：大人£6.00、子供£3.75

St. Oswald's Church
ワーズワースが眠る墓地
セント・オズワルズ教会
MAP p.313 ℹ️観光案内所から徒歩2分

小さな教会だが、敷地内の墓地にワーズワースの墓がある。墓石は妻メアリと一緒で、タヴ・コテージでともに暮らした彼の妹や子供たちの墓にかこまれるように立っている。教会の建物の一部は13世紀までさかのぼるもの。聖歌隊席の上部にはワーズワースの記念碑も掲げられている。

Sarah Nelson's Grasmere Gingerbread
湖水地方の名物クッキー
グラスミア・ジンジャーブレッド
MAP p.313 ℹ️観光案内所から徒歩2分

グラスミアに住む農夫の妻だったサラ・ネルソンが、独自のレシピでジンジャーブレッドを焼いたのは1854年。たちまち評判となり、店を構えるまでになった。店もレシピも開店当時のまま。店内は客2人でいっぱいになる狭さだが、しばしば観光客の長い列ができるほどの人気だ。

DATA ▶☎01539-43-5428▶OPEN：9:15〜17:30、日曜12:30〜▶グッドフライデー、12/25休み

Hawkshead

白壁の家々が並ぶ
谷間にたたずむ美しい街
ホークスヘッド

　ウィンダミア湖の西方、エスウェイト湖 Esthwaite Water のそばの谷間にある小さな街。白壁の建物が建ち並び、春から夏には軒先に色とりどりの花があふれる。17〜18世紀頃の古い建物も多く、どこを見ても絵になる風景だ。マーケット・スクエア周辺にはカフェやパブも揃い、サイクリングやウォーキングの足を休める人たちの格好の場となっている。

ＡCCESS

●ボウネス〜フェリー・ハウス〜ホークスヘッド
▶ボウネス第3桟橋からミニバスのシャトル便利用。フェリーで対岸のフェリー・ハウスへ渡り、ニア・ソーリーのヒル・トップを通ってホークスヘッド▶ボウネス〜ヒル・トップは約30分、ホークスヘッドまで約40分
▶10:00〜16:30まで1時間に1〜2本運航▶10月末〜4月中旬は運休
●アンブルサイド〜ホークスヘッド
▶バス505番▶アンブルサイドから所要約20分▶1時間に1〜2本運行
※アンブルサイドへの行き方はp.315参照
🚗 アンブルサイドからホークスヘッドまでB5286号、ヒル・トップへはホークスヘッドからB5285号。またはボウネスからフェリーでフェリー・ハウスに渡り、B5285号を利用

> ❶観光案内所 Tourist Information Centre
> Main Car Park, Hawkshead▶☎01539-43-6525
> ▶OPEN：9:30〜17:30、11〜3月は金〜日曜のみ10:00〜15:30▶11〜3月の月〜木曜、12/25・26、1/1休み

ハイキングとともにサイクリングが人気のレジャー

Sightseeing 見どころ

Beatrix Potter Gallery
ポターの絵本の原画を展示
ビアトリクス・ポター・ギャラリー
MAP p.310　❶観光案内所から徒歩5分

　ポターの絵本の原画であるスケッチや水彩画などを展示する小さなギャラリー。ポターが47歳の時に結婚した夫ウィリアム・ヒーリスの弁護士事務所があった建物。

DATA ▶☎01539-43-6355▶OPEN：10:30〜16:30▶木・金曜、11月〜3月中旬休み▶入館料：大人£3.50、子供£1.70

Hawkshead Grammar School
ワーズワースの通った学校
ホークスヘッド・グラマー・スクール
MAP p.310　❶観光案内所から徒歩2分

　1585年創立で、現在は博物館。1階の教室には彼の名前が刻まれた机があり、2階にはワーズワースに関する展示などがある。

DATA ▶☎01539-43-6735▶OPEN：10:00〜13:00と14:00〜17:00、日曜13:00〜17:00、10月は10:00〜16:30▶11月〜イースター休み▶入館料：大人£1.00、子供無料

Hill Top
ポターの名作を生んだ農家
ヒル・トップ
MAP p.310

　1905年、ポターが39歳の時に買った念願の農場で、ホークスヘッドから約3kmのニア・ソーリーNear Sawreyの村にある。建物の中の家具や調度品、陶器などはポターが亡くなった当時のまま。入場人数の制限をしているので、夏のシーズン中は電話予約が無難。

DATA ▶☎01539-43-6269▶OPEN：10:30〜16:30、ガーデンは10:00〜17:00▶最終入場は30分前▶木・金曜（建物のみ閉館、8月の木曜は開館）、12月下旬〜2月中旬（11月〜3月中旬ガーデンのみ）休み▶入館料：大人£5.00、子供£2.00

Ambleside

ウィンダミア湖の北端の
ワーズワーズゆかりの街

アンブルサイド

ワーズワースはウィンダミア湖の北端にあるこの街を「文学と芸術の題材の宝庫」と呼び、1812年に切手分配事務官に任命されるとこの街の事務所で働いていた。19世紀の鉄道の開通とともにウィンダミアとボウネスが湖水地方の交通の起点となったが、それまではアンブルサイドが交通の中心。今もここに宿泊して周囲の山をハイキングする人々が多く、曲がりくねった街道沿いにはホテルやパブが並んでいる。街のシンボルは、湖にそそぐストック・ギールStock Ghyll河の石橋の上にあるブリッジ・ハウス。17世紀に造られた小さな石造りの2階建ての建物で、中にはナショナル・トラストのショップが入っている。

▶ *ACCESS*

ウィンダミア湖の北端にあり、湖畔のウォーターヘッドとボウネスはフェリーで結ばれている。
🚌 ウィンダミア駅～アンブルサイド・ケズィック・ロード▶バス555番▶約15分▶1時間に1本運行
🚌 ボウネス（ウィンダミア駅経由）～アンブルサイド・ケズィック・ロード▶バス599番▶約30分▶1時間に2～3本運行▶11～4月は運休
🚗 ウィンダミアからA591号、ケズィック、グラスミアからもA591号

> ❶観光案内所 Tourist Information Centre
> Central Buildings, Market Cross▶☎0153-943-2582▶OPEN：9:00～17:00▶無休

小川に架けられた小さな石の家、ブリッジ・ハウス

Keswick

ダーウェント湖畔にある
湖水地方の北の玄関口

ケズィック

街に入ったら、静かなダーウェント湖畔に足をのばそう

ダーウェント湖Derwent Waterのほとりにあり、ここからカーライルや鉄道駅のあるペンリスPenrithまでの路線バスも出ている。湖水地方の中では比較的大きな街で、テレビや映画で使われた有名な車を展示する自動車の博物館や、ワーズワースはじめ湖水地方の詩人のオリジナル原稿もあるケズィック博物館＆美術館などもある。ぜひ行きたいのが静かなたたずまいを残すダーウェント湖のほとり。湖畔へはホープ公園Hope Parkを抜けて歩いて行ける。観光案内所のある街の中心、マーケット・スクエアから10分ほどだ。

▶ *ACCESS*

🚌 ウィンダミア駅～ケズィック・バスステーション▶バス555番で約55分▶1時間に1本運行
🚗 ウィンダミア、アンブルサイド、グラスミアからA591号

> ❶観光案内所 Tourist Information Centre
> Moot Hall, Market Sq.▶☎0176-877-2645
> ▶OPEN：9:30～17:30、11～3月は～16:30
> ▶12/25・26、1/1休み

●カーズ・オブ・ザ・スターズ自動車博物館

Cars of The Stars Motor Museum

DATA ▶☎01768-77-3757▶10:00～17:00、12月は土・日曜のみ開館▶12/25～イースターは休み▶入館料：大人£4.00、子供£3.00

●ケズィック博物館 & 美術館
Keswick Museum & Gallery
DATA ▶ ☎01768-77-3263 ▶ OPEN：10:00〜16:00 ▶ 日・月曜、11月〜イースター休み ▶ 入館無料

●ダーウェント・ウォーター・ローンチ・カンパニー Derwent Water Launch Company
湖を1周するクルーズ船で、7ヵ所ある桟橋を時計まわりとその反対まわりで停まる。ウォーキングと組み合わせて利用できる。
DATA ▶ ☎01768-77-2263 ▶ 1周約50分 ▶ 10:00〜16:30の間、時計まわりと反対まわりで1時間に各1本運航（5月下旬〜9月中旬は〜19:00）▶ 12月〜3月中旬は土・日曜のみで1日計5本運航 ▶ 12/25休み ▶ 料金：大人£5.70、子供2.40

ZOOM in

詩人ワーズワースが晩年を過ごした家 **MAP** p.310
ライダル・マウント
Rydal Mount

ウィリアム・ワーズワースの有名な詩「水仙」は甘くしなやかで、湖水地方の情景が浮かび上がる。ロマン派の詩人として名高いワーズワースは湖水地方に生まれ、生涯のほとんどをこの地で過ごして数々の傑作を残していった。湖水地方の美しい自然がなければ、その詩も生まれなかったかもしれない。

ワーズワースが晩年を過ごした家

ワーズワースは産業革命の黎明期にあたる1770年、湖水地方の街、コッカマスCockermouthで生まれた。その人生はイギリスの大きな社会的変化の時期と重なり、それが自然への愛をにじませた詩のもうひとつの原動力になったのだろう。詩作に出会ったのはホークスヘッドの小学校に通っていた時で、テイラー校長の教えによるもの。その後ケンブリッジ大学に進み、青春時代には革命期のパリに暮らして情熱的なロマンスも経験している。

そして、もう一度生まれ故郷の湖水地方に居を構えた時から、彼の詩人としての最高の時期が訪れる。1799年から8年間暮らしたダヴ・コテージ（p.313参照）では、自伝的長詩の傑作「プレリュード」をはじめ、「水仙」「虹」「カッコウによせて」「草刈る乙女」など有名な詩が次々と書かれている。

湖水地方はどこもワーズワースゆかりの地といえるが、ライダル村にあるライダル・マウントは格別だろう。1813年から1850年に80歳で亡くなるまで暮らした家で、今でもその子孫が保有し、内部はワーズワースの後半生の息づかいが感じられるほど。この家で過ごした頃は、詩人としての最盛期はすでに過ぎていたが、湖水地方への愛は『湖水地方案内』にも結実している。花や植物が好きで、自ら造園したガーデンもそのままの形で残され、春には水仙が咲き乱れる。73歳の時に詩人としては最高の名誉である「桂冠詩人」の称号を王室から受けているが、その時彼は詩を詠むことを要求されないことを称号を受ける条件にしたという。

●ライダル・マウント
ACCESS
🚌 ウィンダミア駅〜ライダル・チャーチ ▶ バス555番で約20分 ▶ 1時間に1本運行
🚌 ボウネス〜ライダル・チャーチ（ウィンダミア駅経由）▶ バス599番で約35分 ▶ 1時間に2本運行 ▶ 11〜4月は運休
DATA ▶ ☎01539-43-3002 ▶ OPEN：9:30〜17:00、11〜2月は10:00〜16:00 ▶ 11〜2月の火曜、12/25、1月中旬〜2月上旬休み ▶ 入館料：大人£4.50、子供£1.50

●コッカマスの生家
Wordsworth House
ACCESS
🚌 ケズィック〜コッカマス ▶ バスX4・X5番で約35分 ▶ 1時間に1本運行、日曜は2時間に1本運行
DATA ▶ ☎01900-82-4805 ▶ OPEN：11:00〜16:30 ▶ 日曜、11月〜3月中旬休み ▶ 入館料：大人£4.50、子供£2.50

Restaurants&Hotels

オールド・イングランド
★★★

Macdonald Old England MAP p.311　❶ボウネスの観光案内所から徒歩4分

ウィンダミア湖畔のクラシックなホテル

ヴィクトリア時代の個人の豪壮な邸宅を改装した優雅なホテル。まわりにはショップやレストランもあって便利な立地。

DATA ▶ Bowness-Windemere ▶ ☎0870-400-8130 ▶ FAX 01539-44-3432 ▶ URL：www.macdonaldhotels.co.uk/oldengland ▶ 76室 ▶ S、D/Tとも£105〜 ▶ JH, TO

The Old England

ホール・イント・ウォール

The Hole in't Wall MAP p.311

ディケンズも訪れたという1612年創業のボウネスでもいちばん古いパブ。店の前のテラスは、夏には人で埋まる。食事も出す。

DATA ▶ ❶ボウネスの観光案内所から徒歩5分 ▶ Lowside,Bowness-on-Windermere ▶ ☎01539-44-3488 ▶ OPEN：11:00〜23:00、日曜は〜22:30 ▶ 無休

ベルスフィールド
★★

The Belsfield Corurs Hotel MAP p.311

19世紀の白い優雅な建物。ボウネスの桟橋に臨む丘の上に建ち、湖の眺望は最高。

DATA ▶ ❶ボウネスの観光案内所から徒歩3分 ▶ Kendal Road, Bowness-on-Windermere ▶ ☎0870-609-6109 ▶ FAX 01539-44-6397 ▶ URL：www.corushotels.com/belsfield ▶ 64室 ▶ S,D/Tとも£99〜 ▶ TO, UT

バーンサイド
★★★

Burnside Hotel MAP p.311

ウィンダミア湖を望む丘の上にある。設備充実でリゾート気分いっぱいのホテル。

DATA ▶ ❶ボウネスの観光案内所から徒歩5分 ▶ Kendal Rd,Bowness-on-Windermere ▶ ☎0870-046-8640 ▶ FAX 0870-46-8621 ▶ URL：www.burnsidehotel.com ▶ 57室 ▶ S £58〜、D/T £116〜

レイクサイド
★★★

Lakeside Hotel MAP p.310

ウィンダミア湖南端のほとりに緑に包まれて建つ風格あるホテルで、施設も充実している。

DATA ▶ レイクサイド船着場から徒歩2分 ▶ Lake Windermere, Newby Bridge ▶ ☎01539-53-0001 ▶ FAX01539-53-1699 ▶ URL：www.lakesidehotel.co.uk ▶ 80室 ▶ S £145〜、D/T £195〜

ワーズワース
★★★

The Wordsworth Hotel MAP p.313

伝統的な英国家具とインテリアで高級感が漂う。庭園に面したコンサバトリーのラウンジもある。

DATA ▶ ❶グラスミアの観光案内所から徒歩3分 ▶ ☎01539-43-5592 ▶ FAX 01539-43-5765 ▶ URL：www.grasmere-hotels.co.uk/wordsworth ▶ 35室 ▶ S £105〜、D/T £140〜

グラスミア・レッド・ライオン ★★★

Best Western Grasmere Red Lion MAP p.313

村の広場に面し、裏には庭園の緑が広がる。近くに宿泊客専用のレジャー施設もある。

DATA ▶ ❶グラスミアの観光案内所から徒歩4分 ▶ Red Lion Sq.,Grasmere ▶ ☎01539-43-5456 ▶ FAX 01539-43-5579 ▶ URL：www.hotelslakedistrict.com ▶ 47室 ▶ S £65〜、D/T £104〜 ▶ BW

モス・グローヴ
★★

Moss Grove Hotel MAP p.313

1894年創業で古い建物はカントリー風。中は近代的に改装されて快適だ。

DATA ▶ ❶グラスミアの観光案内所から徒歩3分 ▶ College St.,Grasmere ▶ ☎01539-43-5251 ▶ FAX 01539-43-5691 ▶ URL：www.grasmereaccommodation.co.uk ▶ 13室 ▶ S £47〜、D/T £88〜

デール・ロッジ
★★

Dale Lodge Hotel MAP p.313

小ぢんまりとしているが、周囲を広い林と庭園にかこまれて、くつろぎ派にはぴったり。

DATA ▶ ❶グラスミアの観光案内所から徒歩1分 ▶ Red Bank Rd., Grasmere ▶ ☎01539-43-5500 ▶ FAX 01539-43-5570 ▶ URL：www.dalelodgehotel.co.uk ▶ 8室 ▶ S £47〜、D/T £88〜

アンブルサイド・サルテーション ★★★

The Ambleside Salutation Hotel MAP p.310

街道沿いで、バスや車にも便利。街を見下ろす小高い丘の上にあり、眺望もいい。

DATA ▶ ❶アンブルサイドの観光案内所から徒歩1分 ▶ Lake Rd.,Ambleside ▶ ☎01539-43-2244 ▶ FAX 01539-43-4157 ▶ URL：www.hotelslakedistrict.com ▶ 42室 ▶ S £93〜、D/T £108〜 ▶ BW

クィーンズ
★★

Queens Hotel MAP p.310

1階のパブもレストランもヴィクトリア時代そのままの雰囲気。街の中心にあるので、散策の拠点としても便利。

DATA ▶ ❶アンブルサイドの観光案内所から徒歩1分 ▶ Market Place,Ambleside ▶ ☎01539-43-2206 ▶ FAX 01539-43-2721 ▶ 26室 ▶ S £32〜、D/T £64〜

注 S＝シングル、T＝ツイン、D＝ダブルベッドルームの室料　★★★＝スタンダード、★★〜★＝エコノミークラスのホテル。データの最後にある「UT, JH」は日本でのホテル予約事務所の略号。詳細はp.430参照。

イングランド北辺の攻防の地
カーライル

MAP p.296-F

カーライルの駅舎

✈ACCESS

🚂 ロンドン・ユーストン駅〜カーライル駅▶ 3時間30分〜50分
▶ 2時間に1〜2本運行
🚌 ロンドン・ヴィクトリア・コーチステーション〜カーライル・バスステーション▶ 約7時間▶ 1日に3本運行（うち1本は夜行便）

ⓘ 観光案内所
Tourist Information Centre
Old Town Hall, Greenmarket
▶ ☎01228-62-5600 ▶ OPEN：9:30〜17:00、7月は〜17:30、8月は〜18:00、11〜2月は10:00〜16:00 ▶ 日曜休み

● カーライル城
DATA ▶ ☎01228-59-1922
▶ OPEN：9:30〜18:00、10〜3月は10:00〜16:00 ▶ 12/24〜26、1/1休み ▶ 入館料：£4.00、子供£2.00

● トゥリー・ハウス博物館＆美術館
DATA ▶ ☎01228-53-4781
▶ OPEN：10:00〜17:00、日曜は12:00〜17:00、7・8月の日曜は11:00〜、11〜3月は〜16:00で日曜は12:00〜16:00 ▶ 12/25・26、1/1休み ▶ 入館料：大人£5.20、子供£2.60

イングランドの北端にあり、ローマ人がスコットランドに対峙する要塞を築いたのが街の起源。その後もイングランドとスコットランドの間で争奪戦が繰り広げられ、街は長い戦いの歴史をくぐり抜けてきた。19世紀には織物産業を中心とした工業の街となり、運河や鉄道網の北の中心都市として栄えた。今ではスコットランドや湖水地方観光の入り口となっている。

駅を降りてまず目に飛び込んでくるふたつのタワーは州の庁舎。もとはヘンリー8世の命で築かれた砦だ。ここからほど近いマーケット・プレイスは、ローマの要塞の頃から広場だったところで、広場正面の17世紀に建てられたオールド・タウン・ホールに観光案内所がある。

見どころ
Sightseeing

Carlisle Castle
幾多の歴史を秘める砦
カーライル城

MAP p.318

ⓘ観光案内所から徒歩7分

1092年に建てられた要塞で、13世紀にスコットランドとの戦いのためエドワード1世（p.350参照）が一時、居城にしている。その後スコットランド人の占領を経て、エリザベス1世が大規模な修復を行い、スコットランドの女王メアリが1568年に短期間、ここに幽閉されたこともある。中世の地下牢や部屋を見ることができる。また城の一部は軍事博物館になっており、武器などを展示している。ノルマン・キープからの眺望も素晴らしい。

石造りの強固な城の上からは街が一望できる

Tullie House Museum & Art Gallery
楽しみながら見る街の歴史
トゥーリー・ハウス博物館＆美術館

MAP p.318

ⓘ観光案内所から徒歩4分

ハドリアヌスの長城の模型や20世紀初めの客車を使った列車の旅の再現など、カーライルにまつわる歴史を楽しく見せる博物館。隣接する17世紀のオールド・トゥーリー・ハウスには、ラファエル前派の絵画や陶器が集められている。

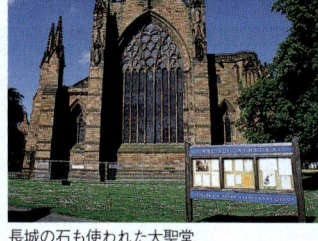

長城の石も使われた大聖堂

Carlisle Cathedral
ステンドグラスが壮観
MAP p.318
ℹ 観光案内所から徒歩2分
カーライル大聖堂

　1122年に創建されたもので、ノルマン様式の身廊が今も聖堂内西側に残る。大祭壇の背後にある壮麗な東窓のステンドグラスは、上部が14世紀、下部が19世紀のもの。聖歌隊席にも15世紀半ばの見ごとな木彫がある。天体の星をデザインした天井が聖堂内に華麗な雰囲気を醸し出している。

The Guildhall Museum
中世の職人の世界をのぞく
MAP p.318
ℹ 観光案内所から徒歩1分
ギルドホール博物館

　15世紀に造られた建物で、職人ギルドの集会所として使われた。外部は19世紀に手が加えられているが、内部には中世の木造建築の一部が残る。

Hadrian's Wall
ローマ人が残した壮大な遺跡
MAP p.296-B
ハドリアヌスの長城

ACCESS 🚌 カーライルとヘクサムHexhamを結ぶヘイドリアンズ・ウォール・バスHadrian's Wall Bus が、長城の見どころや博物館などを結んでいる。カーライルではイングリッシュ・ストリートで乗車 ▶5月下旬〜9月中旬は1日5本運行（9:00過ぎから16:00頃まで）▶ヘクサムまで約2時間 🚗 カーライルとニューキャッスルを結ぶA69号沿いの各所に標識がある

　西はカーライルから東は現在のニューキャッスルまで約120kmにわたるローマ人の長城の一部が、今も丘陵を縫ってえんえんと続いている。北からの侵入に備えた防壁で、スコットランドを征服できなかったローマ帝国の北限にあたる。はるばるブリテン島まで来たローマ皇帝ハドリアヌスの命で122年に造られたものだ。当時は1マイル（約1.6km）ごとに塔が立ち、その遺跡もところどころにある。放置された長城の石はカーライル大聖堂などの建物や牧草地の仕切り壁に再利用されたこともあり、現在残る長城の高さは1mぐらいしかない。保存状態の良いバードスウォルドやグリーンヘッドにはローマ時代の遺跡や歴史を展示する**ローマ軍事博物館**があり、ヴィンドランダにはローマの神殿が復元されている。

●**ローマ軍事博物館**　Roman Army Museum
DATA ▶☎01697-74-7485▶10:00〜18:00、10〜3月は〜17:00▶11月中旬〜2月中旬休み▶入館料：£大人3.50、子供£2.20

●**バードスウォルド・ビジターセンター**
Birdoswald Roman Fort Visitor Centre
DATA ▶☎01697-74-7602▶10:00〜18:00▶11〜2月休み▶入館料：大人£3.60、子供£1.80

ローマ人のブリテン支配の北限を記す石の壁

●**カーライル大聖堂**
DATA ▶☎01228-54-8151
▶OPEN：8:00〜16:30
▶無休▶入館無料（寄付制／£2.00）

●**ギルドホール博物館**
DATA ▶☎01228-53-4781
▶OPEN：12:00〜16:30▶月曜、11〜3月休み▶入館無料

Hotel Guide

クラウン＆マイター
The Crown & Mitre Hotel ★★★
MAP p.318
ℹ 観光案内所から徒歩1分
DATA ▶English St.▶☎01228-52-5491▶FAX 01228-51-4553
▶URL：www.peelhotel.com
▶94室▶S £89〜、D/T £114〜
▶UT

レイクス・コート
The Lakes Court Hotel ★★
MAP p.318
🚉 Carlisle駅前
DATA ▶Court Sq.▶☎01228-53-1951▶FAX 01228-54-7799▶URL：www.lakescourthotel.co.uk▶70室▶S £65〜、D/T £80〜▶UT

アイビス・カーライル
Hotel Ibis Carlisle ★★
MAP p.318
🚉 Carlisle駅から徒歩3分
DATA ▶Portlands, Botchergate
▶☎01228-51-8000▶FAX 01228-51-8010▶URL：www.ibishotel.com▶102室▶S、D/Tとも£42.95〜

カウンティ
County Hotel ★★
MAP p.318
🚉 Carlisle駅から徒歩1分
DATA ▶9 Botchergate▶☎01228-53-1316▶FAX 01228-40-1805
▶URL：www.cairnhotelgroup.co.uk▶84室▶S £50〜、D/T £65〜

工業都市からしゃれた街に大変身
リーズ

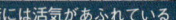

MAP p.297-K

街には活気があふれている

♠ ACCESS

≈ロンドン・キングス・クロス駅～リーズ駅 ▶ 2時間30分（日曜は3時間）▶ 1時間に2本（土・日曜は1本）運行

🚌 ロンドン・ヴィクトリア・コーチステーション～リーズ・バス＆コーチステーション ▶ 約4時間20分 ▶ 1時間に1本運行

❶観光案内所
Tourist Information Centre
City Station（リーズ駅構内）
▶ ☎0113-242-5242 ▶ OPEN：9:00～17:30、日曜10:00～16:00

●リーズ・シティ・アート・ギャラリー
DATA ▶ ☎0113-247-8248
▶ OPEN：10:00～17:00、水曜20:00、日曜13:00～17:00 ▶ 祝日、12/25・31、1/1休み ▶ 入館無料

320

イギリスが「世界の工場」と呼ばれていた時代、織物工業の興隆によってその「工場」の一翼を担っていた都市。1847年、ディケンズは「私が知っている限り、リーズほど薄汚くておぞましいところはない」と表現したが、こうした印象は工業が衰退し工場や倉庫が空になって軒を並べていた1970年代後半まで続いた。1980年代に入って都市再開発が進み、今では金融のセンターに大変貌を遂げ、薄汚れた街並みはしゃれたショッピング街に生まれ変わった。イギリスの中で、今後の成長がもっとも期待される都市のひとつに挙げられている。

見どころ
Sightseeing

Leeds City Art Gallery   MAP p.321
ヘンリー・ムーアの作品が充実   ≈Leeds駅から
リーズ・シティ・アート・ギャラリー   徒歩12分

　リーズ出身で世界的にその名を知られる彫刻家、ヘンリー・ムーアの作品が充実しているのはもちろん、水彩画や油絵など19世紀から20世紀にかけてのビジュアルアートを中心に展示し、イングランド北部でもっとも重要な美術館としての地位を確立した。英国人アーティストによる20世紀の作品コレクションはロンドン以外でイギリスでもっとも充実しているとの評価を受け、モダンアートの流れを理解する上で見のがせない美術館のひとつとなっている。

モダンアートも見逃せないコレクション充実の美術館

Henry Moore Institute   MAP p.321
彫刻の展示とプロモーションを行う   ≈Leeds駅から
ヘンリー・ムーア・インスティテュート 徒歩12分

　作品の年代や作家の国籍に関係なく、彫刻作品を理解し愛し楽しむために設立された協会で、展示作品は彫刻に限っている。レクチャーやコンファレンスの開催、書籍発行といった活動も行っている。リーズ・シティー・アート・ギャラリーの隣。

Arcades   MAP p.321
粋なショッピング街   ≈Leeds駅から
ショッピングアーケード   徒歩10分

　リーズの中心ボア・レーンBoar Laneにはしゃれた店が軒を並べる高級ショッピングアーケードが続く。前方に、ヴィク

●ヘンリー・ムーア・インスティテュート
DATA ▶ ☎0113-234-3158
▶ OPEN：10:00～17:30、水曜21:00 ▶ 祝日休み ▶ 入館無料

ヘンリー・ムーア・インスティテュート

高級ショッピングアーケードのひとつ、カークゲート

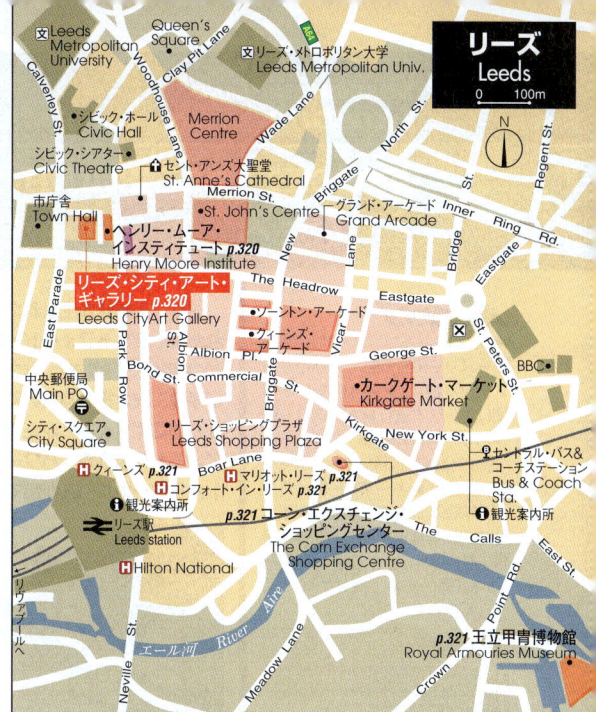

文 Leeds Metropolitan University
Queen's Square
文 リーズ・メトロポリタン大学 Leeds Metropolitan Univ.
・シビック・ホール Civic Hall
Merrion Centre
シビック・シアター Civic Theatre
・セント・アンズ大聖堂 St. Anne's Cathedral
市庁舎 Town Hall
・St. John's Centre
グランド・アーケード Grand Arcade
・ヘンリー・ムーア・インスティテュート p.320 Henry Moore Institute
リーズ・シティ・アート・ギャラリー p.320 Leeds CityArt Gallery
ソーントン・アーケード
Eastgate
・クィーンズ・アーケード
George St.
BBC・
中央郵便局 Main PO
シティ・スクエア City Square
・リーズ・ショッピングプラザ Leeds Shopping Plaza
・カークゲート・マーケット Kirkgate Market
H クィーンズ p.321
・マリオット・リーズ p.321
・コンフォート・イン・リーズ p.321
p.321 コーン・エクスチェンジ・ショッピングセンター The Corn Exchange Shopping Centre
・リーズ駅 Leeds station
H Hilton National
i 観光案内所
セントラル・バス＆コーチステーション Bus & Coach Sta.
i 観光案内所
エール河
p.321 王立甲胄博物館 Royal Armouries Museum

トリア時代の円形の建物をそのまま利用したショッピングセンターの**コーン・エクスチェンジ**を眺めつつ、北にのびるブリッグゲイトBriggateに入ると、左側にソーントン、クィーンズ、バートン、グランドといった洗練されたショッピングアーケードが姿を現す。4kmの道のりに1000店を超えるショップがあり、価格はロンドンよりやや安めだ。

Royal Armouries Museum　MAP p.321
洋の東西の甲胄を一堂に展示
王立甲胄博物館

紀元前5世紀から現代までの甲胄の歴史をたどる博物館。かつてロンドン塔に展示されていた日本の鎧や兜なども展示されている。街はずれの運河沿いにあり夕方は閑散とするので、訪ねるなら午前中が無難だ。

≈Leeds駅からバス95、95A、655、734、736、955番で15分

●王立甲胄博物館
DATA ▶☎0113-220-1916
▶OPEN：10:00～17:00 ▶12/25・26休み ▶入館無料

Hotel Guide

マリオット・リーズ　★★★
Leeds Marriott Hotel　MAP p.321　≈Leeds駅から徒歩10分

街歩きにも、ショッピングにも便利な立地
リーズ随一のメインストリートから一筋中に入ったところにあり、静か。高級ショッピング街が目の前にあるので、買い物にも便利。

DATA ▶4 Trevelyan Square, Boar Lane ▶☎0113-236-6366 ▶FAX 0113-236-6367
▶URL：www.marriott.com/lbadt ▶244室 ▶S、D/Tとも£130～ ▶MR

クィーンズ　★★
The Queens　MAP p.321

リーズ駅とコーチステーションに隣接していて便利な立地。ホテル前は静かな広場。

DATA ▶≈Leeds駅から徒歩10分 ▶City Square
▶☎0113-243-1323 ▶FAX 0113-242-5154
▶URL：www.themidland.co.uk ▶202室
▶S、D/Tとも£90～ ▶TO

コンフォート・イン・リーズ　★★
Comfort Inn Leeds　MAP p.321

リーズ駅の裏手にあり、立地条件はよくないが、低廉な価格で清潔な宿泊施設。

DATA ▶≈Leeds駅から徒歩5分 ▶Bishopsgate St.
▶☎0113-242-2555 ▶FAX 0113-242-3076
▶URL：www.comfortinnleeds.co.uk
▶80室 ▶S、D/Tとも£55～

注 S＝シングル、T＝ツイン、D＝ダブルベッドルームの室料　★★★＝スタンダード、★★＝エコノミークラスのホテル。データの最後にある「UT, JH」は日本でのホテル予約事務所の略号。詳細はp.430参照。

英文学の歴史を刻む石畳の坂の村
ハワース

MAP p.297-K

石畳のメインストリート

ACCESS

≈ロンドン・キングス・クロス駅〜キースリーKeighley駅（途中リーズ駅乗り換え）▶約3時間▶1時間に1〜2本運行▶キースリー駅〜ハワースはバス663・664・665番で約10分▶1時間に3〜4本運行（日曜減便）▶キースリー駅〜ハワース駅は蒸気機関車で20分▶1〜2時間に1本運行（7・8月は毎日、それ以外は土・日曜のみ運行）🚗M1号の35番で降りてA629号からA6033号に入る

ℹ️観光案内所
Tourist Information Centre
2-4 West Lane, Haworth, Keighley
▶☎01535-64-2329
▶OPEN：9:30〜17:30、11〜3月は〜17:00▶無休

ブロンテ姉妹が生まれたハワースは、シェイクスピアが生まれたストラットフォード・アポン・エイヴォンと並ぶ「英国文学の聖地」。村のまわりにはムーアと呼ばれる荒々しい荒野が広がり、吹き寄せる強い風に乗って、蒸気機関車の汽笛が遠くから聞こえてくる。かたくなに古き良きイギリスを守ろうとしているかのようだ。ハワースへはキースリーやブラッドフォードからローカルバスが出ているが、曜日や時間、また季節によって運行頻度が大幅に変化する。夏なら蒸気機関車を使うといい。見どころが集中するメイン・ストリートの坂道は石畳で歩きにくいので、履物に要注意。ブロンテの小径を歩くなら、スニーカーと折りたたみの傘が欠かせない。

蒸気機関車が停車するハワース駅

ZOOM in
荒々しい風に吹かれる
ブロンテの小径　*Brontë Way*

ブロンテ一家が生きた時代は、イギリスがもっとも繁栄していた19世紀のヴィクトリア朝の時代。この当時の女性に求められていたものは良妻賢母や貞淑で、さほど豊かではない家庭の娘の選択肢といえば、結婚するか、それとも裕福な家庭に乳母や家庭教師として仕えるしかなかった。そんな時代にブロンテ姉妹は文学に目覚め、シャーロットは『ジェーン・エア』を、エミリーは『嵐が丘』を、そしてアンは『アグネス・グレイ』を書いた。華々しい繁栄も届かない、小さな村で生まれ育ったブロンテ姉妹の創作の源は、どこにあったのだろうか。"ブロンテの小径"と名付けられた荒野の道を歩けば、その答えに出会えるかもしれない。

パリッシュ教会の裏から広がる荒野はペニストン・ヒルPenistone Hillと呼ばれ、1年中強い風が吹きつける。小径がたどり着くのが、ブロンテの滝とブロンテの橋。いずれも小さなものだが、このあたりは姉妹のお気に入りの場所だったといわれ、窪地にあって強い風から身をひと時休めることができる。橋のそばには"ブロ

ンテの椅子"と名付けられた石もあるが、本当に姉妹がここに座ったかどうかは定かではない。

赤紫の絨毯を敷きつめたようなヘザーの花を見渡しながら道を進むと、『嵐が丘』のモデルになったとされる石の家トップ・ウィズンズTop Withensに行き着く。現在は廃墟になっており、刻板には「エミリーが描いた家とは似ても似つかない建物」というようなことが書かれている。とはいえ、強風に吹かれて眺める見渡す限りの荒野は、『嵐が丘』に描かれた世界を感じずにはいられない。

ハワースの村からトップ・ウィズンズまで約4km、往復で3〜4時間。ブロンテ姉妹はヘザーが茂るこの荒野を眺め、強い風に吹かれつつ思索の世界に入っていったのだろうか。

★ブロンテ姉妹
シャーロット（Charlotte Brontë, 1816-1855)
ブランウェル（Branwell Brontë, 1817-1848)
エミリー（Emily Brontë, 1818-1848)
アン（Anne Brontë, 1820-1849)

S**ightseeing**
見どころ

ハワース
Haworth
0   200m

オールド・ホワイト・ライオン *p.323*
North St.
West Lane
Mythormes Lane
観光案内所
p.323 日曜学校舎
Sunday School
ブラック・ブル（レストラン＆パブ）
ローズ薬局 *p.323*
ハワース駅
Haworth Station
郵便局
p.323 ブロンテ・
パーソニージ博物館
The Bronte
Parsonage Museum
Main St.
Rawdon Rd.
Butt Lane
セントラル・パーク
Central Park
p.323 パリッシュ教会
Parish Church
Old Registry
ブロンテの小径 *p.322*
The Bronte Way
ベランストン・ビル？
Bridgehouse Lane
Station Rd.
Victoria Rd.

Brontë Parsonage Museum
ブロンテ一家の面影を偲ぶ
ブロンテ・パーソニージ博物館

MAP p.323　★Haworth駅から徒歩10分

　牧師だったパトリック・ブロンテと妻の
マリアが、村と荒野の境目にあるこの小さ
な家に移り住んだのは1820年のこと。しば
らくして長女エリザベス（幼少で死亡）と
妻マリアが相次いで息を引きとり、残され
た３人の娘や息子もその生涯はいずれも短
く、若くしてこの家で死を迎えている。

　現在、彼らが暮らした家はブロンテ博物館となり、父パトリ
ックの寝室や書斎などが当時のままの形で保存され、ブロンテ
姉妹の遺品や遺稿なども展示されている。エミリー・ブロンテ
が1848年に息を引きとった時に横たわっていたとされるソフ
ァーもそのまま残っている。

Parish Church
　　　　　　　　　　　　　　　　　　　　　MAP p.323
ブロンテ一家が眠る地
パリッシュ教会
　　　　　　　　　　　　　★Haworth駅から徒歩10分

ブロンテ一族が眠る
教会

　　　　　　　牧師としてここで説教をしていた父親の
　　　　　　　パトリックを筆頭に、ブロンテ一家が長い
　　　　　　　時間を過ごしたのがこの教会だ。スカーボ
　　　　　　　ロに埋葬されたアンを除いて、ブロンテ一
　　　　　　　家はここに埋葬され、それぞれ没した年月
　　　　　　　日を刻んだ石碑もある。当時の教会は
　　　　　　　1879年に取り壊され、変わらないのは塔の
　　　　　　　部分だけだが、建て直された教会は塔の景
　　　　　　　観を損なわないようデザインされている。

Sunday School
　　　　　　　　　　　　　　　　　　　　　MAP p.323
ブロンテ兄妹が通った学校
日曜学校舎
　　　　　　　　　　　　　★Haworth駅から徒歩10分

　ブロンテ牧師の子供たちは幼い頃は生徒としてここに通い、
成人してからはシャーロットとアンとブランウェルの３人がこ
こで教鞭を取った。▶開館日は不定期

Rose&Co. Apothecary
　　　　　　　　　　　　　　　　　　　　　MAP p.323
ブランウェルがアヘンを買った店
ローズ薬局
　　　　　　　　　　　　　★Haworth駅から徒歩８分

　ブロンテ家の長男、ブランウェルがアヘンを手に入れるため
に足繁く通った薬局。現在はしゃれたみやげ物屋で、店員は当
時のエプロンをかけて接客している。

イングランド北部

323　ハワース

●ブロンテ・パーソニージ
博物館
DATA ▶☎01535-64-2323
▶OPEN：10:00～17:30、10月
～３月は11:00～17:00▶最終入
場は閉館30分前▶12/24～27と１
月上旬～２月初め休み▶入館
料：大人£4.80、子供£1.50

●パリッシュ教会
DATA ▶☎01535-66-9934
▶OPEN：9:00～17:00▶無休▶
入館無料（寄付制）

Hotel Guide

オールド・ホワイト・
ライオン
The Old White Lion Hotel ★★
MAP p.323
★Haworth駅から徒歩10分
　300年の歴史を持つ家族経営の
小さなホテル。BBCの旅行プロ
グラムでも紹介された人気ホテル
のひとつ。
DATA ▶Haworth, Keighley
▶☎01535-64-2313▶FAX 01535-
64-6222▶URL：www.oldwhite
lionhotel.com▶14室▶朝食付き
でS£50～、D£69.50～

ハワースの村には、ここ以外にも素
朴な雰囲気のB＆Bが何軒もある

ミニ情報　ヴィクトリア時代の英国ではアヘンは必ずしも禁じられた存在ではなく、アヘンチンキ等の薬として広範に消費
された。過剰摂取で中毒にいたり、死亡する人も少なくなかったが、アルコールに比べればましと認識されていた。

数々の侵略者の手で築かれた都市

ヨーク

MAP p.297-L

ローマ軍が西暦71年に駐屯地を築いてエボラクムと名付けた時、ヨークの歴史は始まった。その後、サクソン人やヴァイキング（デーン人）、ノルマン人の侵入が続き、中世を迎えるまで、街は侵略のたびごとに破壊と再建を繰り返してきた。現在残る街並みは中世の雰囲気を色濃く残しているが、城壁や城門をはじめ教会の遺跡など、ローマ時代やヴァイキングの時代を偲ぶものも数多く点在している。まさにヨークは歴史の宝庫だ。

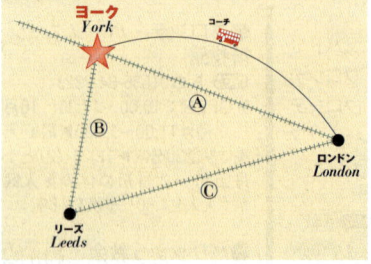

✈ *ACCESS*

✈Ⓐ：ロンドン・キングス・クロス駅〜ヨーク駅
▶ 2時間▶ 1時間に2本運行

🚌 ヴィクトリア・コーチステーション〜ヨーク・バスステーション▶ 約5時間▶ 1日に4本運行（うち1本は夜行便）

✈Ⓑ：リーズ駅〜ヨーク駅
▶ 30分▶ 1時間に5本運行（日曜は4本）

✈Ⓒ：ロンドン・キングス・クロス駅〜リーズ駅
▶ 2時間30分▶ 1時間に2本運行

ⓘ観光案内所 Tourist Information Centre
De Grey Rooms, St Leonard's Place, Exhibition
Square ▶ ☎01904-62-1756
▶ OPEN：9:00〜18:00、日曜9:30〜16:30、11〜
2月は〜17:00で日曜10:00〜16:00

■ 街歩きのヒント

駅を出るとすぐに城壁が目に入る。城壁に沿って歩き、ウーズ河を渡ると街の中心に入り、ヨーク大聖堂も姿を現す。シャンブルズやストーンゲートといった中世の香りを残す街並みは大聖堂周辺に集中しているので、ぜひ訪ねたい。歩き疲れたら、天気のいい日はウーズ河沿いに広がる公園のミュージアム・ガーデ

ンズでひと休み。城門のひとつ、ブーサム・バーは公園の裏側近くにある。ここから城壁を一周してみるのもおもしろい。

見どころ
Sightseeing

York Minster
中世のステンドグラスが圧巻
ヨーク大聖堂

MAP p.325 ✈York駅から徒歩15分

イギリスで最大のゴシック様式の建物で、ステンドグラスは中世のものでは世界最大。何ごとにも壮大な英国国教会北管区の本山らしく、大聖堂の建設は1220年に始まり、丸々2世紀をかけて1472年に完成した。

この地に教会が最初に建てられたのは、周辺地域を統治していたノーザンブリア王のエドウィンが洗礼を受けるためで、7世紀頃のこと。木造りの小さなものだったという。

大聖堂に入って、まず目を奪われるのが東側の壁にあるステンドグラス。高さ約23m、幅約9mもあり、そのスケールに目を奪われる。西側のウェスト・ウィンドは先端がハート型で、そこに「ヨークシャーのハート」と呼ばれるステンドグラスがはめ込まれている。もっとも古

壮麗な大聖堂はヨークの街のシンボル

いのは、北翼廊の中央にある1155年のもの。バラ戦争の終結を記念してはめ込まれた円形のローズ・ウィンドも見のがせない。この他、13世紀に建設された八角形のチャプター・ハウス、らせん階段で登れるセントラル・タワー、ローマ時代の遺跡がある地下のアンダークロフトなどがある。

DATA ▶☎01904-55-7216▶OPEN：9:00～18:30（日曜12:00～）、11～3月は9:30～18:30（日曜12:00～）▶12/24・25休み▶入場料：大人£4.50、子供無料

ヨーク
York
0
200m
セント・メアリズ・アビー跡
St. Marys Abbey(Remains)
ブーサム・バー
Bootham Bar
N
城壁 p.325
City Wall
モンク・バー
Monk Bar
観光案内所
ヨーク大聖堂 p.324
York Minster
ヨークシャー博物館
Yorkshire Museum
ディーン・コート p.327
クリフトン・ブリッジ p.327へ
ミュージアム・ガーデンズ
Museum Gardens
ウーズ川
R. Ouse
ストーンゲート
Stonegate
Blake St.
国立鉄道博物館 p.326
National Railway Museum
Lendal Tower
Barker Tower
レンダル橋
Lendal Bridge
Davygate
p.325 シャンブルズ
Shambles
クオリティ p.327へ
Leeman Rd.
ロイヤル・ヨーク p.326
p.325 マーガレット・クリテロー聖堂
The Shrine of Margaret Clitherow
Station Rd.
バスステーション
Bus Station
City Wall
ヨーク駅
York Station
観光案内所
p.326 ヨルヴィック・ヴァイキング・センター
Jorvik Viking Centre
Piccadilly
フォス川
p.327 ヨーク・モート・ハウス
Station Rd.
城壁
Toft Green
Micklegate
Castlegate
Skeldergate
Toft Tower
p.327 ヒルトン・ヨーク
Queen St.
ミクルゲート・バー
Micklegate Bar
p.326 クリフォーズ・タワー
Clifford's Tower
カールトン・ハウス p.327へ
p.326 キャッスル・ミュージアム
Castle Museum
Nunnery Lane

City Wall
街をぐるりとかこむ城壁と城門
城壁

MAP p.325　≠York駅前から続く

城壁内への正面玄関にあたるミクルゲート・バー

最初にこの街に城壁を築いたのはローマ人だが、現存する城壁の多くは1327年から1377年にかけてノルマン人によって築かれたもの。全長が約5kmあり、街を眼下に眺めながら歩くことができる。城門の扉を閉めるために使われた横木を"Bar"と呼んだことから、城門はバーと呼ばれるようになった。

4つある主要な門の中で、もっとも城門が高いのはモンク・バー。デザインも凝っていて、今でも稼動する落とし格子がある。ミクルゲート・バーはロンドンからの終着点。いわばヨークの正面玄関としての役目を持ち、処刑された犯罪人の首もここに並べたという。ブーサム・バーは、現存する城門の中でもっとも古く、一部はローマ時代のもの。城門の上に立つ3つの石像は1894年のものだ。街の東側にあるウォームゲート・バーは保存状態がいちばんよい。▶見学自由

Shambles
長い歴史の「肉屋横町」と聖堂
シャンブルズ

MAP p.325　≠York駅から徒歩12分

歴史が深く陰影を刻んでいるようなシャンブルズは、1086年に征服王ウィリアム（p.206参照）が行った検地台帳に記載された、今も残る唯一の通り。建物は上の階にいくほど突き出しているが、これはこの通りが肉屋通りだったため。日あたりを悪くして肉を長持ちさせようとした昔の人の智恵だ。

この通りの35番に、質素な小さな民家がたたずんでいる。ここはマーガレット・クリテロー聖堂だ。マーガレットというのは、16世紀にここに生きたシャンブルズの肉屋のおかみさん。迫害を受けたカトリックの聖職者を屋根裏部屋にかくまったかどで逮捕され、拷問を受けて亡くなった。遅まきながら、1970年に聖者の1人に加えられ、彼女の住んでいた家が聖堂となった。

昔ながらの家並みを残すシャンブルズの路地

Castle Museum
ヴィクトリア期を再現した人気の博物館
キャッスル・ミュージアム
MAP p.325　≪York駅から徒歩15分

　もともとは女性と負債者を収監するための刑務所として18世紀に建設された建物で、1938年に民俗博物館として生まれ変わった。19世紀から20世紀初めの街並みを再現し、当時の最新技術品や日常品なども展示している。

DATA ▶ ☎01904-68-7687 ▶ OPEN：9:30～17:00 ▶ 12/25・26、1/1休み ▶ 入館料：大人£6.00、子供£3.50

Clifford's Tower
血ぬられた歴史を秘める本丸
クリフォーズ・タワー
MAP p.325　≪York駅から徒歩15分

　11世紀にノルマン人が築いた城の本丸にあたるのがこの建物。十字軍の遠征が続いていた1190年、反ユダヤ人暴動が街で勃発し、150人に上るユダヤ人がここに逃げ込んだ。虐殺と飢餓を恐れたユダヤ人は建物に火を放ち、集団自決したと伝えられる。現在、ヨークのランドマークのひとつで、塔の上から見渡す街の景色は見ごとだ。

DATA ▶ ☎01904-64-6940 ▶ OPEN：10:00～18:00、10月は～17:00、11～3月は～16:00 ▶ 12/24～26、1/1休み ▶ 入館料：大人£2.80、子供£1.40

丘の上にそびえる古城。城の上からは街が一望に

Jorvik Viking Centre
視・聴・嗅の感覚を駆使して体験
ヨルヴィック・ヴァイキング・センター
MAP p.325　≪York駅から徒歩12分

　ヴァイキングがヨークの街を席巻した時代を、視・聴・嗅の感覚を駆使して体験するアトラクション。4人乗り電動自動車が導く先は、948年のコパーゲート。考古学的な実証に基づいて再現され、鳥の鳴き声や人々の会話、暮らしから出るさまざまな臭いまで感じることができる。人気があるので、曜日や季節によっては1～2時間待ち覚悟がいる。

DATA ▶ ☎01904-54-3403 ▶ OPEN：10:00～18:00（最終入場）、11～3月は～17:00 ▶ 最終入場は1時間前 ▶ 12/25休み ▶ 入場料：大人£7.45、子供£5.25

National Railway Museum
初期から現在までの鉄道を展示
国立鉄道博物館
MAP p.325　≪York駅から徒歩10分

　1938年7月に世界で初めて時速200kmを超えた蒸気機関車のマラード号Mallardをはじめ、機関車103両と客車176両がところ狭しと並び、日本の新幹線の展示もある。老若男女を問わず楽しめる博物館だ。

DATA ▶ ☎01904-62-1261 ▶ OPEN：10:00～18:00 ▶ 12/24～26休み ▶ 入館無料

現代的な建物は、古都ヨークで異色の存在

Hotel Guide

ロイヤル・ヨーク　★★★
Royal York Hotel　　**MAP** p.325　≪York駅から徒歩1分
広大な庭園が自慢の優雅なホテル
　ヨーク駅に隣接するデラックスなホテル。約1万2000m²に及ぶ広大なプライベート・ガーデンが自慢。

DATA ▶ Station Rd. ▶ ☎01904-65-3681 ▶ FAX 01904-62-3503 ▶ URL：www.principal-hotels.com ▶ 166室 ▶ S、D/Tとも£120～ ▶ MH

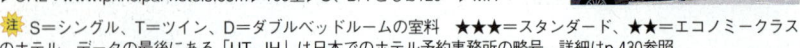

注 S＝シングル、T＝ツイン、D＝ダブルベッドルームの室料　★★★＝スタンダード、★★＝エコノミークラスのホテル。データの最後にある「UT, JH」は日本でのホテル予約事務所の略号。詳細はp.430参照。

ヒルトン・ヨーク ★★★

Hilton York `MAP` p.325

　街歩きには最高に便利な立地。設備が快適なわりに、宿泊料金はリーズナブル。

`DATA` ▶ 🚉York駅から徒歩15分 ▶ 1 Tower St.
▶ ☎01904-64-8111 ▶ FAX 01904-61-0317
▶ URL：www.york.hilton.com
▶ 130室 ▶ S、T/D £115～ ▶ HR, TO, UT

カールトン・ハウス ★★

Carlton House Hotel `MAP` p.325

　19世紀のジョージ朝様式のテラスハウスを改造したホテルで、小ぢんまりとして家族的。広々としたラウンジが自慢。

`DATA` ▶ York駅から徒歩10分 ▶ 134 The Mount
▶ ☎01904-62-2265 ▶ FAX 01904-63-7157 ▶ URL：www.carltonhouse.co.uk ▶ 13室 ▶ S £35～、T/D £60～

ヨーク・モート・ハウス ★★★

York Moat House `MAP` p.325

　ウーズ河の河辺に建つ近代的ホテルで、ジムなども完備し機能的。河に向いた部屋からの大聖堂の眺望が素晴らしい。街歩きには絶好の立地。

`DATA` 🚉York駅から徒歩8分 ▶ North Street ▶ ☎01904-45-9988 ▶ FAX 01904-64-1793 ▶ URL：www.moathouse.com/york ▶ 200室 ▶ S £87～、D/T £102～

ディーン・コート ★★★

Best Western Dean Court Hotel `MAP` p.325

　ヨーク大聖堂にもほど近い、小ぢんまりとしたホテル。街の中心部にあるので、どこへ行くにも便利な好立地だ。

`DATA` ▶ 🚉York駅から徒歩12分 ▶ Duncombe Place
▶ ☎01904-62-5082 ▶ FAX 01904-62-0305 ▶ URL：www.deancourt-york.co.uk ▶ 40室 ▶ S £90～、D £120～ ▶ BW

クオリティ ★★

Quality Hotel York `MAP` p.325

　超モダンな建築の6階建てホテル。客室もシンプルな内装で快適。クリフォーズ・タワーの近くで、観光にも便利な立地。

`DATA` ▶ 🚉York駅から徒歩15分 ▶ 53 Piccadilly
▶ ☎01904-55-9000 ▶ FAX 01904-55-9001 ▶ URL：www.qualityhotelyork.com ▶ 100室 ▶ S、Dとも £99～

クリフトン・ブリッジ ★★

Clifton Bridge Hotel `MAP` p.325

　小ぢんまりとしたホテルで、アットホームなサービスに定評がある。ファミリールームがあり、家族連れにも便利なホテル。

`DATA` ▶ 🚉York駅から徒歩15分 ▶ Water End
▶ ☎01904-61-0510 ▶ FAX 01904-64-0208 ▶ URL：www.cliftonbridgehotel.co.uk ▶ 14室 ▶ S £45～、T/D £74～

もうひとつの旅
Promenade

`MAP` p.297-G/K

荒野と白い断崖絶壁
ヨークシャー・デイルズ国立公園
Yorkshire Dales National Park

　西の湖水地方と東のノース・ヨーク・ムーアに挟まれた広大な高原地帯はヨークシャー・デイルズと呼ばれ、国立公園に指定されている。デイルがヴァイキングの言葉で渓谷を意味することから分かるように、石灰岩からなる渓谷や丘陵地帯がえんえんと続き、赤紫のヘザーの花が広がる。丘陵のところどころに思い出したように小さな村が点在し、牧歌的な風景にも出会える。

　自然の驚異を見せつけられるのがマラム・コーヴMalham Coveで、真っ白い石灰岩の断崖絶壁が巨大な壁になって行く手を阻むように広がる。太古の昔、ここには河が流れ、水はナイアガラよりも大きな滝になって落下していたという。18世紀に入って河は完全に枯渇し、今では小さな流れが当時の面影をとどめているに過ぎない。ハイキングコースを登って頂に立つと、

ヨークシャー・デイルズのすばらしい風景が眺望できる。

ACCESS
🚉リーズ駅～スキップトンSkipton駅 ▶ 35分
▶ 1時間に2～4本運行 ▶ スキップトン～マラムMalham ▶ バス210、843番（日曜は804番）の「ウェスト・ヨークシャー・デイルズWest Yorkshire Dales」行き、または「ペナインPennine」行き ▶ 約40分 ▶ 1日に4本運行
※交通の便がよくないので、車で行くのが便利。リーズからはA660号からA65号に入り、コニストン・コールドConiston Coldから北に入る。ヨークからはA59号からA65号に入る。

🛈観光案内所 National Park Infomation Centre
Malham
▶ ☎01729-83-0363
▶ OPEN：9:30～17:00、冬期（11～3月）は休み

素朴な村が姿を現わす

古城と街が点在するリゾート地
ノーザンバーランド
MAP p.297-C

ベリック・アポン・ツィード

♠ACCESS

✈ロンドン・キングス・クロス駅〜ニューキャッスル・アポン・タイン駅▶ 3時間▶ 1時間に2本運行／ベリックまでは3時間40分▶ 1時間に1本運行

🚌 ロンドン・ヴィクトリア・コーチステーション〜ニューキャッスル・コーチステーション▶ 6時間30分〜7時間30分▶ 1日に6本運行（うち1本は夜行便）

ℹ観光案内所／ニューキャッスル
Tourist Information Centre
街中と駅構内の2カ所にあり、電話は共通▶☎0191-277-8000
●132 Grainger St.
▶OPEN：9:30〜17:30、木曜は〜19:30、土曜は9:00〜、日曜は6〜9月のみ10:00〜16:00
●Concourse Central Sta.
▶OPEN：9:30〜17:00、土曜は9:00〜▶日曜休み

●キャッスル・キープ
Castle Keep
DATA▶☎0191-232-7938
▶OPEN：9:30〜17:30、11〜3月は〜16:30▶グッドフライデー、12/25・26、1/1休み▶入館料：大人£1.50、子供£0.50

●セント・ニコラス大聖堂
Newcastle Cathedral Church of St. Nicholas
DATA▶☎0191-232-1939
▶OPEN：7:00〜18:00、土曜8:30〜16:00、日曜7:00〜12:00と16:00〜19:00▶無休▶入館無料

●アニック城　Alnwick Castle

DATA▶☎01665-51-0777
▶OPEN：11:00〜17:00▶最終入場は45分前▶10月末〜3月休み▶入館料：大人£7.95、子供£2.95

現役貴族の財力を実感

ノーザンバーランド州の南に位置するニューキャッスル・アポン・タインからスコットランドと接する街、ベリック・アポン・ツイードBerwick-upon-Tweedまでの東海岸には古城やビーチが連なり、西側の高地にはノーザンバーランド国立公園の自然が広がっている。海岸線に続く街は一部を除けば外国人観光客も限られているだけに、北東イングランドの素顔が見えてくる。

Sightseeing 見どころ

Newcastle-upon-Tyne MAP p.297-C
東北部最大の産業都市
ニューキャッスル

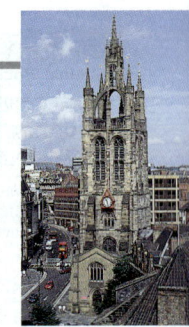
街のシンボル、セント・ニコラス大聖堂

周辺には炭鉱が多くかつて鉄鋼や造船の街として栄えたが、戦後に衰退。しかし1980年代から日本など外国企業の進出が相次ぎ、新たな産業都市に生まれ変わった。街の歴史は11世紀に築かれたタイン河沿いの城塞に始まり、12世紀にヘンリー2世が建てた「新しい城」から街の名前が付いた。今も残る城の本丸、**キャッスル・キープ**の屋上からは街が一望できる。そばにある**セント・ニコラス大聖堂**は、15世紀半ばに完成した教会で建物の一部は当時のものだ。工業で栄えた当時の面影が今も色濃く残っているのが、河に架かるいくつもの鉄橋とグレイ記念碑からのびるグレイ・ストリート。この通りには立派な建物が並び、ロイヤル・シェイクスピア劇団が定期公演を行うシアター・ロイヤルもある。

Alnwick MAP p.297-C
ノーザンバーランド公爵家の街
アニック

ノーザンバーランド公爵が住む**アニック城**の周囲に開けた小さな街。街道沿いに小さな家が並び、夏には観光客で賑わう。公爵家は今も広大な農地を所有し、ロンドンにはキュー・ガーデンズ（p.151参照）の隣に大邸宅サイオン・ハウスを持っている。城内をめぐれば、現代まで続く有力貴族の歴史とその生活ぶりが分かるだろう。

♠ACCESS
🚌 ニューキャッスル（ヘイマーケット）〜アニック・バスステーション

ミニ情報 アームストロング男爵（1810～1900）：ニューカッスル生まれの発明家。クリミア戦争中に近代火砲の礎となったアームストロング砲を開発。その功績で58年にナイトに、87年には男爵に叙された。

▶バス505・515番（日曜は518番）▶約1時間15分▶1時間に2本運行

🚂 ベリック・アボン・ツイード駅またはベリック・ゴールデン・スクエア Berwick Golden Sq.〜アニック▶バス505番▶約1時間▶2時間に1本運行

🚗 ニューキャッスルとベリックを結ぶA1号を利用

Bamburgh
MAP p.297-C

古城が点在する海岸線
バンバラとその周辺

　海岸線にある城の中で、今でも個人が所有する唯一の城が、バンバラにある**バンバラ城**だ。ノルマン時代の城を19世紀末に大改修したのは初代アームストロング男爵で、以来男爵家の住まいとなっている。

　ここから南には漁村のシーハウジズSeahousesやクラスターCrusterなどが続く。クラスターには、14世紀に建てられた**ダンスタンバラ城**の廃墟が海に臨む丘の上に建っている。街から城までの1.5kmは歩くしかないが、海岸線のウォーキングは天気が良ければ爽快だ。

ACCESS

🚂 アニック〜クラスター〜シーハウジズ〜バンバラ（ベルフォードBelford行き）▶バス401・500・501番▶アニックからクラスターまで約30分、シーハウジズまで約50分、バンバラまで約1時間▶アニックからは2時間に1本運行、ニューキャッスルからはバス505番がアニックでバス401・501番に連絡。土曜日は501番がニューキャッスル発になる。日曜運休

🚗 ニューキャッスルからA1号を走ればそれぞれの街に入る標識がある

Holy Island
MAP p.297-C

干潮時に渡れる僧院の島
ホーリー・アイランド

　海岸から約2km沖合にある島だが、干潮になると道が海面から浮かび上がり対岸と往来できるようになる。イギリスにはこうした島が他にもあるが、島の大きさや対岸との距離ではここが最大だ。635年に**リンディスファーン僧院**が建てられ、聖カスバートが埋葬されてから巡礼の地、「神聖な島」となった。現存する7世紀の書物『リンディスファーン聖歌』でも知られる。875年にデーン人（ヴァイキング）の侵入を受け、修道士たちは聖カスバートの聖骸の安住の地を求めて島を脱出、100年以上の放浪の末ダーラムにたどり着いた。僧院も後に再建されたが、1537年にヘンリー8世の命で閉鎖され、廃墟と化してしまった。島の中には僧院跡から約1km離れた海辺に**リンディスファーン城**がある。16世紀にスコットランドとの国境を守る要塞として建てられたが、現在の建物は個人の住居として1903年に改修されたもの。城は映画「ハリー・ポッター」のロケ地になった。

ACCESS

🚂 ベリック・アボン・ツイード駅またはベリック・ゴールデン・スクエア〜ホーリー・アイランド▶バス477番▶約35分▶1日2往復（干潮時のみの運行で日によって時刻が変更、2本の運行間隔は3〜5時間）

🚗 ベリックからA1号で南に走り標識に従って海側に入る

●バンバラ城
Bamburgh Castle
DATA ▶☎01668-21-4515
▶OPEN：11:00〜17:00▶最終入場は16:30▶11月〜3月上旬休み▶入館料：大人£5.50、子供£2.50

●ダンスタンバラ城
Danstanburgh Castle
DATA ▶☎01665-57-6231
▶OPEN：10:00〜18:00、10〜3月は〜16:00▶月・火・水曜、12/24〜26、1/1休み▶入館料：大人£2.60、子供£1.30

●リンディスファーン僧院
Lindisfarne Priory
DATA ▶☎01289-38-9200
▶OPEN：9:30〜17:00、10月は〜16:00、11〜3月は〜14:00▶12/24〜26、1/1休み▶入館料：大人£3.60、子供£1.80

●リンディスファーン城
Lindisfarne Castle
DATA ▶☎01289-38-9244
▶1日4時間30分、12:00〜15:00を中心に干潮時刻により変化▶月曜、11月〜3月上旬休み▶入館料：大人£5.00、子供£2.50

Hotel Guide

ロード・クルー・アームズ・ホテル
Lord Crewe Arms Hotel　★★
DATA ▶Front St., Bamburgh
▶☎01668-21-4243
▶FAX 01668-21-4273▶18室
▶S£45〜78、T/D£86〜120

ヴィクトリア・ホテル
The Victoria Hotel　★★
DATA ▶Front St., Bamburgh
▶☎01668-21-4431
▶FAX 01668-21-4404▶URL：www.victoriahotel.net▶29室
▶S£52.50〜、T/D£95〜

リンディスファーン僧院近くから海辺の城を望む

大聖堂のそびえる巡礼地
ダーラム

MAP p.297-G

ウィアー河畔のダーラム大聖堂

✈ACCESS

🚄ロンドン・キングス・クロス駅〜ダーラム駅▶3時間▶直通は2時間に1〜2本運行

🚌ロンドン・ヴィクトリア・コーチステーション〜ダーラム・バスステーション▶約6時間15分▶1日に4本運行（1本夜行便）

> ❶観光案内所
> Tourist Information Centre
> 2 Millennium Place ▶☎0191-384-3720▶OPEN：10:00〜18:00、日曜は〜16:00、10〜3月は〜17:00▶10〜3月の日曜休み

●ダーラム大聖堂
DATA ▶☎0191-386-4266
▶OPEN：9:30〜18:15（6月下旬〜8月は〜20:00)、日曜12:30〜17:00▶無休▶入館無料（寄付制）
●塔▶9:30〜16:00、10〜3月は10:00〜15:00▶日曜休み▶入館料：大人£2.00、子供£1.00
●聖カスバート財宝室▶OPEN：10:00〜16:30、日曜14:00〜▶入館料：大人£2.00、子供£0.50

●ダーラム城
DATA ▶☎0191-374-3800
▶OPEN：ガイドツアーは10:00〜12:30と14:00〜16:30、10〜3月は14:00〜16:00のみ▶10〜3月の火・木・金曜、クリスマス時期と大学行事により不定期に休み▶入館料：大人£5.00、子供£2.50

●クルック・ホール＆ガーデンズ
Crook Hall & Gardens
❶観光案内所から徒歩10分
中世に建てられたホールで、周囲にある4つの庭園も美しい。
DATA ▶☎0191-384-8028
▶OPEN：イースターと5・9月の日曜、6〜8月の13:00〜17:00▶土曜休み、10〜4月はイースター除き休み▶入場料：大人£4.00、子供£3.50

大きく曲がりくねったウィアー河にはさまれた丘の上にそびえる城と大聖堂が、この街のすべてを物語る。街の始まりもこの大聖堂にある。デーン人の攻撃を受けてホーリー・アイランドを逃れた修道士たちが、聖カスバートの聖骸安住の地としてここを選んだのは、放浪に出てから実に100年後の995年だった。中世にはダーラム司教はプリンス・ビショップと呼ばれ、近隣の貴族たちも恐れをなす絶大な権力を誇っていた。散策に楽しい街で、丘に続く道の途中にはヴィクトリア時代の屋内マーケットもあり、街には中世の香りが残る。大聖堂を眺めるベストスポットは緑に包まれた河沿いだ。観光案内所は丘の北側のふもとにある。

Sightseeing 見どころ

Durham Cathedral
900年を生きのびた建物
ダーラム大聖堂
❶観光案内所から徒歩8分

ダーラム大聖堂

聖カスバートの聖骸を祀るために建てられた聖堂で、1132年に完成し、13世紀に一部改修された。当時とほとんど変わらぬ姿をとどめ、ノルマン様式の傑作とされている。聖カスバートの墓は中央祭壇の裏手にあり、中世以来の巡礼は今も変わらない。7世紀の棺や聖骸と一緒に安息の地を得た遺品などは聖カスバート財宝室に置かれている。塔の上からの眺めはすばらしいが、急ならせん階段は体力との勝負だ。

Durham Castle
プリンス・ビショップの元住まい
ダーラム城
❶観光案内所から徒歩7分

ダーラムの司教、プリンス・ビショップの住まいとして1072年に建てられた壮大な建物で、18世紀に大がかりな改修が施されている。司教は1836年に創立間もないダーラム大学に建物を譲り渡し、大学の街としての基礎を築いた。敷地内にある礼拝堂は創建当初のままだ。ガイド・ツアーに参加すれば、内部の見学ができる。

司教の住まいは、現在ではダーラム大学に

Wales ウェールズ

カーディフ	338
ブレコン・ビーコンズ国立公園	344
スウォンジー	346
セント・デイヴィッズ	348
カナーヴォン	349
バンゴール	354
コンウィ	356
スランディドゥノ	358

ダブリン
Dublin

アイリッシュ海
Irish Sea

ホリーヘッド
Holyhead

p.355 アングルジー島
Isle of Anglesey

A

B

カナーヴォン *p.349*
Caernarfon

アイルランド
IRELAND

○ **Wicklow**

カナーヴォン湾
Caernarfon Bay

● **Arklow**

プールヘリ
Pwlheli

● **Abersoch**

● **Gorey**

カーディガン湾
Cardigan Bay

● **Enniscorthy**

ウェックスフォード
Wexford

E

F

332

ロスレア
Rosslare

Rosslare Harbour

アバレーロン
Aberaeron

セント・デイヴィッズ
大聖堂 *p.348*
St. David's Cathedral

カーディガン
Cardigan

フィッシュガード
Fishguard

セント・ジョージズ海峡
St. George's Channel

Carmarthenshire

A487

セント・デイヴィッズ *p.348*
St. David's

ソルヴァ
○ **Solva**

Pembrokeshire

カマーゼン
Carmarthen

A40

A48

p.348 ペンブロクシャー・コースト国立公園
Pembrokeshire Coast National Park

ハヴァーフォードウェスト
Haverfordwest

● **Milford Haven**

● **Kilgetty**

● **Pembroke**

● **Tenby**

I

J

カマーゼン湾
Carmarthen Bay

ガワー半島
Gower Pen
Port Eynon

N

ウェールズ
Wales

0   30km

リヴァプール湾
Liverpool Bay

不思議の国のアリス・センター p.358
The Alice in
Wonderland Centre
グレート・オルム p.358
Great Orme

Wallasey
Birkenhead

リヴァプール p.300
Liverpool

マンチェスター p.306
Manchester

マンチェスター空港
Manchester Airport

スランヴァイル p.355
Llanfair

スランディドゥノ p.358
Llandudno

リヴァプール・ジョン・レノン空港
Liverpool John Lennon Airport

ナッツフォード
Knutsford

マックルズフィールド
Macclesfield

ボーマリス p.355
Beaumaris
ベンリン城 p.354
Penrhyn Castle

コンウィ p.356
Conwy

リール
Rhyl
フリント
Flint

チェスター p.275
Chester

D

コングルトン
Congleton

バンゴール p.354
Bangor

バンゴール大聖堂 p.354
Bangor Cathedral
バンゴール博物館&
美術館 p.354
Bangor Museum & Art Gallery

デンビー
Denbigh

Ewloe

リーク
Leek

Conwy

クイーンファウル
Vaunfawr

スランベリス p.352
Llanberis

ルーシン
Ruthin

Nantwich

クルー
Crewe

ストーク・オン・トレント p.278
Stoke-on-Trent

▲1085
スノードン山
Snowdon

ベトゥイス・イ・コエド p.353
Betws-y-Coed

レクサム
Wrexham

Staffordshire

ポースマドッグ
Porthmadog

スノードニア国立公園 p.352
Snowdonia
National Park

Corwen

Ruabon

ホイットチャーチ
Whitchurch

ストーン
Stone

ポートメーリオン p.351
Portmeirion

スランゴレン
Llangollen

Market Drayton

スタッフォード
Stafford

ハーレク
Harlech
ハーレク城 p.351
Harlech Castle

ウェールズ
Wales

オズウェストリ
Oswestry

Cannock

Gwynedd

バーマス
Barmouth

ドルゲスリ
Dolgellau

ウェルシュプール
Welshpool

シュルーズベリー p.272
Shrewsbury

Telford

A5

M54

Tywyn

マクンスレス
Machynlleth

中央ウェールズ空港
Mid Wales Airport

イングランド
England

West Midland

ニュータウン
Newtown

Bridgnorth

p.270 バーミンガム
Birmingham

アベリストウィス
Aberystwyth

G Powys

Rhayader

H

Ludlow

Kidderminster

333

Ceredigion

Redditch

レミンスター
Leominster

ウースター
Worcester

Alcester

ランペーター
Lampeter

ビルス・ウェルズ
Builth Wells

Herefordshire

Evesham

p.345 ヘイ・オン・ワイ
Hay-on-Wye

ヘリフォード
Hereford

Ledbury

M50

Llandeilo

ブレコン p.344
Brecon

ブレコン・ビーコンズ国立公園 p.344
Brecon Beacons National Park

Ross-on-Wye

グロスター
Gloucester

チェルトナム p.268
Cheltenham

p.344 ダン・アル・オゴフ
Dan-yr-Ogof

p.344 アバガヴェニー
Abergavenny

Raglan

モンマス
Monmouth

Gloucestershire

アマンフォード
Ammanford

マサー・ティドヴィル p.344
Merthyr Tydfil

ストラウド
Stroud

Cirencester

ポンティプール
Pontypool

ケアフィリー
Caerphilly

チェップストウ
Chepstow

L

スウォンジー p.346
Swansea

ニューポート
Newport

M48

Swindon

マンブルズ p.347
The Mumbles
ラグスプーン・ギャラリー p.347

K

p.343 コッホ城
Castell Coch

ケアフィリー城 p.343
Caerphilly Castell

M4

オイスターマウス城 p.347
Oystermouth Castle

p.343 ウェールズ生活博物館
Museum of Welsh Life

カーディフ p.338
Cardiff

A48

ブリストル p.226
Bristol

Avebury

カーディフ・ウェールズ空港 p.343
Cardiff Wales Airport

Barry

ブリストル空港
Bristol Airport

バース p.222
Bath

Devizes

Weston-super-Mare

Trowbridge

Wiltshire

ブリストル海峡
Bristol Channel

Lynton

Frome

ウェールズ 街の概観

ケルト文化が生きるもうひとつの国

　イングランド人とは民族的に異なるケルト人の子孫が文化を育んできたウェールズは、イギリスの中の外国だ。中央部に広がるスノードニアやブレコン・ビーコンズの変化のある地形が美しい景観を見せ、海岸線には歴史に翻弄されてきた古い街がたたずむ。カーディフなど明るい南部の街と北部の城塞を持つ街々には別の顔があり、どちらか一方だけではウェールズがなかなか見えてこない。ただ、ひなびた街でウェールズ語の響きを耳にする時、この地を旅する醍醐味は味わえるだろう。

ボーマリス P.355

❶
アングルジー島
Isle of Anglesey → p.355
　マリンレジャーと海鳥など野生生物で知られる。世界一長い名前を持つ村や美しい城があるボーマリス（p.355）の街は、バンゴールからもすぐ。

334

❷
バンゴール　Bangor → p.354
　メナイ海峡のほとりに広がる大学街で、スノードニア国立公園やアングルジー島への観光拠点になっている。

ハーレク城
Harlech Castle → p.351
　きり立った丘にそびえる城は、イングランドとの攻防史に名前を残す。坂道の街にはウェールズの古き良き田舎街の風情が漂う。

ペンブロクシャー・コースト国立公園 P.348

コッホ城 P.343

マンブルズ P.347

ケアフィリー城 P.343

ウェールズ生活博物館 P.343

❻
セント・デイヴィッズ
St. David's → p.348
　街の名前はウェールズの守護聖人に由来し、大聖堂は中世から巡礼の地として栄えた。ペンブロクシャー・コースト国立公園の中にある。

❼
スウォンジー
Swansea → p.346
　ウェールズで2番目に大きな街。ブレコン・ビーコンズやマリンスポーツの盛んなガワー半島への玄関口。

③

カナーヴォン Caernarfon → p.349
イギリス王室と深い関わりを持つ城とその城壁にかこまれ、中世の雰囲気がそのまま残る。スノードニアの山に向かう足場として便利。

④

ポートメーリオン
Portmeirion → p.351
海辺の丘に広がるミニ・イタリア。
1920年代から50年かけて造られたテーマパークの元祖的存在で、観光客にも人気。

⑫

コンウィ
Conwy → p.356
城壁が門や塔櫓も含めてほぼ完全な形で残る数少ない城のひとつ。小さな街だが、城や古い建物など見どころも多い。

⑬

スランディドゥノ
Llandudno → p.358
ヴィクトリア時代の海辺のリゾート地の雰囲気をそのまま伝える街。『不思議の国のアリス』の物語とも深い関りがある。

⑨

ブレコン・ビーコンズ国立公園
Brecon Beacons National Park → p.344
羊が草を食む牧歌的な丘陵と山々や湖が織りなす広大な国立公園。ハイキングや乗馬、ハンググライダーなど楽しみ方は多彩。

⑪

スノードニア国立公園
Snowdonia National Park → p.352
ウェールズの最高峰スノードン山を中心とした山岳地帯。岩肌を見せる峰々と深い渓谷からなる雄大な風景が広がる。湖畔の街、スランベリスから出る山岳列車でスノードン山の頂上に登れる。

⑧

カーディフ
Cardiff → p.338
ウェールズ最大の都市で、城や白亜の建物群が壮観。中心部には19世紀からのアーケードが縦横に走る。カーディフ・ベイのウォーターフロントはホットなスポット。

⑩

ヘイ・オン・ワイ
Hay-on-Wye → p.345
古書店が30軒以上もある「本の街」として世界的に有名。ワイ河沿いの自然に包まれた可愛い街。

ケルトの血が流れる 豊かなウェールズ文化

ウェールズに来ると、駅名から交通標識、手にする観光パンフレットまで２ヵ国語で表示され、イギリスにいることを忘れそうになる。というのも、ウェールズ人の祖先は、スコットランド人やアイルランド人と同じケルト人。今でこそ英国の一部だが、独自の文化と言語を伝承してきた、イングランドとはまったく別の国なのだ。ウェールズ語で「ウェールズ」のことは「カムリCymru／同胞の住む国」と呼ぶ。最近ではケルト音楽が注目を集めているが、言語や音楽に限らず、ケルトの血を受け継ぐ豊かな文化が今もカムリには息づいている。

ケルト人はもとは東西ヨーロッパ全域に広がり、紀元前1000年頃には鉄器文明を打ち立てていたが、やがてローマ人やゲルマン人に圧倒されて次第にヨーロッパの極西部、今のブリテン島やアイルランド、フランスのブルターニュ地方に追いやられてしまった。ところが、ブリテン島にもサクソン人、デーン人（ヴァイキング）、ノルマン人と次々と異民族の侵略が続き、ウェールズも13世紀末のエドワード１世の時代にはイングランドに破れ、16世紀には併合法で完全な統治下となった。ウェールズ語をはじめ、ウェールズの文化再興の機運が起きたのは19世紀から。ようやく1998年にウェールズ議会の設立と自治化が決まり、ウェールズは新たな時代を迎えている。ケルト語（ゲール語）を語源とするウェールズ語は、ウェールズ文化の核。1967年に正式に公用語のひとつとして認められ、英語で充分こと足りるのにわざわざ２ヵ国語表示を徹底し、小学校から授業で習得を義務化しているのもウェールズ人の誇りからだ。もちろんテレビやラジオのウェールズ語放送もあるので、ウェールズに入ったらチャンネルを合わせてみよう。

イギリスには珍しいワイン。これもおいしい水に恵まれたウェールズならでは。

おみやげ物屋の店頭には必ずといっていいほど愛らしい赤いドラゴン人形が並んでいる。ウェールズ国旗の緑と白の地に描かれた赤いドラゴンは中世以来、勇気と勝利を表わすウェールズの象徴だ。赤は民族衣装の基本カラーにもなっている。民族衣装を着た人にはなかなかお目にかかれないが、ウェールズ人形なら店を飾っている。

海苔を食べるウェールズ人

　チーズをのせて焼いたパン「ウェルシュ・レアビット」やチーズと香草入りのベジタリアン風「グラモーガン・ソーセージ」、ねぎとポテト、ゆで卵をチーズソースで焼いた「アングルジー・エッグ」などウェールズの伝統的な食文化は素朴だ。ウェルシュ・ケーキといっても、固めのスコーンといったところ。ウェルシュ・ラムを使ったシチューの「カウル」やラムのローストも定番だが、日本人にとって親しみを覚えるのは「ラーヴァ・ブレッド」だろう。海草を煮たもので、一見海苔の佃煮風。塩味しかしないが、これを料理に使う。イングランド人には理解できない味だろう。ミネラルウォーターやワインにもウェールズ独自のものがある。

左の佃煮風のものがラーヴァ・ブレッド。左上の料理は伝統料理のひとつ、アングルジー・エッグだ。

口承神話とアーサー王伝説

　古代ケルト人は自然を敬い、信仰の対象としていた。文字を持たなかったため、神と人間と妖精からなる神話は口承叙事詩として伝えられてきた。これに中世になって新たに加わった伝説がアーサー王の物語だ。紀元500年頃にサクソン人などを相手に勝利をおさめたアルトリウスがモデルとされ、ウェールズ人の母国復興の願いと重ね合わせて伝えられた。今もウェールズ各地やケルト人が定住したイングランドのコーンウォール地方にこの言い伝えが残っている。

　ウェールズのお茶の時間に欠かせないのが、このウェルシュ・ケーキ。外は固いが、中はふんわり。ドライフルーツ入りもある。

豊かな自然に恵まれたウェールズは、ボトルウォーターや清涼飲料水も多種多彩。下の女性が着ているのが伝統的な民族衣装。赤がシンボルカラーだ。

　工芸品の筆頭に挙げられるのがラブスプーン。男性が愛を伝えるため「愛のスプーン」を彫って女性に贈る習慣は、17世紀後半からウェールズに広がった。スプーンのハートの形はもちろん愛、一連の鎖は永遠の愛の結びつきを表している。カゴの中の玉が1つならとりこになった魂、玉が2つ以上なら欲しい子供の数などメッセージが込められている。ケルトの文様で永遠を表す連続らせん模様をあしらったものもある。

写真はカーディフの「ウェルシュクラフツ・センター」（p.341参照）と「ラブスプーン・ギャラリー」（p.347）

躍動するウェールズの首都
カーディフ

MAP p.333-K

ウェールズが1999年に独立した議会を持ってから名実ともに首都となり、新たな躍動が始まっている。街にはウェールズ語表示があふれ、イングランドとはもう別の国だ。街の歴史はローマ人の時代に遡るが、一寒村が急速に発展したのは18世紀の産業革命のおかげだった。ウェールズの石炭や鉄を集積する港となり、19世紀後半には湾岸を中心に賑わいを見せている。20世紀半ばにさびれた港も、ウォーターフロントとし復活し、カーディフでも注目エリアに浮上している。

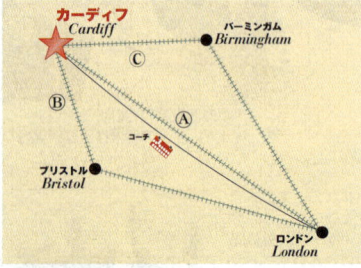

ACCESS

≪Ⓐ≫ ロンドン・パディントン駅～カーディフ・セントラル駅 ▶ 2時間 ▶ 1時間に2本運行

ロンドン・ヴィクトリア・コーチステーション～カーディフ・バスステーション ▶ 約3時間30分 ▶ 2時間に1本運行

≪Ⓑ≫ ブリストル・テンプル・ミード駅～カーディフ・セントラル駅 ▶ 50分 ▶ 1時間に2本運行

≪Ⓒ≫ バーミンガム・ニュー・ストリート駅～カーディフ・セントラル駅 ▶ 1時間50分 ▶ 1時間に1本運行

ⓘ観光案内所 Tourist Information Centre
The Old Library, The Hayes ▶ ☎029-2022-7281
▶ OPEN：9:30～18:00、日曜10:00～16:00、7・8月は～19:00 ▶ 無休
●カーディフ・ウェルカムカード
カーディフとその周辺の観光地が無料、市バス乗り放題、レストランなどが割引になる。観光案内所で販売 ▶ 大人1日券は£7.00、2日券£11.00、3日券£15.00（子供料金なし）

■ 街歩きのヒント

セントラル駅から街中心部はすぐ。バスターミナルは駅前、観光案内所へは徒歩7分。メインストリートのセント・メアリ通りSt. Mary Streetがカーディフ城まで続き、その先にシビック・センターがある。中心部は東西・南北とも歩いて15分とコンパクトで、

新旧のアーケード街が縦横に走り、歩いて楽しい街だ。カーディフ・ベイは中心部から南へ約1.5km。列車もあるが、頻繁に出ているバスを使うかタクシーが便利だろう。ベイエリアの見どころも徒歩で充分まわれる。

●カーディフ・ベイへの交通

DATA ▶ 中心部～カーディフ・ベイのマーメイド・キーMermaid Quay下車 ▶ バスステーションからバス7、8番、セント・メアリ・ストリートからバス35番、セントラル駅南口からバス6番

●乗り降り自由の観光バス

4～10月に2社が街中心部とカーディフ・ベイの見どころ、駅を結ぶバスを運行。
DATA ▶ シティサイトシーイング社の場合、10:00～16:00（7・8月は～17:00）で30分おきに運行 ▶ 1日券大人£7.00、子供£2.50

見どころ
Sightseeing

Cardiff Castle
19世紀に復元した絢爛豪華な内装
カーディフ城

MAP p.339 ≪Cardiff Central駅から徒歩10分

もともとローマ人の要塞があった場所で、13世紀に城が建造されたが17世紀以降は廃墟と化していた。敷地内にある石の塔ノルマン・キープは、ローマ人が造った要塞をノルマン人がさらに補強したもので、19世紀に発掘された。現在の城は、18世紀末から19世紀後半にかけてビュート公爵家が復元した

交易で得た資力を注いで再建されたカーディフ城

もの。カーディフの波止場を所有していたビュート家は港の発展で巨万の富を得て、これを城に注ぎ込んだ。金箔や大理石をふんだんに使った城は、悪趣味に近いほどの絢爛豪華さ。みごとな装飾が施された時計塔やクジャクが遊ぶ庭まである。

DATA ▶ ☎029-2087-8100 ▶ OPEN：9:30～18:00、11～2月は9:30～17:00 ▶ 最終入場は1時間前 ▶ 12/25・26、1/1休み ▶ 入館料：大人£6.50、子供£4.00（内部見学はツアーのみで10:00から20分ごとに出発、1日20回、11～2月は1日9回）、庭園のみ大人£3.30、子供£2.00

National Museum & Gallery Cardiff
印象派画家の作品も一堂に
カーディフ国立博物館＆美術館
MAP p.339　≷Cardiff Central駅から徒歩15分

フランス印象派と後期印象派の画家たちの作品をまとめて見ることができる。他に46億年の歴史や海洋と森林の展示もある。

DATA ▶ ☎029-2039-7951 ▶ OPEN：10:00～17:00 ▶ 月曜、12/24～26、1/1休み ▶ 入館無料

City Hall
丸いドームの豪壮な建物
シティ・ホール
MAP p.339　≷Cardiff Central駅から徒歩15分

シビック・センターCivic Centreは20世紀初めにできた地区で、官庁や裁判所、大学など白い石造りのネオクラシック様式の建物が整然と並ぶ。前面中央にあるのがシティ・ホールで、ドームの上からウェールズの象徴、ドラゴンが街を見下ろしている。現在はイベントや会議の会場として利用されている。

DATA ▶ ☎029-2087-1727

Millennium Stadium
ラグビーの殿堂
ミレニアム・スタジアム
MAP p.339　≷Cardiff Central駅から徒歩8分

7万5000人を収容する最新のスタジアム。ウェールズはラグビーが強く、人気はサッカーをしのぐほど。ここはラグビーのワールド・カップも開かれた会場だが、サッカーやコンサートの会場にも使われている。

DATA ▶ ☎029-2082-2228 ● 見学ツアーは10:00～18:00（入場～17:00）、日曜・祝日～17:00（入場16:00）▶ イースターサンデー、12/25、1/1休み ▶ 入場料：大人£5.50、子供£3.00

ラグビーは人気のスポーツ

Mill Lane
カーディフきってのおしゃれエリア
ミル・レーン
MAP p.339　≷Cardiff Central駅から徒歩3分

通り沿いにカフェやバー、レストランが軒を連ね、夏には広い歩道にテーブルが出て夜遅くまで人が絶えない。別名「カフェ・クウ

※ 注 グッドフライデー（聖金曜日）：2006年は4月14日、イースターは4月16日。2007年は4月6日、8日。

ォーター」と呼ばれる、カーディフでもいちばんおしゃれな一画。天気さえよければ、南欧のような開放的な雰囲気になる。

Castle Arcade
古風できれいなアーケード街
キャッスル・アーケード
MAP p.339　🚉Cardiff Central駅から徒歩10分

エレガントな装飾を見るだけでも訪れる価値はある

ヴィクトリア時代からの歴史を持つクラシックなアーケード街は市内に全部で6ヵ所ある。もっとも古いのは1856年にできたロイヤル・アーケードだが、美しさの点では当時の様式が残されているキャッスル・アーケードがいちばん。2階部分に渡り廊下が続き、高い天井から光が差し込んでいる。

Central Indoor Market
ヴィクトリア時代から街の胃袋
中央屋内市場
MAP p.339　🚉Cardiff Central駅から徒歩8分

1891年に建てられた鉄とガラスの屋内市場。中央に時計塔がそびえ、1階は野菜や肉などの食品店、2階の回廊にも店が並んでいる。市場内で簡単な食事もできるし、ウェールズ産のチーズやソーセージなども手に入る。

Cardiff Bay Visitor Centre
新ウォーターフロントの象徴
カーディフ・ベイ・ビジターセンター
MAP p.340　市内中心部からバス6、7、8、35番利用、マーメイド・キー下車、徒歩7分

建築デザイン賞を受賞したユニークな外観が目印。館内では、開発途上にあるカーディフ・ベイエリアを完成予想模型などで解説。建物の背後のドックに浮かぶ船は「ライトシップLightship 2000」で、中を見学できる。

DATA ▶☎029-2046-3833 ▶9:30〜17:00（3〜10月は〜18:00）、土・日曜10:30〜 ▶12/24〜26、12/31、1/1休み ▶入館無料

Norwegian Church Arts Centre
19世紀の建物も移築
ノルウェー教会アート・センター
MAP p.340　マーメイド・キーから徒歩7分

19世紀に建てられたノルウェー人船員のための教会。一時は荒廃していたが、1970年に修復して現在の場所に移築した。コンサートや展覧会の会場に利用されている。カフェを併設しているので、ひと休みにぴったり。

DATA ▶☎029-2045-4899 ▶無休 ▶入館料：催しによる ▶カフェは10:00〜16:00

Pierhead Building
波止場に残る旧本部
ピアヘッド・ビル
MAP p.340　マーメイド・キーから徒歩3分

風格漂う赤レンガの建物は、1897年に建てられたビュート公爵家の会社の社屋。中にはウェールズ議会に関する展示がある。この横の広場では各種催し物が行われ、広場の反対側にはレストランやショップなどが入ったマーメイド・キーMermaid Quayがある。

DATA ▶☎029-2089-8477 ▶9:30〜16:30、金曜10:00〜16:30、土・日曜は7〜9月のみ ▶入館無料

カーディフ・ベイ駅
Cardiff Bay Station
カーディフ中心部へ
アトランティック・ワーフ
Atlantic Wharf
カーディフ・ベイ
Cardiff Bay
0　　100m
N
•Coal Exchange
Bute St.
West Bute St.
Bute Ave.
James St.
East Bute St.
Pierhead St.
Britannia Quay
ウェールズ・ミレニアム・センター
Wales Millennium Centre
オーヴァル・ベイスン広場
Oval Basin Piazza
ウェールズ議事堂（建設中）
National Assembly for Wales
マーメイド・キー
Mermaid Quay
•ピアヘッド・ビル *p.340*
Pierhead Building
p.341 ウッズ・バー＆ブラッスリー
ミレニアム・ウォーターフロント
Millennium Waterfront
Stuart St.
R
NCM
テクニクエスト
Techniquest
ボスポラス *p.341*
Harbour Drive
Roath Basin
カーディフ湾
Cardiff Bay
ライトシップ2000
Lightship2000
Havanna St.
p.340 ノルウェー教会アート・センター
Norwegian Church Arts Centre
p.340 カーディフ・ベイ・ビジター・センター
Cardiff Bay Visitor Centre
H セント・デイヴィッズ・ホテル＆スパ *p.342*

Restaurants&shops&Hotels

ウッズ・バー&ブラッスリー

Woods Bar & Brasserie `MAP` p.340　マーメイド・キーから徒歩1分

自分好みの魚料理を注文

アジア料理を加味したヨーロッパ料理の店で、味でも定評を得ている。魚介類が充実し、特製のフィッシュ&チップスもある。ランチが手頃。

`DATA` ▶ The Pilotage Building, Stuart St. ▶ ☎029-2049-2400 ▶ OPEN：12:00〜14:00、19:00〜22:00、土曜18:30〜22:00、日曜12:00〜15:00のみ ▶ 無休

ラ・ブラッスリー

La Brasserie / Le Monde `MAP` p.339　≷Cardiff Central駅から徒歩3分

気楽なフランス風料理

食材を見て注文するフランス風料理の店。ワインの種類も多い。2階のル・モンド（営業時間は同じ）は落ち着いた雰囲気のレストラン。

`DATA` ▶ 60 St. Mary St. ▶ ☎029-2023-4134 ▶ OPEN：12:00〜14:30、19:00〜24:00、日曜12:00〜16:00 ▶ 無休●ル・モンドLe Monde ▶ ☎029-2038-7376

ボスポラス

Bosphorus `MAP` p.340　マーメイド・キーから徒歩1分

海辺に立つモダンなトルコ料理の店

海に突き出した店で昼も夜も眺めは抜群。カーディフ・ベイという場所がらちょっとおしゃれな雰囲気で、料理もモダントルコだ。

`DATA` ▶ 31 Mermaid Quay ▶ ☎029-2048-7477
▶ OPEN：12:00〜15:00、18:00〜24:00 ▶ 無休

ラス・イグアナス

Las Iguanas `MAP` p.339

メキシコ料理はじめ中南米各地の料理が並ぶ。開放的な雰囲気で、グラス片手に食事を楽しみたい人々でいつも賑わっている。

`DATA` ▶ ≷Cardiff Central駅から徒歩4分
▶ 11 Mill Lane ▶ ☎029-2022-6373 ▶ OPEN：12:00〜23:00、金・土曜〜23:30、日曜〜23:00 ▶ 無休

ベネディクトス

Benedicto's `MAP` p.339

地元で定評の店で、イタリアなど地中海料理を中心にさまざまな素材を駆使している。内装はエレガントでちょっと隠れ家風。ランチセットがお得だ。

`DATA` ▶ ≷Cardiff Central駅から徒歩15分
▶ 4 Windsor Place ▶ ☎029-2037-1130
▶ OPEN：12:00〜15:00、18:00〜23:15 ▶ 日曜休み

ジェームス・ハウエルズ

James Howells & Co. `MAP` p.339

カーディフの老舗デパート。1階の食料品売り場では、ウェールズ・ワインをはじめ特産品の品揃えが充実している。おみやげ探しにもいい。

`DATA` ▶ ≷Cardiff Central駅から徒歩7分 ▶ 14-18 St. Mary St. ▶ ☎0870-160-7231 ▶ OPEN：9:00〜18:00、火曜9:30〜、木曜〜20:00、日曜11:00〜17:00 ▶ 無休

ケルティック・コールドロン

Celtic Cauldron `MAP` p.339

カーディフ城の近くにあるレストラン。ウェールズの伝統的家庭料理をスナック感覚で食べられる。朝食メニューもあるので、試してみたい。

`DATA` ▶ ≷Cardiff Central駅から徒歩12分
▶ Castle Arcade ▶ ☎029-2038-7185
▶ OPEN：9:30〜17:00、日曜11:00〜16:00 ▶ 無休

ジョヴァンニズ

Giovanni's `MAP` p.339

ピザやパスタが中心の人気のイタリア料理店。ボリュームがあるので一皿で充分。

`DATA` ▶ ≷Cardiff Central駅から徒歩5分
▶ 38 The Hayes ▶ ☎029-2022-0077
▶ OPEN：12:00〜14:30、17:30〜23:30、金・土曜12:00〜23:30 ▶ 無休

キャッスル・ウェルシュクラフツ・センター

Castle Welshcrafts Centre `MAP` p.339

ウェールズのみやげ物なら何でも揃う店。併設のウェルシュ・ラブスプーン（p.337参照）・ストアはディスプレイを見るだけでも楽しい。

`DATA` ▶ ≷Cardiff Central駅から徒歩12分
▶ 1 Castle St. ▶ 029-2034-3038 ▶ OPEN：8:30〜17:30
▶ 日曜休み ▶ The Welsh Lovespoon Storeを併設

※「無休」とある店も、12/25前後と1/1はほとんどが休みとなります。ご注意ください。

ヒルトン・カーディフ ★★★

Hilton Cardiff MAP p.339　≋Cardiff Central駅から徒歩15分

カーディフ城と隣り合わせの高級ホテル

シティ・ホールやカーディフ城を望む大型ホテルで、建物も新しい。プールなどの施設の他に、プレイステーションも各部屋に完備している。

DATA ▶ Kingsway ☎ 029-2064-6300 ▶ FAX 029-2064-6350
▶ URL：www.cardiff.hilton.com/ ▶ 197室 ▶ S、D/Tとも£135〜 ▶ HR, TO, UT

セント・デイヴィッス・ホテル&スパ ★★★★

The St. David's Hotel & Spa MAP p.340　中心部から車で約10分

海に浮かぶ鳥のような豪華なホテル

海に突き出たユニークな建物で、市内で最新の高級ホテル。眺望は文句なく最高。スパだけの利用もできる。

DATA ▶ Havannah St., Cardiff Bay ☎029-2045-4045 ▶ FAX 029-2048-7056
▶ URL：www.thestdavidshotel.com ▶ 132室 ▶ S£230〜、D/T£260〜 ▶ LH

マリオット・カーディフ ★★

Marriott Cardiff Hotel MAP p.339

人気のカフェ通りも近く、街歩きには格好の場所。スパやプールなどの施設も充実している。

DATA ▶ ≋Cardiff Central駅から徒歩5分
▶ Mill Lane ☎0870-400-7290 ▶ FAX 0870-400-7390
▶ URL：www.marriott.com/cwldt
▶ 182室 ▶ S、D/Tとも£98〜 ▶ MR

シスル・カーディフ ★★★

Thistle Cardiff MAP p.339

19世紀にできた建物の前面はフランス風で、内装も華麗。シスル・グループらしい機能性も完備。ショッピング街がすぐ近くにある。

DATA ▶ ≋Cardiff Central駅から徒歩15分 ▶ Park Place
▶ ☎0870-333-9157 ▶ FAX 0870-333-9257 ▶ URL：www.thistlehotels.com ▶ 136室 ▶ S、D/Tとも£116〜 ▶ UT

エンジェル ★★

Angel Hotel MAP p.339

1883年創業の由緒あるクラシックなホテル。ホールの大シャンデリアは見ごと。

DATA ▶ ≋Cardiff Central駅から徒歩10分
▶ Castle St. ☎029-2064-9200 ▶ FAX 029-2023-6212
▶ URL：www.paramount-hotels.co.uk
▶ 102室 ▶ S£80〜、D/T£90〜

ジュリーズ・カーディフ ★★★

Jurys Cardiff Hotel MAP p.339

近代的な設備の高級ビジネスホテルで、吹き抜けのホールの大時計がシンボル。中心部にあるので、街歩きにもぴったり。

DATA ▶ ≋Cardiff Central 駅から徒歩5分 ▶ Mary Ann St.
▶ ☎029-2034-1441 ▶ FAX 029-2022-3742 ▶ URL：www.jurys.com/cardiff ▶ 146室 ▶ S、D/Tとも£103〜 ▶ TO, UT

ホリデイ・イン・カーディフ・シティ ★★

Holiday Inn Cardiff City Centre MAP p.339

城にも近く、観光やショッピングに便利な立地。近代的な建物で設備も施設も機能的。

DATA ▶ ≋Cardiff Central駅から徒歩12分
▶ Castle St. ☎0870-400-8140 ▶ FAX 029-2023-1482
▶ URL：www.ichotelsgroup.com
▶ 155室 ▶ S、D/Tとも£80〜 ▶ IC, TO

アイビス・カーディフ ★★

Ibis Cardiff MAP p.339

手頃な料金のチェーンホテルで、室内はシンプルだが、モダンで快適。

DATA ▶ ≋Cardiff Central駅から徒歩12分 ▶ Churchill Way ▶ ☎029-2064-9250 ▶ FAX 029-2064-9260
▶ URL：www.ibishotel.com
▶ 102室 ▶ S、D/Tとも£49.95〜69.95 （朝食別）

トラベロッジ ★

Travelodge Cardiff Central MAP p.339

駅からすぐ。レストラン街にも近く、足まわりがいい。近代的設備のチェーンホテルで、宿泊料も手頃。

DATA ▶ ≋Cardiff Central駅から徒歩3分
▶ St. Mary St., Imperial Gate ▶ ☎0870-191-1723
▶ FAX 029-2039-8737 ▶ URL：www.travelodge.co.uk
▶ 100室 ▶ S、D/Tとも£40〜

ビッグ・スリープ ★

Big Sleep Hotel MAP p.339

ガラス張りのオフィスビルを改造したホテル。内装は、シンプルで洗練され現代的。

DATA ▶ ≋Cardiff Central 駅から徒歩6分 ▶ Bute Terrace
▶ ☎029-2063-6363 ▶ FAX 029-2063-6364
▶ URL：www.thebigsleephotel.com
▶ 81室 ▶ S、D/Tとも£45〜

注 S＝シングル、T＝ツイン、D＝ダブルベッドルームの室料★★★★＝スーペリア、★★★＝スタンダード、★★〜★＝エコノミークラスのホテル。データの最後にある「UT, JH」は日本でのホテル予約事務所の略号。詳細はp.430参照。

もうひとつの旅
Promenade

MAP p.333-K

1日かけて郊外をまわる
カーディフ起点の小旅行

　カーディフの郊外には、緑の中に個性的な小さな街や城などが点在している。少し足をのばして、ウェールズの歴史や自然を実感してみよう。いずれも、日帰りで楽しめる。

　バスを利用する場合は、各アクセスを参照。車の場合は、北のケアフィリー城→コッホ城→ウェールズ生活博物館の順か、その逆にまわるとよい。カーディフからケアフィリーへはA469号、コッホ城へはA470号、生活博物館へはA48号で途中からセント・ファンガスに向かう。

●コッホ城　*Castell Coch*

　森の中に、おとぎ話から出てきそうなロマンチックな城が建っている。13世紀に建造されて廃墟となっていたものを、ビュート公爵家が改修。豊富な資金のおかげでカーディフ城に負けず劣らず満艦飾の城となった。ビュート家の夢が形になったもので、現代ならさしずめテーマパークの城といったところだ。

ロマンチックなコッホ城

ACCESS
カーディフ・バスステーションからバス26番で約30分、トングウィンレスTongwynlais下車 ▶ 1時間に1本運行、日曜は2時間に1本運行

DATA ▶ ☎029-2081-0101 ▶ OPEN：9:30～17:00、6～9月は～18:00、11～3月は～16:00で日曜11:00～16:00 ▶ 12/24～26日、1月～2月上旬休み ▶ 入館料：大人£3.00、子供£2.50

●ケアフィリー城　*Caerphilly Castle*

　水をたたえる堀にかこまれたウェールズ最大の城。イギリス全体ではウィンザー城とドーヴァー城に次ぐ規模だ。13世紀末に城塞として築かれ、内堀もある堅牢なもの。一部破壊されたまま傾いている南西角の塔が有名。ケアフィリーの街も散策してみよう。

ACCESS
カーディフ・バスステーションからバス26番で約50分、ケアフィリー下車 ▶ 1時間に1本運行、日曜は2時間に1本運行

DATA ▶ ☎029-2088-3143 ▶ OPEN：9:30～17:00、6～9月は～18:00、11～3月は～16:00で日曜11:00～16:00 ▶ 12/24～26、1/1休み ▶ 入館料：大人£3.00、子供£2.50

●ウェールズ生活博物館
Museum of Welsh Life

蜂蜜やジャムなど、当時の農家の生活を再現する小道具も豊富

　カーディフ西郊のセント・ファンガス村にある屋外博物館。日本の明治村や江戸村の感覚で、ウェールズ各地から移築された17～20世紀初めの農家や住宅、店舗が広大な敷地の中に点在している。建物の中には各時代を代表する家具や小物が置かれ、ウェールズの生活文化史が分かる。長屋の各住戸の内装が18世紀から20世紀後半まで順を追って変わっていく趣向や、20世紀初めの街角を再現したエリア、職人の実演など、見ていて時間がたつのを忘れるほど。敷地内東端にあるセント・ファンガス城と庭園は最初からここにあったもので、16世紀末に建てられている。全部を丹念に見れば、少なくとも半日はかかる。

ACCESS
カーディフ・バスステーションからバス32番で20分、セント・ファガンスSt Fagans下車 ▶ 1時間に1本運行

DATA ▶ ☎029-2057-3500 ▶ OPEN：10:00～17:00 ▶ 12/24～26、1/1休み ▶ 入場無料

ウェールズ

343

カーディフ

なだらかな山に広がる牧歌的風景
ブレコン・ビーコンズ国立公園 **MAP** p.333-K

のどかな自然が魅力

♠️ACCESS

🚃ロンドン・パディントン駅～
ニューポート駅▶1時間45分▶
1時間に2本運行
※国立公園の入口にあたるアバガ
ヴェニーへはニューポート駅から
列車で行ける。またアバガヴェニ
ー、ブレコンへはウェールズ南岸
の主要都市からバス路線がある
（下段参照）が、日曜日の運行本数
が限られているので注意が必要。

❶観光案内所
Tourist Information Centre
●ブレコン
▶ Cattle Market Car Park
▶☎01874-62-2485▶OPEN：
9:00～17:30、10～3月は～17:00
▶10～3月の日曜休み
●ナショナル・パーク・ビジターセンター
National Park Visitor Centre (Mountain Centre)
各種スポーツ・アクティビティに
関する情報もここで入手できる。
▶ブレコンから南に約8km、A470
号沿いに標識が出ている
▶☎01874-62-3366▶OPEN：
9:30～17:00、7・8月は～18:00、
11～2月は～16:30▶12/25休み

●ダン・アル・オゴブ
DATA▶☎01639-73-0284、01639-
73-0801（テープ案内）▶10:00～15:45
頃▶30～45分ごとにツアー出発▶
見学は約2時間▶11～3月休み▶
入場料：大人£9.50、子供£6.00。

ブレコン・ビーコンズ国立公園は東西約70km、南北約25km
に及び、東と西にブラック・マウンテンズ、中央にブレコン・
ビーコンズの山々が連なる自然の宝庫だ。谷間に点在する小さ
な村や街を包むなだらかな草原には羊の群れが草を食み、湖や
滝、洞窟などが公園に彩りを添える。ウェールズ南岸の各都市
から車のアクセスが良いため、夏にはウォーキングやサイクリ
ング、ドライブを楽しむ人々が繰り出す。ポニー・トレッキン
グやハンググライダーなどアクティビティも豊富だ。

公園内のウォーキングの拠点となるのがブレコンの街。11世
紀末にアスク河とホンドゥ河が合流する場所にノルマン人が砦
を築いたのが起こりで、その当時に建てられた修道院が現在の
ブレコン聖堂になっている。石畳の小路が続く小さな街だが、
18世紀からの立派な建物も多い。街の中心はセント・メアリ教
会とその広場。聖堂はホンドゥ河をはさんで街と反対側の丘の
上にある。街からは車でならナショナル・パーク・ビジターセ
ンターも近い。

見どころ
Sightseeing

Dan-yr-Ogof（The National Showcaves Centre for Wales） **MAP** p.333-K

イギリスで最大規模の鍾乳洞
ダン・アル・オゴブ
ブレコンまたはスウォンジーか
らバス63番、鍾乳洞前で下車

スウォンジーとブレコンを結ぶB4067号沿いにある大レジャ
ーランド。3億年の時を刻む3つの鍾乳洞の他、恐竜公園、鉄
器時代の村の再現などがある。鍾乳洞はツアーでまわる。

各街へのアクセス

★アバガヴェニーAbergavenny
🚃ニューポート駅～アバガヴェニー駅▶25分▶1時間に1本
運行
🚌カーディフ～アバガヴェニー▶バスX3番で約1時間30
分▶1時間に1本運行、日曜運休

★マサー・ティドヴィルMerthyr Tydfil
🚃カーディフ・セントラル駅～マサー・ティドヴィル駅▶1
時間▶1時間に1本運行
🚌カーディフ～マサー・ティドヴィル▶バスX4番で55分
▶1時間に4本運行、日曜運休

★ブレコンBrecon
🚌カーディフ～ブレコン▶バスNX322番で約1時間20分
（7月下旬～8月下旬はB3番も）▶1日に1本運行
🚌マサー・ティドヴィル～ブレコン▶バス34番で約35分▶
2時間に1本運行
🚌スウォンジー～ブレコン▶バス63番で約1時間30分（7
月下旬～8月下旬はB1番も）▶1日に3本運行、日曜運休

★ヘリフォードHereford
🚌ブレコン駅～ヘイ・オン・ワイ～ヘリフォード▶バス39番で
約1時間40分▶1日に4～6本運行▶日曜は1日2本運行（日
曜は39番の代わりに40番）
🚃ニューポート駅～ヘリフォード駅▶50分▶1時間に1本運
行
🚃シュルーズベリー駅（p.272）～ヘリフォード駅▶55分▶1
時間に1～2本運行

🚗ロンドンからはM4号のジャンクション26番で降りて
A4042号に入る。
★ニューポート～アバガヴェニーはA4042号
★アバガヴェニー～ブレコンはA40号。
★カーディフ～マサー・ティドヴィル～ブレコンはA470号、
M4号はジャンクション32番で降りる。
★スウォンジー～ブレコンはA4067号からA40号に入る。M4
号はジャンクション45番で降りる。

🗺 MAP p.333-G

ヘイ城の外にも本の棚。ここの本は格安価格

世界に知られた古書の街　ヘイ・オン・ワイ
Hay-on-Wye

　ブレコン・ビーコンズ国立公園の東端、イングランドとの国境も近いワイ河沿いの山あいにある小さな街が、今や世界中の古書コレクターに知られる場所となった。石畳の坂道に並ぶ古書店の数は30軒以上。毎年5月末～6月初めに開催するブックフェスティバルには国内の有名作家たちが集い、街は人であふれる。

　こうした街の仕掛け人がリチャード・ブース氏。1961年に「古書店の街」という街おこしを思いつき、古書販売業に着手。街の協力者たちにも書店を開店するようすすめる一方、アメリカなどで宣伝に努め、ヘイ・オン・ワイを世界のブランドにすることに成功した。ブース氏はかつて「世界中から本を買い集めれば、世界中から客がやってくる」と語ったが、その言葉通りになったのだ。彼の店、**リチャード・ブースズ**は、今でも街で最大の古書店で40万点以上の蔵書を持つ。1971年に購入したヘイ城にも**ヘイ城ブックショップ**を開業し、城の前の屋外にも書棚を並べて街独特の景観を生み出した。古書店の他に、街にはアンティークの店やこぎれいなレストラン、パブが並び、古本好きなら1日あっても足りないほどだろう。

　書店だけに目を奪われがちだが、丘の上にそびえる**ヘイ城**は、貴族や国王、教区の司祭など所有者を次々と変えながら今にいたる13世紀初めに建てられた古城。またハイ・タウンとマーケット・ストリートの間にある建物は19世紀からの市場。小さな広場に立つ時計塔Town Clockは1881年に造られたものだ。

ヘイ・オン・ワイ情報

リチャード・ブースズ・ブックショップ
Richard Booth's Bookshop
🅓ATA ▶44 Lion St.▶☎01497-82-0322▶OPEN：9:00～20:00、日曜11:30～17:30（11～3月は月・金・土曜9:00～20:00、火～木曜～17:30、日曜11:30～17:30）▶12/25、イースター休み

ヘイ城ブックショップ
Hay Castle Bookshop
　写真集や美術書、映画の他、ネイティヴ・アメリカンや交通関連の書籍が専門。屋外の書棚の本はどれでも1冊50ペンス。
🅓ATA ▶Hay Castle▶☎01497-82-0503▶OPEN：9:30～18:00、11～3月は9:00～17:30▶12/25休み

Hotel Guide

スワン・アット・ヘイ
The Swan at Hay Hotel　★★
🅓ATA ▶Church St.▶☎01497-82-1188▶FAX 01497-82-1424▶URL：www.swanathay.co.uk▶19室▶S £60～、D/T £85～

オールド・ブラック・ライオン
The Old Black Lion　★★
🅓ATA ▶Lion St.▶☎01497-82-0841▶FAX 01497-82-2960▶URL：www.oldblacklion.co.uk▶10室▶S £42.50～、D/T £80～

ACCESS
🚌 ヘリフォード駅またはブレコンからバス39番（日曜40番）▶ヘリフォードから55分、ブレコンから45分
🚗 アバガヴェニーからA40号、途中からA479号に入り、A438号をヘリフォード方面に走れば標識に従ってB4350号で街に入れる。ブレコンからはA470号からA438号に入る

🛈観光案内所
Tourist Information Bureau
Craft Centre, Oxford Rd.
▶☎01497-82-0144▶OPEN：10:00～13:00、14:00～17:00、11月～イースターは11:00～13:00と14:00～16:00▶12/25、1/1休み

ヘイ・ブリッジ
Hay Bridge

ヘイ・オン・ワイ
Hay-on-Wye
0　　100m

ワイ河
R. Wye

🇸 ブロード・ストリート・アンティーク＆ブックセンター
🇸 リチャード・ブースズ・ブックショップ *p.345*
ローズィズ・ブックス🇸
ハンコック＆モンクス🇸
時計塔
Town Clock
ハイ・タウン
High Town
Kilverts
フォーウッズ🇸
Oscars🇷
p.345 オールド・ブラック・ライオン 🇭
ヘイ城
Hay Castle
マーケット・ストリート
Market St.
ヘイ城ブックショップ *p.345*
Belmont Rd.
Castle St.
🇷 Blue Boar
Oxford Rd.
Cattle Market
🇷 バスステーション
Bus Station
🛈観光案内所
Church St.
🇭 スワン・アット・ヘイ *p.345*

💮注 イースター：2006年は4月16日、2007年は4月8日。

WALES
Swansea

ガワー半島への入口
スウォンジー

MAP p.333-K

サウス・ドック・マリーナ

►ACCESS

ロンドン・パディントン駅〜
スウォンジー駅▶3時間▶1時
間に1〜2本運行

ロンドン・ヴィクトリア・コー
チステーション〜スウォンジ
ー・バスステーション▶約4時
間30分▶1日に3本運行

> ⓘ 観光案内所
> Tourist Information Centre
> Plymouth St. ☎01792-46-8321
> ▶OPEN：9:30〜17:30、日曜10:00
> 〜16:00▶10〜3月の日曜休み

● グリン・ヴィヴィアン美術館
DATA ▶☎01792-51-6900
▶OPEN：10:00〜17:00▶月曜
（祝日の月曜は開館）、12/25・26、
1/1休み▶入館無料

346

スウォンジー湾に臨む街で、かつては良港をひかえた工業都市として栄え、今も街の東側には広大なドックが広がる。北にブレコン・ビーコンズ国立公園、南西にマリンレジャーが楽しめるガワー半島をひかえた観光拠点で、イギリス人には20世紀前半に活躍した偉大な詩人ディラン・トーマスの出身地として知られる街だ。カーディフに次ぐウェールズ第2の都市だが、中心部は東西・南北に1km程度にまとまっており、どこも徒歩でまわれる。開発が進む湾岸の新しいスポット、サウス・ドック・マリーナ周辺も歩いてすぐだ。

見どころ
Sightseeing

Swansea Castle

MAP p.346

街の中心にそびえる廃墟
スウォンジー城

ⓘ観光案内所から徒歩8分

12世紀初めに建てられやがて広大な城となったが、13世紀末にイングランドによるウェールズ征服の軍事拠点としての役割を終えてからは、タウンホールや監獄などに使われていた。今では近代的ビルに囲まれて廃墟が残るだけだ。

崩れた壁が、この街の歴史を無言のままに物語る

Glynn Vivian Art Gallery

スウォンジー陶器も展示
グリン・ヴィヴィアン美術館

MAP p.346　ⓘ観光案内所から徒歩10分

資産家ヴィヴィアン氏の寄付でできた近代美術館。20世紀初めのエドワード様式の建物で、ウェールズの画家を中心とした20世紀初めの絵画のコレクションがある。スウォンジーとその近郊は陶器産業で知られ、この地域で作られた陶器や欧州・アジア各地の陶器も展示されている。

スウォンジー
Swansea

0　　　　200m

N

スウォンジー駅
Swansea Station

p.346 グリン・ヴィヴィアン美術館
Glynn Vivian Art Gallery

Windsor Lodge

Mansel St.

The Kingsway

Union St.

Oxford St.

観光案内所 ⓘ
バスステーション
Bus Station

William St.

West Way

Wellington St.

Alexandra Rd.

Orchard St.

High St.

Strand

グランド
グランド

New Cut Rd.

Parc Tawe Link Rd.

ボーリング
ショッピング・コンプレックス Ⓢ
Parc Tawe Shopping Complex
ドラゴン Ⓗ

スウォンジー城 *p.346*
Swansea Castle

p.347 ドルフィン Ⓗ

Princess Way

Wind St.

Quai Parade

Strand

スウォンジー・マーケット *p.347*
Swansea Market

セント・メアリーズ教会
St. Mary's

Ⓢ カドラント・ショッピングセンター
Quadrant Shopping Centre

p.347 スウォンジー博物館
Swansea Museum

●Leisure Centre

モーガンズ
p.347

p.347 国立ウォーターフロント博物館（建設中）
National Waterfront Museum

Oystermouth Rd.

サウス・ドック・マリーナ
South Dock Marina

マンブルズ *p.347へ*

Bathurst St.

Trawler Rd.

● カウンティ・ホール
County Hall

Ⓗ マリオット・スウォンジー *p.347*

スウォンジー湾
Swansea Bay

Swansea Market
ウェールズの特産品が買える
スウォンジー・マーケット
MAP p.346
ℹ観光案内所から
徒歩3分

ヴィクトリア時代の巨大な屋内マーケットは第2次大戦の爆撃で破壊され、現在の建物は1961年竣工と歴史は浅いが、ウェールズの特産品や民芸品が安く買える。

Swansea Museum
ミイラが人気の博物館
スウォンジー博物館
MAP p.346
ℹ観光案内所から
徒歩7分

1834年に開館したウェールズではもっとも古い博物館。街の歴史に関する展示や陶器の展示室などもあるが、とくに人気があるのが、ミイラのあるエジプト室。

Hotel Guide

マリオット・スウォンジー ★★★
Swansea Marriott Hotel **MAP** p.346 ℹ観光案内所から徒歩8分
DATA ▶ Maritime Quarter ▶ ☎0870-400-7282 ▶ FAX 0870-400-7382
▶ URL：www.marriott.com/swsdt ▶ 122室 ▶ S、D/Tとも£119〜 ▶ MR

モーガンズ ★★★
Morgans Hotel **MAP** p.346 ℹ観光案内所から徒歩10分
DATA ▶ Somerset Place ▶ ☎01792-45-4848 ▶ FAX 01792-48-4849
▶ URL：www.morganshotel.co.uk ▶ 20室 ▶ S、D/Tとも£100〜

ドルフィン ★★
The Dolphin Hotel **MAP** p.346 ℹ観光案内所から徒歩3分
DATA ▶ Whitewalls ▶ ☎01792-65-0011 ▶ FAX 01792-64-2871
▶ URL：www.thedolphinhotel.co.uk ▶ 66室 ▶ S£50〜、D/T£70〜

●スウォンジー・マーケット
DATA ▶ Oxford St. ▶ 8:30〜17:30
▶ 日曜休み

●スウォンジー博物館
Swansea Museum **MAP** p.346
DATA ▶ ☎01792-65-3763
▶ OPEN：10:00〜17:00 ▶ 月曜
（祝日の月曜は開館）、12/25・26、
1/1休み ▶ 入館無料

小ぢんまりとした博物館

※地域の産業の歴史を紹介していた「海洋産業博物館」は改装のため閉館。2005年夏に「国立ウォーターフロント博物館National Waterfront Museum」としてリニューアルオープンの予定（2005年5月現在）。

ウェールズ

347

スウォンジー

もうひとつの旅
Promenade

スウォンジー湾の魅力があふれるマンブルズ
The Mumbles
MAP p.333-K

ガワー半島はビーチが連なり、ヨットやウインドサーフィン、水上スキーなど水上スポーツが盛んなところだ。スウォンジーから西に海岸線を走るとヤシの木が並び、夏には南国の雰囲気が満ちてくる。最初に現れる海辺の街がマンブルズだ。海岸や背後に迫るマンブルズ・ヒルズを歩けばスウォンジーとはまったく違う景観が楽しめるが、手っ取り早いのは丘の上に建つオイスターマウス城に登ること。城をかこむ緑の芝の丘から海が一望できる。13世紀にできた城は、砦とともにガワー家の居城だったところだが、16世紀にはすでに廃墟となっている。

●オイスターマウス城
Oystermouth Castle
DATA ▶ ☎01792-36-8732 ▶ OPEN：11:00〜17:00 ▶ 10〜3月は休み ▶ 入館料：大人£1.00、子供£0.60

●ラブスプーン・ギャラリー
The Lovespoon Gallery
バス停前にあるラブスプーンの店。値段は£3から高いものは£300まである。見るだけでも立ち寄りたい。
DATA ▶ 492 Mumbles Rd., Mumbles ▶ ☎01792-36-0132 ▶ OPEN：10:00〜17:30 ▶ 日曜休み

ACCESS

🚌 スウォンジーのバスステーションからバス2、2A、2B、3、3A番（日曜は2A、3Aのみ）でオイスターマウス下車 ▶ 約20分 ▶ 1時間に5本以上運行
🚗 海岸線を走るA4067号を利用

丘の上にそびえる城

ウェールズ人の心のよりどころ
セント・デイヴィッズ
MAP p.332-J

街の中心、クロス・スクエア

ACCESS

スウォンジー駅〜ハバフォードウェストHaverfordwest駅
▶1時間30分▶2時間に1本運行

ハバフォードウェストからバス411番で約40分▶1時間1本（日曜1日2本）運行（冬期減便）

カーディフまたはスウォンジーからのM4号がそのままA48号になり、その終点でA40号を利用。ハバフォードウェストでA487号に入る

🛈 観光案内所
Tourist Information Centre
The Grove ▶ ☎01437-72-0392
▶OPEN：9:30〜17:30▶イースター〜10月は無休、11月〜イースターは10:00〜16:00で日曜休み

● セント・デイヴィッズ大聖堂
DATA ▶ ☎01437-72-0199▶9:00〜18:00、日曜12:45〜17:45▶無休▶入館無料（寄付制／£2.00）

● セント・デイヴィッズ・ビショップス・パレス
St David's Bishop's Palace
DATA ▶ ☎01437-72-0517
▶OPEN：9:30〜17:00、6〜9月は〜18:00、11〜3月は〜16:00で日曜は11:00〜16:00▶12/24〜26、1/1休み▶入館料：大人£2.50、子供£2.00

Hotel Guide

ウォープール・コート
Warpool Court Hotel ★★★
クロス・スクエアから徒歩8分の高台にあり、海の眺望が開ける。
DATA ▶ ☎01437-72-0300▶FAX 01437-72-0676▶25室▶URL：www.warpoolcourthotel.com
▶S £140〜、D/T £160〜

オールド・クロス
Old Cross Hotel ★★
クロス・スクエアの前。
DATA ▶ ☎01437-72-0387▶FAX 01437-72-0394▶URL：www.oldcrosshotel.co.uk
▶17室▶S £48〜、D/T £82〜

セント・デイヴィッズとは、6世紀にこの地に生まれウェールズ各地をまわって人々を癒したとされるウェールズの守護聖人の名。ウェールズの西端、ペンブロクシャーの海岸に近い小さな街に大聖堂がそびえ、中世から巡礼の地となって今も観光客を引きつける。デイヴィッドはケルト語ではデウィ（Dewi）といい、今もウェールズ人に多い誇りある名だ。村といってもいいほど小ぢんまりとした街で、中心はケルトの十字架が立つクロス・スクエアCross Square。バスもここに発着する。観光案内所は、ここから東に約8分ほど歩いたところにある。

見どころ
Sightseeing

小さな街にそびえる守護聖人の聖堂

St. David's Cathedral MAP p.332-J
巡礼者たちの思いが伝わる教会
セント・デイヴィッズ大聖堂
🛈 観光案内所から徒歩5分

セント・デイヴィッズが建てた教会の跡に大聖堂の建設が始まったのは12世紀末、16世紀まで増改築が繰り返された。入口近くの身廊部分は12世紀の建物で、天井を16世紀に造られた美しい木組みが飾っている。奥の色鮮やかな天井は19世紀の大改修で施されたものだ。ホリー・トリニティ・チャペルには、セント・デイヴィッズのものと信じられている遺骨を納めた箱もある。大聖堂の裏手にある廃墟は、14世紀にヘンリー・ド・ガワー司教が建てた**セント・デイヴィッズ・ビショップス・パレス**。貴族などをもてなしたグレート・ホールや台所、チャペルなどの跡があり、当時の司教の権力が偲ばれる。

Pembrokeshire Coast National Park MAP p.332-J/F
荒々しい海岸線に並ぶ海辺の街々
ペンブロクシャー・コースト国立公園

セント・デイヴィッズから続く海岸線一帯が国立公園に指定され、入り組んだ岩壁が連なる荒涼とした風景の中に漁港や小さな街が点在している。セント・デイヴィッズの東には入り江をかこんで色鮮やかな家が並ぶソルヴァSolvaの村が、また北東海岸には魅力的な漁港フィッシュガードFishguardがある。セント・デイヴィッズから海岸線に出るだけでも、その自然の一端を堪能できるだろう。周辺は野鳥の生息地としても知られ、バードウォッチングをしながらウォーキングをする人も多い。

王室ゆかりの城壁の街
カナーヴォン

MAP p.332-B

カナーヴォン城から海峡を望む

城壁にかこまれた小さな街は時間が止まったかのようで、観光客の喧騒も消えた夜に石畳を歩くと、そこはもう中世の世界だ。ローマ人やノルマン人もこの地に城塞を築いたが、13世紀にウェールズを征服したエドワード1世が城を築造。イギリス王室の長男である皇太子が代々名のる称号、プリンス・オブ・ウェールズの発祥の地となった。ウェールズ人からすれば、イングランドによる征服が確固たるものになった屈辱の地といえる。メナイ海峡に面した城壁の中は、端から端まで歩いても5分ほど。イーストゲートやセント・メアリズ教会など古い建物を見ながら、城壁に沿って海側にも出てみよう。

見どころ
Sightseeing

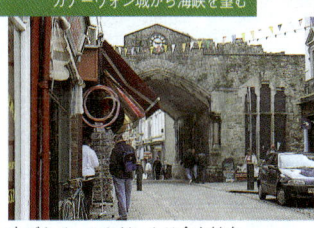

古びたイーストゲートは今も健在

Caernarfon Castle

MAP p.349

イングランドによる統治の象徴
カナーヴォン城

❶観光案内所前

エドワード1世は北ウェールズに「アイアン・リング」と呼ばれる8つの城を築いたが、中でも1283年に築城が始まったカナーヴォン城には、イングランド国王が代々ウェールズを統治するための最大の拠点という特別な意味があった。エドワード1世の息子で後のエドワード2世はこの城で生まれ、1301

ACCESS

🚌 ロンドン・ヴィクトリア・コーチステーション〜カナーヴォン・バスステーション（チェスター、スランディドゥノ、バンゴール経由）▶ロンドンから約9時間10分、チェスターから約2時間45分▶1日に1本運行

🚌 コンウィまたはバンゴールからバス5、5B番（バンゴールまでのアクセスはp.354参照）▶コンウィから約1時間20分、バンゴールから約30分▶1時間に2本運行

❶観光案内所
Tourist Information Centre
Oriel Pendeitsh, Castle St.
▶☎01286-67-2232▶OPEN：10:00〜17:30、10〜4月は10:00〜16:30▶無休

●カナーヴォン城
DATA ▶☎01286-67-7617
▶OPEN：9:30〜17:00、6〜9月は9:30〜18:00、11〜3月は9:30〜16:00で日曜は11:00〜16:00▶12/24〜26、1/1休み▶入館料：大人£4.50、子供£3.50

カナーヴォン城はウェールズ統治の拠点として強固に造られた

カナーヴォン
Caernarfon

0 ──── 200m

メナイ海峡
Menai Strait

Dock Rd.

Balaclata Rd.

ヴィクトリア・ドック
Victoria Docks

🅷 カエール・メナイ *p.350*

🅷 プリンス・オブ・ウェールズ *p.350*

⛪セント・メアリズ教会
St. Mary's Church

🅷ケルティック・ロイヤル *p.350*

Cei Banc

城壁

Bangor Rd.

ブラック・ボーイ・イン 🆁
p.350

Stryd Fawr

イースト・ゲート
East Gate

p.350 ストーンズ・ビストロ🆁

Penllyn

p.350 モーリーズ🆁

Tanrallt

観光案内所
Pen Deitsh

🚏バスステーション
Bus Station

キャッスル・スクエア
Castle Square

Fflord Victoria Pendalar

カナーヴォン城 *p.349*
Caernarfon Castle

ウェルシュ・ハイランド鉄道、
カナーヴォン駅 *p.350*
Welsh Highland Railway
Caernarfon Station.

エイバー橋
Aber Bridge

セイオント川
Afon Seiont

Fflordd Cwstenin

p.350 セゴンティウム・ローマン要塞＆博物館
Segontium Roman Fort & Museum

↓ワーエンファウルへ

ZOOM in

蒸気機関車の小旅行ウェルシュ・ハイランド鉄道
Welsh Highland Railway

MAP p.349

カナーヴォン城の近くのウェルシュ・ハイランド鉄道の駅から山あいの村リードシーRhyd-Dduまで蒸気機関車で行ける。駅は観光案内所から徒歩5分。高地へ登って湖畔を走る。村では帰りの汽車の時間までゆっくり過してもいいし、途中駅のワイーンファウルWaunfawrまで散歩もいい。

DATA ▶ ☎01776-51-6024 ▶ 片道35分間 ▶ 4〜10月は1日2〜5本、11〜3月は休日に合わせて2本運行 ▶ 料金：往復大人£16.00、子供£12.80

ウェールズでぜひトライしたいのがクラシックな蒸気機関車

●セゴンチウム・ローマン要塞＆博物館
DATA ▶ ☎01286-67-5625
▶ OPEN：10:30〜16:30（博物館は12:30〜16:30）
▶ 月曜、12/24〜26、1/1休み ▶ 入館料：大人£2.00、子供£1.50

年に初めてのプリンス・オブ・ウェールズとなった。1961年には現皇太子もここで女王から称号を受けている。城と城壁は清教徒革命時の破壊も免れて、昔の威光を今に伝えている。

Segontium Roman Fort & Museum
MAP p.349

ローマ時代の要塞跡
セゴンチウム・ローマン要塞＆博物館

街中心部から車で5分、またはカナーヴォン・バスステーションからバス95番 ▶ 約7分 ▶ 1日に6本運行

ローマ人によって紀元77年に造られた要塞は、300年間にわたるローマ人支配の象徴。広大な要塞跡はきれいに整備され、併設する博物館にはローマ時代の出土品が展示されている。

350

Restaurants & Hotels

ストーンズ・ビストロ
Stones Bistro
MAP p.349

人気のウェールズ料理の店で、有名なのはウェールズ産ラムのロースト。量が多くて食べきれないほど。チキンのメニューも豊富だ。

DATA ❶観光案内所から徒歩3分 ▶ 4 Hole-in-the-Wall St.
▶ ☎01286-67-1152 ▶ OPEN：18:00〜22:00
▶ 日・月曜休み（月曜が祝日の場合、前日の日曜営業）

モーリーズ
Molly's
MAP p.349

メニューにはモダンにアレンジした伝統料理が並ぶ。小ぢんまりとした店だが、おしゃれな雰囲気で食事が楽しめる。

DATA ❶観光案内所から徒歩2分 ▶ 23-25 Hole-in-the-Wall St. ▶ ☎01286-67-3238 ▶ OPEN：18:00〜22:00、日曜12:00〜15:00、18:30〜22:00 ▶ 無休

プリンス・オブ・ウェールズ ★★
The Prince of Wales Hotel
MAP p.349

インの雰囲気が漂うホテル。バーでは地ビールのエールを出し、食事にも定評がある。

DATA ❶観光案内所から徒歩8分 ▶ Bangor St.
▶ ☎01286-67-3367 ▶ FAX 01286-67-6610
▶ URL：www.prince-of-wales-hotel.co.uk
▶ 21室 ▶ S£28〜、D/T£56〜

ブラック・ボーイ・イン
Black Boy Inn
MAP p.349

1522年にできた建物にあるパブで、木造の内部は天井も低く時代を感じさせる。料理のおいしさにも定評があり、B&Bも兼ねている。

DATA ❶観光案内所から徒歩5分 ▶ Northgate St.
▶ ☎01286-67-3604
▶ OPEN：11:00〜23:00、日曜は12:00〜22:30 ▶ 無休

ケルティック・ロイヤル ★★
The Celtic Royal Hotel
MAP p.349

街いちばんの高級ホテル。建物は古いが中は近代的。プールなど施設も完備して、高級感があるわりには料金も手頃だ。

DATA ❶観光案内所から徒歩10分 ▶ Bangor St.
▶ ☎01286-67-4477 ▶ FAX 01286-67-4139 ▶ URL：www.celtic-royal.co.uk ▶ 110室 ▶ S£63〜、D/T£96〜

カエール・メナイ ★★
Caer Menai
MAP p.349

城壁内にあるB&Bで、連棟式のテラスハウスを改造したホテル。部屋は広々としている。

DATA ❶観光案内所から徒歩4分 ▶ 15 Church St.
▶ ☎&FAX 01286-67-2612
▶ URL：www.caermenai.co.uk ▶ 7室 ▶ S、D/Tとも£50〜（シーズンオフにSの割引あり）

ミニ情報 エドワード1世（1239〜1307、在位1272〜1307）：ウェールズに度々出兵しついには併合に成功。ウェールズ侵攻は長期にわたったため行軍には妃を伴い、王子（後のエドワード2世）はウェールズで生まれた。

もうひとつの旅
Promenade

MAP p.333-C

丘の斜面に張りつくように広がるハーレクの街

映画のセットのような
ミニ・イタリア、ポートメーリオン
Portmeirion

　海辺の丘に色とりどりの家が並ぶ村がある。村に入ると "ピアッツァ" と呼ばれる広場にイタリア式庭園、タウン・ホールやベル・タワー、パンテオンがあり、パステルカラーの色遣いは絵本に出てくるおとぎの国そのまま。ここポートメーリオンは75年以上の歴史を持つ、テーマパークの元祖といってもいい村だ。造ったのはクラフ・ウィリアム・エリスで、1925年にスノードニアに臨む小さな半島の一角を買い取りポートメーリオンと命名。建築家だった彼は設計図や模型をもとに投資家を募り、まずは元からあったヴィクトリア朝の建物をホテルに改装して翌年には開業した。それから50年近く村作りに励み、亡くなる前の1972年についに完成している。

　イタリア風を意図したのだろうが、よく見ればジョージ朝様式の純粋な英国建築もあったりとごちゃ混ぜだ。ただ、1960年代後半にここでロケをしたテレビ番組「プリズナー」がカルト的人気を博したことからイギリス人なら誰もが知る観光地となった。ほとんどの建物はレストランやカフェ、店舗に使われ、一部がホテルの部屋となっている。美しい花をモチーフにしたポートメーリオンの陶器は今ではイギリス中どこででも手に入るが、ここの店は直販だから通常価格の25%引き。敷地全体は村の何倍も広い森で、ビーチやガーデンもあり丸1日楽しむこともできる。

DATA ▶ ☎01766-770000 ▶ OPEN：9:30～17:30 ▶ 無休 ▶ 入場料：大人£6.00、子供£3.00

ACCESS
🚌 カナーヴォン～ポースマドッグPorthmadog ▶ バス1番（ブラナイ・フェスティノグBlaenau Ffestiniog行き）で約50分 ▶ 2時間に1本運行
※バスが通る幹線道路から村まで約1.5kmあるので、近くのポースマドッグで降りてタクシー（約6km）を利用する方がよい。
🚗 カナーヴォンからA487号で1本

ウェールズ人の悲しい歴史を
秘めたハーレク城
Harlech Castle

　ハーレク城はエドワード1世が北ウェールズを統治するために造った城のひとつ。15世紀初めにウェールズ人の反乱が起きると、城はアベリストゥイスAberystwythの城とともにウェールズ人の手に落ち、反乱の指導者オウイン・グリン・ドールはここを居城にして政治の中心と決めた。しかし、それも数年と続かず、イングランド軍の包囲によって1409年に奪還されている。ウェールズの人々にとっては悲しい過去を秘めた古城だ。

　城はその後、バラ戦争や清教徒革命を経て廃墟と化していったが、堅固な城塞はかなり原形をとどめており、外壁の上に登れば西に大西洋、北にスノードンの山々が見渡せる。城の背後には坂道に沿って小さな街が広がり、石造りの伝統的な建物が並ぶ。西海岸のひなびた街まで来ると、ウェールズの人と文化の純度が高まったように感じられる。

DATA ▶ ☎01766-78-0522 ▶ OPEN：9:30～17:00、6～9月は～18:00、11～3月は～16:00で日曜は11:00～16:00 ▶ 12/24～26、1/1休み ▶ 入館料：大人£3.00、子供£2.50

ACCESS
🚉 ポースマドッグ駅～ハーレク駅 ▶ 20分 ▶ 1日に7本運行
※日曜は運行本数が少ないので注意
🚗 カナーヴォンからA487号を利用、ペンルンディドラスPenrhyndeudraethから有料の橋で河を渡り、A496号を南下すればハーレクに着く

ウェールズ

351

カナーヴォン

🔔 情報　プリンス・オブ・ウェールズはウェールズ公を意味し、英皇太子の称号。エドワード1世がウェールズ侵略の際「次のウェールズ公はウェールズで生まれた者とする」といって安心させ、現地生まれの自分の王子を位につけ併合したことが由来。

伝説を秘めた雄大な山岳地帯

スノードニア国立公園
Snowdonia National Park

ウェールズの最高峰スノードン山は標高1085m。スコットランドのハイランド地方には及ばないものの、イングランドのどの山よりも高い。この山を中心とした山岳地帯がスノードニア国立公園で、南はハーレクやアベルダフィまで続いている。山はたいした標高ではないが、岩肌が目立つ峰々は荒涼として、険しさがいっそう際立つ。きり立った岩壁と深い谷が連なり、山あいの湖や河の流れとあいまって雄大な風景が展開し、ウォーキング好きにはこたえられない。ここはまた、アーサー王伝説などウェールズの神秘が宿る場所でもある。

山の麓、スランベリスで過ごす

　ワイルドな自然を眺めるだけなら、国立公園内の拠点のひとつ、**スランベリス**Llanberisに行くのが手っ取り早い。この街はパダルン湖Llyn Padarnとペリス湖Llyn Perisのほとりにあり、湖畔のパダルン・カントリー・パークからはスノードン山と周囲の山々を一望できる。スノードン山に登る山岳鉄道もここが起点だ。

　スノードニア一帯はかつてスレート鉱山で栄え、スレートを運ぶ鉄道が山を縫って走っていた。現在では鉄道の一部が観光用となり、昔ながらの蒸気機関車を走らせているが、スランベリスでもパダルン湖の岸に**スランベリス湖畔鉄道**がある。この鉄道の発着駅のそばにあるのが**ウェルシュ・スレート博物館**。北ウェールズのスレート産業の歴史を解説し、スレート細工の製作実演も見せる。ここから13世紀の廃墟が残るドルバダルン城Dolbadarn Castleにも歩いて行ける。

国立公園の表示にはウェールズの国花、水仙が描かれている

●ウェルシュ・スレート博物館
Welsh Slate Museum

DATA ▶ ☎01286-87-0630 ▶ OPEN：10:00〜17:00、11月〜イースターは〜16:00 ▶ 11月〜イースターの土曜、12/24〜26、1/1休み ▶ 入館無料

スレート製品を実際に見られる

山岳鉄道で最高峰 スノードン山に登る

　いちばん手軽な方法は、**スノードン山岳鉄道**を利用すること。この山岳鉄道は、1896年の開業当初から観光用だったものだ。頂上までの約8kmを約1時間かけて登り、頂上で30分過ごした後、同じ列車で戻るという2時間30分の旅。列車は最初、木々の間を抜けていくが、やがてあたり一面は荒涼とした山並みとなり、天気が良ければ広大なパノラマが開ける。ただスノードニアは天気が変わりやすく風も強いため、天候によっては頂上まで行かない場合もある。

　登りは列車を使って、下りはウォーキングという方法もある。山岳鉄道に沿った道はなだらかで、約3時間で下山できる。全行程ウォーキングの場合、このルートを使うと時間はかかる

雄大な自然とそれに溶け込む人々の暮らしが見えてくる

ものの楽な道のりだ。他にもやや険しいルートが5本ある。

スノードニアの魅力を堪能する

　車の場合、スランベリスから東南に向かうA4086号を走ると、谷間を抜けるすばらしい景観が続く。途中にペン・イ・パスPen-y-passというスノードン山への登山口があり、山からここに下りてきてA4086号を走るバス96A番（夏はS1番も）でスランベリスに出るか、バスS2番（11月〜3月中旬運休）で**ベトゥイス・イ・コエド**Betws-y-coedの村に出る方法もある。

　ベトゥイス・イ・コエドはスノードニア国立公園の東端にあるもうひとつの拠点。深い森にかこまれた村で、鉄道駅もあるためここを起点に気軽なウォーキングを楽しむ人々も多い。ベトゥイス・イ・コエドとバンゴールを結び、オグウェイン湖Llyn Ogwenを通るA5号沿いの風景も見ごとだ。

緑の中を山岳鉄道のカラフルな車体が走り抜ける

駅の表示も2ヵ国語

ウェールズ

ACCESS

★スランベリス

🚌 バンゴール〜スランベリス▶バス85番または86番で約45分▶1時間に1本運行

🚌 カナーヴォン〜スランベリス▶バス88番で約25分▶1時間に1本運行

🚗 カナーヴォンからA4086号を利用。バンゴールからは、A487号からB4547号を経てA4086号に入る。

★ベトゥイス・イ・コエド

🚃 スランディドゥノ駅またはスランディドゥノ・ジャンクション駅〜ベトゥイス・イ・コエド駅▶スランディドゥノ駅から40分、スランディドゥノ・ジャンクション駅から30分▶1日6本運行、日曜は3本運行

🚗 バンゴールからA5号を利用。スランディドゥノ及びコンウィからはA470号を利用。スランベリス〜ベトゥイス・イ・コエド間はA4086号とA5号。

★スノードン山岳鉄道
Snowdon Mountain Railway

DATA ▶☎0870-458-0033▶OPEN：9:00〜17:00、土曜〜15:30、乗客が15人以上揃えば出発する。7〜9月上旬は通常30分ごとに出発▶11月初め〜3月半ば運休▶料金：往復大人£20.00、子供£14.00、片道大人£14.00、子供£11.00▶5月中旬〜10月中旬は頂上までの運行だが、それ以外の時期は頂上まで行かない場合が多い。また夏でも天候によってはクログウィンClogwynまたはロッキー・バレーRocky Valleyまでの運行となる。

★スランベリス湖畔鉄道
Llanberis Lake Railway

DATA ▶☎01286-87-0549▶OPEN：11:00〜16:00で1日4〜5往復、3月下旬〜4月初めと10月は11:30〜15:00で1日3〜4往復、7・8月の月〜木曜は10:45〜16:00で1日8往復、金〜日曜は4〜5往復運行▶7・8月および祝日含む連休時以外の土曜運休、11月〜3月中旬運休▶料金：往復大人£6.00、子供£4.00

WALES
Bangor

メナイ海峡の大学町
バンゴール

MAP p.333-C

対岸にアングルジー島

≈ロンドン・ユーストン駅〜バンゴール駅（途中、クルーCrewe駅またはスランディドゥノ・ジャンクションLlandudno Junction駅で乗り換え）▶ 3時間30分▶ 1時間に1本運行（直通は1日4本）

≈チェスター駅〜バンゴール駅▶ 1時間10分▶ 1時間に1本運行

🚌 ロンドン・ヴィクトリア・コーチステーション〜バンゴール・バスステーション（チェスター、スランディドゥノ経由）▶ ロンドンから8時間45分、チェスターから2時間20分▶ 1日に1本運行

❶観光案内所
Tourist Information Centre
Town Hall, Deiniol Road
▶ ☎01248-35-2786▶ OPEN：10:00〜13:00と14:00〜18:00、4〜6月は10:00〜13:00と15:00〜17:00、11〜3月は金・土曜のみで10:30〜16:30▶ 日曜、11〜3月の月〜木曜休み

●バンゴール大聖堂
DATA ▶ ☎01248-37-0693
▶ OPEN：7:30〜18:00、日曜14:30〜17:00▶ 1/1休み▶ 入館無料（寄付制）

●バンゴール博物館＆美術館
DATA ▶ ☎01248-35-3368
▶ OPEN：12:30〜16:30、土曜10:30〜16:30▶ 日・月曜・祝日、クリスマス時期休み▶ 入館無料

●ペンリン城
DATA ▶ ☎01248-35-3084
▶ OPEN：12:00〜17:00、7・8月は11:00〜。庭は11:00〜17:00、7・8月は10:00〜17:00▶ 火曜、11月〜3月中旬は休み▶ 入館料：大人£7.00、子供£3.50。庭のみは大人£5.00、子供£2.50

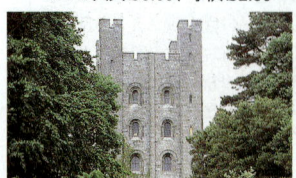

6世紀にセント・ディニオルが教会を造ったことから始まる街は、19世紀にはスノードニアで採掘されるスレートの積み出し港として賑わった。現在、港にはヨットやボードが浮かび、街はアングルジー島やスノードニア国立公園に向かう観光拠点となっている。大学の街で、丘に建つ19世紀の壮麗な建物は北ウェールズ大学の校舎だ。1826年に造られたメナイ橋とともに、バンゴールのシンボルになっている。

見どころ
Sightseeing

Bangor Cathedral
北ウェールズの信仰の中心
バンゴール大聖堂

MAP p.333-C
≈Bangor駅から徒歩10分

6世紀にセント・ディニオルが教会を造ったのが起源で、中世にはウェールズにおける信仰の拠点のひとつとなった。建物は12世紀に建てられたもので、その後の増改築と19世紀の改修によって現在の姿になった。

1000年以上の時を刻むバンゴール大聖堂

Bangor Museum & Art Gallery
地域の歴史と生活文化を伝える
バンゴール博物館＆美術館

MAP p.333-C
≈Bangor駅から徒歩12分

バンゴールとこの地域の歴史と文化を伝える博物館で大聖堂の近くにある。18〜19世紀の農家の台所を再現した部屋もあり、置かれた家具や生活道具が興味深い。現代作家による絵画や陶器の展示もある。

Penrhyn Castle
富豪が建てた19世紀の城
ペンリン城

MAP p.333-C

バンゴール・バスステーションから5、6、7番のバスで10分。ただしバス停から1km以上あるのでタクシーの方が便利

スレートの輸出とジャマイカからの砂糖輸入で財をなしたペンリン卿が、1830年から10年かけて築いた城。広大な森に包まれた城に、資金をふんだんに投じてレンブラントやゲインズバラなどの絵画を買い集め、内装は家具・調度品からステンドグラス、ハンドメイドの壁紙にいたるまで贅を極めている。城内には鉄道博物館や人形博物館もある。

19世紀に建てられた城はほぼ原型を保って保存されている

ビーチと海鳥の宝庫
アングルジー島
The Isle of Anglesey

　ウェールズの北西に浮かぶアングルジー島には、200kmに及ぶ海岸線にビーチが連なり、マリンレジャーやウォーキング、サイクリングを楽しむ人々で賑わう。自然の宝庫で海鳥など野生生物も多く、赤くとがったくちばしを持つ海鳥、パフィン（ツノメドリ）が数多く生息している。

　バンゴールを拠点に島内をまわってもいいが、時間がなければメナイ海峡をはさんでバンゴールの対岸にあるボーマリスの街だけでも訪ねたい。世界一長い名を持つスランヴァイル村もメナイ橋を渡ってすぐのところだ。島の北西端で鉄道の終着駅、ホリーヘッドHolyheadからはアイルランドのダブリンに向かうフェリーも発着している。

これぞ世界一長い駅名

ウェールズ語で読めないが、

世界一長い名前を持つ村
スランヴァイル
Llanfair

　「Llanfairpwllgwyngyllgogerychwyrndrobwll-llantysiliogogogoch」というのがこの街の正式名。アルファベットで58文字もある世界一長い村の名前で、意味は「激しい渦巻きと赤い洞窟のそばのティシリオ教会に近い白いハシバミのくぼ地にあるマリー教会」。さすがに地元の人にも長過ぎて、スランヴァイルあるいはスランヴァイルプールなど省略して呼んでいる。

　正式名が掲げられた村の駅舎とホームは、シーズン中は観光バスや車で観光客がおしよせる写真撮影の人気スポット。画面に収まりきれない長さだが、駅のそばにはビジター・センターもあり、長い名前の入った絵葉書なども買える。駅といっても無人の田舎駅でホームにも自由に入れ、賑わいの消えた夕方や季節はずれに行くと、ひなびた風情が漂っている。

ACCESS
🚃バンゴール駅～スランヴァイルプール駅▶6分▶2時間に1本運行（日曜は1日1本のみ）
🚌バンゴール・バスステーションまたはバンゴール駅からバス4番でスランヴァイルプール下車▶約15分▶1時間に2本運行

メナイ海峡の対岸の港町
ボーマリス
Beaumaris

　海側にパステルカラーの家が軒を連ねる可愛い街で、ビーチに出れば対岸のバンゴールの街並みの背後にスノードニアの山が一望できる。**ボーマリス城**に続くキャッスル・ストリートはこの街の目抜き通りで、ホテルやショップ、カフェなどが賑やかに並んでいる。「チューダー・ローズ」と呼ばれる1400年頃にできた木造の家や1614年に設立されたコート・ハウスなど古い建物も多い。

　堀が城壁を映すボーマリス城は、エドワード1世が1295年に着工。本来なら高い塔がそびえる城になるはずだったが、途中で資金がつき、ついに完成を見ることはなかった。城壁の中に城壁があり左右対称という構造は、エドワード1世の軍事建築家だったジェームス・オブ・セント・ジョージがそれまでの経験を結集して設計したもの。強固な城になるはずだったが、未完成で低いだけに威圧感もなく、北ウェールズでももっとも美しい城のひとつとされている。

●ボーマリス城　*Beaumaris Castle*
DATA▶☎01248-81-0361▶OPEN：9:30～17:00、6～9月は～18:00、11～3月は～16:00で日曜11:00～16:00▶12/24～26、1/1休み▶入館料：大人£3.00、子供£2.50

エドワード1世が築いたが、未完に終わった城

攻防の歴史を生き抜いた城の街
コンウィ

MAP p.333-C

城壁は河辺まで続く

ACCESS

⚞ロンドン・ユーストン駅～コンウィ駅（途中、クルー駅またはスランディドゥノ・ジャンクション駅乗り換え） ▶ 3時間20分 ▶ 2時間に1～2本運行

⚞チェスター駅～コンウィ駅 ▶ 約1時間 ▶ 2時間に1～2本運行

ℹ観光案内所
Tourist Information Centre
●コンウィ城ビジターセンター
▶ Castle St. ▶ ☎01492-59-2248
▶ OPEN：9:30～17:00、10～3月は9:30～16:00 ▶ 10～3月の日～水曜休み
●コンウィ・ビジターセンター
▶ Rosehill St. ▶ ☎01492-59-6288
▶ 10:00～17:30 ▶ 1月～2月中旬休み

●乗り降り自由の観光バス
　コンウィとスランディドゥノを結び、スランディドゥノでは西海岸など主要スポットをまわる、乗り降り自由のバス。
DATA 5月半ば～9月末まで毎日10:00～16:45の間、30分おきに運行 ▶ 1日券：大人£6.50、子供£2.50

●コンウィ城
DATA ▶ ☎01492-59-2358 ▶ 9:30～17:00、6～9月は～18:00、11～3月は～16:00で日曜11:00～16:00 ▶ 12/24～26、1/1休み ▶ 入館料：大人£3.75、子供£3.25

コンウィ河のほとりにある城壁の街は、13世紀末にエドワード1世がコンウィ城とともに軍事拠点として造ったものだ。15世紀初めのウェールズ人の反乱や、17世紀の清教徒革命による王党派と議会派の戦いでは街をめぐる攻防戦が繰り広げられたが、22の塔と街に入る3つの門を持つ城壁は今もほぼ完全な形で残っている。城壁は全長約1.2kmでカナーヴォンの街よりも大きいが、城壁内とその周囲にある見どころは1日あれば充分過ぎるほど。夏にはボートも出るコンウィ河でのんびり過ごすか、スランディドゥノに足をのばすといいだろう。

見どころ
Sightseeing

Conwy Castle　　　　　　　　　　　　　　**MAP** p.356
エドワード1世の軍事拠点　　　　　⚞Conwy駅から徒歩5分
コンウィ城

吊り橋と城は美しく調和している

　北ウェールズ征服のためにエドワード1世（p.350参照）が建てた「アイアン・リング」と呼ばれる8つの城のひとつ。1283年に着工してわずか4年余りで完成した。軍事的に重要な地点に構え、河辺の丘自体が自然の要塞となり城壁が外の守りとなっている。塔のうち北東にあるチャペルは国王の居住のために造られたもので、エドワード1世は1294年にここで半年間過ごしている。長さ10mのグレート・ホールは今では屋根がなく、塔に登るとその全容が見下ろせる。城からコンウィ河の対岸にのびる吊り橋は1826年に完成したもので、設計したのはメナイ海峡に架かるメナイ橋も手がけたトーマス・テルフォード。橋を支える塔などのデザインはコンウィ城との調和を考えたもので、今では城の一部のように景観に溶け込んでいる。

エイヴォン・コンウィ河
R. Afon Conwy
コンウィ
Conwy
0　　100m
N
もっとも小さい家 *p.357*
The Smallest House
Berry St.
Bangor Rd.
p.357 アーバコンウィ・ハウス▶
Aberconwy House
Castle St.
p.357 ディーポット博物館
Conwy's Teapot Museum
p.357 プラス・モール●
Plas Mawr
キャッスル・
p.357
セント・メアリ教会
St. Mary's Church
コンウィ城
ビジターセンター
スランディドゥノへ
Conwy Rd.
Conwy Station
ギルドホール
Guildhall
城壁 Town Wall
コンウィ・ビジターセンター ℹ
Conwy Visitor Centre
吊り橋
コンウィ城 p.356
Conwy Castle

Aberconwy House
MAP p.356

古い街のいちばん古い家
アーバコンウィ・ハウス
≋Conwy駅から徒歩3分

14世紀初めにできた街に残る最古の家。13世紀に城が造られるとイングランド人がコンウィに移り住み、豊かな商人たちはこぞって立派な家を建てた。ここもそのひとつだが、当時の家は木造が多かったのに対して1階が石造りになっており、街を舞台にした戦いを生き抜いたのもそのおかげという。各部屋には古い家具が置かれ、中世の生活の様子が分かる。

Plas Mawr
MAP p.356

16世紀にできたワイン家の邸宅
プラス・モール
≋Conwy駅から徒歩2分

1576年に建てられ、エリザベス1世時代の家の様式をよく伝えている。当初コンウィはイングランド人だけが住める街で、ウェールズ人は街に入るにも許可が必要だったが、これを建てたのは地域の名家であるワイン家の当主ロバート。この街に最初に住んだウェールズ人の1人で、当時としては贅を尽くした邸宅を建てたのだ。改修が行われ、台所や使用人の部屋なども含めてチューダー朝の生活を再現している。

The Smallest House
MAP p.356

定員2人のイギリス最小の家
もっとも小さい家
≋Conwy駅から徒歩5分

16世紀に漁師の家として建てられ、1900年まで実際に使われていた。2階建ての1階が台所兼居間でハシゴを登った2階が寝室。間口はわずか1.8mで、天井も低く、2人も入れば身動きできないほど。老夫婦が暮らしていたが、最後の住人は身長180cm以上の男性。15年間も住んでいたという。

実際に見ると、その小ささがさらに実感できる

Conwy's Teapot Museum
MAP p.356

思わず笑えるポットも陳列
ティーポット博物館
≋Conwy駅から徒歩5分

1階がショップで、2階がポットだけ集めた博物館。美しいものから思わず吹き出してしまうようなユニークなものまで、古いティーポットが小さい館内にぎっしり並んでいる。日本のものなど世界のポットもあり、徹底した収集ぶりにア然。

ポットのコレクションは必見の楽しさ

● コンウィの吊り橋
DATA ▶ ☎01492-57-3282▶OPEN：10:00〜17:00▶11月〜3月中旬は休み▶入場料：大人£1.40、子供£0.70

● アーバコンウィ・ハウス
DATA ▶ ☎01492-59-2246
▶OPEN：11:00〜17:00▶火曜、11月〜3月中旬休み▶入館料：大人£2.60、子供£1.30

● プラス・モール
DATA ▶ ☎01492-58-0167
▶OPEN：9:30〜17:00、6〜8月は〜18:00、10月は〜16:00
▶月曜（月曜が祝日の場合は開館）、11〜3月は休み▶入館料：大人£4.50、子供£3.50。
※コンウィ城との共通券は大人£6.50、子供£5.50

● もっとも小さい家
DATA ▶ ☎01492-59-3484
▶OPEN：10:00〜17:30、7月中旬〜8月は〜21:00▶11〜3月休み▶入館料：大人£0.75、子供£0.50

● ティーポット博物館
DATA ▶ ☎01492-59-6533
▶OPEN：10:00〜17:30、日曜11:00〜▶11月〜イースター休み▶入場料：大人£1.50、子供£1.00
※2005年は休館。ショップのみ営業

Hotel Guide

キャッスル The Castle Hotel ★★
≋Conwy駅から徒歩2分
MAP p.356

詩人のワーズワースやルーマニア王女なども宿泊したことがある由緒あるホテル。16世紀の天蓋付きベッドを置いた部屋もある。
DATA ▶ High St.▶☎01492-58-2800▶FAX 01492-58-2300▶URL：www.castlewales.co.uk▶29室▶S£72〜、D/T£100〜

格式が高そうだが、宿泊料は比較的手頃。ぜひ泊まってみたい

アリスも過ごした海辺の保養地
スランディドゥノ

MAP p.333-C

リゾート気分が漂う海べ

▶*ACCESS*

≠ロンドン・ユーストン駅～スランディドゥノ駅(クルー駅、チェスター駅、スランディドゥノ・ジャンクション駅いずれかで乗り換え)
▶3時間40分▶1時間に1～2本運行
≠チェスター駅～スランディドゥノ駅(直通)▶1時間10分▶1時間に1本運行
ロンドン・ヴィクトリア・コーチステーション～スランディドゥノ・コーチパーク(チェスター経由)▶約8時間15分▶1日1本運行
コンウィからバス14、15、19番▶約20分▶1時間に3～4本運行

ⓘ観光案内所
Tourist Information Centre
1-2 Chapel St.☎01492-87-6413
▶OPEN：9:30～17:30、11～3月
～16:30▶11～3月の土・日曜休み

●不思議の国のアリス・センター
DATA ▶3 & 4 Trinity Sq.
▶☎01492-86-0082▶OPEN：
10:00～17:00、日曜～16:00▶11月～イースターの日曜、12/25・26、1/1休み▶入館料：大人£2.95、子供£2.50

●グレート・オルム・トラムウェイ
DATA ▶☎01492-57-5275▶3月下旬～10月末の10:00～18:00▶料金：往復大人£4.50、子供£3.20

Hotel Guide

セント・ティドゥノ
St Tudno Hotel ★★
アリスが泊まったホテル。
DATA ▶North Parade, Promenade▶☎01492-87-4411▶FAX 01492-86-0407▶URL：www.st-tudno.co.uk▶18室▶S£85～、D/T£110～

ペンモルヴァ
The Penmorfa ★★★
DATA ▶Abbey Road▶☎01492-87-6211▶FAX 01492-87-5805
▶URL：www.pen-morfa.co.uk
▶39室▶朝食込み1人£75～

湾曲する長いビーチに沿ってヴィクトリア様式のホテルが並び、街の背後にはグレート・オルムの丘が迫る。19世紀から保養地として愛されてきた街はイギリスに数多いが、ここは建物など街全体にヴィクトリア時代の華やかな面影が色濃く残っている。『不思議の国のアリス』の作者ルイス・キャロルが、物語のモデルになったアリス・リデルの一家と休暇を過ごしたのもこの街だ。アリスの父親は1861年、西海岸に土地を購入して別荘「ペンモルヴァ」を建て、1872年に売却されるまでここがアリスの夏の家となった。別荘は今はペンモルヴァ・ホテルの一部となっており、ホテルで「アリスのアフタヌーンティー」が楽しめる。

見どころ
Sightseeing

The Alice in Wonderland Centre **MAP** p.333-C
物語の有名シーンを再現
不思議の国のアリス・センター

ⓘ観光案内所から徒歩7分

アリス・リデルの家族がスランディドゥノにイースター休暇で来ていた1861年、ルイス・キャロルもこの街に滞在していた。アリスはルイスの創作の源となり、彼は浜辺で子供たちと遊びながらキャラクターや筋を練ったといわれている。ここは物語の世界を歩いて見てまわる小テーマパークで、実物大の人形が置かれ、有名なシーンが次々と登場する。ショップではアリス・グッズが買えるし、頼めばアリスにちなんだ場所を訪れるツアー「アリス・トレイル」もアレンジしてくれる。

物語をリアルに再現

Great Orme **MAP** p.333-C
スノードニアの山々が見える丘
グレート・オルム

街を見下ろすグレート・オルムの丘には、頂上までケーブルカーで登れる。**グレート・オルム・トラムウェイ** Great Orme Tramwayと呼ばれるケーブルカーは、観光用として1902年に開通したもの。頂上は高さ約207mで、街や海だけでなく、遠くにスノードニアの山々も一望できる。丘にはスロープを使ったスキーセンターなどレジャー施設もある。

Scotland スコットランド

エディンバラ	366
グラスゴー	386
パース	398
スターリング	400
セント・アンドリュース	402
アバディーン	405
インヴァネス	408
ネス湖と周辺の街	410
ハイランド西部	412
スカイ島	414

スコットランド
Scotland

北海
North Sea

オークニー諸島へ↑
p.414

ペントランド海峡
Pentland Firth

ジョン・オ・グローツ
John O' Groat's

ウィック
Wick

C

ラセバラ
Fraserburgh

ストーンヘイヴン
Stonehaven

アバディーン *p.405*
Aberdeen

F

ダンネス
Durness

メルヴィッチ
Melvich

サーソー
Thurso

ラセロン
Latheron

ヘルムスデイル
Helmsdale

スクラブスター
Scrabster

360

アバディーンシャー
Aberdeenshire

p.365

グレンリヴェット蒸留所 *p.365*

エルギン
Elgin

トング
Tongue

レアグ
Lairg

ドーノッホ
Dornoch

モレー
Moray

p.365 グレンフィディック蒸留所

Moray Firth

ネルン
Nairn

カウダー城 *p.409*
Cawdor Castle

カロデン古戦場跡 *p.409*
Culloden Moor

アヴィモア
Aviemore

B

シン湖
Loch Shin

アラプール
Ullapool

マリー湖
Loch Maree

ディングウォール
Dingwall

北ハイランド *p.413*
Northern Hilands

ノース・ハイランズ線 *p.413*
North Highlands Line

インヴァネス空港
Inverness Airport

インヴァネス *p.408*
Inverness

P.410

ドラムナドロヒト
Drumnadrochit *p.410*

アーカート城 *p.410*
Urquhart Castle

ネス湖 *p.410*
Loch Ness

ダルホイニー
Dalwhinnie

フォート・オーガスタス *p.411*
Fort Augustus

Highland

ハイランド西部 *p.412*
West Highlands

ガイルロッホ
Gairloch

カイル・オブ・ロハルシュ
Kyle of Lochalsh

アイリーン・ドナン城 *p.413*
Eilean Donan Castle

ロッホ・ロビン
Loch Lochy

p.412 ウエスト・ハイランド博物館
The West Highland Museum

p.412 フォート・ウィリアム

A

ハーボスト
Habost

ストーノウェイ
Stornoway

ルイス島
Isle of Lewis

ユイグ
Uig

ポートリー
Portree

ブロードフォード
Broadford

マレイグ
Mallaig

p.413 アイリーン城

エッグ島
Eigg

ダンヴィーガン
Dunvegan

スカイ島 *p.414*
Isle of Skye

アーマデイル
Armadale

アーマデイル城
Armadale Castle

ラム島
Rum

D

ハリス島
Harris

ターバート
Tarbert

ロデール
Rodel

p.414 ダンヴィーガン城
Dunvegan Castle

ロホマッディ
Lochmaddy

ノース・ユイスト島
North Uist

ロホボイスデイル
Lochboisdale

サウス・ユイスト島
South Uist

ウェスタン・アイルズ
Western Isles

バラ島
Barra

スコットランド
Scotland

N

0   50km

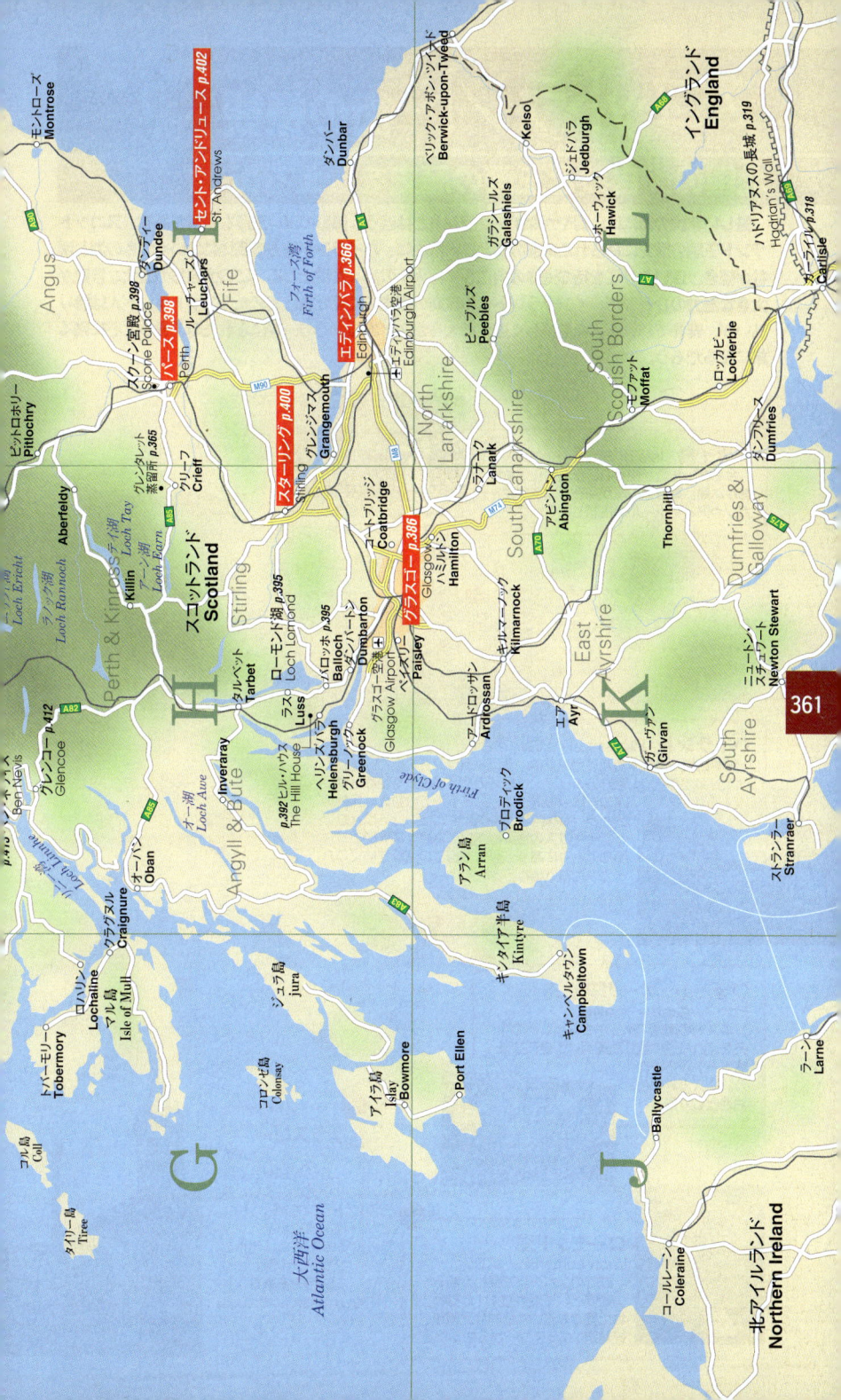

スコットランド 街の概観

北国の大自然と王国の歴史を伝える街

　厳しい北国の街には、穏やかなイングランドとは違う、陰影の深い重厚な表情がある。スコットランド王国の歴史に彩られた南部の街とは対照的に、ハイランド地方の高地にはいくつもの湖と渓谷が続き、深い入り江を持つ海岸の向こうには大小の島々が横たわる。この大自然の雄大な景観が大きな魅力のひとつだ。イングランドとの攻防の歴史をくぐり抜けてきたスコットランド人は誇り高いが、素朴で訪れる人々を優しく迎える大らかさがある。その一端にふれた時、きっと心に残る旅になるだろう。

❶ スカイ島　Isle of Skye → p.414
今もゲール語が使われ、伝統文化が生きる静かな島。陶芸家の窯が点在し、ダンヴィーガンやアーマデイルの古城もある。

コーダー城　P.409

カローデン古戦場跡
P.409

ハイランド　Highland → p.396、412
湖や古城が点在するハイランドは、スコットランドの自然を味わう絶好のエリア。17世紀の悲しい歴史を秘めたグレンコー周辺の渓谷は、ハイランドの雄大な景観のひとつ。西の拠点となる街が、フォート・ウィリアム。イギリスの最高峰ベン・ネヴィスを望むニ湖のほとりにあり、夏には自然の宝庫をめぐるハイカーたちで賑わう。

スクーン宮殿　P.398

❸ フォート・オーガスタス
Fort Augustus → p.411
ネス湖の南端にある小さな街。街の中央を流れて湖に抜ける運河は、夏には遊覧ボートが行き交う。ネス湖畔の宿泊地として最適。

グレンコー　P.412

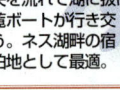

❺ グラスゴー
Glasgow → p.386
躍動的な都会で新しい見どころやレストランも続々誕生。建築家マッキントッシュを核に「建築とデザインの街」として注目を集める。

❹ ローモンド湖
Loch Lomond → p.395
湖でのスポーツで賑わう明るい南側と、「妖精が住む」と謳われた昼でも暗い神秘的な北側が好対照。グラスゴーからもすぐ。

ネス湖
Loch Ness → p.410
　山にかこまれた長さ40kmの細長い湖で、ネッシー伝説で有名。湖を望むアーカート城は幻想的。湖のクルーズも楽しめる。

インヴァネス
Inverness → p.408
ネス河のほとりに開けた街はハイランドの東の拠点で、イングランドへの抵抗が終わりを告げた18世紀のカローデン古戦場が近郊にある。

パース　Perth → p.398
　15世紀までのスコットランド王国の首都で、ハイランドの玄関口。「運命の石」があった国王戴冠の地、スクーン宮殿は見のがせない。

スターリング
Stirling → p.400
　岩山にそびえる城をかこむように広がる石畳の街で、スチュワート王家ゆかりの地。周辺にはイングランドとの攻防の歴史を伝えるスポットも点在する。

アバディーン
Aberdeen → p.405
　花崗岩の豪壮な建物が並ぶ港町で、北海油田の基地として賑わう。大学を抜ける石畳が続く旧市街には落ち着いた表情がある。

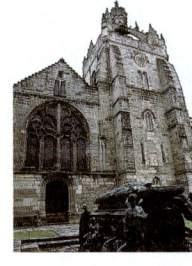

エディンバラ　Edinburgh → p.366
　きり立った岩山に壮大な城がそびえる中世の香り豊かな古都には、洗練された雰囲気が漂う。スコットランド観光最大の拠点で、ハイランド地方などへのツアーもある。

セント・アンドリュース
St. Andrews → p.402
　ゴルファー憧れの「ゴルフの聖地」。かつての巡礼地で、大聖堂の廃墟が海辺に残る。スコットランド最古の大学もある。

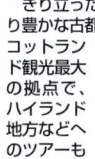

スコットランド独自の通貨

　自主独立の気概の高いスコットランドでは、イギリス全土で流通しているポンド紙幣とは違う、独自の紙幣を発行している。発行元は民間銀行の3行。換金率は通常のポンド紙幣と同じで、スコットランド以外でもイギリス国内で使える。ただし、外国に持って出ても外貨に両替ができないので要注意。イギリス滞在中に早めに通常のポンド紙幣に両替しておいた方がいい。

スコットランド銀行発行のポンド紙幣。エリザベス女王の代わりに、初代頭取の肖像が印刷されている

スコットランド蒸留所めぐり

北の自然が育んだ至福の美味
スコッチ・ウイスキーを味わう旅

スコットランドが世界に誇るスコッチ・ウイスキー。かつてはハイランドの人々が体を温めるために飲んでいたが、スコットランドの冠婚葬祭では今も定番。とくに葬式では盛大に飲むのが伝統だ。現在、蒸留所は120ヵ所近くあり、その多くが観光客に門を開き、試飲を兼ねた蒸留所見学ツアーを行っている。広いエリアに点在しているので車がないと不便だが、蒸留所めぐりのバスツアーに参加すれば日帰りでも楽しめる。スコットランドの風土や歴史、文化に根ざしたウイスキーの蒸留所には、酒好きでなくても新しい発見があるはずだ。

密造酒から始まった抵抗の酒、ウイスキー

ウイスキーの語源は、ラテン語のアクアヴィテ（命の水）のゲール語訳「ウイシュカ・ベーハ」。これが「ウスケヴォ」になり、17世紀にウイスキーという言葉が使われるようになった。スコットランドの蒸留の記録でもっとも古いのは15世紀のもの。その後、農家が蒸留を始めるようになった

が、1644年にスコットランド議会が、1707年にはイングランドとの統合議会が蒸留酒に法外な課税を決定。そこで一気に広まったのが密造で、収税官と密造者の闘いが繰り広げられたが、これにはスコットランド人のイングランドへの抵抗の意味もあったという。樽による醸成もこの頃に始まっている。ようやく1823年に税率が引き下げられて製造が免許制度になり、今に見られるような蒸留所が続々と誕生することになった。

スペイサイドにあるグレンフィディック

3種類のウイスキー

スコッチ・ウイスキーは大きく3つに分けられる。大麦麦芽（モルト）だけが原料の「モルト・ウイスキー」、トウモロコシまたは小麦と大麦麦芽が原料の「グリーン・ウイスキー」、そしてモルトとグリーンをブレンドした「ブレンデッド・ウイスキー」だ。モルト・ウイスキーには、麦芽を乾燥させる時に燃やすピート（泥炭）の独特の香りがあり、今では世界的にも人気で、蒸留所の数ももっとも多い。ただ、ホワイトホースやカティーサークのようにスコッチ・ウイスキーを世界に知らしめたのは、蒸留所から原酒を集めて作るブレンデッド・ウイスキーの方だ。

❷発酵

麦芽をお湯と混ぜてデンプンを糖化。できた液体（ウォート）をろ過して、ウォッシュ・バックという木製の円筒形発酵槽でイーストを入れ3日ほど発酵させる。発酵槽をのぞくと泡が立ち、甘い香りが立ち上っている。イーストが糖分を分解して炭酸ガスとアルコールを出しているのだ。

木製容器で発酵させる

❶モルト作り

大麦を床に広げてかき混ぜるうちに、10日もすると発芽が始まる。この麦芽を乾燥させる時に燃やすのが、ヒースなどが炭化したピートだ。

長い歴史を誇るグレンタレット蒸留所

364

モルト・ウイスキーの主要産地

スターリング以北のハイランド、以南のローランド、5つの島からなるアイランズが主要産地。水が決め手なので、自然に恵まれた場所がほとんどだ。ハイランドの中でもスペイ河沿いのスペイサイドには40以上の蒸留所が集中し、ここをハイランドとは別の産地とすることも多い。スペイサイドにはグレンリヴェットやグレンフィディック、マッカランなど有名な蒸留所が勢揃いしている。アイランズの代表は、ラフロイグなど8ヵ所の蒸留所があるアイラ島で、ピートの香りが強くもっとも個性的なウイスキーだ。

ハイランドの蒸留所めぐり

各地に点在する蒸留所を記した専用の地図などもあるが、蒸留所は人里離れた場所に多いため車がないと不便だ。インヴァネスやエディンバラなどから出る蒸留所めぐりのバスツアーに参加するといいだろう。

❶グレンタレット　Glenturret
パースの西約30kmにある小さな蒸留所で、1775年の創業とスコットランドでもっとも古い。創業当時は山あいに隠れた密造所だった。シングル・モルトは12年もの、15年ものの他に限定版もある。
DATA ☎01764-65-6565▶10:00～18:00、日曜12:00～（最終ツアー16:30）。1・2月は11:30～16:00、日曜12:00～（最終14:30）▶1月の土・日曜、12/25・26休み▶ツアー料金：大人£6.95、子供£2.50
※日曜のウイスキー購入は法により12:00以降になっている
ACCESS：パースから車でA85号を利用し、クリーフCrieffの街を過ぎてすぐ

❷グレンフィディック　Glenfiddich
スペイサイドの代表的蒸留所。緑色のボトルのシングル・モルト12年ものは世界中に輸出されており、日本にもファンが多い。創業は1886年。蒸留所内でボトル詰めも行う。シングル・モルトは15年、18年、さらに21年、30年、50年ものもある。
DATA ☎01340-82-0373▶9:30～16:30、日曜12:00～▶10月中旬～イースターの土・日曜、12/25・26、1/1・2休み▶ツアー料金：無料
ACCESS：アバディーンから車でA96号、A920号、A941号の順に行く。ダフタウンDufftown村の近く。インヴァネスからはA96号からA941号に入る

❸グレンリヴェット　Glenlivet
グレンフィディック同様、スペイサイドにある蒸留所で1824年創業。シングル・モルトの12年ものがとくに有名。他に18年ものと21年ものがある。
DATA ☎01340-83-2157▶10:00～16:00、日曜12:30～▶11～3月休み▶ツアー料金：無料
ACCESS：インヴァネスから車でA9号からA95号、B9008号に入る

❸蒸留

発酵でできた原液（ウォッシュ）をポットスティルと呼ばれる銅製の単式蒸留釜で、通常2回蒸留する。蒸留釜の上部は長い管になり先端に冷却器がある。過熱されて80度に達するとアルコールが沸騰して蒸気が管を通り、冷却器で液体に戻り原酒ができる仕組みだ。最初の蒸気による液体をヘッド（前留）、中ほどをハート（中留）、最後をテール（後留）と呼び、ヘッドとテールはクセが強いため蒸留釜に戻される。この時にヘッドとテールを釜に戻す切り替えを行うのが「スティルスマン」という職人だ。冷却されて検度器を流れていく原酒を見ながら刻々と変わる香りをかぎ分け、タイミングを決めるのは熟練技。これでウイスキーの性格が決まる。

磨き抜かれた熟練の技で味が決まる

❹熟成

熟成に使う樽も各蒸留所で工夫があり、シェリーの樽、バーボンの樽、再利用樽などを組み合わせ、微妙な味の違いを出す。樽の中でアルコール分が発散され、70度弱の度数が10年間では40度ぐらいになる。この発散したアルコール分を、蒸留所では「天使の取り分」と呼んでいる。

樽の素材が違えば違う味が醸し出される

❺出荷

若い酒はブレンド用に出荷し、10年を越すものからモルト・ウイスキーとして売られるものが多くなる。ほとんどの蒸留所は樽を外部の瓶詰め工場に送っている。瓶詰め段階で、異なる樽のウイスキーを混ぜ合わせ、軟水を加えてアルコール度数を引き下げる。

ウィスキーは樽に詰めて熟成される

スコットランドの誇り高き都

エディンバラ

MAP p.361-I

エディンバラの歴史は古く、サクソンの王エドウィンが城を築いた7世紀まで溯る。険しい岩山に城がそびえる街は、自主独立の誇りと独自の伝統をかたくなに守り続けるスコットランドの首都として君臨してきた。灰黒色にくすんだ家並みには、中世そのままの古都の風情と、世界に文化を発信する洗練された都会、ふたつの顔が共存している。ロンドンに比べればずっと小さいが、豊かな緑に縁取られた美しい街には、他のどの街にもないエディンバラならではの魅力が凝縮している。

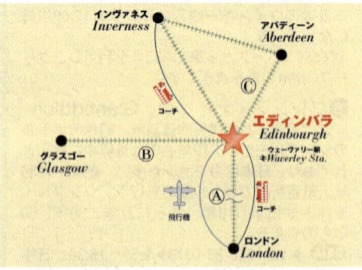

ＡＣＣＥＳＳ

🚈Ⓐロンドン・キングス・クロス駅～エディンバラ・ウェーヴァリー駅▶4時間10～50分（土・日曜約6時間）▶1時間に1～2本運行

✈ヒースロー、ガトウィック、スタンステッド、ルートンの各空港～エディンバラ空港▶約1時間20分
※空港から市内はエアリンク・バスで約25分

🚌ヴィクトリア・コーチステーション～エディンバラ・バスステーション▶約8時間15分（夜行）、または約9時間30分▶1日3本運行（うち1本夜行便）

🚈Ⓑエディンバラ・ウェーヴァリー駅～グラスゴー・クィーン・ストリート駅▶50分▶15分間隔で運行

🚈Ⓒエディンバラ・ウェーヴァリー駅～アバディーン駅▶2時間30分▶1時間に1～2本運行

🚌エディンバラ～パース経由～インヴァネス（スコティッシュ・シティ・リンク）▶約4時間（ノンストップ・コーチ）▶1日に9本（10～5月は4本）運行

観光案内所は駅近くにある

🛈観光案内所 Tourist Information Centre
3 Princes St.▶☎0845-225-5121▶OPEN：9:00～19:00、日曜は10:00～（7・8月は～20:00、4・10月は～18:00、11～3月は～17:00）▶無休

向こうにそびえるのはバルモラル・ホテル

■ 街歩きのヒント

エディンバラの街は、深く切り込んだ東西に走る渓谷を境に、北側にニュー・タウン、南側にオールド・タウンという、ふたつのまったく異なる表情の街が広がっている。観光の中心となるのはエディンバラ城などがある南のオールド・タウンだが、北側にも美しい街並みの間に博物館などが点在している。

谷を走るのは鉄道線路。中央駅にあたるウェーヴァリー駅Waverley Sta.は街のほぼ中心にあり、観光案内所も駅に隣接したウェーヴァリー・ブリッジのたもとにある。橋からは市内観光バスも出ているし、新・旧どちらの街に行くにも便利な場所。街歩きはここを起点にスタートしよう。

エディンバラの人口は45万人。市街地は北側の海に向かって広がっているが、見どころが集まる中心部だけなら徒歩で充分。ただし、見どころは多く、オールド・タウンを端から端まで見て歩くだけでたっぷり1日はかかる。

ニュー・タウンやエディンバラ城の南側にあるエリアまでまわるとなると、とても1日ではまわりきれない。最低でも1泊、できれば2泊して、北の都エディンバラの魅力をゆっくり味わいたい。滞在時間に余裕があれば、郊外へも足をのばしてみよう。花々が咲き乱れる植物園や海辺の街を訪れれば、歴史の鎧をまとったような中心部とはまた違う、エディンバラの美しさが実感できる。

●市内の交通

郊外に行く時はバスが便利。バスステーションの他、ウェーヴァリー駅周辺にも乗り場がある。路線図は観光案内所でもらえる。運賃は£0.80〜1.00。1日乗車券は£2.50（9:30以降なら£2.00）。乗車時に買える。

●市内観光バス

市内の見どころをまわる乗り降り自由のオープントップのバスを4社が運行している。主な通りにバス停があるが、ほとんどがウェーヴァリー・ブリッジを発着。1社だけリース港を結ぶルートがあるが、他の3社のルートはほぼ同じ。最初に乗る時にチケット（大人£8.50）を購入する。

●ウォーキングツアー

パブめぐり、お化けツアーなどユニークなツアーが各種ある。英語の説明に不自由しないようなら参加したい。集合場所はまちまち。ツアーのパンフレットは観光案内所にある。歴史家が案内するエディンバラの元祖ゴースト＆ヒストリー・ツアーは下記へ。
★Marcat Tours▶☎0131-557-6464

●エディンバラ発着ツアー

ハイランドの古城めぐりやウイスキーの醸造所をたずねるツアーなど、各種バスツアーが催行されている。バスツアーの詳細な内容の一例はp.396参照。予約、問い合わせは以下のバス会社、観光会社へ。
●スコティッシュ・ツアーズ▶☎0131-557-8008▶http://www.scottishtours.co.uk
●スコットライン・ツアーズ▶☎0131-557-0162▶http://www.scotlinetours.co.uk
●ラビーズ・トレイル（ハイランド・ツアー）（16人乗りミニバス）▶☎0131-226-3133
▶http://www.rabbies.com

郊外に行くなら市バスが便利

地図内テキスト：
エディンバラ
Edinburgh
0　2km
N
フォース湾
Firth of Forth
p.379 ニュー・ヘイヴン・ヘリテージ博物館
Newhaven Heritage Museum
Lower Granton Rd.
王室船ブリタニア号 p.379
The Royal Yacht Britannia
Ferry Rd.
Leith Walk
ニューカッスルへ
p.379 エディンバラ王立植物園
Royal Botanic Garden
Telford Rd.
ディーン・ギャラリー
Queensferry Rd.
P.368〜369
エディンバラ・ウェーヴァリー駅
Edinburgh Waverley Station
p.380 国立現代美術館
Scottish National Gallery of Modern Art
Corstorphine Rd.
エディンバラ城
Edinburgh Castle
在エディンバラ日本総領事館
Consulate General of Japan
エディンバラ動物園 p.379
Edinburgh Zoo
グラスゴー、スターリング、パースへ
ヘイマーケット駅
Haymarket Sta.
エディンバラ空港、グラスゴーへ

とっておき情報

使えばさらにリーズナブル！お得なコーチのパス

スコットランド旅行を計画している人に便利なチケットがある。ひとつは、「エクスプローラー・パスExplorer Pass」。スコットランド内を走るスコティッシュ・シティ・リンク社のバス路線が乗り放題になるパスで、3日有効で£39、5日は£62、8日は£85の3種。もうひとつが、スコットランドの70以上の史跡や観光地の入場に使えるヒストリック・スコットランド発行の同名のパス「エクスプローラー・パスExplorer Pass」。こちらも3日、7日、14日の3種あり、いちいち買うよりずっと得になる。コーチの予約・問い合わせは以下へ。
●スコティッシュ・シティ・リンク▶Scottish City Link
▶☎08705-505050▶http://www.citylink.co.uk

ストック・ブリッジ
Stock Bridge

Drummond

Londo

p.384 ハワード H

King

Great

Nelson St.

Place

Dublin

St. Stephen St.

Circus Lane

St. Vincent St.

Howe

デボンポート・
ハウス

Northumberland

St.

Abercromby Place

St.

St.

B

Kerr St.

N. W. Circus Place

Royal

Circus

St.

Dundas

R 桂林酒店 p.382

Dean Terrace

India

Doune Ter.

Gloucester Lane

Circus

A

H クリストファー・ノース・ハウス

p.380 スコティッシュ・ナショナル・ポートレイト・ギャラリー
Scottish National Portrait Gallery

リース河
Water of Leith

Moray

Heriot

Row

Hanover

バスステーション
Bus Station

• St. Bernard's Well

クイーン・ストリート・ガーデンズ
Queen Street Gardens

Thistle

St.

ハーヴィ・ニコルズ S

ディーン・ガーデンズ
Dean Gardens

Place

Queen

St.

Melville Monument •

St. Andrew & St. George

St. Andrew
Square

Ainslie

p.381 ラ・プチット・フォリー R
虹(和食) R

p.384 インターコンチネンタル・
ジョージ H

R ドーム p.381

St. Colme St.

Young St.

Frederick

ベンハリゴンズ R

H ハード・ロック・カフェ

ニュー・タウン
NEW TOWN

フレデリック・ハウス R

ローラ・S
アシュレー

オースティン・
リード R

p.385 オールド・ウェーヴァリー H

Hill

St.

Assembly
Rooms

p.383 ジェナーズ H

• ジョージアン・ハウス p.377
Georgian House

George

S イエーガー

ラマダ・マウント・ロイヤル H

マークス&スペンサー(デパート) S

ツアー・バ
乗り場

シャーロット・スクエア p.377
Charlotte Square

Melville St.

Rose

St.

デベナムズ S

スコット記念塔 p.376
Scott Monument •

国立現代美術館 p.380 へ

Queensferry St.

Hope

St.

H カレドニアン・バックパッカーズ

Princes

プリンシズ・ストリート・ガーデンズ p.377
Princes Street Gardens

Waverley
Bridge •

E

S フレイザー

ウェスト・エンド
West End

プリンシズ・ストリート
Princes Street

p.380 ロイヤル・スコティッシュ・アカデミー
Royal Scottish Academy

ロイヤル・マイル
Royal Mile

368

日本総領事館へ

p.380 国立スコットランド美術館
National Gallery of Scotland

ラトランド

H St. John's Episcopal

丘の上の博物館(スコットランド銀行)
Museum on the Mound(Bank of Scotland)

p.373 作家博物館
Writers' Museum

メイトランド H

H カレドニアン・ヒルトン p.384

Shandwick Place

Rutland

Square

Castle Terrace

King's

p.371 ブロディズ・クロウズ
Brodie's Close

p.372 グラッドストーンズ・ランド
Gladstone's Land

Lothian

Stables

p.372 カメラ・オブスキュラ&ワールド・オブ・イリュージョンズ
Camera Obscura&World Of Illusions

• Festival Centre

R ウィッチェリー・バイ・
ザ・キャッスル p.381

タータン織製作所&展示場
Tartan Weaving Mill & Exhibition

Country Hall
Public Library

Standard Life

• トラヴァーズ・シアター
Traverse Theatre

エディンバラ城 p.370
Edinburgh Castle

p.396 ティンバーブッシュ
(ツアー会社 .B1F)

H キャッスル・ロック・ホステル

Clydesdale Bank Plaza

Rd.

アッシャー・ホール
Usher Hall

スコッチ・ウイスキー・
ヘリテージ・センター p.371
Scotch Whisky
Heritage Centre

Johnston Terrace

p.384 シェラトン・グランド H

ロイヤル・ライシアム・シアター
Royal Lyceum Theatre

Argyle
House

p.375 グラスマーケット
Grassmarket

p.372 ボビーの像
Greyfriars Bobby

ハイマーケット駅へ

エディンバラ動物園・

International Conference Centre
エディンバラ国際会議センター

Grindlay St.

Spittal St.

Lady

Port

West

p.372 グレイフライアーズ教会
Greyfriars Kirk

エディンバラ空港へ・

Morrison

St.

ポイント H

Edinburgh 文
College of Art

ジョージ・ヘリオッツ・スクール
George Heriot's School 文

Scottish
Widows HQ

Lauriston

St.

Keir St.

I

Earl Grey St.

Napier Univ. Halls

エディンバラ王立病院 +
Royal Infirmary
of Edinburgh

H ベストウエスタン・
エディンバラ・シティー

Chalmers

J

Lauriston

Place

トラベル・イン・エディンバラ p.385 へ

Grove

Home

Brougham

St.

トールクロス
Tollcross

ファウンテンブリッジ
Fountainbride

Fountainbridge

ユニオン運河
Union Canal

The Meadows

Broughton

ヒルサイド
Hillside

Montgomery St.

Hillside Crescent

ロイヤル・テラス・ガーデンズ
Royal Terrace Gardens

C

D

Forth St.

H リージェント・ハウス p.385

H ホリデイ・イン・エクスプレス

London Rd.

Union St.

Leith Walk

Albany St.

セント・ポール&
セント・ジョージ教会
St. Paul & St. George

■ シャーロック・ホームズ像 p.377
■ ピカルディ・プレイス
Picardy Place

Royal Terrace

カールトン・ギャラリー●

H ロイヤル・テラス

H テラス

York Place

R コナン・ドイル p.382

セント・メアリーズ教会
St. Mary's Cathedral

Elder St.

Greenside

● オムニ・レジャー・センター
Omni Leisure Centre

リージェント・ガーデンズ
Regent Gardens

カールトン・グリーン H

S セント・ジェイムズ・センター

Greenside

■ カールトン・ヒル p.378
Calton Hill

カールトン
Calton

Leith St.

シティ天文台●
City Observatory

■国立記念碑
National Monument

Regent Terrace

Regent Road Park

p.385 シスル・エディンバラ

Royal Bank of Scotland
Register
House

R ハウィーズ p.381

●ネルソン記念塔 p.378
Nelson Monument

アメリカ領事館●

Abbeyhill

Waterloo Place

Crown Office Building

Regent Rd.

Calton Rd.

St. Andrew's
House

Burns
Monument

Calton New
Burial Ground

Queen Mary's
Bath House

H ロイヤル・ブリティッシュ

バルモラル p.384

Calton Rd.

■ ホリールードハウス宮殿 p.374
Palace of Holyroodhouse

i 観光案内所
プリンス・モール

p.374 クィーンズ・ギャラリー
The Queen's Gallery

エディンバラ・ウェーヴァリー駅
Edinburgh Waverley Station

H カールトン p.385

キャノンゲート教会(墓地)
Canongate Churchyard

クラリンダス
(ティールーム)

Queensberry
House

●スコットランド
議会議事堂
Scottish
Parliament
Buiding

オールド・タウン
OLD TOWN

H シュリーズ・イン・
エディンバラ p.385

R

S カールソン・クラーク・
ギャラリー p.383

H オールド・クリスマス・ショップ

p.382 ニコルソン S

●エディンバラ博物館 p.374
Museum of Edinburgh

ダイナミック・アース
Dynamic Earth

369

S ジェフリー(テイラー) p.383

p.382 ファッジ・ハウス

Canongate

ピープルズ・ストーリー p.374
The People's Story

G

North Bridge

ジョン・ノックスの家 p.373
John Knox House Museum

H

キャノンゲート
Canongate

■ バックパッカーズ H
ホステル

子供博物館 p.373
Museum of Childhood

S フロンティアズ p.383

Holyrood Rd.

Queen's Drive

Market St.

R エアポート・バス乗り場

フィリング・ステーション p.382

High St.

H ハイ・ストリート・ユースホステル

H ラディソンSASエディンバラ p.384

South Bridge

R ロイヤル・マイル・ギャラリー p.383

S ジェイムズ・プリングル・
ウィーヴァ
p.383

H バンク p.385

H トラベロッジ

H アイビス・エディンバラ・センター p.385

Viewcraig Gardens

■ セント・ジャイルズ大聖堂 p.373
St. Giles Cathedral

Cowgate

プリーサンス・シアター
Pleasance Theatre
プリーサンス・スポーツ・センター
Pleasance Sports Centre

National Library

Bridge St.

Drummond St.

Pleasance

文 エディンバラ大学
Edinburgh Univ.

Chambers St.

■ ロイヤル博物館 p.380
Royal Museum

ホリールード・パーク p.374
Holyrood Park

■ スコットランド博物館 p.380
Museum of Scotland

●フェスティバル・シアター p.375
Festival Theatre

Dumbiedykes

L

●ベドラム・シアター
Bedlam Theatre

Nicolson St.

W. Richmond St.

Lothian Regional
Health Board

Teviot Place

●マクイアン・ホール&
レイド・コンサート・ホール
McEwan Hall &
Reid Concert Hall

Potterrow

Chapel St.

K

ジョージ・スクエア p.377
George Square

Clerk St.

Crosscauseway

ジョージ・スクエア・シアター
George Square Theatre

Buccleuch Place

St. Leonards St.

●大学図書館
University Library

St.

セント・レオナルズ
St. Leonard's

MAP p.368-E
～369-H

Edinburgh
AREA 1
Old Town

古びた家並みが続く
歴史的エリア

オールド・タウン

鉄道の走る谷をはさんだ南側に、あたかも一幅の絵のように広がるのがオールド・タウン。急な斜面を埋めつくすように黒灰色の古びた家々が並んだところは、まさしく中世そのまま。時間がそこだけ歩みを止めたような、不思議な雰囲気に街全体がすっぽりと覆われている。狭い通りの左右を埋めるのは、いずれも数百年の歴史を刻むものばかり。スコットランドの歴史をひもとく気分で、ゆっくりと味わいたい。

370

■ 街歩きのヒント

オールド・タウンの中心は、西端のエディンバラ城と東端のホリールードハウス宮殿をつなぐ**ロイヤル・マイル**Royal Mileと呼ばれる1本の石畳の道。西側のキャッスルヒルCastlehillに始まって、ローンマーケットLawnmarket、ハイ・ストリートHigh St.、さらにキャノンゲートCanon-gateと名を変えながら、約1マイルにわたって門前町のような賑やかな通りが続いている。

オールド・タウンの観光ポイントは、ほとんどがこの通り沿いか、周辺に集中している。観光案内所の

ロイヤル・マイルの表示

観光なら、まずロイヤル・マイルへ

あるウェーバリー・ブリッジを渡ったら、斜面に張りついたような急な階段を登るか、ゆるやかにカーブするコックバーン・ストリートCockburn St.を通ってロイヤル・マイルに出よう。賑やかな通りを西に進み、エディンバラ城をまず見学。その後はロイヤル・マイルと周辺に点在する見どころを訪れながら、東端のホリールードハウス宮殿をめざして歩いていこう。

Sightseeing
見どころ

Edinburgh Castle
美しき古都のシンボル
エディンバラ城

MAP ●切りとり-38、p.368-F
🚶Waverley駅から徒歩15分

城の中は時間をかけて見学したい

エディンバラとは、紀元600年頃、この地に住んでいたゴッドーディン族たちの「ディン・エイディン(エイディンの要塞)」からきた名前。険しい岩山に築かれた要塞は、やがてアングル人たちに攻め落とされ、「エディンバラ」という英語(アングル語)の名で呼ばれるようになった。

荒々しい岩山の中腹から頂にかけて築かれた城は、長い年月、砦として、また、スコットランド王家の居城としてそびえてきたが、建物の大半は何百年にわたるイングランドとの戦いで幾度となく破壊されては、その都度修復を繰り返してきた。城内に残されている最古の建物は、12世紀に造られたセント・マーガレット礼拝堂だ。城が現在の姿に近づいたのは、1571年から3年間続いた籠城戦の後の修復によるもの。キルト姿の衛兵たちに守られる城には王宮の華やかさはなく、砦としての荒々しさが強く伝わってくる。

険しい崖の上にそびえるエディンバラ城

イングランドとの長い戦いの跡を刻む城には見るべきところが多いが、とくに見のがせないのが宮殿2階のクラウン・ルーム。ここにはジェームズ5世のために1540年に造られた王冠などのスコットランド王家の宝物とともに、1996年になってようやくスコットランドに帰ってきた「ストーン・オブ・デスティニー（運命の石）」が収められている。この石はスコットランド王の戴冠式の玉座として使われてきたもので、長い間、スクーン宮殿（p.398）にあったが、1296年にロンドンに移された後はウェストミンスター寺院に置かれ、イングランド王や大英帝国の王がこの石の上で戴冠してきた。自治権を取り戻したスコットランドにとって、再開した議会とともに、この石はまさに独立のシンボルだ。

この他、中世の見ごとな梁天井が残るグレート・ホールや巨大な重砲モンズ・メグなど、城内の見どころは数多い。オーディオガイド（日本語あり）でまわれば、その歴史がつぶさに理解できる。いずれも見ごたえがあるので、充分時間の余裕をみて入城しよう。

DATA ▶ ☎0131-225-9846
▶ OPEN：9:30〜18:00、10月〜イースターは〜17:00 ▶ 最終入場は45分前 ▶ 12/25・26休み ▶ 入館料：大人£9.80、子供£3.50

Brodie's Close
凶悪な強盗が住んだ家
ブロディズ・クロウズ
MAP ●切りとり-34、p.368-F
⚇Waverley駅から徒歩10分

「クロウズ」とは、行き止まりの小さな路地のことをいう。ロイヤル・マイルを歩いていると、あちこちにこうした路地へのアーチ

があり、その奥はテラスハウスにかこまれた可愛らしい広場だったりする。ここもそのひとつで、現在はカフェの入口になっているが、かつてここは恐ろしい夜盗の住処だったと伝えられる。ディーコン・ブロディというこの人物、ギルドの長という要職にありながら、夜になると人殺しも厭わない凶悪な盗賊に変身して夜な夜なエディンバラの人々を震え上がらせていたとか。このブロディ氏こそ、スティーブンソンの『ジキル博士とハイド氏』のモデルになったといわれている。

アーチの奥は、今ではカフェに

Scotch Whisky Heritage Centre
大人も、子供も楽しめる
スコッチ・ウイスキー・ヘリテージ・センター
MAP ●切りとり-38、p.368-F
⚇Waverley駅から徒歩13分

醸造用の樽を模したカートに乗り、スコッチ・ウイスキー誕生の謎に迫る、観光客に大人気のアトラクション。探検の後、大人には各種ウイスキーの無料テイスティング、子供にはソフトドリンクのサービスがある。

ZOOM in エディンバラでアンティークの絵を！

古い歴史を持つ街だけに、アンティークの店がやはり多い。とくにおすすめしたいのが、ヴィクトリア期に盛んに作られたエッチングの風景画類。ロンドンから訪れた旅人のおみやげ用に描かれた絵もすっかり古びて今や立派にアンティーク風だが、そこに描かれたオールド・タウンの景観はおもしろいほど今と変わらない。エッチングならそれほど高価ではないし、プリント物ならさらに安い。かさ張らず、かつここでしか買えない貴重な思い出のひと品になる。

DATA ▶ ☎0131-220-0441 ▶ OPEN：9:30～18:30、10～4月は10:00～18:00 ▶ 最終入場は1時間前 ▶ 12/25休み ▶ 入館料：大人£8.50、子供£4.50

MAP ●切りとり-34、p.368-F
🚃Waverley駅から徒歩13分

150年の歴史を持つ建物

タワー最上階に取り付けられた、ヴィクトリア時代に作られた巨大な望遠鏡を使い、プリズムの力ではるか下の鏡に実際の街を映し出すという、実に150年以上の歴史を持つアトラクションがここの名物。3D映像などの最新アトラクションもあるが、何よりすばらしいのが

間近に見下ろす旧市街の眺望だ。

DATA ▶ ☎0131-226-3709 ▶ OPEN：9:30～18:00、7・8月は～19:30、11～3月は10:00～17:00 ▶ 最終入場は1時間前 ▶ 12/25休み ▶ 入館料：大人£6.45；子供£4.15

MAP ●切りとり-34、p.368-F
🚃Waverley駅から徒歩10分

オールド・タウンとはいえ、幾多の戦禍をくぐり抜けた現在では、残っている民家の多くは18～19世紀のものに変わっている。その中で、ここは例外的に17世紀のまま保存されてきた。裕福な商人だったトーマス・グラッドストーンが建てた6階建ての長屋のような建物で、内部は当時の商人たちの生活を再現した博物館として公開されている。

DATA ▶ ☎0131-226-5856 ▶ OPEN：10:00～17:00、7・8月は～19:00 ▶ 最終入場は35分前 ▶ 11月～イースター休み ▶ 入館料：大人£5.00、子供£4.00

とっておき情報

エディンバラの『忠犬ハチ公』ボビーの墓

MAP ●切りとり-38/39、p.368-J

エディンバラ城の南側、グラスマーケットまで来たら、ぜひ立ち寄りたいのが『忠犬ボビー』のお墓。ボビーとは、19世紀半ばにジョン・グレイという牧師に飼われていた犬で、主人の死後も10年以上お墓のそばに仕えていたという、まさしく東京の『忠犬ハチ公』のエディンバラ版だ。市民たちにこよなく愛され、主人の眠るグレイフライアーズ教会にはボビーの墓も建てられた。各種の絵本が出版されるほど有名になったためか、お墓は主人のものよりはるかに立派。しかも教会のそばにはボビーの名前の付いたパブがあり、教会の入口にはボビー・グッズの店まである。

●グレイフライアーズ教会
Greyfriars Kirk
▶🚃Waverley駅から徒歩20分

パブの前に置かれた忠犬ボビーの像。今も主人の帰りを待っているように見える

古風な教会の静かな墓地。忠犬ボビー、ここに眠る

DATA ▶ ☎0131-226-5429 ▶ OPEN：4～10月は10:30～16:30（土曜は～14:30）、11～3月は木曜13:30～15:30のみ ▶ 日曜、11～3月の月～水曜・金・土曜休み ▶ 入館無料

17世紀の商人の家、グラッドストーンズ・ランド

Writers' Museum
エディンバラゆかりの文学博物館
作家博物館

MAP ●切りとり-34、p.368-F
≋Waverley駅から徒歩10分

　ロイヤル・マイルの路地の奥にある小さな博物館。1622年に建てられた石造りの家は18世紀にステアという伯爵夫人が住んでいたことから、別名「レディ・ステアズ・ハウスLady Stair's House」ともいう。スコットランドを代表する作家ウォルター・スコットや『ジキル博士とハイド氏』でおなじみのスティーブンソンなど、エディンバラゆかりの作家の遺稿などを展示している。

DATA ▶☎0131-529-4901▶OPEN：10:00～17:00、8月の日曜12:00～▶8月以外の日曜、12/25・26、1/1・2休み▶入館無料

St. Giles Cathedral
900年の歴史を誇る聖堂
セント・ジャイルズ大聖堂

MAP ●切りとり-35、p.369-G
≋Waverley駅から徒歩10分

ジョン・ノックスも司祭を務めた大聖堂

　1120年創建のエディンバラでも最高位の教会で、現在あるゴシック様式の建物は1385年になって再建したもの。16世紀には

宗教改革の先駆者、ジョン・ノックスがこの教会の司祭となり、エディンバラでのプロテスタントの普及に努めた。ステンドグラスやネオゴシック様式の礼拝堂が美しい。

DATA ▶☎0131-225-9442▶OPEN：9:00～19:00（10～4月～17:00）、土曜は～17:00、日曜は13:00～17:00（毎日曜の18:00～クラシックの無料コンサートが行われる）▶12/25・26休み▶入館料：寄付制（£2.00）

Museum of Childhood
なつかしいおもちゃが大集合
子供博物館

MAP ●切りとり-35、p.369-G
≋Waverley駅から徒歩10分

　アンティークの人形やコレクターには垂涎のブリキ玩具の逸品など、世界中のおもちゃを集めたユニークな博物館。おもちゃを通して子供の歴史を検証する博物館としては世界でも初の試みだが、実はここを造ったのは子供嫌いで知られた市議会議員だったとか。彼の意図はともかく、子供よりむしろ大人の方が楽しめる内容になっている。

DATA ▶☎0131-529-4142▶OPEN：10:00～17:00、7・8月の日曜・祝日は12:00～▶日曜・祝日、年末年始休み▶入館無料

John Knox House Museum
ロイヤル・マイルでももっとも古い家
ジョン・ノックスの家

MAP ●切りとり-35、p.369-G
≋Waverley駅から徒歩10分

　ロイヤル・マイルの中でもひときわ古い15世紀の建物。スコットランドの宗教界をカトリックからプロテスタントに塗り変えた宗教改革者ジョン・ノックスが1561年から10年以上この家の2階で暮らした。ほぼ同じ頃、熱心なカトリック教徒であるスコットランド女王メアリに仕え

500年を経て、いまだに健在！

注 イースター（復活祭）：2006年は4月16日。2007年は4月8日。

ていた金細工師、ジェームス・モスマンもこ
こに住んでいたという。現在は博物館として
内部が公開されている。

DATA ☎0131-556-9579
※現在（2005年3月）、改修工事のため閉館
中のため、開館時間、入館料などは未定。
2005年夏に再オープンの予定。

The People's Story
18世紀の庶民の暮らしを再現
ピープルズ・ストーリー
MAP ●切りとり-36、p.369-H
🚶Waverley駅から徒歩13分

　市役所として1591年に建てられた建物で、
18世紀頃の庶民たちの暮らしを実物の家具
や人形を使って分かりやすく紹介している。

18世紀には
監獄として
使われたこ
ともある古
びた建物
は、その内
部を見るだ
けでも充分
おもしろい。

16世紀に造られた旧市役所

DATA ▶☎0131-529-4057▶OPEN：10:00〜
17:00、8月の日曜は12:00〜▶日曜、12/25・
26、1/1・2休み▶入館無料

Museum of Edinburgh
忠犬ボビーの首輪も展示
エディンバラ博物館
MAP ●切りとり-36、p.369-H
🚶Waverley駅から徒歩13分

　ピープルズ・ストーリーの向かいにある博
物館で、こちらは16世紀の貴族の館だった建
物を使い、エディンバラの歴史に関する貴重
な資料や工芸品などを展示をしている。博物
館の一角にあるのは、エディンバラの"忠犬
ボビー"（p.372参照）の遺品。ボビーに興味
のある人は、彼のお墓も訪れてみよう。

DATA ▶☎0131-529-4143▶OPEN：10:00〜
17:00、8月の日曜は12:00〜▶日曜、12/25・
26、1/1・2休み▶入館無料

カールトン・ヒルから見たホリールードハウス宮殿

Palace of Holyroodhouse
イギリス王室の居城のひとつ
ホリールードハウス宮殿
MAP ●切りとり-36、p.369-H
🚶Waverley駅から徒歩15分

　12世紀にホリールード修道院の礼拝堂と
して建てられたのが原型。王宮となったのは
16世紀にジェームズ5世の婚姻のために改
装が行われてから。イングランドとの長年に
わたる戦いの中で「砦」として軍事的に強化
される一方で、住み心地の悪くなったエディ
ンバラ城に代わり、しだいにここが王宮とし
ての役割を果たすようになっていった。メア
リ女王が住んでいたのもこの宮殿だ。しかし、
ここもエディンバラ城同様、幾多の戦乱にさ
らされ、1544年にはイングランド軍の侵攻
により全壊。その後再び火災で焼失し、現在
の建物になったのは1671年。優雅な宮殿は、
その後英王室のスコットランドでの正式な宮
殿となり、エリザベス女王もエディンバラに
来るとここに滞在する。ロイヤル・アパート
メントと庭園が一般に公開されている。宮殿
近くに**クィーンズ・ギャラリー**があり、こち
らも見学できる。

DATA ▶☎0131-556-5100▶OPEN：9:30〜
18:00、11〜3月〜16:30▶最終入場は45分
前▶12/25・26休み（女王滞在時など不定期
に休館）▶入館料：大人£8.50、子供£4.50
●**クィーンズ・ギャラリー**The Queen's Gallery
▶OPEN：宮殿と同じ▶12/25・26休み（展
示品入替時に不定期に休み）▶入館料：大人
£4.00、子供£2.00

Holyrood Park
眺望抜群の巨大な丘
ホリールード・パーク
MAP ●切りとり-40、p.369-L
🚶Waverley駅から公園入口まで徒歩20分

ホリールードハウス宮殿の東側に広がる広大な公園で、高さ253mの丘に登ればエディンバラ中心部はもとより、市街地の彼方に輝く北海まで見わたせる。ハワイのダイヤモンドヘッドのような形をした丘で、頂上まで徒歩30分程度。山道の勾配はけっこうきつい。

DATA ▶ ☎0131-556-1761 ▶ 入園自由（車道は日曜閉鎖）▶ 入園無料

丘に登れば街並みの彼方に北海も見える

Grassmarket
若者たちが集まる陽気な通り
グラスマーケット
MAP ●切りとり-38、p.368-J
➡Waverley駅から徒歩20分

　エディンバラ城から南に下ったところに、グラスマーケットと呼ばれる、そこだけ広場のように道幅が広がった通りがある。ここはかつて死刑が執行されていたという、少々不気味な歴史を持つところなのだが、今では近辺にエディンバラ大学や博物館、シアターなどがあるせいか、いたって明るい雰囲気に変わっている。通り周辺は飲食店街で、学生相手の開放的なパブやバー、レストラン、一風変わったファッションブティック、ガラクタ風アンティークの店などが賑やかに集まっている。観光客向けに演出されたようなロイヤル・マイルとはひと味違う雰囲気を味わうなら、お城の南に広がるこちらのエリアへも足をのばしてみよう。

ZOOM in 全世界からファンがつめかける エディンバラ国際フェスティバル
Edinburgh International Festival

　日頃はゆったりと落ち着いているエディンバラが、街を挙げて大いに盛り上がるのが、毎年8月中旬から9月にかけて行われるエディンバラ国際フェスティバルの時期。演劇やバレエ、オペラからクラシック音楽、ジャズやパフォーマンスまで、さまざまなジャンルの芸術家が世界中から集まり、3週間にわたってさまざまなイベントで大いに盛り上がる。

　フェスティバル・シアター（MAPp.369-K）をメイン会場に、常設のシアターやコンサート・ホールはもちろん、街のいたるところが即席シアターに早変わり。あちこちでさまざまな演目が開催される。会場は屋内だけではない。通りや公園を舞台に披露されるのは、これまた世界各地から集まってきたストリート・パフォーマーたち。彼らも鍛え上げた技を披露して観客・聴衆を魅了する。

　開催期間中のイベントにも注目を。フェスティバル前日にはパレードがプリンシズ・ストリートで繰り広げられ、中盤にはプリンシズ・ストリート・ガーデンズで花火大会が開催される。華やかなセレモニーの中でも、とくに人気が高いのが、8月早々から始まる軍楽隊の野外

城に向かって行進する軍楽隊

行進「ミリタリー・タトゥーMillitary Tattoo」。スコットランド兵のバグ・パイプ部隊を中心に、各国のバンドやダンスチームも加わって、夜ごとドラマチックなパレードがエディンバラ城の前で繰り広げられる。

　国際フェスティバルは音楽や芝居ファンにはたまらない大イベントとあって、この時期のエディンバラは大入り満員。鉄道や飛行機は満席になり、ホテルもどこもいっぱいになる。人気の出し物は、よほど早くに予約しないと手に入らない状態。フェスティバルを見たい人は、なるべく早めに手配しておくことだ。

MAP p.368-A
～369-D

Edinburgh
AREA 2
New Town

ジョージ朝様式の優雅な街並み

ニュー・タウン

オールド・タウンとはまったく対照的なのが、整然とした街路に沿って広がるニュー・タウン。"ニュー"とはいっても近年に開けた新興住宅地というわけではなく、18世紀に富裕な商人や貴族のために計画的に造成された街だ。ジョージ朝様式の瀟洒なテラスハウスがゆるやかな傾斜地に並び、市街地の彼方には海も見える。オールド・タウンとは違って観光ポイントがあちこちあるわけではないので、美しい街並みを鑑賞しながら散歩気分で歩きたい。

街歩きのヒント

街はプリンシズ・ストリートPrinces St.、ジョージ・ストリートGeorge St.、クィーン・ストリートQueen St.の3本のゆったりとした大通りが東西に走り、南北の通りが規則正しい碁盤の目を造っている。線路に沿ってのびる南端のプリンシズ・ストリートはスコットランド屈指のショッピングストリート。デパートや大型ショップが軒を連ねている。その北側には優雅な石造りの家が並び、あちこちに名だたる高級ブティックやレスト

ニュータウンのメイン・ストリート

ラン、博物館などが点在している。東側にそびえる小高い丘がカールトン・ヒル。ここに登れば、エディンバラの街を一望に見渡せる。

ニュー・タウンの北端、クィーン・ストリート・ガーデンズQueen St.Gardensのさらに北側は、オフィスやギャラリーなどが建ち並ぶ賑やかな一角。地元の人々に人気のレストランはむしろここら辺に多い。表通りの喧騒をのがれてゆっくり食事したい時はこの辺まで足をのばしてみよう。

Sightseeing 見どころ

Scott Monument
駅前にそびえる街のシンボル
スコット記念塔

MAP ●切りとり-34、p.368-F
🚶Waverley駅から徒歩2分

作家ウォルター・スコットの偉業を讃える塔

1771年にエディンバラで生まれ、数々の名作を残したスコットランドを代表する作家ウォルター・スコットの業績を記念して、1844年に建てられた塔で、高さは約60mある。時代を経て煤ですっかり黒ずんでいるが、塔に施された精緻な彫刻類は見ごと。裏手に入口があり、塔の上まで登る約300段の階段がある。体力に自信のある人はぜひトライしてみよう。途中にスコットに関する展示室もあるし、展望台からの眺望は申し分ない。

DATA ▶ ☎0131-529-4068 ▶ OPEN：9:00～18:00（日曜10:00～）、10～3月は9:00～15:00（日曜10:00～）▶12/25・26、1/1・2休み▶入場料：£2.50

Princes Street Gardens
花が咲き乱れる憩いの公園
プリンシズ・ストリート・ガーデンズ

MAP ●切りとり-34、p.368-E/F
🚉Waverley駅から徒歩3分

そもそもはニュー・タウンに屋敷を構える裕福な住民のためのプライベート・ガーデンとして造成された公園だが、現在はエディンバラ市民の憩いのオアシスとして開放されている。アテネの神殿のようなロイヤル・スコティッシュ・アカデミーと国立スコットランド美術館が並ぶ丘を境に東と西の2ヵ所あり、鉄道線路に向かって傾斜する斜面一面が美しく整備されている。公園の中心の花時計

駅から続く公園は市民たちの憩いのオアシス

は世界最古のもの。西のはずれは児童遊園地となっており、メリーゴーラウンドで子供たちが遊んでいる。▶入園自由

Charlotte Square
ジョージ朝時代の優雅な広場
シャーロット・スクエア

MAP ●切りとり-33、p.368-E
🚉Waverley駅から徒歩20分

ニュー・タウンの中でも、とりわけ優雅なのがこの広場の周辺。建築家ロバート・アダムスの設計による広場を中心に、周囲をジョージ朝様式の堂々とした建物が取りまいている。広場の北側にある正面に円柱をあしらったタウンハウスは、**ジョージアン・ハウス**。応接間やキッチンなど、ジョージ朝時代の生活を紹介する博物館になっている。

●ジョージアン・ハウス Georgian House

DATA ▶☎0131-225-2160▶OPEN：10:00〜

17:00、7・8月は〜19:00、3・11月は11:00〜15:00▶最終入場は30分前▶12〜2月休み▶入館料：大人£5.00、子供£4.00

シャーロット・スクエア

ZOOM in
生まれ故郷に刻まれた
コナン・ドイルの足跡

MAP ●切りとり-31、p.369-C

"シャーロック・ホームズ"といえばロンドンを思い浮かべる人も多いと思うが、実は作家のコナン・ドイルはここエディンバラの出身。彼は1869年、ウェーヴァリー駅の北東に位置する、ピカルディ・プレイスPicardy Placeの11番地で生まれている。信仰厚い両親の下、ドイルは人生の最初の時間をここで過ごしたのだ。生家のあった場所は残念ながらすでに取り壊されたが、現在は生家が面したロータリーのそばの小さな公園に、ホームズの等身大の銅像とここに生家があったことを示す銅板がはめ込まれている。

銅像の南側にあるセント・メアリーズ教会は、ドイルが洗礼を受けた場所。ロータリーに面して「コナン・ドイル」というパブ（p.382参照）もある。また、街の南側、エディンバラ

大学近くのジョージ・スクエアGeorge Sq.の23番地は、貧しいドイル親子が一時暮らした場所。その当時のアパートが今もそのまま残っている。

いったんは聖職者の道をめざしながら、やがて医学を志してロンドンへ向かったドイルの青年時代。若き日々の彼の足跡を追いながらエディンバラの街を歩くのも楽しい。

ホームズも"故郷に錦"？

街を見渡す絶好のビュー・ポイント
カールトン・ヒル

MAP ●切りとり-35/36、p.369-C/D
≈Waverley駅から山頂まで徒歩約20分

ホリールードの丘まではちょっと…という人におすすめのビュー・ポイントがここ。こ

カールトン・ヒルからの眺望

ちらは海抜110mとかなり低いが、山頂からの市街地の眺めはまるで絵に描いたような美しさだ。眼下に優雅なホリールードハウス宮殿が樹間に広がり、その向こうに旧市街の家並みが続いている。また、北に目を転ずれば市街地の彼方に見えるのは美しいリース港だ。山腹には旧天文台や**ネルソン提督の記念塔**があり、山頂には19世紀初頭のナポレオン戦争で戦死した兵士を追悼する、未完のモニュメントがそびえている。▶入園自由

DATA **ネルソン記念塔** ▶☎0131-556-2716▶
OPEN：10:00〜18:00（月曜は13:00〜）、10〜3月は〜15:00▶日曜、12/25・26、1/1・2休み▶入館料：£2.50

とっておき情報

エディンバラで探す
とっておきのスコットランドみやげ

スコットランドいち押しのおみやげは、やっぱりスコッチ・ウイスキー。日本では目にすることのない銘柄が、さすが本場だけにズラリと揃っている。一瓶まるごとでは荷物になるが、ミニチュアボトルなら何本も買える。あらかじめ下調べをして目あてを決めておくか、あてずっぽうで選ぶか…、どちらでも楽しい。エディンバラ城近くのスコッチ・ウイスキー・ヘリテージ・センターやその向かいのタータン織製作所Tartan Weaving Millのギフト・ショップには膨大なミニチュアボトルが並んでいる。

甘党だったら、ファッジがおすすめ。砂糖たっぷりの練り菓子は、見た目はカラフルなレンガのようだが、濃いめに入れた紅茶との相性は抜群。デパートやギフトショップには贈答用にパッケージされたものを売っているが、できれ

▶紅茶といっしょに食べたい甘いファッジはおみやげにも

▶ロイヤル・マイルの店先に並ぶギフト用品

ヘリテージ・センターで味見してから買うのも手…

ばファッジ専門店で選びたい。チョコ味、バニラミルク味と、目移りしそうなほど。

サーモンなど魚の燻製やチーズもおいしいが、これは真空パックでも冷蔵が必要だし空港の免税店でも買えるので、ここではパス。食料品だったら、名物ハギスの缶詰や、スコットランド独特のパンがいい。これなら日持ちもする。老舗デパートのジェナーズ（p.383参照）には名産品が豊富に揃っている。

せっかくだからタータンも…という人には、既製品が男性用はもちろん、女性用、子供用と揃っている。そこまでは……という人は、キルト着用時に付けるヤギ皮の小物入れを。腰に付ける小さなバッグは、普通の服装でも、女性でも充分使える。種類も、形も豊富で、まさにスコットランドならではのおみやげになる。

リース港に向けて広がる
美しい住宅エリア
エディンバラ郊外

オールド・タウンやニュー・タウンを歩いてまだ時間に余裕があるようなら、ぜひ郊外にも足をのばしてみたい。駅前からバスがひんばんに出ているし、タクシーを利用してもそれほど時間はかからない。中心部とは違うエディンバラを楽しもう。

見どころ
Sightseeing

Royal Botanic Garden
花が咲き乱れる憩いの空間
エディンバラ王立植物園

MAP p.367
Princes St.からバス8、17、23、27番で約10分

1670年に造られた薬草園が前身。1830年から現在のような植物園に生まれ変わった。ロンドンのキュー・ガーデンズ（p.151参照）に次ぐ規模を誇り、豊かに広がる樹林の中に優雅な温室や庭園が点在して、北の国ならではの花々が咲いている。園内にはガーデニング用品のショップや木陰のカフェなどがあり、市民にとって恰好の憩いの場。天気のいい日に散歩してみたい。

DATA ▶ ☎0131-552-7171 ▶ OPEN：4〜9月は10:00〜19:00、3・10月は〜18:00、11〜2月は〜16:00 ▶12/25、1/1休み ▶ 入園無料

花と緑に包まれた植物園

Edinburgh Zoo
日本にはない珍種を発見！
エディンバラ動物園

MAP p.367
Princes St.からバス12、26、31番で約20分

スコットランドで最大の動物園。ここで見のがせないのは、人気抜群のペンギンと、スコットランド特産のハイランド・キャトルという牛。毛むくじゃらでずんぐりとしたユーモラスな牛は、スコットランドにしかいない。

DATA ▶ ☎0131-334-9171 ▶ OPEN：9:00〜18:00、3・10月は〜17:00、11〜2月は〜16:30 ▶ 無休 ▶ 入園料：£9.00、子供£6.00

Newhaven Heritage Museum
海辺の街の小さな博物館
ニューヘイヴン・ヘリテージ博物館

MAP p.367
Princes St.からバス10、11、16番で約20分

エディンバラが海辺の街であることを実感させてくれるのが、ここニューヘイヴン。バスを降りると、目の前に美しいリース港が広がっている。博物館は小さな灯台のある防波堤の近く、レストランやアトラクションの入ったまだ新しい建物の中にあり、漁村ニューヘイヴンの歴史を紹介している。

DATA ▶ ☎0131-551-4165 ▶ OPEN：12:00〜16:45 ▶12/25・26、1/1・2休み ▶ 入館無料

Royal Yacht Britannia
リース港に錨を下ろした王室の船
王室船ブリタニア号

MAP p.367
Princes St.からバス1、11、22、34番で約20分

世界各地を訪れてきた英王室の船、ブリタニア号がリース港に係留され船内を一般公開している。故ダイアナ妃が新婚旅行で乗ったのがこの船。女王の寝室や船長室などを見物できて見ごたえ充分。

DATA ▶ ☎0131-555-5566 ▶ OPEN：9:30〜18:00、10〜3月は10:00〜17:00 ▶ 最終乗船は1時間30分前 ▶12/25、1/1休み ▶ 入館料：大人£9.00、子供£5.00 ▶ 日本語オーディオガイドあり

※「無休」とある観光地も、12/25前後と1/1はほとんどが休みとなります。ご注意ください。

Museum & Gallery
博物館・美術館

National Gallery of Scotland
ヨーロッパ絵画のコレクション
国立スコットランド美術館

MAP ●切りとり-34、p.368-F
↗Waverley駅から徒歩5分

　1850年に建てられたネオゴシック様式の建物で、ルネッサンスから後期印象派までのヨーロッパ絵画の他、スコットランド芸術のコレクションを展示しており見ごたえがある。

DATA ▶☎0131-624-6200▶OPEN：10:00～17:00、木曜～19:00▶12/25・26休み▶入館無料

Royal Scottish Academy
多様な企画展を開催
ロイヤル・スコティッシュ・アカデミー

MAP ●切りとり-34、p.368-F
↗Waverley駅から徒歩5分

　1826年の建物で、美術の企画展用スペース。地下でスコットランド美術館とつながる。

DATA ▶☎0131-624-6200▶10:00～17:00、木曜～19:00▶日曜、12/25・26休み（企画展開催日以外の平日も休み）▶入館料：企画展により異なる

堂々としたロイヤル博物館。隣に近代的な新館がある

Royal Museum/Museum of Scotland
隣りあう2つの歴史博物館
ロイヤル博物館＆
スコットランド博物館

MAP ●切りとり-39、p.369-K
↗Waverley駅から徒歩10分

　ふたつの博物館が隣接している。近代的な建物のスコットランド博物館は前史時代から20世紀までのスコットランドの歴史を、古風なロイヤル博物館は自然科学分野を中心に世界の歴史に関する展示をしている。

DATA ▶☎0131-247-4422▶OPEN：10:00～17:00、火曜は～20:00、日曜は12:00～▶12/25休み▶入館無料

Scottish National Portrait Gallery
肖像画を通して歴史を知る
スコティッシュ・ナショナル・
ポートレイト・ギャラリー

MAP ●切りとり-34、p.368-B
↗Waverley駅から徒歩10分

　スコットランドの悲劇の女王メアリや、詩人のロバート・バーンズから俳優のショーン・コネリーまで、スコットランドゆかりの著名人の肖像画を通して、歴史を紹介。

DATA ▶☎0131-624-6200▶OPEN：10:00～17:00、木曜は～19:00▶12/25・26休み▶特別展以外は入館無料

Scottish National Gallery of Modern Art
近代芸術の宝庫
国立現代美術館

MAP p.367　↗Haymarket駅から徒歩10分

　ベーコン、ハースト、ホックニー、ピカソなど、20世紀の芸術作品を集めたスコットランドでも最高のコレクションを所蔵する美術館。ディーン・ギャラリーではダリをはじめとしたシュールレアリスム、ダダイズムの作品コレクションも展示している。

DATA ▶☎0131-624-6200▶OPEN：10:00～17:00、木曜は～19:00▶12/25・26休み▶入館無料

●博物館周遊バス：国立スコットランド美術館、ナショナル・ポートレート・ギャラリー、国立現代美術館、ディーン・ギャラリーを結ぶ無料循環バスが11:00～16:00（木曜～18:30）の間45分おきに運行。

Rレストラン
Restaurant Guide

ウィッチェリー・バイ・ザ・キャッスル
The Witchery by The Castle　　MAP ●切りとり-38、p.368-F

エディンバラを代表する伝統的料理の店

　1770年頃には、かのサミュエル・ジョンソンもここで食事をしたという歴史ある店。ジェームズ・ボズウェルの18世紀当時の家を活かした店内は、黒びた梁がそのまま残る重厚な雰囲気。オイスターやアンガスビーフ、シーバス、ロブスターなど、スコットランドの特産品を楽しむ伝統の料理が味わえる。アラカルトはやや高めだが、ランチタイムと早めの夕食のセットコースなら気楽に楽しめる。プディング類など、伝統的なデザートのメニューもある。

DATA ▶🚊Waverley駅から徒歩12分▶352 Castlehill, The Royal Mile▶☎0131-225-5613▶OPEN：12:00〜16:00、17:30〜23:30（17:30〜18:30はプレ・シアター・メニュー、22:30〜23:30はシアター・サパーあり）▶無休

ハウィーズ
Howies　　MAP ●切りとり-35、p.369-C

ガラス張りのおしゃれなレストラン

　カールトン・ヒルの近くにある。料理はモダンなスコティッシュ。セットランチは手頃な値段。ディナーにもセットコースがある。

DATA ▶🚊Waverley駅から徒歩10分▶29 Waterloo Place, New Town▶☎0131-556-5766▶OPEN：12:00〜14:30、18:00〜22:30▶無休

ドーム
The Dome　　MAP ●切りとり-34、p.368-B

19世紀にタイムスリップできるカフェ

　ヴィクトリア期に建てられた銀行の建物をそのまま使ったカフェ&レストラン。吹き抜けのホールにバーと食事のコーナーがある。

DATA ▶🚊Waverley駅から徒歩7分▶14 George St., New Town▶☎0131-624-8624▶OPEN：12:00〜24:00、日曜12:00〜22:00▶無休

ラ・プチット・フォリー
La P'tite Folie　　MAP ●切りとり-34、p.368-B

気軽で手頃なフレンチ・ビストロ

　パリのビストロをイメージした内装の店で楽しむ料理は、値段も手軽なうえ味も確かだから人気も高い。メニューは日替わりで、セットランチもある。

DATA ▶🚊Waverley駅から徒歩15分▶61 Frederic St.,New Town▶☎0131-225-7983▶OPEN：12:00〜15:00、18:00〜23:00▶日曜のランチ休み

※「無休」とある店も、12/25前後と1/1はほとんどが休みとなります。ご注意ください。

桂林酒店

Kweilin Cantonese Restaurant MAP ●切りとり-30、p.368-B

マイルドな味の広東料理店

市内に数軒ある中国料理店のひとつ。堂々たる店構えでシックな街並みとも調和している。各種点心は£3.00〜。セットメニューもある。

DATA ▶ ✈Waverley駅から徒歩15分▶19-21 Dundas St., New Town▶☎0131-557-1875▶OPEN：12:00〜14:00（日曜なし）、17:00〜23:00▶月曜休み

コナン・ドイル

Conan Doyle MAP ●切りとり-31、p.369-C

ドイル・ファンには見のがせない名物パブ

シャーロック・ホームズ像のそばにあり、店内には作者コナン・ドイルにちなんだ小物がディスプレイされている。伝統的な料理もおいしい。

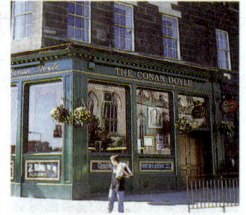

DATA ▶ ✈Waverley駅から徒歩10分▶73 York Place, New Town▶☎0131-524-0031▶OPEN：12:00〜24:00（金・土曜は〜1:00am）、日曜12:30〜▶無休

フィリング・ステーション

The Filling Station MAP ●切りとり-35、p.369-G

アメリカンな雰囲気のパブ・レストラン

1950年代のガソリンスタンドをイメージしたレストラン。パスタなどのメニューの他、ハギスといった名物料理のメニューもある。

DATA ▶ ✈Waverley駅から徒歩10分▶235-241 High St., The Royal Mile ▶☎0131-226-2488▶OPEN：9:30〜11:30（朝食／日曜なし）、12:00〜23:30（日曜〜22:30）▶無休

ショップ
Shop Guide

ファッジ・ハウス

The Fudge House of Edinburgh MAP ●切りとり-35/36、p.369-H

ファッジの甘い香りがいっぱい漂う

ロイヤル・マイルにある小さなカフェ。数十種類あるファッジは、おみやげにもぴったり。店内でお茶と一緒に楽しむこともできる。

DATA ▶ ✈Waverley駅から徒歩12分▶197 Canongate, The Royal Mile ▶☎0131-556-4172▶OPEN：10:00〜17:30、日曜11:00〜▶無休

ニコルソン

Nicolson Highlandwear MAP ●切りとり-36、p.369-H

本格派ハイランドウエアの専門店

男性用スカート、キルトや専用のジャケット、シャツなど、キルト用品一式が揃う。本格的な品揃えは、一見するだけでも価値がある。

DATA ▶ ✈Waverley駅から徒歩12分▶189 Canongate, The Royal Mile ▶☎0131-556-4763▶OPEN：9:00〜17:30、日曜12:00〜16:00▶無休

フロンティアズ

Frontiers　　　　**MAP** ●切りとり-35、p.369-G

ハンドメイドのカシミアとウールの専門店

　ロイヤル・マイルにあるオリジナルデザインのカシミアとウールの店。品物のほとんどがハンドメイドでこの店だけのオリジナル。伝統の風合いを生かしつつ、現代的な感覚を自在に取り入れたデザインはどれもおしゃれで、キャサリン・ハムネットなどの店にも並べられ、すでに一部が日本にも登場している。セーターやジャケットの他にバッグなど小物類もある。オーダーも可能で、注文から仕上がりまで4～6週間。デザインや色を選んでも、価格は既製と同じというのが嬉しい。

DATA ▶ ⇆Waverley駅から徒歩10分
▶ 254 Canongate, The Royal Mile ▶ ☎0131-556-2791
▶ OPEN：10:00～18:00、日曜12:00～17:00 ▶ 無休

ジェフリー（テーラー）

Geoffrey/Tailor　　　　**MAP** ●切りとり-35、p.369-G

メーカー直営のキルト・ショップ

　「ジョン・ノックスの家」の隣にある。生地から製品まで揃い、品数、サイズとも豊富。男性用の本格的なキルトは£200程度から。

DATA ▶ ⇆Waverley駅から徒歩10分 ▶ 57-59 High St., The Royal Mile ▶ ☎0131-557-0256 ▶ OPEN：9:00～17:30、木曜～19:00、日曜11:00～17:00 ▶ 無休

ジェナーズ

Jenners　　　　**MAP** ●切りとり-34、p.368-F

格式と伝統を誇る老舗デパート

　堂々たる構えは、まさにエディンバラのハロッズ。ここも必見はフードフロア。スコットランドの名産品がズラリと揃っている。

DATA ▶ ⇆Waverley駅から徒歩3分 ▶ 48 Princes St., New Town ▶ ☎0131-225-2442
▶ OPEN：9:00～18:00、火曜9:30～、木曜～20:00、日曜11:00～17:00 ▶ 無休

ロイヤル・マイル・ギャラリー

The Royal Mile Gallery　　　　**MAP** ●切りとり-35、p.369-G

アンティークな絵をおみやげに

　ヴィクトリア期を中心としたプリントやデッサン、本などを集めたアンティークギャラリー。エッチングを旅の思い出に。

DATA ▶ ⇆Waverley駅から徒歩10分 ▶ 272 Canongate, The Royal Mile
▶ ☎0131-558-1702 ▶ OPEN：11:30～17:30（不定期）▶ 日・月曜休み

カールソン・クラーク・ギャラリー

The Carson Clark Gallery **MAP** ●切りとり-36、p.369-H

古地図が豊富なギャラリー

　16～19世紀にかけての英国や世界各地のアンティークマップが豊富に揃う。

DATA ▶ ⇆Waverley駅から徒歩13分
▶ 181-183 Canongate, The Royal Mile
▶ ☎0131-556-4710 ▶ OPEN：10:30～18:00 ▶ 日曜休み

ジェームズ・プリングル・ウィーヴァー

James Pringle Weaver **MAP** ●切りとり-35、p.369-G

クランを紹介するコーナーも

　ハイランドのキルトメーカーの店。氏族のタータンなどを揃えたクランのコーナーもある。

DATA ▶ ⇆Waverley駅から徒歩10分
▶ 371 High St., The Royal Mile ▶ ☎0131-225-3212
▶ OPEN：9:00～17:30（日曜11:00～17:00）▶ 無休

※「無休」とある店も、12/25前後と1/1はほとんどが休みとなります。ご注意ください。

ホテル
Hotel Guide

バルモラル ★★★★
The Balmoral　**MAP** ●切りとり-35、p.369-G

エディンバラのシンボルのようなホテル
　駅を見下ろす位置にあり、買い物にも観光にも最高の立地。多少古びたが、スコットランドきっての格式の高さは今も変わらない。

DATA ▶ ➾Waverley駅から徒歩3分▶ 1 Princes St., New Town
▶ ☎0131-556-2414▶ FAX 0131-557-3747
▶ URL：www.thebalmoralhotel.com▶ 188室▶ S £205〜、D/T £235〜▶ TO

カレドニアン・ヒルトン ★★★
Caledonian Hilton Edinbourgh　**MAP** ●切りとり-33、p.368-E

バルモラルと並ぶ伝統と格式を誇るホテル
　1903年創業の格式高いホテル。ニュー・タウンの大通りに面しており、室内からのエディンバラ城の眺めは最高。

DATA ➾Waverley駅から徒歩10分▶ Princes St., New Town
▶ ☎0131-222-8888▶ FAX 0131-222-8889▶ URL：www.caledonian.hilton.com
▶ 249室▶ S £165〜、T £195〜▶ HR, TO, UT

インターコンチネンタル・ジョージ ★★★
Inter-Continental The George, Edinburgh　**MAP** ●切りとり-34、p.368-B

重厚な構えのジョージ朝様式のホテル
　ロバート・アダムスのデザインによるラウンジなど、外観、内装ともに優雅なホテル。フランス料理のレストランも人気。

DATA ▶ ➾Waverley駅から徒歩7分▶ 19-21 George St., New Town▶ 0131-
225-1251▶ FAX 0131-226-5644▶ URL：www.edinburgh.interconti.com
▶ 195室▶ S £110〜、D/T £123〜▶ IC, TO

ラディソンSASエディンバラ ★★★
Radisson SAS Hotel, Edinburgh　**MAP** ●切りとり-35、p.369-G

ロイヤル・マイルの中心にある快適なホテル
　丸い塔を持つユニークな建物で、ロイヤル・マイルの中心にあり、観光や街歩きの拠点としては最高の立地。室内の設備は近代的。

DATA ▶ ➾Waverley駅から徒歩10分▶ 80 High St., The Royal Mile
▶ ☎0131-557-9797▶ FAX 0131-557-9789
▶ URL：www.radissonsas.com▶ 238室▶ S、D/Tとも £115〜▶ TO

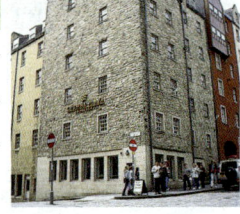

シェラトン・グランド ★★★
Sheraton Grand Hotel & spa　**MAP** ●切りとり-37p.368-I

　駅や市内中心部からはやや離れているが、スパもある贅沢なホテル。まわりにはレストランも多い。

DATA ▶ ➾Waverley駅から徒歩15分▶ 1 Festival Sq.,
West Edinburgh▶ ☎0131-229-9131
▶ FAX 0131-228-4510▶ URL：www.starwoodhotels.
com▶ 260室▶ S、D/Tとも £170〜▶ SH, JH, TO

ハワード ★★★★
The Howard　**MAP** ●切りとり-30、p.368-B

　ジョージア朝様式の優雅なホテル。クィーン・ストリート・ガーデンズの北側にある。

DATA ▶ ➾Waverley駅から徒歩10分
▶ 34 Great King St., New Town▶ ☎0131-557-3500
▶ FAX 0131-557-6515▶ URL：www.thehoward.com
▶ 18室▶ 料金：S £175〜、T £240〜

注 S＝シングル、T＝ツイン、D＝ダブルベッドルームの室料★★★★＝スーペリア、★★★＝スタンダード、★★〜★＝エコノミークラスのホテル。データの最後にある「UT, JH」は日本でのホテル予約事務所の略号。詳細はp.430参照。

シスル・エディンバラ ★★★

Thistle Edinburgh　(MAP) ●切りとり-35、p.369-C

近代的設備充実の大型ホテル

　カールトン・ヒルのふもと、駅の北側の最新ショッピングビルの一角にあり、観光の拠点としては申し分ない立地。

(DATA) ▶≼Waverley駅から徒歩5分▶107 Leith St.、☎0870-333-9153
▶FAX 0870-333-9253▶URL：www.thistlehotels.com/edinburgh
▶143室▶S、D/Tとも£114〜▶EV、TO、UT

カールトン ★★★

The Carlton Hotel (MAP) ●切りとり-35、p.369-G

　ショッピングにも、観光にも最高の立地。モダンな外観、設備充実の高級感のあるホテル。

(DATA) ▶≼Waverler駅から徒歩5分▶19 North Bridge,
New Town☎0131-472-3000▶FAX 0131-556-2691
▶URL：www.paramount-hotels.co.uk
▶189室▶S、D/Tとも132〜▶JH、TO

オールド・ウェーヴァリー ★★

Old Waverley Hotel (MAP) ●切りとり-35、p.368-F

　駅の正面に建つ堂々たるホテル。外観は古風だが、室内は快適で居心地がいい。

(DATA) ▶≼Waverley駅から徒歩2分▶43 Princes St.
▶☎0131-556-4648▶FAX 0131-557-6316
▶URL：www.oldwaverley.co.uk
▶66室▶S£65〜、T£120〜▶JH、TO

バンク ★★

Bank Hotel (MAP) ●切りとり-35、p.369-G

パブの奥にある小さなホテル

　名前もユニークなら、ホテルのフロントが1階のパブの中にあると、これまたユニーク。ロイヤル・マイルにあり、立地は申し分なし。

(DATA) ▶≼Waverley駅から徒歩10分▶1 South Bridge, The Royal Mile
▶☎0131-622-6800▶FAX 0131-622-6822
▶URL：www.festival-inns.co.uk▶9室▶S£60〜、D/T£90〜

アイビス・エディンバラ・センター ★★

Hotel Ibis Edinburgh Centre (MAP) ●切りとり-35、p.369-G

全国チェーンのエコノミーなホテル

　ロイヤル・マイルにあり、観光の拠点としては絶好。客室内の設備は機能的で、快適な滞在を楽しめる。

(DATA) ▶≼Waverley駅から徒歩10分▶6 Hunter Sq., off The Royal Mile
▶☎0131-240-7000▶FAX 0131-240-7007▶URL：www.ibishotel.com
▶99室▶S、D/Tとも£52.95〜74.95、（季節により変動／朝食別）

リージェント・ハウス ★★

Regent House Hotel (MAP) ●切りとり-31、p.369-C

アットホームな朝食付きの宿

　市内に数多くあるB&Bのひとつで、オーナーはアジア系でとても親切。静かな住宅街にあり、部屋も広くてゆっくりくつろげる。

(DATA) ▶≼Waverley駅から徒歩10分▶3-5 Forth St., New Town
▶☎&FAX 0131-556-1616▶URL：www.regenthousehotel.co.uk
▶17室▶S£40〜、D/T£70〜

トラベル・イン・エディンバラ ★★

Travel Inn Edinburgh (MAP) ●切りとり-37、p.368-I

　イギリス最大のビジネスホテルのチェーンのひとつ。エコノミーなホテルだが、設備は近代的。

(DATA) ▶≼Haymarket駅から徒歩5分
▶1 Morrison Link, West Edinburgh☎0870-238-3319
▶FAX 0131-228-9836▶URL：www.travelinn.co.uk
▶281室▶S/T£54.95〜（朝食別）

ジュリーズ・イン・エディンバラ ★★

Jurys Inn Edinburgh (MAP) ●切りとり-35、p.369-G

　駅近くにあり、どこに行くにも便利で観光の拠点としては充分。エコノミーだが、客室内の設備は近代的に整っている。

(DATA) ▶≼Waverley駅から徒歩5分▶43 Jeffrey St.,
The Royal Mile▶☎0131-200-3300▶FAX 0131-200-
0400▶URL：www.jurys.com▶186室▶S/D£60〜▶EV

デザイン&建築で脱皮した経済都市
グラスゴー

MAP p.361-H

政治の中心である古都エディンバラとは対照的にスコットランド経済の中心で、エネルギッシュな都会だ。街の歴史は6世紀まで遡るが、産業革命で工業都市として飛躍。絶頂期を迎えた19世紀後半から20世紀初めの富を象徴する豪壮な建物が街並みを彩る。グラスゴーが生んだ建築家マッキントッシュの遺産を受け継いでデザインと建築の街に脱皮し、今やその新しい動きから目が離せなくなった。ここに来れば、工業都市のイメージとは違った別の顔が見つかるはずだ。

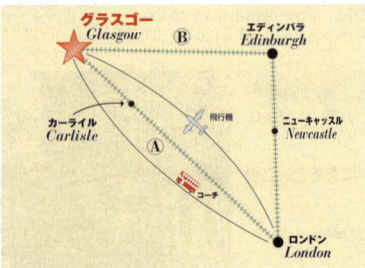

386

▶*ACCESS*

➤Ⓐ：ロンドン・ユーストン駅〜グラスゴー・セントラル駅（カーライル経由）▶4時間50分〜5時間20分▶2時間に1〜2本

➤Ⓑ：ロンドン・キングス・クロス駅〜グラスゴー・セントラル駅（エディンバラ経由）▶5時間20分〜40分▶2時間に1〜2本運行

🚌 ロンドン・ヴィクトリア・コーチステーション〜グラスゴー・ブキャナン・バスステーション
▶約8時間40分〜9時間15分▶1日4本運行（このうち2本は夜行便）

✈ ロンドン〜グラスゴー空港1時間20分▶空港からはエアポート・リンク（バス）で20〜25分（£3.30／往復は£5.00）

ⓘ観光案内所 **Tourist Information Centre**
11 George Sq. ▶☎0141-204-4400▶OPEN：9:00〜18:00、日曜10:00〜18:00。6・9月の月〜土曜は〜19:00、7・8月の月〜土曜は〜20:00▶10月〜イースターの日曜休み

■ 街歩きのヒント

セントラル駅のある中心部は通りも整然とした碁盤の目状なので分かりやすく、見どころは歩いてまわれる。ただセントラル駅西側はかなり起伏があり、南北方向の通りにはきつい上り坂もある。レストランやホテルもシティ・センターと呼ばれる中心部に集中し、駅西側には大型ホテルも多い。起点になるの

は観光案内所もあるジョージ・スクエアで、駅から徒歩5分。街の東側のオールド・タウンも中心部から歩けるが、西側のウエスト・エンドやクライド河南

堂々たるグラスゴー駅。構内表示は英語とゲール語の2本立て

側は地下鉄やバスを使いたい。市が管理する博物館や歴史的建造物はほとんどが入館無料。またグラスゴーはスコティッシュ・オペラやスコティッシュ・バレエ団のホームタウンで、交響楽団もふたつ抱えている。時間があれば、こうしたエンターテインメントで夜を過ごすのもいいだろう。

●グラスゴー市内の交通

●地下鉄

1896年開業でロンドン、ブダペストに次いで世界で3番目に古い地下鉄で、サブウェイSubwayと呼ぶ。環状線の1路線だけで中心部と市内の西側、クライド河の南側を結んでいる。1周24分で駅数は15。

DATA ▶運行時間は6:30〜23:30、日曜11:00〜18:00▶料金：£1.00均一、月〜土曜の9:30以降と日曜の1日券£1.70。

●バス

市内の東西方向の移動やクライド河の南側に行く時に便利。バス停はセントラル駅西側のホープ・ストリートHope St.と東側を通るレンフィールド・ストリートRenfield St.、

ユニオン・ストリートUnion St.、ジョージ・スクエア周辺に集中している。

DATA ▶料金：1日券は£2.55、9:30以降なら1日券£2.25

●乗り降り自由の観光バス

シティサイトシーイング社の乗り降り自由のバスが中心部の見どころとウエスト・エンドをまわっている。

DATA ▶運行は9:30～16:30、10～4月初めは～16:00▶料金：大人£8.50、子供£3.00

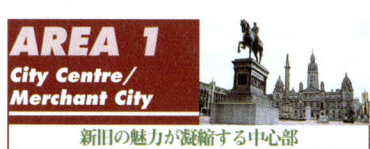

AREA 1 City Centre/Merchant City

新旧の魅力が凝縮する中心部
シティ・センター／マーチャント・シティ

中心部の見どころは、グラスゴー美術学校を除けばジョージ・スクエアの周辺にある。ブキャナン・ストリートBuchanan St.やアーガイル・ストリートArgyle St.の東側部分がショッピング・エリア。ロイヤル・エクスチェンジ・スクエアRoyal Exchange Sq.は、広場をカフェやレストランが取りまき、夏は広いテラス席に人があふれる。ジョージ・スクエアから南東の一帯はマーチャント・シティMerchant City と呼ばれ、18世紀から19世紀まで砂糖やタバコを扱う商社が集中していたところだ。近年再開発が進み、昔の市場はマーチャント・スクエアと呼ぶショッピングセンターに変身し、周囲には新しいカフェ、レストランが増えている。

George Square
豊かだった19世紀の証
ジョージ・スクエア

MAP p.387-B
ℹ観光案内所前

グラスゴーに来たら、まずこの広場へ

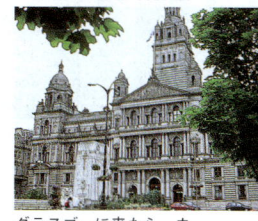

グラスゴーのヘソにあたるのがジョージ・スクエア。中央の25mの円柱の上に立つのは『ロブ・ロイ』などスコットランドを舞台にした小説や詩を書いた作家、ウォルター・スコットの像だ。東端の**市庁舎**は1888年に完成したもの。ルネッサンス様式の外観も立派だが、中はモザイクの天井や大理石の階段など、目を見張るものばかりで、当時、いかにこの街が豊かだったかが実感できる。

●グラスゴー市庁舎 Glasgow City Chambers

DATA ▶☎0141-287-4018▶OPEN：9:00～16:30、ガイドツアーは10:30と14:30▶土・日曜・祝日休み▶入館無料

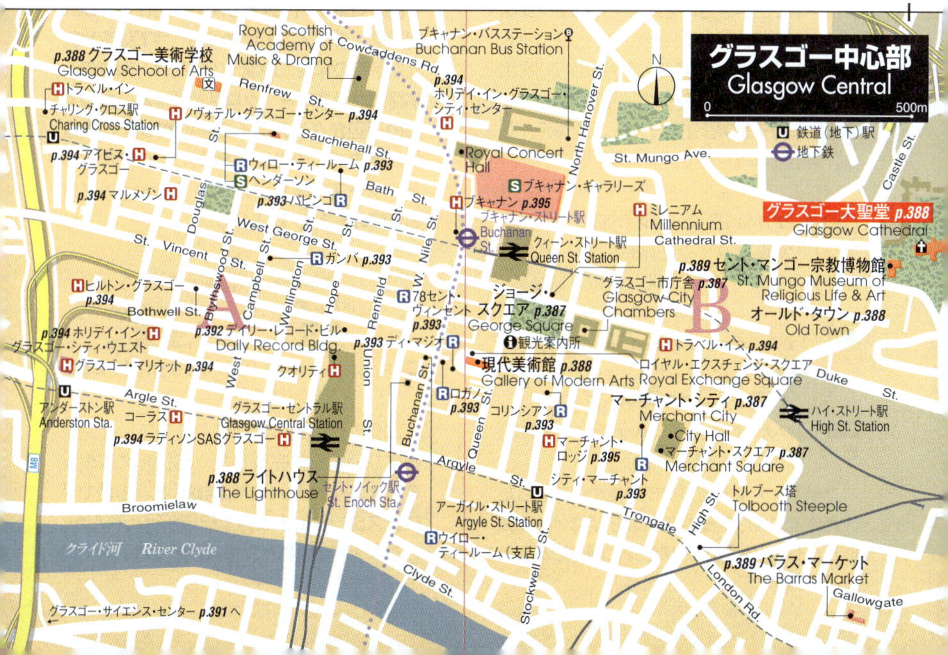

グラスゴー中心部
Glasgow Central
0 500m
鉄道（地下）駅
地下鉄
p.388 グラスゴー美術学校
Glasgow School of Arts
Royal Scottish Academy of Music & Drama
Cowcaddens Rd.
ブキャナン・バスステーション
Buchanan Bus Station
p.394 ホリデイ・イン・グラスゴー・シティ・センター
トラベル・イン
チャリング・クロス駅
Charing Cross Station
ノヴォテル・グラスゴー・センター p.394
Renfrew St.
Sauchiehall St.
p.394 アイビス・グラスゴー
ウィロー・ティールーム p.393
ヘンダーソン
p.394 マルメゾン
p.393 バビンゴ
Bath St.
Royal Concert Hall
North Hanover St.
St. Mungo Ave.
ブキャナン・ギャラリーズ
ブキャナン p.395
ブキャナン・ストリート駅
Buchanan St.
ミレニアム
Millennium
Cathedral St.
グラスゴー大聖堂 p.388
Glasgow Cathedral
Castle St.
Douglas St.
West George St.
St. Vincent St.
ガンバ p.393
クィーン・ストリート駅
Queen St. Station
p.389 セント・マンゴー宗教博物館
St. Mungo Museum of Religious Life & Art
ヒルトン・グラスゴー p.394
Bothwell St.
Blythswood St.
Campbell St.
Wellington St.
Hope St.
Renfield St.
W. Nile St.
78セント・ヴィンセント p.393
ジョージ・スクエア p.387
George Square
観光案内所
グラスゴー市庁舎 p.387
Glasgow City Chambers
オールド・タウン p.388
Old Town
p.394 ホリデイ・イン・グラスゴー・シティ・ウエスト
p.392 デイリー・レコード・ビル
Daily Record Bldg.
p.393 ディ・マジオ
トラベル・イン p.394
グラスゴー・マリオット p.394
クオリティ
現代美術館 p.388
Gallery of Modern Arts
ロイヤル・エクスチェンジ・スクエア
Royal Exchange Square
Duke St.
West St.
Union St.
Buchanan St.
Queen St.
ロガノ p.393
コリンシアン p.393
マーチャント・シティ p.387
Merchant City
ハイ・ストリート駅
High St. Station
アンダーストン駅
Anderston Sta.
コーラス
Argyle St.
グラスゴー・セントラル駅
Glasgow Central Station
p.394 ラディソンSASグラスゴー
マーチャント・ロッジ p.395
City Hall
マーチャント・スクエア p.387
Merchant Square
M8
p.388 ライトハウス
The Lighthouse
セント・イノック駅
St. Enoch Sta.
シティ・マーチャント p.393
トルブース塔
Tolbooth Steeple
Trongate
High St.
Broomielaw
アーガイル・ストリート駅
Argyle St. Station
ウィロー・ティールーム（支店）
クライド河 River Clyde
Clyde St.
Stockwell St.
London Rd.
p.389 バラス・マーケット
The Barras Market
Gallowgate
グラスゴー・サイエンス・センター p.391へ
A
B

Gallery of Modern Arts
アートの殿堂になった元王立取引所
現代美術館

MAP p.387-B　❶観光案内所から徒歩2分

だまし絵は必見！

カフェが並ぶ賑やかなロイヤル・エクスチェンジ・スクエアの中央にある。タバコ商社から王立取引所、図書館と主が代わり、1996年に美術館としてオープンした。スクエアに堂々とそびえる建物自体が鑑賞の対象になる。4つのフロアには絵画や写真、インスタレーションなどコンテンポラリー作品が並び、1階では高い天井を利用して、常時特別展が開催されている。

DATA ▶ ☎0141-229-1996 ▶ OPEN：10:00〜17:00、木曜は〜20:00、金・日曜11:00〜 ▶ 12/25・26、1/1・2休み ▶ 入館無料

The Lighthouse
デザイン＆建築の新しい中心
ライトハウス

MAP p.387-A　🚃Glasgow Central駅から徒歩2分

マッキントッシュが設計し1895年に完成した建物で、外観だけを残して中はモダンなアートスペースに生まれ変わった。スコットランドのデザイン＆建築センターの役割を果たし、マッキントッシュの展示フロアの他、建築やインテリア、工業デザインの展示がある。最上階は展望台で街が一望できる。

DATA ▶ ☎0141-221-6362 ▶ OPEN：10:30〜17:00、火曜11:00〜、日曜12:00〜 ▶ 12/25休み ▶ 入館料：大人£3.00、子供£1.00

Glasgow School of Art
まるごとマッキントッシュの世界
グラスゴー美術学校

MAP p.387-A　🚃Glasgow Central駅から徒歩15分、または🚇Cowcaddens駅から徒歩7分

マッキントッシュが母校のために設計した代表作で、1899年と1909年の2期に分けて完成したもの。建築やデザインに関心のある人

ここから数々の才能が花開いた

なら真っ先に行きたい場所だ。巨大な窓や植物をモチーフにした鉄の飾り、曲線を描く階段など外観を見るだけでもおもしろいが、ガイドツアーに参加すれば内部も見学できる。彼がデザインした家具から照明器具、扉や柱の細部まで内装は当時のまま。日本の着物から着想した家具など、当時の芸術家に与えたジャポニズムの影響も随所に見られる。

DATA ▶ ☎0141-353-4526 ▶ ツアーは10:30〜14:30出発まで1日6回。10〜3月は11:00と14:00の2回（5月末〜6月はツアー回数・日時が変動）▶ 10〜3月の日曜、クリスマス、新年休み ▶ 料金：大人£6.00、子供£4.00

AREA 2
Old Town
MAP p.387-B

グラスゴー発祥の街
オールド・タウン

街の東側、ハイ・ストリートHigh Street周辺は、グラスゴー発祥の地。今ではやや寂れた下町の雰囲気が漂っているが、南端の十字路はグラスゴー・クロスと呼ばれ、かつてこの周辺がグラスゴーの中心だった。19世紀前半まで、街のシンボルだった17世紀のトルブースの塔Tolbooth Steepleが今も当時のまま立っている。

Glasgow Cathedral
14世紀の原形を伝えるゴシック様式
グラスゴー大聖堂

MAP p.387-B　❶観光案内所から徒歩15分、またはバス12・38・56・57番を利用

ゴシック様式の建物は、1136年に建造が始まり14世紀に完成した。16世紀に宗教改革がスコットランドでも吹き荒れ、各地でプロテスタントによる聖堂破壊が行われたが、ここはそれを免れたため原形を今に伝えてい

388

ゴシック様式の堂々たる大聖堂

儀式の紹介や美術品が展示され、禅ガーデンと呼ぶ枯れ山水の庭まである。絵画ではダリの「十字架の聖ヨハネのキリスト」が目玉だ。

DATA ▶ ☎0141-553-2557▶OPEN：10:00～17:00、金・日曜11:00～▶12/25・26、1/1・2休み▶入館無料

The Barras Market
週末のガラクタ市
バラス・マーケット

MAP p.387-B **❶**観光案内所から徒歩15分、またはバス61・62・18・16番を利用

グラスゴーでいちばん有名なマーケットで、土・日曜の朝8時にオープンする。ヴィクトリア時代に物売りたちが手押し車（バラウ）に商品を並べたのがそのルーツ。庶民のためのガラクタ市でアンティークなどは期待できないが、街の素顔がのぞける。

る。聖堂裏の墓地ネクロポリスは、19世紀にパリのペール・ラシェーズ墓地を模して造られたものだ。

DATA ▶ ☎0141-552-6891▶OPEN：9:30～18:00、日曜13:00～17:00、10～3月は9:30～16:00、日曜13:00～16:00▶12/25・26、1/1・2休み▶入館無料

St. Mungo Museum of Religious Life & Art
世界の宗教と人間の関わりを探る
セント・マンゴー宗教博物館

MAP p.387-B **❶**観光案内所から徒歩15分、またはバス12・38・56・57番を利用

キリスト教だけでなくイスラム教や仏教、ヒンズー教など世界の宗教と人間社会との関わりを探るという意欲的な博物館。各宗教の

グラスゴー市民たちの日常をのぞくなら、こんなマーケットへ

グラスゴー
Glasgow

0　　　500m

Ⓤ 鉄道（地下）駅
Ⓤ 地下鉄

P.387

ヒルヘッド駅 Hillhead
p.393 ユービキタス・チップ Ⓡ
アシュトン・レーン
Ashton Lane
ウェスト・エンド p.390
Westend
p.390 ハンタリアン美術館 p.390
Hunterian Art Gallery
p.390 グラスゴー大学 🏫
University of Glasgow
ハンタリアン博物館
Hunterian Museum
ケルヴィンブリッジ駅
Kelvin Bridge
ケルヴィン・ブリッジ駅
セント・ジョージ・クロス駅
St. George's Cross
Garscube Rd.
Great Western Rd.
パーティック駅
Partick Sta.
ケルヴィンホール駅
Kelvinhall
ケルヴィングローヴ・パーク
Kelvingrove Park
p.390 交通博物館
Museum of Transport
ケルヴィングローヴ美術館＆博物館 p.390
Kelvingrove Art Gallery & Museum
Dobbies Loan
カウデンズ駅
Cowcaddens
ゴーヴァン駅
Govan
Clydeside Expressway
Argyle St.
Sauchiehall St.
グラスゴー美術学校 p.388
Glasgow School of Arts
チャリング・クロス駅
Charing Cross Sta.
St. Vincent St.
クィーン・ストリート駅
Queen St. Sta.
エキシビジョン・センター駅
Exhibition Centre Sta.
エキシビジョン・センター
Scottish Exhibition &
Conference Centre
ブキャナン・ストリート駅
Buchanan St.
p.388 グラスゴー大聖堂 p.388
Glasgow Cathedral
市庁舎
ジョージ・スクエア p.387
George Square
p.391 グラスゴー・タワー
Glasgow Tower
グラスゴー・サイエンス・センター p.391
Glasgow Science Centre
アンダーストン駅
Anderston Sta.
p.388 現代美術館 p.388
Gallery of Modern Arts.
ハイ・ストリート駅
High St. Sta.
p.391 IMAX
グラスゴー・セントラル駅
Glasgow Central Station
セントイニック駅
St. Enoch
アーガイル・ストリート駅
Argyle St. Sta.
バラス・マーケット
London Rd.
Pacific Dr.
Festival
Park
Govan Rd.
R. Clyde
Broomielaw
Clyde St.
Bridge St.
High St.
アイブロックス駅
Ibrox
セスノック駅
Cessnock
p.392 学校博物館
Scotland Street School
Museum
キニング・パーク駅
Kinning Park
Paisley Rd. West
Paisley Rd.
ブリッジ・ストリート駅
Bridge St.
ウェスト・ストリート駅
West St.
Norfolk St.
グラスゴー・グリーン
Glasgow Green
ピープルズ・パレス
People's Palace(Museum)
ウス・フォー・アン・アート・ラヴァー
s House for an Art Lover p.391
Edmiston Dr.
ポロック・カントリー・パーク、ポロック・ハウス、
バレル・コレクション p.391 へ
シールズ・ロード駅
Shields Rd.

最先端のホットなエリア
ウェスト・エンド

中心部から高速道路で区切られた街の西側に入ると、急に緑が多くなり瀟洒なテラスハウスが並ぶ落ち着いた街並みが始まる。グラスゴー大学や博物館の集まる文教地区だが、最近ではアシュトン・レーンAshton Lane周辺に新しいカフェやレストランが続々誕生してホットなエリアに変身。博物館の帰りにはここにも立ち寄ってみたい。

Kelvingrove Art Gallery & Museum
ルネッサンスと印象派の絵画が充実
ケルヴィングローヴ美術館&博物館
MAP p.389-A ⊖Kelvinhall駅から徒歩7分、またはバス9・16・18・62番を利用

1901年に建てられた博物館に足を踏み入れると、広いホールの正面にパイプオルガンがあり、大聖堂の雰囲気が漂う。絵画から自然史、民俗学、考古学など、展示は広範囲に及び、絵画ではレンブラントやボッティチェリ、

モネ、ピカソなどの作品が充実。ただし2003年7月から2006年春まで改修工事のため閉館。創建当時の内装が蘇える予定だ。

グラスゴーならではの装飾芸術の逸品はぜひ見たい

DATA ▶ ☎0141-287-2699 ▶ OPEN：10:00～17:00、金・日曜11:00～ ▶ 12/25・26、1/1・2休み ▶ 入館無料

Hunterian Art Gallery
マッキントッシュの自宅を復元
ハンタリアン美術館
MAP p.389-A ⊖Hillhead駅から徒歩5分

グラスゴー大学のキャンパス近くにある大学付属の美術館。アメリカ人の画家ホイッスラーのコレクションで知られ、レンブラントやホックニーの作品もあるが、もっとも人気があるのは、復元されたマッキントッシュの

自宅「マッキントッシュ・ハウス」。4フロアを使い、家具から小物にいたるまで自宅のインテリアを忠実に再現している。

DATA ▶ ☎0141-330-5431 ▶ 9:30～17:00／マッキントッシュ・ハウスは12:30～13:30は昼休み ▶ 日曜・祝日、12/25～1/5休み ▶ 入館無料

University of Glasgow
イギリスで4番目に古い大学
グラスゴー大学
MAP p.389-A ⊖Hillhead駅から徒歩5分

丘の上にひときわ高くそびえる尖塔が、名門グラスゴー大学本校の目印。1886年に完成したネオゴシック様式の建物は「ウエディングケーキ」の異名を持つ。創立は1451年でイギリス国内の大学の中で4番目に古く、「国富論」を書いたアダム・スミスもここで学んでいる。建物内やチャペルは見学自由。ガイドツアーもあり、**ビジターセンター**では大学の歴史や活動を紹介している。建物の一部は**ハンタリアン博物館**で、考古学や民俗学に加えて膨大なコインのコレクションなども展示している。

●ビジターセンター　Visitor Centre
DATA ▶ ☎0141-330-5511 ▶ OPEN：9:30～17:00、日曜14:00～ ▶ 10～4月の日曜、12/25～1/5休み ▶ 入館無料
●ハンタリアン博物館　Hunterian Museum
DATA ▶ ☎0141-330-4221 ▶ 9:30～17:00 ▶ 日曜・祝日、12/25～1/5休み ▶ 入館無料

Museum of Transport
クラシックな乗り物が勢揃い
交通博物館
MAP p.389-A ⊖Kelvinhall駅から徒歩7分、またはバス9・16・18・62番を利用

トラムやトロリーバス、蒸気機関車、年代物の車や自転車など、あらゆる乗り物を揃えている。クライド河の造船所で造られた船の模型を集めた部屋や1930年代の通りを再現したコーナーもある。

DATA ▶ ☎0141-287-2720 ▶ OPEN：10:00～17:00、金・日曜11:00～ ▶ 12/25・26、1/1・2休み ▶ 入館無料

※「無休」とある観光地も、12/25前後と1/1はほとんどが休みとなります。ご注意ください。

緑豊かな再開発エリア
クライド河南側

河の南岸はサイエンス・センターをはじめ再開発が進む一方、まだ倉庫なども多く殺伐とした感じだが、もう少し南に下れば緑豊かな住宅地が広がる。見どころも点在しているが、広大な公園でのんびり過ごすのもいい。

Glasgow Science Centre
最新のエキジビジョン
グラスゴー・サイエンス・センター

MAP p.389-A　バス24・89・90番でサイエンス・センター下車、または⇌Exhibition Centre駅（⇌Central駅からローカル鉄道で2駅目）から河を渡り徒歩7分

2001年に誕生した銀色に輝く建物群は、歩行者専用橋で結ばれた対岸のエキジビジョン・センター、別名「アルマジロ」とともにクライド河の新しいランドマークになっている。**サイエンス・モール**は体験を通じて科学に親しもうという展示で、子供だけでなく大人も楽しめる。**IMAX**は3D映像で人気のある映画館。市内を一望できる**グラスゴー・タワー**Glasgow Towerもある。

DATA ▶ ☎0141-420-5000▶割引チケット：サイエンス・モール、グラスゴー・タワー、IMAXのうちふたつで大人£9.95、子供£7.95
●**サイエンス・モール** Science Mall
▶OPEN：10:00〜18:00▶無休▶入館料：大人£6.95、子供£4.95
●**IMAX**
▶OPEN：10:00〜17:00頃▶無休▶入館料：大人£6.95、子供£4.95
●**グラスゴー・タワー**
▶OPEN：11:00〜18:00

エキジビジョン・センター、通称アルマジロ

マッキントッシュ幻の建物
ハウス・フォー・アン・アート・ラヴァー

MAP p.389-A
🚌 バス56、57番でBellahouston Park下車

マッキントッシュの作品が現代に蘇った

ドイツの雑誌が1901年に主催した建築コンペにマッキントッシュが応募。設計案は優秀作に選ばれたが建設されることはなかった。この幻の建物が100年ぶりにベラハウストン・パークに姿を現した。当時の設計図と外観・内装予想図、家具のデザイン図を基に蘇らせたもので、彼の世界が余すところなく伝わる。日曜には中でミニコンサートもある。

DATA ▶ ☎0141-353-4770▶OPEN：10:00〜16:00、木〜日曜は〜13:00、10〜3月は土・日曜のみで10:00〜13:00▶10〜3月の月〜金曜、12/25・26、1/1・2休み▶入場料：大人£3.50、子供£2.50

Pollok Country Park
公園内の美術館は必見
ポロック・カントリー・パーク

MAP p.389-A
🚌 バス56、57番でBellahouston Park下車

自然を活かした広大な公園で、独特の風貌をしたハイランド牛にも出会える。公園内にある美術館、**バレル・コレクション**は、海運業で財を築いたバレル卿がグラスゴー市に寄贈した約9000点の美術品を収めた

公園の中にある美術館、バレル・コレクションの館内

もの。バレル卿の住まいだったハットン城の3部屋の内装をそのまま移した展示もある。公園内では、18世紀に作られた邸宅**ポロッ**

ク・ハウスも公開されているので、こちらにも立ち寄ってみたい。

●バレル・コレクション　Burrell Collection
DATA ▶☎0141-287-2550▶OPEN：10:00〜17:00、金・土曜11:00〜▶12/25・26、1/1・2休み▶入館無料

●ポロック・ハウス　Pollok House
DATA ▶☎0141-616-6410▶OPEN：10:00〜17:00▶12/25・26、1/1・2休み▶入館料：大人£8.00、子供£5.00

ZOOM in 世紀末グラスゴーの寵児　マッキントッシュ

マッキントッシュの代表作、学校博物館

　グラスゴーがデザイン&建築の街としてアイデンティティを確立できたのは、ひとえにチャールズ・レニー・マッキントッシュがいたからだ。19世紀末から20世紀初めにこの街で建築家、インテリアデザイナーとして活躍し、イギリスのアールヌーボーに大きな足跡を残しながら晩年は不遇で、死後長い間忘れられた存在となっていた。

　マッキントッシュは1868年にグラスゴーで生まれ、グラスゴー美術学校で学んでいる。1893年にグラスゴー・ヘラルド社のビル（現・ライトハウス）を手がけたのを皮切りに、母校の建築コンペで選ばれ、ウィロー・ティールーム（p.393）では家具や装飾、銀器、ウェイトレスの衣装までデザイン。欧州でアールヌーボーが大きな流れとなると、妻でインテリアデザインを手がけるマーガレットとともに一躍時代の寵児となった。スコットランドの伝統の上に、植物などの自然界や日本のシンプルなフォームから着想した作品は、「グラスゴー・スタイル」として欧州中で注目を浴びた。

　しかし、1910年代に入るとコンペにも敗れ、次第にそのデザインは見向きもされなくなり、彼は精神的にむしばまれていく。晩年には、夫婦で安宿に泊まりながら地中海沿岸をさまよい水彩画に活路を見出そうとしたが病に倒れて、1928年に世を去った。5年後にマーガレットが亡

くなった時、彼の絵画や2人がデザインした家具は二束三文で売り払われたという。

　グラスゴーとその周辺にはマッキントッシュの建築物や作品を収めた博物館が多い。ライトハウスの展示は、まずその全容を知るのに絶好の場所。見どころで紹介した他にも、次のような有名な建築物がある。

●学校博物館
Scotland Street School Museum
MAP p.389-A
　1903年に設計した学校で、彼の代表作。
DATA ▶☎0141-287-0500▶10:00〜17:00、金・土曜11:00〜▶12/25・26、1/1・2休み▶入館無料

●デイリー・レコード・ビル
The Daily Record Building
MAP p.387-A
　1900年設計。現在もオフィスとして使われ、外観だけ見ることができる。

●ヒル・ハウス　The Hill House
MAP p.361-H
🚂Queen St.駅〜Helensburgh Central駅▶40分▶1時間に2本運行▶駅からは約2km、タクシー利用が便利
　グラスゴーの出版社社長のため1902年に設計した家で、家具や内装も手がけている。
DATA ▶☎01436-67-3900▶OPEN：13:30〜17:30▶11〜3月休み▶入場料：大人£8.00、子供£5.00

ライトハウスには彼の展示がある

Restaurants

シティ・マーチャント
City Merchant Restaurant MAP p.387-B　❶観光案内所から徒歩5分

素材にこだわったとびきりのスコットランドの味
　シーフードから野鳥までスコットランドの料理を現代風にアレンジ。木造りの内装が心地よい。午後6時30分までのセット料理もある。

DATA ▶97-99 Candleriggs▶☎0141-553-1577
▶OPEN：12:00〜22:30▶日曜休み

ロガノ
Rogano MAP p.387-A　❶観光案内所から徒歩3分

アールデコのクラブ的なムードが魅力
　オイスターやロブスターなどシーフードが多い。アールデコの内装はバーだけでも必見。料理は地下のカフェレストランの方が手頃。

DATA ▶11 Exchange Place▶☎0141-248-4055▶バー：11:00（日曜12:00）〜24:00、カフェレストラン12:00〜23:00（金・土曜〜24:00）、レストラン12:00〜14:30、18:30〜22:30▶無休

ウィロー・ティールーム
The Willow Tearoom MAP p.387-A　🚃Central駅から徒歩10分

マッキントッシュがデザインした店
　内装は当時そのままではないが、今や観光スポット的存在。1階は店舗で、2、3階がティールームになっている。

DATA ▶217 Sauchiehall St.▶☎0141-332-0521▶OPEN：9:00〜16:30、日曜11:00〜16:00▶無休　※支店は97 Buchanan St.▶☎0141-204-5242

78 セント・ヴィンセント
78 St. Vincent MAP p.387-A

　おしゃれなブラッスリーで、モダンスコティッシュ料理を出す。パリを思わせる内装で、地元でも人気の店。

DATA ▶❶観光案内所から徒歩4分▶78 St. Vincent St.
▶☎0141-248-7878▶OPEN：12:00〜15:00、17:00〜22:00（金・土曜〜22：30）▶無休

パピンゴ
Papingo Restaurant MAP p.387-A

　モダンなスコットランド料理でおしゃれな人々にも人気の店。南欧料理の他、ヨーロッパ各地やアジアの要素も取り入れている。

DATA ▶Central駅から徒歩7分▶104 Bath St.▶☎
0141-332-6678▶OPEN：12:00〜14:30、17:00〜22:30（日曜〜22:00）▶日曜のランチ休み

ディマジオ
Di Maggio's MAP p.387-A

　ピザやパスタを中心にしたイタリア風料理を手頃な価格で楽しめるピッツェリア。魚介をたっぷり使ったピザがとくにおすすめ。

DATA ▶❶観光案内所から徒歩2分
▶21 Royal Exchange Sq.▶☎0141-248-2111
▶OPEN：12:00〜24:00、日曜23:00▶無休

コリンシアン
Corinthian MAP p.387-B

　3つのバーを併設したシックな店。地元の素材を各種ヨーロッパ風料理で楽しめる。

DATA ▶❶観光案内所から徒歩2分▶191 Ingram St.▶☎0141-552-1101
▶17:00〜22:30（土曜12:00〜、日曜〜21:00）、ピアノ・バー21:00〜3:00am▶無休

ガンバ
Gamba MAP p.387-A

　グラスゴーでも指折りのシーフード・レストラン。スコットランドの魚介をふんだんに使った料理には、地中海風のアレンジも多い。

DATA ▶Central駅から徒歩5分▶225A West George St.▶☎0141-572-0899▶OPEN：12:00〜14:30、17:00〜22:30▶日曜休み

ユービキタス・チップ
Ubiquitous Chip MAP p.389-A

　伝統的なメニューからモダンにアレンジしたものまで、スコットランド料理の神髄をアピール。ブラッスリー部門が値段も手頃。

DATA ▶ⓊHillhead駅から徒歩1分▶12 Ashton Lane
▶☎0141-334-5007▶OPEN：12:00〜14:30、17:30〜23:30（日曜12:30〜15:00、18:30〜23:00）▶無休

※「無休」とある店も、12/25前後と1/1はほとんどが休みとなります。ご注意ください。

Hotel Guide

グラスゴー・マリオット ★★★

Glasgow Marriott Hotel　**MAP** p.387-A　≈Central 駅から徒歩10分

クライド河の眺望も開ける優雅なホテル

スポーツクラブなど各種施設充実の大型ホテル。クライド河の眺望も開け、地元の会合利用も多い。イタリア風レストランも自慢。

DATA ▶500 Argyle St.▶☎0141-226-5577▶FAX 0141-221-9202
▶URL：www.marriott.com/gladt▶300室▶S、T/Dとも£109～▶MR, JH

マルメゾン ★★★

Malmaison Hotel　**MAP** p.387-A　≈Central 駅から徒歩15分

グラスゴーを代表するデザイナーズホテルの雄

静かな一角に登場した超スタイリッシュなホテルで、グラスゴーの新感覚派を自負。フランス風ブラッスリーも有名。

DATA ▶278 West George St.▶☎0141-572-1000▶FAX 0141-572-1002
▶URL：www.malmaison.com▶72室▶S、T/Dとも£135～

ホリデイ・イン・グラスゴー・シティ・センター ★★

Holiday Inn Glasgow City Centre **MAP** p.387-A　❶観光案内所から徒歩10分

アメリカン・スタイルの快適なホテル

充実した設備で、劇場にも近くショッピングなどにも便利。隣に低料金のエクスプレス・バイ・ホリデイ・インがある。

DATA ▶161 West Nile St.▶☎0141-352-8300▶FAX 0141-352-8311
▶URL：www.higlasgow.com▶113室▶S£80～、T/D£90～▶IC

ヒルトン・グラスゴー ★★★

Hilton Glasgow　**MAP** p.387-A

ひときわ高いタワーが目印の、機能的な設備充実のホテル。周囲はオフィス街で、ビジネス客の利用も多い。

DATA ▶≈Central 駅から徒歩10分▶1 William St.▶☎0141-204-5555▶FAX 0141-204-5004▶URL：www.glasgow.hilton.com▶319室▶S、T/Dとも£120～▶HR, TO, Ul

ノヴォテル・グラスゴー・センター ★★

Novotel Glasgow Centre　**MAP** p.387-A

2001年開業のモダンな建物で、各種設備も申し分ない。グラスゴー美術学校には徒歩2分。ウェスト・エンドに行くにも便利だ。

DATA ▶≈Central駅から徒歩15分▶181 Pitt St.▶☎0141-222-2775▶FAX 0141-204-5438▶URL：www.novotel.com▶139室▶S、T/Dとも£99～▶TO

ホリデイ・イン・グラスゴー・シティ・ウェスト ★★

Holiday Inn Glasgow City West **MAP** p.387-A

ビジネスビルが並ぶ一角にある、近代的な大型ホテル。客室内の各種設備は機能的で、ゆったり宿泊できる。駅からも近い。

DATA ▶≈Central 駅から徒歩7分▶Bothwell St.▶☎0870-400-9032▶FAX 0141-221-8986▶URL：www.holidayinn.co.uk▶275室▶S、T/Dとも£70～▶IC, JH

ラディソンSASグラスゴー ★★★

Radisson SAS Hotel Glasgow　**MAP** p.387-A

斬新なデザインの建物と行き届いたサービスで、一躍グラスゴーで一番人気となったホテル。プールなど各種施設も充実。駅からすぐの立地もいい。

DATA ▶Central駅から徒歩2分▶301 Argyle St.▶☎0141-204-3333▶FAX0141-204-3344▶URL：www.radisson.com▶246室▶S、D/Tとも£140～

トラベル・イン ★

Travel Inn Glasgow City Centre **MAP** p.387-B

ジョージ・スクエアのそばにある。エコノミーなチェーンホテルだが部屋も広く快適。街の中心にあるので観光にも便利な立地。

DATA ▶❶観光案内所から徒歩3分▶187 George St.▶☎0870-238-3320▶FAX 0141-553-2719▶URL：www.travelinn.co.uk▶254室▶S、T/Dとも£52.95（朝食別）

アイビス・グラスゴー ★

Hotel Ibis Glasgow　**MAP** p.387-A

部屋はコンパクトだが快適。全国的なエコノミー価格のチェーンホテルで、近代的設備が揃う。

DATA ▶≈Central駅から徒歩15分▶220 West Regent St.▶☎0141-225-6000▶FAX 0141-225-6010▶URL：www.ibishotel.com▶141室▶S、T/Dとも£45.95～（季節により変動／朝食別）

注 S＝シングル、T＝ツイン、D＝ダブルベッドルームの室料／★★★＝スタンダード、★★～★＝エコノミークラスのホテル。データの最後にある「UT, JH」は日本でのホテル予約事務所の略号。詳細はp.430参照。

ブキャナン ★★

The Buchanan Hotel **MAP** p.387-A

　街の中心にある手頃な価格のホテル。目の前がショッピング街なのでどこに行くにも便利。1840年創業と古いが中は近代的で快適だ。

DATA ▶ ❶観光案内所から徒歩5分 ▶ 185 Buchanan St. ▶ ☎0141-332-7284 ▶ FAX 0141-333-0635 ▶ URL：www.strathmorehotels.com ▶ 60室 ▶ S、T/Dとも£70〜

マーチャント・ロッジ ★★

The Merchant Lodge **MAP** p.387-B

　18世紀の古風な建物を現代的に改造したホテル。街の中心にあり、街歩きの拠点として便利。

DATA ▶ ❶観光案内所から徒歩3分 ▶ 52 Virginia St. ▶ ☎0141-552-2424 ▶ FAX 0141-552-4747 ▶ URL：www.merchantlodgehotel.com ▶ 40室 ▶ S £36〜、T/D £57〜

もうひとつの旅
Promenade **MAP** p.361-H

深い森に包まれた
神秘のローモンド湖
Loch Lomond

広大な湖はウォータースポーツのメッカ

　ローモンド湖は、長さ約40km。淡水湖としてはスコットランド最大の湖だ。北に行くほど幅が狭くなる三角形の釣鐘型をしており、森林と丘陵にかこまれた湖面にはいくつもの島が浮かぶ。湖の南端はグラスゴーから車でわずか30分と近く、明るく開けた広い湖面はウォータースポーツを楽しむ人々で賑わう。これが湖の北に向かうと一転して、両側に険しい山と深い森が迫り昼でも暗く、妖精が住むと詩に謳われた神秘の世界に包まれている。

　拠点となるのは交通の便もよい南端のバロッホ。ここからは湖上クルーズ船も出ている。バロッホの東側

のんびり過ごす心地よい時間

には湖に臨むバロッホ・キャッスル・カントリー・パークがあり、ウォーキングや散歩にぴったりだ。湖の西岸に沿って北にのびる道は、移り変わる湖上の風景を眺める絶好のドライブコース。途中にはラスやタルベットなどの湖岸の村があり、タルベットからも湖上クルーズ船が出ている。ハイランド地方に行く予定がない人も、ここでその雰囲気を味わうことができる。

ACCESS

●バロッホ　Balloch
≋グラスゴー・クイーン・ストリート駅〜バロッホ駅 ▶ 45分 ▶ 1時間に2本運行

●ラス　Luss
🚌 バロッホからバス305番で終点まで ▶ 約20分 ▶ 2時間に1〜2本運行 ▶ 4〜10月はバロッホからローモンド湖エクスプローラーが30分間隔で運行

●タルベット　Tarbet
🚌 ラスからバス302、916番などでタルベット・ホテル下車 ▶ 約15分 ▶ 2時間に1〜2本運行 または、≋Glasgow Queen St.駅〜Arrochar & Tarbet駅 ▶ 1時間15分 ▶ 1日に3〜4本運行
🚗 バロッホ、ラス、タルベットともグラスゴーからA82号で1本

●バロッホ発の湖上クルーズ

▶ スウィーニーズ・クルーズ・ロッホ・ローモンド
Sweeney's Cruises Loch Lomond
DATA ▶ ☎01389-75-2376 ▶ 45分クルーズと2時間30分クルーズ、2時間30分では途中ラスで30分間停泊 ▶ 年中運行

森が迫る神秘的な湖畔

ハイランドのポイントを周遊する
エディンバラ発の日帰りバスツアー

スコットランドまで来たのなら、ぜひハイランドまで足をのばして欲しい。スコットランドの人々が何よりも誇りに思い、愛し続けてきた風景はきっと忘れられない思い出になるだろう。ただ残念なのが、ハイランドの魅力にふれるには時間がかかること。主要なポイントには鉄道かバスが通っているが、本数は限られているし、公共の交通機関では訪れることが難しい場所もある。ハイランドを存分に満喫するには、レンタカーと時間の余裕が必須だ。そこで「行ってはみたいけれど、時間もレンタカーもない！」という人におすすめしたいのが現地発着のバスツアー。申し込みもガイドも英語になるが、限られた時間で効率的に観光するには最適な手段。カタコトの英語しかできなくても、検討の価値有りだ。

※以下は、ティンバーブッシュTimberbush社の「ネス湖、グレンコーとハイランド」のミニバス1日ツアー（エディンバラ発着）の例▶所要約12時間

前日　ツアーを選び、申し込む

観光案内所で、スコットランド各地へのバスツアーの情報が入手できる。ここでもツアーの申し込みはできるが、参加したいツアーのオフィスが近ければ直接行ってみるのもいい。

8:10　集合場所に到着してチェックイン

ガイド兼運転手のピーターさん

集合場所に出発10分前に到着。ガイド兼ドライバーに確認書を示してチェックイン。24人乗りのミニバスは座席指定がないので、好みの席をおさえたかったら早めに到着しよう。参加者が揃うまでの待ち時間を利用して、ガイドが今日のコースの概要を解説、希望者には簡単な資料を配布する。

8:20　ツアー参加者が揃って、いよいよ出発

ツアーに出発。車内ではガイド兼ドライバーが、見どころが車窓に入ってくるたびに解説してくれる。途中休憩1回。

10:00　写真撮影のため一時停車

ヴィクトリア時代のリゾート、カレンドーCallendorの街を過ぎ、左手に湖が見えてきたところでバスは停車。自由時間は15分。思い思いに写真を撮ったり、湖のほとりで遊んだり…。

ランコー・ムーアRannoch Moorと呼ばれる高原地帯を進み、山並みを一望する絶好のポイントで再び停車。自由時間はやっぱり15分。

景色のよいところで停車して、撮影タイム

11:30　悲劇の谷、グレンコーに到着

グレンコーは1692年の名誉革命の際の混乱で、谷に住む一族が虐殺される事件のおきた悲劇の土地。今では事件の痕跡どころか、人の気配はなく、ただ風の音が聞こえるばかりだ。滞在15分。

歴史を下調べしておけば感慨ひとしお

13:15 フォート・オーガスタスで90分の自由時間

ネス湖南端の街フォート・オーガスタスに到着。オーガスタスの街からは所要1時間のレイク・クルーズが出ており、ツアーの参加者はチケット売場で申告すれば、割引料金で優先乗船できる。クルーズを楽しむか、ゆっくり散歩するか、好きなプランで過ごそう。

14:00 ネス湖クルーズ出航（オプション）

船の中で生ビールやソフトドリンクなど飲物は入手できるので、街でテイクアウトのフィッシュ&チップスでも買って乗り込もう。クルーズの時間は約1時間。バスの出発時間ギリギリまでかかるが、船にはバスのドライバーも同乗しているので、置いていかれる心配はない。

湖畔の街の過ごし方は思い思いに

15:15 フォート・オーガスタスを出発

散歩を楽しんだ人、パブでゆっくりランチをとった人、クルーズに乗った人、思い思いのスタイルで自由時間を過ごして、30分遅れで街を後にする。

15:45 アーカート城で撮影休憩

ネス湖といえばこの城を思い浮かべる人も多いはず。残念ながら時間が足りないので外観を見学するのみ。撮影をして、数分で出発。バスはネス湖に沿って北上し、途中、インヴァネスの街を通過。街の様子は車窓から窺うのみ。

この風景だけはしっかりおさめたい

16:20 カローデン古戦場に到着

カローデンはスチュワート朝復興を夢見たボニー・プリンス・チャーリーがイングランド軍に敗れた土地。トイレ休憩も兼ねて、古戦場のビジターセンターで停車。センター内にはショップもあり、みやげが買える。見学予定地はこれですべて終了。一路、エディンバラへ。夕景を眺めながら一路南下。途中15分程トイレ休憩あり。

小型バスの旅もいよいよ終盤に入る

20:20 エディンバラに到着

12時間ぶりにエディンバラに帰還。帰りはヘイマーケット、または街の中心部のどちらかで下車できる。ちょっと遅めだがレストランはまだ開いているので、夕食をすませて宿に帰ろう。

インヴァネス ④
フォート・オーガスタス
③
⑤ カローデン古戦場
②フォート・ウィリアム
①グレンコー
START&GOAL
エディンバラ

ツアー・データ

●TIMBERBUSH TOURS

上記のツアーは毎日催行のLoch Ness, Glencoe & Highlandsというもの。ツアーには日帰りから2泊3日まで各種あり、毎日3〜5本催行されている。料金は£24〜94。日帰りツアーの主要な価格帯は£24〜30。申し込みは電話、ファックス、Eメールの他、観光案内所や同社のオフィス（エディンバラ駅前の他、ウェーヴァリー・マーケット駅にもあり）で直接申し込んでもいい。ツアー内容は道路事情、季節により変更になることもある。

DATA ▶ 555 Castlehill, The Royal Mile, Edinburgh（**MAP** p.368-F）▶ ☎0131-226-6066 ▶ FAX 0131-220-0174 ▶ Email：info@timberbush-tours.co.uk ▶ URL：www.timberbush-tours.co.uk

※ツアー内容や料金は、季節等により適宜変更されますので、事前に確認してください。

SCOTLAND
Perth

テイ河畔に開けた小さな古都
パース

MAP p.361-I

教会の尖塔がそびえるテイ河畔

ACCESS

≪ロンドン・キングス・クロス駅～パース駅▶約6時間▶直通は1日1本、エディンバラまたはダンディー乗り換えは2時間に1本運行

≪エディンバラ駅～パース駅▶1時間15分▶直通は2時間に1本運行、スターリング乗り換えは1時間に1本運行

≪グラスゴー・クィーン・ストリート駅～スターリング駅～パース駅▶グラスゴーから1時間、スターリングから30分▶1時間に1～2本運行

ロンドン・ヴィクトリア・コーチステーション～パース・レオナルド・ストリート・バスステーション▶約10時間▶1日2本運行（うち1本は夜行便）

エディンバラ・バスステーション～パース・レオナルド・ストリート・バスステーション▶1時間10～30分▶1時間に2本運行、うち1本はノンストップ便

グラスゴー・ブキャナン・バスステーション～パース・レオナルド・ストリート・バスステーション▶1時間20～40分▶1時間に1～2本

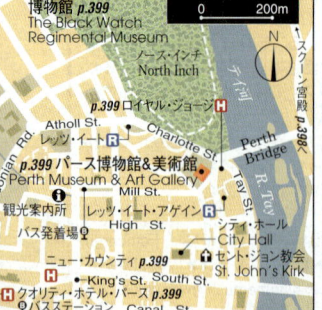

パース
Perth

0   200m

ブラック・ウォッチ博物館 p.399
The Black Watch Regimental Museum
ノース・インチ
North Inch
p.399 ロイヤル・ジョージ H
Atholl St.
レッツ・イート R
Charlotte St.
p.399 パース博物館&美術館
Perth Museum & Art Gallery
Mill St.
観光案内所
レッツ・イート・アゲイン R
バス発着場
High St.
ニュー・カウンティ p.399
King's St.
South St.
クオリティ・ホテル・パース p.399
バスステーション
Bus Station
Canal St.
H クィーンズ p.399
Victoria St.
パース駅 H Parklands セント・レナルド教会
Perth Sta. St. Leonard in the Field
Marshall Place
サウス・インチ South Inch
スクーン宮殿 p.398
Perth Bridge
R. Tay テイ河
シティ・ホール
City Hall
セント・ジョン教会
St. John's Kirk

398

テイ河の西岸の小さな街は、宮殿の立つ東岸のスクーンがスコットランド国王戴冠の地となって以来、15世紀半ばまでスコットランド王国の首都として栄えた。街にその面影はほとんどないが、今も昔と変わらぬ交通の要衝で、ここからアバディーンまでの間にはウイスキー蒸留所も点在し、ハイランド地方への玄関口となっている。街の北と南に緑地が広がり、周辺には庭園も多い。駅から観光案内所までは徒歩5分。最大の見どころスクーン宮殿は、街の中心から約2km。バスかタクシーを利用した方がいい。乗り降り自由の観光バス（シティサイトシーイング社は7～9月初旬運行）は城の前に停車する。

見どころ
Sightseeing

Scone Palace
MAP p.398
スコットランド国王ゆかりの地
スクーン宮殿

バスステーションからバス58番（2時間に1本）で約10分、オールド・スクーン下車、徒歩5分。またはタクシー、観光バス利用

スコットランド王宮の地で、シェイクスピアが描いたマクベスやマルコムをはじめ、数々の国王の伝説に満ちている。代々の国王が戴冠式で座る石は「スクーンの石」、またの名を「運命の石」と呼ばれていたが、1296年にイングランドの

スクーン城はスコットランド王家の誇りと歴史を今も刻み続けている

エドワード1世が石をロンドンのウェストミンスター寺院に持ち去り、その後は石がないまま戴冠式を行っていた。スコットランド国王ジェームス6世がイギリス国王ジェームス1世となってからは、現エリザベス女王にいたるまで歴代の国王は、ロンドンに置かれていたこの石の上で戴冠してきた。1996年にスコットランドに返還された石はエディンバラ城内に置かれ、スクーンの礼拝堂前にはレプリカが置かれている。

宮殿は現在居住するマンスフィールド伯爵の先祖であるマレー家が17世紀初めに国王から授かり、19世紀初めに大がかり

な増築が行われた。ジェームス6世や女王メアリにちなむ家具や刺繍などを見ることができる。

Perth Museum & Art Gallery　MAP p.398
地方史を知るならここへ
パース博物館＆美術館
ℹ️観光案内所から徒歩7分

　この地方の歴史や自然史に関する展示、工芸品、絵画などが収められている。街の歴史を知るにはここがいちばん。静かなのでゆったりと美術を鑑賞できる。

The Black Watch Regimental Museum　MAP p.398
ハイランド兵の戦いの歴史
ブラック・ウォッチ博物館
ℹ️観光案内所から徒歩10分

　ブラック・ウォッチとは、この地方の連隊の通称。18世紀半ばのイングランド軍との戦いで名を馳せたハイランド兵の部隊だ。この戦いに関する資料や連隊の歴史を展示。ノース・インチ緑地に面する建物は15世紀に建てられたバルハウジー城だ。

戦いの歴史を伝える博物館

ℹ️観光案内所
Tourist Information Centre
Lower City Mills, West Mill St.
▶️☎01738-45-0600▶️OPEN：9:00〜17:00、日曜11:00〜16:00、7・8月は〜18:30で日曜は〜17:00、11〜3月の土曜10:00〜16:00▶️11〜3月の日曜休み

●スクーン宮殿
DATA ▶️☎01738-55-2300
▶️OPEN：9:30〜17:30、庭園は〜18:00▶️11〜3月休み▶️最終入場は30分前▶️入館料：大人£6.95、子供£4.00、庭園のみ大人£3.50、子供£2.20
●パース博物館＆美術館
DATA ▶️☎01738-63-2488
▶️OPEN：10:00〜17:00、7〜9月の木曜〜19:00、日曜13:00〜16:30▶️10〜6月の日曜、12/25〜1/4休み▶️入館無料
●ブラック・ウォッチ博物館
DATA ▶️☎0131-310-8530
▶️OPEN：10:00〜16:30、10〜4月は〜15:30▶️日曜（10〜4月は土・日曜）休み▶️入館無料

Hotel Guide

ロイヤル・ジョージ　★★
The Royal George　MAP p.398　ℹ️観光案内所から徒歩7分

テイ河に臨むクラシックなホテル
　ヴィクトリア女王も立ち寄ったという由緒あるホテルで、明るく優雅な内装。ホテルの前をテイ河が流れている。

DATA ▶️Tay St.▶️☎01738-62-4455▶️FAX 01738-63-0345
▶️URL：www.theroyalgeorgehotel.co.uk▶️40室▶️S£60〜、D/T£80〜

クオリティ・ホテル・パース　★★
Quality Hotel Perth　MAP p.398　🚃Perth駅前

古都の滞在にふさわしいエレガントなホテル
　ヴィクトリア時代そのままの雰囲気が楽しめるホテル。中はやや古めだが部屋はゆったり。広々とした庭の芝生も心地よい。

DATA ▶️Leonard St.▶️☎01738-62-4141▶️FAX 01738-63-9912
▶️URL：www.hotels-perth.com▶️70室▶️S£79〜、D/T£94〜

ニュー・カウンティ　★★
New County Hotel　MAP p.398

　テラスハウスの中を近代的に改造したモダンな雰囲気の快適な宿。小さなホテルだがレストランも2つあり、充実している。

DATA ▶️🚃Perth駅から徒歩5分▶️22-30 County Place▶️☎01738-62-3355▶️FAX 01738-62-8969▶️URL：www.newcountyhotel.com▶️23室▶️S£48〜、D/T£90〜

クィーンズ　★★
Best Western Queen's Hotel　MAP p.398

　プールやジムなどスポーツ施設をはじめ、ホテル内の設備は充実している。駅に近いので観光にも便利な立地。

DATA ▶️🚃Perth駅からすぐ▶️Leonard St.▶️☎01738-44-2222▶️FAX 01738-63-8496▶️URL：www.bw-queensperth.co.uk▶️50室▶️S£69〜、D/T£88〜▶️BW

スコットランドの命運をかけた街
スターリング

MAP p.361-H

スターリング城から街を望む

♣ACCESS

⇞ロンドン・キングス・クロス
駅～スターリング駅▶5時間20
分～50分▶直通1日に1本運行、
エディンバラ乗り換えは1時間に
1本運行
⇞エディンバラ駅～スターリン
グ駅▶50分▶1時間に2本運行
⇞グラスゴー・クィーン・スト
リート駅～スターリング駅▶25
分または40分▶1時間に3本運
行、そのうち1本は快速
🚌ロンドン・ヴィクトリア・コー
チステーション～スターリン
グ・バスステーション▶9時間
15分▶1日に夜行便1本運行
🚌グラスゴー・ブキャナン・バ
スステーション～スターリング・
バスステーション▶45分▶1時
間に1～2本運行

ℹ️観光案内所
Tourist Information Centre
41 Dumbarton Rd.▶☎0870-720-
0620▶OPEN：9:00～18:00、4・
5月～17:00、7・8月～19:00、11～
3月10:00～17:00▶9月中旬～5
月の日曜、12/25・26、1/1・2休み

●スターリング城
DATA▶☎01786-45-0000
▶OPEN：9:30～18:00、11～3
月は～17:00▶最終入場は45分前
▶12/25・26休み▶入館料：大人
£8.00、子供£3.00

●ホリー・ルード教会
DATA▶☎01786-47-5275
▶OPEN：10:00～17:00▶10～
3月は一般公開なし▶入館無料

●スミス美術館＆博物館
Stirling Smith Art Gallery & Museum
MAP p.401
ℹ️観光案内所から徒歩7分
絵画や歴史、考古学などを展示。
DATA▶☎01786-47-1917▶10:30
～17:00、日曜14:00～▶月曜、
12/25・26、1/1・2休み▶入館無料

「スターリングを制する者、国を制す」といわれ、スコット
ランドの命運をかけた戦いが街の周辺で何度となく繰り広げら
れてきた。1297年、イングランドに屈服したスコットランド
王国を救おうと立ち上がったウィリアム・ウォレス率いる反乱
軍が勝利。その後もスターリング城をめぐる攻防は続き、1314
年には南郊のバノックバーンでブルース伯がイングランド軍を
破り、スコットランド王国復活に道を開いた。スターリング城
は平野にそびえる岩山の上に立ち、山の斜面に広がる旧市街に
は坂道の両側に古い家並みが続いている。街の西側には城壁も
一部残る。見どころは旧市街に点在しているが、ウォレス記念
塔は街中心部から約2km離れている。乗り降り自由の観光バス
（シティサイトシーイング社が4～10月のみ運行）を利用すれ
ば塔の下まで行ける。

見どころ
Sightseeing

Stirling Castle
MAP p.401
スチュアート王家の居城
スターリング城
⇞Stirling駅から徒歩20分

14世紀まで重要な軍事拠
点だったが、その後スチュア
ート王家の宮城に変わった。
現存する建物のほとんどは15
世紀のスコットランド王ジェ
ームス4世以降に建設された
もの。16世紀にジェームス5
世が造った宮殿はフランスの

スコットランドの長い抵抗の歴史を
伝える悲劇の城

ルネッサンス様式を取り入れた壮麗なもので、外壁の装飾が特
徴的だ。メアリ女王（p.16参照）は生後間もなく城内のチャ
ペルで戴冠し、幼少時代をここで過ごしている。見どころが多
く、くまなく見てまわれば半日かかる。

Church of the Holy Rude
MAP p.401
ジェームス6世がここで戴冠
ホリー・ルード教会
⇞Stirling駅から
徒歩15分

1567年、幼少のジェームス6世がスコットランド国王に即
位した教会として知られている。身廊や塔は15世紀半ばのも
の。17世紀に信者が教義をめぐって分裂し、建物は内部で2
分されて20世紀前半までその状態が続いていた。

Old Town Jail
MAP p.401
ヴィクトリア時代の刑務所を再現
オールド・タウン監獄
≥Stirling駅から徒歩13分

　1846年に建てられた監獄で、当時の監獄内部を再現し、拷問などを案内人が演技力たっぷりに解説する。現代の監獄に関する展示もある。暗い建物の中を歩いた後、エレベーターで登った屋上からの街の眺めは格別だ。

National Wallace Monument
MAP p.401
語り継がれてきた英雄
ウォレス記念塔
乗り降り自由の観光バス、
またはタクシー利用

ウォレスはスコットランドの救国の英雄

　スコットランドの英雄ウィリアム・ウォレスを記念して1869年に建てられたもの。1296年スコットランドに攻め入ったエドワード1世のイングランド軍を前に国王ジョンは屈服したが、翌年ウォレス率いる軍がスターリング・ブリッジの戦いで勝利。後にウォレスは敗れ、1305年にエドワード1世の命で処刑されているが、スコットランドを救おうとした英雄として語りつがれ、イングランド支配からの自由を求める闘いの象徴となった。映画『ブレイブハート』がウォレスを描いている。塔内には彼についての展示があり、塔の上からの眺望もすばらしい。

●オールド・タウン監獄
DATA ▶ ☎01786-45-0050
▶ OPEN：9:30～18:00、3・10月は～17:00、11～2月は9:30～16:00 ▶最終入場は30分前 ▶12/25・26、1/1休み ▶入場料：大人£5.50、子供£3.65

●ウォレス記念塔
DATA ▶ ☎01786-47-2140
▶ OPEN：10:00～17:00、6月は10:00～18:00、7・8月は9:30～18:30、9月は9:30～17:00、11～2月は10:30～16:00 ▶最終入場は45分前 ▶12/25・26、1/1休み ▶入場料：大人£6.00、子供£4.00

Hotel Guide

スターリング・ハイランド
The Stirling Highland Hotel ★★
MAP p.401
≥Stirling駅から徒歩10分
街いちばんの高級ホテル。
DATA ▶ SpittalSt. ☎01786-27-2727 ▶ FAX 01786-27-2829 ▶ URL：www.paramount-hotels.co.uk
▶96室 ▶ S、D/Tとも£90～

ゴールデン・ライオン
Golden Lion Hotel ★★
MAP p.401
≥Stirling駅から徒歩5分
18世紀から続くホテル。
DATA ▶ 8-10 King St. ☎01786-47-5351 ▶ FAX 01786-47-2755
▶ URL：www.thegoldenlionstirling.com ▶67室 ▶ S、D/Tとも£90～

ポートカリス
The Portcullis Hotel ★★
MAP p.401
≥Stirling駅から徒歩17分
城のすぐそばに建つプチホテル。
DATA ▶ Castle Wynd ☎01786-47-2290 ▶ FAX 01786-44-6103
▶ URL：www.theportcullishotel.com ▶ 4室 ▶ S£55～、D/T£78～

アラン・パーク
Allan Park Hotel ★★★
MAP p.401
❶観光案内所から徒歩3分
中心部まで近く、料金も手頃。
DATA ▶ 20 Allan Park ☎01786-47-3598 ▶ FAX 01786-45-1031
▶ 6室 ▶ S£30～、D/T£100～

スターリング
Stirling
0　　　200m
N

スターリング城 p.400
Stirling Castle

ビジター・センター ❶

p.401 ポートカリス Ⓗ　Ⓗ Argyles Lodge

p.400 ホリー・ルード教会 ⛪
Church of the Holy Rude

オールド・タウン
Old Town

p.401 オールド・タウン監獄
Old Town Jail

King's Knot

p.400 スミス美術館・博物館
Stirling Smith Art Gallery & Museum

Stirling Golf Course
•Club House

p.401 スターリング・ハイランド Ⓗ

マックスウェル広場・
Maxwell Pl.

スターリング駅
Stirling Station

バック・ウォーク
Back Walk

アルバート・ホール・
Albert Halls

バスステーション
Bus Station

Ⓗ ゴールデン・ライオン
p.401

Victoria Square

キングス・パーク
King's Park

Ⓢ シスル・ショッピングセンター
Thistle Shopping Centre
観光案内所 ❶

Ⓗ アラン・パーク p.401

ウォレス記念塔 p.401
National Wallace Monument

Union St.　Bruce St.　Wallace St.　Burghmuir Rd.
Cowane St.　Upper Bridge St.　Crofthead Rd.
Barn Rd.　Queen St.　Goosecroft Rd.
Upper Castlehill　Castle Wynd　Irvine Place
St. Jonh St.　Bow St.　Baker St.　Seaforth Place
Spittal St.　King St.　Barnton
Albert Place　Dumbarton Rd.
Queens Place　Victoria Place　Clarendon Pl.　Abercromby Pl.
Lovers Walk　Forth St.　エディンバラ、グラスゴー

ゴルフ発祥の聖地
セント・アンドリュース

MAP p.361-I

ゴルフ発祥の地とされ、海を望む「オールド・コース」はゴルファー憧れの場所。ここで全英オープンが開催される年もある。「ゴルフの聖地」にふさわしく、街にはゴルフにちなんだ地名やゴルフ場も多いが、それだけではない。街の名はスコットランドの守護聖人にちなみ、かつては壮大な大聖堂に巡礼の人々が訪れ、スコットランド最初の大学も創設されて宗教と学術の中心地として栄えていた。今では大聖堂も城も廃墟と化しているが、大学町として落ち着いた気品が漂っている。

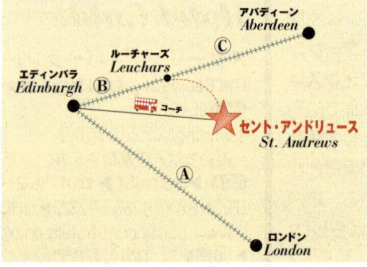

❶観光案内所 Tourist Information Centre
70 Market St. ▶ ☎01334-47-2021 ▶ OPEN：9:30〜17:00、4〜6月は〜17:30、7・8月は〜19:00、9月は〜18:00、日曜11:00〜16:00（7・8月は10:30〜17:00）▶ 10〜3月の日曜休み

街歩きのヒント

　バスステーションは街の入口にあたる西側にある。ここから観光案内所や海辺に広がるオールド・コースへは徒歩5分。海岸線に沿う通りにはホテルが並び、これと並行して大学の建物が続く通りや店やレストラン、観光案内所のある通りが走る。観光だけならこの範囲で充分だ。街にはふたつのビーチもあり、夏には海水浴客で賑わう。

●セント・アンドリュース大学 歴史ウォーキングツアー
Official Historical Tours of St. Andrews
　1410年に創設された歴史ある大学で、ツアーに参加するとカレッジの中にも入れ、街

✈ACCESS

🚆Ⓐ：ロンドン・キングス・クロス駅〜エディンバラ駅〜ルーチャーズ駅▶ 5時間30分〜6時間30分▶直通は1日3本運行

🚆Ⓑ：エディンバラ駅〜ルーチャーズ駅▶ 1時間▶ 1時間に1〜2本運行

🚆Ⓒ：アバディーン駅〜ルーチャーズ駅▶ 1時間20分▶ 1時間に1〜2本運行

🚌ルーチャーズ駅〜セント・アンドリュース・バスステーション▶ バス96・99番で約15分▶ 1時間に4本運行

🚌エディンバラ・バスステーション〜セント・アンドリュース・バスステーション▶ X60番で約2時間20分▶ 1時間に1本運行

の歴史も詳しく説明してくれる。

DATA ▶ University St. ▶ ☎01334-46-2245 ▶ 6月中旬～8月末の月～金曜の11:00と14:30 ▶ 料金：£4.50

Sightseeing
見どころ

St. Andrews Cathedral

海風にさらされた廃墟

セント・アンドリュース大聖堂

MAP p.402 ❶観光案内所から徒歩7分

　1160年に建設が始まり、当時のスコットランドで最大、イングランドでもこれより大きな聖堂はノーリッチ大聖堂だけという規模を誇った。しかし海に臨む大聖堂は何度も暴風雨の被害に遭い、火災で焼け、ついに16世紀の宗教改革派による破壊で無残な廃墟が残るだけとなった。海風にさらされた残骸は哀愁をさそう。セント・ルールズ・タワーからは街と海が一望できる。

DATA ▶ ☎01334-47-2563 ▶ 9:30～18:30、10～3月は～16:30 ▶ 12/25・26、1/1・2休み ▶ 入館料：大人£3.00、子供£1.20（セント・アンドリュース城との共通券：大人£5.00、子供£2.00）敷地内は無料

Zoom in セント・アンドリュースが育てたゴルフ

ロイヤル＆エンシェントのクラブハウス

　ゴルフの起源ははっきりしないが、1400年頃にはセント・アンドリュースの現在のリンクスでプレーが行われていたという。文献に初めて「ゴルフ」が登場したのは、スコットランド王ジェームズ2世が1457年に出したゴルフ禁止令だ。弓術をおろそかにすることを理由にゴルフとサッカーが禁止され、その後も2回禁止令が出されたが、1502年にはジェームズ4世自らゴルフを楽しんで解禁。以後、メアリ女王もプレーしている。

　やがてゴルフは社交の場となり、1754年には22人の貴族や紳士が集まって世界最初のクラブ「ソサイエティ・オブ・セント・アンドリュース・ゴルファーズ」を結成。これが今も世界的な権威を誇る「**ロイヤル＆エンシェント・ゴルフ・クラブ**」となった。当時のオールド・コースは22ホールで、18ホールになったのは1764年。その後もゴルフのルールは、このクラブと街が生み出してきた。

　全英オープンの創始者はスコットランド人の第13代エグリントン伯爵だが、第1回大会は1860年に北イングランドのプレストウィックで開かれている。1873年からはセント・アンドリュースも含めた3カ所でのローテーション開催となり、その後さらに開催地は増加。19世紀のトム・モリス親子や20世紀初めのバードン、テイラー、ブレイドーの三強から現在のタイガー・ウッズにいたるまで、数々の有名ゴルファーの舞台となっている。

　オールド・コースなどセント・アンドリュース・リンクス・トラストが管理するコースの他、街の周辺に点在するコースはいずれもクラブ会員以外の一般客にも開放されており、気軽に憧れの地でプレーができる。リンクスのコースは、オールド、ニュー、バルゴーブ、ジュビリー、イーデン、ストラスタイラムの6つ。バルゴーブは9ホールでグリーン・フィーも£7～10。他は18ホールで、オールド・コースの£56～115を除けばいずれも£11～55。人気の高いオールド・コースは抽選方式だが、事前予約もできる。

●問い合わせ・予約
▶ セント・アンドリュース・リンクス・トラスト
St Andrews Links Trust
DATA ▶ ☎01334-46-6666 ▶ FAX 01334-47-9555 ▶ URL：www.standrews.org.uk
▶ オールド・コースを除く5コースでプレーできる3日券は4～10月は£110、それ以外は£65

St. Andrews Castle
往時を物語る城壁
セント・アンドリュース城

MAP p.402　❶観光案内所から徒歩7分

　海に突き出た一角に廃墟だけが建っているが、海側の城壁は往時の堅牢な城を今も物語る。1200年頃に司教の住居として建設が始まり、15世紀にはスコットランド王ジェームズ2世もしばしば滞在し、その王子もここで生まれている。しかし16世紀に宗教改革派の手に落ち、フランス軍の攻撃も受けるなどさまざまな損害を受けて廃墟化し、17世紀半ばには城の石が港の修築に使われて完全に姿を消してしまった。

DATA ▶☎01334-47-7196▶OPEN：9:30〜18:30、10〜3月は〜16:30▶12/25・26、1/1・2休み▶入場料：大人£4.00、子供£1.60

海岸に残された城跡もぜひ訪れてみたいところだ

British Golf Museum
500年のゴルフの歴史を集大成
英国ゴルフ博物館

MAP p.402　❶観光案内所から徒歩12分

　ゴルファーには興味深い博物館。1990年オープンで、昔のゴルフ道具やゴルフの歴史に関する展示の他、ゴルフにちなむアート作品を展示。全英オープンの歴代優勝者に関する展示もある。

DATA ▶☎01334-46-0046▶OPEN：9:30〜17:30、3・11月は10:00〜16:00、12〜2月11:00〜15:00▶12月下旬〜1月初め休み▶入館料：£4.00、子供£2.00

Old Course
ファン憧れの場所
オールド・コース

MAP p.402　❶観光案内所から徒歩12分

　世界のゴルファーに知られる有名なコース。海風に悩まされゴルファー泣かせといわれている。スタート地点には1754年創立のロイヤル&エンシェント・ゴルフ・クラブのクラブハウスが建ち、周囲はグリーンを眺める観光客で賑わう。コースは誰でもプレーができる（p.403参照）。

プレーはここからスタート

Hotel Guide

オールド・コース　★★★★
Old Course Hotel Golf Resort & Spa　**MAP** p.402

　オールド・コースと海に臨む近代的な高級ホテル。一流のプロゴルファーの宿泊所だ。スパやゴルフ・ショップなど設備も充実している。

DATA ❶観光案内所から車で5分▶Old Course▶☎01334-47-4371▶FAX 01334-47-7668▶URL：www.oldcoursehotel.co.uk▶134室▶S£210〜、D/T£236〜▶LH

セント・アンドリュース・ゴルフ　★★★
St. Andrews Golf Hotel　**MAP** p.402

　海を望む高級ホテルのひとつ。重厚で落ち着いた内装はクラブ的な雰囲気が漂う。ゴルフのアレンジもしてくれる。

DATA ❶観光案内所から徒歩8分▶40 The Scores▶☎01334-47-2611▶FAX 01334-47-2188▶URL：www.standrews-golf.co.uk▶22室▶S£115〜、D/T£170〜

ラサックス　★★★
Macdonald Rusacks Hotel　**MAP** p.402

　1887年開業のクラシックなホテル。部屋やレストランからオールド・コースが望める絶好の立地。レストランはシーフードがおいしい。

DATA ❶観光案内所から徒歩12分▶Plimour Links▶☎0870-400-8128▶FAX 01334-47-7896▶URL：www.macdonaldhotels.co.uk/rusacks▶68室▶S£110〜、D/T£190〜

スコアーズ　★★
Best Western Scores Hotel　**MAP** p.402

　オールド・コースのそばで海に面したヴィクトリア時代の古風なホテル。内装もシック。比較的手頃な料金で観光客にも人気がある。

DATA ❶観光案内所から徒歩12分▶76 The Scores▶☎01334-47-2451▶FAX 01334-47-3947▶URL：www.scoreshotel.co.uk▶30室▶S、D/Tとも£120〜▶BW

ミニ情報　強大な隣国イングランドに脅かされ続けてきたスコットランドは、対抗上しばしばイングランドの敵国、フランスと同盟を結んだ。片田舎にフランス軍の足跡を見たり、フランスがスコットランド国王の亡命先になるのもそのため。

多彩な顔を持つ港町

アバディーン

MAP p.360-F

北海に面したスコットランド第3の都市で、北海油田の基地として知られているが、花崗岩の建物が格調高い街並みを作り、詩人バイロンを生んだアバディーン大学がアカデミックな雰囲気を醸し出している。中世以来、欧州大陸との交易で栄えた港町で、18世紀に花崗岩の採掘が始まり、19世紀にはこれに繊維・製紙産業が加わって工業都市に脱皮。花崗岩の建物は当時の豊かさを今に伝えるものだ。街角には花が多く、「スコットランドの花の街」ともいわれている。

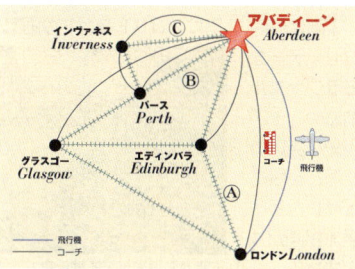

ハイランドでは交通表示もゲール語併記が多くなる

心部と、北のドン河に沿った旧市街オールド・アバディーンがある。鉄道の駅や観光案内所のある中心部には豪壮な建物が並び、港には大型船も停泊して活力がみなぎっている。中心部の見どころは歩いてまわれるが、約3km離れた旧市街にも足をのばしたい。また東の海辺には古い漁港も残り、ビーチは夏にリゾート地になる。

✈ ACCESS

✈Ⓐ：ロンドン・キングス・クロス駅〜エディンバラ駅〜アバディーン駅▶ロンドンから約7時間、エディンバラから2時間30分▶ロンドンからの直通1日3本、エディンバラからは1時間に1〜2本運行

✈Ⓑ：グラスゴー・クィーン・ストリート駅〜パース駅〜アバディーン駅▶グラスゴーから2時間30分、パースから1時間35分▶1時間に1本運行

✈Ⓒ：インヴァネス駅〜アバディーン駅▶2時間15分▶2時間に1〜2本運行

🚌Ａ：ロンドン・ヴィクトリア・コーチステーション〜アバディーン・バスステーション▶約12時間▶1日2本運行（うち1本は夜行便）

※エディンバラ、グラスゴー、パース、インヴァネスからのコーチ路線がある。所要時間は一番遠いエディンバラから3時間15分、最短のパースで2時間。

※ロンドン〜アバディーンの空路についてはp.69参照。所要1時間25〜40分

🛈 観光案内所 Tourist Information Centre
23 Union St. ▶ ☎01224-28-8828
▶OPEN：9:00〜17:30、7・8月は〜19:00、10〜3月は〜16:30、日曜は通年10:00〜16:00 ▶無休

街歩きのヒント

街には、ニュー・アバディーンと呼ばれるディー河の河口に広がる中

アバディーン中心部
Aberdeen Central
0   200m

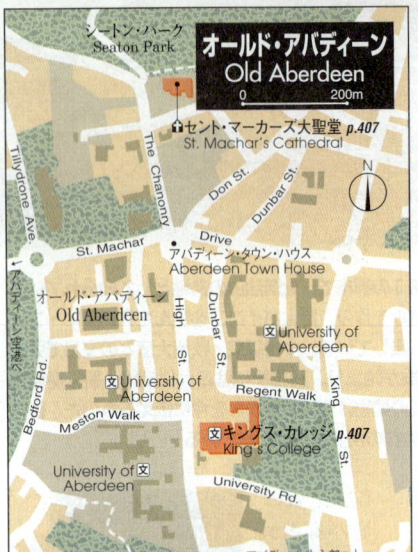

シートン・パーク
Seaton Park

オールド・アバディーン
Old Aberdeen

0 200m

セント・マーカーズ大聖堂 *p.407*
St. Machar's Cathedral

N

アバディーン・タウン・ハウス
Aberdeen Town House

オールド・アバディーン
Old Aberdeen

文 University of Aberdeen

文 University of Aberdeen

キングス・カレッジ *p.407*
King's College

University of 文 Aberdeen

アバディーン中心部へ↓

レッジに対抗して新教徒の大学として創立された。現在はアバディーン大学の一部。スコットランドの歴史、ギリシア美術などを展示した**マーシャル博物館**が見学できる。

●マーシャル博物館

DATA ▶ ☎01224-27-4301▶ OPEN：10:00〜17:00、日曜14:00〜▶土曜、クリスマス〜新年休み▶入館無料

Aberdeen Art Gallery
近代絵画のコレクションは必見
アバディーン美術館

MAP p.405　❶観光案内所から徒歩10分

1階に彫刻、2階にスコットランドの画家、ロセッティなどラファエル前派や19〜20世紀の英国の絵画とともに、ピサロなど印象派絵画が並んでいる。

天窓から陽光が入る展示室

DATA ▶ ☎01224-52-3700▶ OPEN：10:00〜17:00、日曜14:00〜▶ 12/25・26、1/1・2休み▶入館無料

Aberdeen Maritime Museum
北海油田の作業場を再現
アバディーン海洋博物館

MAP p.405　❶観光案内所から徒歩2分

港町アバディーンの産業を分かりやすく展示した博物館。北海油田の作業場について模型で作業と生活ぶりを再現している。

DATA ▶ ☎01224-33-7700▶ OPEN：10:00〜

見どころ
Sightseeing

Marischal College
世界第2位の花崗岩建築
マーシャル・カレッジ

MAP p.405　❶観光案内所から徒歩5分

壮大な建物は花崗岩建築ではマドリード郊外のエル・エスコリアルに次ぐ世界第2位の規模。1593年にカトリックのキングス・カ

大学の一部となった荘厳な建物

Hotel Guide

シスル・アバディーン・カレドニアン ★★★

Thistle Aberdeen Caledonian　　**MAP** p.405

19世紀のヴィクトリア期の優雅なホテル。レストラン2軒など施設は充実。週末割引もある。

DATA ▶ ✈Aberdeen駅から徒歩4分▶ 10-14 Union Terrace▶ ☎0870-333-9151▶ FAX 0870-333-9251
▶ URL：www.thistlehotels.com/aberdeencaledonian
▶ 77室▶ S£115〜、T/D£140〜▶ JH, TO, UT

ステーション ★★

Station Hotel　　**MAP** p.405

駅のそばに建つ大型ホテル。バスステーションもすぐ近くにあり、足まわりは最高。観光にも便利な立地。

DATA ▶ ✈Aberdeen駅から徒歩1分▶ 78 Guild St.
▶ ☎01224-58-7214▶ FAX 01224-57-3350▶ 120室
▶ S£69〜、T/D£79〜

17:00、日曜12:00〜15:00 ▶ 12/25・26、1/1・2休み ▶ 入館無料

King's College
創立当時のチャペルが残る
キングス・カレッジ

MAP p.406　マーシャル・カレッジ前からバス20番で10分、キングス・カレッジ下車

　1495年に創立されたカトリックのカレッジで、アバディーン大学の中で最古の歴史を誇る。王冠をかたどった塔を持つチャペルは創建当時のもの。1870年建築の元図書館にあるビジターセンターでは、大学の歴史に関する展示をしている。

DATA ▶ ☎01224-27-2660 ▶ OPEN：9:30〜

St. Machar's Cathedral
長崎との意外なつながり
セント・マーカーズ大聖堂

MAP p.406　キングス・カレッジから徒歩7分

　最初の聖堂は1130年に造られ、現在の建物は14世紀半ばから16世紀初めのものだが、1560年に宗教改革派により東側が破壊されている。長崎のグラバー邸で知られるトーマス・グラバーはこの街の出身で、グラバー家の墓が敷地内にある。

DATA ▶ ☎01224-48-5988 ▶ OPEN：9:00〜17:00 ▶ 無休 ▶ 入館無料（寄付制／£1）

Zoom in
抵抗と弾圧の歴史が醸成した
スコットランド人の誇り

　スコットランドは5世紀末にアイルランドから渡ってきたスコット族が先住のケルト系ピクト人の国を併合し、10世紀頃に打ち立てた王国。現在もスカイ島などで使われているスコットランド語は、ケルト系のゲール語と英語が混じりあって発展したものだ。
　その伝統文化の根底には、クラン（氏族）制度がある。クランとはゲール語で子供、または同じ祖先を持つ人々のことを意味する。強固な絆で結ばれた同じ姓を持つ人々の共同体だが、その地域に住んでいた人や氏族に仕えた人々も同じ姓を名のり、必ずしも血縁で結ばれているわけではない。「マク」や「マック」の付く姓が多いが、これは息子を意味し、マクドナルドは「ドナルドの息子」のことだ。
　クランとともにスコットランドの文化を代表するのが、タータン。その起源は13世紀頃とされ、ハイランドが発祥の地だ。各地域で特徴ある柄が作られてしだいにクラン独自の柄が決ま

バグパイプの音色にはなぜか哀愁が漂う

り、戦時では敵味方を見分けるのにも役立っていたという。現在ではタータンのキルトを着るのは、結婚式やパーティーなどのいわゆる冠婚葬祭の時ぐらいだが、今の正装にも戦時に使われた当時の名残が見られる。

スコットランド人の対抗意識の原点

　スコットランド王国は13世紀末にイングランド軍の侵攻で一時消滅し、14世紀初めに復活している。その後、17世紀初め、エリザベス1世に後継ぎがないため、イングランド王家の血を引く女王メアリの息子、スチュアート家ジェームズ6世がイングランド王ジェームズ1世に即位して両国は統合された。ところがジェームズ2世が追放されたため、王位奪還をめざすスチュアート家とそれを支持する一派がジャコバイトと称してイングランドへの反乱を開始。両者は約60年にわたり戦いを繰り返し、1746年、インヴァネス近くのカローデンでジャコバイト軍は壊滅（p.408参照）。抵抗は終わりを告げ、以降、タータンの着用は禁止され、伝統文化弾圧の時代が19世紀半ばまで続くことになった。現在、スコットランドは独自の紙幣を持ち、司法や教育制度もイングランドとは別。1999年には約300年ぶりにスコットランド議会も復活したが、スコットランド独立を叫ぶ声は依然として根強く残されている。

SCOTLAND
Inverness

ハイランドの中心都市
インヴァネス

MAP p.360-E

街の歴史を刻むインヴァネス城

ᗩCCESS

🚃：ロンドン・キングス・クロス駅～インヴァネス駅▶ロンドンからは8時間10～30分、エディンバラからは3時間30分▶直通は1日に1本、エディンバラ乗り換えは1日に3～4本

🚃：グラスゴー・クィーン・ストリート駅～インヴァネス駅▶3時間30分▶直通は1日3本、パース駅乗り換えは2時間に1～2本運行

🚃：アバディーン駅～インヴァネス駅▶2時間15分▶2時間に1～2本運行

🚌：ロンドン・ヴィクトリア・コーチステーション～インヴァネス・バスステーション▶約12時間30分▶1日1本（夜行便）

※エディンバラ、グラスゴー、パース、フォート・ウィリアムからのコーチ便あり。p.70参照

※ロンドン、エディンバラ、グラスゴーとインヴァネス間の航空路線についてはp.69参照

ℹ 観光案内所
Tourist Information Centre
Castle Wynd ▶ ☎0845-255-5121
▶ OPEN：9:00～17:00（5月下旬～9月中旬は～18:00）、日曜10:00～16:00（7月下旬～9月中旬は9:30～16:00）▶11～5月の日曜休み

● **インヴァネス城ガイドツアー**
The Castle Garrison Encounter
DATA ▶ ☎01463-24-3363
▶ OPEN：10:30～17:30▶7・8月以外の日曜、12～2月休み▶ツアー料金：£3.00

● **キルトメーカー・ビジターセンター**
DATA ▶ ☎01463-22-2781
▶ OPEN：9:00～16:30、6～9月～21:00▶10～5月の日曜休み▶入館料：大人£2.00、子供£1.00

ネス湖から流れるネス河の河口に開けた街で、近郊にはジャコバイト軍とイングランド軍が1746年に最後の決戦を交えたカローデンの古戦場があり、街にあるインヴァネス城もジャコバイト軍によって破壊されている。ハイランドの中心都市として発展し、今はハイランドやネス湖への観光の拠点として賑わっているが、街の中心部は小さく、駅やバスステーションから観光案内所までは徒歩で約5分。城や古い建物が並ぶネス河畔は、散策には欠かせない。

●ネス湖やハイランドの1日ツアーが便利

インヴァネスからは、ネス湖周辺の見どころと湖上クルーズを組み合わせたツアーやハイランド周遊、ウイスキー蒸留所めぐりなどさまざまなツアーが出ている。タクシーのツアーも1日で約£100なので、家族連れやグループ旅行にいい。観光案内所とその周辺で情報が手に入る。

見どころ
Sightseeing

Inverness Castle MAP p.409

最高の見晴らし台 　　　ℹ観光案内所から徒歩1分
インヴァネス城

12世紀から城塞があったが、1746年にジャコバイト軍が破壊。現在の建物は1836年にできたもので、中は州裁判所として使われている。城はネス河を見下ろす小高い丘の上に立つ格好の見晴らし台で、内部はツアー「城駐屯部隊との遭遇」に参加すれば見学できる。城の前に立つのはフローラル・マクドナルドの像。カローデンの戦いで敗れたチャールズ・エドワード・スチュアート（愛称ボニー・プリンス・チャーリー）のフランス亡命を手助けした女性だ。

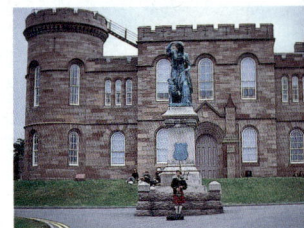

フローラルの泉

The Scottish Kiltmaker Visitor Centre MAP p.409

伝統文化、キルトの博物館 ℹ観光案内所から
キルトメーカー・ビジターセンター 　　徒歩1分

キルトメーカー、ヘクター・ラッセルの工場兼店舗の中にある博物館。キルトの歴史やキルトとアクセサリーを展示。ガラス越しにキルトの製作風景を眺めることもできる。

ミニ情報 ボニー・プリンス・チャーリー（1720～88）：名誉革命で追放されたジェームズ2世の孫。復権をめざし1745年亡命先から潜入、一時スコットランド全土を掌握するも政府軍の反撃に大敗。フランスへ亡命、ローマで貧窮の中で客死。

Culloden
ハイランド兵最期の地
カローデン古戦場跡

MAP p.360-E

　ジャコバイト軍がわずか1時間の戦闘の後に壊滅した戦場跡で、荒涼たる原野の中に記念碑や墓碑が点在している。戦場跡への立ち入りは無料。ビジターセンターでは、戦いの模様を紹介している。また、ガイドに案内されて古戦場一帯をまわるツアーもある。

●カローデン・ビジターセンター

DATA ▶ ☎01463-79-0607 ▶ 9:00～17:30、6～8月は～18:00、11～3月中旬は11:00～16:00 ▶ 12/24～26、1月休み ▶ エキジビション&ガイドツアー：大人£5.00、子供£4.00

ACCESS

🚌 インヴァネスからバス7番で15分、カローデン下車 ▶ 1時間に1本運行、日曜は運休

カローデン古戦場。スコットランドのその後の命運をかけた激戦の地も、今では茫漠とした原野が広がるのみだ

もうひとつの旅
Promenade　**MAP** p.360-E

『マクベス』の舞台になったコーダー城
Cawdor Castle

　シェイクスピアの「マクベス」に登場するのがここ。スコットランド国王ダンカンを殺害したマクベスはここの城主となるが、マクベスの時代は11世紀で、城ができたのは14世紀末。優雅な城は芝居の舞台にふさわしかったのだろう。城は増築を重ね、今もコーダー伯爵家の居城だ。内部には美術品やアンティークの家具・調度品があふれているが、生活感さえにじみ出るような暖かな内装だ。フラワー・ガーデン、ワイルド・ガーデンなど3つの庭園は必見。ショップやレストランもある。

地図 インヴァネス Inverness

（地図内表記）
Friars Bridge / Chapel St. / Chapel Yard / チャペル・ヤード / カイル・オブ・ロハルシュ、ディングウォールへ / Friars / Douglas Row / Academy St. / バスステーション Bus Station / インヴァネス駅 Inverness Sta. / パース、アバディーンへ / スーパーストア / Balnain House● / Huntly St. / King St. / Church St. / Bank St. / Royal Highland / ヴィクトリアン・マーケット Victorian Market / イーストゲート・ショッピングセンター Eastgate Shopping Centre / Ramacla Jarvis / High St. / ガーヴァンズ / カローデン古戦場跡 p.408 / Kenneth St. / Planefield Rd. / p.408 キルトメーカー・ビジターセンター The Scottish Kiltmaker Visitor Centre / ネス橋 Ness Br. / Castle St. / Charles St. / 観光案内所 / インヴァネス博物館&美術館 Inverness Museum & Art Gallery / インヴァネス城 p.408 Inverness Castle / Crown St. / Tomnahurich St. / コランバ p.409 / パレス p.409 / Ardross Place / Tower St. / Ardross St. / Ness Walk / R. Ness / Culduthel Rd. / Argyle St. / セント・アンドリュース大聖堂 St. Andrews Cathedral / ノーザン・ミーティング・パーク Nothern Meeting Park / Glen Mhor / Haugh Rd. / ネス河 / ハイランド地方議会 The Highland Council / Glenmoriston / 0 200m / N / **インヴァネス Inverness**

Hotel Guide

パレス・ホテル&スパ
Best Western Palace Hotel & Spa　★★★

MAP p.409
❶観光案内所から徒歩3分
DATA ▶ 8 Ness Walk ▶ ☎01463-22-3243 ▶ FAX 01463-23-6865 ▶ URL：www.bw.invernesspalace.co.uk ▶ 88室 ▶ S、T/Dとも£110～ ▶ BW、JH、TO

コランバ
Columba Hotel　★★★

MAP p.409
❶観光案内所から徒歩3分
DATA ▶ 7 Ness Walk ▶ ☎01463-23-1391 ▶ FAX 01463-71-5526 ▶ URL：www.british-trust-hotels.co.uk ▶ 76室 ▶ S£90～、T/D£120～

ACCESS

🚌 インヴァネスからバス7番で40分、コーダー城またはコーダー下車 ▶ 1日3本（コーダー下車なら1時間に1本、城まで徒歩15分）、日曜は運休

🚗 インヴァネスからA96号でB9090号に入る

DATA ☎01667-40-4401 ▶ OPEN：10:00～17:30 ▶ 10月第2月曜～5月休み ▶ 入場料：大人£6.80、子供£4.00

伝説と神秘の湖
ネス湖と周辺の街　 MAP p.360-E

神秘的なネス湖

ᴬCCESS

🚌 スコティッシュシティリンク
ScotishCitylinkのコーチ919番が
インヴァネスまたはフォート・ウ
ィリアムとネス湖を結ぶ。インヴ
ァネスからは917番もある（各見
どころ参照）

🚗 インヴァネスからフォート・
ウィリアムを結ぶA82号がネス湖
畔の見どころを通る

●ネス湖エキジビション・
センター

DATA ▶ ☎01456-45-0573
▶OPEN：イースター〜５月は
9:30〜17:00、６・９月は9:00〜
18:00、７・８月は9:00〜20:00、
10月は9:30〜17:30、11月〜イー
スター10:00〜15:30▶12/25休み
▶入館料：大人£5.95、子供
£3.50

●アーカート城

DATA ▶ ☎01456-45-0551▶9:30
〜18:30。10〜３月は〜16:30▶最
終入場は45分前▶12/25・26休み
▶入館料：大人£6.00、子供
£2.40

●クランズマン・センター

The Clansman Centre
MAP p.410
🛈観光案内所から徒歩５分
DATA ▶ ☎01320-36-6444
▶OPEN：10:00〜18:00▶10〜
３月休み▶入館料：大人£3.50、
子供£3.50

●カレドニアン運河センター

Caledonian Canal Heritage Centre
MAP p.410
🛈観光案内所から徒歩５分
DATA ▶ ☎01320-36-6493
▶OPEN：10:00〜17:00▶12/25・
26休み▶入館料無料

●フォート・オーガスタス修道院
閉鎖中（2005年春）

☀注 イースター：2006年は４月16日。

ネス湖は断層の亀裂にできた長さ約40kmの細長い湖で、北の
端はインヴァネスに続き、南端には湖畔の街フォート・オーガ
スタスがある。湖の両岸には山が迫って神秘的な雰囲気が漂い、
昔から怪物が住むという伝説があった。20世紀に入ってからも
ネッシーの目撃証言が続いたが、科学的探査では何も発見され
ず、決定的証拠とされていた写真も偽造が判明している。実在
の可能性が低くなったネッシーを離れても、ネス湖周辺にはハ
イランドの魅力があふれている。観光の拠点は湖の中間にあた
る西岸のドラムナドロヒトDrumnadrochitだ。ここからは
湖上遊覧船も発着している。ちなみにネス湖の名前「ロッホ・
ネス」のロッホLochとはゲール語で湖のことだ。

The Official Loch Ness 2000 Exhibition Centre MAP p.410

ネッシーの可能性に挑む
ネス湖エキジビション・センター

ネス湖で一番の人気観光スポット。ビジュアルを駆使して、

ネッシー伝説とその証言、探査など時代を追ってさまざまな可能性を科学的に検証。もちろん確たる解答はない。近くには**オリジナル・ネス湖ビジターセンター**もあるが、このエキシビジョンセンターを見れば充分。

▶ACCESS

▶インヴァネスからコーチ917、919番でドラムナドロヒト下車▶約25分▶1時間に1本運行（10〜5月減便）▶フォート・ウィリアムまたはフォート・オーガスタスからコーチ919番▶フォート・ウィリアムから1時間25分、フォート・オーガスタスから約30分▶2時間に1本運行

Urquhart Castle MAP p.410

湖を望む幻想的な城塞

アーカート城

湖に突き出た一角に立つ廃墟は幻想的で、ネス湖畔のランドマーク。13世紀初めに建てられ、13世紀末にはイングランド軍の手に落ち、14世紀半ばにはスコットランド王家が城を修復・拡大。その後も王家とマクドナルド一族との攻防戦の舞台となり、17世紀以降は廃墟化している。バグパイプを吹くキルト姿の男性が城の名物。湖岸に降りれば、湖の水にもさわれる。

▶ACCESS

▶インヴァネスからコーチ917、919番でアーカート城下車▶約30分▶1時間に1本運行（10〜5月減便）▶フォート・ウィリアムまたはフォート・オーガスタスからコーチ919番▶フォート・ウィリアムから約1時間20分、フォート・オーガスタスから約25分▶2時間に1本運行

Fort Augustus MAP p.410

湖のほとりにある運河の街

フォート・オーガスタス

フォートとは砦のことで、ジャコバイト軍を抑えるため18世紀初めにイングランド軍が築いた砦が街の始まり。軍は1854年まで駐屯していた。カレドニアン運河に沿って店やレストランが並ぶ可愛い街で、夏には運河と湖をめぐるボートで賑わう。ここに泊まってネス湖を楽しむのもいい。湖岸には19世紀に建てられた旧フォート・オーガスタス修道院の建物がある。また運河沿いには、17世紀のクランの生活をキルトや武器も含めて再現した**クランズマン・センター**や、運河の歴史と生活を展示した小さな**カレドニアン運河センター**もある。

▶ACCESS

▶インヴァネスまたはフォート・ウィリアムからコーチ919番でフォート・オーガスタス下車▶インヴァネスから約1時間、フォート・ウィリアムから約55分▶2時間に1本運行
❶フォート・オーガスタス観光案内所▶☎01320-36-6367▶9:00〜17:00、6〜8月の月〜金曜9:00〜20:00▶11月〜イースター休み

ネス湖を満喫するなら、運河の街でゆっくり滞在を

ロヴァット・アームズ ★★
Lovat Arms Hotel
MAP p.410
❶観光案内所から徒歩7分
丘の上に立つヴィクトリア時代からのホテルで、木造りの内装は優雅で暖かく、邸宅に招かれた気分。部屋も広くて快適。
DATA ▶Fort Augustus
▶☎01320-36-6206
▶FAX 01320-36-6677▶URL：www.ipw.com/lovatarms
▶23室▶S £40〜、T/D £80〜

フォート・オーガスタスにはこうしたホテルがけっこうある

インチナカドッホ・ロッジ ★★
Inchnacardoch Lodge Hotel ★★
MAP p.410
❶観光案内所から徒歩7分
19世紀に建てられた貴族の狩猟用ロッジで、中もカントリー風。高台にあり湖が望める。
DATA ▶Fort Augustus
▶☎01320-36-6258
▶FAX 01320-36-6248
▶15室▶S £50〜、T/D £80〜

カレドニアン ★★
Caledonian Hotel ★★
MAP p.410
❶観光案内所から徒歩8分
小さなホテルで家庭的な雰囲気がいっぱい。食事も地元の素材を使った家庭の味。
DATA ▶Fort Augustus
▶☎01320-36-6256▶FAX 0870-160-2708▶URL：www.lochness-scotland.co.uk▶11室
▶S £30〜、T/D £60〜

SCOTLAND
West Highlands

険しい山と渓谷の景観
ハイランド西部

MAP p.360-E

静寂が支配する湖

♪ACCESS
フォート・ウィリアム

≉グラスゴー・クイーン・ストリート駅～フォート・ウィリアム駅
▶ 3時間45分 ▶ 1日3本（日曜1本）運行

🚌 ロンドン～フォート・ウィリアムの直行コーチは運行していない。
※グラスゴー、インヴァネス、エディンバラからコーチの路線がある。詳細はp.70参照

> ❶フォート・ウィリアム観光案内所
> **Tourist Information Centre**
> Cameron Centre, Cameron Square ▶ ☎01397-70-3781
> ▶ OPEN：9:00～17:00（6・9月は～17:30、7・8月は～20:30）、日曜10:00～16:00（7・8月は～18:00）▶ 無休

412

●ウェスト・ハイランド博物館
The West Highlands Museum
DATA ▶ ☎01397-70-2169
▶ OPEN：10:00～17:00、7～8月の日曜14:00～、10～5月は～16:00 ▶ 7・8月以外の日曜、12/25・26、1/1・2休み ▶ 入館料：大人£3.00、子供£0.50

●グレンコー・ビジターセンター
Glencoe Visitor Centre
DATA ▶ ☎01855-81-1307
▶ OPEN：9:30～17:30、9・10月は10:00～17:00、11～3月は10:00～16:00 ▶ 11～2月の月～水曜休み ▶ エキジビジョン入館料：大人£4.50、子供£2.80

●ネヴィス・レンジ
Nevis Range
DATA ▶ ☎01397-70-5825
▶ OPEN：10:00～17:00、7・8月は9:30～18:00で木・金曜は～21:00、スキーシーズン中は9:00～16:00または17:00 ▶ 11月中旬～12月中旬休み ▶ 料金：往復大人£7.75、子供£4.75、1日券大人£9.50、子供£6.00

イギリスの最高峰ベン・ネヴィスをはじめ標高1000m前後の山が連なり、渓谷や湖、深く切り込んだ入り江などハイランドの美しい景観が広がっている。ハイランドの東の拠点がインヴァネスなら西の拠点はフォート・ウィリアムで、グラスゴーやエディンバラからスカイ島に向かう中継地点にもなっている。車がないと不便だが、コーチが主要な地点を結んでいる。

見どころ
Sightseeing

Fort William 　　　　　　　　　 MAP p.360-E
ハイカーの拠点
フォート・ウィリアム

　ベン・ネヴィスなどの山々とリニ湖に挟まれた街で、17世紀に要塞が築かれたのが始まり。ショッピング街が1本通るだけで見どころもほとんどないが、夏にはハイランド西部をまわるハイカーたちで賑わうため、街の規模のわりにホテルやB&Bが多い。観光案内所の隣にある**ウェスト・ハイランド博物館**では、ジャコバイト軍や地域の歴史に関する展示やタータンのコレクションなどがある。

Glencoe 　　　　　　　　　 MAP p.361-H
悲しい歴史を秘めた渓谷
グレンコー

　フォート・ウィリアムから南に20kmほど下ったレーヴェン湖のほとりにグレンコーの街があり、そこから約15kmにわたって続く渓谷が「グレンコーの虐殺」で知られるところ。ハイランドのジャコバイト軍の反乱に手を焼いたウィリアム3世は、各クラン（p.407参照）に対して国王への忠誠を誓うよう要求。ところがグレンコーに住むマクドナルド一族の分家の宣誓が期限に遅れたため、1692年2月、国王の指示で別のクランのキャンベル一族がここを襲ったのだ。**グレンコー・ビジターセンター**があり、この虐殺の背景を詳しく紹介している。

♪ACCESS
🚌 グラスゴー、エディンバラとフォート・ウィリアムを結ぶコーチが渓谷を抜け、グレンコー・ビジターセンターやグレンコーの街にも停車する ▶ フォート・ウィリアムからは1日6本運行
🚗 グラスゴーとフォート・ウィリアムを結ぶA82号がグレンコーを通る

悲しい血が流れた谷も今は自然の静けさの中にある

Ben Nevis　MAP p.361-H
イギリスの最高峰
ベン・ネヴィス

　フォート・ウィリアムの背後にそびえる標高1343mの山とグレン・ネヴィスの渓谷は、ハイランドの中でもハイカーにもっとも人気がある。ベン・ネヴィスに連なる山のひとつ、オーナッホ・モーアにはロープウェイの**ネヴィス・レンジ**で登れる。ハイランドにはイギリスでは数少ないスキー場があり、ネヴィス・レンジも冬はスキー客に利用されている。

ACCESS
🚌 フォート・ウィリアム駅隣のバスステーションからバス42A番で約15分、終点ネヴィス・レンジ下車▶ 1日5本運行▶ 10〜5月は運休

Eilean Donan Castle　MAP p.360-E
島に浮かぶ優雅な城
アイリーン・ドナン城

　ハイランドの代表的な城としてここを挙げる人も多い。山にかこまれた湖に浮かぶように建つ姿がロマンチックで絵になるためだが、現在の城は1932年に築城。13世紀にできた城はクラン同士の戦いで何度も攻められ、ジャコバイト軍の支援にまわったことで政府軍の攻撃を受けて陥落した。200年間打ち捨てられていた城を再建したのは、かつての城主マッケンジー家に仕えていたマックレー家の子孫。城内にはオープンを祝う晩餐会の準備に忙しいキッチンの様子も再現されている。

ACCESS
🚌 フォート・ウィリアム、インヴァネス、グラスゴー、エディンバラまたはスカイ島からのコーチでドーニー・ブリッジDornie Bridge下車▶ フォート・ウィリアムからは約2時間で1日2本運行。カイル・オブ・ロハルシュ駅からは約20分で1日5〜6本運行

もうひとつの旅
Promenade　MAP p.360-E

北ハイランドをめぐる列車の旅
North Higlands Line

　北ハイランドには高い峰々が連なり、広大な原野が続いている。この北ハイランドの景色を眺めるなら、スカイ島を望む対岸の漁港の街カイル・オブ・ロハルシュKyle of Lochalshとインヴァネスを結ぶ2時間30分の列車の旅が最高。いくつもの湖を通り、原野や渓谷を縫って走る列車は、ハイランドの魅力を余すところなく楽しめる。車なら線路に沿った道路A890号とA832号だが、コーチの路線はない。

DATA ▶インヴァネス発は午前2本と夕方1本、カイル・オブ・ロハルシュ発は午前1本と夕方1本の他、7月上旬〜9月上旬は午後に1本運行（日曜は1日1本、夏期は1日2本）

●アイリーン・ドナン城
DATA ▶ ☎01599-55-5202
▶ 10:00〜17:30▶ 11〜3月休み
▶ 入館料：大人£4.75、子供£3.75

水辺にたたずむアイリーン・ドナン城

Hotel Guide

ウェスト・エンド
West End Hotel　★★
🚶Fort William駅から徒歩5分
　リニ湖に面したホテル。
DATA ▶ Achintore Rd.
▶ ☎01397-70-2614
▶ FAX 01397-70-6279
▶ URL：www.westend-hotel.co.uk▶ 50室▶ S£31〜、T/D£51〜

インペリアル
Imperial Hotel　★★
🚶Fort William駅から徒歩5分
　100年以上の歴史を誇るホテル。
DATA ▶ Fraser Sq.
▶ ☎01397-70-2040
▶ FAX 01397-70-6277▶ URL：www.bestwestern.co.uk/imperialhotel-fortwilliam▶ 34室
▶ S£55〜、T/D£90〜▶ BW

グランド
Grand Hotel　★★
🚶Fort William駅から徒歩7分
　街のショッピング街に面している家族経営のホテル。
DATA ▶ Gordon　Sq.▶ ☎/FAX 01397-70-2978▶ URL：www.grandhotel-scotland.co.uk▶ 30室▶ S£39.50〜、T/D£59〜

トラベル・イン
Travel Inn　★
🚶Fort William駅から徒歩5分
　設備は近代的で部屋も広い。
DATA ▶ Loch Iall, An Aird
▶ ☎0870-197-7104
▶ FAX 01397-70-3618
▶ URL：www.travelinn.co.uk
▶ 40室▶ S、T/Dとも£45.95〜（朝食別）

SCOTLAND
Isle of Skye

独自の文化が残る島
スカイ島

MAP p.360-D

緑豊かなスカイ島

▶ACCESS

🚌 インヴァネス～ブロードフォード～ポートリー▶ スコティッシュ・シティリンクScotish Citylink 917番でブロードフォードまで2時間30分、ポートリーまで3時間15分

🚌 グラスゴー～フォート・ウィリアム～ブロードフォード～ポートリー▶ シティリンク915番または916番でポートリーまでグラスゴーから約7時間10分、フォート・ウィリアムから約3時間

⛴ フォート・ウィリアム～マレイグMallaig▶ 1時間20分▶ 1日4本（日曜1本）運行

⛴ マレイグ～アーマデイル▶ フェリーで30分▶ 1日8本運行、7・8月は9本運行

🚌 アーマデイルからブロードフォードまでバスSK3番▶ ブロードフォードまで約45分▶ フェリーに連絡して運行

●アーマデイル城
Armadale Castle
MAP p.360-D
DATA ▶ ☎01471-84-4305▶OPEN：9:30～17:30▶最終入場は30分前▶11～3月中旬休み
▶入館料：大人£4.80、子供£3.50

アーマデイル城

●ダンヴィーガン城
Dunvegan Castle
MAP p.360-D
ACCESS
▶ポートリーからダンヴィーガン城までバス56番が1日2往復
▶約40分
DATA ▶ ☎01470-52-1206
▶OPEN：10:00～17:00、11月～3月中旬は11:00～16:00
▶12/25・26、1/1・2休み▶入館料：大人£6.80、子供£3.80

ハイランドの西に浮かぶ島の中でもっとも大きな大自然の宝庫。島に入るルートは、カイル・オブ・ロハルシュから橋を渡るか、マレイグからアーマデイルまでフェリーを使うかのふたつ。島で気付くのは、道路標識が英語とスコットランド語（ゲール語）の2ヵ国語になっていること。1995年に橋が開通するまで船しかなく、固有の文化が育まれたのだ。島は陶芸でも有名で、窯元が点在し、街ではそれぞれの作家の作品が売られている。

主要な街はブロードフォードとポートリー。ともに海に面した小さな街だが、ホテルやB＆Bがあり観光の拠点になる。バスは本数が限られているので、島全体をまわるなら車が便利。街にはレンタサイクルもある。

●ブロードフォード　Broadford
島の南部をまわる時の拠点。桟橋からはガラス張りの船底から海洋生物を眺めるというクルーズも出ている。ブロードフォードの南約27kmにある**アーマデイル城**は、この地域のクランだったドナルド族の城。現在は廃墟だが、隣接したビジターセンターでクランの説明からドナルド族、その子孫のマクドナルド族に関する展示をしており、美しい庭園もある。

●ポートリー　Portree
小さくて可愛い街で、レストランや陶芸＆クラフトの店などが多い。ここから島の北や西に点在する街に向かうバスが出ているが1日に2～4往復程度なので、車や自転車を利用する方がいいだろう。ポートリーから西に約35kmのダンヴィーガンDunveganは深い入り江にたたずむ街。海に面した**ダンヴィーガン城**は街から1.5kmだ。13世紀から今にいたるまでマクラウド族の居城で、現当主は29代目。城壁は13世紀のもので、建物は14世紀のキープ（本丸）から19世紀に増築されたものまである。内部の他、庭園も見学できる。

オークニー諸島に渡る
Orkney Ilands

もうひとつの旅
Promenade

MAP p.6

北の果てに近いオークニー諸島はヴァイキングの影響が残る島で、野生動植物の楽園でもある。島へは、ジョン・オグローツJohn O'GroatsかスクラブスターScrabsterまで鉄道やバスで行き、フェリーで渡ることもできるが、便利なのはインヴァネスから出ているオークニー・バス。フェリーを経て島の中心のカークウォールKirkwallまで行く。所要は約5時間。

414

Travel English

旅の英会話

旅行会話　　　　　　　　　416

インデックス　　　　　　　426

旅のイエローページ　　　　430

追っかけ最新情報　　　　　431

旅行会話

わがままな旅をかなえるには、自分の意思をきちんと伝えなければならない。旅人の言葉に土地の人はきちんと耳を傾けてくれるはず。トラブルを乗り切るにも、言葉は強い味方となる。恥ずかしがらずはっきりと話してみよう。

スーパーベイシック●絶対覚えて旅立ちたい必須ワード＆会話

おはよう	Good morning (グッド モーニング)
今日は	Hello (ヘロウ)
今晩は	Good evening (グッド イーブニング)
さようなら	Good bye (グッド バイ)
はい	Yes (イエス)
いいえ	No (ノウ)
ありがとう	Thank you (サンキュウ)
どういたしまして	You're welcome (ユア ウェルカム)

すみません	Excuse me (エクスキューズ ミー)
ごめんなさい	I'm sorry (アイムソウリイ)
私（私たち）	I (we) (アイ（ウィ）)
あなた（あなたたち）	you(you) (ユー（ユー）)
彼（彼たち）	he(they) (ヒー（ゼイ）)
彼女（彼女たち）	she(they) (シー（ゼイ）)
いくらですか	How much is it? (ハウ マッチ イズ イット)
私は日本人です	I am Japanese. (アイアム ジャパニーズ)

私の名前は～です	My name is ～ (マイ ネーム イズ)
あなたのお名前は？	What's your name？ (ウァッツユア ネイム)
男性（男性たち）	man(men) (マン（メン）)
女性（女性たち）	woman(women) (ウーマン（ウィメン）)
わかりません	I don't understand. (アイ ドント アンダスタンド)
助けて！	Help! (ヘルプ！)
私は英語が話せません	
I can't speak English. (アイ キャント スピーク イングリッシュ)	

基本単語

416

今日	today (トゥデイ)
明日	tomorrow (トゥモロウ)
昨日	yesterday (イエスタデイ)
朝	morning (モーニング)
正午	noon (ヌーン)
夕	evening (イブニング)
夜	night (ナイト)
午前	morning (モーニング)
午後	afternoon (アフタヌーン)
週	week (ウィーク)
月	month (マンス)
日	day (デイ)
1時間	1 hour (ワン アワー)
1分	1 minute (ワン ミニット)
100	one hundred (ワン ハンドレッド)
1000	one thousand (ワン サウザンド)

10000	ten thousand (テン サウザンド)
右	right (ライト)
左	left (レフト)
上	up (アップ)
下	down (ダウン)
大きい	big(large) (ビッグ (ラージ))
小さい	small (スモール)
長い	long (ロング)
短い	short (ショート)
多い	many(much/a lot) (メニィ(マッチ/ア ロット))
少ない	a few (a little) (ア フィウ (ア リトル))
早い	early (アーリィ)
速い（速度が）	fast, quick (ファースト、クイック)
遅い	late (レイト)
遅い（速度が）	slow (スロウ)

いい	good (グッド)
悪い	bad (バッド)
高い	expensive (イクスペンシブ)
安い	cheap (チープ)
暑い　熱い	hot (ホット)
寒い　冷たい	cold (コウルド)
行く	go (ゴウ)
来る	come (カム)
買う	buy (バイ)
食べる	eat (イート)
見る	see,look,watch (スィー、ルック、ウォッチ)
歩く	walk (ウォーク)
お金を払う	charge (チャージ)
乗る	ride/get on (ライド/ゲット オン)
降りる	get off (ゲット オフ)

旅行基本単語

閉店（閉館）	クロウズド closed
開店（開館）	オウプン open
～時から～時営業	オウプン フロム エイエム トウ ピイエム open from ～a.m. to ～p.m.
バーゲン	セイル sale
売り切れ	ソウルドアウト sold out
出口	エグズィット/ウェイアウト exit / way out
入口	エントランス entrance
押す	プッシュ push
引く	プル pull
立入禁止	ノウ アドミタンス/ノウ エントリィ no admittance/no entry
触るな	ドント タッチ Don't touch
切符売場	ティキット オフィス ticket office
空席（室）	ヴェイカンスィーズ Vacancies
空席なし	ノー ヴェイカンスィーズ No Vacancies
指定席	リザーブド（スィート） Reserved (seat)
片道	スィングル single
往復	リターン return

故障中	アウト オブ オーダー out of order
トイレ	バースルーム（トイレット） bath room (toilet)
使用中	オキュパイド occupied
空き	ヴェイカント vacant
手数料	ハンドリング チャージ handling charge
予約	レザヴェイション/ブッキング reservation/booking
払い戻す	リファンド refund
割引	ディスカウント discount
撮影禁止	ノウフォトグラフス no photographs
ストロボ（フラッシュ）禁止	ノウフラッシュ フォトグラフィ no flash photography
観光案内所	トゥーリストインフォメイション Tourist Information
美術館	アートミュージアム/アートギャラリー art museum/art gallery
遺跡	リメインズ ルーインズ remains/ruins
お城	カースル castle
未成年お断り	ノウ チルドレン No children
立ち入りご遠慮下さい	プライヴィト Private

飲食お断り	ノウ フード オア ドリンク No food or drink
要身分証明書	アイディーリクワイアード ID required
横断歩道	ペデストリアン クロッスィング pedestrian crossing
遊ぶ	プレイ play
泊まる	ステイ stay
晴れ	クリア ウェザー clear weather
曇り	クラウディ ウェザー cloudy weather
雨	レイン rain
嵐	ストーム storm
天気予報	ウェザー フォアキャスト weather forecast
禁煙席	ノウ スモーキング スィート no smoking seat
喫煙席	スモーキング スィート smoking seat
止まれ（サイン）	ストップ stop
怖い	スケアリ scary
半日観光	ハーフ デイ サイトスィーング トゥアー half day sightseeing tour
一日観光	ワン デイ サイトスィーング トゥアー one day sightseeing tour

"英語の本家" イギリスの自負

英語圏の人はワンフレーズ聞くだけで、アメリカ人かイギリス人か見分ける。発音が違うのだ。アメリカ人はイギリス人の発音やイントネーションを聞いて「気どっている」と思うそうだが、かたやイギリス人の心の内はちょっと複雑。今や世界の主流はアメリカ英語らしいと分かっているし、イギリスもアメリカ文化の影響を受けている。それでも「英語はイギリスが本家」という自負が強い。イギリス英語はヨーロッパでは主流だし、旧植民地でも強い。「まだまだイギリス英語だって」と信じたいのだ。

英米では単語の綴り、単語そのものや言いまわしの違いもある。そのためコンピュータでもイギリス英語バージョンがある。ただ肝心なのはやはり発音の違い。アメリカ人以外がアメリカ発音（American Accent）で話す

と「アメリカ風ですね」と、少々イヤ味っぽく言う人も多い。アメリカに対しては憧れとともに、どこか見下したい複雑な心情がイギリス人にはあるのだ。

日本人にはイギリス人の発音は聞きとりやすいだろう。「シャラップ」ではなく「シャット アップ（Shut up）」のように単語が明瞭に聞こえるからだ。イギリス人は周りくどい言い方も得意。簡単な例では「元気です」や「いいですね」という時に「Not bad（悪くはない）」を使ったりするから、ひねてるように聞こえてしまう。アメリカ人が聞けば丁寧過ぎたりよそよそしい言い方も多く、「とっつきにくいイギリス人」と感じてしまうようだが、イギリス人にしてみればストレートすぎる言い方は粗雑で礼儀に欠けるように思えるのだ。

基本会話

＜機内で＞

●この荷物を上の棚に上げたい。手伝っていただけますか

アイ ウッド ライク トゥ プット マイ バッグ イン ザ
I would like to put my bag in the
ラギジ ロッカー（ラック）。クジュー ヘルプ ミー
luggage locker (rack). Could you help me?

●ライト（イヤホン）がこわれています

マイ ライト（イアフォゥンズ）イズント（アーント）ワーキング
My light (earphones) isn't (aren't) working.

●座席を倒してもいいですか

メイ アイ プット マイ スィート バック
May I put my seat back ?

●席にお戻りください

プリーズ リターン トゥ ユア スィート
Please return to your seat.

●何かお飲みものはいかがですか→何がありますか→コーヒーをください

ウジュー ライク エニィスィング トゥ ドリンク
Would you like anything to drink?
ワット ドリンクス ドゥ ユー ハブ
What drinks do you have?
コフィ プリーズ
Coffee, please.

●お魚と牛肉（鶏肉）はどちらがいいですか

ウィッチ ウジュー ライク フィッシュ オア ビーフ（チキン）
Which would you like,fish or beef (chicken)?

●気分が悪い
アイ フィール スィック（アンウェル）
I feel sick (unwell)

●免税品を見せていただきたい

メイ アイ シー ザ デューティー フリー アイテムズ
May I see the duty free items?

＜空港で＞

●旅行の目的は何ですか→観光です

ワット イズ ザ パーパス オブ ユア トリップ
What is the purpose of your trip?
サイトスィーイング トゥーリズム
Sightseeing. /Tourism.

●申告するものはありますか

ドゥ ユー ハブ エニィスィング トゥ ディクレア
Do you have anything to declare?

●スーツケースが見当たらない

アイ キャント ファインド マイ ラギジ
I can't find my luggage.

●荷物の特徴は？→大型の黒いものです

ワット ダズ ユア ラギジ ルック ライク
What does your luggage look like?
プリーズ ディスクライブ ユア ラギジ
Please describe your luggage.
ア ラージ ブラック スートケイス
A large black suitcase.

●両替したいのですが

アイ ウッド ライク トゥ チェンジ サム マニイ
I would like to change some money.

●小さいお金（紙幣）もいれてください

プリーズ インクルード サム スモール ノーツ
Please include some small notes.

●タクシー乗場（観光案内所）はどこですか

クジュー テルミー ウェア ザ タクスィ スタンド
Could you tell me where the taxi stand
（トゥーリスト インフォメーション）イズ
(tourist information) is ?

●出発時刻
ディパーチャ タイム
departure time

●定刻で
オン タイム
on time

●遅延
ディレイド
delayed

●搭乗券
ボーディング パス
boarding pass

●搭乗手続き
チェック イン
check in

●乗り継ぐ
トランスファー
transfer

＜帰国の時カウンターで＞

●禁煙席をお願いします

ア ノゥ スモウキング スィート プリーズ
A no smoking seat, please.

●通路（窓）側の席をお願いします

アン アイル スィート（ウィンドウ スィート）プリーズ
An aisle seat (window seat), please.

●友人と隣の席にしたいのですが

アイ ウッド ライク トゥ シット ネクストトゥ マイ フレンド
I would like to sit next to my friend.

●リコンファームをしたいのですが

メイ アイ リコンフォーム（マイフライト）
May I reconfirm (my flight)?

＜タクシーで＞

●ABCホテルまで行って下さい

エイビースィ ホウテル プリーズ
ABC hotel, please.

＜ホテルで＞

●予約をしている山田です。チェックインをお願いします

アイ ハブ ア レザベイション フォー ヤマダ キャナイ チェック イン
I have a reservation for Yamada. Can I check in?

●クリーニングをたのみたい

アイ ウッド ライク トゥ ユーズ ユア ロゥンドリィサーヴィス
I would like to use your laundry service.

●〜のシミヌキをして下さい

アイ ウッド ライク ア ステイン リムーブド フロム
I would like a stain removed from〜

●123号室の山田ですが、コーヒーを持ってきてください

ディス イズ ミスターヤマダ スピーキング イン ルーム ワントゥスリー
This is Mr.Yamada speaking in room 123.
キャナイ ハブ コフィ プリーズ
Can I have coffee, please?

●123号室の鍵をください

キャナイ ハブ ザ キイ トゥ ルーム ワントゥスリー
Can I have the key to room 123?

●タクシーをよんで下さい
ウィル ユー コール ア タクスィ フォーミーブリーズ コール ア タクスィ フォー ミー
Will you call a taxi for me?/
Please call a taxi for me.
●夕食のテーブルを 3 月14日 8 時に 2 名予約
をしてほしい
アイ ウッド ライク ユー トゥ メイク ア レザヴェイション フォー
I would like you to make a reservation for
ミーフォー ディナーフォー トウ ピープル アット エイトピーエム オン マーチ フォーティーンス
me for dinner for two people at 8 p.m. on March 14th.
●部屋に鍵を置き忘れて締め出されました
アイ ハブ レフト マイ キイ イン マイ ルーム アイアムロックドゥアウト
I have left my key in my room. I am locked out.
●ここで郵便を出せますか
キャン ユー メイル (ポスト) ディス フォー ミー
Can you mail (post) this for me?
→はい   →いいえ
イエス オフ コース   アイ アム アフレイド ノット
Yes,of course.   I am afraid not.
●荷物をとりに来て下さい（ベルボーイを呼
んで下さい）
ブリーズ テイク ダウン マイ ラギジ (ブリーズ アスク
Please take down my luggage.(Please ask
ザ ベルマン トゥ テイク ダウン マイ ラギジ)
the bell man to take down my luggage)
●午後 8 時の出発まで荷物を預かってほしい
のですが

ブリーズ キープ マイ ラギジ アンティル マイ ディパーチャ
Please keep my luggage until my departure
アット エイトピーエム
at 8p.m.
●私に伝言はありませんか
ドゥ ユー ハブ エニィ メセズィズ フォー ミー
Do you have any messages for me?
●もう一泊できますか
キャナイ ステイ ワン モア ナイト
Can I stay one more night?
●テレビがつきません
ザ ティービー ダズント ワーク
The TV doesn't work.
●トラベラーズチェックは使えますか
ドゥ ユー アクセプト (テイク) トラベラーズ チェックス
Do you accept (take) traveller's checks?
●チェックアウトしたい
アイ ウッド ライク トゥ チェック アウト ブリーズ
I would like to check out, please.
●これは何の金額ですか
ワット イズ ディス チャージ フォー
What is this charge for?
●ミニバーは使っていません
アイ ディドント ユーズ ザ ミニバー
I didn't use the mini-bar.
●このカードは使えますか
ドゥ ユー アクセプト (テイク) ディス クレディット カード
Do you accept (take) this credit card?

旅行会話

英語風カタカナ語

**日本で使う英語風のカタカナ語が外国で同じに使えるとは限らない。以下はその一例。
矢印の後の表現に言いかえよう。（USAはアメリカ英語、UKはイギリス英語）**

セミ カスタム メイド
●イージーオーダー→semi-custom made
ローンドロマット
●クリーニング→laundromat (USA)
ローンドリィ ロンドレット
laundrette (UK)
パンティ ホウズ タイツ
●ストッキング→panty hose / tights (UK)
ドレス
●ワンピース→dress
キャシア キャッシュレジスター
●レジ→cashier / cash register (USA) /
ティル
till (UK)
ブフェイ
●バイキング→buffet
クリーム
●コーヒーに入れるミルク→cream

ブレックファスト
●モーニング（朝食）→breakfast
クレジット カード
●カード→credit card
フラット タイア フラットタイア
●パンク→flat tire (USA) / flat tyre (UK)
リバース ギア
●バックギア→reverse gear
ガス ペトロウル
●ガソリン→gas (USA) / petrol (UK)
ガス ステイション
●ガソリンスタンド→gas station (USA)
ペトロウル ステイション/ガラージ
petrol station /garage(UK)
ブラグ
●コンセント→plug

＜街歩きで＞

●美術館はここから遠いのですか
イズ イット ファー フロム ヒアー トゥ ジ アート ミューズィアム
Is it far from here to the Art Museum?

●バスはどのくらいの間隔で走っていますか
ハウ オーフン ドゥ ザ バスィズ カム
How often do the buses come?

●降りるところで教えていただけませんか
クジュー テル ミー ウェン アイ リーチ マイ デスティネイション
Could you tell me when I reach my destination?

●このバスは○○行きのバス（列車）ですか
イズ ディス バス（トレイン）ゴウイング トゥ
Is this bus (train) going to ○○?

●お釣りはとっておいて
プリーズ キープ ザ チェインジ
Please keep the change.

●日本語（英語）のガイドがつくツアーはありますか
ドゥ ユー ハブ ア トゥアー ウィズ ア ジャパニーズ
Do you have a tour with a Japanese
（イングリッシュ）スピーキング ガイド
(English) speaking guide?

●日本まで手紙（小包）を送りたい
アイ ウッド ライク トゥ メイル ディス レター（パーセル）トゥ ジャパン
I would like to mail this letter (parcel) to Japan.

●写真をとってもいいですか
キャナイ テイク ア ピクチャー
Can I take a picture?

●シャッターをおしていただけますか
キャン ユー テイク ア ピクチャー
Can you take a picture?

●24枚撮りのフイルムがほしいのですが
ドゥ ユー ハブ ア トゥエンティーフォー エクスポウジュア フィルム
Do you have a 24 exposure film?

●何時に閉まりますか
ワット タイム ドゥ ユー クロウズ
What time do you close?

●チケットを2枚ください
トゥ ティキツ プリーズ
Two tickets, please.

＜ショッピングで＞

●見ているだけです
ノウ サンクス ジャスト ルッキング
No, thanks. Just looking.

●もっと安くなりませんか
キャン ユー ギヴ ミー ア ディスカウント
Can you give me a discount?

●試着していいですか
キャナイ トライ ディス ワン オン
Can I try this one on?

●試着室はどこですか
キャン ユー テル ミー ウェア ザ フィティングルーム イズ プリーズ
Can you tell me where the fitting room is, please?

●これを下さい
ディス ワン プリーズ／アイル テイク ディス
This one please./I'll take this.

●現金でお支払いですか　カードですか
ハウ ウッジュー ライク トゥ ペイ イン キャッシュ オア バイ ア クレジット カード
How would you like to pay in cash or by a credit card?

●このクレジットカードは使えますか
キャナイ ユーズ ディス クレディット カード
Can I use this credit card?

●税金の払い戻しはうけられますか
キャナイ ゲット タックス リファンド
Can I get tax refund?

●ホテルまで届けてもらえますか
キャン ユー デリヴァー イット トゥ マイ ホウテル
Can you deliver it to my hotel?

＜レストランで＞

●レストランを予約したい　3月14日の午後8時に2名です
アイ ウッドライク トゥ メイク ア レザヴェイション フォー ディナー
I would like to make a reservation for dinner
フォー トゥ ピープル アット エイトピィエム オン マーチ フォーティーンス
for two people at 8p.m.on march14th.

●予約している山田です
アイ ハブ ア レザヴェイション フォー ヤマダ
I have a reservation for Yamada.

●何がおすすめですか
ワット ディッシュ ドゥ ユー レコメンド
What dish do you recommend?

●あそこであの人が食べているものと同じものを食べたい
アイ ウッド ライク ザ セイム ディッシュ アズ ゾーズ ピープル
I would like the same dish as those people
オーヴァー ゼアー
over there.

●この料理にあうワインを選んで下さい
プリーズ セレクト ア グッド ワイン フォー ディスミール
Please select a good wine for this meal.

●料理はまだですか　30分以上前に頼みました
アワ オーダー ハズント カム イェット
Our order hasn't come yet.
アイ オーダード オーバー サーティーミニッツ アゴゥ
I ordered over 30minutes ago.

●これは注文したものと違います
ディス イズ ノット ワット アイ オーダード
This is not what I ordered.

●お釣りが違っています
アイ スィンク マイ チェンジ イズ ロング
I think my change is wrong.

●スプーンをおとしてしまいました
アイ ドロップト ディス スプーン
I dropped this spoon.

●会計をして下さい
キャ ナイ ハブ ザ ビル プリーズ
Can I have the bill, please?

＜エンターテイメント＞

●今晩は何をやっていますか
ワット イズ ショウイング トゥナイト
What is showing tonight?

●切符はまだ手に入りますか
キャナイ スティル ゲット ア ティキット
Can I still get a ticket?

●入場料はいくらですか
ハウ マッチ イズ ザ ティキット／ハウ マッチ イズ イット トゥ ゲット イン
How much is the ticket? / How much is it to get in?

＜トラブル＞

●バスルームでお湯があふれました
マイ バースルーム ハズ フラディド
My bathroom has flooded.

●寒すぎますのでエアコンを調節して下さい
マイ ルーム イズ トゥ コウルド
My room is too cold.
クジュー アジャスト ジ エアコンディッショニング
Could you adjust the air-conditioning?

●サイフをタクシーに置き忘れました
アイ ハブ レフト マイ パース（ウォレット）イン ザ タクスィ
I have left my purse (wallet) in the taxi.

●カードを無効にしてください
ブリーズ キャンセル マイ クレディット カード
Please cancel my credit card .

●東京行きの便に乗り遅れました
アイ ハブ ミスト ザ フライト トゥ トウキョウ
I have missed the flight to Tokyo .

●これから間に合う便を予約して下さい
ブリーズ メイク ア レザヴェイション フォー ザ ネクスト
Please make a reservation for the next
アヴェイラブル フライト
available flight.

●旅行傷害保険に入っています
アイ ハブ トラベル インシュアランス
I have travel insurance.

●救急車を呼んで下さい
ブリーズ コール アン アンビュランス
Please call an ambulance.

●医者にかかりたい
アイ ウッド ライク トゥ スィー ア ドクター
I would like to see a doctor.

●病院に連れて行って下さい
ブリーズ テイク ミー トゥア ホスピタル
Please take me to a hospital

●熱があります
アイ ハブ ア フィーバー
I have a fever.

●お腹がいたい
アイ ハブ ア ペイン イン マイ ストマック
I have a pain in my stomach.

●頭がいたい
アイ ハブ ア ヘデイク
I have a headache.

●壊れているので取り替えて下さい
ディス ワン ダズント ワーク ブリーズ チェンジ イット
This one dosen't work. Please change it.

●払い戻しをして下さい
ブリーズ ギブ ミー ア リファンド
Please give me a refund .

●カバンをとられました
マイ バッグ ハズ ビン ストウルン
My bag has been stolen.

●日本語ができる人はいませんか
イズ ゼア エニィボディ ヒア フー キャン スピーク ジャパニーズ
Is there anybody here who can speak Japanese?

旅行会話

言われたらキケンな言葉

トラブルに巻き込まれないのが一番だが、万が一ということもある。致命傷にならないように、警告の言葉の意味を知っておこう。対処の言葉も挙げたので、一緒に覚えておくとよい。

●手をあげろ
スプレッドゥム
Spread'em!

●さがれ
ゲッバック
Get back!

●さわぐな
シャタップ　ビークワイエット
Shut up! / Be quiet!

●手を離せ
ドロップイット
Drop it!

●伏せろ
ヒット ザ フロウァ　ゲット オン ザ フロウァ
Hit the floor ! / Get on the floor !

●動くな
ホウルド イット／ドント ムーブ
Hold it ! / Don't move !
フリーズ　ステイ ウェア ユー アー
Freeze! / Stay where you are!

●壁を向け
ゲット アゲインスト ウォール フェイス トゥ ウォール
Get against wall / Face to wall!

●止まれ
ストップ
Stop!

●言う通りにしろ
ドゥ ワット アイ セイ
Do what I say!
ドゥ ワット アイ テル ユー
Do what I tell you!

●逃げようとしたら殺すぞ
ムーブ アンド ユア デッド
Move and you're dead!

●本気だぞ
アイ ミーン イット
I mean it .

●助けて！
ヘルプ
Help!

●言う通りにします
アイ ウィル ドゥ ワット ユー ウォント
I will do what you want.
／アイル ドゥ エニィスィング（ユー セイ）
/ I'll do anything (you say).

●やめてください
ブリーズ ストップ
Please stop.

●撃たないで
ドント シュート
Don't shoot.

●出て行って
ゲット アウト
Get out.

●触らないで
ドント タッチ　ハンズ オフ
Don't touch. / Hands off!

●興味ありません
アイ アム ノット インタレスティド
I am not interested.

●悪いけど、急いでいます
ソーリィ アイム イン ナ ハリィ
Sorry. I'm in a hurry.

オーダーメイドもおまかせ
ショッピング用語

せっかく海外で買い物をするのだから、細かなところまで好みに合ったものを見つけたい。言葉が使えないからと、気のりのしないものを買うよりも、このページを片手に、指をさしてでもコミュニケーションして、一生モノを手に入れよう。

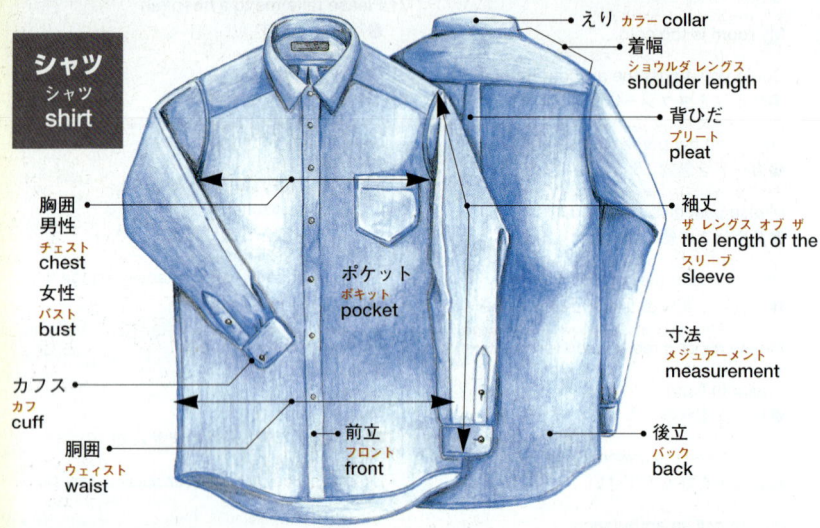

シャツ
シャツ
shirt

えり カラー collar

着幅
ショウルダ レングス
shoulder length

背ひだ
プリート
pleat

袖丈
ザ レングス オブ ザ
the length of the
スリーブ
sleeve

寸法
メジュアーメント
measurement

後立
バック
back

胸囲
男性
チェスト
chest

女性
バスト
bust

カフス
カフ
cuff

胴囲
ウェイスト
waist

ポケット
ポキット
pocket

前立
フロント
front

素材 マテリアル material	毛 ウール wool	ボタン バトゥン button	（セーターなどの）ニット ニット ウェア knit wear
絹 スィルク silk	麻 リネン linen	カフスボタン カフリンクス cuff links	かぶって着るセーター プルオーバー pullover
綿 コトン cotton	人工繊維 マン メイド ファブリック man-made fabric	縫目 スィーム seam	カーディガン カーディガン cardigan
			ネーム（手縫い、ミシン） エンブロイドリング（バイ ハンド embroidering (by hand, バイ マッスィーン） by machine)

● ちょっときつい（ゆるい、長い、短い、地味、派手）
イッツ ア リトル スモール（ビッグ ロング ショート プレイン ゴーディ）
It's a little small.(big, long, short, plain, gaudy)
● もう1つ大きいサイズを出して下さい
クジュー ブリング ミー ワン サイズ ラージャー？
Could you bring me one size larger?
● 同じものでほかの色はありますか
ドゥ ユー ハブ ア セイム スィング イン ア ディファレント カラー
Do you have a same thing in a different colour?

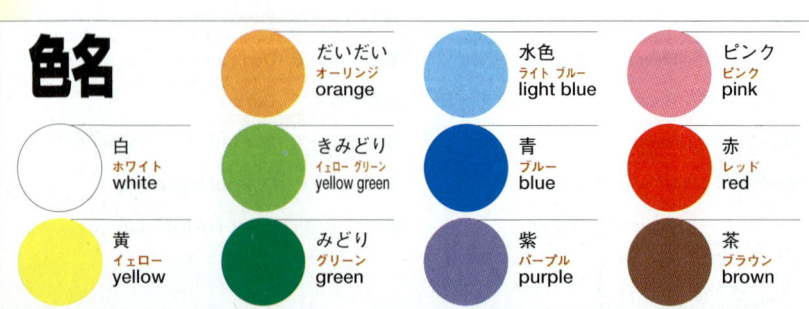

色名

だいだい
オーリンジ
orange

水色
ライト ブルー
light blue

ピンク
ピンク
pink

白
ホワイト
white

きみどり
イェロー グリーン
yellow green

青
ブルー
blue

赤
レッド
red

黄
イェロー
yellow

みどり
グリーン
green

紫
パープル
purple

茶
ブラウン
brown

422

くつ シューズ shoes

エナメル
ペイテント レザー
patent-leather

スウェード
スウェイド
suede

皮
レザー
leather

甲の飾り（金具）
チェイン
chain

かかと
ヒール
heel

甲皮
インステップ
instep

靴底
ソウル
sole

甲の飾り
タッスル
tassel

ステッチ
スティッチング
stitching

横幅
ウィドス
width

つま先
ティップ
tip

かばん バッグ bag

とって
ハンドル
handle

高さ
ハイト
height

ふた
フラップ
flap

留め金
クラスプ
clasp

間仕切り
ディヴァイダー
divider

肩ひも
ストラップ
strap

ファスナー
ファスナー／ズィパア
fastener / zipper

ポケット
ポケット
pocket

びょう
スタッド
stud

まち
デプス
depth

横幅
ウィドス
width

皮 レザー leather	ヤギ皮 ゴート スキン goat skin	ダチョウ皮 オストゥリッチ レザー ostrich leather	さいふ ウォレット wallet
子牛皮 カーフ レザー calf leather	ヘビ皮 スネイク スキン snake skin	人工皮革 アーティフィシャル レザー artificial leather	小銭入れ コインパース coin purse
ワニ クロコダイル スキン crocodile skin	豚皮 ピッグスキン pig skin	子ヤギの皮 キッド スキン kid skin	

ベージュ
ベイジュ
beige

黒
ブラック
black

灰色
グレイ
grey

色のトーンを表わすのに

さえた
ヴィヴィッド
vivid

明るい
ブライト
bright

薄い
ペイル
pale

濃い
ディープ
deep

浅い
ライト
light

暗い
ダーク
dark

灰色がかった
グレイッシュ
greyish

鈍い
ダル
dull

●もっと　明るいものを見せて下さい
クジュー ショウ ミー ア リトル ブライターワン
Could you show me a little brighter one?

●これとこれの中間の色を見せて下さい
クジュー ショウ ミー サムスィング イン
Could you show me something in
ビトゥイーン ディーズ トゥー シェイズ
between these two shades?

423

旅行会話

道を尋ねる

知らない街で道に迷った。一人さまようのも旅の楽しみだけれど、ロコとコミュニケーションをとる絶好のチャンスでもある。道を教えてもらうのに必要なフレーズを覚えて、目的地をめざそう。

1つ先の角を右に曲がって3つめの建物です
ターン ライト アット ザ ファースト コーナー イッツ ザ サード ビルディング フロム ザ コーナー
Turn right at the first corner. It's the third building from the corner.

二本先の道
トゥ ブロックス アウェイ
2 blocks away

424

まっすぐ行くとすぐです
ゴゥ ストレイト アンド ユール スィー イット スーン
Go straight and you'll see it soon.

●地図で位置を教えてくれませんか
クジュー ショウ ミー ザ ロケイション オン ザマップ
Could you show me the location on the map?

●道に迷いました
アイム ロスト
I'm lost

●ここはどこですか この地図上で示してください
ウェア アム アイ ナウ プリーズ ショウミー オン ディス マップ
Where am I now ?Please show me on this map?

●〜の側に何か目印はありませんか
アー ゼア エニ ランドマーク ニア
Are there any landmarks near 〜?

●東西南北
イースト ウェスト サウス ノース
east, west, south, north

●立入禁止
ノー アドミッタンス／ノー エントリィ
no admittance/no entry

●左側通行
キープ （トゥ ザ） レフト
keep (to the) left

●左側に立つ
スタンド オン ザ レフト
stand on the left

●観光名所
トゥーリスト アトラクション／サイトスィーイング スポット
tourist attraction/sightseeing spot

●観光案内所
トゥーリスト インフォメイション
Tourist Information

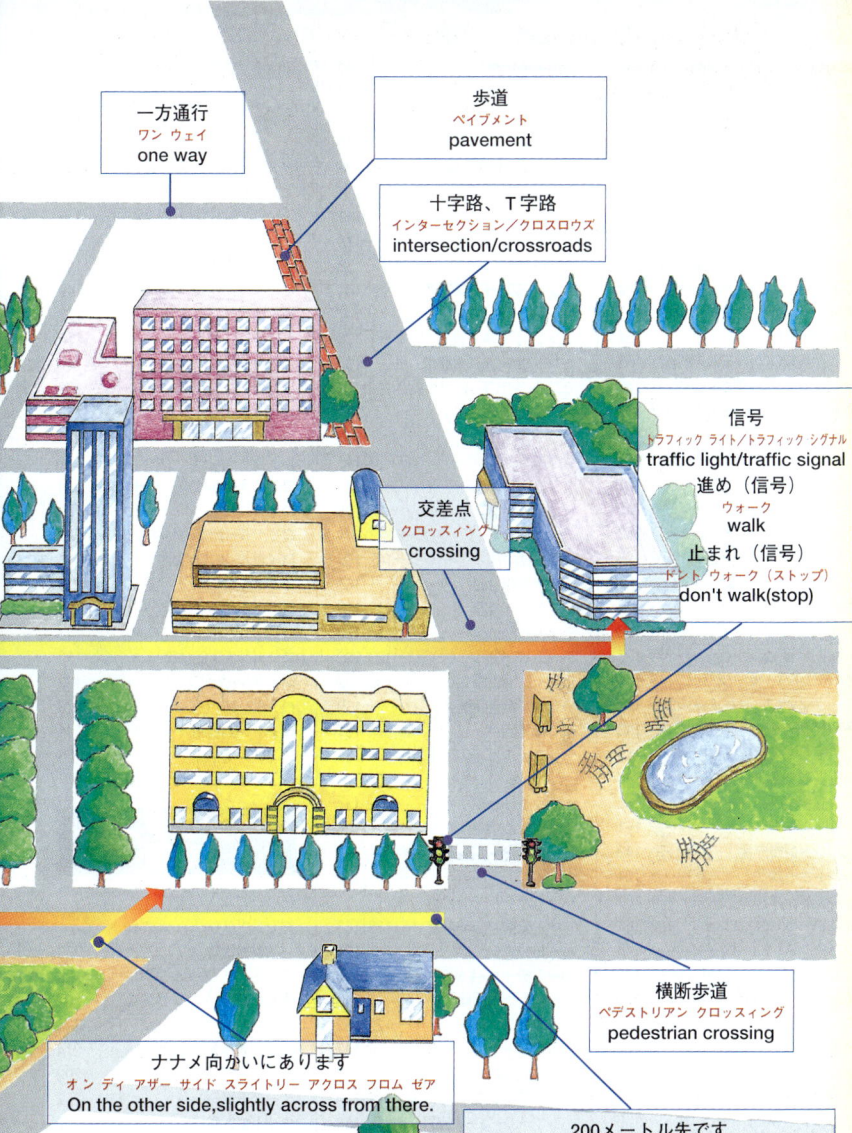

一方通行
ワン ウェイ
one way

歩道
ペイブメント
pavement

十字路、T字路
インターセクション／クロスロウズ
intersection/crossroads

信号
トラフィック ライト／トラフィック シグナル
traffic light/traffic signal
進め（信号）
ウォーク
walk
止まれ（信号）
ドント ウォーク（ストップ）
don't walk(stop)

交差点
クロッスィング
crossing

横断歩道
ペデストリアン クロッスィング
pedestrian crossing

ナナメ向かいにあります
オン ディ アザー サイド スライトリー アクロス フロム ゼア
On the other side,slightly across from there.

200メートル先です
ゴー ストレイト フォー トゥハンドレッド ミィーターズ
Go straight for 200m.

●美術館
アートギャラリー
art gallery

●遺跡
リメインズ／ルーインズ
remains/ruins

●お城
カースル
castle

●駐車禁止
ノウ パーキング
no parking

●徐行せよ
スロウ（ダウン）
slow (down)

●左（右）折禁止
ノウ レフト（ライト）ターン
no left(right) turn

●目的地
デスティネイション
destination

●距離
ディスタンス
distance

●方向
ディレクション
direction

●徒歩で
オン フット
on foot

●車で
バイ カー
by car

●徒歩圏内
ウォーキング ディスタンス
walking distance

●高速道または自動車専用道
モゥターウェイ
motorway

●ここから徒歩で約15分かかります
イト テイクス アバウト フィフティーンミニッツ オン フット
It takes about 15 minutes on foot.

ロンドン&近郊の街

ロンドン&近郊の街

ア

イートン校 ・・・・・・・・・・・・・155
イングランド銀行 ・・・・・・・・・130
イングランド銀行博物館 ・・・・・・163
ヴィクトリア&アルバート博物館・・145、158
ヴィクトリア・タワー ・・・・・・・142
ヴィノポリス ・・・・・・・・・・・133
ウィンザー城 ・・・・・・・・・・・154
ウィンブルドン・ローン・テニス博物館・・153
ウェストボーン・グローヴ ・・・・・145
ウェストミンスター寺院 ・・・・・・142
ウェストミンスター・ホール ・・・・142
ウェリントン博物館 ・・・・・・・・161
ウォレス・コレクション ・・・・・・161
エンジェル ・・・・・・・・・・・・146
王立厩舎 ・・・・・・・・・・・・・140
王立裁判所 ・・・・・・・・・・・・138

カ

カーライルの家 ・・・・・・・・・・144
カティ・サーク号 ・・・・・・・・・148
カムデン・タウン ・・・・・・146、175
カムデン・パッセージ ・・・・・146、175
キーツ・ハウス ・・・・・・・・・・147
キャビネット・ウォー・ルームズ・・143
旧英国海軍大学 ・・・・・・・・・・149
旧王立天文台 ・・・・・・・・・・・149
旧王立取引所 ・・・・・・・・・・・130
キュー・ガーデンズ ・・・・・・・・151
旧ロンドン市庁舎 ・・・・・・・・・143
ギルドホール ・・・・・・・・・・・131
ギルドホール・ギャラリー・・131、161
ギルバート・コレクション・・138、161
クィーンズ・ギャラリー ・・・・・・140
グリニッジ ・・・・・・・・・・・・148
グレイズ・イン ・・・・・・・・・・138
クレオパトラの針 ・・・・・・・・・133
軍艦ベルファスト号 ・・・・・・・・133
劇場博物館 ・・・・・・・・・137、162
ケンウッド・ハウス ・・・・・・・・147
ケンジントン・ガーデンズ ・・・・・145
ケンジントン宮殿 ・・・・・・・・・145
コヴェント・ガーデン ・・・・・・・137
コートールド・ギャラリー・・138、160
ゴールデン・ハインド号 ・・・・・・149
国立海洋博物館 ・・・・・・・・・・149
国会議事堂&ビッグベン ・・・・・・142
近衛兵博物館 ・・・・・・・・141、163

サ

サー・ジョン・ソーンズ博物館 ・・161
サーペンタイン・ギャラリー・・145、163
サザーク大聖堂 ・・・・・・・・・・133
サマセット・ハウス ・・・・・・・・138

自然史博物館 ・・・・・・・・・・・162
シェイクスピア・グローブ座 ・・・・133
シティ ・・・・・・・・・・・・・・130
シャーロック・ホームズ博物館・・146
ジョンソン博士の家 ・・・・・・・・139
スピタルフィールズ・マーケット・・131、174
スペンサー・ハウス ・・・・・・・・141
セント・キャサリンズ・ドック ・・129
セント・クレメンツ・デーンズ教会・・138
セント・ジェームズ宮殿 ・・・・・・141
セント・ジェームズ・パーク ・・・141
セント・ポールズ教会 ・・・・・・・138
セント・ポールズ大聖堂 ・・・・・・132
セント・メアリル・ボウ教会 ・・・・130

タ

大英博物館 ・・・・・・・・・・・・156
ダウニング街 ・・・・・・・・・・・143
タワー・ブリッジ ・・・・・・・・・129
チャイナタウン ・・・・・・・・・・135
チェルシー・フィジック・ガーデン・・144
庭園史博物館 ・・・・・・・・143、162
帝国戦争博物館 ・・・・・・・・・・163
ディケンズの家 ・・・・・・・139、163
テート・ブリテン ・・・・・・・・・159
テート・モダン ・・・・・・・・133、160
デザイン博物館 ・・・・・・・・133、162
テンプル騎士団教会 ・・・・・・・・139
時計博物館 ・・・・・・・・・・・・131
トラファルガー・スクエア ・・・・・136

ナ・ハ

ナイツブリッジ ・・・・・・・・・・144
ナショナル・ギャラリー ・・・・・・159
ナショナル・ポートレート・ギャラリー・・160
ニール・ストリート ・・・・・・・・136
パーシヴァル・デイヴィッド
　中国美術財団美術館 ・・・・139、163
バービカン・センター ・・・・・・・131
ハーミテージ・ギャラリー ・・・・・138
バッキンガム宮殿 ・・・・・・・・・140
バトラーズ・ワーフ ・・・・・129、132
ハムステッド ・・・・・・・・・・・147
ハム・ハウス ・・・・・・・・・・・151
バンケティング・ハウス ・・・・・・143
ハンプトン・コート宮殿 ・・・・・・152
BAロンドン・アイ ・・・・・・・・142
ピカディリー・サーカス ・・・・・・134
フェントン・ハウス ・・・・・・・・147
ブラマ紅茶&コーヒー博物館 ・・・・163
フローレンス・ナイチンゲール博物館・・163
ベイズウォーター ・・・・・・・・・145
ベーカー・ストリート ・・・・・・・145
ベスナル・グリーン子供博物館 ・・・163
ペチコート・レーン・マーケット・・131
ヘンリー王子の部屋 ・・・・・・・・138
ホース・ガーズ ・・・・・・・・・・143
ポートベロー・マーケット ・・・・・175

ポロック玩具博物館 ・・・・・139、163
ホワイトホール ・・・・・・・・・・143
ボンド・ストリート ・・・・・・・・135

マ

マダム・タッソーろう人形館 ・・・・145
マンション・ハウス ・・・・・・・・130
ミレニアム・ブリッジ ・・・・・・・133

ラ

ランベス宮殿 ・・・・・・・・・・・143
リージェンツ・パーク ・・・・・・・146
陸軍博物館 ・・・・・・・・・・・・163
リッチモンド ・・・・・・・・・・・150
リトル・ヴェニス ・・・・・・・・・147
リンカーンズ・イン ・・・・・・・・138
レゴランド ・・・・・・・・・・・・155
レスター・スクエア ・・・・・・・・135
レドンホール・マーケット ・・・・・131
ロイズ保険本社 ・・・・・・・・・・130
ロイヤル・アカデミー ・・・・・・・135
ロイヤル・オペラ・ハウス ・・・・・137
ロイヤル・ホスピタル ・・・・・・・144
ローズ座跡 ・・・・・・・・・・・・133
ロンドン交通博物館 ・・・・・137、163
ロンドン水族館 ・・・・・・・・・・143
ロンドン大火記念碑 ・・・・・・・・130
ロンドン・ダンジョン ・・・・・・・133
ロンドン塔 ・・・・・・・・・・・・128
ロンドン動物園 ・・・・・・・・・・146
ロンドン博物館 ・・・・・・・131、162

イングランド南部

ア

アセンブリー・ルームズ&
　衣装博物館 ・・・・・・・・・・・223
アット・ブリストル ・・・・・・・・226
網倉（ヘイスティングス） ・・・・・207
アランデル城 ・・・・・・・・・・・214
アランデル大聖堂 ・・・・・・・・・214
イーストブリッジ病院 ・・・・・・・200
イーストボーン ・・・・・・・・・・207
ウィドコム村 ・・・・・・・・・・・232
ウィンチェスター ・・・・・・・・・215
ウィンチェスター・カレッジ ・・・216
ウィンチェスター大聖堂 ・・・・・・215
ウェストゲート ・・・・・・・・・・217
ウェスト・ゲート・タワーズ ・・・200
ウルヴァジー城 ・・・・・・・・・・216
エクセター ・・・・・・・・・・・・229
エクセター大聖堂 ・・・・・・・・・229
S.S.グレート・ブリテン ・・・・・・227
エリザベス朝の家 ・・・・・・・・・237
王立博物館&美術館(カンタベリー)・・200
オールド・サラム ・・・・・・・・・221

織物師の家 ・・・・・・・・・・・・・・・200
カ
カンタベリー ・・・・・・・・・・・・・198
カンタベリー大聖堂 ・・・・・・・・・198
カンタベリー博物館 ・・・・・・・・・201
カンタベリー物語 ・・・・・・・・・・200
キーサイド ・・・・・・・・・・・・・・230
ギルドホール（エクセター） ・・・・230
クリフトン吊り橋 ・・・・・・・・・・228
グレート・ホール ・・・・・・・・・216
古代ローマ博物館 ・・・・・・・・・・200
サ
サウスシー城 ・・・・・・・・・・・・・219
ザ・レーンズ ・・・・・・・・・・・・210
シアター・ロイヤル ・・・・・・・・・228
シー・ライフ・センター ・・・・・・210
ジェーン・オースティン・センター・・224
ジェーン・オースティンの家 ・・・217
シシングハースト城ガーデン ・・・213
シティ博物館（ウィンチェスター）・・217
シティ博物館＆美術館（ブリストル）・227
ストーンヘンジ ・・・・・・・・・・221
スミートンズ・タワー ・・・・・・・236
セブン・シスターズ ・・・・・・・・207
セント・アイヴス ・・・・・・・・・240
セント・アウグスティヌス修道院跡・・199
セント・クレメンツの洞窟 ・・・・206
セント・ニコラス・プライオリー ・・230
セント・ニコラス・マーケット ・・227
セント・マイケルズ・マウント ・・239
セント・メアリス教会（ライ）・・205
ソールズベリー大聖堂 ・・・・・・・220
ソールズベリー＆サウス・
　ウィルトシャー博物館 ・・・・・・221
タ
ダートマス ・・・・・・・・・・233、235
ダートモア国立公園 ・・・・・・・・233
地下水道（エクセター） ・・・・・・230
チャールズ・ディケンズの生家 ・・219
ディスカバー・ソールズベリー ・・221
テート・ギャラリー（セント・アイヴス）・・240
燈台博物館（ペンザンス）・・・・238
トー・アビー ・・・・・・・・・・・234
トーキー ・・・・・・・・・・・232、234
トーキー博物館 ・・・・・・・・・・235
ドーヴァー城 ・・・・・・・・・・・202
ドーヴァー博物館 ・・・・・・・・・203
ナ・ハ
ノルマン城跡 ・・・・・・・・・・・・201
バース ・・・・・・・・・・・・・・・222
バース建築博物館 ・・・・・・・・・224
バース寺院 ・・・・・・・・・・・・・223
バース郵便博物館 ・・・・・・・・・224
バー島 ・・・・・・・・・・・・・・・233
ハートフィールド村 ・・・・・・・・212
バーバラ・ヘプワース博物館＆彫刻庭園・・240

パヴィリオン（トーキー） ・・・・・235
バービカン（プリマス） ・・・・・・236
パンプ・ルーム ・・・・・・・・・・223
ビーチー・ヘッド ・・・・・・・・・207
プー・カントリー ・・・・・・・・・212
ブライトン ・・・・・・・・・・・・208
ブライトン博物館＆美術館 ・・・・210
ブライトン・ピア ・・・・・・・・・209
ブライトン・マリーナ ・・・・・・・210
ブリストル ・・・・・・・・・・・・226
ブリストル大聖堂 ・・・・・・・・・227
プリマス水族館 ・・・・・・・・・・237
プリマス・ドーム ・・・・・・・・・236
ヘイスティングス ・・・・・・・・・206
ヘイスティングス城 ・・・・・・・・206
ヘイスティングス博物館＆美術館・・206
ヘイト村 ・・・・・・・・・・・・・232
ペイントン ・・・・・・・・・・・・235
ペンザンス ・・・・・・・・・・・・238
ペンリー・ハウス美術館＆博物館・・238
ポーツマス市立博物館 ・・・・・・・219
ポーツマス・ヒストリック・ドックヤード・・218
ホーの丘（プリマス） ・・・・・・・236
ホルバーン博物館 ・・・・・・・・・224
マ
マーチャンツ・ハウス ・・・・・・・237
マーメイド通り ・・・・・・・・・・205
ミナック野外劇場 ・・・・・・・・・239
メイフラワー号記念碑 ・・・・・・・237
モンペソン・ハウス＆ガーデン ・・220
ヤ・ラ・ワ
ライ城博物館＆イプラ・タワー・・204
ライ物語 ・・・・・・・・・・・・・205
ランズ・エンド ・・・・・・・・・・239
ランド・ゲート ・・・・・・・・・・205
リーズ城 ・・・・・・・・・・・・・213
漁師博物館 ・・・・・・・・・・・・206
連隊博物館（ソールズベリー） ・・221
ロイヤル・クレッセント ・・・・・・223
ロイヤル・パヴィリオン ・・・・・・209
ローマン・バース ・・・・・・・・・222
ワイト島 ・・・・・・・・・・・・・219

イングランド中部
ア
アイアン・ブリッジ ・・・・・・・・274
アシュモリアン博物館 ・・・・・・・252
アン・ハサウェイの家 ・・・・・・・259
イーリー大聖堂 ・・・・・・・・・・289
イーリー博物館 ・・・・・・・・・・289
イプスウィッチ博物館 ・・・・・・・291
ウエッジウッド・ビジターセンター・・278
ウォリック城 ・・・・・・・・・・・260

エインシェント・ハウス ・・・・・・291
NECナショナル・エキジビジョン・
　センター ・・・・・・・・・・・・271
オール・ソールズ・カレッジ ・・・250
オールド・ジェイル・ハウス ・・・290
オックスフォード ・・・・・・・・・248
オックスフォード現代美術館 ・・・253
オックスフォード・ストーリー ・・251
オックスフォード大学植物園 ・・・250
オックスフォード博物館 ・・・・・253
オリヴァー・クロムウェルの家・・289
カ
カーファクス塔 ・・・・・・・・・・248
カヴァード・マーケット ・・・・・・251
キングス・カレッジ ・・・・・・・・284
キングス・リン ・・・・・・・・・・290
クィーンズ・カレッジ ・・・・・・・286
クライスト・チャーチ・・・・248、252
クライストチャーチ・マンション・・291
クラクトン・オン・シー ・・・・・294
グラッドストーン陶磁器博物館 ・・279
グレート・ヤーマス ・・・・・・・・293
グロヴナー博物館 ・・・・・・・・・276
競馬博物館 ・・・・・・・・・・・・287
ケトルズ・ヤード現代美術館 ・・・287
ケンブリッジ ・・・・・・・・・・・284
ケンブリッジ民俗博物館 ・・・・・287
コヴェントリー ・・・・・・・・・・271
コーチェスター城博物館 ・・・・・294
コートヤーズ・アット・スポード ・・279
コッツウォルズ ・・・・・・・・・・262
サ
裁判博物館 ・・・・・・・・・・・・283
ザ・ブローズ ・・・・・・・・・・・293
ザ・ロウズ ・・・・・・・・・・・・276
シェイクスピア・センター ・・・・257
シェイクスピアの生家 ・・・・・・・256
シェルドニアン・シアター ・・・・251
シャーウッドの森 ・・・・・・・・・283
ジャガー・ダイムラー博物館 ・・・271
シュルーズベリー ・・・・・・・・・272
シュルーズベリー修道院 ・・・・・273
シュルーズベリー博物館 ・・・・・273
城壁（チェスター） ・・・・・・・・275
ステンドグラス博物館 ・・・・・・・289
ストウ・オン・ザ・ウォルド・・247、265
ストーク・オン・トレント ・・・・278
ストラットフォード・アボン・エイヴォン・・256
スワン劇場 ・・・・・・・・・・・・257
セント・ジョージズ・ギルドホール・・290
セント・ジョンズ・カレッジ ・・・286
セント・チャッス教会 ・・・・・・・273
セント・ボトルフ僧院跡 ・・・・・294
セント・メアリ教会（オックスフォード）・250
タ
大学（自然史）博物館 ・・・・・・・253

ン・ホール(チェルトナム) ··268
ェスター ··275
ェスター城 ··276
ェスター大聖堂 ··276
チェルトナム ··268
チェルトナム美術館&博物館 ··268
チッピング・カムデン ··264
ディーヴァ・ローマン・エクスペリエンス ··276
テイルズ・オブ・ロビン・フッド ··282
テディベア博物館 ··261
陶芸博物館&美術館 ··279
トリニティ・カレッジ ··285

ナ
ナッシュの家&ニュー・プレイス··258
ニューステッド・アビー ··283
ニューマーケット ··288
ノーリッチ城博物館 ··293
ノーリッチ大聖堂 ··292
ノーリッチ人形劇場 ··292
ノッティンガム ··281
ノッティンガム城 ··281
ノッティンガム洞窟 ··283

ハ
バーフォード ··246、262
バーミンガム博物館&美術館 ··270
バーミンガム&ファズリー運河 ··271
バイブリー ··266
ビスター・ヴィレッジ ··255
ピットヴィル・パンプ・ルーム ··269
ピット・リヴァーズ博物館 ··253
フィッツウィリアム博物館 ··286
ブリューハウス・ヤード博物館 ··282
ブレナム宮殿 ··246、265
ブロードウエイ ··264
宝石博物館 ··271
ホールズ・クロフト ··258
ボートン・オン・ザ・ウォーター ··247、263
ボードリアン図書館 ··251
ホーリーウェルズ博物館 ··294
ホーリー・トリニティ教会 ··258
ホルスト・バースプレイス博物館··269

マ
マートン・カレッジ ··249
ミディーヴァル・タウン ··272
メアリ・アーデンの家 ··260
モードリン・カレッジ ··250
モチマー・ホール洞窟 ··281

ヤ・ラ・ワ
ユニヴァーシティ・カレッジ ··250
ラドクリフ・カメラ ··251
リン博物館 ··290
レース・センター ··282
ロイヤル・シェイクスピア劇場 ··257
ロイヤル・ドルトン ··279
ロクスターの遺跡 ··274

イングランド北部

ア
アービス(マンチェスター) ··306
アニック城 ··328
アルバート・ドック ··303
アンブルサイド ··315
ウィンダミア/ボウネス ··311
ウィンダミア蒸気船博物館 ··312
ウォーカー美術館 ··301
王立甲冑博物館 ··321
オールド・トラッフォード ··307

カ
カーズ・オブ・ザ・スターズ自動車博物館··315
カーライル城 ··318
カーライル大聖堂 ··319
ギルドホール博物館(カーライル)··319
キャッスル・キープ ··328
キャッスル・ミュージアム ··326
グラスミア ··313
グラスミア・ジンジャーブレッド ··313
クリフォーズ・タワー ··326
クルック・ホール&ガーデンズ ··330
ケズィック ··315
ケズィック博物館&美術館 ··316
国立鉄道博物館 ··326
湖水地方 ··310

サ
ザ・キーズ ··307
ザ・ラウリー ··307
サンドキャッスル ··305
シャンブルズ ··325
城壁(ヨーク) ··325
ショッピングアーケード(リーズ)··320
セント・オズワルズ教会 ··313
セント・ジョージズ・ホール ··301
セント・ニコラス大聖堂 ··328

タ
ダーラム城 ··330
ダーラム大聖堂 ··330
ダヴ・コテージ&ワーズワース博物館··313
ダンスタンバラ城 ··329
チャイナタウン(リヴァプール)··303
チャイナタウン(マンチェスター)··307
ディーンズゲート ··307
帝国戦争博物館(マンチェスター)··307
テート・ギャラリー(リヴァプール)··303
トゥーリー・ハウス博物館&美術館··318

ナ・ハ
日曜学校舎 ··323
ニューキャッスル ··328
ノーザンバーランド ··328
ハドリアヌスの長城 ··319
パリッシュ教会 ··323

ハワース ··322
バンバラ城 ··329
ビアトリクス・ポター・ギャラリー··314
ビアトリクス・ポターの世界 ··312
ピア・ヘッド ··303
ビートルズ・ストーリー ··303
ヒル・トップ ··314
ブラックプール・タワー ··305
プレジャー・ビーチ ··305
ブロンテの小径 ··322
ブロンテ・パーソニッジ博物館 ··323
ヘンリー・ムーア・インスティテュート··320
ホークスヘッド ··314
ホークスヘッド・グラマー・スクール··314
ホーリー・アイランド ··329

マ
マシュー・ストリート ··302
マンチェスター ··306
マンチェスター科学産業博物館 ··306
マンチェスター・ユナイテッド博物館··307
メトロポリタン大聖堂 ··300

ヤ・ラ・ワ
ヨーク ··324
ヨークシャー・デイルズ国立公園··327
ヨーク大聖堂 ··324
ヨルヴィック・ヴァイキング・センター··326
ライダル・マウント ··316
ラウリー・アウトレット・モール ··307
リーズ・シティ・アート・ギャラリー··320
リヴァプール ··300
リヴァプール・アングリカン大聖堂··301
リヴァプール博物館 ··301
リンディスファーン城 ··329
リンディスファーン僧院 ··329
ローズ薬局 ··323
ローマ軍事博物館 ··319
ワーズ・ワースの生家(コッカマス)··316

ウェールズ

ア
アーバコンウィ・ハウス ··357
アングルジー島 ··355
ウェールズ生活博物館 ··343
ウェルシュ・スレート博物館 ··352
ウェルシュ・ハイランド鉄道 ··350
オイスターマウス城 ··347

カ
カーディフ ··338
カーディフ国立博物館&美術館 ··339
カーディフ城 ··338
カーディフ・ベイ・ビジターセンター··340
カナーヴォン城 ··349
キャッスル・アーケード ··340

個人でもグループでも、イギリス旅行なら何でもおまかせ！「ワールドブリッジ」

　魅力的なスポットが多いイギリス。どうやってまわるかが悩みのタネ。従来のツアーでは行きたいところ全部に行けないし、個人で手配するのは心配…。そんな時は、個人旅行のモデルコースの利用を考えてみよう。イギリス個人旅行の専門店ワールドブリッジなら「コッツウォルズ・ガーデン巡り7日間」や「コッツウォルズと湖水地方8日間」、「南西イングランド周遊8日間」など、訪問地やテーマで選ぶモデルコースが全19コースと豊富に揃っているから、自分好みの旅を見つけられる可能性大。コースには宿泊や交通も含まれているから便利だし、日本からの航空券手配も可能。さらに細かな希望があれば、オーダーメイドプランを利用して自分や仲間同士だけの思い通りの旅を仕立てることもできる。イギリス国内のツアーの他、ホテルやB＆B、マナーハウスの宿泊、専用ハイヤーやナローボート、鉄道パスや各種チケットの手配など、旅のパーツも販売しているので、「イギリスを個人旅行で満喫したい！」という人は気軽に相談してみたら？

●株式会社ワールドブリッジ
☎03-3562-7878
FAX：03-3562-7615
URL：www.world-bridge.co.jp

出発も帰国も身軽に！旅の便利な宅配システム空港宅配「QLライナー」

　大きなスーツケースを抱えて空港まで行くのは大仕事。列車や国内線の乗り継ぎなどがあるとまた大変。まして帰国時には、おみやげの分荷物はさらに重くなり、帰り着くまで難行苦行…。そんな旅行者の苦労を代わって引き受けてくれるのが、この空港宅配サービス。電話1本で日本全国どこへでも、指定の場所まで荷物を集荷に来てくれる。往復で利用すれば割引になるし、帰国時の送り状の記入も不要。また、帰国時に預けるスーツケースが2個以上だと2個目から100円割引になる。グループで旅行する時は、まとめて預けてこのサービスを賢く活用しよう。

　手続きは簡単。出発日と便名が決まったら、最寄りの予約センターに電話かファックスで申し込みを。ホームページにアクセスすれば、WEB予約も可能。指定の日に指定の場所まで荷物を集荷しに来てくれる。空港での受け取りは各出発ターミナル内の専用カウンターで。帰国時は到着ターミナルのカウンターに預ければ、翌日に指定の場所まで配達してくれる。預ける時間や配達場所によっては、当日配達も可能だ。料金等の詳細は下

記予約センターへ。
●QLライナーの予約センター
代表予約センター　☎0476-35-2855
　　　　　　　　　　FAX：0476-35-3048
東京予約センター　☎03-5994-3332
　　　　　　　　　　FAX：03-3968-4520
URL：www.ql-liner.co.jp/

イギリスらしいこだわりの品を日本語で気軽に免税ショッピング！

　ロンドンのオックスフォードサーカス駅すぐ側にある「JALプラザいぎりす屋」は1972年創業の老舗。王室御用達の高級服飾雑貨から、100種類にもおよぶこだわりの紅茶まで、英国製品を中心に厳選された欧州各地の逸品が揃っている。ロンドンではここにしかないブランドもある。日本語でらくらくショッピングが楽しめ、免税手続きも受けられる。また、イギリス国内発送、日本などへの国外発送も出来るのでお土産にも便利。ティーセットなどの陶器も思いきって購入してみては。JALカード特約店なので、会員は10％割引でマイルもたまる。

●JALプラザ いぎりす屋
7A Hanover Street, London W1S 1YS
☎020 7629 8801
URL：www.igirisuya-london.com/
●JALカード海外特約店優待
URL：www.jalcard.co.jp/milenet/partner/igirisuya.html

シティの景観を塗りかえる奇抜なビルが続々誕生！

　かつてロイズ保険本社の斬新なビルに息をのんだロンドンっ子だったが、最近のシティ周辺には奇抜なビルのラッシュが続いている。まず目に入るのはシティのテムズ対岸にできたシティ・ホール。ガラスとスチールでできたビルは、まるでアルマジロが逆立ちをしているように見える。次いで、最近完成したのが、シティ東側にそびえるスイス・リ・ビルディング。ただのオフィスビルなのだが、内部はどうなっているのか首をかしげたくなるような円錐形でひたすら目立つ。愛称はきゅうりのピクルスに似ていることから「ガーキン」。いずれもノーマン・フォスターという有名な建築家の作で、周囲との調和を無視というより超越した感があるが、戦後乱立した無味乾燥なオフィスビルよりはまだずっとおもしろい。古風な教会などシティに今も残るクラシックなヴィクトリア朝の建物とのミスマッチな景観を楽しみたい。

431

旅のイエローページ／追っかけ最新情報

知ってて
お得、追っかけ
最新情報

Staff

Editors & Writers — 最上真美子 Mamiko MOGAMI
本書の企画構成・編集及び実用情報、ロンドンなどの取材・執筆を担当。フリーランスで旅行・ビジネス等の企画・編集、執筆に携わる。

大場智雄 Tomoo OBA
本書の企画構成・編集及び地方都市全般のコーディネイトと取材・執筆を担当。ロンドンにてビジネス・経済・旅行関係の編集・執筆・リサーチ・翻訳に携わる。

Writers — 菅原逸子 Itsuko SUGAWARA
ロンドンのショップ情報等を担当。ロンドン在住。フリーランスのライター、コーディネイター、翻訳家。

後藤リナ Rina GOTO
イングランドの南部・中央部を担当。

堀田 優 Masaru HOTTA
イングランド南部・北部を担当。

守屋 浩 Hiroshi MORIYA
ロンドンの実用情報を担当。フリーランス・ライター。

Photographers — ピーター・シュナイター Peter SCHNEITER
源石美代子 Miyoko GENISHI
最上真美子 Mamiko MOGAMI

Designers — ㈲大川デザイン OHKAWA DESIGN. INC.
野口紀子 Michiko NOGUCHI
小室和民 Kazutami KOMURO
林 清香 Sayaka HAYASHI
オムデザイン OMU
道信勝彦 Katsuhiko MICHINOBU

Illustrator — 根津修一 Shuuichi NEZU

Cover Designer — 鳥居満智栄 Machie TORII

Map Production — ㈱千秋社 Sensyu-sya
小島三奈 Mina KOJIMA

Map Design, Graphic Map &
Airport Guide in Japan — ㈱チューブグラフィックス TUBE
木村博之 Hiroyuki KIMURA
山﨑綾子 Ryoko YAMAZAKI

Desktop Publishing — ㈱千秋社 Sensyu-sya
清水秀一 Syuichi SHIMIZU

Editorial Cooperation — 平賀 誠 Makoto HIRAGA
石島純生 Sumiki ISHIJIMA
森高由美 Yumi MORITAKA
林 弥太郎 Yataro HAYASHI
Michael NENDICK
川崎英子 Hideko KAWASAKI
岡 寛子 Hiroko OKA
佐々木幸子 Sachiko SASAKI

Special Thanks to — 英国政府観光庁 British Tourist Authority

わがまま歩き…㉛「イギリス」　　　　ブルーガイド
2005年8月15日　第3版第1刷発行

編　集……ブルーガイド海外版編集部
発行者……増田義和
ＤＴＰ……㈱千秋社
印刷所……大日本印刷㈱
製本所……㈱石毛製本所

発行所……実業之日本社　　http://www.j-n.co.jp/
　　　　　〒104-8233 東京都中央区銀座1-3-9　振替・00110-6-326
　　　　　電話 販売☎03-3535-4441　広告☎03-5540-6916　編集☎03-5540-6912